U0117162

WILEY

INNER EURASIA
FROM
PREHISTORY TO
THE MONGOL
EMPIRE

A History of Russia,
Central Asia and
Mongolia vol. I

东北亚与欧亚草原考古学译丛

史前至蒙古帝国时期的内欧亚大陆史

（《俄罗斯、中亚和蒙古史》第一卷）

（美）大卫·克里斯蒂安 (David Christian) 著

潘玲 译　杨建华 校

上海古籍出版社

本丛书为

国家社科基金重大项目（2012&ZD152）成果

吉林大学考古学院"双一流"学科建设经费资助出版

《东北亚与欧亚草原考古学译丛》
总　　序

　　21 世纪的中国考古学进入了新的发展阶段,随着国际交流的深入和考古学自身发展的需要,2012 年国家社会科学基金重大项目首次设立了国外著名考古学著作的翻译项目。我们在申报中,原本提出考古学理论与周边邻国考古学两个角度的翻译课题,后经过国家社科基金评审组的建议,把译著内容集中到周邻国家考古著作,即现在的《东北亚与欧亚草原考古学译丛》。

　　在东北亚考古学方面,我们选译了日本学者高仓洋彰的《金印国家群的时代——东亚世界与弥生社会》和韩国学者崔梦龙等的《汉江流域史》。日本考古著作是从东亚的视野下研究弥生时代的国际化过程。所谓"金印国家群"是这些被纳入以汉字和汉语为沟通手段的中国统治秩序中的民族的总称。作者从东亚的宏观角度着眼,从九州北部地区的细微研究入手的研究方法,对中国的考古学研究很有借鉴意义。韩国考古著作构建了朝鲜半岛先史时代的时空框架和文化发展序列。新石器时代朝鲜半岛的圜底筒形罐和"之"字纹装饰为中国东北地区新石器时代陶器研究提供了重要的对比材料。朝鲜半岛青铜时代的标志性器物——琵琶形铜剑,是从中国辽东半岛经鸭绿江下游地区传入的。这些来自中国东北地区的文化影响,可以追溯到大连地区年代相当于商代末期的于家村下层文化,年代相当于中国历史文献中记载的商周之际。

　　在欧亚大陆旧石器研究方面我们翻译了《欧洲旧石器时代社会》(Clive Gamble)和《小工具　大思考:全球细石器化的研究》考古论文集(Robert G. Elston 等主编)。前者侧重欧亚草原的欧洲部分,在旧石器研究中具有年代标尺的作用。作者还运用了一种新的方法,把来自石器、狩猎与营地遗址的考古证据汇聚起来,用以探讨社会交往以及社会生活的形式。后者涉及了欧亚草原的亚洲部分,包括细石叶工艺以及相关技术的起源、制作技术和人类对环境的适应等诸多重要的问题。该书的全球视野、运用的石器分析理论与方法、研究的思路与观点,对于中国细石器考古学研究来说非常具有启发性。

在欧亚草原考古方面,我们分别选译了宏观著作《史前至蒙古帝国时期的内欧亚大陆史》(David Christian)和微观研究的《印度－伊朗人的起源》(E. Kuz'mina),以及一本蒙古考古专著。第一本宏观著作将欧亚大陆分为处于内陆和靠北的内欧亚大陆(Inner Eurasia)与靠海的外欧亚大陆(Outer Eurasia)两部分,前者是游牧和渔猎民族活动的舞台,后者是文化发达的农业文明分布区。该书以宏观的视角系统阐述了内欧亚大陆的历史,认为两地的互动是历史发展的重要动因,并从社会交往的角度研究农业与游牧业的互动。作者提出农牧交错地带为内欧亚大陆发展提供了重要的推动力,因为这里不仅有农牧社会的军事接触,还有技术、思想、贸易和人群的接触。从这个意义上,我们就不难理解中国北方地区在东部草原中的重要作用了。第二本微观研究的著作是作者用 50 年时间对安德罗诺沃文化联盟的详尽研究,使我们了解到俄罗斯学者是如何研究一个考古学文化,以及如何结合文化的发展演变与民族学和历史语言学来研究考古学文化族属的。同时我们也可以发现国外学者对中国考古资料的了解十分有限,中国学者有责任把自己的发现与研究介绍给世界的学者。蒙古是游牧文明的一个中心,是中国北方与欧亚草原接壤的重要国家。《蒙古考古》是目前唯一的关于蒙古的考古发现和研究的综合性专著,该译著能够使中国学者了解蒙古各时期考古遗存的概况以及蒙古学者的考古研究现状与方法,为从事蒙古考古研究提供最系统的基础性材料。

这套考古学译著有两个特点,一是在资料占有方面重点选择了本土学者的著作,二是我们的翻译团队多是从事东北亚和欧亚草原考古研究的学者,是我们以边疆考古为依托的外国考古学研究的实践。译丛的出版将开启关注邻国考古、注重本土学者和有计划有针对性的系列考古学著作的翻译与出版,打破英文译著"一统天下"的局面。这套丛书还将有助于把中国考古学放在东亚与欧亚视野下考察,提升我国边疆考古在东北亚与欧亚大陆考古研究中的影响力。在完成项目的这五年期间,中国社会科学院成立了外国考古学研究中心,有相当数量的考古团队开始赴国外开展田野考古工作。在这里我们非常感谢国家社科基金评审组非常有预见性地设立译丛课题,这些译著为了解中国周边国家的历史以及与中国的文化交往提供了大量的物质材料证据,并为中国考古学走出国门提供了必要的知识准备。

杨建华

2017 年 6 月

翻 译 说 明

　　《史前至蒙古帝国时期的内欧亚大陆史》是"布莱克威尔世界历史丛书"中的《俄罗斯、中亚及蒙古历史》的第一卷。译者对本书及中译本的内容有以下三方面需要说明。

一、学术价值

　　本书内容涵盖内欧亚大陆从旧石器时代至蒙古帝国时期的历史,在这一漫长的历史时期,内欧亚大陆孕育了畜牧业和游牧经济,之后成为游牧民族驰骋的大舞台,屡屡出现大范围的民族迁徙和军事征服。内欧亚大陆的历史错综复杂,相关文献记载和研究成果数量庞大,且涉及多种语言。因此,用一本书来讲清楚内欧亚大陆历史是极其艰巨的任务。与很多历史专著不同,本书适当忽略了历史的细节问题,重点关注内欧亚大陆各区域人群之间的经济、政治和文化联系,强调阐述历史发展的主体脉络。从青铜时代开始,本书将内欧亚大陆历史分为东部、中部、西部三部分叙述,分别对应现代的蒙古西伯利亚和中国北方、中亚、东欧及黑海附近草原。这样既注重每个区域内部的历史,也关注各区域之间的联系,使读者能够了解内欧亚大陆历史发展的主要线索。本书将斯基泰、匈奴、突厥、蒙古四个大时期的游牧人政权从兴起到建立庞大联盟,并将其影响力进一步扩大到内欧亚大陆大部分地区的历史叙述得条理清晰,让读者深刻体会到游牧社会发展规律的惊人相似之处。对于从事与欧亚草原历史和考古相关领域研究的学者来说,本书无疑是一本了解内欧亚大陆整体历史难得的好书。

二、细节方面的问题

　　由一位作者完成如此广大区域内近乎通史性质的专著,难免会出现一些纰漏。本书作者是研究俄罗斯历史的专家,不可能做到对内欧亚大陆历史面面俱到。在序言部分作者也说明本书主要是利用已有的研究成果写就,而不是从原始文献入手。由于部分研究成果本身就存在对历史文献或考古材料的误解,导致本书也难免出现类似的问题。

译者在翻译过程中发现原著存在的细节方面的问题有以下三类:

第一类是混用现代和古代的国家、地名。例如,用"中国"指代中国境内历史时期的朝代、地域;将多个历史时期的今中国东北地区称为"满洲";将唐代的南诏称为"泰国"。第二类是对中国历史,特别是北方民族历史的认识有不准确之处。例如作者认为夏朝是被牧人集团灭亡的;西周晚期中国北方已经存在能骑马作战的游牧民族;认为冒顿的都城在今山西省北部,实际情况是文献对此时匈奴都城的位置没有明确记载,目前尚未找到这一时期匈奴的都城遗址;混淆了西汉时期和东汉前期的匈奴历史,将南匈奴概念出现时间提早到西汉时期;将东汉晚期的鲜卑檀石槐大联盟的范围理解得过大,认为其东界可达乌苏里江流域。第三类是对考古学基本概念和一些遗存特征的认识有问题。作者认为石板墓文化的人骨大多数是东亚的,也未明确说明属于哪一大人种类型,实际上根据现代体质人类学的分类,石板墓文化墓葬发现的大多数人骨的颅骨特征属于蒙古人种的北亚类型;认为阿尔泰山脉处于冰冻状态的巴泽雷克文化墓葬是由于盗墓导致墓葬被水淹没而结冰,实际上墓葬封冻是因为所处的纬度和海拔较高;认为匈奴的伊沃尔加城址内的房屋用地下挖出沟槽的排烟道作取暖设施,实际上这些烟道绝大多数用石板在地表砌成;认为诺音乌拉是匈奴的都城,实际上诺音乌拉是一座山的名称,因这里有大型匈奴墓地而闻名,在原著出版时还没有找到匈奴都城遗址;认为在诺音乌拉墓地可能已经有马镫,实际上考古发现证明马镫是西晋时期在中国境内最先出现的。

三、关于中译本的说明

中译本完整保留了原著的所有内容,但是为了适应中国读者的阅读习惯并方便读者更好地理解原文,调整或增补了以下八方面的内容。

1. 在目录中增加每章下的第一级标题。

2. 增加标题序号。原著只有五大部分和各章的序号,章以下的节和小节没有序号,以字体的大小区分标题的级别。中译本分别给节和小节增加了汉字和阿拉伯数字的序号。

3. 增加译者注。译者注以脚注的形式标注,内容有三类:第一类是对读者容易误解或较罕见名词的翻译说明,提供原著中相关的英文单词。第二类是对较少见名词和内容的进一步解释,如西方古代计量单位等。第三类是译者对原著内容的更正和说明。在上文中提到的三类细节方面的问题,中译本或直接改正,或保留原著原义,均未出译者注。

4. 原著有较多大段译为英文的中国历史文献,中译本没有译成现代汉语,而是还原成中文文献原文,在引用文献的结尾处标注出文献出处。

5. 原著个别插图或图版为带独立版权的图片(共 3 幅),中译本出版时未能联系到版权方。对于这类图片,中译本尽量用其他内容相同或相近的图片替代;少数无法对应的,只能删除处理,相关的插图或图版号也作相应修改。

6. 增加专有名词对照表。原著附有英文索引,但仅收录了书中出现的一部分专有名词。为方便读者阅读和理解原文,译者编辑了以中文译名为检索内容的专有名词对照表,涵盖正文和地图中出现的所有专有名词。仅在"延伸阅读"部分出现的少数专有名词,未列入专有名词对照表。

7. 根据中国自然资源部标准地图服务网站公布的世界地图对部分地图略做调整。

8. 为便于阅读,将文末四栏排列的内欧亚大陆历史年表改为表格形式。

细节方面有以下五点需要说明。

1. 有对应汉译名的英文专有名词,正文不再保留英文原文,读者可在书后的专有名词对照表中查到。正文中出现的少量英文专有名词,均为未找到汉译名的专有名词。

2. 原文中有些名词为斜体字,它们大多数是非英文单词的英语音译,不属于英文单词,原书作者将其用斜体标出以示区别。中译本对这些英文音译词中的大部分都做了中文的音译。

3. 每章文后注释中的文献名大多数为简写的,完整的文献名可在书后的参考文献部分查找。原著注释中不仅有引用文献信息,还包含作者的解释和议论性质的内容。中译本保留了原著注释中的英文人名、文献名,不做汉译,但是将注释中的解释和议论性质的内容全部译为中文。在原著每章的注释之后,还有标题为"Further Reading"的内容,即延伸阅读,该部分的翻译方法与注释相同。

4. 原文地图中的古代与现代地名采用不同的字体、字号以示区别，中译本亦如此。但译为中文地名后，字体和字号之间的差别不及原文的明显，建议读者在阅读地图时多加留意。

5. 中译本的参考文献部分直接使用原著原文，未作汉译，仅对英文文献的标点作了微调。

译　者

2020 年 5 月

英文版丛书序

　　将历史作为一个整体来理解的尝试并非什么新鲜事。了解人类的起源以及如何走到当今的状态，掌握人类与自然的关系及其在宇宙中的位置，是每个文明的宗教和哲学体系都会表达的人类最古老而普遍的需求。但是，直到最近几十年，我们才有必要和可能合理而系统地评价已有的知识。历史学作为独立的学术领域有其自身的鲜明特色及特有的主题、规律和方法，它不仅仅是19世纪下半叶的文学、修辞学、法学、哲学或宗教学的一个分支。20世纪的最近几十年，世界史领域才开始做上述的整体性研究，之所以开展得这么晚，一方面仅仅是因为忽视——因为人们丝毫没有了解到历史在时空上的巨大扩展，或者只是非常零散、表面化地了解历史甚至认为其不值得再研究；另一方面则是因为缺乏公认的可以组织和展现这些知识的基础。

　　人们正在迅速地排除这两方面的障碍。现在世界上几乎所有区域、所有时代都成为考古学家和历史学家充满活力且精细调查的课题。目前知识的增长、研究视角的转变及其多样化，明显超过了人们消化并综合记录它们的速度，这一点变得比以往任何时候都要真实。然而，人们能够而且必须去尝试整体掌握人类的过去。我们面对的世界正在飞速发展，并存在潜在的剧变，我们需要了解人类共同的历史。同时，我们不再像一个世纪以前"科学的"历史学先驱们那样，相信仅通过资料的积累就能够得到完全或明确的解释。因此，我们现在可以自由地发挥自身潜力。既然我们已经不再假设历史学家的任务就是以一种公认的形式去发现或宣布"历史的终结"，那么研究历史就不存在唯一途径，也不存在解决问题的金钥匙。撰写世界历史的方法正在不断丰富。最古老而简单的观点认为，对世界历史最正确的理解是将其看作从前彼此孤立隔绝的人之间相互接触的历史，有的人认为所有的变化都源自"接触"，目前看来这种观点似乎能够适用于从古至今的所有时代。现在流行将研究重点转向经济交流趋势,这种交流创造了自给自足并不断扩大的"世界",而这个世界维持着成功的政权和文化系统。另一种方法是试图通过对比价值观、社会关系以及权力结构构建的方式,来理解社会和文化之间的差异及其各自的特征。

"布莱克威尔世界史"并不是力求体现这些方法,而是支持和使用所有的方法,从而对整个人类历史作出现代的、综合的并且可理解的记述。本世界史的计划就像是一个木桶,在这里,通过各地之间相互交往的全球视角以及人们共同经历的巨大变革或相互征伐,把各地区长期发展演变的重要历史组装在一起。当然,每一卷,都反映了其史料和学科的特点,以及作者的判断和感受。为了将二十几卷综合在一起,必须提供能够观察到世界每个时代的历史框架,在这个框架中可以将任何时间、任何文化的人类活动的大多数方面作对比分析。框架提供了历史的全景,比较则意味着对差别的尊重,这是让认识过去为预见未来作出贡献的开始。

R. I. 穆尔

致　谢

在撰写本书的七年时间里,需要感谢的人很多,在此我只能对少数人正式表达谢意,希望没有被提及的人能够谅解。

鲍勃·穆尔先生首先建议我尝试写一部将俄罗斯和中亚联系在一起的历史。他是在读了我的一篇研究伏特加贸易的论文后提出这一建议的,恰巧这篇论文让他发现我对世界史有浓厚兴趣。当我认为蒙古和中国新疆要包括在内时,鲍勃也给予了支持;当我对所涉及内容的规模感到惶恐不安时,他坚信内容丰富、有概括性的历史非常重要,并且对作者来说意义重大。作为主编,约翰·戴维和特斯·哈维坚持认为,作者要在充分重视科研和保持攻关热情之间寻求平衡;他们对"布莱克威尔世界史"以及本卷书的努力和真诚预示着全套丛书能够成功完成。

最想感谢的机构是我教授俄罗斯史和世界史二十余年的麦考瑞大学。在本书的写作过程中,我获得了麦考瑞大学提供的几个阶段的进修假期以及两个研究基金的资助,能够在内欧亚大陆做广泛的考察。要特别感谢澳大利亚研究理事会资助了我三次研究考察。麦考瑞大学历史系同事间友好、使人振奋的学术氛围,使我在沉浸于中亚和蒙古史、世界史乃至最后"大历史"的时候,没有畏缩不前。

对于那些尝试做宏观、概括性历史研究的学者来说,知识的支援尤其重要,特别是在仍然将综合研究视为低层次初级研究的学科中。因此特别感谢我所不熟悉领域专家提出的建议和善意的批评,以及有意义的质疑。阿迪卜·哈立德和温·罗塞尔在很早的阶段就提出了建议,并附有很多参考书目。在写作的后期,我也得益于印第安纳大学杰出的中央欧亚大陆研究系和内陆亚洲研究所的学者给予的忠告、建议和批评,他们是亚历山大·奈马克、丹尼斯·赛诺、德温·德威斯、尤里和卢德米拉·布雷格尔,以及克里斯托弗·贝克威思。澳大利亚斯拉夫 语研究所学者小社团的成员鼓励我去完成最初看起来可能是不切实际的计划,这些学者有琳达·博万、斯蒂芬·惠特克罗夫特、哈里·里格比、利兹·沃特、格拉姆·吉尔、斯蒂芬·福蒂斯丘和约翰·米勒。最近成立的澳大利亚内陆亚洲研究协会的成员也给予我很大帮助,科林·麦克拉斯、刘易斯·马戈、沙赫拉姆·阿克巴尔扎德、比尔·梅利、伊恩·贝德福德、比尔·利德贝特、约翰·珀金斯、克雷格·本杰明、萨姆·刘、艾莉森·贝茨和赛文·赫尔姆斯都曾经阅读或评论写完的文稿。斯蒂芬·惠特克罗夫特最先鼓励我正式讨论"内欧亚大陆"的概念,杰里·本特利发表了关于这一概念的论文。同时,比尔·利德贝特提醒我应该注意早年对斯基泰世界一些概括性论述中存在的粗浅之处。正在壮大的"世界历史学家"协会成员杰里·本特利和特·伯克在本书写作的各阶段都给予热情鼓励,古普·古德布洛姆和弗雷德·斯皮尔也如此。亚历克斯·古文教我突厥学基础知识,阿奇·布朗友好地邀请我到圣安东尼学院做虽然短暂但是很有建设性的访问。1997年,乔治·布鲁克斯和戴维·兰谢尔邀请我在印第安纳的布卢明顿度过了十分有益而愉快的一个月。在牛津大学的两次短暂调研期间,该校斯拉夫语阅览室的图书管理员加卡罗尔·梅津斯帮助我查找一些很难检索的参考文献。在牛津大学图书馆工作过的斯拉夫语学者都会知道在卡罗尔管理的阅览室工作是多么愉快的事情。十分感谢海伦·拉帕波特帮我精心地复制和编辑很繁琐的手稿。

在此也要感谢在苏联和蒙古旅行期间热情接待我的好心人,他们是德米特里、卡蒂娅和维拉·什弗德科夫斯基、伊丽娜·多利娜、娜塔莎·斯科罗博加图赫、瓦列里·尼古拉耶夫、瓦洛佳·沃尔加和萨沙·帕弗连科、马拉·杜迪耶夫和迈亚·艾莉娜。

对于本书这样的项目,按常理要有一个声明(这里提到的任何人都不能代我承担工作不充分的责任)。一些同事提醒说,我在做一项不可能完成的工作,其实作为专家本应该接受建议。但是我没有接受这个忠告,或者说没能找出别的解决方案。

写一部主题复杂的巨著是很孤独的工作。我的母亲卡罗尔是作家,同时是我的第一位老师,这本书也是送给我母亲和父亲约翰的礼物,希望她能接受。如果我的父亲还在世,他看到这本书会很欣慰。如果没有夏尔丹、乔舒亚和埃米莉的支持,我就不会全身心地投入其中,更不可能完成写作。本书能够写成,要特别感谢他们的爱与陪伴。

大卫·克里斯蒂安

1998 年 2 月

目　录

第一部分　内欧亚大陆的地理和生态

第二部分　史前时代：公元前 100000－前 1000 年

第四部分　突厥、河中地区和罗斯：
500－1200 年

第五部分　蒙古帝国：1200－1260 年

图　目　录

图版目录

序　言

> 敕勒川，阴山下，
> 天似穹庐，笼罩四野。
> 天苍苍，野茫茫，
> 风吹草低见牛羊。
>
> 鲜卑[1]

一、界定内欧亚大陆

本书是关于俄罗斯和我称之为"内欧亚大陆"历史中的第一卷。本卷考察的内容，是这一广大而界限相对明确的区域从史前到 13 世纪蒙古帝国时期的历史。

虽然两卷书是独立撰写的，但是如果加上第二卷的话，两卷将给读者呈现出欧亚大陆草原核心地区从史前到现代的完整历史。内欧亚大陆包括苏联的大部分地区——俄罗斯共和国、乌克兰共和国、白俄罗斯共和国、摩尔多瓦共和国、波罗的海各国、俄罗斯在西伯利亚的辽阔土地和中亚地区，中国的新疆、甘肃、内蒙古，以及蒙古国。我没有将具有独特生态特征的高加索地区和青藏高原包括在内，虽然有人认为有理由将它们划入。

内欧亚大陆是组成欧亚大陆的两个明显有别的地区之一，作为其逻辑上补充的"外欧亚大陆"，包括几个水源充足、临海的次大陆，从欧洲到中东，再到印度、东南亚和东亚，排成一个巨大的弧形。稠密的人口最早出现于外欧亚大陆，世界上第一个城市和有文字的文明也出现于此。这些富裕而复杂的社会令历史学家们眼花缭乱，流传下来浩如烟海的文献也吸引着历史学家的注意力，也正因如此他们忽视了干燥而人烟稀少的欧亚大陆的

xvi 核心地带。现代史学的"罗格斯中心主义"（偏向于文字资料和有文字的社会）和"农业中心主义"（偏向于农业、城市文明）都将绝大多数研究精力集中于外欧亚大陆。本书描写的是地理学家 H. J. 麦金德称之为"腹地"的地区，地形以广袤的干旱平原为主导，拥有世界上最大的平原，麦金德称其为"大低地"[2]。本书讨论的主题是我们——属于大型哺乳动物的人类十万年间在内欧亚大陆的殖民和定居。

　　我曾经很想用现有的历史学名词来描写这一区域，但是很遗憾没有找到十分合适的词汇。麦金德提出的"腹地"一词很有魅力，但是如果联系到要反映出这一地区的地理、政治特征的话，我就无法接受这一定义。更有魅力的是丹尼斯·赛诺使用的"中央欧亚大陆"（或"内陆亚洲"）。在某一阶段，"中央欧亚大陆"和"内欧亚大陆"所涵盖的地域十分相似。尽管如此，我还是不得不割舍"中央欧亚大陆"这一定义。这主要有两个原因：首先，赛诺使用这个词主要是出于对文化的理解，用它来限定在任何时期被非农业居民所统治的这一地区。这就意味着"中央欧亚大陆"的边界是文化上的，而不是生态或地理上的，因此这一边界是可移动的。的确，赛诺认为"中央欧亚大陆"在最近几百年已逐渐缩小。这样的一个语义范畴使我们很难探索生态环境如何塑造了

xvii 农业和非农业社会，以及如何塑造了它们之间的长期关系。其次，"中央欧亚大陆"通常用作"内陆亚洲"的同义词，这使它与阿尔泰语系民族的研究有了紧密的联系，也使它与语言学的联系较生态学或地理学方面的联系更为密切[3]。

　　很多优秀历史学家在撰写这一广袤区域内的局部历史时，很少将这一区域看作独立的历史单元[4]。这主要是因为内欧亚大陆的各地区在语言、生态和文化传统方面的差别非常大，所以每个地区都吸引了不同的专家团队——考古学家、伊朗学家、畜牧业专家、察合台突厥专家、西伯利亚萨满教专家等。此外，文字资料十分贫乏，特别是关于大草原地区的资料，因此专家们不得不从难以理解、晦涩而且存有偏见的文献中摘取资料，或者依靠考古学或语言学研究来得到更多他们所需要的内容。这些困难造就出一些极其博学的学者，但同时也阻碍了人们开展综合性研究。因此，尝试写一部内欧亚大陆完整的历史，需要有充分的理由[5]。

　　撰写内欧亚大陆的连贯历史有两个原因。第一个原因，是我相信对于历史学家来说，用自己不熟悉的视角去观察过去的时代是最有用处的。虽然从

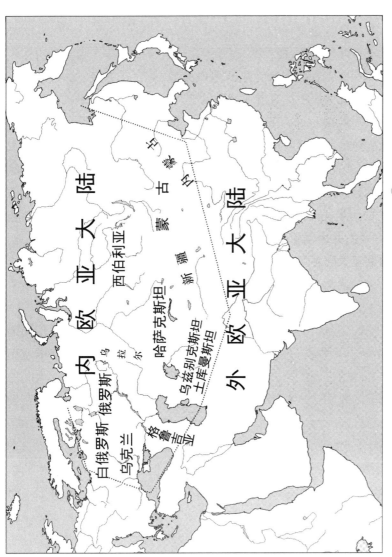

地图 0.1　内欧亚大陆和外欧亚大陆①

① 本书地图均系原著者插附地图。本书页下注均为译者所加，特此说明。

大范围的视角去观察历史,可能会忽略对于常规的研究视角来说很重要的一些细节和细微之处,但是这一方法也会揭示出其他研究方法所忽略的更大格局。例如,它可以为俄罗斯现代历史提供生态学和历史学的背景,而这正是很多常规俄罗斯历史研究所欠缺的。这种研究也能使人们关注从中国北方到巴尔干地区牧人和农业社会交往的大格局。

研究内欧亚大陆整体历史的第二个原因,是内欧亚大陆实际上是有连贯历史的区域[6]。尽管存在生态和文化的多样性,但是它有地理上的根本统一性,所以,内欧亚大陆的历史应有潜在的统一性。这意味着如果不以更大的背景视角去观察这个区域的每一部分,就不可能对每个部分有充分的理解。在这里没有必要固执地陈述这一逻辑。有非常好的理由来解释为什么历史学家将俄罗斯或中亚、蒙古、西伯利亚看作是有连贯历史的相互关联的区域。我只是提出,如果我们像历史学家研究"欧洲"或"非洲""印度"的历史那样去思考"内欧亚大陆"的历史,那么同样会获得丰富的成果。我将论证内欧亚大陆存在生态上的统一性,并由其塑造出该地区的历史、生活方式和政治。虽然我们还不能确认内欧亚大陆各部分之间的政治、思想或经济联系的连接点在哪里,但是它们的社会的确面对着相似的生态、政治和军事上的挑战,而且面对挑战所作出的反应也相似。

由于这些原因,我认为内欧亚大陆的历史不同于外欧亚大陆史。坦率地讲,我要表述的核心主张是,正是内欧亚大陆相对恶劣的生态环境,要求这里的居民有生态和经济以及政治及军事上的灵活机动策略,这与外欧亚大陆的居民有非常明显的差别。这些因素造就了从旧石器时代到20世纪内欧亚大陆历史的所有特征。

最后,我认为内欧亚大陆的历史非常重要。这种重要性在于这段历史本身,是由这一区域的社会规模和独特性所决定的。但是内欧亚大陆发生的事件也对外欧亚大陆有深刻的影响,这在20世纪是很明显的事实。内欧亚大陆在当时被世界上的两个超级大国之一的苏联所统治,这种情况也见于更早的时期。在几千年的时间里,中国、印度、波斯、美索不达米亚和欧洲的历史都受到来自内欧亚大陆不同地区的军事、政治、商业和文化方面的影响。内欧亚大陆的居民也拥有外欧亚大陆各地区的思想、商品和传统,这就能解释为什么尽管各地区之间有很大的差异,但是欧亚大陆的历史仍然保持了某种程度的统一性。撰写希腊历史的作家希罗多德,或者汉代的历史学家司马迁,只不过是首次写出内欧亚大陆历史重要性的人;但是考古学研究表明,这一区域的重要性可以更进一步追溯到史前时期。

二、主题和方法

过去的岁月是一个完整的宇宙,想掌握它是很天真且不合时宜的想法。然而,我们还要去尝试。涵盖如此巨大时空范围的一部书,必须做出无情的选择,任何作者都不具备完成全部工作所必需的知识和经验。作为训练有素的研究俄罗斯历史的专家,毫无疑问,我也会做出这样的选择。

虽然我提出采用一些新的研究视角,但这既不是指提供专家们没有见过的新资料,也不是说能够正确判断所能见到的大量前人研究成果[7]。特别是在内欧亚大陆历史方面,处理原始资料的工作极为艰巨。原始资料很分散,难以解释,而且多是用晦涩的语言书写而成。这是需要专家而不是综合研究者去做的工作,对考古和语言学材料的解释也如此。我将注意力主要集中于最近的研究成果,以及一些很常见的原始文献的现代编辑版本。我也使用了大量本书所涉及广大地域中每个地区的优秀专著文献,虽然专家们会很容易注意到有些应该参考的书没有采用,或者有些不该用的书反而被采用了。但是像本书这类专著,充其量只能综合每个领域的优秀常规性研究,同时尽量不忽视大量的细节性研究,不增加太多新的谬误。

然而,由于文献体量巨大,我们更注重总体趋势而不是具体细节。我希望通过宽广视野所呈现出来的清晰脉络,能够弥补丢失细节或小失误所带来的风险。而且,本书所揭示的总体趋势和规律常常是专家所忽略的。xix

我专注于几个相关联的主题。第一个是关于内欧亚大陆作为一个世界历史单元的独特性。"内欧亚大陆"是只有做宏观研究才能说清楚的历史课题,对其独特性的认识反过来也会积极推动该区域的微观研究。第二个主题转向生活方式与社会及政治结构之间复杂的辩证关系。内欧亚大陆的独特生活方式如何决定了在历史上占重要地位的较大社会和政治单元的形成? 反过来,这些大单元的历史怎样帮助人们保护或改造生活方式? 在这个区域中,是什么将家庭、部落和村社与国家和帝国连接在一起? 这也是马克思构筑其"生产方式"概念时同样感兴趣的辩证法。人们通常用以维持生存的技术(马克思所说的"生产力")与个体所处的社会和精神结构("社会关系")之间的关系是什么样的? 因此,虽然本书是一部关于社会历史的专著,但是它又不局限于此,本书探讨的是社会史的首要主题与传统史学所关注的国家结构之间的联系。

这些中心议题可以概括为一个重要问题：内欧亚大陆的生态条件怎样影响了生活方式和社会结构之间的关系，以及这一区域人们的生活方式和社会结构是怎样演变的？

三、论点

第一卷包括人类社会十万年的历史，第二卷仅涵盖 800 年的历史。第一卷描述我们人类首次向内欧亚大陆的移民，其后涉及新石器时代内欧亚大陆人群形成的独特生活方式，最后阐释在内欧亚大陆形成的同样独特的类似于国家状态的社会结构。

人类是在非洲大陆亚热带稀树大草原的温暖气候条件下演化而来的。这意味着早期人类能够在较寒冷的地域定居之前，必须在社会和技术方法方面做出某些适应性改变。内欧亚大陆即使是人类最容易接近的地区，也比从西、南、东三面环绕内欧亚大陆的水分充足的次大陆干燥且植被稀疏。在这一寒冷、干燥的腹地居住必须做出的适应性改变中，最关键的是对火的控制，选择集中狩猎而不是采集业作为获取食物和服装的主要手段，以及免受自然灾害的袭击。因为以上诸多原因，人类在内欧亚大陆定居的时间晚于外欧亚大陆，而且在这里定居的多数是利用动物而非植物的人群。因此，甚至早在旧石器时代，内欧亚大陆的历史就已经颇具特色。

xx

可能有早期人科成员偶然进入内欧亚大陆，但是在内欧亚大陆首次长期定居的人类，是距今约 10 万年末次冰期的尼安德特人。但是，尼安德特人在内欧亚大陆的定居是尝试性的，而且仅限于气候温和的南部边缘地带。从距今约 35 000 年开始，尼安德特人被现代人取代，后者掌握的技术和生活方式更加复杂，而且能更好地适应内欧亚大陆的严酷环境。在距今约 4 万年至 1 万年之间的旧石器时代晚期，内欧亚大陆出现了分布范围广泛的生活方式，其中有些方式明显是新型的。掌握了更广泛的技术而且具有发达的语言和表达能力的现代人，甚至在冰期就已经居住在内欧亚大陆更北面的西伯利亚等地区，其中一部分人又从那里到美洲地区开拓定居。

末次冰期结束于距今约 12 000 年至 1 万年间的气候显著变暖时期。随着气候变暖，大面积的林地遍布于内欧亚大陆的北半部，同时草原向南退缩。气候和生态的变化需要出现新的技术和生活方式与之相适应。在这个被迫进行尝试的时期,森林扩展到苔原地带和北极沿海,以及南部的草原地带,并出现了与之相适应的狩猎采集生活方式。最后,这里出现了以驯养动物为基础的生活方式。在内欧亚大陆的几个地区,这一生活方式刺激了人口的增长和人口稠密农业社区的出现,后者甚至在当时就已经开始在世界历史中占有重要地位。

新石器时代早期的农业社会在内欧亚大陆扩展得缓慢且艰难,它们最先出现于中亚南部的绿洲,然后是现代摩尔多瓦和乌克兰的林地草原①。但是在几千年间,农业社会只局限于内欧亚大陆的边缘地区,草原上出现了以驯养动物而不是种植植物为基础的生活方式。当农业成为外欧亚大陆新石器时代占统治地位生活方式的时候,畜牧业(特别是养马业)则成为内欧亚大陆新石器时代占绝对优势的生活方式。在大草原以北的森林地带,森林的生活方式与旧石器时代只稍有差别,并且一直延续到20世纪。

畜牧业是本卷要描述的主要生活方式,它使内欧亚大陆所有新石器时代的历史具有独特的风格。然而,牧民的生活方式从来都不是孤立存在的[8]。相反,内欧亚大陆新石器时代的历史首先是牧人与森林地区以农耕和采集为生的社会之间关系的历史,同时也是一部牧人与外欧亚大陆出现的强大农业社会之间关系的历史。

我们通常理解为“国家”的强大社会组织是这些矛盾关系的产物。内欧亚大陆不是具有“原始”国家结构的区域。在这里,以牧人社会形式出现的国家与内欧亚大陆南缘的农业社会有密切关系。而且内欧亚大陆出现的国家形态非常特殊,以至于很多历史学家曾经怀疑是否应该称之为国家。这些国家的运行方式不同于外欧亚大陆的强大国家,其历史也与众不同。因此,内欧亚大陆“国家形成”的时代也十分独特[9]。

然而,外欧亚大陆人口统计学的权重最终说明了一切。尽管内欧亚大陆的国家对邻近的外欧亚大陆社会有巨大的影响,但是外欧亚大陆对其影响更大。内欧亚大陆的国家主要是在外欧亚大陆产生的商业和军事压力以及机会的作用下形成的,它们的发展也在很大程度上依赖于外欧亚大陆的商业和意识形态的发展。因此,内欧亚大陆南部边缘辽阔边疆地带的历史在内欧亚大陆的历史中占据主要地位。正是在这一地带,内欧亚大陆的社会直接接触外

---

①　“林地草原”的原文为 wooded steppes。

欧亚大陆的军队、技术、思想、宗教、贸易商品以及居民,这一边疆地带成为内欧亚大陆历史的动力所在,而且这里发生的事件在内欧亚大陆的偏远地区都会产生深刻的连锁反应。

本卷书截止于 13 世纪,两个相互矛盾事态的发展标志着内欧亚大陆向新时代的转变。13 世纪蒙古帝国以惊人的速度崛起,似乎显示出牧人生活方式尽管有人口上的不利因素,但是仍然能够与农业世界的军事力量抗衡。回顾历史,我们会发现这很显然是一种错觉。最终,内欧亚大陆的牧人屈服于来自外欧亚大陆的人口、技术、经济和文化上的持久压力。中国的持久扩张,以及中亚地区、罗斯、立陶宛等内欧亚大陆内部出现的极具扩张性的强大农业国家,注定了牧人的失败命运。第二卷将描述当俄罗斯和中国的扩张主义者像一把大剪刀的两片刀刃一样剪向内欧亚大陆的草原和森林地带时,在农民和牧人及狩猎采集人群之间发生的持久且往往是孤注一掷的矛盾冲突。最后一部分将讨论资本主义对内欧亚大陆生活方式的影响,以及非凡的内欧亚大陆人对资本主义制度的反击。

---

xxii　**注释**

[1] 出自 6 世纪居住在蒙古和中国西北地区的鲜卑牧人诗歌的汉译版;Jagchid and Hyer, *Mongolia's Culture and Society*, p.10。

[2] Mackinder, *Democratic Ideals and Reality*, pp.73 - 4; "The geographical pivot of history", *Geographical Journal*, (1904), 23:421 - 37.

[3] Mackinder, *Democratic Ideals and Reality*; Sinor, "Central Eurasia".

[4] 几个综合性研究的尝试包括 Grousset 的 *Empire of the Steppes*,该书首次发表于 1939 年,现在已经过时了;以及 *Cambridge History of Early Inner Asia*(CHEIA),该书是一本论文集,其目标不是对这一课题做整体的系统研究。

[5] 对于内陆亚洲研究所面临的这些困难和文字文献的主要类型,在 Sinor, *Inner Asia: History, Civilization, Languages* 的第 5 - 9 章有很好的简要讨论,也见于 Sinor, "Central Eurasia"。

[6] 我在 Christian, "'Inner Eurasia' as a Unit of World History"中讨论了这一点。

[7] 参看 Sinor, *Introduction à l'étude de l'Eurasie Centrale* 或者 Bregel, *Bibliography of Islamic Central Asia*,就可以想象得到我们能找到的关于内陆亚洲和中亚的资料的数量。

[8] 这是 A. M. Khazanov 的 *Nomands and the Outside World* 关于放牧畜牧业的基础性研究

的中心观点。

[9] Christian，"State formation in the steppes"。

延伸阅读

"内欧亚大陆"不是常规历史探索的对象，因此很少有与本书涵盖范围相同的常规历史研究。与本研究最接近的是 *Cambridge History of Early Inner Asia*，在注释中用 CHEIA 代表，该书由当代内陆亚洲研究开拓者 Denis Sinor 编辑。Sinor 对"中央欧亚大陆"或"内陆亚洲"的定义与本卷书所采用的"内欧亚大陆"的概念接近，但是还没有接近到足以提供更好的名称（见 Sinor，"Central Eurasia"）。但是，*Cambridge History* 是由很多方向的专家撰写的相互独立的论文组成，而本书则是尝试对"内欧亚大陆"历史做出统一的解释。无论如何，*Cambridge History* 是一部基础性参考文献，而且包含非常宝贵的参考书目。Sinor，*Inner Asia: History，Civilization，Languages: a Syllabus* 虽然稍有过时，但是仍然提供了对内陆亚洲研究最好的简要介绍，而且还包括很有用的简短参考书目和对资料的讨论。*Inner Asia and its Contacts with Medieval Europe* 是 Sinor 的很有价值的论文集。"内欧亚大陆"的概念应该是 Mackinder 的著作 *Democratic Ideals and Reality* 中的观点，他指出了内欧亚大陆和外欧亚大陆之间地貌和气候的主要差别。在我的"内欧亚大陆"概念中，尝试将这一区域界定为一个历史实体。

有几部历史著作包含了即使不是全面的，但也是大部分的本书所研究的地域。大家最熟悉的关于欧亚大陆草原历史的专著是 1939 年出版的 Grousset 的 *Empire of the Steppes*，这本书现在虽然过时了，但是仍然值得一读。Teggart 的 *Rome and China* 同样年代较早，书中探索了欧亚大陆草原两端历史之间的相互关系；还有 Mc Govern 的 *The Early Empires of Central Asia*，专门研究匈奴和匈人。年代更早的书是 Huntington 的 *Pulse of Asia*，为牧人的迁徙提供了气候上的解释，这一解释影响了 Arnold Toynbee 的研究。最近关于欧亚大陆草原的历史著作是 Klyashrornyi and Sultanov，*Kazakhstan*；Kürsat-Ahlers，*Zür frühen Staatenbildung*（使用了 Norbert Elias 的理论）；Kwanten，*Imperial Nomads: A History of Central Asia，500 - 1500*。Golden 的 *Introduction to the History of the Turkic Peoples* 掌握了非常新的资料，但是资料的范围远远超过其标题的界限。Khazanov 对放牧畜牧业的基础性研究——*Nomads and the Outside World* 虽然不是一部严格意义上的放牧畜牧业历史，但是所涵盖的时段很长。该书对牧人和农耕社会之间紧密联系的分析，意味着未来关于内欧亚大陆的历史研究不能仅关注牧人世界。Barfield 的 *The Nomadic Alternative* 是一部关于游牧的放牧畜牧业很好的教科书。典型的研究内欧亚大陆放牧畜牧业的现代方法出自 Gary Seaman 编辑的论文集 *Rulers from the Steppe，Ecology and Empire*，以及 *Foundations of Empire* 中的论文。在 Unesco 的 *History of Humanity* 中也有很多涉及本书所包含论题的简短而新颖的好论文，该书的三卷本涵盖了直到 17 世纪的所有时代。

有几部关于内欧亚大陆重要组成部分的大型历史书。在东部地区,Owen Lattimore 的开创性研究目前在某些方面已经过时了,但仍值得一读,特别是 *Inner Asian Frontiers of China* 以及 *Studies in Frontier History*。近年对蒙古边疆的重要研究是 Barfield, *Perilous Frontier*,以及 Jagchild and Symons, *Peace*, *War and Trade along the Great Wall*。Jagchid and Hyer, *Mongolia's Culture and Society* 的研究涵盖面也很大,但是更多的是使用社会学和民族学的方法。在中部地区和伊朗边地,Barthold 的开创性研究,尤其是他的 *Turkestan down to the Mongol Invasion* 很有价值。他还有一部苏联版的十卷本论文集 *Akademik V. V. Bartol'd: Sochineniya*。最近,Richard Frye 撰写了几部这一地区的一般性历史著作,包括 *The History of Ancient Iran*, *The Heritage of Persia*, *The Golden Age of Persia*,以及 *The Heritage of Central Asia*。Hambly 的 *Zentralasien*(英语意思是"中央亚洲")也很有价值。Altheim 的 *Attila und die Hunnen* 的某些方面已经过时了,有的观点有些古怪,但是研究范围比书名要广泛得多。中亚历史学家写的一部有影响的俄文调查历史是 Gafurov 的 *Tadzhiki*。该书有内容广泛的参考书目,而且 1989 年版收入了 Litvinskii 的一篇长论文,文中新增参考文献和对近年研究的描述。最近的一部很重要的文献是已经出版了三卷的 *History of the Civilization of Central Asia*(注释中简写为 HCCA)。我们也可以参看 *Cambridge History of Iran*。现代对内欧亚大陆西部的研究倾向于关注罗斯的早期历史和史前史,或者关注巴尔干边地的历史。内容最广泛的是 Vernadsky 的 *Ancient Russia*, *Kievan Russia* 和 *The Origins of Russia* 等几部书,以及 Dolukhanov 在 *Early Slavs* 中的最新研究成果,该书中的几个章节有关于内欧亚大陆西部史前史很有价值的内容。虽然多卷本的苏联历史 *Ocherki istorii SSSR* 的研究方法和一些资料在今天看来已经严重过时,但是仍然有借鉴意义。Sinor 的 *Introduction à l'étude de l'Eurasie Centrale* 是对 1961 年以前发表的关于内陆亚洲的语言和历史资料极好的导读。在 Sinor 的 "Central Eurasia" 中提供了简要的资料指南,包括一些 1969 年以前发表的资料,在 Sinor 的 *Inner Asia* 中还有进一步的导读。Bregel 的 *Bibliography of Islamic Central Asia* 有关于前伊斯兰时期的文献概览。Moravcsik 的 *Byzantinoturcica* 是关于拜占庭边地的居民以及相关资料的极为重要的指南。

第一部分

内欧亚大陆的地理和生态

第一章　内欧亚大陆的地理和生态

一、内欧亚大陆的定义

内欧亚大陆和外欧亚大陆之间的界限在哪里？有的地区容易确定,而其他地区则很难确定。

沿着内欧亚大陆的南缘,连绵的山脉提供了天然的界限。从巴尔干、高加索、波斯、阿富汗到中国北方,有几处天然的通道打破了这一界限。在西面和东面,内欧亚大陆的边界是生态上的界限而非地形上的界限,而且这一界限不是十分明确。匈牙利、罗马尼亚和波兰包括在内欧亚大陆以内吗？中国东北地区或鄂尔多斯地区属于广义的黄河流域吗？对于这些问题没有必要给出精确答案。我们可以把这些地域直接描述为边地。它们有时属于内欧亚大陆,有时属于外欧亚大陆。西藏和高加索山脉不属于内欧亚大陆,这两个地区的生态与内欧亚大陆的差别很大。东欧的普里皮亚特沼泽以西也不属于内欧亚大陆,那里的地形、生态、植物、气候有明显的变化,沼泽以东则有一致的地形和气候。正如一位著名的地理学家所写的:

> 不管海洋性和大陆性气候的边界有多么不确定,但肯定会是在一种非常相似的地带。……广袤的东西向延伸的植被和土壤带,本身就是地形和气候统一体的产物,在这个边界带它们停止了脚步,向西面让位于另外一种模式。在这里到处都发生了改变,基岩、堆积物、地貌、倾斜角度和高度的变化在植物和土壤方面都有反应[1]。

更向北面,苔原和北冰洋成为像内欧亚大陆南面的山脉区域一样清晰的界限。

4

我们使用"内欧亚大陆"和"外欧亚大陆"这两个术语的好处之一是,它绕开了古老但是容易引起误导的对亚洲和欧洲的划分,而且这一划分是以欧洲为中心的。古典世界的地理学家第一次将区分欧洲和亚洲的界限定在博斯普鲁斯海峡和更北的塔奈斯河,即今天的顿河[2]。当地中海社会的地理学家开始认识到顿河完全不是一个分界线时,欧洲和亚洲之间的区分已经扎下了深厚的根基,因此,地理学家们仅仅是找到了一个新的边界,而不是否定原来的欧、亚两洲划分观点。最后,大多数人接受了18世纪俄罗斯地理和历史学家V.N.塔季什科夫的建议——将欧洲和亚洲的界限放在乌拉尔山脉[3]。很明显,这个完全人为的界限在历史文献中一直保留到今天。

当然,也曾有不同的声音。在俄罗斯地理学界有很多人尝试界定出自然的俄罗斯国家区域。对于我们来说,最感兴趣的是一个流亡的俄罗斯地理学家和史学家团体,即我们所知道的"欧亚大陆学家"。欧亚大陆学家认为,他们提出"欧亚大陆"概念,是因为它具有地理和文化背景方面统一且不可分割的特征[4]。在这里,我已经不使用"欧亚大陆"这个术语,因为它在逻辑上更属于整个欧亚大陆所有陆地的意思。

内欧亚大陆本身在气候、地形、生活方式、语言和宗教方面都有巨大的差异。然而,在历史的分析中,可以将整个地域看作一个独立、一致的单元。该地区的地理和生态塑造了它从史前到现代的历史,这体现在需要用特定的方法去解决这里出现的问题。

二、内欧亚大陆的主要地理特征

(一)自然地理

内欧亚大陆地理上的一致性,在世界自然地理地图上表现得最清楚。它最主要的地理特征是广袤的平原——世界上最大的连贯一致的平原地区。俄罗斯伟大历史学家克柳切夫斯基对其祖国的描写就是大部分内欧亚大陆的真实状况:"'一成不变'是(俄罗斯)地貌的主要特征:几乎所有范围内都是一样的地表形态。"[5]虽然在内欧亚大陆范围内有几处山区,特别是在东西伯利亚、蒙古和中国新疆,而且东西伯利亚的大多数地区像蒙古一样是一片广袤的高海拔台地,但是这些地区没有一处能够明显阻碍人的移动。

内欧亚大陆平原是不同大陆板块经过漫长地质时代的碰撞和融合而集合

在一起的。在地理历史上，这个平原最重要的事件是两块巨大的大陆板块，或者称稳定板块(cruton)的结合，即在约25 000万年前的二叠纪，西伯利亚和俄罗斯"平台"的结合。这一过程留下的仍然可见的疤痕是乌拉尔山脉，地理学家称之为"缝线"。

内欧亚大陆平原的平坦地形对该地的政治、文化和军事有巨大的影响。在陆军占统治地位的年代，山脉或海洋这样的自然地貌是军事扩张的主要屏障。就像英吉利海峡能解释为什么不列颠是一个自然的政治单元一样，缺少这样的屏障也能有助于解释最后在内欧亚大陆出现的文化、商业和政治组织的规模。成功的军队，如蒙古军队从东面席卷大草原，或者俄罗斯的军队在17世纪席卷了西伯利亚，在他们到达内欧亚大陆的西面、南面或东面界限之前，没有遇到任何明显的自然屏障。内欧亚大陆因而成为军事史上的自然单元。同时，因为在过去的2 000年里，内欧亚大陆曾经出现了面积最大的陆上帝国，它因此也是一个政治史的自然单元。这种平坦也可以解释为什么早在史前时期，就已经形成了跨越遥远距离连接内欧亚大陆不同地区的贸易、思想、宗教和部落移民的网络。巨大的内欧亚大陆帝国由在文化、商业和政治上已经有很多共性的诸社会构成。

（二）生态

内欧亚大陆的生态可以界定出三个主要特征，即内向性、北方性和大陆性。

首先，内欧亚大陆是内向性的。它的西、南和东边都远离海洋，而且其漫长的北冰洋海岸线在一年的大多数时间里都是冰封的。因此，内向性意味着干旱。从大西洋刮来的暖湿气流在到达内欧亚大陆西部以前已经失去了大部分的水分。在冻土地带以南，今天的平均年降雨量不到250毫米；中亚的大部分地区、中国新疆和蒙古，年降雨量是250毫米至500毫米。这里因干旱而只能靠灌溉维持农业。在这些地区北部和乌拉尔东部，有一些地方年降雨量超过500毫米，它们沿着俄罗斯平原的西部边缘分布。相反，欧洲的大部分地区、地中海北部、印度、东南亚和中国则年降雨量在500毫米以上。内欧亚大陆相对的干旱产生了突出的生态后果，因为降雨量（更严格地说，是降雨量与蒸发量的比率，即"有效湿度"）是植物总量以及由此产生的潜在食物产量的决定性因素。在内欧亚大陆北方的苔原和森林地带，由于寒冷而使蒸发减少，这抵消了降雨量的缺乏,因此在这里干旱引起的问题要比更南面的地方少得多[6]。

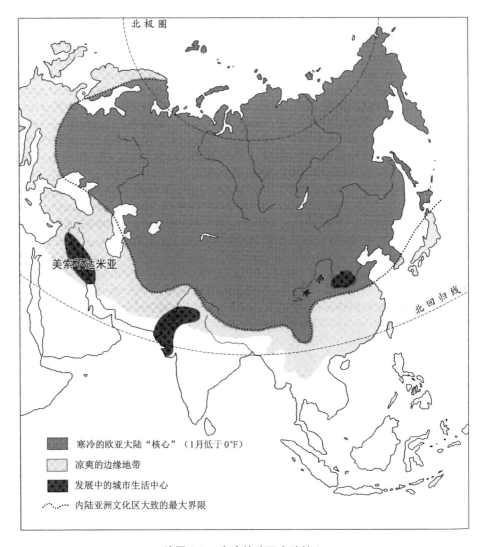

地图 1.1　寒冷的欧亚大陆核心

　　其次,内欧亚大陆是北方性的。圣彼得堡的位置接近北纬 60°,与斯德哥尔摩和奥斯陆连成一线。阿拉斯加的首府安克雷季仅比圣彼得堡靠北 2°。内欧亚大陆的南部,在北纬 40° 至 50° 之间的地区,与地中海北岸和中欧的纬度相当,但是降雨量很少,气候很极端,是广袤的草原和寒冷的沙漠地区。虽然这里是内欧亚大陆史前时期最早有人类居住的地区,但是比最早出现文明的埃及、美索不达米亚、印度北部和中国的纬度更靠北。

　　纬度较高意味着更低的平均气温和更少的阳光。反过来,纬度影响大气的平均温度,因为纬度每升高1°,平均气温即下降0.5℃。人们的一个重要的感觉是内欧亚大陆比外欧亚大陆冷。因此,像一位作家曾经写的:"在欧亚大陆中部,主要的季节是冬季。"麦金德对此是这样描述的:

　　　　有一种显著的自然环境将"腹地"紧密地连接在一起;尽管在波斯山脉的边缘可俯瞰炎热的美索不达米亚,但是整个腹地在冬季都被积雪覆盖。1月份平均冰封线从挪威的北角向南,正好在挪威海岸岛屿的"护卫"范围内,通过丹麦、穿过中部德国到达阿尔卑斯,再从阿尔卑斯沿着巴尔干地区向东延伸。敖德萨湾和亚速海每年都结冰,波罗的海的大部分也如此。在隆冬时节,就像在月球上所能看到的,一个巨大的白色毯子覆盖着腹地的大部分地区。

　　更糟糕的是,在内欧亚大陆的大部分地区,既干旱又寒冷,因为冬天的夜晚云层覆盖的区域有限,使大地失去了隔热层[7]。

　　纬度也决定了地表接收太阳光的总量。由于太阳光是生物界新能量的主要来源,到达任何特定地域的太阳光总量都是计算该地维持生命能力的基本尺度。太阳能通过光合作用被生物界所吸收,光合作用维持了处于大多数食物链最底端植物("初级生产者")的生长,而初级生产者占所有有机体约99%的成分。同样,太阳光的量决定植物的总量,后者则决定着动物和人类的数量。

　　纬度也影响降雨量。温暖的赤道气流携带上升的水汽,在它们从赤道向南、北方向运动的过程中,上升气流下降。最后,当气流运行到约北纬30°时,大部分水分已通过降雨而消失了,因此世界上绝大多数的沙漠都出现在这里。在内欧亚大陆,向南的山脉边界加重了这一作用,因为山脉将含水汽的云层抬得更高,使它们凝固产生降雨而失掉一些水汽。因此,沿着内欧亚大陆的最南部分,分布着连成一串的沙漠和干旱草原。

　　内欧亚大陆的平坦和面积广阔造就了其第三个特征:气候的大陆性。在沿海地区,海洋使温度的变化更柔和,因为海洋较陆地吸热慢,散热也慢。巨大的陆地能够产生更极端的气温波动和更严酷的气候,内欧亚大陆正位于世界最大大陆体的腹心地带。在内欧亚大陆,普遍存在的西风带在到达乌拉尔山时已经变弱到无法使气候变温和。这样,越向东前进,夏天和冬天的温差越大;越向东,干旱和极端气温出现频率越高。因此,一条从西北向东南的对角线界定了生长期不足 90 天地区的界限,这也标志着一半以上的内欧亚大陆是北极的或亚北极的气候[8]。在生长期不足 90 天的地区,很难有严格意义上的农业存在(太平洋沿岸地区存在特殊的例外情况)。

在内欧亚大陆,最宜人的气候见于这一 90 天生长期分界线西部的南面。越向东,牧场变得越干旱,农业就越困难,这产生了重要的从西向东气候和生态的梯度变化。在这条线东半部的南面,为半干旱或干旱气候,有有限的降雨、温暖的夏天和十分寒冷的冬天。蒙古的冬天酷寒,每年有 6 个月平均气温在零度以下。蒙古上空相当稳定的高气压加剧了这里的严寒。事实上,内欧亚大陆东半部的气候是全球气候中大陆性最强的。

8　　　大陆性意味着从夏天到冬天的气温曲线波动大,有时一天内也如此。方济各会的修道士约翰·普拉诺·卡尔皮尼,对 11 世纪中叶他在哈萨克斯坦和蒙古旅行时所遇到的天气作了如下描写:

> 天气变化惊人地没有规律,因为在盛夏,……惊雷和闪电导致很多人死亡,同时也会下大雪。也有酷寒的、非常猛烈的风暴,以至于男人有时要很费力才能骑在马上。当我们来到"皇帝及其大臣的营地"时,由于风太大我们只能平躺在地上,清晨的浓雾使我们几乎看不见东西。冬天从来不下雨,但夏天常下雨,尽管雨量很少,有时连草上的尘土和草根都没有打湿。那里也经常下很大的冰雹。……夏天忽冷忽热。冬天有些地方下大雪,而别的地方却是晴天[9]。

(三) 地理的影响

干旱、纬度偏北和大陆性的气候合并在一起,塑造出严酷的人类居住环境。寒冷的内欧亚大陆北半部的主体是林地,这里的"初级生产力",即储存在植物体内的太阳能总量是最高的[10]。南半部的草原地带和沙漠地带储存的太阳能总量非常低,从约公元前 4000 年到成吉思汗时期,内欧亚大陆的大多数人口都居住在这里。因此,内欧亚大陆定居人口较稠密的地区具有生态生产力较低和不易得到食物能量的特点。仅在南部有例外的情况,即生态的"热点"地区,这里温和的气候、肥沃的土壤和充足的降水或河水有利于农业高产。除了这里以外,没有任何地方能够改变普遍存在的现实,即内欧亚大陆的绝大多数人类可以到达的地方,生态资源都较外欧亚大陆的大多数地方更为贫瘠。

内欧亚大陆和外欧亚大陆平均自然生产力的差别是巨大而持久的。就像本书所要揭示的,在漫长的历史时期,这一差别以强烈的方式塑造了内欧亚大陆的历史。

内欧亚大陆严酷的生态环境带来的最明显后果是较低的人口密度。直到最近,内欧亚大陆的大多数地区仍然缺少作为外欧亚大陆城市文明基础的人口密度。20 世纪 80 年代早期,全苏联的人口密度不足每平方公里 12 人,人口最多的西乌拉尔地区是每平方公里 50 人。相比之下,英国是 229 人/平方公里,现代印度是 182 人/平方公里[11]。沿着中国的北部边疆,人口密度的差别极为明显。1940 年,欧文·拉铁摩尔估计中国长城以内大约 150 万平方英里的土地上居住着 4 亿至 5 亿人口;而在长城以外与中国交界的内欧亚大陆边地(包括西藏),人口最多只有前者的十分之一,其面积却是前者的两倍[12]。欧亚大陆的历史在很长一段时期内都存在边界内外人口密度差别明显的情况。

较低的人口密度也许仅能证明内欧亚大陆对于世界历史上的大多数地区来说一直是边缘地区,可以说与北美平原相当。然而,它位于欧亚大陆腹地的位置使其起到了更加显著的历史作用。连接几个外欧亚大陆文明的大多数陆上通道都经过内欧亚大陆,所以内欧亚大陆所发生的事件会影响到外欧亚大陆,反过来,这一区域的历史对外欧亚大陆的历史节奏也有相当大的影响。尽管当波斯或中国这样的外欧亚大陆帝国控制商路的大段路线时,商贸非常兴旺,但是内欧亚大陆帝国控制商路时则为其最繁盛时期。第一个广袤的草原帝国与第一条穿越内欧亚大陆的繁荣商路同时出现,这条商路被汉朝和草原游牧民族所控制。如同姆克内尔所反映的,这些联系为建立统一的欧亚大陆流行病学体系奠定了基础[13]。6 世纪的突厥汗国第二次创造了跨越欧亚大陆的政治联系,13 世纪的蒙古帝国创造了第三个囊括大部分欧亚大陆的经济、文化和流行病学体系[14]。蒙古帝国的出现,使得欧亚大陆范围内的交换成为可

9

能,促进了整个欧亚大陆经济和文化的发展,对欧洲资本主义的兴起作出了重大贡献。

内欧亚大陆的社会以其他的方式冲击着外欧亚大陆文明。虽然通常缺乏统治外欧亚大陆的资源,但是内欧亚大陆的军队非常强大,而且常常窥探机动性较差国家的弱点。一旦发现了弱点,他们就强迫对方纳贡,有时甚至会取代外欧亚大陆的统治阶层。

几千年来,内欧亚大陆的向心性确保其在旧大陆的历史中扮演了重要角色,也塑造了新兴的欧亚大陆世界体系的历史。因此,尽管人烟稀少,内欧亚大陆却并不是像埃里克·沃尔夫所说的,是一个"没有历史"的地区[15]。

与外欧亚大陆的关系也对内欧亚大陆有深刻的影响。外欧亚大陆的贸易商品、技术、生活方式、移民、宗教和军队都影响着内欧亚大陆的社会。由于内欧亚大陆自然和人口资源有限,面对外欧亚大陆的挑战时通常需要不断增强战争和贸易两方面的机动能力。尽管内欧亚大陆南半部的自然资源有限,但不论这里的居民愿意与否,他们都命中注定不会生活在历史上与外界隔绝的地方。

正是生态资源的贫乏和与外欧亚大陆非常强大的邻居打交道这两者结合

10 在一起,影响了内欧亚大陆历史的诸多方面。这一结论揭示了一种将内欧亚大陆历史特征抽象出来的方法。这些塑造了内欧亚大陆历史的社会之所以能够存在,是因为它们成功地找到了将自然生产力相对低下地区稀少的人口和贫乏的资源集中或调动起来的方法。

调动恶劣环境下的贫乏资源的压力激发了人们进化出一种独特的生态适应性,围绕每种适应性都出现了独特的生活方式和社会结构。在本书所涉及的时代,主要有两种适应性改变:旧石器时代的狩猎业和新石器时代的畜牧业。在当今时代,内欧亚大陆的社会接受了外欧亚大陆的农业以及后来的工业生产方式。然而,即使这些变化也是以独特的形式发展起来的,这种形式反映了内欧亚大陆特殊的生态特征。

三、内欧亚大陆内部的分区

虽然内欧亚大陆的土地有很强的一致性,但是它们在生态、生活方式和文化方面却存在很大的差别。内欧亚大陆呈巨大的东西向长方形。这里的谷物大致沿着与纬线平行的方向分布,只是由于平均气温等地理特征,谷物分布带东侧越来越向南倾斜。如果沿着内欧亚大陆的巨大东西向轴线旅行(就是那种坐在穿越西伯利亚火车上旅行的经历),你会面对相似类型的植物和气候。如果要看不同的生态带,你必须进行南北向的旅行。

植物处于食物链的最底层。在内欧亚大陆的四个主要生态带值得注意:由北向南,分别是苔原、森林、草原、沙漠。

(一)生态带

1. 苔原

沿着内欧亚大陆的很多北部海岸分布的苔原带,向南一直延伸到北冰洋海岸以南 200 英里的地方,在东面它向南延伸得更远。这一地区一年中只有半年的时间日平均气温高于零下 10℃。只有夏天的两个月至两个半月是无霜期,一年中有积雪覆盖的时间几乎达 250 天。苔原带非常寒冷,土壤的底土全年都冻结成"永久"冻土,有时达到了十足的长眠。由于这么多的水分被锁定在永久冻土或雪中,很少能够提供给植物生长,所以苔原带是一种冻土的沙漠。它的植被由耐寒苔藓、地衣、薛草和低矮乔木和灌木组成。这些古老形态的植被只能维持数量较少的啮齿动物、狐狸和种类很少的鸟类,以及一些像狼、驯鹿这样较大动物的生存。在沿海地区,有鲸、海象和海狮。虽然人类居住在苔原带上已经至少 2 万年了,但是苔原带上有限的资源从来没有维持过密集的动物或人类生存,因而一直到最近的时代,这一地带仍然只能在内欧亚大陆历史中扮演着次要角色。

下面的文字出自一位传教士,他大约在 19 世纪 50 年代居住在北纬 70°的科累马河边的尼兹涅克雷马斯克,在他的叙述中提供了一些对西西伯利亚极北地区生存条件的认识。寒冷在这一地区绝不是仅有的危险。永久冻土意味着在短暂的夏天,当土壤上层的几英寸软化了的时候,土壤中的水分仍然不能排干,这为昆虫的繁殖创造了理想的条件。

除了暴风雪,还伴随着不变的潮湿,同时还有要持续九个月的寒冷冬天(一个最不好的组合)。之后的两个半月像洗澡一样特别潮湿,从很厚的沼泽中释放出潮气,空气中有极小的蚊子等嗜血昆虫组成的无所不在的雾。由于这些昆虫的存在,当地土著人不论在室内还是室外,昼夜都不得安宁。更有甚者,夏天太阳不落山——这景象描述起来很奇特,但是实际上却很单调。一年的平均气温是零下 10℃,十二月和一月则低于零下

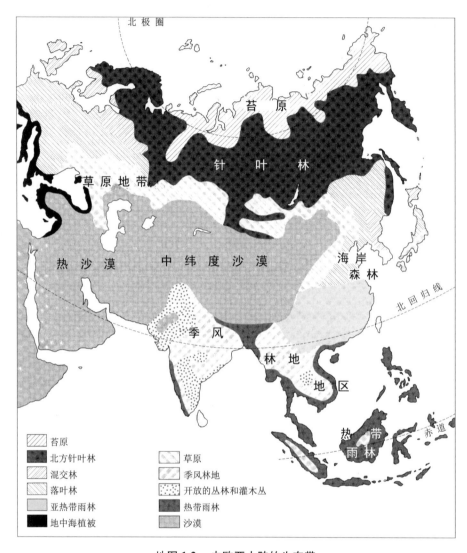

地图 1.2　内欧亚大陆的生态带

37℃。冬天寒冷、潮湿、黑暗,太阳升不起来。植物很少,你甚至找不到冷杉和松树;桦树变成了侏儒,桤树变成了低矮的灌木,高大的西伯利亚雪松也变成了侏儒[16]。

2. 森林

苔原带以南是森林。最北面的森林构成巨大的针叶林带,即所谓的泰加林,从斯堪的纳维亚延伸到白令海。西部的针叶林以南,分布着落叶针叶混交林带。在更西面,在混交林以南是温和的落叶林,呈楔形从欧洲嵌入内欧亚大陆平原,不断向东延伸,到乌拉尔缝线时几乎缩小成一个点。这些森林地带组合在一起构成了世界上最大的森林覆盖区。

内欧亚大陆的大森林出现于晚冰期的末期,从距今约1万年前开始。从那以后,森林以及流过森林的河流提供了很多不同种类的资源,包括鱼、肉、皮毛和衣料。然而,这里的土壤通常较薄而且是酸性灰壤。森林覆盖阻碍了水分的蒸发,因此,降水从土壤中排走时带走了养分。这可以部分地解释为什么森林地带农业发展得比较慢,而且常常用树木本身作为肥料。瑞典的农民在森林中清理出土地并将树焚烧掉,之后再将种子种入灰烬中,一旦土地肥力耗尽就转移到别处。乌拉尔以东林地的大多数冰期以后的社会都不以农业或园林业为生,而是以利用当地的动、植物资源为生。他们放牧或猎取驯鹿,在中国东北地区和远东还利用鹿甚至老虎。他们也猎取当地的紫貂、狐狸、貂、貂鼠、松鼠的皮毛,这些皮毛厚重、暖和,或许还可以用于与森林地带以南的人做交易。西伯利亚广大的河流系统提供了贯穿泰加林的主要交流通道。虽然大多数河流都是向北流的,但是它们的支流以及结合陆上运输,提供了从乌拉尔到太平洋的路线。17世纪俄罗斯的商队和士兵控制西伯利亚时,就是沿着这一路线行进的。

19世纪40年代,在俄罗斯欧洲部分旅行的德国旅行家巴龙·哈赫肖森生动地描写了他穿过泰加林到沃洛格达北部旅行时所见到的遍布森林的北方:

> 延伸出来的森林从苏霍纳河发源处进入广袤的大地。在遍及远至韦里基·尤斯廷德的整个地区,无边的森林下降到接近河流处,到达苏霍纳河的两岸;但是在不低洼且肥沃的地方,河的两岸都分布着村庄,通常是四个或六个靠在一起。这些地方的部分森林被砍伐掉,土地被充分开发为耕地[17]。

历史学家克柳切夫斯基在19世纪末所描写的针叶落叶林地带,在历史上是俄罗斯文化的腹地:

即使在 17 世纪,对于从斯摩棱斯克到莫斯科旅行的西欧人来说,俄罗斯展现出来的是无边的森林,城镇和村庄仅仅是或大或小地占据了森林的地方。即使到了今天(19 世纪末),以浅蓝色的森林带为边缘的广阔地平线,仍然是俄罗斯中部最常见的风景。森林给俄罗斯人提供了经济、政治甚至道德方面的很多内容。他们用松木或栎木建筑房屋,用桦木或山杨木取暖,用桦木条照明;他们穿用椴树皮制成的靴子(lapti);他们利用木材或树皮制作日常用具。森林成为人们躲避山上和城堡里敌人的避难所。国家(罗斯)开创者失败的原因是太靠近草原,它只有在森林的保护下才能繁荣[18]。

对于更南面的区域来说,森林资源具有很高的商业价值,然而与此相反的是,在内欧亚大陆的历史中林地几乎像苔原带一样被边缘化,直到俄罗斯的出现及其在最近几个世纪开发西伯利亚丰富的矿产和森林。虽然我们将尽量不忽视内欧亚大陆森林地带的社会,但是在本书中其历史将不会像南半部内欧亚大陆无森林地区的那样得到充分展现。

3. 草原

第三个地带由干旱的草原组成。

虽然草原是连在一起的,但是也可以划分出三个主要的地带。西部草原从匈牙利向南延伸到乌克兰、黑海北部,到达乌拉尔和里海之间的缺口。中部草原包括北哈萨克斯坦,向南延伸到中亚的南部,在那里没入沙漠。在阿尔泰和天山山脉之间的准噶尔山口通向北疆和蒙古的东部草原,沿着戈壁沙漠的北缘到达中国东北地区西部边境的大兴安岭山脉。

内欧亚大陆的草原是广袤的沙漠和草原地带的一部分,这个地带从非洲西北部穿过旧大陆的正中心,延伸到东面的中国东北地区。在中亚,草原的触须深入阿富汗和伊朗,因此这里与外欧亚大陆生态的界限没有在中国或东欧的边界那样清晰。草地通常分布于温和的森林和沙漠之间的过渡地带,在这里有充足的降水供草生长,但不足以维持树木和森林。草原地带年平均降水量是 250 – 500 毫米,最西边和东北地区的降水量较高,蒙古和中国新疆的降水量最低[19]。

草地提供给人类的食物很少,因为人类不能直接消耗纤维素。虽然这些草地的土壤通常是经过几千年与草原野草混合而成的肥沃的黑钙土,但人类在 19 世纪之前并不能在这里大规模耕作。又厚又硬的草皮和飘忽不定的降雨使人们很难在草原上耕种。直到很晚的时代草原才被间接开发,狩猎或放牧食草动物的社会能够将草原的野草转化成奶、血、肉、兽皮和畜力。对于狩猎或放牧的社会来说,草原能让其非常自由地移动,几乎像在海上航行一样自由自在。

19世纪从基辅到图拉一线以南旅行的亚赞、卡赞和尤法,发现他们处于林地草原的过渡地区,这一过渡地区向南延伸到基什尼奥夫、萨拉托夫和乌拉尔的南端。哈赫肖森第一次从位于伏尔加河左岸高地的下诺夫哥罗德市的城堡中看到林地草原。

> 两个河流的交汇处(奥卡河和伏尔加河)有壮观的景象,河岸边有城镇和几个村庄。但是在这些美丽前景之后是深入地平线的广袤而平坦的平原,平原上密布茂盛的树林。这是俄罗斯风景中最常见的特征:前景漂亮,通常是别致甚至田园诗般的景象,但是背景则无边无际,单调而荒凉,耕种的乡间成了纯粹的绿洲[20]。

当哈赫肖森穿过这一过渡地带时,他发现:

> 随着森林变成越来越孤立的小块,草地旷野的面积变得越来越大,草原逐渐被感觉到了。树木突然消失了,在任何地方都见不到一棵灌木,而草原则在我们面前无边际地展开[21]。

对于向更南面行进的欧洲旅行者来说,草原地带看起来要么是奇异的,要么是单调的。以下是英国人爱德华·克拉克回忆1800年在沃洛涅日南部旅行的一段对草原的牧歌式描写:

> 整个无边无际的平原被多种多样的鲜花涂上了一层珐琅彩……大地好像被最丰富最美丽的鲜花所覆盖,芬芳的香味散发到很远的地方,对于英国旅行者来说这完全是第一次见到。即使在一天中很热的时候,也有清新的微风吹送来千种花香,使所有的空气都变得芳香。云雀尽情地歌唱,各种昆虫扇动彩色的翅膀,或者密布天空,或者蹲伏在鲜花上。靠近顿河后,斑鸠像家养的鸽子一样驯服地飞落在我们的车厢上[22]。

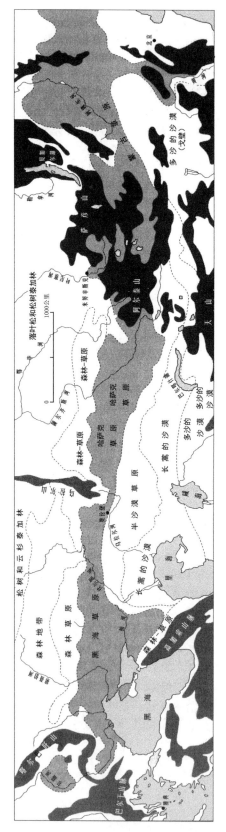

地图 1.3　内欧亚大陆草原地带

草原给哈赫肖森留下的印象很少：

16

> 7 月 21 日晚上,我们从哈尔科夫出发(向叶卡特里诺斯拉夫进发),早晨醒来时发现我们处在真正的草原地区,草原在每个地方都一直延伸到地平线,在很长时间内都只有草原——那个时候根本不美丽! 土壤干燥,呈灰褐色,野草焦干,到处都是巨大的杂草,通常是灌木、蓟和布兰(草原地区最好的烧柴),都完全干透了。不见树木或森林的踪迹,到处都是高大的绿色芦苇和柳树-灌木。小河在砂石岸之间流淌。我见到的大草原到处都是起伏波动的,像涌动的海浪突然中止了一样[23]。

4. 沙漠

在草原南面的中亚和新疆,草原逐渐变为干旱的大地,并最终被沙漠所取代。西边是土库曼斯坦和乌兹别克斯坦的于斯蒂尔特高原、卡拉库姆沙漠和克孜勒库姆沙漠,帕米尔将它们与南疆恐怖的塔克拉玛干沙漠分开。7 世纪,唐朝的朝圣者玄奘描述过于阗东边的沙漠。20 世纪的旅行家斯文·赫定发现,即使到今天这一描写也相当准确。在于阗以东,玄奘进入了"大流沙"。

> 从此西北,入大沙碛,绝无水草。途路弥漫,疆境难测,望大山,寻遗骨,以知所指,以记经途。行五百余里,至飒秣建国[24](《大唐西域记》卷一"大沙碛"条)。

天山、祁连山的北面和东面是戈壁,它从新疆的东北深入蒙古南部和中国的内蒙古。尽管听起来很可怕,但是在戈壁的很多地方都有草地,因此通常能供养人口稀少的牧人。今天土库曼斯坦的卡拉库姆沙漠的大多数地方仍然如此。一位现代的考古学家这样描述:

> 由移动的新月形沙丘、固定沙丘、分散的塔库里(靠近死水形成的隔水黏土层)、盐滩和孤立的井组成的马赛克从科佩特山和帕罗帕米苏山山脚下的平原展开。白色的萨克索尔(Halaxyon Pesicum)、黄麻属植物(Ephedra Strobilacea)和无叶豆科属植物是沙漠中常见的灌木类树木。沙漠里的萨克索尔传统上都是收集起来做烧柴用的……除了新月形沙丘,

沙漠上覆盖着因偶尔的降雨而突然长出的植物。稀疏的一年生植物为牧人和游牧人提供了草料,但是也迫使他们有高度的移动性。春天,多年生的罂粟花(Papaveaceae)像红色的地毯一样覆盖着卡拉库姆沙漠,这种花被人们采摘入药[25]。

大多数内欧亚大陆沙漠有一个共同的特征,即河流从位于沙漠边界的山上流入沙漠,形成肥沃的绿洲。因此,中亚和新疆的很多绿洲供养着零星分布的密集聚落,这些聚落以灌溉农业和商贸为生计。在这里出现的社会与草原地区的有明显差别,其文化反映出对灌溉农业的绝对需求,以及与来自北面的放牧游牧人和东面及南面的农业帝国的文化、商业和军事压力之间的复杂共生特征。它们是丝绸之路沿线的主要中继站,也是从公元前2千纪开始从甘肃到黑海繁荣起来的很多小型商业城邦国家的基础。

(二)边地

"内欧亚大陆"南部边地不仅包括由绿洲、城邦国家组成的狭窄带状地带,也包括围绕它们的沙漠和大草原。正是在这个更加宽广的边界地带内,外欧亚大陆的农业文明社会和与其判然有别的内欧亚大陆社会之间的关系最为紧张。沿着这个历史、生态和地质上的断裂线,两个世界的人相互试探对方的强弱。

因此,内欧亚大陆的南部边缘为内欧亚大陆自史前时代以来的历史提供了最主要的发展动力。来自边界地带的震荡向腹地的传播强度逐渐变小,在腹地很少受到外欧亚大陆的影响,这里的生活无疑是"内欧亚大陆"式的。因此,出于某些考虑,将内欧亚大陆理解成一系列同心弧线是很有益的,每个弧线都是由与外欧亚大陆影响的密切程度决定。人口最稠密并且有最强烈历史嬗变的地带都接近于与外欧亚大陆交界的地带。离边界地区越远,人口和社会的规模变得越来越小而分散,生活方式越来越有内欧亚大陆特色,机动性和介入内欧亚大陆边界历史事件的程度也越来越减弱。位于偏远内部弧线的社会是那些接近外欧亚大陆地区的人口储备库,为其提供奴隶和贡赋。用这种分析方法就会发现,在内欧亚大陆的历史上出现了按照地理位置分布的统治阶层,这就能解释为什么有这么多的历史集中出现在最靠近外欧亚大陆的弧线上。

用这种视角观察,会发现内欧亚大陆历史的奇特之处——非常不稳定的充满生态和政治矛盾冲突的边界地带,主导了长达几千纪的内欧亚大陆历史。在北美或澳大利亚的近代史中,这样的生态和文化边界地带非常不稳定,只能持续一到两个世纪。在内欧亚大陆,生态带之间边地上冲突的复杂性主导了这一地区的历史。这里出现了一个矛盾的问题:为什么边疆地区的不稳定性成为这一地区如此稳定的特征? 答案无疑是:内、外欧亚大陆之间在生态上的区别是根深蒂固的,以至于一直到了近代,这里都没有出现任何一种在军事、人口或文化上具有决定性优势的社会类型。

18

（三）文化区

然而,外欧亚大陆文明的压力是持续而无法逃避的,这导致在最近的一千纪,在内欧亚大陆内部出现了独特的文化区。

古代进入内欧亚大陆最重要的通道是穿过中国北方和西北部的边界,从伊朗和阿富汗穿过中亚的边界,通过高加索的通道(达里亚尔通道,通过达尔班德的沿海路线),通过黑海和从巴尔干引出的喀尔巴阡山之间的走廊。这些进入内欧亚大陆的通道将特有的外欧亚大陆影响引入内欧亚大陆的特定地区,从而塑造了内欧亚大陆的文化地理。来自外欧亚大陆文化影响的冲击存在精准的对称状态,这一点有必要尽早指出,因为这种对称状态在内欧亚大陆的人类历史中始终存在。在内欧亚大陆内出现了四个主要的文化区,这些文化区之间的差别在于所接受文化影响的性质与方向的不同。其中三个文化区由进入平原的主要通道所支配,第四个文化区包括内欧亚大陆北边的弧线,以缺少来自外欧亚大陆的有力影响为特征。我们能够根据所处方位,很方便地将这些文化区称为西边的、南边的、东边的和北边的文化区,它们的形状则是与内欧亚大陆的生态弧线相切的弓形。

西边的弓形文化区包括乌拉尔山和里海西边的土地。最有力的外部影响来自西南面的地中海和美索不达米亚,而最近则来自西边的欧洲。南面的文化区包括中亚和哈萨克斯坦,自旧石器时代起,这一地区的主要外部影响都来自南方或东南方的伊朗、阿富汗和印度。在大多数情况下,今新疆南部的塔里木盆地也可以包括在这一文化区内。塔里木盆地也部分地属于第三个文化区,即东面的文化区。越往东移动,来自中原王朝的影响越稳步上升,影响范围包括准噶尔盆地、甘肃和蒙古,偶尔还有南西伯利亚和东西伯利亚的部分地区。

　　北面的文化区包括北方的苔原带和广大的森林地带,从西面的斯堪的纳维亚到东北面的白令海峡,外欧亚大陆对该地的影响在最近几个世纪之前都非常有限。虽然在旧石器时代晚期这里已经有人类居住,但是在此定居需要高度专门化的适应性改变,这使遥远的北方直到今天都与南面的发展相隔绝。该文化区发挥过的最大历史作用是,这里的居民可能曾带着对东北西伯利亚的生态和文化的适应能力(甚至包括语言在内)到达美洲定居。

19　**注释**

[1] Parker, *Historical Geography*, p.28.

[2] 像赛诺所指出的,即使希罗多德也认识到这一划分有很多人为成分,而且奇怪“为什么三个名字……实际上是用在同一大片土地上”; *CHEIA*, p.2, 摘自 Herodotus, *Histories*, Ⅳ, 45。

[3] Bassin, “Russia between Europe and Asia”, pp.2 – 3, 6.

[4] 将内欧亚大陆看作一个整体的尝试在 Hauner, *What is Asia to Us?* 中有全面概述;关于“欧亚大陆学家”观点的介绍,见 Bassin, “Russia between Europe and Asia”, pp.13 – 7; 在 N. S. Trubetzkoy, *The Legacy of Genghis Khan* 中有 Trubetzkoy 论文的翻译集合。

[5] Klychevskii, *Sochineniya v 9 – ti tomakh*, 1: 64 – 5.

[6] R. N. Taaffe, “The geographical setting”, in *CHEIA* (pp.19 – 40), pp.28, 35; Sinor, *Inner Asia: History, Civilization, Languages*, p.8.

[7] Mackinder, *Democratic Ideals*, p.110; Sinor, *Inner Asia*, p.9.

[8] *Macquarie Altas*, 69; 亚寒带的气候特点是“降水较少;夏天短暂而凉爽,冬天漫长而寒冷”,同上注, p.68; 东北西伯利亚是最冷的地区之一;上扬斯克的一月平均气温是 −59℃, 而且能下降到 − 100℃; Taaffe, “The geographical setting”, in *CHEIA*, pp.25 – 6。

[9] Dawson, *Mission to Asia*, pp.5 – 6.

[10] 每平方公里针叶林平均每年生产植物热量约 300 000 千克,而针叶阔叶混交林或阔叶林生产的热量在 500 000 至 600 000 千克之间,干旱的大草原每年生产的热量少至 50 000 千克; Dolukhanov, *Ecology and Economy*, p.6。

[11] Dolukhanov, *Early Slavs*, p.18.

[12] Lattimore, *Inner Asian Frontiers of China*, p.12.

[13] Frank and Grills, *The World System: From Five Hundred Years to Five Thousand*; McNeill,

Plagues and peoples.

［14］关于第二次统一，见 Beckwith, *The Tibetan Empire*；关于蒙古的"世界体系"，见 Abu-
　　Lughod, *Before European Hegemony*。

［15］出自 Eric Wolf, *Europe and the People Without History* 中的典故。

［16］引自 Armstrong, *Russian Settlement in the North*, p.8。

［17］Haxthausen, *The Russian Empire*, 1：190－1.

［18］Kluchevskii, *Sochineniya v 9－ti tomakh*, 1：83.

［19］Taaffe, "The Geographic Setting", in *CHEIA*, p.35.

［20］Haxthausen, *The Russian Empire*, 2：223.

［21］Haxthausen, *The Russian Empire*, 2：70.

［22］Clark, *Travels in Russian*, p.47；这些地方在 Mikhail Sholokhov 的小说中也描述得非常
　　美，如 *Quiet Flows the Don* 和 *The Don Flows Down to the Sea*。

［23］Haxthausen, *The Russian Empire*, 1：415.

［24］Watters, *On Yuan Chwang's Travels*, 2：303－4；Marco Polo 的描写也与此相似。

［25］Heibert, *Origins of the Bronze Age Civilization*, p.8.

延伸阅读

　　赛诺主编的 *Cambridge History of Early Inner Asia* 中 Faafe 的"The geographical setting"是对内陆欧亚大陆地理的很好介绍，论证了整个地区地理和历史上的统一性。对内陆欧亚大陆部分地区较好的地理调查可见 Parker 的 *Historical Geography*, Forsyth 的 *History of the People of Siberia*, Dolukhanov 的 *Early Slavs*, 以及 Hambly 的 *Cenctral Asia*。概述见于 Latiemore、Hauner 的随笔 *What is Asia to Us?*，关于早期尝试划分欧亚大陆腹地连贯区域的讨论，Turbetzkoy 的 *The Legacy of Genghis Khan* 提供了思考"欧亚大陆学家"的实例。

　　对于外欧亚大陆的文明社会来说，内陆欧亚大陆是奇异的"另外的"世界。内、外欧亚大陆之间的这种不平衡的关系，也导致早在公元前 1 千纪就开始流传下来大量旅行著作，包括早期的居鲁士、大流士和亚历山大的记录，之后是希罗多德、张骞、玄奘、蔡马库斯和著名伊斯兰地理学家们的著作，然后是志费尼、鲁布鲁克修士、马可·波罗等很多在蒙古帝国旅行过的外欧亚大陆人的游记，现代的有哈赫肖森、Pallas 和 Aurel Stein 等作家的著作。

第二部分

史前时代：公元前100000－前1000年

第二章　最早的定居人：旧石器时代

一、避开内欧亚大陆

从第一个人尝试进入内欧亚大陆的那一刻开始，内欧亚大陆的历史就已独具特色。考古学材料表明，第一位想要移居到这里的人会发现内欧亚大陆几乎是不能居住的。因此内欧亚大陆有人类居住的时间要比外欧亚大陆晚得多。在这里定居需要再创造出新的技术和新的生活方式。当早期的人科成员已经在非洲和外欧亚大陆以植物和动物性食物的混合饮食为生的时候，内欧亚大陆最早的定居者却发现这里的残酷条件迫使他们要更多地依赖以动物为基础的食物。总之，他们不得不成为专门的狩猎者。

（一）人类进化和冰期

目前没有绝对的证据能够证明人类起源于非洲。人类的基因组成与现代大猩猩的差别只有约 1.6%。这说明直到距今 800 万-600 万年前，现代人类的进化路线才开始偏离大猩猩。人类学家已经能够通过化石遗存证明最近 400 万年的人类进化过程。

人类的进化开始于一个极端的气候变化时期，这种改变由地球轨道和倾斜角度的变化，以及地球南北两极覆盖着大面积冰层陆地布局的变化而导致。在距今 800 万年间，有八个极冷的时期，每个时期持续 1 万至 2 万年。我们今天生活在间冰期，而冰期最典型的气候都比最近一千年要更寒冷干燥。冰期森林缩减，同时亚热带稀树大草原和草原地带扩大。大量的水分被锁在两极的冰盖内，因此海平面下降，干燥的陆地面积扩大。在高纬度地区形成大冰川，特别是在北美、斯堪的纳维亚和俄罗斯西北部。在大冰原的南面是寒冷的草原,这里没有确切的可与现代世界相对应的存在物。

24

表 2.1 旧石器时代的气温波动

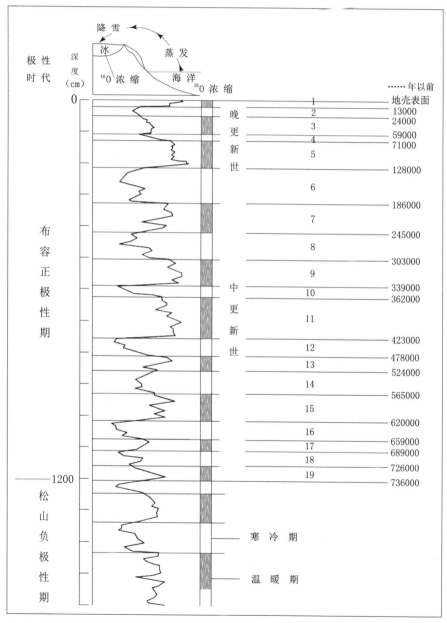

（引自 Gamble, *Timewalkers*, p.43）

　　因为气候的改变，动物和植物不得不为适应气候而加速自身的进化。如同很多现代世界的物种一样，我们人类也是这一加速进化期的产物。由于东非森林面积缩小，居住在树上的物种，如灵长目动物适应了更宽敞的空间。这可以解释为什么现代人最早的祖先是双脚行走的灵长目动物，即所谓的南方古猿，因为双脚行走是比今天的森林巨猿用指关节行走更有效的长距离行走方式。也正因为用双脚行走，才首次使原人走上与现代黑猩猩有别的进化道路。

　　然而，原人进化的最显著特征体现在特别大的大脑的进化。大脑是需要维护的最昂贵的器官，这也是只有很少物种的大脑才有专门进化的原因。人类的大脑消耗了维持人体所需能量的 20%，但却只占体重的 3%。有大脑的物种在出生时更软弱无力，因为它们很少依靠本能而更多地依靠后天的学习，因此它们需要得到很多特殊的照料。不过，能为较大的大脑付出高昂新陈代谢和社会代价的物种更有发展前途，特别是在生态和气候迅速变化的时代。总的来说，灵长目的进化路线已经表明，它们不断增长的能力补偿了这个代价，因为灵长目的大脑体积相对于身体大小来说在稳定地增大。较大的大脑可能逐渐成为更大规模变化的一部分，这些变化都是由生物学家所说的"性早熟"过程而引起的。性早熟的物种保留了很多婴儿期的特征，如现代的人类有较平的脸和相对较少的毛发，而这是现代黑猩猩在年幼时才有的特征。最重要的是，现代人类保留了典型的幼年黑猩猩的大脑发育比率，并维持了更长的时间。这就意味着它们长出了更大的大脑，而且可以有效地学习很长时间，虽然因此导致它们在小的时候需要更多的护理和帮助。可能因为人类的婴儿变得越来越无助，男性及其近亲不得不承担起不断增长的护理任务，这或许是现代人类是社会动物的原因，当然也有可能是其他原因。一些专家论证原人利用了群居的很多有利之处，正是群体动力的复杂积累要求大脑变得越来越大[1]。

　　人类（Homo）所在属内所划分出的第一个物种，出现于约距今 250 万年前，即我们所称的能人（Homo habilis）。当南方古猿（Australopithecines）的平均脑容量为 400 毫升，与现代的黑猩猩接近的时候，能人（habilis）的平均脑容量是 600－800 毫升。最早的直立人（Homo erectus）遗骸的年代仅为距今 200 万年前，平均脑容量是 850 毫升到 1 000 毫升（甚至 1 000 毫升以上），而现代人类的平均脑容量约为 1 400 毫升。

（二）在欧亚大陆的早期定居

较大的大脑意味着更强的行动灵活性和适应更广大范围环境的能力,最终使现代人科动物能够在全世界的范围内迁徙。直立人是从非洲迁徙到欧亚大陆的第一个人类物种,他们的这一迁徙至迟始于 100 万年前,甚至可能是 200 万年前[2]。

直立人定居在外欧亚大陆的很多地方。在那里他们常常能发现与其原来生存地方相似的相对温和的气候和亚热带稀树草原。在西欧和中欧、中东、印度次大陆、东南亚和中国的部分地区可以见到早期定居点的遗迹。在欧洲,人类居住最早的证据出自意大利距今 37 万年前的地层。到距今 35 万年前,早期人类已经定居在西欧、中欧和南欧的大部分地区[3]。

然而,早期人类发现在内欧亚大陆定居十分困难。这里的距今 10 万年前的定居点的证据很薄弱,也常常不可靠。而且,即使是可靠的,欧亚大陆的早期定居点规模也很小,局限于最南面的边缘,只出现于温暖的间冰期。

苏联考古学家对旧石器时代给予很大关注,在内欧亚大陆发掘了约 500 处旧石器时代遗址[4],有些发掘很快就被确认为年代很早的定居点。在阿尔泰山的乌拉林卡,蒙古和西伯利亚史前考古研究的先驱 A.P.奥克拉德尼科夫发现了他断代为几乎是 150 万年前的粗糙的砾石工具。1983 年,东西伯利亚考古开拓者之一 Yu.A.莫恰诺夫也宣布在雅库特斯克北约 140 公里的勒拿河沿岸季林格-乌尔阿赫发现了距今 200 万-150 万年前的人工制品。这些断代都非常早,如果支持他们的断代,那么就需要改变我们关于早期人类移民的基本观点。然而,在以上两个案例中,断代的程序都存在可疑之处（发现人工遗物地层的断代依据是什么？）,甚至不能确定对象本身是人工制品。因此,大多数苏联和西方的考古学家都认为这些遗址的年代很晚[5]。

我们对声称西伯利亚存在距今 30 万或 20 万年以前早期人类的说法要谨慎对待。安加拉河沿岸的遗址点暂时断代为距今 20 万年前,但即使是这一地区,这个断代也是可疑的[6]。而且,即便我们认同这些断代结论,在蒙古和南西伯利亚发现的旧石器时代早期遗址的数量也比在更南面的地区——如中国北方或印度次大陆北部发现的数量少得多[7]。即使在生态环境十分温和的西乌拉尔,距今 12 万年前的定居点也发现得很少。这与西欧和中欧存在明显差别,如同约翰·霍弗费茨科尔所说:“苏联欧洲部分的旧石器时代材料与西欧和中欧以及近东的有非常明显的差别。”[8]

　　早期人类移民到内欧亚大陆的最好证据,正如人们所预料的那样,来自南部边疆地区。1991 年,在格鲁吉亚发现直立人下颌骨。在哈萨克斯坦约 75 万年前的地层中发现奥罗万①类型的工具和晚期的阿舍利类型工具;同时,在南塔吉克斯坦也发现可能属于这一时期的遗存,虽然该地区大多数旧石器时代的发现已晚至距今 25 万年以后。在塔吉克斯坦和阿富汗之间的边境地区,最早的石制工具发现于厚黄土层之间的薄土壤层。黄土主要形成于冰期的较寒冷阶段,这说明在占据旧石器时代大多数时间的寒冷而干燥的冰期,人类离开了这里[9]。

　　总的说来,考古发现证明,距今 10 万年以前,充其量只在环境宜人的内欧亚大陆南部边缘一带有偶尔尝试性移民,并且仅存在于间冰期。在旧石器时代早期和中期的大多数时间,人类只偶尔在内欧亚大陆有小规模的殖民。

27

地图 2.1　旧石器时代向内欧亚大陆的移民

---

　　①　这里提到的奥罗万实际是奥杜威技术。

（三）为什么在内欧亚大陆定居如此艰难？

冰缘区草原漫长、寒冷而干燥的冬天给早期人类带来两个明显的难题。第一是如何保暖。直立人早在 100 万年前可能已经用火，清理动物尸体的能力意味着他们也能够用兽皮或皮毛来取暖。但是目前还没有发现约 20 万年前灶的遗迹，这说明早期的人类只是偶尔用火，仍然没有充分掌握控制和保存火种的方法，而后者是他们在内欧亚大陆冰期的严冬中得以生存的基础[10]。

在漫长的冬天，获取食物是棘手的问题。并不是内欧亚大陆缺少食物资源，问题是这些食物的种类都不是容易得到和经常能够得到的，而且大多数可食用植物都在冬天死掉了。因此，在每年的很长一段时间内，人类必须以肉食为主。与更北面苔原带的自然风光不同，冰期的草原都处于更低的纬度，可以接受更多的阳光照射，人类能够获得丰富的肉食。这里的草地可供养大量食草动物，食草动物再将野草转化成可食用的肉和奶，同时，草原的寒冷干燥天气又确保冬天只有很薄的积雪，足以让食草动物在整个冬天能吃到草。的确，冰期的草原很可能比现代的内欧亚大陆草原供养了更多种类和数量的食草动物。现代考古学家确认出来的物种包括驯鹿和其他类型的鹿，野山羊、赛加羚羊、岩羚羊和大型鹿，以及马、欧洲野牛、原牛、野猪、麝牛、驼鹿，当然还有犀牛和猛犸象[11]。

一直到 20 世纪 60 年代，仍然有人认为早期人类是天生的猎人，应该很容易去开发内欧亚大陆草原丰富的猎物。然而，60 年代以来的研究已经表明，在温带的现代觅食社会里，作为获取食物资源的手段，狩猎通常没有采集重要。通过狩猎（通常是男性承担）获得的肉只能提供偶尔的美食，主要的食物通常由女性采集获得。只有在更高纬度的地区，狩猎才成为觅食社会的主要食物来源，而这样的社会只在最近的时代才出现，要依靠特别复杂的技术和组织系统来保证狩猎成功[12]。最近的考古学研究表明，最早的人类社会也是主要依靠植物性食物。他们的确吃肉，因为早期旧石器时代遗址兽骨上的砍痕表明，至少距今 200 万到 150 万年前就有了屠宰的迹象[13]。但是在早期人科成员屠宰的地方，他们多是在其他的食肉动物已经吃饱后才这么做，或者吃由于自然原因死亡的动物。这说明人类只是投机地和偶然地利用动物性食物，而不具备系统狩猎，以及进而以动物为主食的能力。总之，不仅没有有力的证据能证

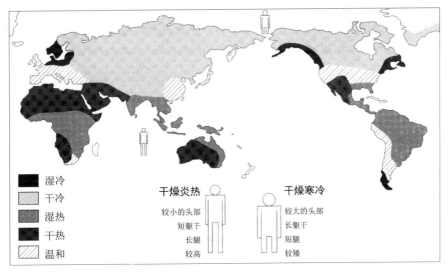

图 2.1　世界气候"应力带"示意图

（Annick Paterson 绘制，改绘自 D. Lieberman，1984）

明任何旧石器时代早期社会都能够长期以狩猎为生，而且生活在温带的人类　29
也不需要这么做。狩猎作为一种独特的生活方式，可能只在距今 50 万年或 20
万年前才出现[14]。

　　这些结论强调了将狩猎作为生计方式的难度。狩猎是比采集更艰难、
危险和不可靠的生计方式。动物不像植物，它能躲避捕食者，甚至可能反
攻。猎人也必须占有比采集更广阔的活动区域，因为他们占领了食物链更
高的位置。这一归纳反映了在食物链中，营养层每上升一级，能量就减少
90%的生态原理，意味着相同数量的太阳光仅能供养数量只占食草动物十
分之一的食肉动物。

　　在内欧亚大陆定居就意味着要克服这些困难。系统而可靠的狩猎方法比
新技术的发明更有意义，在此定居的人类也需要新的思维方式甚至新的社会
结构。里维斯·宾福德已经指出，这些不同的策略可以在现代的觅食社会中
观察到，他识别出两个有根本差别的生计策略。在温带或亚热带环境下十分
典型的"觅食者/采集者"策略下，大多数食物来自植物性食物。觅食者每天出
发去收集食物，带回本部的基地。当采集群团追踪食物资源的季节性变化时，
他们也经常改变本部基地的位置。然而，在一年中不存在得不到植物性食物
的时期。通常存在女性更集中于十分可靠的植物性食物，而男性集中于狩猎

这样的劳动分工。相反,在"猎人/采集者"策略下,就像很多现代北极地带的人一样,食物主要来自动物。一部分(主要是男性)猎人离开营地时头脑里装着十分特定的目标,即对他们想要捕获猎物的直接认识。他们可能每次离开几天或几周,而且常常把猎物放在特定的储藏地点,当需要的时候再把食物带回人本营。但是他们搜索的范围更宽广,他们的移动需要十分认真地计划,储藏食物的方法也如此[15]。

两种策略的基本差别在于计划的程度。猎人必须事先计划并且确保计划周详。他们需要可靠的关于所猎捕动物在较大区域内活动和习性的信息,只有在与相邻集团保持有规律接触的情况下,这些信息才是保险的。最后,他们需要有可靠的储藏方法以便在食物短缺时渡过难关。在植物性食物不能提供安全饮食网络的地方,计划必须是精确而周密的,这反映在狩猎工具的选择、路线和猎物的选择、同伴和时机的选择、与相邻社会保持通讯、储藏的方法等方面。在任何一个关键节点上的失误,都会给整个团体带来致命的后果[16]。

狩猎策略也意味着社会的复杂性更强。距离很远的团体之间及其内部信息的有规律交换,以及有时物品的交换都是至关重要的。这增加了产品和信息象征性交换的重要性,使澄清团体的身份成为必要的行为。当狩猎伙伴要走很长距离的时候,团体内部也可能长期分裂。这样的差别可能使劳动的性别分化更尖锐,因为系统的狩猎使男人长时间离开大本营。总之,每个团体不得不依靠几种确定的策略组合来维持生存和渡过难关。

30

正因如此,科里韦·加姆布列指出,在欧亚大陆腹地居住的困难主要是由早期人类团体的社会和组织特征引起的,很少是由于技术的因素。

(旧石器时代早期社会)所缺乏的是所有现代社会活动的标志性特征,如周密的计划、传播广泛的接触或精细的社会展示。没有储藏的实物证据,原材料全部来自他们所居住遗址点50公里的半径内,而且通常是不到5公里的范围内。完全不见任何形式的艺术、装饰或图案[17]。

总之,在内欧亚大陆定居的挑战性看起来已经超出了大多数直立人的技术水平和社交能力。

二、殖民者尼安德特人：距今 10 万－4 万年

（一）尼安德特人定居点的地理和年代

第一次系统而持久地向内欧亚大陆部分地区移民的证据出现于最后一次冰期开始之后，约距今 12 万年以前。虽然尼安德特人只在内欧亚大陆的南部边缘定居，但是他们的出现仍然是人类社会有重大影响的事件。因为人类在此之前从来没有建立过超出灵长目所熟悉的生态范围以外的持久定居点。

在末次冰期上半叶，有关内欧亚大陆移民的证据既有人类的遗骸，又有考古学家根据法国西南部遗址出土的"莫斯特类型"石制工具。莫斯特石制工具的主要特征是使用从石核上打击下来的石片和刮削器，而不是旧石器时代早期十分典型的笨重石斧。在内欧亚大陆，这一时期的人类遗骸只属于我们今天所知的早期人类物种"尼安德特智人"。结果，人们习惯性地（尽管不是完全精确）认为莫斯特人工制品就意味着尼安德特人的出现。在没有发现尼安德特人直接证据的蒙古等地区发现莫斯特工具，恰好说明这一习惯性认识并不准确[18]。

尼安德特人的遗存主要出现于北非、欧洲和中东的洞穴。尼安德特人在内欧亚大陆的重要遗址位于今乌兹别克斯坦的捷希克-塔希、哈萨克斯坦、克里米亚和德涅斯特河的莫洛多瓦。也就是说，他们分布于从中亚到乌克兰西南部的一个狭长地带。这并不奇怪，因为这一地带是内欧亚大陆气候和生态最适宜的地区。

尼安德特人在内欧亚大陆出现的最早证据见于距今 9 万至 8 万年前的末次冰期早期阶段，当时气候仍十分宜人。在距今 75 000 年之后的寒冷期，可能存在内欧亚大陆完全无人定居的时期。然而，在约距今 65 000 年之后，似乎出现了第二波定居浪潮[19]。较早阶段的尼安德特人移民点局限于西南部的平原和现代乌克兰高原被融化雪水冲出的宽阔河谷。这些河谷有时形成长的湖链，在那里有丰富多样的猎物。只有在很晚的时候尼安德特人才开始移民到大河之间的草原或者哈萨克斯坦的山区、克里米亚和中亚的很多季节性环境中。位于遥远北方的杰斯纳河边的沃洛戈格拉德或霍特列沃这样的遗址可能存在于温暖期[20]。

如果我们接受一种推理性的估算，即距今 10 万年前有约 100 万人类和尼

31

安德特人,距今3万年前有不到300万,而且如果我们假设大多数人类居住在非洲和外欧亚大陆,那么我们能够推测出内欧亚大陆的人口不到几万,最多能上升到10万人。这一薄弱、参差不齐和零星分散的定居方式,说明只有在气候适宜期,起源于中东的尼安德特人的核心人口才可能移民到内欧亚大陆的边缘地带[21]。他们这么做或许是由于来自现代人的人口压力,而这些现代人恰巧在末次冰期的早期阶段开始向中东移民。

(二) 尼安德特人的生理、技术和社会结构

这种定居方式表明,尼安德特人的社会克服了内欧亚大陆未来的移民所面对的一些但不是全部的困难。他们是怎样克服这些困难的? 他们的成功和局限能否反映出其生物学特征以及技术或社会的结构?

从距今25万年开始,尼安德特人从欧亚大陆中部或西部某处直立人的古老形态中演化出来。虽然和我们一样,在分类上还是直立人,但是最近的研究已经表明,他们与现代人的相似程度并没有我们想象的那么多。他们有像现代人一样的甚至更大的大脑,然而很可能由于没有现代人的发音器官而不能流畅地传递信息。在一项即使不是结论性的,但也是很重要的研究中,菲利普·列别尔曼对一个尼安德特人头骨的分析得出如下结论:

> 看起来典型的尼安德特人缺乏语言和认知的能力。至少他们的语言交流使用鼻音发音,而且更容易受到知觉错误的影响:很可能他们交流的语速很低,而且不能完成复杂的句子。他们可能也缺乏包含规则逻辑的认知活动[22]。

尼安德特人的解剖结构说明他们适应了寒冷和环境的强烈变化,但是没有增进交流的能力。他们相对矮小的身材可能是对寒冷的一种适应,因为较小而丰满的身躯比较高而单薄的身躯能更好地保存热量。他们的骨架表明有特别发达的肌肉和力量,强壮的下颌骨和牙齿可能通常用来撕咬。

尼安德特人显然打猎,在其活动范围内,他们好像主要依靠动物性食物。在尼安德特人的遗址内出现了猛犸象的骨骼,这表明他们猎取或者至少寻觅这些大型动物。他们也猎取其他大型动物,包括野牛、马和特殊的鹿——红鹿或驯鹿。南乌兹别克斯坦的捷希哈什洞穴遗址、塔吉克斯坦的奥格济-基奇克

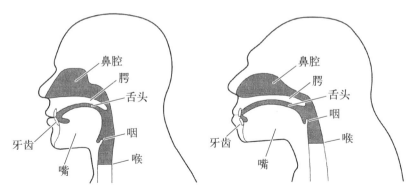

图 2.2　现代人和尼安德特人的发音器官

（Annick Petersen 绘制；引自 Chirstoper Stringer and Clive Gamble，*In Search of the Neanderthals*，London：Thames and Hudson，1993）

洞穴遗址都出土了山羊、乌龟、犀牛、野马、豹、棕熊、鬣狗和很多小哺乳动物以及鸟类的骨骼[23]。

但是，尼安德特人的狩猎方法可能没有现代猎人或采集者那么有系统。兽骨的证据说明，尼安德特人对于现成动物尸体的依赖程度不亚于对狩猎的依赖程度，因为大多数骨骼来自形体小、幼小、衰老或被打伤的动物，而不是十分健壮的成年动物。没有迹象表明尼安德特人使用陷阱、投标枪或弓箭。相反，尼安德特人的解剖学证据和保留下来的石制工具都表明，他们的狩猎是一项危险而流血的行动，很少依靠仔细的计划，而主要依靠偶然地遇见虚弱或孤单的猎物，这个猎物被力气大而勇敢的猎人独自捕到并杀死。尼安德特人的石器是手握的，很少有带柄的，既不利用杠杆原理，也没有使用有效的弹射。他们结实的骨骼结构和受压骨折的外表说明狩猎场面的惨烈，在此过程中猎人用手握的矛不停地刺杀。在这样残酷的环境下，这种狩猎方法仍然是一种充满危险的谋生方式[24]。

这些关于尼安德特人生存方式的结论与我们所了解到的情况吻合，并可以推断出尼安德特人的社会结构。在考虑社会结构时，认识几个确定的规模或水平是很有用的，它们都存在于现代社会，只有较小的才存在于最早的人类社会。

灵长目社会的最小团体是家庭，由母亲和一个或更多年龄小的孩子组成。家庭团体通常但不总是包括父亲和年龄大的孩子。第二个层次是地方的或生计的群体，由几个有关联的家庭团体组成，经常在一起出行，它与人类学理论

33

上的"群团"①对应,可能包括从 5－10 人到 50 或 60 人的任何形式的群团。我们可以假设尼安德特人中存在家庭群体,同时出自尼安德特人家庭遗址的证据也展示了家庭间构成不同生计集团的重要意义。很多洞穴遗址都长期使用,这说明它们作为长期的冬季营地供那些可能多次返回的人群使用,可能已使用了丁余年。洞穴内有灶,有的好像还有特殊的类似帐篷的结构[25]。在罕有洞穴的草原,尼安德特人似乎建造了简易的帐篷或防风墙,可能是在猛犸象头骨砌成的建筑物上覆盖兽皮[26]。

没有发现属于下一个层次的复杂群体的任何清晰迹象,即罗宾·丹尼尔所指的"再生产群体"。

这个群体包括一组生计集团,在这些生计集团里群体的成员都想找到配偶;事实上,他们是这一地区的育龄人口,从而保障了每个生计群体的长期生存能力。因为它是通过群体之间相遇和团体内部相遇两种方式起作用的,所以可以充当给每个生计群体提供周邻及其所在地域(与地方相对立)环境知识的信息网络[27]。

表 2.2　人类社会的社会组织水平

层次 7　现代的全球系统: 60 亿人+;包括全世界的影响力、财富、权力统治集团。
层次 6　世界系统和帝国: 10 万－100 万人;包括在文化、经济以及有时政治上有联系的大的地区。
层次 5　国家/城市/超级部落的社团: 1 000－10 万人;经济和军事上强有力的大型系统,有国家的或接近国家的结构。
层次 4　文化/部落/城镇+周围的村庄: 500－1 000 人;联系在一起的再生产群体,有时有单独的领袖。
层次 3　再生产的群体/村庄群: 50－500 人;相对地方性的群体,他们的成员通常相互通婚,有在亲属关系和文化方面松散的共同意识。
层次 2　地方的或生计的群体/村庄/群团/露营团体: 8－50 人;几个在出行或生活方面密切联系在一起的家庭群体。
层次 1　家庭群体: 2－8 人;母亲+孩子,通常有父亲,共用一个房屋。

我们推测应该存在这个等级的群体,因为群团组织太小,难以独自维持生

---

① 译文中"群团"的英文原文为 band。

存和再生产。然而，没有发现因生计集团之间的相互联系而导致有规律且系统的产品或信息交换的迹象。尼安德特人的遗址中很少发现这一层次的有规律社会接触的符号性证据。很少有证据表明尼安德特人能够娴熟地处理这些标志性符号：没有艺术品或珠宝以及祭祀中心、复杂形式交流的迹象。看起来尼安德特人的重要群体是生计群体，而不是再生产群体。

34

> 在这种艰苦的气候条件下，群体在所有的事物（食物、配偶、原材料）上自给自足是它们延长在一个地域居住时间的基本策略，而不是利用通过谈判建立联盟来解决这一问题[28]。

我们不应该夸大这些局限。尼安德特人或许能够相互交流，而且一些尼安德特人的墓葬反映出存在有限的祭祀活动。在阿姆河上游的塔希克-特什，一个 8 岁或 9 岁大的尼安德特人男孩埋葬在墓穴里，墓内放了山羊角，这显然有某些用意。在奥格兹-基奇克的塔吉克洞穴中，有呈椭圆形放置的砾石，在一端有一套野山羊角，这应该是一处某种意义上的圣地[29]。

然而，尽管有这些令人好奇的线索，但是尼安德特人的象征性符号世界仍然明显没有现代猎人的精致。的确，两者的社会关系看起来像他们的狩猎方法一样直接而简单，这可能就是尼安德特人在内欧亚大陆西南的部分区域居住长达 5 000 余年，却仅仅有很少的定居人数的原因，而且可能在气候恶化时就离开了。迟至距今 4 万年前，内欧亚大陆的大多数地区仍然处于现代人的定居范围之外。

三、现代人在内欧亚大陆定居：距今 4 万-1 万年前

（一）"旧石器时代晚期的革命"

末次冰期最后 3 万年间的旧石器时代晚期，是发生根本性变革的时期。尼安德特人消失，世界只留下一个人类物种（即我们自己）。这一时期在技术和生活方式的多样性与复杂性方面有激烈的变革，人类开始在地球更大的范围内居住。虽然人类社会发展了千万年，但是如同我们所熟悉的新石器时代革命和工业革命这些重大变革一样，"旧石器时代晚期革命"仍然是人类历史的一个重要转折点。

35

表2.3　旧石器时代晚期革命

距今……年以前

80 000	70 000	60 000	50 000	40 000	30 000	20 000	10 000

早段　晚段

旧石器时代中期　　　　　　　旧石器时代晚期　　晚期末段

在炉火旁的生活：生存技术

- 艺术
- 骨器
- 石叶技术
- 制陶技术
- 身体装饰
- 人工制品风格
- 建炉灶
- 建造生活空间和防风墙
- 洞穴"埋葬"
- 野外放置的埋葬
- 窖穴
- 棚屋
- 细石器

末次冰盛期

在土地上的生活：区域性交换

- 开采石料
- 地方性艺术
- 原材料的远距离交换
- 接触链
- 在严酷环境下的长时期居住
- 社会存储

末次

扩张到新的住地和复杂行为的增多

冰盛期

- 航海
- 在北方森林的殖民
- 高山
- 深厚的沙漠
- 热带雨林
- 小岛
- 口语
- 向前发展的计划

（引自 Gamble，*Tmewalkers*，p.160）

　　这一革命性的变革被明确地限定在内欧亚大陆,表现在这一时期保留下来的人工制品、新定居区域的地理特点、保留下来的人类遗骸三个方面。

　　虽然典型的莫斯特器物保留到了距今 3 万年前,但是大多数距今 4 万年以后制造的工具都已经变得很小、功能专一,而且原料广泛。出现大量从较大石核上打下的微小而精致的石叶,取代了旧石器时代早期的手斧和典型的斧或莫斯特的石片-石叶技术,很多小石叶看起来是用来安装在柄或轴套上,当作矛或刀使用。再经过一段时间,出现了开发鸟、橡子、海象等特殊食物资源专用的工具。从大约距今 2 万年前开始,出现了更加复杂的狩猎工具,包括最早的弓和箭、投标枪、罗网和网[30]。钩、针、钻孔器、锥、磨光器也出现了。这时候使用的原材料包括象牙、骨、贝壳、角和木头。旧石器时代晚期的工具制造者在选择原材料方面较其尼安德特人先辈更为谨慎。在顿河的科斯坚基,有用 130 公里以外地方的燧石制造的工具[31]。

　　居址和服装也变得更专门化。在旧石器时代中期的简易防风墙或洞穴内,出现了复杂而耐久的建筑,都经过仔细的设计和布置。这一时期的一些服装应该是专门为寒带环境而缝制。在俄罗斯弗拉基米尔附近的桑吉兰,有一座距今 23 000 年前的墓葬,墓内埋葬的两个小孩穿的衣服上覆盖着几千颗象牙珠子,珠子的位置表明衣服是精心缝制的,而且非常合体[32]。

　　同样引人注目的是,并非所有旧石器时代晚期的人工制品都是实用器。在考古工作中首次发现了明确的"艺术"的证据,而且形式多样,有服装及身体装饰和纹身、洞穴壁画、在工具上刻划的几何形纹饰以及建筑物布局等。与技术方面类似,艺术在旧石器时代晚期有迅速发展的迹象。已发现的大多数距今 25 000 年前的"艺术"对象都是由简单的装饰组成,多数都有几何图案。距今 25 000 年以后,对象的范围扩大了,如距今 24 000 至 22 000 年前的著名女神雕像,俄罗斯欧洲部分的梅津遗址居民制造的乐器[33]。考古学家在乌克兰发现在贝壳和狐狸或狼的牙齿上钻孔制成的珠子或坠饰。赭石也用来装饰身体。西伯利亚人遗址的绘画和装饰品特别丰富,在上连斯克附近的勒拿河上游,有接近实物大小的动物岩画,其中包括马。西伯利亚的马拉亚希亚遗址包含多种艺术,包括骨雕和石制的猛犸象等动物;也有墙壁上的雕刻,包括被有些人解释为类似一种日历的神奇图案。同样备受关注的是马尔塔的象牙雕刻,雕刻对象有猛犸象等动物,此外也有人的形象,有的与乌克兰和欧洲的女神雕像相似[34]。在蒙古西部的科布多南 90 公里的霍伊特-申科尔洞穴,有描绘很多动物的岩画,包括羚羊、山羊、绵羊、马、骆驼和鸟等。在主题方面(只有动物),蒙古西部的岩画与西南欧洲的岩画表现出明显相似性[35]。旧石器时代晚期工具上的图案也反映出当时的艺术创造力,特别是骨制品常常刻上几何形或自然主义的图案,这种装饰方式在旧石器时代中期还找不到先例[36]。旧石器时代晚期人工制品普遍多样化,这反映出其设计有艺术性和实用性两方面的选择。

由于拥有更可靠、更富于变化且风险性更低的狩猎技术,更暖和的衣服,以及更多的建筑方法,旧石器时代晚期的人类尝试比尼安德特人先民在内欧亚大陆更大的地域范围内定居。乌克兰发现有大量人类在冰期大草原上定居的遗存,这些居民点主要沿着大的水系分布。顿河边的科斯坚基遗址年代可早到距今35 000年,但是从距今25 000年开始,有很多旧石器时代晚期的居民点沿着第聂伯河以及德涅斯特河分布。也有更靠北的居民点,贝佐瓦亚遗址的使用时间是距今25 000至20 000年,位于北纬65°的伯朝拉河流域,距北冰洋只有100公里。这里的居民可能将猛犸象既当食材又当建材,在其附近的梅德韦扎洞穴发现的则主要是驯鹿骨骼[37]。

在西伯利亚也首次出现明确的定居证据。贝加尔湖附近的马拉亚希亚遗址是最古老的西伯利亚遗址之一,年代可能是距今35 000年。这里有猎捕猛犸象、马、驯鹿和其他大型食草动物的迹象[38]。从大约距今2万年开始,在西西伯利亚形成了更现代并且更具特色的传统。在克拉斯诺亚尔斯克附近的阿丰托瓦戈拉遗址,人们很可能住在轻便的帐篷内,穿有独特风格的衣服,包括轻便的长袍、毛皮靴和短裤。这里的主要动物遗存是驯鹿[39]。距今约14 000年的贝加尔湖附近的马尔塔遗址也是这样,这里有半地穴式房址,用大型动物骨骼和驯鹿角搭建房屋框架并用兽皮或草皮覆盖。这里可能是一处相当大团体的冬季聚居点。马尔塔人猎捕猛犸象以及犀牛、驯鹿和很多小动物,他们还能裁剪、缝制出双层的衣服以防御寒带的寒风[40]。

甚至在东西伯利亚也有定居点。这一地区得到人们的格外关注,因为内欧亚大陆人正是在旧石器时代晚期的某个时期从这里向美洲移民的。东西伯利亚最著名的遗址属于久霍泰文化,该文化以贝加尔湖东北的阿尔丹河中游的一个遗址命名,年代为距今约18 000年。苏联考古学家Y.A.莫恰诺夫对久霍泰文化做了很多研究,他将叶万朱楚最早的"原始久霍泰"遗址断代为距今35 000年。但是大多数人认为其年代应更晚,一些人还怀疑在东西伯利亚是否存在距今 2 万年前的遗存。久霍泰文化表现出很多与北美最早考古遗存的相似性，所以这里是北美洲冰期移民浪潮的核心地区。晚冰期较低的海平面使移民有可能穿过干涸的白令海峡[41]。

东、西西伯利亚石制工具的差别，说明这两个地区的移民来自不同的地区[42]，分界线是勒拿河和叶尼塞河之间的分水岭。东西伯利亚的移民可能是来自南面的蒙古或中国的旧石器时代晚期居民，而西西伯利亚的移民则可能来自内欧亚大陆西部。

总之，在旧石器时代晚期，除了北冰洋沿岸以外，人类尝试在冰期的内欧亚大陆大多数地区定居。从旧石器时代晚期开始，定居点数量增多并广泛扩散，说明内欧亚大陆人口明显增多，这应该是一个合理的推测。如果我们接受距今 1 万年前的世界人口有 1 000 万，并且假定内欧亚大陆的人口密度仍然比非洲和外欧亚大陆的要小很多，那么随后的结论就是，此时内欧亚大陆的人口已经从几万增长到几十万，甚至可能达到 50 万。

旧石器时代晚期的第三个显著特征是，全部人类的遗骸都属于我们现在的人类。距今 3 万年以后，我们再见不到任何尼安德特人的遗存，虽然这并不意味着不存在幸存下来的数量很少的尼安德特人。中亚可能是尼安德特人幸存到很晚的一个地区，在那里大多数旧石器时代晚期的遗存仍然是莫斯特类型的[43]。除了这个特殊的例外，内欧亚大陆旧石器时代晚期人类的遗存都和我们现代人一样，是晚期智人。从距今 4 万年开始，内欧亚大陆的人类历史，和我们星球的其他地方一样，只是同一人种类型的历史，即我们自己的历史。

（二）解读旧石器时代晚期

通过以上变化来证明已经出现了具有更高技术水平和艺术创造力的现代人，是具有挑战性的论证过程。然而，这一论证遇到了一些年代学上的困难。目前，主要有两个关于现代人出现的理论。第一个，也可能是目前占主导地位的观点，认为现代人是在距今 20 万至 10 万年前在非洲进化而来的。在距今 10 万年后的某个时期，现代人的群体开始从非洲迁徙到亚洲和澳大利亚，最后取代了生存在那里的早期人类。另一个观点认为，现代人是很多地区晚期智人的后裔。晚期智人在距今一百万年的大部分时间里保持了足够的基因接触得以保留下这个唯一的类型[44]。不管选择相信哪一个理论，我们必须清楚这一事实,即现代人在很长的时间内使用非常古老的技术。在这里,基因和文化变化之间没有必然的相关性。在中东这样的地区,末次冰期早期既居住着尼安德特人,也居住着现代人,两者的文化遗存很难区分。

气候变化可能会解释其中的差别。末次冰期的下半叶,气候逐渐恶化。距今 6 万至 4 万年之间,气温稳步下降,之后这种低温维持了 10 000 年。距今 20 000 - 16 000 年前,气温再一次下降到最冷阶段(即"末次冰期最盛期"),乌拉尔的西边、斯堪的纳维亚的冰原已达到北纬 52°。在末次冰期最盛期,年平均气温要比今天的低 7℃ 到 10℃,可能永久冻土带最南已经达到罗斯托夫(在西伯利亚,没有足够多的水分来形成大冰原)。在整个内欧亚大陆,极低的平均气温反映出冬季非常寒冷,气温相对温和的夏季很短暂[45]。

我们看到在较冷的时期,内欧亚大陆西南部的尼安德特人的定居点已经有所减少。很可能他们发现冰期下半叶的气候越来越难适应。这也许能够解释为什么尼安德特人最晚的遗迹出自法国西南部或者中亚的较温暖地区。

气候变化可以说明尼安德特人离开内欧亚大陆的原因,但是它不能解释为什么现代人取代了他们,也不能解释为什么现代人在这一过程中发展出越来越多的各种各样的技术。当代的考古学家倾向于用社会的而不是智力或技术的术语来解释这一问题[46]。很显然,经过大约 5 万年或更长的时间,现代人慢慢地发展出尼安德特人没有掌握的生存策略。可能最重要的是,现代人发展了更丰富而复杂的交流形式,这使他们能够交换技术、生态和地理信息,而这些信息是旧石器时代晚期的恶劣条件下人类生存和发展壮大所必需的。

现代人有比尼安德特人更灵活的发声能力,而且他们也有开拓这些能力所必需的智力。这些天资使现代人发展出了丰富而灵活的口语语言,从而增强了交流和存储信息的能力。它甚至增强了人类构建内部精神世界的能力——语言提供了在记忆中标记物体的能力,这使我们能够控制思考的内容,并且提高思考的效率。语言在帮助我们自身交流的同时,也帮助我们与其他地方的人交流,这就是为什么最近语言学家提出语言是人类自我意识或行动意识能力的关键[47]。

与早期旧石器时代人的狩猎方法相比,旧石器时代晚期的狩猎方法与现代猎人更接近。准备越来越多的专业狩猎工具已经说明计划性和合作性的增强。有限的猎物种类要求有更强的专业性,对特定狩猎对象的更多认识,以及或多或少捕到更健康动物的能力。例如,在旧石器时代晚期后段的乌克兰,狩猎具有很强的季节性。猛犸象和其他皮毛动物是在冬天猎捕，而驯鹿在春天，水鸟在夏天。在黑海北部，有组织的狩猎集团杀死成群的野牛[48]。

更复杂的狩猎技术几乎肯定意味着存在高水平的社会组织。像现代猎人一样，旧石器时代晚期的社会好像存在着稳定的核心集团，并有规律地分化出狩猎的伙伴。内欧亚大陆的旧石器时代晚期考古研究做得最好的地区是现代的乌克兰。奥尔加·索弗费尔已经研究了基辅附近约 29 处主要的旧石器时代晚期遗址[49]，很多遗址都发现有猛犸象骨骼和储存冻肉的坑。与此相关的是少量分布在河谷以外高地的非定居点，这些可能是临时狩猎营地。最早用猛犸象骨骼建造的居址发现于顿河的科斯坚基，年代是距今 2 万年。类似的房址在第聂伯河流域广泛分布，在梅日里奇、梅津和多布拉尼切夫等遗址，房址经常分布在接近河谷处。在第聂伯河边备受瞩目的梅日里奇遗址，有大量猛犸象骨骼集中分布点，与其共存的是精心建造的灶和很多骨质或象牙装饰品。猛犸象的骨骼为半地穴式的房子提供了框架，框架外覆盖兽皮。有大约 5 座房址，每座面积约 80 平方米，可供 10 个人居住。建房者不仅用猛犸象的骨头做框架，也用其做"帐钉"，它比木质的帐钉更不容易腐烂。他们把猛犸象骨头制成的帐钉嵌入地下，并在帐钉上面砍出窝，在窝内放木杆。他们也把猛犸象骨头劈开当燃料使用[50]。这些居民点可能是为约 30 人的团体提供住处的冬季营地，他们可能每年在这里居住长达 9 个月。

这些居民点的相对固定性可以从创建时的精心设计中反映出来。在科斯坚基 21 号遗址，沿着顿河岸边的 200 米距离内有几座房址，房址间距为 10 - 15 米。一座房址在河滩附近，有一块用石灰石板铺成的防潮地面。还发现具有宗教意义的器物，如在科斯坚基发现的麝牛头骨。这些地方可能是每年用来举办联合相关团体的聚会或开展宗教活动的地点[51]。

冰期的村落居民以储存在窖穴内的冻肉为食，用火解冻。大多数肉来自群居的食草动物，是在它们最健壮的夏天或冬天捕获的。一些居民因狩猎季节的需要而每年转移到临时性的夏季营地。回来后，他们将肉储存在窖穴内。这些窖穴的深度说明它们是从冻土层的顶部向下开挖的，因为在短暂的夏天窖穴还会解冻[52]。

储藏可能会导致在获取资源方面有较小程度的不平等，也可能导致其他形式的等级差别。有些遗址存在中心的储藏窖穴，似乎所有居民都可以从中平等地获取资源。在多布拉尼切夫卡，每座房址外都围绕 2 到 4 个窖穴。在梅津遗址,大多数窖穴出现在一座单独的房址周围,该房址内有艺术品、珠宝和贝壳,而后者的原产地在距此地以南800公里左右的地方。"因为……这座房址既不是一座特殊用途的建筑……也不能住下很多人,集中分布的窖穴说明房址的主人不仅有较高的身份,还有较强的控制相当多剩余产品的能力"[53]。如果像现代人类所提示的,狩猎主要是男性的活动,那么这里完全有可能在获取包括食物在内的基本资源方面,出现了性别的不平等[54]。

肉不是这些社区唯一的储存资源。这里的居民也猎取毛皮动物,用外来的材料做珠宝。住房的重要性以及象征性的器物明确表明,势力和权力也可以积攒并储存。奥尔加·索弗费尔认为,梅日里奇在建筑设计方面存在有规律的因素,如下颌骨的一个侧面向上、另一侧面向下地组合在一起,这种固定的设计说明已经存在纪念性建筑[55]。如果是这样,它们可能暗示着"大人物"的出现,他利用亲属关系、天赋和个人的影响力来调动其附近的劳动力和财富。确实,这种建筑需要有人调动大量的必要劳动力来建造。弗拉基米尔附近的桑吉兰表明,即使在末次冰盛期以前,也有一定程度的地位差别。男孩随葬的是猛犸象牙制成的矛、石头的和象牙制成的工具以及动物雕像[56]。男孩属于青少年,说明其身份可能是从这个社区继承下来的,这暗示家庭或氏族结构已经存在等级差别。

团体之间的关系变得更加复杂和广泛。旧石器时代晚期的社区在更大的区域范围内交换产品。琥珀、珠子、贝壳和皮毛是乌克兰遗址发现的主要"进口"物品。这些物品几乎确定是通过系统的交换而非有既定目标的远途跋涉获取的。有的琥珀来自100公里以外的地方[57]。这些交换表明地方团体之间存在更有规律而系统的接触,暗示人们的地理知识增强了,并有考察更大面积和更多样区域的能力。这些都说明在旧石器时代晚期,"再生产"的团体变得更加重要。

交换的规模反映出更高水平复杂社会的重要性在逐渐提高,它可能包括不同的再生产网络之间的交流,与现代世界的部落网络有些相似。一些旧石器时代晚期艺术品反映出存在更大范围内的接触和交流网络。这是真实存在的,例如,在末次冰盛期,从比利牛斯山到顿河出现的女神雕像之间,或者欧洲西南部和蒙古西部的洞穴岩画之间都有令人吃惊的相似性[58]。实际上,对这一时期艺术品扩散最有可能的解释是,它反映了婚姻配偶、信息、礼品和可能的宗教知识的交流在增强,所有这些将会提高装饰品的重要性,给予地方性和区域性团体一种身份的意识。就像石器时代的"硬盘"一样，装饰品和装饰图案提供了外在世界储存信息的方式。这反映出我们人类自身已经发展出一种高级的智力策略，通过"把我们的智力挤压……进入周围的世界"来扩展我们的大脑储存和处理信息的能力[59]。因此，旧石器时代晚期出现的丰富的象征性符号可能是正在不断丰富、复杂甚至可能分层的社会的外在表现。大概，像现代的小规模社区一样，旧石器时代晚期的社会主要是按照性别和亲属关系构建。当性别塑造了每个团体之间的劳动分工时，超越了群团范围的亲族意识，将有助于团体在更广大区域的网络内交换婚姻配偶、信息和礼品。

42

在末次冰期的艰苦条件下，不同团体之间的广泛联系提供了困难时期的保障，以及关于技术和资源的信息。像一位考古学家所指出的那样，这种交换网络将"是一个成功的长期适应期所必需的，就像皮衣和其他技术性物品对于御寒一样重要"[60]。虽然冰期的草原上人口很少，但是团体之间的接触却非常频繁，共享象征符号成为保证他们成功的必然条件。这些接触可能会解释清楚为什么会存在最初级形式的性别和社会等级，因为这些等级强化了那些经常与外部接触的个人的政治影响力。

不同团体之间不断增强的交换，使现代人能够不是以个人或团体的力量来应对内欧亚大陆的严酷环境，而是以分布在广大区域内很多不同团体的集体的知识来应对。这反过来解释了为什么旧石器时代晚期人的技术水平迅速提高，以及人们在以前难以实现移民的内欧亚大陆的定居能力飞速增长。旧石器时代晚期，在内欧亚大陆的多数地区成功定居，是我们人类的技术和社会组织能力不断提高的显著标志。

注释

[1] Foley, *Humans before Humanity*, pp.165 - 71.

[2] 最近的发现正将年代向后推进；Stringer and Gamble, *In search of the Neanderthals*, p.64，提到最近在哈萨克斯坦的 Georgiad 的新发现，可能比直立人早 160 万年；新的测年技术也反映出一些出自东南亚的直立人颅骨可能早到 180 万年；Roger Lewin, "Human origins: the challenge of Java's skulls", *New Scientist*, (1994), 1924: 36 - 40。

[3] Gamble, *Paleolithic Settlement*, pp.155, 177; Stringer and Gamble, *In Search of the Neanderthals*, pp.64 - 5.

［ 4 ］Masson and Taylor, "Introduction", *Antiquity*, vol.63, p.782.

［ 5 ］V. A. Ranov, D. Dorj and Lü Zun-E, "Lower Paleolithic cultures", in *HCCA* (pp.45 - 63), 1: 57; Larichev, Khol'ushkin and Laricheva, "Lower and middle Paleolithic of northern Asia", pp.422 - 3, 425.

［ 6 ］Larichev, Khol'ushkin and Laricheva, "Lower and middle Paleolithic of northern Asia", pp.421, 428.

［ 7 ］Ranov, Dorj and Lü, "Lower Paleolithic cultures", in *HCCA*, 1: 60.

［ 8 ］Hoffecker, "Early upper Paleolithic sites of the European USSR", p.237; Dolukhanov, *Early Slavs*, p.198; Champion, et al., *Prehistoric Europe*, p.43; Soffer, "The middle to upper Paleolithic transition", p.721.

［ 9 ］Ranov, Dori and Lü, "Lower Paleolithic cultures", in *HCCA*, 1: 48 - 9; Dolukhanov, *Early Slavs*, pp.26 - 8.

［10］Goudsblom, *Fire and Civilization*, p.17; Gamble, *Timewalkers*, pp.138 - 9.

［11］Klein, "Late Pleistocene hunters", in *Cambridge Encyclopedia of Archaeology* (pp.87 - 95), p.92; Straus, "Hunting in later upper Paleolithic Western Europe", in Nitecki and Nitecki, *Evolution* (pp.147 - 76), p.150.

［12］见 Lee, "What hunters do for a living, or, how to make out on scarce resources"中的表格,in Lee and DeVore, *Man the hunter*, pp.30 - 48。

［13］Nitecki and Nitecki, *Evolution of human hunting*, p.4; R.G. Klein "Reconstructing how early people exploited animals", in 同上注(pp.11 - 45), p.19。

［14］Klein, "Reconstructing how early people exploited animals: problems and prospects", in Nitecki and Nitecki, *Evolution of Human Hunting*, p.17; L. R. Binford, "Were there elephant hunters at Torralba?", in 同上注 (pp.47 - 105), p.47。

［15］根据 Champin, et al., *Prehistoric Europe*, pp.67 - 8。

［16］Champin, et al., *Prehistoric Europe*, p.68.

［17］Gamble, *Timewalkers*, p.139.

［18］例如 Novogorodova, *Drevnyaya Mongoliya*, pp.31 - 2, 断言 1980 年在蒙古阿尔泰关于莫斯特人的发现;也见于 Chang, Archaeology of Ancient China, 3rd edn, pp.60 - 1。

［19］Gamble, *Paleolithic Settlement*, p. 161; Soffer, "The middle to upper Paleolithic transition", p.722.

［20］Stringer and Gamble, *In search of the Neanderthals*, p.80; Dolukhanov, *Early Slavs*, p.33.

［21］对世界人口的估计出自 Fagan, *People of the Earth*, 7th edn, p.206;以及见 Stringer and Gamble, *In Search of the Neanderthals*, p.81。

43

［22］Lieberman, "The origins of some aspects of human language and cognition", in Mellars and Stringer, eds, *The Human Revolution*, p.391.

［23］Stringer and Gamble, *In search of the Neanderthals*, pp.50, 161; Dennell, *Economic Prehistory*, p.78; B. Allchin, "Middle Paleolithic culture", in *HCCA*（pp.65 – 88）, 1：86.

［24］Stringer and Gamble, *In search of the Neanderthals*, pp.50, 161 – 4; Dnnell, *Economic Prehistory*, p.74.

［25］Allchin, "Middle Paleolithic culture", in *HCCA*, 1：87; Klein, *Ice Age Hunters*, pp.68 – 9; Praslov, "Late Paleolithic adaptations", p.784; 例证见于 Molodova 1 号和 5 号遗址，以及 Chokurcha 和 Kiik-koba 的洞穴。

［26］Klein, *Ice Age Hunters*, p.69; Fagan, Journey, p.83; Freeman, "Development of human culture", in *Cambridge Encyclopedia of Archaeology*（pp.79 – 86）, p.84; Soffer, "The middle to upper Paleolithic transition", p.736.

［27］Dennel, *Economic Prehistory*, p.14.

［28］Stringer and Gamble, *In Search of the Neanderthals*, p.212.

［29］Msson and Sarianidi, *Central Asia*, p.22; 捷希克-塔希是首次证明人类在旧石器时代中期在中亚定居的遗址，关于 Ogzi-kichik，见 Allchin, "Middle Paleolithic culture", in *HCCA*, 86。

［30］Dennell, *Economic Prehistory*, pp.88 – 9. 然而，弓箭可能直到旧石器时代晚期末段才出现。"最早的直接证据是在德国北部遗址出土的木质箭杆，出于恰好是更新世末期的距今 1.1 万至 1 万年前的遗址"。Klein, "Late pleistocene hunters", p.90; Fagan, *People*, 7th edn, p.209 认为有欧洲在距今 1.5 万年前存在弓的证据。

［31］Klein, "Late pleistocens hunters", p.89; Stringer and Gamble, *In Search of the Neanderthals*, p.208.

［32］Klein, *Ice Age Hunter*, p.110; Soffer, "Middle to upper Paleolithic transition", p.736.

［33］Dennel, *Economic prehistory*, p. 92; Hoffecker, "Early upper Paleolithic sites", pp.263 – 4.

［34］Fagan, *Journey*, p.194; Okladnikov, "Inner Asia at the dawn of History", in *CHEIA*（pp.41 – 96）, p.56; Larichev, Khol'ushkin and Laricheva, "The upper Paleolithic of northern Asia", pp.369 – 71.

［35］Okladnikov, "Inner Asia at the dawn of history", in *CHEIA*, pp.56 – 7; 详细描述见 Novgorodova, *Drevnyaya Mongoliya*, pp.37 – 48; 以及 A. P. Derebyanko and Lü Zun-E, "Upper Paleolithic Cultures", in *HCCA*（pp.89 – 108）, 1：102。

44

［36］Klein, "Later Pleistocene hunters", p.88.

［37］Dennell, *Economic Prehistory*, p.91; Hoffecker, "Early upper Paleolithic sites", pp.241, 254; Velichko and Kurenkova, "Environmental conditions and human occupation of northern Eurasia during the late Valdai", in Gamble and Soffer, eds, *The World at 18 000 BP*, 1: 260.

［38］Velichko and Kurenkova, "Environmental conditions and human occupation of northern Eurasia during the late Valdai", in Gamble and Soffer, eds, *The World at 18 000 BP*, 1: 258.

［39］Okladnikov, "Inner Asia at the dawn of History", in *CHEIA*, pp.93 – 4; Velichko and Kurenkova, "Environmental conditions and human occupation of northern Eurasia during the late Valdai", in Gamble and Soffer, eds, *The World at 18 000 BP*, 1: 261; 关于 Afontova Gora 遗址, 见 Abramova, *Paleolit Eniseya*, *Afontovskaya kul'tura*。

［40］Okladnikov, "Inner Asia at the dawn of History", in *CHEIA*, pp.56, 93; 关于"玛尔塔"传统的其他遗址, 见 Laricheva, "The upper Paleolithic of northern Asia", pp.373 – 87。

［41］R. E. Morlan, "The Pleistocene archaeology of Beringia", in Nitecki and Nitecki, *Evolution of Human Hunting* (pp.267 – 307), pp.273, 277, 296.

［42］Larichev, Kho'ushkin and Laricheva, "The upper Paleolithic of northern Asia", p.365.

［43］Derevyanko and lü, "Upper Paleolithic cultures", in *HCCA*, 1: 89.

［44］关于这个争议, 见 Fagan, *The Voyage from Eden*; Stringer and Gamble, *In Search of the Neanderthals*; Foley and Lee, *Humans before Humanity*; Gamble, *Timewalkers*; Leakey, *The Origin of Humankind*。

［45］关于永久冻土的限定, 见 Dolukhanov, *Early Slavs*, p.14; Soffer, "The middle to upper Paleolithic transition", p.721; 以及同注中 p.720 的地图。

［46］例如 Clive Gamble 最近的成果。

［47］McCrone, *The Ape that Spoke*; Dennett, *Kinds of Minds*, p.155.

［48］V. N. Stanko, "The Palaeoecological Situation in the Black Sea steppe in the late Paleolithic", *Antiquity*, (1989), 63: 787 – 9, 788; Soffer, "The middle to upper Paleolithic Transition", pp.726, 733.

［49］以下的讨论以 Olga Soffer, "Patternso f intensification"为基础。

［50］Z. A. Abramova, "Two Models of cultural adaptation", *Antiquity*, (1989), 63: 789 – 91, p.789.

［51］Fagan, *Journey*, p.186; Praslov, "Late Paleolithic adaptations", p.786.

［52］Soffer, "Patterns of intensification", p.243, and "Storage, sedentism and the Eurasian

Paleolithic record", p.726.

［53］ Soffer, "Storage, sedentism and the Eurasian Paleolithic record", p.727.

［54］ 如 Ehrenburg, *Women in Prehistory*, p.43 中提到的。

［55］ Soffer, "Patterns of intensification", p.245，以及 pp.246－7 的图片。

［56］ Soffer, "Patterns of intensification", p.259; Gamble, *Paleolithic Settlement*, p.188.

［57］ Stringer and Gamble, *In Search of the Neanderthals*, p. 208; Soffer, "Patterns of intensification", p.254.

［58］ Champin, et al., *Prehistoric of Europe*, p.81；事实上，相似的雕像也见于西伯利亚的玛尔塔和 Buret 遗址；见 Okladnikov, "Inner Asia at the dawn of History", in *CHEIA*, p.56。Gamble, *Paleolithic Settlement*, p.326 展现了发现的女神雕像的分布；也见于 Stringer and Gamble, *In Search of the Nearnderthals*, p.210。

［59］ Dennett, *Kinds of Minds*, p.134.

［60］ Champion et al., *Prehistoric Europe*, p.86.

延伸阅读

苏联考古学先驱奥克拉德尼克夫在 *CHEIA* 中对内陆欧亚大陆的史前史有概述。关于人类的进化有很多介绍，最初有 *Cambridge Encyclopedia if Human Evolution*，或 Foley 的 *Humans before Humanity*。关于尼安德特人，见 Stringer 和 Gamble 的 *In Search of the Neanderthals*。Clive Gamble 在 *The Palaeolithic Settlement of Europe* 中的研究，以及综合的研究著作 *Timewalkers*，都是对旧石器时代的总体性研究。Nitecki 和 Nitecki 的 *The Evolution of Human Hunting* 反映出现代的狩猎策略在旧石器时代晚期阶段才发展起来。Olga Soffer 在 *The Upper Paleolithic of the Central Russian Plains* 和其他成果中，包括 *The Pleistocene Old World* 和（与 Gamblehzz 合著）*The World in 18 000 BP* 的第 1 卷《高纬度地区》，对西方世界的史前史有专门研究。稍早的是 Klein 的 *Ice-Age Hunters*。关于旧石器时代晚期，可以读 Mellars 和 Stringer 的 *The Human Revolution*，以及 Soffer 的 "The Middle to Upper Palaeolithic Transition"。Dolukhanov 的 *Early Slavs* 总结了最新研究成果，使 Gimbutas、Sulimirski 和 Klein 的研究黯然失色。*Paleolit SSSR* 总结了苏联的研究。

第三章 冰期之后内欧亚大陆的
狩猎采集人群

　　末次冰期最盛期从距今约 2 万年前持续到距今约 18 000 年前,之后气候开始变暖。在距今 18 000 年至距今 16 000 年期间,覆盖内欧亚大陆西北大部分地区以及吞噬中亚和东西伯利亚的冰原几乎完全消退。之后到距今15 000 年前,冰原再一次南下几乎达到最大限度,随之而来的是缓慢消退过程,其中还有偶尔的冰原突然南下。到距今 12 000 年前,平均气温与今天的相似。地理学家把此时看作是我们现在所生活的间冰期的开始。这就是我们所知道的地质学年表中的"全新世"。在全新世期间,气候仍然保持不稳定状态,有比我们今天的气候要更暖或更冷的时期。这一时期的最显著之处是在公元前 6000 −前 2500 年(距今 8000 − 4500 年)期间有较长的更温暖而湿润的时期,被称为"气候适宜期"[1]。但是没有再退回到冰期的状态(见表 4.3)。

　　从那时起,冰期结束时期的气候变化成为塑造人类历史最重要的也是唯一的因素。如果在冰期条件下,就不会产生已经统治我们人类现代历史的农业和工业文明。当然,在内、外欧亚大陆,气候变化的影响也有所不同。在内欧亚大陆,旧石器时代的居民比大多数外欧亚大陆的要延续到更晚的时间。狩猎采集人群使用很多与旧石器时代晚期相似的技术,居住在与旧石器时代晚期相似的社区。的确,一些"觅食"社会延续到 20世纪。出于这一原因,本章将打破本书其他部分所遵循的年代框架,描述内欧亚大陆在冰河期以后的整个全新世社会,其中也包括近代的狩猎采集人群。

一、冰期的结束

（一）全球变暖的生态影响

随着平均气温的上升,覆盖斯堪的纳维亚半岛和俄罗斯西北很多地方的冰原开始后退。习惯于寒冷环境的人群追随着冰原在欧洲向北推进,在内欧亚大陆向西北推进,他们发现了展现在眼前的新大地。这些变化创造出沿着内欧亚大陆北缘海岸分布的苔原景观。虽然在某些方面与前冰期的草原相似,但是现代的苔原景观更靠北,因此生态生产力更低。

在苔原的南面,更温暖的条件和增多的降雨量使在前冰期曾是草原的地方有了生长树木的可能。树木最初是沿着河谷扩展,然后充满了河谷之间的空间,创造出今天内欧亚大陆占主导地位的广袤森林。与欧洲其他地区一样,乌拉尔以西大多数是落叶林。西伯利亚的泰加林中占优势的则是针叶林。在"气候适宜期",落叶林可能扩展到我们今天草原的很多地区[2]。森林以南的冰后期环境虽然干旱但是更温暖,这里出现了草原和现代内欧亚大陆南部典型的沙漠。

随着气候和植被的变化,内欧亚大陆的动物也发生了变化。很多大型食草动物向北迁徙,最后由于活动范围变窄而灭绝,旧石器时代晚期居民的狩猎技术也因而得到提高。灭绝的动物物种包括犀牛、草原野牛、巨型鹿、驯鹿、极地狐、狮子和鬣狗。在末次冰期的末段,猛犸象、麝牛、披毛犀和巨大的爱尔兰麋鹿都灭绝了。最晚的冰封猛犸象的年代是距今 11 500 年,发现于西伯利亚东北部。

然而,其他物种的种类和数量大增,沿着西伯利亚北部和远东的海岸,可以捕到鱼和海象。在北冰洋南面的苔原带,繁衍着种类众多的鹿。对于冰期的大型食草动物来说,新形成的森林显得很杂乱,但是小型动物在这里很繁盛,包括兔子和其他各种啮齿类动物,以及像狐狸和熊这样的皮毛动物。浆果和干果也很丰富。河流长时间不封冻,因此鱼成为整个内欧亚大陆的重要食物资源之一。河流和海岸也吸引着海象和鸟类。在草原地区,出现了像欧洲野牛和马这类的新物种,在河里和湖里捕鱼变得更容易而且高产。

全世界的人类不得不适应变化着的生态环境。他们通过尝试新食物、掌握渔猎以及采集食物和原材料的新技术来适应环境。

（二）草原和林地草原

全新世早期,在不断扩张的林地南面出现了草原和林地草原。然而在气候适宜期,曾存在了几千年的觅食生活方式消失,被新石器时代多样的生活方式所取代。

在南乌拉尔地区,草原和森林地带重叠。在这里,冰后期的人类社会猎捕马和麋鹿之类的食草动物。随着气候变暖,从南面进入乌拉尔地区的移民虽然也狩猎,但是开始使用形制先进的网来捕鱼。在扬格尔斯克和托马诺夫卡文化中,有早到公元前 9000 年的定居捕鱼社会的遗迹。居民经长途旅行去打猎和捕鱼,并使用巨大的网,这说明已经存在高度组织化的捕鱼方法[3]。

乌克兰年代在公元前 9000 年至前 6000 年的遗址有 300 处以上。在黑海和伏尔加河草原,很多营地沿着河流或湖泊分布。第聂伯河河谷的墓地表明,这里同样也有固定的捕鱼村落,有些墓葬的墓主人是被箭射杀死亡的,说明可能存在争夺捕鱼权的冲突[4]。

中亚南部的希萨尔文化遗存沿着从阿姆河到伊塞克湖的山缘分布,年代为公元前 7 千纪到前 5 千纪。很多遗址看起来是追捕有蹄动物的季节性营地。这里有很早的来自新石器社会影响的迹象,但是仅以家养的山羊和牛的形式存在[5]。从公元前 7 千纪开始,也有在中亚的平原上定居以及早期形式的驯养迹象。早期驯养山羊的确切证据来自里海东边的加里-卡马尔班洞穴,年代始于公元前 7 千纪。在里海以东的地区,气候适宜期较今天更温暖湿润,冰后期社会猎捕中亚野驴、瞪羚、山羊和绵羊以及水禽。他们也在里海以及沿今天已经消失的注入里海的乌兹博伊河捕鱼,可能直到公元前 2 千纪,该河才开始向北注入咸海[6]。

中亚的克尔捷米纳尔文化在公元前 6 千纪至前 4 千纪很繁荣,它是在 19 世纪 30 年代托尔斯托夫的航空调查过程中发现的[7]（图 3.1）。该文化的石制和骨制工具表明存在主要以狩猎和捕鱼为基础的经济,尽管有证据表明沿着乌兹博伊河存在密集的定居点,但几百处遗址中的大多数都反映出流动的生活方式。位于花剌子模的典型德占巴斯遗址,人们居住在一座有木架的 400 平方米的圆形大型房子里[8]。在其他地方,人们住的是有穹顶的泥土建成的半地穴式房子。发现骆驼、牛和马的骨骼以及陶片,说明该文化受到新石器时代文化的影响。

　　在东部草原,从新疆到蒙古东部地区出现了与中亚相似的冰后期社会。这里与中亚一样,在南面的新石器时代文化影响下,最终出现了狩猎采集人群。蒙古有相当多的冰后期遗存,主要是以精心加工的石叶或镞的形式出现。北肯特山的阿尔然-哈德也有可能属于这一时期的洞穴,它们清楚地反映出与蒙古旧石器时代晚期的继承性。这说明在全新世早期,该地环境的变化没有内欧亚大陆其他地区那样明显,因此能使已有的生活方式得以延续[9]。

　　约公元前6000年以后,狩猎采集人群的生活方式开始从草原上消失,最终的绝迹要晚到公元前1千纪。然而,这里并未出现过完全的新石器时代“技术浪潮”,与西欧或巴尔干相比,新石器时代向内欧亚大陆草原和森林草原的渗透过程更缓慢而复杂。在这里,狩猎采集人群与农耕人群的社区相邻而居达几百年或几千年。关于两类人群关系的发展过程,马尔克·兹韦尔弗比尔提出了一个简单但是很实用的模式[10]。他指出,农业发展有三个阶段。第一个阶段就是所谓的“可利用性”阶段,“在农耕和觅食者居民点之间的交谈和物质信息交换过程中,农耕为觅食团体所了解,然而农耕没有被狩猎采集人群采用”。第二个阶段是所谓的“替换”阶段,该阶段结束于一些狩猎采集人群开始从事一些农耕,或农民迁入以前被狩猎采集人群利用的土地。生态的竞争结束于第三阶段,即所谓的“巩固阶段”,这时农耕成为全社会占优势的适应性改变,以前的生态边地消失。此时传统的狩猎采集人群的技术只作为农耕的一个补充而存在[11]。

　　这些过程在出自乌克兰的证据中表现得最清楚,一些人群仍然可见约公元前6000年的新石器时代社会的传统。在东欧,有证据表明存在部分驯化的野猪和欧洲野牛,以及现代的猪和牛的祖先。也有明确的证据表明,约公元前6000年前,喀尔巴阡山和第聂伯河之间的地区存在定居或半定居的狩猎采集人群。这些遗存属于所谓的格列别尼基安文化,居址为坐落于河谷的宽达20米的小营地,人们住在挖入地下的或建在地面上的小棚屋内,他们以猎捕鹿、野猪、欧洲野牛、小型猛犸象和鸟类为生,也采集植物和贝类、捕鱼[12]。

　　公元前6千纪,布格-德涅斯特文化取代了格列别尼基安文化,他们利用资源的范围更广,狩猎对象包括野猪和麋鹿。虽然布格-德涅斯特文化晚期的发展把人们带入了新石器时代,但是它反映出狩猎采集人群的文化与一些新石器时代技术之间,以及与充分发达的新石器时代文化之间的界限有多么模

49

50

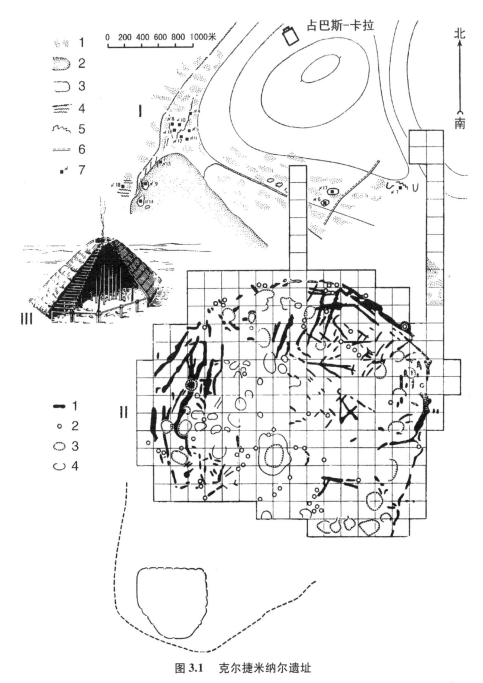

图 3.1 克尔捷米纳尔遗址

（引自 S. P. Tolstov, *Po drevnim del'tam Oksa i Yaksarta*, Moscow: Izd-vo vostochnoi literatury, 1962）

糊。在该文化最早的遗址中没有陶器,但是有驯养的牛和猪的骨骼,以及收获和研磨野生谷物的证据,也有大量鱼的遗存。说明这里和内欧亚大陆很多地方一样,渔猎保证了较高水平的定居。在该文化较晚的公元前5千纪的遗址中,出现了陶器及农业,但是农业仍然没有捕鱼和猎捕欧洲野牛、鹿与野猪重要[13]。

西乌克兰的狩猎采集人群和农业居民在很早的时候就一起生活,两者之间的差别一般是属于不同的民族或者可能讲不同的语言,人骨遗存这类比较明确的考古材料可以明显反映出这一差别[14]。公元前6000年至前4500年之间,新石器时代的影响通过分布于邻近今南摩尔多瓦的克里斯/克罗斯文化进入西南乌克兰,随之出现了相互影响的以及共生的复杂模式。这时农民耕作肥沃的山间洼地,狩猎采集人群则更喜欢住在山谷[15]。

（三）森林地带

在全新世早期,森林地带可能比草原更容易利用,尽管开发森林地带需要用新技术猎捕野兔或鸟类这些更小的猎物或毛皮动物。最终,大致在距今1万年至前6000年的中石器时代,内欧亚大陆的人口中心转移到森林地带。最清楚的迹象就是森林地带文化区的区域明显缩小,这可能是由于人口密度增加导致的。森林地带的生活方式也变得比旧石器时代晚期的更加多样化和复杂化。最后,在林地出现了很多相对定居的"集约觅食者"社区,说明这里的可利用资源非常丰富。像一位现代研究者所总结的,在当时的冰后期时代:

> 最稳定的经济形态出现在边缘地带,他们主要依靠开发河谷和湖泊盆地的自然资源……草原地带和山麓的(觅食者)文化很不稳定[16]。

对森林的成功适应,以及远离外欧亚大陆的新石器时代世界,是一些集约觅食者社会能够存在到今天的原因。

我们对俄罗斯北部、白俄罗斯和波罗的海沿岸的森林社会了解得非常多。当冰原退却的时候,波罗的海地区出现了富于变化的多样化生态环境,有森林、河流和海滩。最早的冰后期遗址出现于湖泊或海岸边,表现出来自北欧马格尔莫斯文化的影响。除了一两个海岸遗址以外,居住点的面积都很小。食

51

物主要源自采集植物、捕鱼和采集贝类，但是也包括猎取麋鹿、野猪、红鹿、水鸟以及沿海地区的海豹。因为他们适应了全新世早期正在变化的生态，其生活方式变得更专业而较少流动，而且还发明了多样的诱捕、捕捞、狩猎以及捕获海象等海洋哺乳动物的技术。他们使用独木舟旅行和捕鱼。有些居民点很大，考古学家发现了多达 100 人居住的全年定居遗址。有的遗址持续时间很长，从公元前 3000 年到前 1500 年都有人居住。公元前 4000 年，这一地区开始出现陶器，可能暗示有从遥远南方农业社会迁徙来的移民。如果是这样，它表明这里像苔原带所发生的一样，新石器时代的移民放弃了原有的生活方式，改为在森林地带从事高效的狩猎和采集[17]。

乌拉尔以东区域的居住方式和技术与旧石器时代晚期有很强的连续性。最明显的断裂发生在旧石器时代先民以猎捕大型食草动物为生的地区。在南西伯利亚，旧石器时代晚期半定居的马尔塔文化及其半地穴式房址，在旧石器时代末期都消失了。在该文化分布区，出现了移动性很强的人群，他们居住在兽皮和树皮制成的帐篷里。然而，在这个地区可能也有集约生产的采集人和捕鱼人。这些与南乌拉尔文化的相似性，也说明很多冰后期的社会普遍存在从猎捕大型冰期动物转向捕鱼、猎捕小型动物和采集植物的转变。这种转变在叶尼塞河和安加拉河之间的遗址表现得十分清楚[18]。

东西伯利亚的冰后期时代和旧石器时代晚期一样，主要的影响来自南方，也可能来自美洲。在卡姆恰特遗址，考古学家发现了约公元前 8000 年的镞，其形制与北美发现的相似。这一时期还有西伯利亚东北部与美洲之间接触的其他迹象，这种接触可能主要是通过阿留申群岛实现[19]。

（四）苔原带

现代的苔原景观只在冰期的末期才出现，对它的适应意味着要发展出新的技能。旧石器时代晚期的猎人可能因追逐大型食草动物而向北进入北西伯利亚新出现的苔原地带，这是很吸引人的假设。然而，目前能找到的寒带文化所特有的系统开发海洋哺乳动物的最早证据，可断代到公元前 2 千纪。苏联研究者 N.N.季科夫在弗兰格尔岛发现了一些寒带人群在海上狩猎的最早证据。这里发现的工具与从阿拉斯加到对面的格陵兰岛发现的工具非常相似，因此可以明确，约从公元前 2 千纪开始，以捕鲸和捕鱼为基础的生活方式很快传遍东北西伯利亚和北美的北极地带[20]。

丘科特卡的乌斯特-别尔斯克的一个公元前 2 千纪的遗址,可以让我们了解一些主要以捕鹿和捕鱼为生居民的生活方式。该遗址位于别拉亚河汇入阿纳德河处的一个几千年来鹿群过河的地点,楚克奇人和尤卡吉尔人晚至 19 世纪仍然在这里捕猎鹿群。考古学家发现随葬食物和箭头之类工具的墓葬,鱼镖的出现表明他们与北冰洋沿岸的海上猎人有接触,有的死者身体被撒上了赭石[21]。

在距北冰洋约 60 公里的佩格图梅尔河,苏联考古学家发现了悬崖岩画,它第一次描绘出约 3 000 年前北极地区捕鹿人生活的详细画面[22]。在这里,猎人也在鹿过河的时候猎捕它们。猎人的设备包括用海象制成的工具,说明他们同样也沿着更北面的海岸狩猎。很多画面都描绘猎人坐在类似现代爱斯基摩人用的单人划子上,在驶过河的时候用矛刺杀鹿,同时用更大的船阻止鹿逃跑。一个画面表现出冬天猎人带着猎狗在滑雪板上捕鹿。一些图画也描绘出捕鲸人在更大的船里,可能是在开阔的海上。

佩格图梅尔的岩画暗示这些公元前 2 千纪的北极社会有宗教生活,因为有很多奇怪的看起来是女性的形象,在她们的头上或者相当于头部的位置有蘑菇状物。蘑菇状物可能是代表蛤蟆菌或者死者头部的蘑菇形草帽(*Amanita muscaria*)。几乎可以肯定,这些图画表现的是萨满的活动,因为楚克奇人现在还在食用能够引起幻觉的蘑菇,他们的神话声称那些吃蘑菇的人常常看见半人形的蘑菇卫士带领他们去往奇妙的国度。岩画中与萨满教有明显联系的是几个握着鼓或者摇铃的人正在跳舞的形象。苏联考古学家 N. N. 季科夫提出女性形象可能代表鹿的女主人,她在其他北极民族的神话中也是一位举足轻重的人物[23]。

放牧驯鹿是西伯利亚苔原地区很晚才发明的新生事物,它的出现反映出新石器时代的技术最终开始影响到更北面的偏远社会。苏联专家维扬斯泰恩认为,放牧驯鹿起源于现代萨莫耶德人的祖先,他们是在公元前 2 千纪至前 1 千纪期间受到草原牧马人的影响。因为他们被草原牧民排挤到更北面,驯鹿便成为当地仅有的适合放牧的动物。驯鹿的最初作用是提供肉食,但是到公元 1 千纪的时候,已经出现了挽具并将驯鹿用于交通运输。放牧驯鹿的形式后来又从萨莫耶德人那里传到欧亚大陆北部的其他民族。从约公元前 1000 年起,西伯利亚讲突厥语的社会从北面的邻居那里学会放牧驯鹿的技术,但是融入了自己的养马传统,如食用(鹿奶)和骑乘[24]。在如此靠北的地区饲养大

53

图版 3.1　蘑菇头

（引自 N. N. Dikov, *Istoriya Chukotki s drevneishikh vremen do nashikh dnei*, Moscow: Mysl', 1989）

量驯鹿是很艰难的事,即使放牧驯鹿的社会也主要将其用于交通运输,而以狩猎和捕鱼为生。直到 18 世纪,在俄罗斯的殖民统治和贸易增长所创造的更稳定条件下,放牧驯鹿才成为很多西伯利亚社会的基本生计方式[25]。

如果维扬斯泰恩的复原是精确的,那么它反映出新石器时代已经习惯于农业和牧业生活方式的人一旦进入内欧亚大陆北部的苔原地带,就很容易放弃原有的生计方式。这反过来也说明,苔原的生活方式很好地适应了遥远北方的严酷环境。

二、现代的狩猎采集人群

在公元 2 千纪的现代,新石器时代的生活方式和技术已经影响了内欧亚大陆的大多数地区,但是生活在西伯利亚森林和苔原地带的人很少能感受到这些影响。当一千年前来自伏尔加保加利亚或诺夫哥罗德的皮毛商人迎着风雪进入西伯利亚的时候,或者当俄罗斯殖民者在 17 世纪向东行进的时候,他们进入了狩猎和采集生活方式仍然占绝对优势的世界。

本章的以下部分将描写一些现代狩猎采集人群的生活方式,使用现代社会的证据来展示这个世界更早时期的生活方式。当然，我们必须谨慎对待，将现代的西伯利亚与冰后期的世界做类比应留有余地，但目前的描述至少能为内欧亚大陆历史上一个更早的时代提供想象。有关他们第一次与俄罗斯殖民者密切接触时的描述可能最有价值，反映出发生在西伯利亚森林或苔原地带的技术、生活方式、语言和信仰方面的巨大变化。

苏联政府官方认可约 35 种西伯利亚民族的语言。事实上，每种民族语言常包含几种相互不能理解的方言。这意味着 20 世纪仍然存在相当多的西伯利亚语言，甚至多达 120 种[26]。就像被欧洲殖民化之前的美洲或澳大利亚那样，西伯利亚的狩猎采集人群由很多讲着不同语言和过着不同生活的小集团组成。接下来的部分将展现我们对四个西伯利亚社会集团的主观印象。

（一）西伯利亚的汉特人和曼西人

考古学证据表明，公元前 7 千纪到前 4 千纪期间，从伏尔加河穿过乌拉尔山到西伯利亚的区域内，出现了十分同质的文化。这一同质性说明它们有密切关联，而且大多数语言学家相信这些文化的居民讲与现代乌拉尔集团的祖先有关系的语言，包括芬兰语、匈牙利语和萨莫耶德语。从公元前 6 千纪到前 4 千纪，讲萨莫耶德语祖先语言的集团向北方漂泊。公元前 3 千纪到前 2 千纪，讲现代芬兰语祖先语言的集团向西漂泊。保留在原地的是那些讲乌戈尔语的人群，包括现代的匈牙利人[27]。

当俄罗斯殖民者在 16 世纪末至 17 世纪到达乌拉尔以东的时候，他们遇到了讲乌戈尔语的汉特人（奥斯蒂亚克人）和曼西人（窝古尔人）。这绝不是汉特人和曼西人第一次与农业社会接触，中世纪的俄罗斯文献曾将居住在乌拉尔以西的汉特人和曼西人称为"尤格拉"[28]。对这一社会最早的描写来自与其开展"无声贸易"的阿拉伯商人。10 世纪的中亚学者比鲁尼（b. 973）便描述了在伊斯兰商人和"尤格拉"之间进行的"无声贸易"。

> 他们（位于第七种气候环境中的人们）共同居住的最近地点是尤拉国（即尤格拉的国家）……（旅行者）在雪橇上行进，由他们和狗共同牵引，雪橇上载着储备物资；他们也使用另外一种骨质的绑缚在鞋上的（滑行工具），借助于它们可以在短时间内走很远的路。由于尤拉国居

民的野蛮和胆怯,他们的交易方式是:把商品放在某个地方后就离开[29]。

14 世纪的某个时候,在莫斯科公国的压力下,居住在乌拉尔山以西的两个集团的成员来到乌拉尔山的东面,住在与其有亲缘关系的氏族之间。16 世纪,汉特人和曼西人的地域从乌拉尔延伸到鄂毕河以东 400 公里处。他们的总人口可能不到 16 000,而俄罗斯已经有了约 1 000 万人口[30]。这反映出自新石器时代晚期以来狩猎采集人群和农业社会之间巨大的人口差距。

根据 17 世纪的记载,汉特人和曼西人都以狩猎和捕鱼为生,吃生的、熏制或煮熟的鱼和肉。他们在狩猎途中带着晒干的或制成粉末状的肉;除了采集的浆果、野果和干果以及一些根茎以外,很少吃其他的植物;他们也储存过冬用的蜜。和大多数狩猎采集人群一样,他们可以无偿地从邻近的人群中借鉴技术,包括驯养的形式。一些北方的氏族模仿邻居萨莫耶德人放牧驯鹿,一些南方的氏族种植大麦和饲养牛、马。

驯鹿和麋鹿的毛皮提供了日常所需的绝大多数外衣。一些氏族也用鸟和鱼的皮做衣服。南方的氏族用植物的纤维作原料,使用简易的织布机。大多数社会都会对他们的衣服、容器加以装饰,有时甚至用精致的文身装饰自己。雪天他们依靠滑雪板出行,在西西伯利亚的河上则将独木舟或有木质框架、覆盖桦树皮的轻型木舟作为交通工具。

1675 年,一位名叫察尔·阿列克塞·米哈伊洛维奇的外交官在穿过汉特人居住的地区到达中国后,描写了汉特人的生活方式。

所有的奥斯蒂亚克人都捕到大量的鱼,有的生吃,有的晒干或煮熟了。但是他们既不知道盐也不知道面包,食物只有鱼和一种根部为白色的苏萨克。在夏天要收集足够多的苏萨克,晒干后留着冬天吃。他们不能吃面包,若是有人吃了足够多的面包就会死掉。他们居住在 yourts(帐篷)中。捕鱼不仅是为了获得食物,还是为了用鱼皮缝制衣服——包括靴子和帽子,也用鱼筋缝纫。他们利用木头制成尽可能轻的船,可以载五六个人或更多。他们随身携带弓箭,随时准备战斗。男人拥有足够多的妻子——想要多少就娶多少[31]。

最后的评论说明存在很明显的性别等级制度,虽然也有可能是俄罗斯贵族将夸大的性别等级差别转嫁给所考察的西伯利亚社会。

大多数汉特人和曼西人居住在半定居的冬季营地,住在木骨泥墙的棚屋里。夏季转移到非永久性的狩猎和捕鱼地点,住在更简单而轻便的用桦树皮覆盖的房子里。虽然他们拥有共同的身份意识,但是汉特人和曼西人生活在不同的社会中,由族长任首领。公平首先体现在以血缘为纽带的组织内部。在偶然的情况下,有势力的族长将几个氏族统一成一个大的部族。更常见的情况则是氏族之间相互争斗,或者与其他相邻的人群争斗。他们使用长弓和铁矛,穿戴自己锻造的甲胄和头盔,作战技艺精湛,甚至成为来自莫斯科或诺沃格罗德的早期殖民者的恐怖对手。好战的部族居住在有防御土墙保护的城堡里,由强大的国王统治,国王"被某种程度的财富和野蛮的华丽所包围,包括银制装饰品和容器以及大量紫貂、狐狸和其他动物的皮毛"[32]。

（二）西北苔原地区的萨莫耶德人

沿着汉特人居住区以北的北极海岸,从乌拉尔西北到远达叶尼塞河的远东地区,生活着放牧驯鹿的萨莫耶德人。如果汉特人和曼西人的生活方式是典型泰加式的,那么萨莫耶德人的生活方式则可以作为北方泰加——苔原带和北冰洋地带的典型。

萨莫耶德人至少包括三组不同的人群:牙纳桑、埃内茨和涅涅茨[33]。在遥远的过去,萨莫耶德人或许居住得更靠南,可能在那里放牧牛和马。当俄罗斯人在17世纪遇见他们的时候,一些南方的氏族仍然过着像汉特人那样的捕鱼和狩猎的生活。然而,大多数人还是以驯鹿为生,既有野生的也有驯养的。他们的主要交通方式是用驯养的驯鹿拉雪橇,同时用狗(现代的萨莫耶德狗即来源于此)控制驯鹿群。他们也在北冰洋捕鱼、猎取海豹和海象。驯鹿皮提供了服装和房屋的主要原料。萨莫耶德人居住在兽皮覆盖的棚屋内,棚屋宽9米,能够载在雪橇上。

萨莫耶德人较汉特人和曼西人的移动性更强,经常迁徙。他们的氏族缺乏固定的领袖,仅在发生冲突时选出临时首领。和大多数小规模的社会一样,他们在作战前有精心准备的仪式,其中包括将双方伤亡最小化的仪式性因素。在特殊的天然教堂内,他们放置神的偶像以及祭献的动物。

57

（三）北西伯利亚的通古斯人

通古斯人（埃文基人或埃文人）在 17 世纪占据了叶尼塞河和勒拿河之间以及更东面的广大地区，当时的人口约为 36 000 人。他们的语言——埃文基语，与现代满语有关。

虽然通古斯人主要居住在森林里，但是西伯利业泰加林的极端气温导致他们的生活与萨莫耶德人极为相近。他们以游牧为生，居住在覆盖驯鹿皮或桦树皮的棚屋里，有室内灶。他们主要用麋鹿或驯鹿皮做衣服。通古斯人用驯化的驯鹿群负载重物，也喝它们的奶。他们也用特殊的鞍来骑驯鹿，但是很少吃它们的肉。相反，他们猎捕野生的驯鹿和麋鹿，而且大多数食物来自这些动物的肉和油。

通古斯人的社会十分简单，一年中的很多时间都居住在由一两个家庭组成的小营地集团内。夏天则聚到一起，氏族中可能会聚集 10 至 20 顶帐篷。虽然氏族之间经常共享地域，但每个氏族都有独有的狩猎地点。个人从更大的部落集团内的其他氏族中寻找配偶。氏族和部落没有固定的首领，氏族集会时尤其是与其他氏族战斗前会选择临时的首领。冲突很少由财产引起，而多起因于巫术的指控，或者因为绑架妇女或儿童，或者是为血亲复仇。在这种情况下，男人将组成小的战斗集团出发，穿上用骨、皮制成的甲胄，带上弓箭、剑以及用刀安装在柄上做成的简易矛。他们通常袭击敌人的帐篷或伏击敌人的狩猎伙伴。有时，由两人之间的搏斗来决定战斗双方的输赢。在偶然的情况下，萨满将在流血冲突之前介入。

58

与汉特人和曼西人一样，通古斯人分布的地域非常广，不同的氏族通常拥有相邻氏族的文化特征。在极北地区，一些通古斯人居住在苔原上，和萨莫耶德人一样使用雪橇。在鄂霍次克海，被称为拉穆茨的通古斯人过着半定居的生活，和邻居的科拉克人一样以捕鱼和猎捕海豹与海象为生。在贝加尔湖东南草原，通古斯人受蒙古人传统的影响，饲养牛和骑马，住在毡房内，甚至穿着也和蒙古族邻居一样。

（四）东北西伯利亚的尤吉特人

位于西伯利亚最东北的楚克奇，是内欧亚大陆最偏远的地区，生态和文化方面与阿拉斯加相似。这里也是西伯利亚人口最稀少的地方。在 17 世纪西伯利亚约22万的土著人口中,住在最东北地区和远东地区的各种族的人口总计只有4万。这里的居民还没有使用金属,严格地说,他们还处于石器时代。

这一地区最有特色的民族是西伯利亚尤吉特人。像大多数西伯利亚部落的名称一样,这个族名的意思是"人民"。尤吉特人可以自由穿过白令海峡到达阿拉斯加和阿留申群岛,与那里的居民有密切的联系。他们主要靠猎捕北极的海洋哺乳动物为生,包括鲸鱼,特别是格陵兰鲸。尤吉特人用木框架制成结构简单的船捕鱼,船上覆盖海象皮。他们的武器是矛和带骨尖的鱼镖,在捕猎过程中全社会的人通力合作,之后平分猎物。

尤吉特文化几乎完全依靠海洋动物。人们吃海洋动物的肉和鲸脂,既生吃也煮着吃,也储存海豹和鲸的肉。鲸脂提供了点灯和取暖的燃料。尤吉特人用骨头或鲸须制造了很多器具,用海豹皮做衣服、船和帐篷。夏季居住在用驯鹿皮或海豹皮覆盖的帐篷里,冬季住在半地穴式的雪块砌成的圆顶小屋里,小屋的框架由石头或大的鲸骨做成,用土和雪覆盖。

尤吉特人的宗教也可以转化成与猎捕海洋哺乳动物相关的活动。在其信仰的众多神灵中,最为重要的是海洋女神及其助手虎鲸。在捕猎季节开始时举行宗教仪式,以确保捕猎成功。在这个节日里,他们讲故事、跳舞、举行宴会,在宴会上"吃"希望捕到的鲸。

三、西伯利亚的宗教和宇宙观

对西伯利亚的森林和苔原社会的记述,为我们提供了非常有趣的对古代内欧亚大陆人精神和物质世界的观察。西伯利亚社会的精神世界已得到深入研究,因为人们相信它可能大体上保留了一些史前时代的传统。

对内欧亚大陆的宇宙观和宗教的研究,占绝对优势的概念是"萨满教"。这个术语源自17世纪被流放的俄罗斯诗人阿弗瓦库姆自传中一段充满敌意的引用。在这个段落中,阿弗瓦库姆描写了俄罗斯官员强迫一位居住在今赤塔附近的通古斯人举行萨满仪式预测命运。由此留下关于萨满"跳神"状态最早的记录:

　　晚上,那个男巫师……抓来了一只活的绵羊开始向它施魔法:他长时间地前后摇晃它,扭它的头并把它扔开。然后他开始跳跃和舞蹈,并且

59

招来鬼魂,发出很大的尖叫声。他把自己猛地摔在地上,口吐白沫;鬼魂正在压迫他,他问鬼魂:"探险会成功吗?"鬼魂说:"它将带回很多战利品,而且已经取得了很大胜利。"[34]

阿弗瓦库姆认为萨满是鬼魂的代表,他乞求神摧毁整个探险,反驳鬼魂的言论。当除一人以外所有的探险成员都被杀死时,虔诚的阿弗瓦库姆认为这标志着神已经听到了萨满的祷词。

这是对西伯利亚萨满教的最早记载,但是也有很多更早的内欧亚大陆草原有关康复、诅咒、控制天气和占卜的记载。公元前5世纪,希罗多德描写斯基泰的预言家和巫医或"enarei"(Ⅳ:67-8)的活动,拜占庭作家梅南窦也描写过6世纪突厥人的洗礼仪式,蒙古人在13世纪也使用类似的仪式。突厥人和蒙古人都曾试图用特殊的石头控制天气[35]。在伊斯兰地理学家和历史学家的著作中,都有较晚的有关萨满活动的记载,与阿弗瓦库姆和希罗多德的描写一样,更强调萨满或神职人员作为占卜者的角色。在最早的伊斯兰文献中,12世纪的地理学家阿尔-马尔瓦济描写了一位黠戛斯萨满:

> 有一位名叫法格胡努姆的黠戛斯平民男子,在每年的固定一天都被传唤一次;他集歌手、演员等角色于一身,然后开始喝酒和享用美食。当同伴离开的时候,这个男人晕倒在地,但看起来很健康;他被问及下一年将要发生的事——(庄稼)会丰收或歉收、是否会有雨或干旱等信息,而且他们相信他说的是真话[36]。

另一个较早的记载出自印度历史学家朱兹贾尼,他描写了成吉思汗的萨满威力。

> (成吉思汗)是巫术和欺诈方面的能手,一些鬼魂是他的朋友。他时而陷入恍惚状态,在无意识状态下,所有事情都出自他口,而且这些话常常与他崛起时期所发生的事情相似,对他施以威力的鬼魂预言了他的胜利。他第一次做法所穿的衣服收在树干里,并习惯于把它们带在身边。无论何时,只要他出现灵感、胜利、保证、敌人的出现、国家的失败和庄稼的歉收等任何他愿意说的事情,都将从口中说出。有人经常记录下他的

60

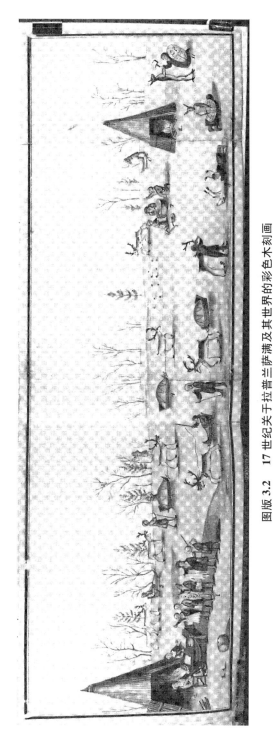

图版 3.2 17 世纪关于普兰诺·拉萨满及其世界的彩色木刻画
（承蒙大英博物馆提供，Add. Ms 5253，folio 7）

话,并封印在袋子里,当他恢复意识的时候,人们一句一句地读给他听。成吉思汗将根据这些话来采取行动。的确,差不多所有他说的话都变成了现实[37]。

19世纪,通古斯的"萨满"一词已经确立为称呼西伯利亚社会宗教专职人员的常用术语。20世纪,"萨满教"被用来描写从西伯利亚到澳大利亚的旧石器时代和狩猎采集人群社会的宗教实践。因此,人们投入很大精力试图理解萨满教的一般特征。

萨满教反映了大多数前现代社会所共有的一套信仰体系。考古学的证据与现代人类学和历史学的研究表明,大多数现代以前的人类社会都将宇宙视为充满神灵的地方。他们在那里看到一种有意识的意图,这被现代科学称为"自然力"。因此,他们在宇宙中填充了许多神灵,在不同的社会,神灵的形状、能力和需求都有所差别。因此,神灵世界的细节——它的个性、地理、历史和社会规则在不同的社会之间有很大的变化。

对于用这种方式体验世界的人来说,处理神灵世界的事情与处理人世间的事情相同。所有的天气、疾病、动物以及很多威胁人类生活的黑暗势力,都不得不像和人打交道一样,通过与神灵世界的谈判、耍计谋、战斗或申诉来处理,但从不用现代科学的方法将其当作被动的对象。在这样的世界里,没有现代科学的合理假设,即人和自然是完全分离的。相反,常常在很多例子中,个人乃至整个社会都认为自然力或动物与自己的关系比与其他人类的关系更密切,这一现象通常被描述为"图腾制度"的基础。

萨满教用这些方式反映了小型社会的逻辑。从杜尔海姆开始,人类学家已经认为在某种意义上,宗教将人类社会的结构展现到更宽广的宇宙中。生活在小型社会的人认为神灵世界和他们生活的现实世界一样,在那里接触、谈判和争斗都是个人的、直接的、面对面的。这个世界的神灵也生活在独特的无官僚的小社会里,并且遵循相似的相互支援和报复的规则。这里没有外欧亚大陆宗教所特有的性别和身份的严格等级制度。因此,萨满和神灵可以出自任何血统,既可以是男人也可以是女人。萨满是所有觅食社会所熟悉的直接的、个人的谈判专家,而且与神灵世界谈判就像氏族的首领与其他人类社会团体的谈判一样。萨满为了获取猎物、丰收、战争胜利和免除疾病的权力而与神灵讨价还价。作为回报,他们承诺献给神灵礼物,通常是以牺牲的形式。有时

62

在谈判过程中,他们不得不放弃人的生命和灵魂,而使自己更为强大和危险。谈判时,萨满使用从送礼到威胁、请愿、婚配等所有的部落外交手段,所依据的是同样适用于人类社会的互利原则。

汉特人和曼西人相信,河流、树木、动物、雷声这些自然现象都有各自的灵魂。他们像对待潜在的氏族成员那样对待这些灵魂——赠送礼物、求助,甚至与它们通婚,由此创造了特定氏族与特定崇拜动物之间的联系,如河狸或麋鹿图腾。

> 神灵的圣像被放置在森林中的圣所内,为了祈祷消除疾病或举行作战前的特殊仪式,氏族内所有的男人不时地聚集在一起。部落的萨满在这些神圣的地方主持仪式,在树下献祭马、驯鹿或其他动物,用它们的血涂抹圣像的嘴以示供养。早期人类社会,有时也用这种方法祭祀。祭祀仪式也在墓地内进行,死者被安放在地上的木箱中,给他随葬在另一个世界使用的武器、工具、勺子,有时也包括银器[38]。

汉特人和曼西人特别敬畏熊,通常避免伤害它们。偶然的情况下,他们会杀死熊并吃它的肉,但在此之前会举办精心抚慰熊灵魂的仪式。汉特人和曼西人在 20 世纪仍然举行熊节。节日活动包括舞蹈、表演猎熊、在弦乐器的伴奏下朗诵诗歌,在宴会上他们把死去的熊看作特殊的客人。

与神灵世界打交道需要了解它的地理,就像世俗世界一样。通古斯人相信存在由河流联系起来的三个不同的世界。上层世界居住着一位至高无上的神和一批追随他的神,下层世界包含死了的鬼魂,人类居住在中层世界。三个世界的信仰广泛分布于西伯利亚,尽管三个世界之间的关联常常被想象为一棵树、一根柱子或一座山峰。在更靠近外欧亚大陆且政治结构更为细化的社会里,这一宇宙地图常常变得更加精致,三个世界中的每个世界都像邻近国家复杂的官僚体系一样,依次被划分[39]。

通古斯人眼中的宇宙充满了灵魂,其中的重要角色由不同地区的"主人"扮演,包括森林、山峰、河流和不同种属的动物和鱼[40]。通古斯的萨满被认为能够与这些灵魂沟通和谈判,并且请求灵魂帮助治愈疾病,或在战争及狩猎时给予帮助。在与相邻社会的冲突中,萨满的角色至关重要。皮尔斯·维捷布斯库描写了一场通古斯人氏族之间的神奇战斗[41]:战斗始于一个氏族的萨满

63

放出一个虫子去攻击另一氏族的成员。一旦通过了相邻氏族灵魂的包围(包括一头驯鹿在内的由灵魂筑成的防御线),这个虫子就潜藏在人的内脏中,导致其病重。另一个氏族的萨满则放出鹅和鹬的灵魂拔出虫子,再放出猫头鹰的灵魂把虫子安全地埋葬到下层世界。然后他派出一条梭子鱼的灵魂抢走一位敌对氏族成员的灵魂,同时巩固自己氏族的灵魂防御工事。

　　萨满与神灵世界的谈判主要在恍惚状态下进行,这种状态能让他们来到另一个世界(这就是为什么米尔恰·伊利亚德对萨满教的经典研究有副标题:古代的迷幻术)。为了进入恍惚状态,他们跳舞、使用鼓或其他的乐器,有时还吃麻醉药。通古斯的萨满通过穿上能增强法力的服装来与其灵魂帮手(通常是动物或鸟)接触,并通过跳舞和唱歌进入恍惚状态。铁匠的技艺通常被认为与萨满的技艺类似,萨满常佩戴代表动物或鸟的精美锻制的金属服饰,这些服饰也是他们法衣的一部分[42]。

64　　萨满并不是自己选择成为萨满,通常他们认为是在经受了濒临死亡的特殊经历后被强加给这个角色。尽管如此,大多数人在成为真正萨满之前都要经过老萨满的长期培训。

　　　　著名的雅库特萨满 Tüspüt(这个词的意思是"从天上落下来")在 20 岁的时候得了病;他开始唱歌,并且感觉状态很好。见到谢罗斯泽乌斯基的时候,他已经 60 岁了,却仍展现出充沛的精力。"如果需要,他能整个晚上都敲鼓、舞蹈、跳跃"。此外,他旅行经验丰富,甚至在西伯利亚的金矿工作过。但是他需要萨满教化,如果长时间不做法事,就会感觉不舒服[43]。

　　关于萨满教的起源有很多争论。伊利亚德的论文《萨满教:古代的迷幻术》发表于 20 世纪 50 年代,他认为虽然萨满实践的细节可能有所差别,但是都保留有基本的信仰和实践的内核,这个内核根植于旧石器时代晚期洞穴岩画所描绘的宗教世界[44]。支持这一结论的最有力证据是与西伯利亚萨满相似的现象出现于大多数小型社会,特别是那些从事狩猎的社会:

　　　　很明显萨满教在其个人主义、动物灵魂信仰和狩猎象征手法方面,深深地扎根于古老的狩猎文化。不管以哪一种形式,萨满教实践都发生在所有近代非主流的狩猎文化中,这一点尤其重要[45]。

但是,因为现代萨满教的形式和实践的变化非常大,而且只有很少的关于前现代萨满教的直接证据,以至于一些作者认为萨满教是近代才有的现象,是由于受到殖民社会对狩猎采集人群社会的影响而出现的。在西伯利亚,很早就有迹象表明萨满仪式是被来自南方特别是佛教的影响而塑造出来的。甚至通古斯人的词汇"萨满"可能也起源于印度,与巴利语有关。如果是这样,它可能是通过吐火罗语和汉语传到西伯利亚,到达西伯利亚时已经承载了厚重的佛教信仰和仪式。很多西伯利亚神灵的名字来源于满族或蒙古族,通古斯萨满的服装、鼓和绘画也同样可见外来影响。满族人自己声称萨满教出现于11世纪,这也是史禄国关于萨满教是近代才随佛教传播而来理论的又一证据。甚至伊利亚德也承认:"在民族学方面,所有游牧民族的文化都被看作是农业和城市文明发明创造的支流……而这一辐射开始于史前时代,一直延续到我们生活的今天。"[46]

在这一争论中,不必过于极端,因为我们已经看到可以追溯到旧石器时代的证据,即与现代萨满教相似的实践活动的古老根基。然而,随着生活方式和社会结构的变化,宇宙观也会发生变化,这是我们必须面对的事实。特别是小型社会在受到生活方式、规模和社会结构与其有明显差别的社会影响时,不仅会感受到其他宗教的影响,宇宙观的结构也会发生变化。在较大型社会中,很多人的接触都是间接的,而且受所处阶层以及所拥有财富和权力的影响[47]。灵魂世界也需要性别和地位、官方仪式与外交规范的等级制度,因此人们与灵魂世界的关系也变得更正式而间接,或者说缺少私人性的特点。在较大型社会有数量很少的直接与灵魂世界斡旋的宗教专家,他们深知自己与另一个世界的主宰灵魂之间存在巨大的距离,我们通常称这些人为"牧师"。内欧亚大陆的小型社会与更大型社会长期共存,这里宗教生活的中心主题之一便是维持大、小神灵之间以及专门与神打交道的萨满和神父之间的复杂平衡。

在规模更大、等级化更明显的新石器时代社会,常出现首领和统治者视萨满为威胁的情况,因为他们从与灵魂世界的接近中获利。不可避免地,出现了与萨满竞争权力和声望的政治首领[48]。宗教日益成为"种族的"宗教,与特定的政治或种族集团的命运紧密地联系在一起[49]。萨满幸存下来的地方,通常位于较大型社会的边缘。最终,随着类似国家组织的出现,萨满多被牧师所取

65

代,牧师进入超自然境界的主张很少是排外的,因此更容易与现世的权力合作。但是萨满教仍然保持了对现代社会的吸引力,因为它能够使小型社会直接地、亲自地、亲密地与灵魂世界接触,很多其他形式的宗教信仰却把这些都丢掉了。

　　萨满教中多变的自然界反映出内欧亚大陆狩猎采集人群社会的多样性和灵活性。根据现有证据,只能模糊地初步了解他们的生活方式和世界观,这使我们很难正确地理解狩猎采集人群社会。下一章将集中关注较大型社会,它对周边社会的影响非常广泛,而且我们有更好的相关文献证据。但是我们必须记住,尽管内欧亚大陆的狩猎采集人群规模小,对其他社会的影响有限,但却相当成功。他们在世界上最艰苦的环境中存在数千年之久,他们的历史是欧亚大陆北半部大部分地区直到三百年以前的社会历史。而且,这绝不意味着现代的工业社会必定能像狩猎采集人群一样拥有持久的生命力。

66　**注释**

[1] 关于全新世开始时期的气候变化,见 Soffer, *The Upper Palaeolithic*, pp.32, 234,以及 Van Andel, "Living in the last high glacial — on the interdisciplinary challenge", in Soffer and Gamble, *The World at 18 000BP* (pp.24 - 38), 1: 34 - 5;关于年代学上的细微差别、东欧全新世的气候变化,见 P. M. Dolukhanov, in Zvelebil, ed., *Hunters in Transition* (pp.109 - 20) p.110;关于"气候适宜期",见 Dolukhanov, *Early Slavs*, pp.48 -50。

[2] Dolukhanov, *Early Slavs*, p.50.

[3] Matyushin, "Mesolithic and Neolithic", pp.137, 140.

[4] Mallory, *In Search of the Indo-Europeans*, p. 188;关于乌克兰的中石器时代见 Dolukhanov, *Early Slavs*, pp.58ff。

[5] Dolukhanov, "Foragers and farmers in west-central Asia", in Zvelebil, ed., *Hunters in Transition* (pp.121 - 32) p.124;Ligabue and Salvatori, eds, *Bactria*, pp.56 - 7.

[6] Masson and Srianidi, Central Asia, p.29;关于乌兹博伊的历史,见 Tolstov, *Po drevnim del'tam*, pp.17 - 26 以及 L. T. Yablonsky, "The maerial culture of the Saka and historical reconstruction", in Davis-Kimball, ed., *Nomads* (pp.201 - 38), p.223。

[7] V. Sarianidi, " Food-producing and other Neolithic communities in Khorasan and Transoxania", in *HCCA* (pp.109 - 26), 1: 121 - 4;Ligabue and Salvatori, eds, *Bactria*,

p.58.

［8］见 Tolstov, *Po drevnim del'tam*, p.30 中的复原与描述。

［9］Chang, *Archaeology of Ancient China*, 3rd edn, p.206；A. P. Derevyanko and D. Dorj, "Neolithic tribes in northern parts of Central Asia", in *HCCA* (pp.169 – 89), 2：170 – 2；关于阿尔然-哈德的岩画见 Novogrodeva, *Drevnyaya Mongoliya*, pp.48 – 54。

［10］短语"发展的浪潮"是 A. J. Ammerman 和 L. L. Cavalli-Sforza 提出的,见 Zvelebil, "Mesolithic prelude and Neolithic revolution", in *Cambridge Encyclopedia of Archaeology* (pp.5 – 15), pp.9 – 13 和 Renfrew, *Archaeology and Language*, pp.126 – 9。

［11］Zvelebil, "Mesolithic prelude", pp.12 – 3.

［12］Kozlovski and Kozlowski, "Foragers of central Europe", pp.99, 101.

［13］Gimbutas, *Civilization of the Goddess*, pp.47, 449.

［14］Vencl, "The Role of hunting-gathering populations",强调东欧居民骨骼的差别。

［15］Dolukhanov, "The late Mesolithic and the transition to food", in Zvelebil, ed., *Hunters in Transition*, pp.112 – 3.

［16］Kol'tsov, ed., *Mezolit SSSR*, p.7.

［17］Dolukhanov, "The late Mesolithic and the transition to food", in Zvelebil, ed., *Hunters in Transition*, pp.115 – 6; Dolukhanov, *Early Slavs*, pp.53 – 8; Dolukhanov, *Ecology and Economy*, pp.179, 196.

［18］Okladnikov, "Inner Asia at the dawn of history", in *CHEIA*, p. 60; Matyushin, "Mesolithic and Neolothic", p.148.

［19］Okladnikov, "Inner Asia at the dawn of history", in *CHEIA*, p.66.

［20］Dikov, *Istoriya Chukotki*, pp.27 – 30, 45.

［21］同上注,pp.31 – 3。

［22］同上注,pp.35ff。

［23］同上注,pp.39 – 42。

［24］Vainshtein, *Nomads of South Siberia*, pp.131 – 6.

［25］Khazanov, *Nomads*, pp.112 – 3.

［26］Forsyth, *History of the People of Siberia*, p.10.

［27］P. B. Golden, "People of the Russian forest belt", in *CHEIA* (pp.229 – 55), pp.231 – 2; 对于"乌拉尔语"故乡地点的争论少于关于假设性的"印欧语系"故乡观点的争论;的确,在乌拉尔语中出现早期"印欧语系"的外来词,已经被用作定位印欧语系语言故乡的一种依据,见 Mallory, *In Search of the Indo-Europeans*, pp.148 – 9。

［28］Janet Martin, *Treasure of the Land of Darkness*, p.204.

[29] 同上注,p.21。

[30] Forsyth, *History of the Peoples of Siberia*, p.11; Martin, *Treasure of the Land of Darkness*, p.36.

[31] Armstrong, *Russian Settlement in the North*, p.36.

[32] Forsyth, *History of the Peoples of Siberia*, p.11.前面一段大多数是以上注 pp.10-6 为基础。

[33] 下面的段落以 Forsyth, *History of the Peoples of Siberia*, p.16-9, 48-55, 69-75 为基础。

[34] Zenkovsky, *Medieval Russia's Epics*, pp.422-3; Vitebsku, *The Shaman*, p.130, 认为阿弗瓦库姆是第一位在俄语中使用"萨满"这个术语的人;对西伯利亚萨满教文献最好的综述是 Humphrey, "Theories of North Asian Shamanism", in Gellner, ed., *Soviet and Western Anthropology*, pp.243-54。

[35] Boyle, *Mongol world Empire*, XXII, p.183; Dawson, *Mission to Asia*, pp.80, 198; Rashid al-Din, *Successors of Genghis Khan*, pp.36-7.

[36] 引自 Boyle, *The Mongol World Empire* 1206-1370, p.180。

[37] 同上注,p.181。

[38] Forsyth, *History of the Peoples of Sibera*, p.15.

[39] Vitebsky, *The Shaman*, pp.112-3.

[40] Forsyth, *History of the Peoples of Sibera*, pp.51-2.

[41] Vitebsky, *The Shaman*, pp.112-3.

[42] Forsyth, *History of the Peoples of Sibera*, pp.51-2.

[43] Eliade, *Shamanism*, pp.27-8.

[44] 同上注,p.504。

[45] A. Hultkrantz, "Ecological and phenomenological aspects of shamanism", in Diószegi and Hoppál, eds, *Shamanism in Sibera* (pp.27-58), p.51; Vitebsky, *The Shaman*, p.30.

[46] Eliade, *Shamanism*, pp.495-501;在 Thomas and Humphrey, *Shamanism* 的简介中,有一种强有力的但是受到抑制的对伊利亚德等作者的"本质主义"的批判。

[47] 关于萨满教的政治规模,在很多文学作品中都被忽视了,见 Thomas and Humphrey, eds., *Shamanism, History and the State*。

[48] Hamayon, "Stakes of the Game: Life and Death in Siberian Shamanism", p.81; Thomas and Humphrey, eds., *Shamanism, History and the State*, p.11.

[49] 在 Khazanov, "The spread of world religions", 特别是 pp.12-3 中有对内欧亚大陆草原"种族的"宗教的很好讨论。

延伸阅读

关于晚冰期的末期,见 Soffer 和 Gamble 的 *The world at 18 000 BP* 和 Dolukhanov 的 *Early Slavs*。苏联对中石器时代工作的总结见 *CHEIA*;Kol'tsov, ed., *Mezolit SSSR*;Tolstov, *Po drevnim del'tam*;Dolukhanov, *Early Slavs*。关于中石器时代,也可见 Zvelebil, *Hunters in Transition*;*HCCA*, vol. 1;Chang, *Archaeology of Ancient China*;Novogrodova, *Drevnyaya Mongoliya*。对西伯利亚历史最完善的介绍是在本章中广泛引用的 Forsyth, *A History of the Peoples of Sibera*。有很多研究萨满教的优秀成果。Eliade, *Shamanism* 最为经典,但是它应该补充更新的研究,如 Humphrey, "Theories of north Asian shamanism", in Gdllner, ed., *Soviet and Western Anthropology*;Thomas and Humphrey, *Shamanism, History and the States*;Vitebsky, *The Shaman*。

第四章 新石器时代革命：公元前 7000 – 前 3000 年

这是多么万能的机器，能把草变成衣服、黄油、燃料和帐篷上的兽皮！

维克拉姆·赛斯关于西藏牦牛的描写，

出自《天湖：穿越新疆和西藏》，第 107 页。

考古学家第一次使用"新石器"（或"new stone age"）这个术语是描述一种打磨光滑的特殊类型石器，目前学界认为其出现于公元前 8000 年的末次冰期结束阶段。1930 年，澳大利亚考古学家 V. G. 柴尔德认为，新石器时代工具的出现标志着人类社会生活方式的根本性改变，标志着首次出现了能种植植物和驯化动物的社会。与狩猎采集人群不同，新石器时代的生活方式能够刺激人口增长，因此为人类历史带来了新的推动力。当觅食者的生活方式能够维持的人口密度是每 10 平方公里大约 1 人的时候，最早的农业已能在相近面积内供养多达 50 人。正如科林·伦弗儒指出的，这一人口密度上的巨大差别，可能是在任何适合早期农业生态的地方，觅食社会最终均被农业社会取代的主要原因（这个原因比疾病和战争更重要）[1]。随着农业社会的扩张，农民包围了在本地居住的狩猎采集人群，并最终将他们排挤出去。在几千年间农业社会逐渐统治了外欧亚大陆最适合早期新石器时代类型农业的地区。

新石器时代人口的推动力为第二次转变开辟了道路，柴尔德称这一转变为"城市"革命。这一革命在公元前 4 千纪末开始于美索不达米亚，它创造了城市化的农业社会，后者在最近 5000 年的世界历史中占支配地位。

多年来，虽然柴尔德的一些观点受到粗暴的对待，但是其中心概念"新石器时代革命"却保留下来。然而,这一概念只有经过一定程度的修改、扩展之后才能应用到内欧亚大陆。内欧亚大陆经历过一次新石器时代革命,但是它采用了十分独特的形式。农业的早期形态在这里传播得非常慢,而且仅仅进入了生态适宜地区。只有从约公元前 4000 年开始,在出现了我们称之为"畜牧业"的这一明确的新石器时代生活方式之后,新石器时代革命才开始有了根本性的影响。而且,牧人社会的历史影响与农业社会的有很大差别。

70

表 4.1 内欧亚大陆新石器时代和青铜时代年表

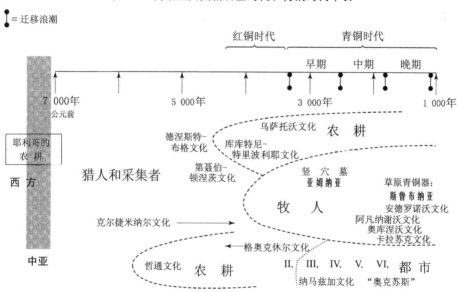

与农业开发种植植物相反,畜牧业开发驯养的动物。畜牧业在内欧亚大陆的重要性反映了一个基本的原则——内欧亚大陆的恶劣生态迫使人类转向更高级的食物链,即以动物而不是植物为基础食物。因此,就像旧石器时代内欧亚大陆是狩猎而非采集占绝对优势一样,在新石器时代,畜牧业在这里占绝对优势(而不是农业)。牧人的生活方式使内欧亚大陆历史进入了与外欧亚大陆截然不同的轨道。

一、内欧亚大陆的早期农业社会

(一)中亚

在美索不达米亚最早的农业出现约 2000 年后的公元前 7 千纪,在今土库曼斯坦的南部边地出现了内欧亚大陆最早的农业社会,它可能是在约公元前6000－前2500年的"气候适宜期"更温暖湿润的气候条件作用下出现的[2]。

71　　　约20处"哲通"文化的遗址沿着科佩特山脚和卡拉库姆沙漠边缘的狭窄高原分布,位于从西边的巴米到东边的格哈杜米长约700公里的条状地带上[3]。更东面特德任的扇状三角洲末端的水域,可能也有一些早期遗址。

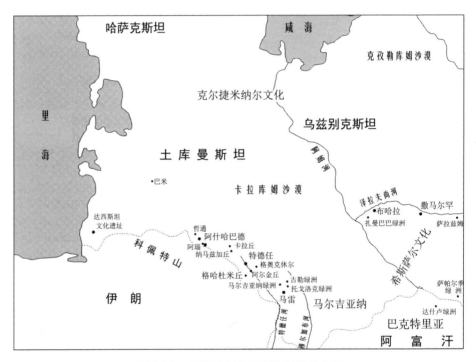

地图4.1　新石器时代和青铜时代的中亚

哲通的村落分布于今天的卡拉库姆沙漠,在现代的阿什哈巴德北30公里处。

> 村落曾位于卡拉库姆沙漠南缘的一座沙丘顶部。房址用草拌泥土坯建成。内墙用泥浆抹砌,有时绘红彩或黑彩。地面上一般铺1－1.5厘米厚的石灰泥浆,并涂上与墙壁相同的颜色。有时地面经过夯打,地表散布着灰烬[4]。

哲通的房址为长方形或近方形,约30座为标准的单间建筑,只有一个房间。房子很少有门道,说明入口用草席或兽皮覆盖。大多数建筑都有一个形制相同的较大的灶,位于门道右侧。对着灶通常有一个矮壁龛,有时涂成红色或黑色,可能具有仪式性作用。哲通的居民制造简单的陶器。少数陶罐有烧焦的迹象,这说明是将烧热的石头放入陶罐内烹饪,而不是用水煮熟。出现圆锥形的小型烘干黏土块,可能是玩具。那些用骨头、海贝、石头、绿松石类的半玉石、黏土制成的装饰品和雕像,表明这里的生活富裕悠闲且充满仪式感[5]。

72

　　大多数房子都有院子和附属房屋,也有存储谷物用的地面式建筑。缺乏大的储藏面积说明大多数家庭是自给自足的,因为此外还在大多数房址内发现保存完整的工具。每个家庭好像都制造自用的工具,用来处理兽皮、做木工活和加工食物[6]。

　　哲通聚落大约有 200 处居住遗址,大多数遗址都由 30 座房屋构成[7]。没有发现存在性别或身份等级差别的证据。但是有一些公共的仪式性建筑,这暗示存在有限程度的公共组织和剩余产品。在哲通附近的派斯杰克丘遗址中部,有一座房址比周围其他房址大很多,它有巨大的墙壁、一个大灶和可能是雪豹图像的壁画痕迹,这使人联想到与其几乎同时的安纳托利亚的恰塔尔·休于的壁画。该大型房址出土的家庭日常用品数量非常少,可能是一座公用的中心建筑[8]。

　　哲通村落的外围没有防御墙,这说明村民没有受到外来的威胁,也可能反映出边地人口稀少,资源丰富。的确,我们从里海海平面的上升情况能够知道,在公元前 6000 年到前 2500 年间的"气候适宜期",气候温暖,降雨丰富,可耕种土地的面积可能比今天的大。在这一时期,现在已经消失的乌兹博伊河与阿姆河汇合注入里海,克孜勒库姆沙漠和卡拉库姆沙漠上可能覆盖着草原,在山区可能有广阔的林地[9]。

　　尽管有这些适宜的条件,如果没有灌溉,科佩特山盆地仍然不可能存在农业。但是解决灌溉问题相对比较简单,因为从山上流下的水流是有规律的,并且通常很温和。哲通的位置距离冲积的扇状三角洲很远,这里水流缓慢,土地平坦,便于开挖灌渠。在这里的小型社会不必建造复杂的水井系统和地下渠道,例如很晚时候伊朗、阿拉伯和北非或中国新疆(如吐鲁番绿洲)部分地区那样的典型地下渠道。可能通常是通过建造简单的水坝将水引入附近的土地,以保持长期灌溉幼苗。像埃及一样,中亚的边地也能享受到相对确定的水源供应。低降水量使农民避免了非季节性降雨的危害,高山融雪意味着河流在夏季——正好是在最需要水的时候水量最大[10]。

拉铁摩尔对近代塔里木盆地灌溉系统的描述,大部分适用于早期新石器时代中亚西部南缘边地。

73

> 在塔克拉玛干沙漠边缘的典型绿洲上,明显是环境刺激了较早的农业生产。发源于雪山的河流,冲破较低沙漠的阻碍进入平坦的土地。在这里,河流往往自然分流,在水位最高的季节溢出来流入湖泊和沼泽[11]。

塔里木盆地三角洲地区出现遍布灌木和浓密芦苇的沼泽地。一旦这些地方用烧垦的方法清理过,河流带下来的含黄土的肥沃土壤就能用来耕作,甚至灌溉也不复杂,只用粗糙的锄头就行了。

哲通的农民用燧石片制成的镰刀收割庄稼,镰刀头可能安装进骨柄内,其他的主要农具是掘棍。这是典型的早期新石器时代技术,几乎完全依靠人力。驯养的家畜很重要,但只作为食物资源。在哲通文化早期,驯养的山羊和绵羊是主要肉食来源,公元前6千纪末可能也驯养牛[12]。

有间接的迹象表明,哲通人讲早期形式的德拉威语[13]。但是也有迹象说明该文化受到来自美索不达米亚的强烈影响,这些影响包括墙壁和地面上的图画、使用游戏筹码和很多烘干黏土制成的小雕像,所有这些都使人联想到公元前8千纪或7千纪的耶利哥的社会。最重要的是,哲通村落的居民最先在中东地区种植谷物、驯化家畜,利用美索不达米亚的灌溉农业技术[14]。这些事实使人们不得不得出这样的结论,即哲通的定居者是美索不达米亚移民的后代,他们的故乡是美索不达米亚新石器时代的核心地区。因为那里人口的增长,他们被迫迁出,移民至此。

然而,如果简单地得出他们取代了较早的狩猎采集人群的结论将是错误的。相反,哲通的农民很清楚地从邻近的觅食者那里借鉴技术。瞪羚、中亚野驴、野猪和绵羊的骨骼,与狐狸、猫和狼之类的毛皮动物遗存一起出现于哲通早期的村落。瞪羚和中亚野驴提供了饮食中占25%的肉类。很多工具既适合于狩猎,也用于处理兽皮[15]。农民居住在狩猎和采集者之间,与他们建立起稳定而长期的联系,这将成为内欧亚大陆早期新石器时代特有的联系方式。每个社会都可以借鉴其他社会的经验,但是每个社会都保持着自己在生态上的合适位置。中亚南部的第一个农业文化"在很长时间内，在有食物攫取经济的文化海洋中形成了一座半岛"[16]。他们不是孤立的，但是形成了部分地区性的系统，这个系统用相对稳定的物质、文化和可能的人员交流，将狩猎采集人群与早期新石器时代农民连接在一起。

公元前5千纪至前3千纪期间，农业居民向中亚南部扩展。首先，他们扩展到比佩德蒙特河更高的地方，进入穆尔加布河谷。公元前4千纪，农业扩展到水流供给很不平衡的地区，需要更复杂的灌溉技术。在特德任三角洲的格奥克苏尔绿洲，发现一座完全由人工建造的水库[17]。人口的增长和更广泛的定居反映了农业技术的进步，以及存在更复杂社会组织的可能性，这种社会组织是筹划建造灌溉系统的基础。在泽拉夫尚河上游河谷的萨拉姆日恩遗址，出现了与公元前4千纪末的格奥克休尔绿洲非常相似的农业社会[18]。

特德任三角洲的早期遗址与哲通文化遗址相似，虽然狩猎的重要性有所下降，但是驯养家畜的重要性上升。羊毛大体上取代了兽皮成为主要的衣料。出现了先进的金属加工实例，以及像天青石这样的宝石，而这些宝石肯定是来自与帕米尔居民的贸易往来。在一些地区开始出现大型社会，每个大型社会都有分布在其附近的更小的聚落群。在格奥克休尔绿洲，大多数墓葬都出现在绿洲的中心聚落，这说明聚落之间存在等级差别[19]。在一些聚落内出现较大的房子，暗示着贫富差距不断加大。

尽管有这些变化，但格奥克休尔三角洲仍处于简单的相对平等的农业社会。

> 没有证据……（说明）这些微小的村落已经积累了足以引诱入侵者的财富。这里的发掘材料表明，它们是一系列普通的定居农业聚落，只有典型农业居民使用的成套简陋工具。事实上，除了不太大的有纹饰的陶器、黏土做成的小雕像和家用器具，这些遗址内没有任何有价值的东西。仅有的奢侈品是一些用红玉髓、绿松石、玛瑙和石青制成的装饰品[20]。

直到公元前4千纪的下半叶，中亚南部仍然稳固地停留在早期新石器时代村落经济阶段。公元前3千纪早期，格奥克休尔绿洲的定居点消失，可能是因为水源变得不太可靠，或者是人口增长导致土地盐碱化、森林被砍伐和泥石流增加。这里像美索不达米亚一样,依赖于灌溉农业的文化特别容易受到生态灾难的影响。格奥克休尔社会可能太简单,不能完成维持其赖以生存的灌溉系统所需要的复杂组织任务[21]。

（二）乌克兰和北高加索

早期新石器时代农民在内欧亚大陆的第二个主要定居地区,是更西面的现代摩尔多瓦和乌克兰的林地草原。这里的定居始于公元前 6 千纪末,比中亚南部的要晚一千多年,而且是在农业已经传播到巴尔干和部分东欧地区之后。

几乎可以肯定,这里的农业是伴随着移民而出现的。由于地中海世界的人口压力,以及从约公元前 5500 年开始的气候变暖而创造出的新机会,促使巴尔干的新石器时代居民在公元前 6 千纪开始向北扩展到东欧。这里的很多遗存属于所谓的"线纹陶"（或班德科拉米克）文化。从约公元前 5300 年开始,这一文化的居民在多瑙河中游定居。他们居住在由40－60人组成的小社区里,种植大麦、单粒小麦、二粒小麦、小麦和亚麻,使用锄头。他们的一些农

地图 4.2　新石器时代和青铜时代的内欧亚大陆西部

业技术"新潮"到令人震惊——使用轮换和休耕系统,有时种植树篱以标志田
地界限和围养家畜。在这一农业系统中,牛和家畜扮演了重要的角色[22]。约
公元前 4500 年,类似的社区已经分布于中欧和西欧的很多地方。约公元前
3500 年,除了极北地区,大多数欧洲地区的农业人口数量可能已经超过狩猎采
集人群。

　　然而,在内欧亚大陆的西部边地,除了摩尔多瓦和部分乌克兰中部的林地
草原以外,还没有出现这样的"进步浪潮"。摩尔多瓦和乌克兰的早期农民避
开草原以及更北的林地,因为这里降雨不规律,草皮干硬,这些都不适合早期
新石器时代的农业技术[23]。结果,从公元前 4 千纪到公元 1 千纪,内欧亚大陆
西部的生态历史与中欧和东欧的有非常大的差别。至少到公元前 4 千纪,出
现了位于西欧和中欧的农业地区,以及斯堪的纳维亚与内欧亚大陆西部觅食
地区之间的边地。这个边地起自波兰东部,沿着西布格河,围绕中央乌克兰的
森林草原向东扩展,之后向西和向南到达多瑙河流域[24]。

77

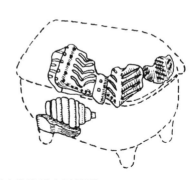

图 4.1　特里波利耶文化陶质房屋模型

（Margaret E. Scott 绘,引自 E. D. Phillips, *The Royal Hordes*, London：Thames and Hudson, 1965）

　　可能早在公元前 6 千纪,布格河-德涅斯特文化的狩猎采集社会首次遇到
邻近的今摩尔多瓦的克里斯/克罗斯文化农业社会。他们的到来没有导致不
可避免的冲突,因为农民愿意选择沿普鲁特河、德涅斯特河以及后来的第聂伯
河及其支流的平坦近河台地居住,而狩猎和采集者更喜欢生态环境富于变化
的地区[25]。像在中亚一样,当早期农业社会首次将在地中海式气候的巴尔干
地区发展起来的技术,应用到更寒冷而多森林的北部地区时,可能在很多方面
要效仿当地人。

　　公元前 5 千纪末,在摩尔多瓦和乌克兰的部分地区出现密集的定居点,当

地的狩猎采集人群不得不离开这里或是接受农业生产方式。第聂伯-顿涅茨文化可能是狩猎采集人群向农业转化的早期阶段实例,目前已经发现大约200个聚落和很多墓地,也出现了陶器[26]。他们虽然是非定居的,经济仍然处于过渡阶段,主要依靠狩猎和捕鱼,但也驯养牛和猪以及种植大麦。早在公元前4千纪,第聂伯-顿涅茨的社会离开林地草原向东转移,进入亚速海和克里米亚半岛的克里米亚草原[27]。

　　他们可能是第一批真正受农业社会扩张的影响而向东迁徙的人群,这一农业社会属于我们所知的库库特尼-特里波利耶文化。19世纪乌克兰考古学家 V. V. 奇沃伊卡首次发现该文化的遗存,他发掘了位于现代基辅市境内的特里波利耶遗址。公元前5千纪晚期,库库特尼-特里波利耶社会从德涅斯特-布格地区扩展到乌克兰林地草原,至少在公元前4000年到达德涅斯特河中游。遗存反映出该文化持续受到来自地中海移民的强烈影响[28]。最近,有人指出导致这一缓慢人口迁徙的原因是居住在安纳托利亚的库库特尼-特里波利耶文化先民人口过剩,这也可能解释了新石器时代印欧语系扩张的原因[29]。如果确实如此,那么库库特尼-特里波利耶文化农业社会的语言可能属于印欧语系;但正如我们将要看到的,也有非正统的理论认为印欧语系的语言源于内欧亚大陆冰后期的土著人。

　　乌克兰有约100处库库特尼-特里波利耶文化遗址[30]。大多数遗址分布在黄土高原上,可以俯瞰河谷。早期的遗址可见来自线纹陶文化的影响,居民仍然主要以狩猎为生。大多数早期遗址有不到20座房址。但是聚落扩张得非常快,约公元前4000年,一些聚落的房址达到了100座。到公元前4千纪晚期,有些聚落的房址多达2 000座。位于布拉河和德涅斯特河之间的塔尔良库遗址的规模为长3.5公里、宽1.5公里,可能有10 000座房子[31]。尽管它的面积很大,但还不是真正的城镇,可能只是区域性中心,因为根据特里波利耶聚落的平面图可知,较大房子周围有规则地围绕着较小的房子。

　　与普鲁特河的库库特尼和德涅斯特河的特里波利耶的典型遗址类似,在科洛梅日希纳这样较大的遗址中,房子建在一系列同心圆位置上,整个村落外环绕着沟渠,反映出围绕中心内核缓慢扩张的发展模式。

　　在布拉河的弗拉基米洛夫卡,我们所知(这一地区)最大村落的房子多达200座,呈五个同心圆状分布。该遗址代表性的特点是有一些烘干的黏土平台,这是墙壁和地面燃烧、坍塌的结果。房址的木框架留下的柱洞围出从 7 米×4 米到 27 米×6.5 米不等的长方形地面。墙壁是抹黏土的篱笆墙或压实的土墙,并涂上颜色。屋顶可能苫茅草。一座中等规模房屋有两个分开的房间,每个房间有 2 平方米的靠墙分布的黏土灶。弗拉基米洛夫卡目前所知的最大建筑包含五个房间,其中四个房间内各有一个灶,一个房间内有两个灶[32]。

该地区库库特尼-特里波利耶文化最发达时期的聚落密度值得注意。与拥有分散绿洲的中亚南部不同,这里是旱作农业的世界,聚落均匀地分布在很大的区域内。

很多特里波利耶的遗址都出土了引人注目的房屋模型,有的房屋模型内有正在做类似烘焙等家务的小型人雕像,这有助于考古学家复原特里波利耶村民的生活。这里的居民种植小麦、大麦、粟,以及豌豆、葡萄、李子和杏。饲养的家畜包括牛、山羊、绵羊和猪。村民用石制或骨制锄头和掘棒来耕种土地,尽管一些特里波利耶晚期阶段的农民也可能使用牛拉的犁。猎捕鹿、野猪和野牛等野兽一直是重要的经济活动。像在中亚一样,家畜扮演了十分重要的角色。铜工具和装饰品的出现表明,特里波利耶的聚落加入了至少延伸到巴尔干的贸易网络,而巴尔干是这一时期大多数金属矿石的产地[33]。

直到公元前 4 千纪中期,乌克兰的农业地区和中亚南部一样,仍然处于边疆地带。这里资源丰富,财富和权力的等级差别无足轻重,鲜有引起社会冲突的因素。虽然一些较大聚落内的房屋大小有别,但仍没有出现权力中心的明显迹象。即使地区性的庙宇也与普通的房屋没有显著差别,不见存在重要住所的明显证据。马里加·季米布茨认为,这个社会内的性别关系可能也是平等的[34]。

但是,公元前 4 千纪,与不断增长的资源压力相关的证据逐渐增多——出现非常大的聚落,特里波利耶晚期聚落出现防御性的墙和武器。墓葬也表明出现了明显的社会等级。尽管我们不能确定,但这些迹象可能也反映出,特里波利耶社会东面的草原出现了强大的牧人社会。尤萨托沃文化在约公元前3500 年至前 3000 年繁荣于德涅斯特河到多瑙河之间,主要是依靠特里波利耶文化,但是养马和战争的作用更大[35]。最后,更东面强大牧人社会的出现抑制了该地区农业的扩张。在之后的几千年内,农耕人将局限在早期定居的林地草原内,屈服于草原牧人社会的勒索。一直到公元 1 千纪,农业社会才开始再一次在内欧亚大陆西部迅速扩张。

(三)其他地区的早期农业

内欧亚大陆的其他"热点"地区也出现了小型农业社会。高加索的第一个新石器时代社会属于舒拉韦里-绍穆丘文化。公元前 6 千纪至前 5 千纪,该文化活跃于高加索山脉北部的草原和南面的山间谷地。该文化的居民种植庄稼并饲养家畜(牛、绵羊、山羊和猪)。他们主要住在有小穹顶的圆形黏土房子里,房子聚集成小的群,外面有墙围绕。他们制造石制和骨制工具,也制造简单的陶容器。陶器反映出与美索不达米亚的哈苏纳丘和哈拉夫丘等文化有明显的联系。在其晚期阶段,该文化的遗址出现一些高加索地区年代最早的金属工具[36]。

在遥远的东部,与西部和中部的边缘地带一样,农业从核心区(黄河河谷)传播到邻近内欧亚大陆的地区,在那里被局限在小片土地内达几千年之久。从新疆到蒙古高原东部,狩猎和采集社会接受了中国北方刚出现的新石器时代制陶技术,甚至有些接受了农业技术。如同农业社会从美索不达米亚扩展到中亚南部一样,农业社会利用"气候适宜期"的更温和气候从黄河河谷扩展到中国北方边地[37]。

甘肃最早的农业社会在技术上与黄河河谷仰韶文化社会相似,年代始自公元前 5 千纪,与乌克兰特里波利耶社会的起始时间相同[38]。像在特里波利耶地区一样,这里的农业社会在地区性的"热点地区"可能一直存在到公元纪年前后。蒙古学者最近在蒙古内陆深处发现早期农业遗迹。公元前 3 千纪晚期之前,这里还未出现锄耕农业的最早证据,当时的气候可能比今天的更温和。这一阶段的典型遗址是由奥克拉德尼科夫发掘的位于蒙古东北的塔木察格布拉格遗址。该遗址出土农具,如研磨谷物用的杵和磨盘以及锄头,粟是最重要的谷物。然而,居民仍然主要依靠狩猎、捕鱼和养牛生活。居民住在长方形的半地穴式房屋内,很明显房屋没有门,人不得不从排烟口出入。塔木察格布拉格这样规模定居聚落的存在,说明当时已经有相当稳定的农业。在戈壁也发现新石器时代的遗址,其中几处是 20 世纪 20 年代美国考古学家安德鲁斯和纳尔逊发现的,遗址沿着现在已经消失的河床分布[39]。

在南西伯利亚，最早农业的证据来自米努辛斯克盆地，这里甚至在旧石器时代晚期就已成为生态的"热点地区"[40]。然而，这样的社会很罕见。的确，在公元前1千纪以前，农业社会在整个内欧亚大陆仍然很少见，而且不稳定。

二、内欧亚大陆畜牧业的起源

公元前4千纪，当以种植植物为基础的生活方式进展有限时，以驯养动物为基础的生活方式开始迅速传播。结果，新石器时代革命是以畜牧业技术而非农业技术首先征服内欧亚大陆。这一差别将塑造内欧亚大陆的历史，及其与外欧亚大陆农业社会之间几千年的关系。内欧亚大陆的牧人和外欧亚大陆农民之间的对立，也将成为欧亚大陆历史的持久特征。

（一）前提："副产品革命"

在现代人类学中，畜牧业起源一直是热门的议题。我们能够通过专注于更广泛的畜牧业现象而不是"放牧的游牧业"来消除一些困惑。劳伦斯·克拉德尔曾经定义牧人为"主要以驯养畜群为生的人"[41]。正如这一简单的定义所说明的，畜牧业依靠的是管理牲畜的技术，这种技术很多产，足以构成全部生活方式的基础。安德鲁斯·谢拉特令人信服地证明，这种技术在公元前5千纪还没有出现，它们是作为被称为"副产品革命"的一揽子技术变革的一部分而出现的[42]。

约公元前6000年，绵羊、山羊和牛都已被驯化。尽管如此，还没有证据证明任何早期新石器时代社会符合克拉德尔关于畜牧业的定义。这几乎是可以确定的，因为他们只是低效地利用这些动物，将其当作肉食储备来对待。他们仅一次性地获取动物资源，即屠宰驯养的动物。"副产品革命"引进了一系列可以更高效地利用动物资源的新技术，使人们能够从更多方面利用动物产品。

按照谢拉特的说法，"副产品革命"期间的技术开拓是"第二代"新石器时代技术的典型特征，该技术已经超越了新石器时代的地理界限[43]。

首先，新的技术使开发大型牲畜的畜力成为可能，牲畜既能骑乘，又能用作挽畜来拉四轮运货车、双轮敞篷车或犁。目前最早骑马的证据来自东乌克兰的斯莱德涅斯多格社会，年代约为公元前4000年。尽管马也有可能是在同时期更东面的地方驯化的，例如北哈萨克斯坦的波太遗址[44]。在德雷夫卡的斯莱德涅斯多格遗址，考古学家发现一匹可能是被殉杀的雄性马，同时出土的

82

还有两片鹿角,看起来像简易马衔上的马镳。最近的研究也表明,马牙齿的磨损方式通常也与马衔的使用有关[45]。令人惊讶的是,在德雷夫卡遗址,有高达 68% 的兽骨是马骨,这一事实也说明马是用来骑乘的。正如季米布茨指出的,很难想象如果不是在马背上如何才能管理这么大的畜群[46]。单峰骆驼可能在公元前 3 千纪首先在阿拉伯被驯化,带鼻环和拉车的双峰骆驼的图画也于公元前 3 千纪在中亚开始出现[47]。可以肯定约公元前 2500 年,甚至可能早至公元前 4 千纪,双峰骆驼已在科佩特山地区驯养。但是它们的数量可能很少,并没有像阿拉伯的单峰骆驼那么重要,因为在中亚它们主要用于载重,而且要与其他驯养动物竞争[48]。最早的马或牛拉的四轮货车出自公元前 4 千纪晚期的黑海草原和苏美尔。最早动物拉的犁,即 ards,出现的证据是公元前 4 千纪晚期在整个欧洲都有发现的犁痕,最早犁的图像年代为公元前 3 千纪中期[49]。

其次,开发了不用屠宰就能利用大、小牲畜的血、奶和毛发的技术。挤奶可能开始于公元前 4 千纪,但是产毛绵羊的进化和使用羊毛的广泛传播的明显证据出现于公元前 3 千纪[50]。目前还不清楚牧人利用活马血的频率有多大,但是在较晚时期也有类似的做法。根据马可·波罗 13 世纪的记录,在漫长的旅途中,蒙古人靠喝马血(通过穿刺静脉得到血)和吃干奶团为生[51]。

利用活的动物的奶、纤维和畜力明显地提高驯养牲畜的生产率。第一次从家养牲畜身上得到大多数人生存所需的食物、衣服、住所和畜力,使人类有可能在不适合早期形式农业但适合放牧的大草原殖民。正因如此,约公元前 4000 年后,在内欧亚大陆的广泛殖民是从"副产品革命"的广泛传播开始绝非偶然[52]。

(二)内欧亚大陆畜牧业的第一阶段:公元前 4 千纪

经过一段时间后,"副产品革命"的技术与我们今天所知的"畜牧业"特有生活方式——大多数社会成员主要依靠家养牲畜为生结合在一起。遗憾的是,目前找到的证据只允许我们对牧人生活方式的早期历史略有所知。

公元前 4 千纪,内欧亚大陆的南半部有很多狩猎和采集社会,以及少数以驯养食草动物为家畜的农业社会。畜牧业可能即源于这两类社会之间劳动的技术分化。在中亚南部和乌克兰的林地草原均有狩猎和采集社会复合体与新石器时代社会相邻而居,他们之间相互交换产品和技术。然而,西方草原首次出现明确的牧人文化的时间是约公元前 4000 年。这或许并不奇怪,因为平均起来,西方草原较哈萨克斯坦和蒙古草原更能给牧人提供适宜的生态。这里降雨充沛,并有纵横交错的河流。

公元前 4 千纪最重要的草原社会是乌克兰和南俄罗斯的斯莱德涅斯多格文化,其年代为公元前 4 千纪早期,可能一直存在到公元前 3 千纪早期[53]。斯莱德涅斯多格-赫瓦伦斯克文化与西乌克兰的特里波利耶社会以及第聂伯-顿河文化的狩猎采集人群后裔相邻。该文化的体质人类学遗存与第聂伯-顿河文化的相同,但是与特里波利耶文化的差别非常大[54]。这说明草原上出现的牧人生活方式不是从新石器时代社会演化而来的,而是通过与像第聂伯河-顿河文化那样的狩猎采集人群组成综合体来适应新石器时代的技术,后者占据了与农田类型不同的土地。

斯莱德涅斯多格社会占据着第聂伯河的下游和中游,向东到达该河下游和中游,以及顿涅茨河沿岸的草原地带。斯莱德涅斯多格文化过去以狩猎捕鱼为主,此时则以饲养家畜和农耕为主,猪和研磨工具的出现表明农业占有重要地位。然而,公元前 4 千纪中期开始出现第一个草原冢墓——库尔干,聚落遗址数量减少,以及出现早期形式的骑马迹象,表明斯莱德涅斯多格文化的居民较特里波利耶文化的农民具有更强的移动性。可能每个社会的一些成员,或者一些社会的所有成员,带着他们的牧群周期性地向草原迁徙。马背上的战斗似乎变得更加重要,尽管尚未发现公元前 1 千纪使牧人称霸战场的复合弓,但在很多库尔干内发现马和武器。公元前 4 千纪库尔干的出现也说明草原上的人口增多了[55]。

西方草原上的牧人可能已经和农业社会有频繁的接触。他们所交换产品的性质说明,这种接触发生在社会的所有阶层,牧人可能曾有规律地到访特里波利耶文化的农业村落。总之,我们能够看到出现了一种新型的区域性系统,事实证明,这一系统在内欧亚大陆非常有生命力,并且将牧人和农业社会联系起来。但是,特里波利耶聚落的规模不断扩大,以及在两地都出现的防御设施说明,这种接触与战争有关。其他的发现也证明了这一点,一些库尔干内发现的与战争相关的遗存说明,早期牧人社会对农业社会产生的威胁要较其狩猎采集人群祖先的更大。在第聂伯的特里波利耶遗址以及罗马尼亚发现的马头权杖,都说明在遥远的内欧亚大陆西部出现了牧人侵袭团体[56]。

在斯莱德涅斯多格文化的 100 多处居住遗址或墓地中,最著名的是德米

84

85

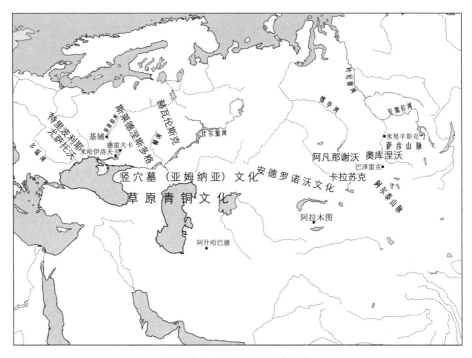

地图 4.3　新石器时代的牧人

特里·捷列金发掘的德雷夫卡遗址。该遗址有一些最早的骑马证据：

> 看起来像是用某种形式的栅栏围出 2 000 多平方米的区域，里面有几
> 座房址、作坊和祭祀活动区域。这些房子呈长方形，稍陷入地面以下，其
> 中尺寸最大的是 13 米×16 米，房内有灶。在遗址内散布各类活动区域，
> 其中有一个修理鱼皮服装的地点和加工捕获猎物的地方，以及一个陶器
> 作坊、一个骨器加工场所[57]。

大多数工具是石制和骨制的。尽管女性比男性的寿命更长，可能活到 40 多
岁，但居民的平均死亡年龄是 27 岁[58]。

　　更向东，出现了所谓的赫瓦伦斯克文化，该文化以伏尔加河中游的一处遗
址命名。这一文化与斯莱德涅斯多格文化非常相似，以至于大多数考古学家
常将两个文化合二为一。然而，赫瓦伦斯克文化有更强烈的移动性迹象，因为
它的大多数遗存是墓葬，而不是居住址[59]。这些迹象说明，约公元前 3000 年，

西方草原上的牧人集团有非常强的移动性，我们甚至可以将他们看作放牧的游牧人[60]。

最近在哈萨克斯坦的发掘表明，骑马和畜牧业很快传播到中部草原。其中十分重要的遗址是彼得罗巴甫洛夫斯克州的波太遗址。这里有一个由半地穴式房屋组成的村落，房屋有涂抹泥土的木头房顶，年代为公元前 4 千纪到前 3 千纪[61]。很明显的是，该遗址 99% 的兽骨是马骨。一些骨制品似乎已经是马镳，说明至少一些马是驯养并且用来骑乘的。似乎有证据表明，这是一个几乎完全以马群为生的社会。

总之，考古的证据表明，约公元前 3000 年甚至更早的时候，内欧亚大陆草原已经出现了将会统治这一地区长达几千年的独特畜牧业类型。在这里的很多地区，马的地位显赫，尽管绵羊、山羊和牛也能起到重要作用[62]。马的重要作用是内欧亚大陆畜牧业区别于骆驼、牛或较小的牲畜占优势的其他形式畜牧业的突出特征。事实证明内欧亚大陆的畜牧业是所有形式畜牧业中移动性和武装性最强的，其原因正是将马用于交通和战争。

三、内欧亚大陆畜牧业的性质和影响

畜牧业的出现和传播给内欧亚大陆历史带来了根本性的影响，对外欧亚大陆也有间接的影响。我们对早期形式的畜牧业所知甚少，所以利用当代的例子进行类比时必须谨慎。但是，为了理解早期的证据，我们别无选择，只有小心使用已知的更现代的畜牧业形式[63]。

内欧亚大陆牧人社会的三个特征有助于解释他们的影响，即游动性、精湛的军事技艺和快速移动能力。

牧人社会的游动性反映出他们依赖以动物为基础的食物。在农民依靠植物的时候，牧人则依靠驯养的动物。结果是牧人像食肉动物一样占据了食物链的较高位置。在其他条件相同的情况下，这意味着牧人必须比农民开发更大面积的土地来保障同等数量的食物、服装和其他必需品。因此，畜牧业是比农业范围更广泛的生活方式。当居住在同一个地方时，用来维持一个集团的土地面积越大，开发这片土地的难度也越大。因此，基本的生态原则暗示着牧人的生活方式内部有强烈的向游牧业转化的倾向。正如一项最近研究所指出的："畜牧业的程度越深，向游牧业转化的趋势越强。"[64]该作者采访的一位现代土耳其游牧人也说："你饲养的动物越多，你要迁移的地方就越远。"[65]

　　游牧业有更深远的影响,它意味着牧人社会能够占据而且影响广阔的区域。这尤其适用于内欧亚大陆草原的骑马畜牧业,因为在畜牧业的所有主要形式中,它的游动性最强。因此,随着牧人社会的出现,必然会在更大区域内出现共享的文化、生态甚至语言特征。公元前 4 千纪晚期,已经有证据表明存在从东欧到蒙古西部边疆的大文化带[66]。游动性最显著的标志,可能是公元前 3 千纪,这一广大地区的大多数牧人都使用与现代印欧语系有亲缘关系的语言。牧人社会的游动性和分布范围,部分解释了为什么这么多的语言学家都认为印欧语系不是在安纳托利亚的农民之间,而是在内欧亚大陆的早期游牧人之间开始惊人地扩张[67]。这些结论说明,印欧语系不是在新石器时代的安纳托利亚,而是在顿河-德涅斯特河文化的觅食社会中发展起来的,后者从事家畜饲养并且开发了黑海和里海的草原。

　　游牧生活也使牧人遵从于严格的轻便化原则,如果你一直在移动,你就无法承担积累大量物资盈余的任务。这一原则限制了牧人家庭之间积累物质财富的差异(尽管他们可能也鼓励对丝绸和珠宝这类轻便物品的偏好)。因此,游牧生活或多或少意味着更大程度的自给自足和抑制出现广泛劳动分工。财富和等级的差别确实存在,而且可能存在于大多数的牧人社会。但是除了军事征服时期,这种差别通常很轻微,不足以形成稳定的世袭等级制度,即通常用“阶级”这一术语所表述的等级差别。这就是大多数现代对牧人社会的分析都避免使用马克思主义关于阶级术语的原因[68]。牧人社会也存在性别不平等,但并不明显。这是因大多数社会没有明显的财富等级差别,而且妇女必须学到大多数男人所掌握的包括军事技能在内的技艺。

　　牧人社会的第二个主要特征是他们有精湛的军事技艺。由于生态原因,牧人社会通常在经济、人口和政治方面较农业社会更不稳定。一个农业家庭的基本资源通常是一块固定的土地,而一个牧人家庭的基本资源则是一群移动的牲畜。虽然农作物收成的规模可能有变化,但是在正常条件下,占有土地的规模鲜有变化。而畜群可以在几年内增长几倍,也可能因为疾病、气候灾难或偷盗而在几周内消失。结果,牧人要不断地应对随时变化的劳动量、畜群规模、牧场数量和等级。牧人社会人口的特征加重了这一不稳定性——牧人社会缺少狩猎采集社会常见的文化对人口的抑制。利用牲畜的畜力使运输婴儿变得很容易,同时防御、牲畜交易和制作手工业品都需要劳动力。虽然根据农业世界的标准牧人社会的人口密度还较低,但在只能维持有限人口的干燥环境下,这样的人口行为不可避免地导致周期性的人口过剩。

　　牧民生活的不稳定性影响到每个家庭和团体。它抑制了稳定阶级结构的形成,并产生了一种不确定的平等[69]。不稳定性激发了与资本主义社会相似的小心谨慎和竞争。这种长期的不确定性,使牧民无法固守在传统的区域或者延续固有的迁徙路线。他们常常为了维护畜群而误入邻居的草场。这样,牧人生活方式固有的不稳定性导致了持续的草场争夺,并且抑制了个人乃至集体出现强烈的土地所有权意识。争夺土地和所有权的不确定性,导致了经常出现劫掠,时而发生大规模战争。

　　劫掠也反过来激励人们培养军事技能,这种技能不仅限于男性。军事技能在内欧亚大陆的骑马牧人中发展迅猛。司马迁曾这样描述公元前 2 世纪末的匈奴:

　　　　儿能骑羊,引弓射鸟鼠;少长则射狐兔:用为食。士力能毌弓,尽为甲骑。其俗,宽则随畜,因射猎禽兽为生业,急则人习战攻以侵伐,其天性也(《史记·匈奴列传》)。[70]

　　牧人生活方式也提供了很多极好的训练战术的机会。管理大型动物比栽培植物更费力、更危险。植物比动物被动得多,而且很少会像动物那样反击。因此,相较于农民的生活方式,牧人生活方式为战争所需的肢体暴力做了更充分的准备。这种贯穿一生的训练通常在狩猎中得到提高和强化,这是大多数典型牧人的生活方式,而且也经常系统地用于战争训练。沃尔特·戈德施米特指出,游动放牧生活方式的其他方面也磨砺了战争技能[71]。大型畜群的移动培养了战争的后勤保障能力——通过陌生土地时确定方向以及与其他人员保持队形并确定相互间的方位。最后,牧人迁徙的复杂行程安排又需要有在大区域内协调行动的能力。

　　第三,牧人社会有在危急时刻迅速移动的卓越能力。地方性的劫掠可能导致个人和团体之间的对抗。但是,大规模的劫掠则需要将牧人社会的基本细胞连接成大型军事和政治联盟,它有时能够形成大帝国。当这些发生的时候,财富、能力或地位方面的细微不平等迅速加强,直到出现严格的等级制度,这通常被当作牧人社会明确存在阶级的证据。出现这一观点绝非偶然,因为弗拉基米尔措夫最著名的论证中就有关于牧人"封建制度"的尝试,主要是从蒙古帝国提取的证据[72]。

　　这种等级制度是怎样在局势紧张或爆发冲突时出现的？内欧亚大陆的一种高度简化的牧人社会模式可能会帮助理解这一过程。最简单的牧人社会层次是亲族集团（第1层次），由一个母亲和孩子组成，有时也有一个父亲。通常，亲族集团占有单独的住房，不管是移动的（一个毡房或四轮车）还是固定的。游牧时，牧人通常以有亲属关系的亲族组成小集团的形式迁徙，这在突厥语中被称为奥尔斯。我们可以称这些小集团为"营地集团"（第2层次）。营地集团与觅食社会的"生计集团"或者哈扎诺夫所说的"原始的亲族集团"类似。营地集团可能由8－50人组成，现代研究表明其组成相当不稳定，会由于财产变化或家庭冲突而在每个季节或每年发生变化[73]。然而，在大部分时间，营地集团起到了整个社会的作用，完成当今国家所承担的教育、医疗、经济、司法甚至军事任务。营地集团连结成50人至几百人之间的更广泛的网络，我们可以称之为"再生产集团"（第3层次）。再生产集团周期性地聚会，通常是在冬营地，家长或族长可能集体决定迁徙路线，解决内部或外部的冲突。正常情况下，大多数婚姻可能发生在这种再生产集团内，因此它也为血缘系统和家庭网络提供了基础的框架结构[74]。

89

表 4.2　牧人社会的组织层次

层次 6	牧人国家/帝国：10 万－100 万人；通过分配从农业地区取得的贵重物品形成稳定的政治结构；部落束缚的消失；官僚化
层次 5	超部落社团：1 000－10 万人；部落联盟，通常为应对紧急军事情况，暂时的，超部落的首领
层次 4	部落：500－1 000 人；氏族联盟，通常是为了军事防御；松散的领导结构
层次 3	再生产集团：50－500 人；周期性聚会的有亲属关系的营地集团；由个人或家长领导；控制迁徙路线、争端等
层次 2	营地集团：8－50 人；几个有亲属关系的一起迁徙的亲族集团，非常不稳定
层次 1	亲族集团：2－8 人；母亲＋孩子，有时和父亲在一起，分享一个住房（毡房或四轮马车）

　　面对面的关系和亲族纽带（包括生物的和象征性的），为这三个层次的社会组织提供了基础结构。这三者对于牧人社会的正常运作至关重要。

　　在再生产集团之上，可能出现其他层次的组织，特别是在危机时期。对于牧人社会的正常功能来说,这些层次不是必需的,而是通常以潜在的形式存在,为在需要的时候能调动起来做准备[75]。为了当前的需要,有充分的必要区分出三个这样的层次。第四个层次我们称为"部落"(层次 4),是由亲属或其他纽带联系在一起的几个再生产集团,包括多达几千人口。它可能有强大的首领,或通过氏族首长会议组织起来。其成员通常认为自己是被血统和亲缘纽带联系在一起的,而且常常享有对特定土地的一种集体的权力要求[76]。在下一个层次,部落可能结盟在一个首领之下(层次 5),通常是在战争时期,而且是按照人类学家所描述的"部分对抗"原则[77]。这样的超部落团体可能包括 1 万甚至 10 万牧人,能够防守规模较大的强大军队。领袖可能出自有关联的主要家庭,其权力范围通常局限在特别紧急的情况下。在这一层次,亲属关系的意识通常很淡薄,甚至没有实际意义,但是它能够以象征性的形式保留下来。

牧人社会的最高层次是牧人国家或帝国(层次 6)。这一组织层次只在内欧亚大陆的骑马牧人中出现过[78]。这一层次的领袖通过将地区性的集团固定为持久联盟的方式组织起更耐久的政治结构。有时他们摧毁区域性的部落组织,而代之以新的、权力更为集中的结构。出现预防沿部落联盟界线产生分裂的机制,这使我们将其看作真正的国家而不是"领袖的权威"。正如瑟维斯主张的,真正的国家是为了防止沿着裂痕分裂而精心设计的机制[79]。但是,牧人国家的诞生十分困难,在公元前 1 千纪以前没有存在牧人国家的有力证据。

作为对牧人社会长期不稳定性的一种反应,部落和超部落团体比较容易形成,而且年代也很早。当地方集团面临其他牧人集团或邻近的农业国家威胁其牧场的时候,就会形成部落和超部落团体[80]。为应对这样的威胁,氏族与关系密切的氏族结合,部落与关系密切的部落结合。当牧场人口过剩时,争夺势必加剧,此时迁徙路线很微小的变动都能在大面积的草原内引发多米诺骨牌效应式的冲突。结果,当不稳定性加剧和移动性加强的时候,会出现更高层次的组织,似乎它的出现具有某种规律性。

当解释牧人遗留下来的复杂考古现象时,这些移动程度的波动为我们提供了一些线索。苏联考古学家普列特涅娃总结的一个简单而灵活的模式可以清晰地解释这些现象。这一模式很好地抓住了内欧亚大陆不稳定的根本原因。普列特涅娃的模式描述了调动牧人的三个不同阶段。第一阶段是一种纯粹的游牧生活[81]。在这一阶段,可能整个社会都为寻找新的草场而移动——通常是对生态灾难和军事失败的反应。有些家庭可能就此彻底离开了草原。一般情况下,这是一个较大的社会、民族和语言融合的阶段,而且伴有或长或短的持续的军事危机,由此导致出现更大的社会和政治集团。游动性可能会使牧人这个阶段的军事调动留下广泛分布的分裂证据,而且他们也在叙事诗中留下了对以往的团结和辉煌的持久记忆,但是不会留下分布广泛的考古遗存。随着联盟的形成,营地和再生产集团可能会融入更有威力且组织性更强的较大集团。从首领家庭中选拔强有力的领袖,约瑟夫·弗莱彻描述为"血亲酋长继承制":"继承的原则是通过杀戮和战争,挑选王族中最有才能的男性成员继承王位。"[82]这样的领袖指挥大型牧人部落或超级部落的军队。然而,这些大型集团先天就不稳定,其超大的规模预示着将要摧毁他们所经过的草场。而且他们迁徙的最初目标通常是保卫旧草场或是发现新草场,用这种方法可能会重新开始更稳定的畜牧业。

普列特涅娃的第二阶段是一种"半游牧生活"[83]。当战争和驱逐减轻了对现存草场的压力时,牧人开始再一次沿着更规则或更不规则的路线以营地集团的形式迁徙。他们已经分化了,部落和超级部落结构失去了其政治特性,虽然它们可能还存在于历史记忆和叙事诗中,并保留在一种传播广泛的身份共享的意识中——这与现代形式的种族渊源类似。这就解释了为什么尽管牧人的社会结构高度分化,但他们常常保留着强烈的从属于更大社会的意识。

普列特涅娃的第三个阶段具有定居的特征。失去牲畜或牧场的牧人可能会被迫从事农业或贸易,而且可能开始出现一些更加固定的定居点。最近的研究表明,在大多数牧人的草原文化中,可能存在小型的农业社会,他们充当提供贡品的农民,或者是从事某种兼职的农业来补充畜牧业的牧人。这样的社会可能很好地满足了对于牧人社会非常重要但数量有限的农业食品的需求[84]。在气候较温暖湿润的时期,农业可能会在曾经只适合畜牧业的土地上广泛扩展。草原上可能出现完整的城镇——它们成群地围绕着地区性首领的冬季营地,通常位于真正草原边缘的很肥沃的土地上。从土耳其到乌兰巴托的现代的例子反映出:随着牧人的定居,他们的帐篷怎样变成了更固定的、需要附加装置的房间,之后变成了多间建筑,以及他们的营地怎样变成了村庄或郊区[85]。当牧人定居下来的时候,他们可能加入到农业社会的政治和经济结构中。然而,如果人口、政治或气候条件发生改变,他们可能会再一次开始游牧。如果这样做，那么他们将不得不进入第一阶段的高度游牧化阶层，直至能够建立起新的迁徙路线。

早在公元前 4 千纪，内欧亚大陆已经存在较长的周期性的迁徙方式。早在伊本·赫勒敦时期，就有人注意到牧人社会的这种循环周期，但是现代的人类学家趋向于对这个"迁徙"理论持怀疑态度，可能是因为他们觉得其中有太多的东西需要确认。然而，正如格里布指出的，没有理由怀疑在牧人地区存在大迁徙浪潮："迁移的经历（例如 11 和 12 世纪突厥人的入侵）不是幻觉而是真实的事件，并且有可能留下考古证据。"[86]

考古学的证据证明，至少公元前 4 千纪下半叶开始或更早，草原上出现了普遍的分裂时期[87]。在骑马技术和设备仍不成熟的早期移动牧人中，这些迁徙可能是缓慢而庄严的事情[88]。在历史时期，我们可以清晰地观察到这些节奏的本质。首先，有大规模的迁徙时期，如成吉思汗统治下的蒙古，广大草原上的牧民都被卷入了大规模的军事迁徙之中。这些迁徙有时长达几个世纪，在此过程中，最初迁徙的后果穿过内欧亚大陆草原慢慢地发挥作用。在这一时期，

表 4.3　全新世气温和降雨量波动

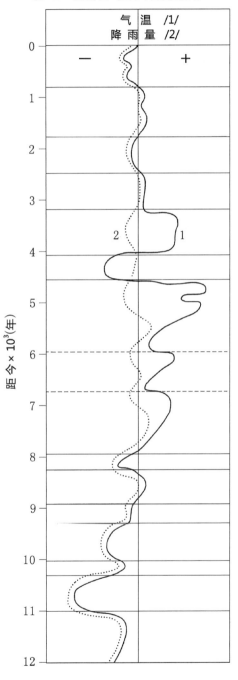

（引自 Dolukhanov, *Early Slavs*, p.48）

大多数牧人过着半游牧的生活,有的牧人则变成了定居者。

目前还不清楚是什么支配了循环周期的节奏。也许是历史学家拉杜列在描述农业地区历史时所用的马尔萨斯周期的牧人版本,也可能与气候变化有关。目前,我们对于内欧亚大陆人口和气候的知识还很粗浅,因此不能严格地检验这一理论。然而,仅凭直观的证据的确能够说明牧人的迁徙似乎大多是在较冷或较干旱的时期,这时草原上的农业变得异常艰难,即使畜牧业也不能维持大规模的人口。通过比较表4.4全新世期间的气候变化可以看到这一点,该表列出了在内欧亚大陆草原分布广泛的几个主要迁徙时期。

92

表 4.4　草原上的迁徙周期: 公元前 3400 – 1300 年

时　　间	迁　徙　证　据
约公元前 3400 –前 3200 年	入侵的考古证据
约公元前 2600 –前 2400 年	入侵的考古证据
约公元前 1800 –前 1600 年	入侵印度北部? 二轮马车/四轮马车?
约公元前 1100 –前 900 年	侵入伊朗、美索不达米亚和巴尔干,斯基泰文化带的产物
约公元前 200 年至公元前后	匈奴帝国;向南和向西迁徙
约 500 – 600 年	突厥汗国;向南和向西迁徙
约 1200 – 1300 年	蒙古帝国

这一简单的模式可能会有助于理解内欧亚大陆历史在多个世纪内的变迁,即它的历史节奏是被牧人社会所控制。如果牧人的生活方式的确是在公元前4千纪的乌克兰出现,并传入俄罗斯和哈萨克斯坦草原,那么我们可以推测早期的牧人很快占据了这些地区的大多数优质草场。根据牧人社会的模式,我们能够预料争夺草场的冲突将导致更大规模的迁徙运动。因此,公元前4千纪晚期有很多大规模迁徙运动的线索就不令人奇怪了,这说明一种向普列特涅娃三阶段理论中第一阶段的倒退,即被概括为遍及广大地区的类似战争的迁徙。这一时期较为干旱,高质量的草场面积可能已经缩小,而这一事实能够解释迁徙发生的时间。

苏联早期金属时代历史专家 E.E.切尔内赫展示了一个稳定的铜矿石和商品贸易的地带,即"喀尔巴阡山-巴尔干"冶金区。该冶金区在牧人社会类似战争的大规模迁徙压力下,于公元前4千纪晚期崩溃[89]。普列特涅娃的模式表

93

明,这一阶段的牧人可能在强大的首领领导下被组织成大规模的部落联盟。尽管存在经常性的地方冲突,但不同牧人集团在文化上的相似性表明,在内欧亚大陆的广大区域内有频繁的交换,可能还存在普遍的身份意识。

这些早期的可能摧毁黑海周围很多新石器时代文化的迁徙浪潮,或许代表印欧语系人群的第一次大规模迁徙。语言学家哈玛塔描绘了一幅牧人使用牛拉车、由强大部落首领带领的大范围迁徙运动的图画[90]。切尔内赫认为草原地区公元前 4 千纪晚期墓葬中发现的大量装饰性金属商品也表明,在草原上出现了由强大的拥有重新分配权力的酋长们领导的贵族集团[91]。

在这一运动过程中,语言起源于俄罗斯草原的牧人,占据了很多草原中部以前没有人定居的土地,可能还驱逐走了曾生活在这片土地上的狩猎和采集居民。随着强大的酋长追求用贵重的商品来逐步经营其权势,他们也可能开始对邻近的乌克兰和巴尔干的农业居民施加强大的人口和军事压力。

约公元前 3000 年,很多将会影响内欧亚大陆几千年的模式已经出现。在狩猎采集人群、农民和骑马的牧人之间出现了几个区域性的相互影响系统。在不同牧人社会之间的很多联系确保这些系统结合成更大的内欧亚大陆系统。在这个系统中,牧人将区域性的系统连接成一个更大规模的穿越欧亚大陆很多地区的网络,起到了类似于外欧亚大陆商人所发挥的作用。最后,在广泛迁徙的时期,内欧亚大陆的牧人侵入从美索不达米亚到印度北部甚至中国北方的部分外欧亚大陆地区。

94

注释

[1] Renfrew, *Archaeology and Language*, p.125.

[2] Dolukhanov, *Early Slavs*, p.48.

[3] Masson and Sarianidi, *Central Asia*, p. 42；V. Sariannidi, "Food-producing and other Neolithic communities, in Khorasan and Transoxaina", *HCCA*, 1：115 – 6.最近的研究已经表明哲通文化与伊朗高原的遗址之间的联系,而且这说明其起源可能会追溯到公元前 7 千纪中期。

[4] Masson and Sarianidi, *Central Asia*, p.36.

[5] 同上注,pp.37, 40, 42；V. Sarianidi, "Food-producing and other Neolithic communities", *HCCA*, 1：119。

[6] 同上注, pp.38, 44 – 5。

[7] Dolokhanov, "Foragers and farmers in west-Central Asia", p.129.

[8] V. Sarianidi, "Food-producing and other Neolithic communities", *HCCA*, 1: 118.

[9] Dolukhanov, "Foragers and farmers in west-Central Asia", pp.123, 126.

[10] Dolukhanov, "Ecological prerequisites for early farming", in Kohl ed., *Bronze Age Civilization* (pp.359 - 85), pp.372 - 5; Lattimore, *Inner Asian Frontier of China*, pp.155 - 7.

[11] Lattimore, *Inner Asian Frontier of China*, p.155.

[12] Masson and Sarianidi, *Central Asia*, pp.41, 43 - 4.

[13] J. Harmatta, "The Emergence of the Indo-Iranians: the Indo-Iranian languages", HCCA (pp.357 - 78), 1: 371 and 375. Harmatta (p.375)认为,在一首有关苏美尔与 Tilmun 贸易的赞美诗中提到的"Harali",很可能在科佩特山地区,而且它的名字可能是德拉威语的。

[14] Masson and Sarianidi, *Central Asia*, p.45; Sarianidi, "Food-producing and other Neolithic communities", *HCCA*, 1: 116 and 121.

[15] Masson and Sarianidi, *Central Asia*, p.45; Dolukhanov, "Foragers and farmers in west-Central Asia", p.129.

[16] Khazanov, *Nomads*, p.90; Dolukhanov, "Foragers and farmers in west-Central Asia", p.121.

[17] V. M. Masson, "The Bronze Age in Khorasan and Transoxania", *HCCA* (pp.225 - 45), 1: 228.

[18] 同上注, 1: 232; A. I. Isakov, "L'établissement de la culture paléoagricole dans la wallée du Aerafshan", in *L'Asie Centrale et ses rapports avec les civilisations orintales*, pp.119 - 20; Isakov, "Darazm: an agricultural center"; L. P'yankova, "Central Asia in the Bronze Age: Sedentary and nomadic cultures", *Antiquity*, (1994), 68: 355 - 72, p.355。

[19] Masson and Sarianidi, *Central Asia*, p.71;然而,Kohl 认为这可能是中亚南部一种古老的方式,首次出现于哲通文化。Kohl ed., *Bronze Age Civilization*, p.xvi; Masson, "The Bronze Age in Khorasan and Transoxania", *HCCA*, 1: 228; Masson and Sarianidi, *Central Asia*, pp.66 - 7。

[20] Masson and Sarianidi, *Central Asia*, pp.68 - 9.

[21] 这是 Hiebert, *Origins*, p.168 的意见;并且见于 Dolukhanov, "Ecological Prerequisites", pp.378 - 80; P'yankova, "Central Asia in the Bronze Age", *Antiquity*, (1994), 68: 355。

[22] Fagan, *People of the Earth*, pp.336 - 7.

[23] McNeill, *Europe's Steppe Frontier*, p.4.

95

[24] Dolukhanov, *Early Slavs*, p.199.

[25] Fagan, *People of the Earth*, 7th edn, p.335; Dolukhanv, "Mesolithic and Neolithic", pp.112 – 3.

[26] Mallory, *In Search of the Indo-Europeans*, pp.190 – 1;地图见于 Gimbutas, *Civilization of the Goddess*, pp.112, 460。

[27] 他们在这里的主要遗址是 Mariupol 墓地；Telgin, *Dereiva*, p.1。

[28] Telgin, *Dereiva*, p.3; Dolukhanov, *Early Slavs*, p.65.

[29] 这个关于印欧语系语言起源的理论已得到苏联考古学家 Gamkrelidze 和 Ivanov，以及英国考古学家科林·伦弗儒的支持。关于这方面的总结，见 Renfrew, *Archaeology and Language*，以及后来的论文"Before Babel"。

[30] Mallory, *In Search of the Indo-Duropeans*, p.196.

[31] Gimbutas, *Civilization of the Goddess*, p.105, 地图见 p.102。Ctal Huyuk 在公元前 7 千纪大约有 7 000 人；同上注，p.17。

[32] Phillips, *The Royal Hordes*, pp.19 – 20.

[33] Chernykh, *Ancient Metallurgy*, pp.36 – 40; Dolukhanov, "Mesolithic and Neolithic", p.113.

[34] Gimbutas, *Civilization of the Goddess*, pp.324, 328 – 31.

[35] Mallory, *In Search of the Indo-Europeans*, pp.237 – 8; Dolukhanov, *Early Slavs*, p.92.

[36] Chernykh, *Ancient Metallurgy*, pp.32 – 4.

[37] Chang, *Archaeology of Ancient China*, 3rd edn, pp.206 – 7.

[38] 同上注，p.398。

[39] Novogrodova, *Drevnyaya Mongoliya*, pp.56, 63 – 6; A. P. Derevyanko and D. Dorj, "Neolithic tribes in northern parts of Central Asia", *HCCA* (pp.169 – 89), 1: 174 – 5, 180 – 1.

[40] Okladnikov, "Inner Asia at the dawn of history", in *CHEIA*, p.70; Forsyth, *History of the People of Siberia*, pp.22 – 3.

[41] 引自 Cribb, *Momads*, p.17, 出自 Krader, "Dcology of nomadic pastoralism", p.499; Ekvall 将兽群描写为"蹄上的田野"，引自 Cribb, p.34；最重要的概述是 Khazanov, *Nomads and the Outside World*；然而，我在使用定义方面与他不同，我选择使用"畜牧业"而不是"游牧业"来强调他们生活方式的中心特征是依靠牲畜（而不是移动性），而且在强调"副产品革命"的重要性时也如此；关于畜牧业起源的概述，见同注，pp.85 – 9；在 Barfield, *The Nomadic Alternative* 中有很好的对畜牧业的一般性概述。

[42] Sherratt, "Plough and pastoralism", pp.261 – 305.

［43］同上注，p.263。

［44］Anthony and Brown，"The origins of horseback riding"，pp.22－3; Dolukhanov，*Early Slaves*，p.70.

96　［45］Anthony and Brown，"The origins of horseback riding"，pp.45－7.

［46］引自 Barclay，*The Role of the Horse*，p.14。

［47］Sherratt，"Plough and pastoralism"，p.275; Bulliet，*The Camel and the Wheel*，p.56; Kuz'mina，*Drevneishye skotovody*，p.36.

［48］Bulliett，*The Camel and the Wheel*，pp.148－53;关于较早的年代见 V. M. Masson，"The decline of the Bronze Age civilization and movements of the tribes"，*HCCA*（pp.337－56），1：347。

［49］Sherratt，"Plough and pastoralism"，pp.263－4，270; Piggott，*The Earlist Wheeled Transport*，p.35.

［50］见 E. J. W. Barber，"Problems and methods of reconstructing prehistoric steppeland cloth and clothing"，in Seaman ed.，*Foundations of Empire*（pp.134－42），pp.136－7。

［51］Brclay，*Role of the Horse*，p.99; Khazanov，*Nomads*，p.53.

［52］Dergachev，"Neolithic and Bronze Age cultural communities"，p.796.

［53］同上注，p.794. 切尔内赫的断代比 Dergachev 的早了一千年。见 Diagram in Chernykh，*Ancient Metallurgy*，p.13。

［54］Telegin，*Dereivka*，p.129.

［55］Dergachev，"Neolithic and Bronze Age cultural communities"，p.796;关于农业的重要性，见 Mallory，*In search of the Indo-Europeans*，pp.201－6。

［56］Mallory，*In search of the Indo-Europeans*，pp.201，234－6.

［57］同上注，p.198。

［58］同上注，p.202。

［59］Chernukh，*Ancient Metallurgy*，p. 44; Mallory，*In Search of the Indo-Europeans*，pp.206－7.

［60］Khazanov 将真正的游牧畜牧业起源的年代断为公元前 1 千纪，虽然他承认甚至在公元前 3 千纪就有一些游动性的牧人进行大规模的迁徙;*Nomads*，pp.92－4;然而，正如这里所认识到的，草原墓葬的证据以及最近关于早期骑马的证据都说明游动性畜牧业的年代很早。

［61］Derevyanko and Dorj，"Neolithic tribes in northern parts of Central Asia"，*HCCA*，1：185.

［62］关于"关键动物"的重要性，见 Barfield，*The Nomadic Alternative*，pp.9－11。

［63］Khazanov，*Nomads*，p.7，谈到了同一点。

［64］Cribb, *Nomads*, p.16.

［65］同上注。

［66］Mallory, *In Search of the Indo-Europeans*, p. 226；Gryaznov, *Ancient Civilization of Southern Siberia*, p.51.

［67］见 Mallory, *In Search of the Indo-Europeans*, p.262,以及其他章节有关这一理论的最新讨论,早期的印欧语系中包含很多与畜牧业相关的术语可为旁证。

［68］见 Ernest Gellner 为 Khazanov 的 *Nomads and the Outside World* 所作序言,马克思主义者对讨论这一问题的很好概述,也见于 Khazanov 的论述(pp.152－64)。

［69］Gellner 将这一问题概括得很好："游牧社会意识到某些平等(或至少财产的不确定妨碍财产的稳定性,并会产生主观的不平等)。"Khazanov, *Nomads* 前言,p.xi,以及其他章节将不稳定性作为畜牧业的中心特征之一。

［70］《史记》卷一一〇内容涉及匈奴,见 Ssu-ma Ch'IEN, *Record*, 2：155。

［71］Goldschmidt, "A general model for pastoral social systems".

［72］见 Gellner 为 Khazanov, *Nomads* 所作序言,pp.xv, xxiii。

［73］Khazanov, *Nomads*, p.128；Cribb, *Nomads*, p.45.

［74］Cribb, *Nomads*, p.49；再生产集团与 Khazanov 的"第二秩序社会",相似但不完全相同。Khazanov, *Nomads*, pp.132－3。

［75］Khazanov, *Nomads*, p.148.

［76］对"部落"一词在牧人社会的各种用途和意义的更加全面而细致的讨论,见 Khazanov, *Nomads*, pp.149－52。

［77］"在不同家族成员之间的任何一场严重争端中,所有外部的集团与竞争者的关系都比那些与他们更亲近的亲属集团的更密切,之后就是卷入纷争的最高等级家族间的联合问题"。Sahlins, *Tribesmen*, pp.50－1。

［78］Barfield, *The Nomadic Alternative*, p.17.

［79］Cohen and Service, *Origin of the State*, p.4.

［80］Khazanov, *Nomads*, pp.148－9,列出了一些相关的因素。

［81］Pletneva, *Kochevniki srednevekov'ya* 相关章节和结语,p.145；ch.1 指的是 *tabornyi* 或"野营"阶段；Cribb 借用 Ingold 的术语"unitied"畜牧业来描述这一阶段,*Nomads*, p.18。

［82］Fletcher, "Turo-Mongolian monarchic tradition in the Ottoman empire", pp.236－51；Fletcher, "Blood Tanistry".

［83］Cribb, *Nomads*, p.18. 将此描述为"tied"畜牧业。

［84］Khazanov, *Nomads*, pp.69－84 已经强调这一需求的重要性,但是 Di Cosmo, "Ancient Inner Asian nomads", pp.1113－4 主张需求可能是限定在临时的农业能够生产的产

97

品,或草原上存在小型农业社会这些范围内。

［85］Cribb, *Nomads*, p.161.

［86］Cribb, *Nomads*, p.58; Khazanov, *Nomads*, p.94.

［87］Chernykh, *Ancient Metallurgy*, pp.302 – 7.

［88］Khazanov, *Nomads*, p.94.

［89］Chernykh, *Ancient Metallurgy*, p.52.

［90］J. Harmatta, "The emergence of the Indo-Iranians: the Indo-Iranian languages", in *HCCA*, 1: 367 – 8; Chernykh, *Ancient Metallurgy*, p.304; 更早的在公元前 5 千纪中期迁徙的线索,见 Gimbutas, *Civilization of the Goddess*, pp.361ff。

［91］Chernukh, *Ancient Metallurgy*, pp.159, 163.

延伸阅读

　　中亚最早的农业社会,见 *HCCA*, vol.1; Masson and Sarinidi, *Central Asia*（虽然资料显得陈旧,但仍然有价值）;以及 Kohl, *Brozne Age Civilization*。关于西部地区,见 Gimbutas, *Civilization of the Goddess*, 以及在 Pillips, *The Royal Hords* 中更通俗的记述。关于"副产品革命",最关键的理论是 Sherratt 的"Plough and pastroalism"。关于早期畜牧业的历史有一部大部头的专著。Khazanov, *Nomads and the Outside World*; Barfield, *The Nomadic Alternative*; Cribb, *Nomads in Archaeology* 提供了很好的介绍。*HCCA*, vol.1 对早期畜牧业考古作了概述。Mallory, *In Search of the Indo-Europe* 也对畜牧业和印欧语系之间复杂的语言学关系提供了很好的介绍。Gimbutas, *Civilization of the Goddess* 和 Renfrew, *Archaeology and Language* 对该问题的讨论持相互对立的观点。Telegin, *dereivka*; Anthony, "The origins of horseback riding"; Dolukhanov, *Early Slavs* 概述了骑马的最早证据。Pletneva, *Kochevniki srevnevckov'ya* 提供了有价值的游牧社会发展的模式;Goldschmidt, "A general model"考察了畜牧业的社会、技术和心理等方面内容。Chernykh, *Ancient Metallurgy* 关注于技术的变化。Sahlins, *Tribesme* 是对部落社会结构的一般性介绍。东部地区的介绍,见 Chang, *Archaeology of Ancient China* 和 Novogrodova, *Drevnyaya Mongoliya*。

第五章 青铜时代：公元前 3000–前 1000 年

公元前 4 千纪晚期的移民浪潮与青铜时代的开始相一致。根据考古遗存中常见的器物类型来为所有考古时代断代的传统可以追溯到 19 世纪,当时由于缺乏现代的断代技术,考古学家只能以考古发掘的连续地层中发现的器物类型为基础判断相对年代。根据惯例,青铜时代是指公元前 3 千纪和公元前 2 千纪。不仅在内欧亚大陆,即使在外欧亚大陆青铜技术也不是青铜时代最明显的特征。但是因为应用范围广,这个术语一直在使用。内欧亚大陆"青铜时代"的最重要特征是:牧人生活方式的发展及其向中部和东部草原的扩张,中亚南部的绿洲出现繁荣的城镇和城市,以及在这两个截然相反的世界之间持久的交换和互利关系的发展。

一、公元前 3 千纪和公元前 2 千纪的畜牧业

（一）公元前 3 千纪：向东方的转移

苏联考古学家按照惯例将早期青铜时代断代为公元前 4 千纪晚期至约前 2500 年;中期青铜时代年代大约晚到公元前 1800 年;晚期青铜时代可以晚到约公元前 2 千纪末。通常来说,这一年代划分似乎与草原上的三次大迁移浪潮相对应。第一次迁移浪潮发生于公元前 4 千纪晚期,第二次发生于公元前 3 千纪中叶,第三次发生于公元前 2 千纪初。从气候方面看,早期青铜时代与气候适宜期的末期相对应,而中期青铜时代与突然降温时期相对应,晚期青铜时代与异常暖湿气候的最后几个世纪相对应。目前我们正在尝试观察这些变化之间的关系,但由于证据太单薄,还不能得出任何确定

的结论。

100　　在草原西部,牧人的竖穴墓群(亚姆纳亚)盛行于公元前 4 千纪后半叶的后期和公元前 3 千纪的大多数时间,其分布范围长达 3 000 公里,从西面的布拉河和德涅斯特河向东延伸到乌拉尔河。陶器风格方面的相似性使大多数考古学家相信它们是斯莱德涅斯多格和赫瓦伦斯克文化的直接后继者[1]。

　　正如文化的名称所表达的,竖穴墓文化的大多数证据来自墓葬;的确,其主要且明显的特征是墓穴为竖穴土坑(俄文 yama)。少数已发掘的居住址可能是临时营地,而不是固定村落[2]。在伏尔加地区,几乎没有居住址。更向西面,那里的居住址比公元前 4 千纪的还少。这一规律的最重要例外是大型居住址米哈伊洛夫卡,它后来出现了防御设施,最终占地面积达 1.5 公顷。这里出土的磨盘和燧石镰刀片说明农业很重要。然而,大多数竖穴墓集团主要依赖畜牧业。一些遗址位于土壤不适合农业生产的草原深处,墓葬所见的动物遗存主要是绵羊和山羊,两者是最适合游牧的家畜[3]。对约公元前 3000 -前 1000 年的南乌克兰和俄罗斯开阔草原上的约 800 座青铜时代墓葬的研究表明,这一时期,所有的家庭都在草原上生活,以驯养的动物为生。这些集团肯定是游牧的,现代的民族学证据表明,为了在乌拉尔河下游草原这样干旱的地区寻找足够的草场,即使较小的牧人集团也不得不保持游动放牧[4]。

　　考古学的证据也能够让我们瞥见公元前 3 千纪畜牧业的明显变化。在黑海北部和伏尔加河下游沿岸草原,绵羊和山羊很重要。相反,在高加索山麓北部,牛和猪很常见,这里的畜牧业通常很少游牧。在生长短花针茅的顿河草原,马很多见。农业与畜牧业结合的形式继续存在于第聂伯河下游沿岸地区[5]。

　　在竖穴墓文化中发现了首次在草原上使用带轮车辆的证据。很多竖穴墓内有车轮,有的墓内随葬结构复杂的车,既有双轮的,也有四轮的。几乎可以肯定都是用牛拉车,因为早期的马力气太小,拉不动车。但是也发现骑马的证据[6]。镞、短剑、斧和权杖等武器的出现表明袭击和战争的重要性。更引人注目的是在坟冢内发现很多来自其他地区的商品。根据切尔内赫的分析,在青铜时代中期,农业区金属加工地带制造的金属制品,最终出现在牧人坟冢里的比例高达 60%。这些商品大多数是装饰品,不具有实用功能,它们向草原的移动表明其拥有者是牧人首领。首领们通过获取和再分配主要在农业社会生产的商品而确立权威。这一证据表明,牧人、农民和西南地区的工匠已经成为独立的地区性交换体系的一部分。切尔内赫将这一地区称为"环黑海冶金区",它一直存在到约公元前 1800 年[7]。

青铜时代的早期和中期,牧人生活方式传播到南西伯利亚和中亚的草原[8]。这一移动可能反映了公元前 3 千纪草原西部的人口过剩,或者是受到更加干冷气候的影响,这是很吸引人的推测。

中部草原第一个主要的牧人文化是所谓的"阿凡纳谢沃"文化,是以 1920年第一次发掘的阿凡纳谢沃山遗址命名。阿凡纳谢沃文化遗址的分布范围从蒙古的杭爱山脉延伸到叶尼塞河,从南乌拉尔到今克拉斯诺亚尔斯克附近。大多数考古学家将阿凡纳谢沃文化断代为公元前 3 千纪中期,虽然一些碳十四数据表明它出现的时间甚至早于公元前 3000 年[9]。

除了十余处居住址外,大多数阿凡纳谢沃文化的遗存都是墓葬。任何一处墓地的墓葬数量都较少,说明人们可能生活在只由少数家庭组成的集团里。缺乏居住址表明他们是移动灵活的牧人,其间散布一些定居人群,同时狩猎对于他们而言也很重要[10]。阿凡纳谢沃人使用带轮子的车,在公元前 2200 年以前的东乌拉尔的墓葬中发现 100 多辆双轮或四轮的车[11]。阿凡纳谢沃文化是中亚草原最早的红铜和青铜时代文化,该文化的居民不能铸造金属,但使用从阿尔泰和卡尔宾山的浅露天矿井中开采的矿石,用石锤将其击碎后在原始的熔炉内熔炼。这一时期在阿尔泰山脉形成了明确的金属开采和加工传统,发现的遗存包括红铜针和刀,以及银质、金质和陨铁质地的装饰品[12]。

几乎可以确定,阿凡纳谢沃文化的居民来源于欧罗巴人种,而且其遗存表现出与草原西部"竖穴墓"文化非常密切的相似性。在竖穴墓文化中,死者为屈肢葬,用赭石,随葬品包括家畜和陶器。根据阿凡纳谢沃文化人骨和器物的特征,我们可将其视为从遥远西方迁移来的人群与当地狩猎采集人群融合的结果。事实也如此,公元前 1 千纪大多数内欧亚大陆牧人的语言属于印欧语系[13]。

这一线索证明,公元前 2000 年左右,存在一个正在扩张的畜牧业地带,这个地带起源于西方,统治了西部和中部草原。马洛里总结道:"证据慢慢地积累起来,支持在约公元前 3000 年,从黑海-里海向东到叶尼塞河这一广大的区域内,存在分布范围广泛的物质文化、经济、仪式行为和人类体质类型。"[14]

总之,到了大约公元前 3000 年,我们已经开始面对一个正在扩张的单一牧人生活方式地带,其考古学"文化"之间只有很小的地域性差异。这一地带的规模反映出牧人文化的高度移动性,以及在不同牧人地区之间进行的技术、文化和经济交换的总量。

(二)公元前 2 千纪:"草原青铜"文化

公元前 2 千纪早期的很多骚动迹象,使我们有信心认为此时出现了人规模的迁徙。最清楚的证据之一是在草原上出现很多有防御设施的居住址。的确,公元前 2 千纪的"安德罗诺沃"文化的大多数早期居住址都有初级的防御工事[15]。牧人入侵的证据发现于美索不达米亚,那里出现了像希克索斯这样的新居民。他们到达哈拉帕文明已经崩溃的印度北部,甚至也可能到了中国——也许在公元前 1800 -前 1600 年的某段时间里,放牧的蛮族摧毁了夏朝。公元前 2 千纪早期的移民规模,以及公元前 2 千纪末草原西部和中部出现面貌一致的草原青铜文化,表明那里可能发生了由游牧人部落联盟或超级部落联盟所组织的大规模征服。

考古学、语言学和神话学的研究都表明,上述多次的牧人迁徙都是从中亚开始,这里是印欧语系印度-伊朗语族人群的故乡[16]。语言学和神话学的证据都表明,印度的雅利安人入侵者都来自一个以牧人为主并存在一些农业的地区,他们养牛、马和骆驼,还拥有关于一种新武器——马拉战车的知识。在现代马格尼托哥尔斯克有属于辛塔什塔文化的精致葬马坑,其精心的布局表明,马在哈萨克斯坦草原牧人文化的仪式性活动中有重要作用。最近的证据表明,该文化也有一些目前所知最早的轻型运货马车或"战车",年代约为公元前 2000 年[17]。埋葬战车的记忆向南被带入印度,在《梨俱吠陀》中有对战车的描述,战车可以用来投掷矛,也用于仪式性的竞赛。的确,可能公元前 2 千纪早期发生的从草原出发的迁徙,把马和马拉战车都带入了印度。同样的文化综合体也向东行进,公元前 2 千纪,骑马、马拉战车甚至包括葬马坑在内,都进入草原东部和中国[18]。然而,虽然公元前 2 千纪战车使外欧亚大陆的战争形式发生了很大变化,它们的传入使定居世界首次熟悉了使用和管理马匹,但这些战车似乎在约公元前 1500 年后就从草原上消失了,转而被使用复合短弓的骑马弓箭手所取代[19]。

公元前 2 千纪早期,冶金技术得到广泛传播。切尔内赫指出,约公元前 1800 年以后出现一群新的"冶金区"。这些冶金区向北方扩张进入西伯利亚的部分地区(第一次将居住在森林的社会纳入使用金属地带),向南扩张进入中亚,也向东扩张进入哈萨克斯坦大部以及蒙古草原甚至中国北方。有确凿的证据表明,青铜铸造技术在中国是独立发展起来的,所以这些新的"冶金区"可能反映了中国的和遥远西方的冶金传统的融合。在东哈萨克斯坦和阿尔泰也出现了新的冶金区,这里有丰富且易于开采的铅和铜矿层[20]。

表5.1　中亚青铜时代年表

	巴克特里亚沙漠绿洲传统	马尔吉亚纳沙漠绿洲传统	东部科佩特山传统	中部科佩特山传统	西部科佩特山传统
— 公元前1500年	莫拉里时期	塔希尔拜时期	？	纳马兹加六期晚段	阿瑙四期A
— 公元前1700年	BMAC*	BMAC	BMAC墓葬	纳马兹加六期	阿瑙三期
— 公元前1900年	—	纳马兹加五期晚段	阿尔金丘（超过1），0–2	纳马兹加五期晚段	
— 公元前2200年	—	—	阿尔金丘（超过1），3–8	纳马兹加四期、五期	
— 公元前2700年	格奥克休尔野营地	格奥克休尔	纳马兹加三期、四期		
— 公元前3500年		伊尔根雷一期、二期	纳马兹加二期纳马兹加一期	阿瑙二期阿瑙一期a、一期b	
— 公元前5500年					

　＊BMAC＝巴克特里亚-马尔吉亚纳考古综合体
　（引自 Hiebert, *Origins of the Bronze Age Oasis Civilization in Central Asia*, p.166）

　　在大草原西部和中部出现更开放、带防御设施定居点的所谓"草原青铜"文化,标志着大规模迁徙时期的终结。这一时期最著名的"文化"是草原中部的安德罗诺沃社会和乌拉尔河以西的斯鲁布纳亚（木椁墓）文化[21]。草原地带西部和中部的文化如此相似,以至于一些研究者将它们看作是从乌拉尔向北高加索延伸的单一文化综合体的两个部分。

　　这些文化最明显的特征是,草原的青铜社会主要是定居的,这与大多数公元前3千纪的草原文化不同。出现了一个定居畜牧业占绝对主体的大区域,这与木椁墓文化的情况相似,甚至与现代哥萨克社会有些相似。在考古学方面,定居化加强最明显的证据是类似于村庄而不是牧人营地的定居点的数量增加。目前已经发掘了至少150处安德罗诺沃文化定居点[22]。正如哈扎诺夫指出的,这一变化反映了公元前2千纪气候更加温暖湿润,使草原地区更适宜

104

农业生产[23]。

大草原的青铜文化分布广泛,其分布范围包括从乌克兰到叶尼塞河的森林-草原地带向南远达今塔吉克斯坦境内的包括帕米尔在内的草原地带。大多数草原青铜社会主要以家畜为生。奶在饮食结构中的重要性,以及动物骨骼遗存和利用动物的工具遗存都反映出,他们虽然定居生活,但是首要且最重要的是牧人文化[24]。在部分有森林的草原边缘地区,农业似乎有更重要的地位。同时,放牧山羊在草原、半沙漠地区和山区显得更重要[25]。安德罗诺沃文化有大群的马,同时也繁育强壮的山羊,它们能在必要情况下在雪下寻找牧草,还能产出高质量的羊毛。开阔草原上的定居点使用井水。有的地方可能实行季节性牲畜迁移,因为在很高的天山和帕米尔山区也发现草原青铜时代遗存[26]。库兹米娜指出,在大部分安德罗诺沃社会中,通常是夏季牧人带着村落里的牲畜游牧,村落里的大多数人则留在家里种植谷物。今天我们还能找到安德罗诺沃牧人的迁移路线,而且现代的迁移路线也常沿着当时的路线分布,因为这些路线都处于水源地和可以打井的地点之间[27]。

有证据表明草原青铜文化存在明显的社会等级差别。在很多安德罗诺沃遗址中都出现了埋在高大坟冢(kurgany)内的精致单人墓葬,这种坟冢必须组织全部落人参与建造才能完成。这些坟冢可能是战争领袖或重要酋长的墓葬。也偶尔可见夫妻合葬墓,但只限于酋长级别的家庭[28]。

大多数草原青铜文化的居住点很小(10-20 座房子)。房子主要用木头建造,尽管在草原深处也发现有用石头建成的房子。在较早的草原青铜文化居住点,房子通常是方形的,多位于地下 1-1.5 米。房子本身很大,因为在冬天牲畜也要住在房子里。很多房子内都有窖穴。这些房子很像早期印度-伊朗叙事诗《吠陀经》中所描写的,而不是中亚南部砖石结构的小型住房[29]。这些发现支持了这一观点,即在公元前 2 千纪混乱的早期阶段,来自安德罗诺沃文化的移民向南迁移,形成了印度北部和伊朗的讲印度-伊朗语的居民。在较晚的居住点,很多房子是圆形的,可能源自草原青铜文化牧羊人的临时性棚屋。这些椭圆形或圆形的房屋与较晚时期的毡房在结构上的相似性表明,较晚时期文化的可移动房屋,可能是草原青铜文化社会在公元前 2 千纪末再一次变得更具移动性时产生的。安德罗诺沃文化的牧人也像在公元前 1 千纪的斯基泰文化中所见到的那样,开始使用载在车上的房屋[30]。

　　我们可以通过追踪草原青铜文化居民特有的手制陶器来了解他们的移动,这些陶器露天烧制,装饰戳印的或由线条组成的几何形纹饰。这些现象表明,草原青铜文化社会开始在中亚南部的农业区域定居。花剌子模和锡尔河三角洲周围分布有草原青铜文化的居住址。这些居住址属于塔扎巴格亚布文化,可能是花剌子模最早的农业或牧人文化。这些居住址有些可能已经使用简单的灌溉设施[31]。草原青铜文化遗址也出现于更南面,沿着扎拉夫尚河进入土库曼斯坦。在中亚多丘陵的南部边缘,特别是从阿姆河中游延伸到费尔干纳的多山地区,牧人社会和农业社会常常融合在一起[32]。

　　（三）草原东部的畜牧业

　　畜牧业在公元前2千纪开始传入草原东部。目前,我们对这一过程的年代学理解还只是框架性的。在草原东部的畜牧业革命中,中亚的牧人无疑扮演了重要角色。一些证据表明,有可能早在公元前3千纪就存在从草原中部向天山以北迁移的居民。这说明在公元前2千纪末,草原中部的人口已很稠密,甚至可能过剩。近年在新疆发现了100多具高加索类型的人骨,包括正在乌鲁木齐博物馆展出的令人吃惊的木乃伊,其中年代最早的可到公元前2000年。上述发现表明这一时期新疆地区的大多数居民来源于西方[33]。

　　在东部草原的畜牧业革命中,中国也扮演了重要角色。在位于黄河及其支流河谷的主要灌溉农业地带的北部,早在商代(公元前18－前12世纪?)就有较大规模的农耕蛮族社会。强大的农耕蛮族国家,如各种"狄",甚至在公元前1千纪还活跃于中国北方的政治舞台[34]。

　　畜牧业在草原东部经历了漫长的发展过程,在此期间,早期的农业社会像特里波利耶文化的农民那样,存在于狩猎和采集者社会之间。在公元前2千纪中晚期普遍的适宜气候环境下,草原东部早期形式的畜牧业可能和更西边的草原青铜文化类似,都是定居性的。拉铁摩尔指出,中国农业人口扩张的压力可能使边缘地带的农民被迫进入干旱地区,这里干燥贫瘠的土壤迫使他们专门饲养家畜[35]。草原东部已深刻地感受到来自中国腹地人口不断增长的压力,尽管生活方式中的很多因素可能是从草原中部引进的[36]。

　　早在公元前2千纪,中央草原和东部草原交界地区已出现这一发展过程

106

的迹象。这里出现了受到中亚和中国双方强烈影响的牧人文化,同时也表现出抵制西方移民压力的能力。的确,在草原上第一次出现自东向西的移民逆流。这些可能反映出正在扩张的中国商王朝施加的强大军事和人口压力。来自东方的影响不断增长的证据也出现于南西伯利亚,所谓的"奥库涅沃"文化在公元前 2 千纪早期取代了某些地区的阿凡纳谢沃文化。从人种学上讲,奥库涅沃人是东亚的而不是欧罗巴的[37]。奥库涅沃的聚落看起来比阿凡纳谢沃的要大,一些墓葬内随葬的财富则说明出现了强大的区域性首长。格里亚兹诺夫写道:

> 我们能够观察到生活水平的明显提高,这一提高反映在墓主人通常穿有花边的衣服,在衣服上保留下来紫貂的牙……还有白色、褐色和黑色的软石小珠子,以及各种牌饰和装饰品[38]。

在奥库涅沃文化的石刻上发现了用牛拉车的证据;第一次出现铸造的金属工具,其中有的应该是武器[39];艺术品非常引人注目,有很多雕刻半人半兽图像的石柱。

在被考古学家称为"塞伊玛-图尔宾诺"综合体的遗址中,可以看到畜牧业在东部草原的重要性不断增强的最有趣线索。这些遗址第一次提供了东方的牧人向西方类似战争性移民的模糊证据。公元前 2 千纪中期,塞伊玛-图尔宾诺遗址从蒙古西部延伸到芬兰和喀尔巴阡山,正好穿过欧亚大陆北部。它们应该是金属加工者和骑马武士的诸多小集团的遗存,这些集团从阿尔泰地区向西侵袭,穿过摩尔多瓦,但是没有侵入北部的草原青铜文化中心。这类遗存的墓葬表现出一种武士文化,其成员使用骨质盔甲和青铜武器,以及双轮战车。当他们向西移动的时候,可能吞并了受其统治的来自西伯利亚森林社会的居民。装饰品上的图案描绘出马载着武士过河,武士利用滑雪板滑行[40]。这是我们已知最早的 13 世纪蒙古大入侵的先驱。但是,欧亚大陆北部的入侵路线说明,他们还没有强大到足以与草原地带的青铜文化社会竞争。

公元前 13 世纪至前 10 世纪的卡拉苏克文化,反映出正在亚洲东部出现的畜牧业社会依靠自身的扩张动力,对草原中部施加更强大的压力。在南西伯利亚和中亚北部,卡拉苏克文化取代了安德罗诺沃文化。从伏尔加河到花剌子模以及中国,都可以见到有相似特征的遗存[41]。

虽然与安德罗诺沃文化有很多相似之处,特别是在陶器和装饰品方面,但是卡拉苏克文化具有更明显的特征,如高水平的青铜冶炼业。牲畜在该文化中极为重要,格里亚兹诺夫认为,卡拉苏克文化人可能比安德罗诺沃文化的移动性更强[42]。然而,一些卡拉苏克的社会仍保持了半定居的生活方式,因为在米努辛斯克地区发现了一些大型地下房屋:

> 冬季聚落的房子……从外面看像土堆,但是在土堆下面却是宽敞的长方形结构,面积有 100 - 200 平方米,深 1.5 米左右。房顶或金字塔形的顶部覆盖一厚层从房内挖出的土,在房顶的中央有一个开口,用来接受阳光和排出烧火产生的烟。虽然在土堆的一边也有一个入口,但是当大地封冻变硬的时候,可能用烟囱作为出入口。与上述卡拉苏克房子尺寸和类型相似的属于古亚细亚部落的房子,也有一个通过烟囱的入口,使用一根带凹槽的树干做成的梯子出入,通过对这种地下房屋的分析,我们可以推测出卡拉苏克房屋的结构[43]。

这些房屋内的遗物向我们展现了高度自给自足家庭的画面。他们铸造自用的青铜器,雕刻骨质工具,用植物纤维纺线,织布做衣服,也烧制陶器。这些居民似乎过着半游牧的生活,当他们离开冬季居住点准备迁往夏季营地的时候,会在周围种上谷物,等到秋天回来收割[44]。

公元前 2 千纪畜牧业区在蒙古西部的出现,开启了至公元前 1 千纪才结束的转变过程,在这一过程中牧人淘汰了草原东部残留的农耕居民。

二、中亚的城市化:“奥克苏斯河①”文明

(一) 公元前 3 千纪:沿着科佩特山的城市化

随着畜牧业在草原上的扩张,中亚南部出现了内欧亚大陆第一个城市文明。公元前 4 千纪末,该地区已经存在哲通文化。农耕社会沿着特德任三角洲分布,其规模大到足以被看作小的城镇。公元前 3 千纪,部分农耕社会扩张

108

---

① 奥克苏斯(Oxus)河即现代的阿姆河,Oxus 是希腊语的音译,中国古代文献称该河为“乌浒河”。

成小型城市,最初是沿科佩特山的山脚分布,之后进入中亚南部平原的灌溉绿洲。

中亚青铜时代的绝对年代难以确定。俄罗斯的专家将纳马兹加四期的城镇断代为大致从公元前 2800 年至前 2200 年,纳马兹加五期的最早的城市断代为公元前 2300 年至前 1800 年,纳马兹加六期属于公元前 2 千纪城市的残余。而美国考古学家菲利普·科尔认为,纳马兹加五期和六期比上述断代要早 500 年。但学界一般都同意前述的相对年代。希望随着越来越多的碳十四测年技术的应用,不久的将来应该能够解决这个年代学问题。接下来的叙述摘自希伯特最新研究成果中对该地遗存的断代,其断代结论与科尔的相似[45]。

在早期青铜时代,科佩特山脚下的纳马兹加丘遗址附近的卡拉丘(“黑山”)已不再是小村庄,其人口可能有 1 000－1 600。人们不再居住在公元前 4 千纪的大多数典型单间房子里,而是住用巷道隔开的有内部院落的多间房子[46]。房子有几个不同的居住间和工作间,也有院子、厨房和储藏区。这表明房子归大家族所有,或者里面住着一个家庭及其佣人、奴仆。还发现有大型广场,可能用作公共仪式或聚会的场所。

纳马兹加四期属于早期青铜时代,科尔将其断代为公元前 3 千纪的上半叶[47]。与近东相似的彩绘陶器是纳马兹加四期的典型器物,在这一期也普遍使用陶轮,广泛存在的劳动分工说明已经存在专业阶层。沿着科佩特山,以旱作农业为基础的地区出现了几处人口达 6 000－7 000 的较大型居住址。这里最著名的遗址是东南部的阿尔金,以及今阿什哈巴德附近的纳马兹加和安诺。这些居住址有巨大的宗教建筑和最早在这一地区出现的防御工事。在阿尔金丘发现有大型防御墙和一个加固的入口。也出现了与印度河文明相似的圆柱形印章,这说明贸易和某种程度的计算甚至识别文字的重要性。在这一时期的遗址中发现刻在小雕像上的有趣符号,可能是早期形式的文字。这是我们首次看到存在显著的社会、经济甚至可能是政治差别的明显证据[48]。

在中亚,有大量的高大建筑和广泛劳动分工的真正城市,首次出现于青铜时代中期的纳马兹加第五期文化[49]。纳马兹加废墟的面积达 170 公顷,大多数房子有 9－10 个房间,以及院子。存在一些单体住房的供水系统。有一座看起来是庙宇的大型建筑物。在类似工匠居住的郊区,人们加工青铜、金、银甚至黄铜,也制作陶器。纳马兹加的金属工匠加工多种武器和工具,包括矛、刀、短剑、锥子、扁斧,以及镜子、手镯和坠饰等[50]。

特德任三角洲的阿尔金丘是这一时期的第二大遗址,面积达114公顷。阿尔金丘的最早居住点是公元前4千纪的。公元前3千纪,居住址发展成一座真正的城市,有遍布陶窑的明确的作坊区。也有根据墓葬可判断为富人居住的城区,墓内随葬的小雕像表明墓主人可能是军阀,其他的墓葬可能属于男性或女性祭司[51]。阿尔金丘有一座用50万块砖建成的大型塔,在塔外面的住房居住的可能是祭司及其家庭成员。公元前3千纪中期修建了一个威严的大门,门宽15米,分成两个门道,较窄的走行人,较宽的门道用石头铺地,通行马车和其他有轮子的交通工具[52]。

当阿尔金丘的居民达6 000–7 000人时,可能已经存在围绕着它分布的由较小社区组成的腹地。纳马兹加也有一个这样的腹地,说明这样的遗址代表着初级城邦的出现。可能阿尔金丘和纳马兹加丘形成了两个对立的中心。然而,每座城市都没有发现存在现世统治者或世俗宫殿的迹象。纳马兹加和阿尔金丘这样的城镇靠当地的农产品维持,附近的村庄生产小麦、大麦、鹰嘴豆甚至葡萄。阿尔金丘的居民利用很多动物,有驯养的也有捕猎的,后者包括中亚野驴、波斯瞪羚和野山羊[53]。他们用牛拉犁,当然也用家畜拉车,因为已经发现骆驼或马的挽具模型。可能当地的村庄用食品从城镇中交换手工业产品,也包括一些贡品。

贸易成为青铜时代中期城市经济的重要组成部分。骆驼的驯养和使用动物拉车促进了远距离贸易。商人可能从遥远的苏美尔和巴比伦来到这里[54]。与哈拉帕的关系似乎已经很密切,因为哈拉帕的器物出现在阿尔金丘,而且在北阿富汗阿姆河畔的肖土盖还发现一座公元前3千纪晚期的哈拉帕城市,该城可能是这里的贸易前哨[55]。

中亚的城市也与北面的牧人社会开展贸易,并促进了中亚其他地方的城市化。最明显的迹象出现于公元前3千纪末至前2千纪早期的扎拉夫尚河谷的扎曼巴巴文化。可能畜牧业产品与城市手工业产品的交换促进了贸易的发展,或者费尔干纳河谷的锡矿吸引了科佩特山的商人来到这一地区。很明显,扎拉夫尚河谷和费尔干纳河谷出现的原始城镇受到来自草原地带和该地以南城市中心的双重影响[56]。

110

（二）公元前 2 千纪及"奥克苏斯河"文明

最近的研究表明,城市化在青铜时代晚期向东转移,进入中亚平原的绿洲。在这些以前只有简单灌溉设施和小型村庄社会的土地上,在公元前 3 千纪末期出现了惊人的城市繁荣期。这些城市坐落于马尔吉亚纳、北巴克特里亚和南塔吉克斯坦的阿姆河哺育的遥远东方绿洲上,以及扎拉夫尚河沿岸的河谷内。这些地区出现了独特的绿洲文化,大多数文化的特征一直保留到今天[57]。虽然这里的工作是由俄罗斯考古学家萨里亚尼迪和马松在苏联时期和改革时期开拓的,但是也得益于国际性的合作。可悲的是,在阿富汗长期的内战过程中,很多遗物和遗址都被破坏了。

阿尔金丘和纳马兹加丘这样的古老城市中心,与苏美尔的很多古代城市一样,在公元前 2 千纪早期就衰落了[58]。它们的衰落可能反映了不适合集约型农业地区出现人口过剩的情况。然而,在东边不远的地方——穆尔加布河和阿姆河中游沿岸,约公元前 2200－前 2000 年期间建立起新的城市社会。关于这些城市是由更早的城市中心的社会所建立的推测很诱人,人们认为由于科佩特山一带城市的人口压力,这些城市的居民才被迫迁移到这里[59]。在现在已经变成沙漠的马尔吉亚纳,有大约 150 处年代在公元前 2 千纪的遗址。这一时期,今马雷(木鹿)周围的区域变成了中亚南部的主要城市中心以及"奥克苏斯河"文明的真正核心区[60]。可能是同样的气候变化原因,促使"草原青铜文化"中的农业因素不断增长,也使人们能够在过去因过于干旱而不能维持大量人口的地方建起城镇。

在马尔吉亚纳(相当于纳马兹加五期)的最早居民点,有很多器物是由科佩特山地区居民制造的,他们已经适应了马尔吉亚纳绿洲的特殊环境。然而,公元前 2 千纪的前三分之一世纪(纳马兹加六期),该遗址的传统形象非常特别,这说明出现了新的文化影响,或者是正在出现的国家结构的象征性反映。较晚的遗址有几个明显的特征,包括:使用无彩绘陶器的传统;小型石制品或圆柱形印章上常出现一种全新的图像;为了控制贸易和祭祀而系统地使用印章;一种新的居住方式,以苏联科学家托尔斯托夫所描写的类似恰拉的大型防御性中心为基础[61]。

恰拉在中亚南部较早的遗址中没有雏形,应该是适应灌溉绿洲地区的特殊环境而出现的新型聚落。它们被最适合畜牧业和贸易的地区所包围,有很

图版 5.1　约公元前 2000 年的恰拉复原图:托戈洛克 21

（引自 *Antiquity*，vol.68，no.259，June 1994）

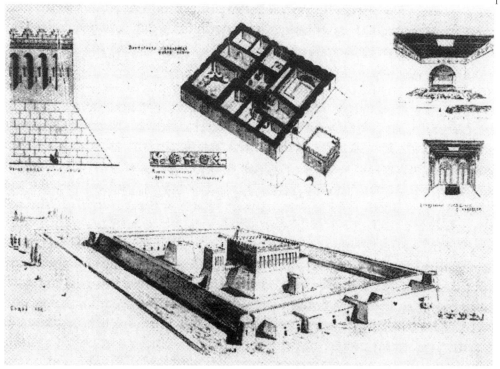

图版 5.2　约公元前 600 年的恰拉复原图：捷希克-卡拉

（引自 *Antiquity*，vol.68，no.259，June 1994）

好的防御设施,面积达几公顷。像中世纪欧洲的城堡那样,恰拉有带垛口和马面的厚城墙,城墙内有稠密的居住点,墙外分布着无防御工事的村庄。在恰拉的中心通常有单独的设防区,可能是皇家宫殿,与中亚地区很晚时候的布哈拉居住址中的"避难所"相似[62]。在托戈洛克这样较大的恰拉内有庙宇,规模与同时期伊朗或美索不达米亚的庙宇相当。这些庙宇的布局、制作致幻饮料的涂有石灰的白色圣室、神秘的火坛以及围绕着柱子的庭院,在中亚存了一千多年,并且与吠陀梵语和较晚的琐罗亚斯德教的宫殿有明显联系[63]。恰拉内的一些较大建筑物曾用作贸易中心或商队的旅馆。它们的确给当地牧人的畜群提供躲避处,有的牧人冬天在绿洲生活,春天则在周围的沙漠游牧[64]。这些建筑物同时也为外地的旅行者和商人提供住处,因为绿洲要依赖于供应石头和金属等重要原料的交换系统。马尔吉亚纳绿洲最重要的青铜时代遗址是科勒依(最早的)、古勒(最大的)和托戈洛克[65]。更向西,沿着巴克特里亚的阿姆河,此类遗址中最重要的带防御设施的遗址是萨帕里和达什里(在北阿富汗),它们出现得稍晚。萨利亚尼迪将这些遗址称为"巴克特里亚-马尔吉亚纳考古综合体"(BMAC)。

在马尔吉亚纳绿洲地区,成为典型聚落的是恰拉而不是城镇。兰伯格-卡洛夫斯基指出,恰拉代表了一种特殊类型的居住点,既不是城镇又不是城市,而是一种特殊类型的统治风格,即所谓的"可汗治地"[66]。如果与晚期现象进行类比有助于我们理解的话,那么城市的领袖可能是通过当地的地主或德赫干来进行统治的①,他们拥有设防的恰拉以控制周围的聚落。这种形式的聚落在公元前2千纪初迅速出现,可能反映出人口的快速增长使干旱地区的社会变得更加复杂,要求出现有组织的灌溉。随着灌溉网络的扩张,需要扩大社会组织规模以管理内部的土地清理和排水、建设和维持灌溉渠道、水权、对缺少建筑用石等原材料地区的商品交换等。这些系统的精细化,意味着优秀而强大的领袖对于整个社会生活来说非常重要[67]。

像马尔吉亚纳的遗址一样,巴克特里亚的遗址也有规划性和防御设施,但可能不太均衡。工匠有很高的水平,最早出现带辐条的轮子和骑马的迹象。"放牧及农业经济有组织地与发达的商业合并在一起⋯⋯数量异常多的是金属制品,包括著名的武器——特别是刃与銎孔呈垂直相交的战斧和有銎柄的

---

①　德赫干是指有大量私有土地的地主。

矛头，以及多种多样的梳洗用具，如镜子、发针、手镯和戒指等"[68]。在萨帕里的居住址中心有一座设计考究的城堡，城堡内有土和砖砌成的墙和塔。城堡的中心是一个大的开放广场，沿广场的边缘分布住宅和作坊，每个住宅和作坊内都有统一设计的炉灶。可能有230－250人住在城堡内[69]。

很明显，尽管奥克苏斯河文化的城市和城堡与美索不达米亚以及印度北部有接触，但它们应该没有发展出成熟的文字，这也能部分解释为什么直到20世纪我们才开始对它们有所了解[70]。

三、交换和贸易的形式：第一个世界体系？

人们非常容易将中亚南部草原的牧人社会和城市社会看作两个截然不同的世界。事实上，两者之间有天然的互利关系。绿洲城市依赖邻近的牧人供应一些食品，在贸易网络中需要很多牧人生产的原材料[71]。另一方面，牧人控制着城市贸易商品所经过的土地，他们发现绿洲城市不仅是很多必需的农产品和城市产品的来源地，而且还与外欧亚大陆之间有贸易联系。青铜时代晚期，这些联系产生了一个独特的内欧亚大陆交换网络，包括技术的、象征性的和经济的交换。正如弗兰克和吉尔斯所指出的，公元前2千纪，中亚的这个网络依次通过美索不达米亚、埃及、印度北部和中国的地区性网络，与正在出现的连接内、外欧亚大陆的"世界体系"连接在一起。中亚是这一早期"世界体系"的关键点，它与所有欧亚大陆重要文化和经济网络一起形成一个微妙的统一体[72]。

在伊朗和印度北部的若干公元前3千纪晚期的遗址中，出现了由铜、皂石和雪花石膏制成的器物群，它们显然源自中亚。这些情况表明马尔吉亚纳的城市已经主动地加入了广泛传播的交换网络，其贸易网络甚至远达中国。在巴克特里亚北部的萨帕里发现了中国境外年代最早的丝绸，年代在公元前2千纪早期。恰拉的建筑物也说明贸易的重要性正在加强，因为它们可以充当带防御设施的商队旅店[73]。托希指出，中亚艰苦的生态环境，意味着只有在非常依赖贸易的情况下才会出现繁荣的文化。"国际贸易将会给中亚的绿洲带来稳定的政治和持久的富裕，没有贸易就不会有这些利益。在这里，将农业作为经济发展手段是行不通的。商业活动的扩展，为解决越来越不相容的初级产品间的突出矛盾开辟了新途径"[74]。

作为正在出现的"世界体系"的关键地区，"奥克苏斯河"文明的城市受到多方面的影响。人们很少怀疑这些城市可能是由从科佩特山的城镇迁入的居

113

民所建的观点[75]。然而,公元前 2 千纪早期出现的新符号说明,很多其他的影响也在起作用。菲利普·艾米雅特强调与美索不达米亚,特别是与埃兰文化联系的重要性。他指出,马尔吉亚纳是一个边疆地带,在这里,埃兰的商人与草原居民交换商品。其他作者强调吠陀梵语或阿维斯陀语符号体系的重要性,认为这说明与印度北部和伊朗出现的印度-伊朗大移民的密切联系。我们也可将奥克苏斯河文明的很多装饰性印章、陶器和金属器上的纹饰解释为来自草原的强烈影响[76]。与草原青铜文化牧民接触的直接证据是古勒和托戈洛克的恰拉中出现这些牧民制造的容器。在奥克苏斯河恰拉的庙宇中使用与吠陀梵语的"soma",即与琐罗亚斯德教的"haoma"相似的致幻类物质,这也可以解释为来自草原萨满教的影响[77]。这些祭祀性物质是以麻黄属植物为基础的,植物的木髓被折断与水或墨水混合在一起[78]。出自托戈洛克遗址的一个奇妙的圆柱形印章描绘出戴着猴面具的杂耍人伴着鼓点跳舞的画面。法兰克福认为在奥克苏斯河文明的图像材料中,来自萨满教的影响比中东的影响更重要[79]。萨利亚尼迪指出,琐罗亚斯德教出现在马尔吉亚纳,是当地与两河流域和印度北部有广泛接触,将草原牧人与当地城市居民的宗教融合的结果。如果像博伊斯指出的,琐罗亚斯德是在约公元前 1400 -前 1000 年间的某段时间生活在中亚,那么,公元前 2 千纪马尔吉亚纳的宗教传统和琐罗亚斯德改革的宗教之间可能有直接联系[80]。这些对奥克苏斯河文明的不同解释并非互相排斥,反而更强调了奥克苏斯河文明是整个欧亚大陆体系的知识和商业交流汇聚点。

图 5.1　马尔吉亚纳反映萨满仪式的圆柱形印章

(引自 *Antiquity*, vol. 68, no. 259, June 1994)

奥克苏斯河文明的融合性既是商业和象征性方面的,也是生态意义方面的,因为它的恰拉是被牧人包围的。在今杜尚别南部阿姆河中游沿岸的居民点附近,有很多坟冢(库尔干),这些坟冢很明显属于牧人社会[81]。这里,在所谓的楚斯特文化中有约 80 处遗址,年代为公元前 2 千纪末至前 1 千纪早期。这些遗址呈现出 15 个相互有别的群组,其中大多数看起来是建有防御设施的属于一个氏族的居住点或城镇,有的有中心城堡。陶器的形制表明这里的居民是草原牧人的后裔[82]。在花剌子模三角洲,最早的灌溉农业和畜牧业出现于塔扎巴格亚布文化的安德罗诺沃社会。在青铜时代,像现代社会一样,有些绿洲上的农民也参与半游牧的放牧,他们夏天派出牧人放牧,随畜群迁移。这样的社会可能在绿洲以外的沙漠中建立了居住点作为临时的夏季营地[83]。相邻而居的社会能够经常性地形成密切的联系,而这些联系是建立在商品和服务、语言、文化甚至血缘(如果他们之间通婚)的基础之上。

草原和城市的居民,正是以不同的方式,融合了他们的宗教、生活方式甚至基因。最终,草原居民讲的伊朗语开始取代奥克苏斯河城市原有的语言,就像 1 千纪晚期突厥语开始取代伊朗语一样。中亚南部的世界既没有成为外欧亚大陆的,也没有变为内欧亚大陆的,而是始终保持在青铜时代晚期的状态,和中国、印度、美索不达米亚以及内欧亚大陆具有广泛的联系。如果像弗兰克和吉尔斯认为的那样,存在一个公元前 2 千纪的"世界体系",那么中亚的城市就是这一体系的核心,它们连接中国、印度和美索不达米亚,也将内欧亚大陆的牧人及森林地带的文化与外欧亚大陆的农业文化联系在一起。

注释

[1] Mallory, *In Search of the Indo-Europeans*, pp.210 – 1. Dergachev 将竖穴墓文化断代在稍晚时期,认为它在公元前 27 世纪至前 25 世纪兴起于伏尔加河和第聂伯河之间,然后在公元前 25 世纪至前 18 世纪扩展到喀尔巴阡山东部。Dergachev, "Neolithic and Bronze Age Cultural Communities", p.796。

[2] Shilov, "Origins of migration and animal husbandry", p.122.

[3] Mallory, *In search of the Indo-Europeans*, pp.211 – 3.

［ 4 ］ Shiov, "Origins of migration and animal husbandry", pp.120 – 3.

［ 5 ］ 同上注,p.124。

［ 6 ］ Mallory, *In search of the Indo-Europeans*, p.213; Piggott, *The Earliest Wheeled Transport*, pp.54 – 60.

［ 7 ］ Chernykh, *Ancient Metallurgy*, pp.55, 159, 165.

［ 8 ］ Dergachev, "Neolithic and Bronze Age Cultural Communities", p.798; Gryaznov, *The Ancient Civilization of Southern Siberia* 虽稍微过时,但仍是对南西伯利亚考古最好的普遍性研究(特别是关于放牧游牧业起源的研究)。

［ 9 ］ Mallory, *In Search of the Indo-Europeans*, p.225; 但是 Dergachev 将其断代为公元前 3 千纪下半叶;也见于 Okladnikov, "Inner Asia at the dawn of history", in *CHEIA*, p.83。

［10］ Chernykh, *Ancient Metallurgy*, p.183; 然而,格里亚兹诺夫写道:"他们在有 10 个家庭的小居住点内过着定居生活。"Gryaznov, *Ancient Civilization of Southern Sibera*, p.49, 虽然他承认"我们对他们所居住房屋的类型一无所知";Gryaznov, *Ancient Civilization of Southern Siberia*, p.48; Mallory, *In Search of the Indo-Europeans*, p.223。

［11］ Anthony and Vinogradov, "Birth of the chariot", p.38.

［12］ Okladnikov, "Inner Asia at the down of history", in *CHEIA*, pp.80, 83.

［13］ Mallory, *In Search of the Indo-Europeans*, pp.223 – 5; Mallory, "Speculations on the Xinjiang Mummies", p.378; V. V. Volkov, "Early nomads of Mongolia", in Dvis-Kimball ed., *Nomads* (pp.319 – 33), p.320.

［14］ Mallory, *In Search of the Indo-Europeans*, p.226.

［15］ Kuz'mina, *Drevneishye skotovody*, p. 44; Dergachev, "Neolithic and Bronz cultural Communities", p.799; Chernykh, *Ancient Metallurgy*, p.305.

［16］ Kuz'mina, *Drevneishye skotovody*, p.37.

［17］ Anthony and Vinogradov, "Birth of the Chariot", p.36; 关于 Sintashta, 见 V. M. Masson, "The decline of the Bronze Age civilization and movements of the tribes", *HCCA*, 1：347 – 8; Masson, *In Search of the Indo-Europeans*, p.347; 关于语言学和神话学的证据,见 Kuz'mina, *Drevneishye skotovody*, pp.28 – 9。

［18］ Masson, "The decline of the Bronze Age Civilization", *HCCA*, 1：347; Victor Mair, "Prehistoric Caucasoid Corpses of the Tarim Basin", p. 283; Chang, *Archaeology of Ancient China*, 3rd edn, p.279."马车可能是商代(晚商)唯一源于近东的发明。在近东发现了早于商代马车几个世纪的几乎可以确定的马车部件遗存"。

［19］ Anthony and Vinogradov, "Birth of the Chariot", p.40.

［20］ Chernykh, *Ancient Metallurgy*, pp.200, 305; Chang, *Archaeology of Ancient China*, 3rd

116

edn, p.279.

［21］Dergachev, "Neolithic and Bronze age cultural Communities", p.799.

［22］Kuz'mina, *Drevneishye skotovody*, p.43.

［23］Khazanov, *Nomads*, p.95.

［24］Kuz'mina, *Drevneishye skotovody*, p.32.

［25］Dergachev, "Neolithic and Bronze age cultural Communities", p.800.

［26］Masson, "The decline of the Bronze Age Civilization", *HCCA*, 1：348.

［27］Kuz'mina, *Drevneishye skotovody*, pp.29－30, 38－9；安德罗诺沃社会有熟练的打井人；
见上注，第 48 页后的图。

［28］Gryaznov, *Ancient Civilization of Southern Sibera*, pp.93－4；Kuz'mina, *Drevneishye skotovody*, p.97 认为这些是武士贵族的墓葬，是印度 *Kshatriya* 城堡的原型。

［29］Kuz'mina, *Drevneishye skotovody*, pp.43－5；Mallory, *In Search of the Indo-Europeans*, pp.228－9.

［30］Kuz'mina, *Drevneishye skotovody*, pp.40－1, 48.

［31］Tolstow, *Po drevnim del'tam*, pp.47, 52, 74ff；P'yankov, "Central Asia in the Bronze Age", p.368.

［32］Masson, "The decline of the Bronze Age Civilization", *HCCA*, 1：350.

［33］Victor Mair, "Prehistoric Caucasoid corpses of the Tarim Basin", pp.289, 303.

［34］Prusek, *Chinese Statelets*, pp.212－13；狄的马很少，主要依靠步行作战,他们可能是鄂尔多斯北部新石器时代农耕人群的后裔。

［35］Lattimore, *Inner Asian Frontiers of China*, pp.277－8；Derevyanko and Dori, "Neolithic tribes in northern parts of Central Asia", in *HCCA*, 1：180－1.

［36］Chang, *Archaeology of Ancient China*, 3ʳᵈ edn, p.396.

［37］Gryaznov, *Ancient Civilization of Southern Sibera*, p.51；根据 Mallory, *In Search of the Indo-Europeans*, p.263, 奥库涅夫文化与阿凡纳谢沃文化没有"遗传学上的联系"。

［38］Gryaznov, *Ancient Civilization of Southern Sibera*, p.61；其他的器物包括可能是当作玩具的关节部位骨骼。同上注。

［39］Okladnikov, "Inner Asia at the dawn of history", in *CHEIA*, p.81；Gryaznov, *Ancient Civilization of Southern Sibera*, p.61.

［40］Chernykh, *Ancient Metallurgy*, pp.215－32.

［41］A. Askarov, V. Volkov and N. Ser-odjav, "Pastoral and nomadic tribes at the beginning of the first millennium BC", *HCCA*（pp.459－720）, 1：460；关于在花剌子模发现的卡拉苏克类型,见 Tolstov, *Po drevnim del'tam*, pp.64, 71.

117

［42］Gryaznov, *Ancient Civilization of Southern Sibera*, pp.84－5, 97－8.

［43］同上注, p.104。

［44］A. Askarov, V. Volkov and N. Ser-odjav, "Pastoral and nomadic tribes at the beginning of the first millennium BC", *HCCA*, 1：461; Gryaznov, *Ancient Civilization of Southern Sibera*, p.104.

［45］Hiebert, *Origins*, e.g. p.166; P'yankova, "Central Asia in the Bronze Age", p.355.

［46］下面的描述出自 Masson and Sarianidi, *Central Asia*, pp.77, 80; 向多间房屋的演变, 见 P'yankova, "Central Asia in the Bronze Age", p.359。

［47］Kohl ed., *Bronze Age Civilization*, p.xxxi.

［48］Dolukhanov, "Foragers and farmers in west-central Asia", p.130; P'yankova, "Central Asia in the Bronze Age", p.359; Hiebert, *Origins*, p.171.

［49］Kohl, ed., *Bronze Age Civilization*, p.xxxi; V. M. Masson, "The Bronze Age in Khorasan and Transoxania", in *HCCA*, 1：237, 马松也接受了纳马兹加第五期年代在公元前 2300 年这一较早的断代。

［50］Masson and Sarianidi, *Central Asia*, pp.112－4, 120.

［51］Masson, "The Bronze Age", in *HCCA*, 1：231; 在 Chernykh, *Ancient Metallurgy*, pp.172－4 中有对遗址很好的描述。

［52］Masson, "The Bronze Age", in *HCCA*, 1：233; Masson and Sarianidi, *Central Asia*, p.116; 关于"ziggurat", 见 V. M. Masson, "Altyn-depe during the Neolithic period", in Kohl ed., *Bronze Age Civilization*, pp.63－95; 然而, J. -L. Huot, "Les ziggurats mésopotamiennes et l'Asie Centrale"反对 Masson 的观点, 认为这些像 ziggurats 一样, 因为它们太小而且太早; 见 *L'Asie Centrale et ses rapports*, Paris, 1988, pp.37－42。

［53］Chernykh, *Ancient Metallurgy*, p.174; Masson and Sarianidi, *Central Asia*, p.119; Masson, "The Bronze Age", in *HCCA*, 1：240.

［54］Masson and Sarianidi, *Central Asia*, p.125; *HCCA*, 1：244－5.

［55］Masson, "The Bronze Age", in *HCCA*, 1：242; 关于其年代, 见 Ligabue and Salvatori eds., *Bactria*, p.65。

［56］Masson, "The Bronze Age", in *HCCA*, 1：244－5; 关于扎曼巴巴文化, 见 Masson and Sarianidi, *Central Asia*, p.125。

118 ［57］见 *Antiquity*, vol.68, no.259（June 1994）中的系列论文; Ligabue and Salvatori eds., *Bactria*, 以及 Sarianidi 的成果, 如 *Drevnosti stran Margush*, 或者 *Drevnii Merv*。

［58］断代仍存在争议, Kohl 将纳马兹加第六期断代为约公元前 2100 年（Kohl ed., *Bronze Age Civilization*, p.xxix）, 而马松和萨利亚尼迪的 *Central Asia* 则将其断代为公元前 2

千纪的早期甚至中期；P'yankova, "Cenral Asia in the Bronze Age", p.355 将纳马兹加第六期断代为公元前 16 −前 10 世纪，将五期断代为公元前 2300 −前 1850 年，但是补充道："西欧和美国的考古学家倾向于将这些对纳马兹加第五期和第六期的断代向后推 500 年；但是他们普遍认同以陶器研究为基础得出的中亚相对年代序列。"Hiebert, *Origins*, p.374, 将纳马兹加第五期断代为公元前 2200 −前 2000 年，将纳马兹加第六期断代为公元前 2000 −前 1750 年。

[59] 断代出自 C. C. Lamberg-Karlovsky, "Bronze Age khanates of Central Asia", p.398; Hiebert, *Origins*, pp.172 − 5。

[60] Masson, "The decline of the Bronze Age Civilization", in *HCCA*, 1：340; P'yankova, "Central Asia in the Bronze Age", p.359 以及 p.373 的地图。

[61] 见 Lamberg-Karlovsky, "The Oxue Civilization", p.353; p.356 有遗址分布地图, p.357 的插图中明确表现出陶器从有彩绘向无彩绘的急剧变化。

[62] Lamberg-Karlovsky, "Bronze Age khanates", p.400; P'yankova, "Central Asia in the Bronze Age", p.363.

[63] V. Sarianidi, "Temples of Bronze Age Margiana", *Antiquity*, 68（1994）：388 − 97, pp.395 − 6.

[64] Hiebert, *Origins*, pp.134 − 5; C. C. Lamberg-Larlovsky, "The Bronze Age of Bactria", in Ligabue and Salvatori eds., *Bctria*（pp.13 − 21）, p.20.

[65] P'yankova, "Central Asia in the Bronze Age", p.361.

[66] Lamberg-Karlovsky, "Bronze Age khanates"; Hiebert, *Origins*, p.176.

[67] K. M. Moore, N. F. Miller, F. T. Hiebert and R. H. Meadow, "Agriculture and herding in the early oasis settlements of the Oxus Civilization", *Antiquity*, 68（1994）：418 − 27, p.420.

[68] Masson, "The decline of the Bronze Civilization", in *HCCA*, 1：343; Kohl, "The ancient ecnomy", in Rowlands et al., *Centre and Periphery*, p.19.

[69] Masson, "The decline of the Bronze Civilization", in *HCCA*, 1：343.

[70] Hiebert, *Origins*, p.12.

[71] K. M. Moore, N. F. Miller, F. T. Hiebert and R. H. Meadow, "Agriculture and herding", p.426.

[72] Frank and Gills, *World System*, p.84.

[73] Ligabue and Salvatori eds., *Bactria*, p.20; F. T. Hiebert, "Production evidence for the origins of the Oxus Civilization", *Antiquity*, 68（1994）：374 − 87, p.376; Lamberg-Karlovsky, "The Oxus Civilization", p.354; 关于丝绸的发现, 见 Ligabue and Salvatori

eds. , *Bactria*, p.71。

［74］Ligabue and Salvatori eds. , *Bactria*, p.71.

［75］Masson, "The decline of the Bronze Civilization", in *HCCA*, 1：243.

［76］H.-P. Francfort, "The Central Asia dimension of the symbolic system in Bactria and Margiana", pp.406 – 18；Amiet, "Elam and Bactria", in Ligabue and Salvatori eds. , *Bactria*（pp.125 – 40）, p.137；关于与 Aegean 世界的类似情况,见 Sarianidi, "Aegean-Anatolian motifs"。

［77］Sarianidi, "Temples of Bronze Age Margiana", pp. 388 – 97；V. Sarianidi, "New discoveries at ancient Gonur", in *Ancient Civilizations from Scythia to Siberia*, 2（3）（1995）：289 – 310, pp.302, 310；P'yankova, "Central Asia in the Bronze Age", *Antiquity*, p.356.

119　［78］Boyce, *History*, 1：157 – 8.

［79］Francfort, "The Central Asian dimension", p.415,也复制了托戈洛克的印章,并且强调萨满教所扮演的角色;Sarianidi, "emples of Bronze Age Margiana", p.394。

［80］Boyce, *History*, 1：189 – 90；Sarianidi, "emples of Bronze Age Margiana", pp.302, 310.

［81］见 B. A. Litvinsky and L. T. P'yankova "Pastoral tribes of the Bronze Age in the Oxus Valley,（Bactria）", in *HCCA*, 1：379 – 94。

［82］A. Askarov, "The beginning of the Iron Age in Transoxania", in *HCCA*（pp.441 – 58）, 1：447 – 51.

［83］Moore, Miller, Hiebert and Meadow, "Agriculture and herding", p.426；P'yankova, "Central Asia in the Bronze Age", p.365；Tolstov, *Po drevnim del'tam*, p.52.

延伸阅读

关于中亚的青铜时代,*HCCA* 第一卷在目前是基础性的成果。但 Masson and Sarianidi, *Central Asia* 仍是很好的成果,虽然 Kohl 的 *The Bronze Age Civilization of Central Asia*,以及 *L'Asie Centrale*,和 Hiebert 的 *Origins of the Bronze Age Oasis Civilization* 掌握了更多新材料。在 Ligabue ed. , *Bactria*,以及在 *Antiquity*, vol.68, no.259（1994）中有十分有价值的论文。关于草原地带的研究,见 *HCCA*, volume 1；Mallory, *In Search of the Indo-Europeans*；Greyaznov, *The Ancient Civilization of Southern Siberia*；Kuz'mina, *Drevneyshie skotovody*；Tolstov, *Po drevnim de'tam*；以及 *Antiquity* 关于草原考古的专号,vol.63. no.241（1989）。关于东部地区基础性的综述可以参考 Chang, *Archaeology of Ancient China*；Novgorodova, *Drevnaya Mongoliya*；Prusek, *Chinese Statelets*。Chernykh 的 *Ancient Metallurgy* 关于金属加工技术传播的研究很有价值。Piggot 的 The *Earliest Wheeled Transport* 和 Anthony 的 "Birth of the chariot" 是关于早期车的研究。*Journal of Indo-European Studies*（1995），vol.24，nos.3 and 4 专门刊载关于印度-欧罗巴人向草原东部迁移证据的论文。Frank and Gills 的 *The World System* 讨论了存在以巴克特里亚为中心的青铜时代"世界体系"的可能性。Rowlands et al. 的 *Centre and Periphery* 也讨论了早期的远距离贸易和交流。

第三部分

斯基泰和匈奴时代：
公元前 1000－公元 500 年

第六章　斯基泰时代：公元前 1000–前 200 年

记录内欧亚大陆历史的文献首次出现于公元前 1 千纪。和近几个世纪的晚期文献情况类似，这些最早的文献都来自外欧亚大陆的文字文化。最早的可能是公元前 8 世纪的亚述文献，记载了来自高加索的"金麦里人"（西米里人）入侵亚述。较晚的文献包括编年史、游记、与《史记》类似的官修史书，以及与希罗多德《历史》类似的非官方史书。公元前 1 千纪最好的关于内欧亚大陆的文献便是希罗多德的《历史》。这些文献的质量差别很大，但都不同程度地把牧人塑造成蛮族和入侵者。除此之外，公元前 1 千纪的文献使我们第一次能够叫出某个部落首领甚至整个人群的名字，明确某个事件的年代，并且描述出单纯依靠考古材料无法了解的内欧亚大陆人的生活方式，我们所描绘的内欧亚大陆的图画也由此变得更加丰富且重点突出。

然而，文字文献的局限意味着考古学的证据仍很关键。幸运的是，这种证据非常丰富。18 世纪早期，有组织的盗墓团伙或集团（*bugrovshchviki*）盗掘了千百座散布于内欧亚大陆草原的坟冢。俄罗斯人 N.捷米多夫在 18 世纪获得了部分盗掘器物，他是创立乌拉尔山脉金属制造业的工业家。1715 年，捷米多夫将收集的斯基泰器物献给彼得大帝，后者对此非常震惊，下令由官方保护这些考古发现。这一事件标志着俄罗斯和苏联的斯基泰研究传统的开始，实际上也大致是俄罗斯考古研究的开端[1]。

但是，发现的公元前 1 千纪器物数量和质量的增长反倒给历史学家提出了新问题。我们见到的材料是一种新现象，还是从新的清晰视角所观察到的旧模式？这一疑问在研究畜牧社会时变得尤为重要。考古证据表明，草原社会从公元前 2 千纪末就开始变得更加游牧化，尽管在草原边缘，特别是沿锡尔

124 河经常还分布有一些定居的牧人集团。考古学和文献的证据也都表明,公元前1千纪,草原社会的政治和军事变得更有组织。但是这一变化的程度有多大? 通常认为这些变化标志着军事化的骑马畜牧业的首次出现,而这种畜牧业将成为内欧亚大陆草原典型的畜牧业[2]。前面的章节已为反驳这一假说提供了一些论据。然而,我们可以清楚地看到,内欧亚大陆畜牧业的性质在公元前2千纪末的确发生了明显变化,特别是广泛流行于草原地区的一系列艺术、技术和军事方面的变化,最终导致草原文化出现惊人的一致性。希罗多德对黑海草原斯基泰社会的描述使我们对草原文化有了很好的了解,但是这一文化的因素在整个内欧亚大陆都可以看到。所谓“斯基泰的”文化综合体的传播也影响到草原南部更加定居化的地区,由于牧人和农业社会之间的商业、政治和军事联系的加强,这里城市化的进程也日益增强。

一、斯基泰时代

(一) 斯基泰文化综合体

公元前2千纪末至前1千纪早期,关于草原上人群移动能力增强的证据非常多。如果这一变化只源于一个地区,那很可能就是哈萨克斯坦中部或东部以及南西伯利亚,因为来自西面、南面和东面的信息所描绘出的移动都来自这里[3]。

我们还不太清楚为什么在这一时期移动性增强。有研究者强调气候变化的作用。公元前1千纪的大多数时间气候都非常干冷,这可能使农业生产难以在草原青铜文化分布区域内维持下去。牧人的对策是在更大的地域内放牧畜群并且变得更具游动性,从事灌溉农业,或者到南面水分更充足的土地去寻找新牧场[4]。如果用现代的类比来推导,那么这一变化会加剧争夺草场的冲突,并且刺激大型部落联盟的形成。这样,更干冷的气候可能会解释为什么会出现更加灵活、更加好战以及更“像国家的”牧人集团。

也存在另一种可能性,即前一章已经指出的,移动性的增强可能反映了长周期的阶段性人口过剩,此时也许有来自气候变化的影响(也许没有)。公元前2千纪,在人口和畜群数量增长的同时,争夺草场的冲突也随之增多。中亚在公元前1千纪的快速城市化说明,与之邻近的农业区也存在人口过剩的情况,但是中亚地区可以通过扩大灌溉网和定居市区来容纳人口。这可能会解

125

释为什么草原人群的移动性增强，同时也伴随着中亚南部、花剌子模、黑海沿岸以及新疆地区的快速城市化。

草原上移动性的增强及其南面的快速城市化，可能也反映了与外欧亚大陆的跨生态区贸易的加强。有学者指出，车战在中国和美索不达米亚的传播，导致对草原马匹的需求大幅提高，只有从草原进口马匹才能得到满足。此外，中国北方、中亚和地中海世界城市化的加强，可能也增加了对草原马匹、皮革和其他物品的需求。对马匹需求的提高也鼓励牧人扩大畜群和争夺更多的牧场。拥有较大规模畜群的牧人，占用的放牧草场可能也更大。这意味着牧人需要骑在马背上管理牧群，随牧群长距离迁移，并在必要的时候为开拓新草场而战斗[5]。与农业地区交换的加强，也使草原上的部落首领得到更多的资源，并进一步提高他们的政治和经济实力。

草原上移动性的增强和冲突的加剧可能还有技术上的原因。特别重要的是出现可以骑在马上发射的复合弓。复合弓小而有威力，射击精度更高。它由木、角和腱等多种复合材料制成，增强了弓的强度和灵活性。复合弓早在公元前 3 千纪就在美索不达米亚和内欧亚大陆出现了，但是，斯基泰人使用的像丘比特的弓一样小巧而有效的复合弓，到公元前 9 世纪才被世人所了解。虽然斯基泰的复合弓小到可以在马背上使用（长约 1.25 米），但是其拉距极大，有很强的威力和极高的精准度。复合弓明显增强了骑马射手的战斗力，并导致出现移动性更强、更具扩张性且更崇尚武力的畜牧业方式。蒲立本指出，正是由于骑射的强大威力，才使内欧亚大陆"典型的"马上游牧业真正名闻天下，创建了像外欧亚大陆的农业帝国一样强大的草原帝国[6]。所有这些情节都好像是真实存在的，但是目前还没有确凿证据来对此推论做严格的检验。

无论出于什么原因，在公元前 2 千纪晚期至前 1 千纪早期，有一种很明显的阶段性变化导致内欧亚大陆战事频繁、人群迁移。移动性的增强有助于建立统一的移动畜牧业地带，而这一地带有相对同质性的文化。不仅操古伊朗语的居民，操古突厥语和古蒙古语的集团也都分享了这一文化的诸因素，即便这些因素中至少有一部分象征符号可能来自森林世界的传统。沃森将这些文化描述为"斯基泰的"。很多艺术主题从草原和阿尔泰传播到中国北方的鄂尔多斯地区。其他的斯基泰文化因素，如三翼镞和复合弓，走的可能是相反的传播路线。

126

127

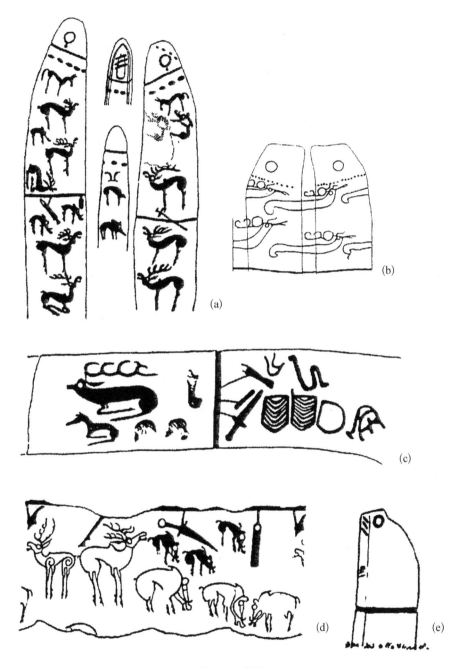

图 6.1　鹿石

（引自 Jeannine Davis-Kimball, V. A. Bashilov et al., *Nomads of the Eurasian Steppes in the Early Iron Age*, Center for the Study of Eurasian Nomads, Berkeley, Cal.: Zinat Press, 1995）

沃森指出，斯基泰文化的代表性特征是：

1. 有冶铁业；

2. 使用一种名为 *akinakes* 的有独特形制和演变序列的短剑；

3. 习惯性地保守使用某些艺术主题，特别是成年雄鹿和动物争斗，并将这些主题综合在一起使用；

4. 放牧的游牧生活，父系的、小型中央集权的社会组织。

我们可进一步补充这一列表：

5. 使用改进的复合弓；

6. 有分布范围广泛的镬；

7. 制造"鹿石"（*olenniye kamni*）；

8. 首次在草原上出现成组的马具，表明驭马技术有了实质性进步（可能是最重要的一点）[7]。

可能这一文化下的很多牧人都有松散的族群纽带意识，至少从多瑙河到天山山脉之间操古伊朗语的牧人即如此。根据古尔梯乌斯的记载，约公元前328年，一位塞种人的外交官对亚历山大说："除了塔奈斯河（锡尔河或顿河）在我们之间以外，我们可一直通向巴克特里亚。在塔奈斯河之外，我们居住的土地一直延伸到色雷斯，据说马其顿人邻近色雷斯。你该想一想，是让敌人还是让朋友做你的帝国的邻居。"[8]如果亚历山大在多瑙河已经遇见了斯基泰的军队，那么他们肯定面临着看起来足够真实的威胁。

128

（二）草原上的武装性与移动性

从中国到中亚、高加索以及巴尔干，都明显感受到来自这些具有移动性和扩张性的牧人文化的影响。

公元前1千纪早期，中国北方边疆出现了灵活好战的牧人，他们与草原中部有密切的联系。他们饲养矮小强壮的普氏马，在戈壁沙漠或其邻近地区饲养巴克特里亚骆驼。约公元前823年猃狁入侵中国北方的文献记载是中国东北部边境存在灵活机动牧人的最早证据。这些人属于骑马好战的游牧人，他们可能是在蒙古西部或阿尔泰地区组织起来的牧人骑兵部队，他们的到来可能导致公元前771年西周王朝的灭亡。从公元前8世纪开始，有强烈"斯基泰"特征的骑马游牧生活沿着中国北方边疆地带传播。公元前5世纪，中国历史学家开始将一群与众不同的骑马作战的北方蛮族称为"胡"。公元前600年，移动的游牧生活在蒙古东部草原占主导地位,至公元前400年,鄂尔多斯的大部分地区可能也开始流行游牧业[9]。在这两个地区,牧人可能挤走了新石器时代以来就生活在那里的小规模农业居民。然而,很明显也有一些农业社会幸存下来,虽然数量很少且使用原始的农耕方法,但他们能够向牧人统治者提供农产品和陶器等手工业制品[10]。

骑马的蛮族——"胡人"在公元前4世纪给中国北方诸国带来巨大的军事威慑,导致公元前307年赵武灵王命令军队放弃战车,学习胡人的骑射技术,穿胡服,脱掉长袍,着裤装。这在某种意义上给北方边疆战场上中国军队的作战方式带来了革命性变化。的确,可能采用更加灵活、草原式的方式也对公元前3世纪统一的华夏国家——秦国的创立起到了推动作用[11]。公元前3世纪修建的长城就是对北方牧人威胁的一种反应。我们知道当时在中国北方的中心区域至少有三个强大的超部落联盟:鄂尔多斯地区的匈奴,西面敦煌地区的月氏,蒙古东部和沿着蒙古与中国东北边界分布的东胡(即"东方的蛮族")。

129

图版6.1　斯基泰风格的鄂尔多斯青铜器

(私人藏品)

蒙古草原的斯基泰文化可能是从蒙古西部传入的。从蒙古东部延伸到蒙古西部湖泊地区的石板墓文化,与草原中部和西部的斯基泰文化同时存在,而且受到斯基泰文化的强烈影响。"他们的墓葬随葬精美的青铜器和铁器……蒙古石板墓出土的斯基泰式青铜容器、斧、短剑、镞、青铜和铁质的马衔,与贝加尔湖以东和鄂尔多斯的墓葬中发现的同类器物有惊人的相似之处"[12]。但是,他们的墓葬也有来自地中海、印度和中国的商品,这明显反映出公元前1000年草原上文化和物质交流的程度。很明显,中国与草原之间的交流是在和平和战争两种环境下实现的。石板墓埋葬的大多数人骨是属于东亚的,但有些西面的石板墓则明显混有欧罗巴因素[13]。

在中央亚洲的一些地方，出现了非常有权势的牧人首领，他们设法在较小的部落集团之间建立相对稳定的联盟，使其能够动员庞大的军队和物质资源。图瓦发现的公元前 8 世纪的阿尔然大墓，可能距离这些迁移运动的发源地很近，代表了一种发展中的斯基泰–塞种人文化的最早形式。它表明早在公元前 1 千纪，强大的草原首领已经能够支配巨大的财富。阿尔然大墓包括 70 座呈放射状分布的棺椁，在直径 120 米的坟冢下埋葬约 160 匹装配了鞍的马[14]。在坟冢的中心是一男一女合葬墓，他们穿毛皮，佩戴精致的饰品。很明显，墓主是强大部落联盟的首领。次一级的王子或贵族埋在他们的南面、西面和北面。这座巨大坟冢内随葬的器物涵盖了斯基泰文化的主要因素，包括斯基泰式的武器、马具和具有斯基泰野兽风的装饰品。这是目前发现最早的含斯基泰文化因素的大墓，表明希罗多德认为斯基泰文化从中央亚洲向西传播的观点可信[15]。这样的首领所统治的居民是移动灵活的牧人，尽管他们也可能在山区建冬季定居点。现代图瓦的波雅尔岩画上便有这些居民住房的图像[16]。

图版 6.2　塔吉斯肯"陵墓"

（引自 V. M. Masson and V. I. Sarianidi, *Central Asia*, London：Thames and Huson, 1972）

在偏定居化的牧人集团中也有迹象表明存在政治和军事方面的机动性，他们的生活方式可能与草原青铜时代晚期文化的相似。中亚阿契美尼德王朝

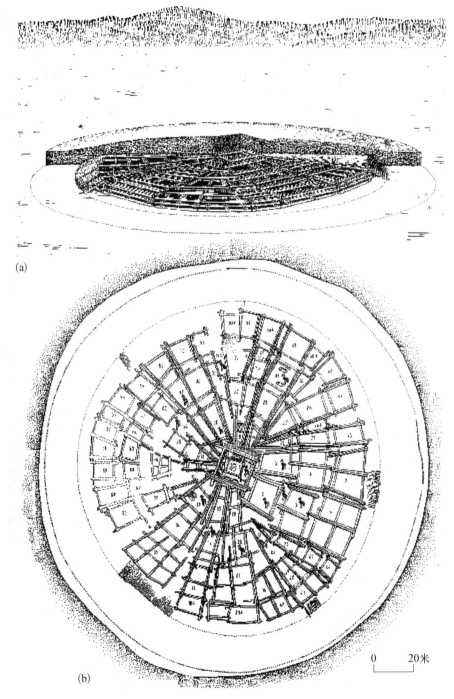

(a)

(b)

0 20米

图 6.2 阿尔然：公元前 8 世纪的王陵

（引自 Jeannine Davis-Kimball, V. A. Bashilov et al., *Nomads of the Eurasian Steppes in the Early Iron Age*, Center for the Study of Eurasian Nomads, Berkeley, Cal.: Zinat Press, 1995）

地图 6.1　公元前 1 千纪的中亚

的军队遇见过几个被称为"塞种人"的集团,他们都戴着奇怪的尖帽子,这种帽子出现在阿契美尼德王朝的雕刻中,希罗多德也对此作过描述(Ⅶ:64)。大多数塞种人能防御大规模的军队,有的占领了大片土地。大流士一世时期的碑文列出了塞种人的三个主要集团:1. 哈马瓦尔格人,分布于费尔干纳,正在逐渐变成定居人群;2. 提格拉舍达人,分布于粟特(扎拉夫尚河和锡尔河的河谷)①,以及锡尔河以外和七河流域(虽然有学者将他们定位在土库曼斯坦,并将其与马萨格特人联系在一起);3. 西方的塞种人,希腊人称之为斯基泰人[17]。锡尔河三角洲的阿帕西亚克人("沼泽"或"水"塞种人)是定居化的牧人,他们从事灌溉农业、捕鱼业和手工业。有的甚至建立了大型城镇,如奇里

132

---

①　粟特(Sogdia)作为一个地理区域概念,也译为索格狄亚,是指位于阿姆河、锡尔河之间的以泽拉夫尚河、卡什卡河流域为中心的地区。这里是古代粟特人聚居及建立国家的区域,因此被称为粟特地区。本书中的"粟特"一词多作为地理区域的概念出现,也在少数情况下作为民族和国家的概念出现,读者可以根据上下文理解其内涵。

克-拉巴特有防御设施的居住点位于今锡尔河干涸的河床上。在克孜勒库姆沙漠深处发现捕鱼和农业以及畜牧业的证据[18]。在锡尔河三角洲,有一座与塔吉斯肯文化有联系的大墓地,包含公元前10-前5世纪的墓葬[19]。

美丽的河岸边,曾建有宏伟的墓葬,其中最大的直径约25米,是用长方形砖坯建成的圆筒形建筑物,内葬一长方形椁。圆筒形建筑物外围绕一圈圆形的墙,在两者之间有一条2米宽的走廊。椁内有100多根青铜钉子,应该是用来固定沿墙排列的毡子[20]。

虽然大多数墓葬都被盗了,但是保留下来的物品说明这些社会拥有巨大的财富。S. P. 托尔斯托夫认为这是一处我们称之为萨卡拉瓦克斯的塞种人集团的王室墓地,他们可能与"萨卡瑙玛瓦尔加"相同。他们的文化和生活方式明显源自草原的青铜传统,但也表现出来自奥克苏斯河文明的影响[21]。

在黑海地区,至少从公元前8世纪开始牧人就已经出现移动性增强的
133 迹象。最早涉及这一地区牧人的记载出现于《荷马史诗》[22]。在《伊利亚特》中,有关于色雷斯北部的"挤马奶人"和"喝奶人"生活的内容,《奥德赛》提到"居住在接近世界边缘的永久薄雾里"的西米里人的阴暗土地。这些叙述可能来源于在黑海上航行的希腊商人。亚述和希腊的文献都提到公元前8世纪至前7世纪牧人从北面猛烈地侵袭伊朗和美索不达米亚。亚述的档案记录了金麦里人(即西米里人)和阿息库兹人或斯基泰人这两个好战民族的入侵,今天看来两者都操现代奥塞梯语的祖先语言——伊朗语。

可能游动放牧的金麦里人来自公元前2千纪定居化程度很深的"斯鲁布纳亚文化",即"木椁墓"文化[23]。然而,在希腊文献中称为"斯基泰"的部落可能来自中亚。根据希罗多德(Ⅳ:11-12)①的记载,斯基泰部落在马萨格特人的压迫下进入黑海草原。斯基泰人转而赶走了金麦里人,此时后者可能以刻赤半岛为基地,统治着庞大的从顿河到多瑙河的黑海帝国。有的金麦里人

---

① 冒号前的罗马数字指代希罗多德《历史》的章节编号。原著中章节编号有使用罗马数字和阿拉伯数字两种情况,中译本统一使用罗马数字。

133

地图6.2　希罗多德时期的斯基泰

经过高加索逃亡,并侵扰安纳托利亚和北美索不达米亚二十余年。自公元前
670年开始,斯基泰人也开始入侵美索不达米亚,他们出发的基地可能在现代
的阿塞拜疆或高加索。有时斯基泰人在这里与金麦里人结盟,参与了米底和
亚述之间复杂的战争。至迟在公元前7世纪的某个时期,斯基泰人已组建以
现代的阿塞拜疆为基地的强大超级部落联盟,希罗多德(Ⅰ：3)列出了他们的
国王[24]。然而,根据希罗多德的记载(Ⅰ：106),斯基泰人征服了米底28年
后,米底的国王基亚克萨雷斯在一个宴会上杀死了斯基泰的首领,摧毁了斯基
泰人的政权。幸存的斯基泰人向北逃窜,并开始在黑海北岸建立一个很少外
侵的新帝国。一二十年之后,斯基泰的军队继续穿越高加索山脉袭击近东,到
达巴勒斯坦甚至埃及(希罗多德Ⅰ：104－105)[25]。公元前612年,在国王马
底耶斯的带领下,斯基泰与米底结盟掠夺了尼尼微。

　　虽然希罗多德记载的细节并非完全可信,但其中很多都可能是事实。公

134

元前7世纪的斯基泰人坟冢已经在阿塞拜疆发现;在里海岸边的现代达尔班德市附近有同时期的防御工事遗迹;在美索不达米亚、叙利亚和埃及发现了斯基泰的三翼铜镞[26],黑海北面的考古发现也恰好与此记载相符。自约公元前650年开始,高加索正北面和第聂伯河中游沿岸的林地草原都出现了随葬品丰富的游牧人坟墓。这些墓葬具有斯基泰文化的所有标志性特征,包括复合弓和装满三翼箭镞的箭筒、斯基泰式马具和装饰斯基泰野兽风纹饰的装饰品。当然,第一个被这些牧人侵占地区的物质文化也保留了较早的斯鲁布纳亚文化因素,这从另一方面说明牧人建立的霸权统治了大部分以前金麦里人所统治的定居居民。斯基泰人集团可能也居住在喀尔巴阡山甚至远达伏尔加河和卡马河之间的地区。出自北高加索的早期斯基泰人遗存也反映了他们在美索不达米亚的经历。例如,苏联考古学家发现了一座以伊朗风格建造的斯基泰人庙宇遗迹[27]。

虽然早期斯基泰坟冢的形制明显属于牧人世界,但是在美索不达米亚统治的几十年有可能解释为什么黑海北部的斯基泰人占据的不是草原深处,而是农业居民定居的林地草原地带。公元前500年以前,黑海北面的草原深处几乎没有居住的迹象。很明显,早期斯基泰人选择了成为农业人口的统治者,而不是自给自足的牧人。

公元前7世纪,持续的游牧生活和军队出现以后,斯基泰人慢慢地建立起更加稳定的系统。很多人继续过游动的牧人生活,但是有的人变得十分定居化,甚至与当地的农业居民融合。即使牧人贵族也可能花越来越多的时间住在新占领的城镇和居住点内[28]。最终,游牧时代的伟大联盟解体了。没有证据表明存在过唯一的、影响一切的统治集团。相反,可能存在几个区域性的部落联盟,每个联盟都从当地的农业居民那里收缴贡品。我们所知唯一重大的事件是,约公元前514年大流士从多瑙河侵入斯基泰的时候,几个集团组成了超部落的防御性联盟[29]。

约公元前500年,斯基泰系统出现剧变的迹象,这一剧变由来自草原中部的新一轮移民引起。希腊的文献将新到来的人描述为"斯基泰人",这说明虽然斯基泰人保持了十分灵活的游牧生活方式,但他们的文化与已定居在这一地区的人群的相似。公元前5世纪中期,出现了一个新的区域性系统,其最明显的特征是在真正的草原上出现大量牧人的墓葬。约公元前450年,当希罗多德考察奥尔比亚的时候,在草原上,特别是第聂伯河下游沿岸、亚速海北部

图 6.3　斯基泰艺术

（引自 Jeannine Davis-Kimball, V. A. Bashilov et al., *Nomads of the Eurasian Steppes in the Early Iron Age*, Center for the Study of Eurasian Nomads, Berkeley, Cal.: Zinat Press, 1995）①

①　本插图左上角的两个图是突厥时代的石人。

以及顿河三角洲,存在大量游动性牧人的墓葬[30]。正如斯特拉波所描述的那样,一般的斯基泰牧人从黑海岸边"沼泽草地"的冬季营地,到草原深处的冬季营地进行有规律的迁移[31]。慢慢地,出现了希罗多德所塑造的斯基泰人,他们受游动性牧人统治,以黑海草原为基地,既从他们西边、北边的农业社会,也从希腊的殖民地获取贡品。这样的关系一直到公元前3世纪都很好地保持着。当时从奥尔比亚的一座城市发出了这样的命令:

> 我们不仅被迫向国王送"礼物",也向那些与其关系密切的人送礼物。此外,当塞特法尔恩(他的身份还不清楚)经过城镇的时候,还索要特殊的贡品;如果他们对贡品的尺寸不满意,就会用战争来威胁我们[32]。

据此可知当恢复了稳定时,贸易就繁荣起来。第聂伯河下游很多随葬品丰富的墓葬反映出从公元前5世纪末开始牧人贵族变得很富有。第聂伯河边的卡缅斯克耶,顿河三角洲的叶利扎韦洛夫斯克耶,以及德涅斯特河河口的纳德利曼斯克耶等斯基泰城镇,手工业都很发达。可能是因为这种富裕,最后导致公元前4世纪出现庞大而不稳定的政治系统,这一系统由国王阿提亚斯统治。根据斯特拉波的记载,阿提亚斯统一了从多瑙河到顿河的所有斯基泰部落,首都可能建在第聂伯河边的城市卡缅斯克耶。公元前346年,他们的军队打败了可能是由年轻的亚历山大率领的马其顿军队,但是公元前339年,斯基泰的军队在多瑙河的南面被打败,90岁的阿提亚斯阵亡[33]。

公元前3世纪,斯基泰部落再一次受到东面集团的压迫。最近的考古证据表明,约公元前400年,新的牧人集团来到伏尔加河-顿河草原[34]。希腊的作家将新到来者描述为"萨尔马特人",这是包括很多不同集团属性的符号,如罗克索兰尼人、阿奥西人和拉济格人。对黑海草原的入侵并非来自单独某个部落,而是来自几十年间很多不同的部落。有的集团,如阿奥西人在向西迁徙之前已经在哈萨克斯坦草原生活了几个世纪。其他的集团可能来自锡尔河沿岸的很多中亚的定居部落。萨尔马特人似乎没有创造出统一的国家,或者统一的文化带。只有在偶然的情况下才有大规模的军事入侵,虽然这些入侵有时是毁灭性的。西西里的狄奥多罗斯记述,公元前1世纪萨尔马特入侵者"劫掠了大部分的斯基泰人,而且完全摧毁了他们所征服的土地,使大多数土地变

137

为荒漠"[35]。在此期间,沿着第聂伯河下游建造宏伟王室墓群的部落贵族消失了,很多草原上的小型无防御设施的聚落也消失了。这时草原被多个萨尔马特人集团所统治,1 世纪时,这些集团被称为"阿兰人"的集团所统治[36]。

虽然萨尔马特部落从东面、色雷斯部落从西面摧毁了黑海草原的斯基泰政权,但是几个较大的基本定居的斯基泰王国都幸存下来。他们居住在多瑙河下游及克里米亚半岛,升高的海面使彼列科普地峡变窄,使这里很容易将侵略者阻挡在外面。这些斯基泰王国一直持续到 3 世纪才被入侵的哥特人推翻。斯基泰人建立了以农业和畜牧业为基础的小而强的国家,有设防的聚落和小型城镇,贵族则继续过着半游牧的生活[37]。这些袖珍的斯基泰地区建立了一个模式,通过这个模式,向西穿过黑海草原的游牧部落经过大浪淘沙,变成生活在克里米亚、摩尔多瓦、匈牙利和巴尔干的农民和商人,而他们的牧人传统只在贵族的生活方式中保留下来。

（三）沿着南部边地的城市化

伴随着灌溉系统的迅速扩展和进步,花剌子模的塞种人部落分布区域内首次出现了城市化迹象。公元前 7 - 前 6 世纪开始出现大型的人工渠道、坚固的设防城镇,甚至可能出现了早期的国家体系。这是惊人"军事化的"城市化。花剌子模的设防城镇,如公元前 4 - 前 1 世纪的科厄-克里尔干-卡拉遗址,拥有包括射击堡垒和精心规划的射箭孔隙在内的复杂防御系统。雕像和浮雕揭示出繁荣的贵族文化,雕塑和葡萄酒酿造技术则反映出地中海的影响。正是在这一时期,花剌子模演变为保存至今的模样:内欧亚大陆草原高度城市化的文明,但仍存在易受侵袭的边区村落。像黑海地区的半城市化社会一样,公元前 3 - 前 2 世纪,花剌子模被来自草原的新移民浪潮所占据[38]。

公元前 6 - 前 4 世纪之间,在阿夫拉西阿布的第一个稳固的居住点出现了古老的撒马尔罕城镇。公元前 4 世纪,撒马尔罕由一座带城墙的中心城堡、一个较大的可能由 12 公里的防御工事所围绕的人口稠密的定居城镇,以及城墙外的灌溉农田和村庄组成。亚历山大罗马传记的作者古尔梯乌斯写道:"撒马尔罕的统治者拥有巨大的游乐园,园内有被围在大树林和公园里的'尊贵的'野兽。因此,他们选择广阔的森林,并通过常年流淌的泉水使它更有魅力。他们用墙围上森林,且建有保护狩猎者的塔。"[39]

138　　　　沿着科佩特山,公元前 2 千纪晚期的"奥克苏斯河"文明衰落以后,出现了城市化的复兴。城市化的重新开始可能是由于该地建造了空前广泛的灌溉系统。在东土库曼斯坦米斯赖恩平原的里海东南角附近,公元前 2 世纪晚期至前 1 世纪早期的达西斯坦遗址,有长达 50－60 公里、宽 5－8 米、深达 2.7 米的灌溉渠,并由它引出很多第二级和第三级的渠道。在花剌子模,大的主干渠取代了公元前 2 千纪典型的小型且很少有支渠的灌溉系统,它们的出现代表了灌溉技术的巨大进步[40]。这一时期,相似的灌溉系统在中亚的穆尔加布河、巴克特里亚以及扎拉夫尚河沿岸和阿姆河三角洲都能见到。

　　早期斯基泰时期广泛分布的防御工事表现出极大的不稳定性。公元前 2 千纪开始,出现了大型的恰拉——防御性的中心。在达西斯坦文化中,有一些恰拉的范围达 100 英亩,比奥克苏斯河文明的城堡大得多[41]。达西斯坦文化的社会似乎已经有了建立在农业和畜牧业基础上的军事阶层。位于东南土库曼斯坦的重要遗址亚兹丘,面积达 40 英亩,有一座 12 米高的中心要塞[42]。

　　这样的聚落将变成中亚典型的聚落,它们在公元前 1 千纪成为带防御工事的小型城邦。然而相对孤立的城市阻碍了大型帝国的出现,使每个城市都容易受到相邻的或来自外欧亚大陆军队的攻击。

　　早期斯基泰时期的军事化甚至可能反映在宗教上,因为正是在这一时期,琐罗亚斯德教从公元前 2 千纪的宗教传统中具体化。虽然玛丽·博伊斯很有理据地指出,琐罗亚斯德生活于公元前 2 千纪末,但仍有很多作者认为他是公元前 6 世纪的人[43]。虽然琐罗亚斯德的权力基础可能在中亚的城邦国家,但是像穆罕默德一样,他与牧人和定居世界都有密切的联系。通常认为只有最早的阿维斯陀语经文《伽泰》为琐罗亚斯德本人所有,该经文不包括农业内容,但涉及很多放牧家畜的内容。这说明他生活在定居牧人的边疆地区。像穆罕默德一样,琐罗亚斯德听到了上帝(阿胡玛兹达)的声音,并为保护上帝的启示而战斗。琐罗亚斯德很多早期军事行动的成功都归功于他的第一位资助人——国王维斯塔斯帕。《阿维斯陀经》中的琐罗亚斯德教经文描述游牧的"图拉斯"是定居的"伊朗人"永恒的敌人[44]。这一对立成为中亚文学的核心主题,在成书于 10 世纪的菲尔多西的《王书》中得到了经典表现。琐罗亚斯德教的二元论反映在它的神学系统中,在这里塑造了一个被阿胡玛兹达和罪恶之神间的斗争所支配的宇宙,尽管仍保持着善良将最后取胜、服从善良的人们将复活的原则[45]。琐罗亚斯德教仪式的很多因素已在公元前 2 千纪的城市中有所表现。琐罗亚斯德本人基本上是较古老的阿维斯陀传统的改革者和净化者,他提升了超级神阿胡玛兹达的地位,并从历史上将自己与印度神密特拉和伏罗拿联系在一起。

将阿胡玛兹达的地位提升到其他神之上,将其看作国家结构方面的早期尝试的象征性反映,这是很吸引人的。因为琐罗亚斯德改革的本质是将巨大而复杂的神灵社会统一在唯一乐善好施的神——阿胡玛兹达之下,以反对他的敌人安格拉·曼纽(恶神)[46]。然而,《伽泰》中的牧人形象表明,即使宗教在花剌子模和巴克特里亚这样的城邦地区已经具体化了,但是其王室赞助人仍然起源于牧人。

城市化在公元前 1 千纪也扩展到新疆以及黑海北岸。此时塔里木盆地城市化的证据还不充分。公元前 2 千纪这里确实存在农业社会,但是直到公元前 1 千纪才有首次出现城镇的确切证据,这些社会的居民可能是来自中亚操印欧语的"塞种人"。

在黑海周围,从考古证据和文献资料中都能寻找到城市化的历史。随着斯基泰人在黑海北部居住下来,希腊的殖民者开始在黑海北岸周围的贸易殖民地定居。希腊人对这一地区的兴趣,可以追溯到公元前 1000 年,当时寻找铁矿的希腊船只第一次在黑海南岸航行。他们在这里发现鱼类资源丰富的海域和分布有城镇的土地,城镇内的居民也对希腊贸易商品感兴趣[47]。

希腊在黑海的第一个固定聚落可能是米利都水手的捕鱼殖民地,它很像纽芬兰的第一个欧洲人聚落。公元前 7 世纪这里出现了可能由个别商人建造的"工厂"或贸易基地,最早的是在顿河的别列赞[48]。第一个真正的殖民地建于公元前 6 世纪,如位于布格河三角洲右侧的奥尔比亚的米利都人殖民地,或者控制进入亚速海海峡的潘季卡裴乌姆。希腊文献将这样的定居点描述为正规的殖民地。但是,正如戴维·布朗德指出的,这些记载可能将一个复杂的过程过分简单化了。在希腊人到来之前,那里已经存在沿黑海分布的城镇和贸易系统,克尔基斯的居民用陶轮制造陶器、生产葡萄酒、加工金属[49]。像北美的欧洲殖民者一样,希腊殖民者不得不在已经建立起来的地方系统中寻找自己的空间。

同古代的情形一样,……互动是极其私人的事情:这不是发达资本主义无名的市场-地点,而是通过个人关系以及在个人关系之间清楚地表达的交换过程。这种关系不是现代意识中的经济关系。在这一前资本主义的、前货币的交换中,个人关系形成并发展,可能还牵涉主角的关系。虽然还没有明确的证据,但是看起来结婚的安排和在新环境里居住都恰好发生在这样的交换中[50]。

140　　　城镇也在相当靠北的林地草原出现,这里自特里波利耶文化时期就开始农耕。希罗多德发现了农业或半农业居民的集团,他们"播种并食用谷物和洋葱、大蒜、小扁豆与粟"(希罗多德,Ⅳ:17)。这些人主要生活在乌克兰和北高加索的林地草原,却是规模较小的"农业斯基泰"居民,居住在克里米亚和主要希腊殖民地的周围。这些社会还包括手工业者和金属制造者,有的牧人可能也在草原从事半游牧的农业[51]。

从单纯的生态视角出发,农业人口似乎已经很多了,甚至比斯基泰的牧人还要多。虽然畜牧业在斯基泰的政治和军事生活中占绝对优势,但是从人口学的角度看,斯基泰系统是被农业和贸易所统治的。一些农民只是在族群上属于"斯基泰人"(希罗多德,Ⅳ:18)。自公元前4世纪开始,定居的生活方式就非常普及,特别是在克里米亚东部以及德涅斯特河附近。沿着第聂伯河下游和一些流入草原的小型河流两岸出现了很多小型农业聚落[52]。在希腊殖民地的周围出现从事商业的农民(希罗多德,Ⅳ:17),他们供应附近的城市甚至希腊本土。

很多斯基泰的农业聚落很大,足以将其描述为城镇。在林地草原已经发现至少100处设防的城镇,即戈罗季谢[53]。有的可能已经成为当地农业酋长的首府,而其他城镇来源于牧人统治者的冬季营地,或来源于与区域性的贸易网络有关的农业和商业行为。希罗多德(Ⅳ:108)描述了名为格洛努斯的城镇,几个考古学家已经将其与在沃尔斯克拉河发现的别尔斯克遗址联系在一起[54]。他的叙述反映出一种在花剌子模还能看到的模式,即牧人统治了面积广大的农业定居点。

　　　布季尼是一个伟大的民族,人数众多,有非常蓝的眼睛和红头发。他们拥有一座用木头建造的城市,名叫格洛努斯。墙很高,用木头建成,每边都有30个柱子,房子和圣所也用木头建成。有一处属于希腊神的并用希腊风格布置的圣地，树立着木质的肖像。因为格隆尼人是很久以前的希腊人，他们早已离开贸易地点，住在布季尼人中间，用一部分斯基泰语和一部分希腊语交流。布季尼人和格隆尼人不仅操完全不同的语言，生活方式也有所差别（Ⅳ：109）。布季尼是这个国家真正的民族，不是游牧的……格隆尼人耕作土地，吃谷物，种植蔬菜；他们的外形和肤色都与布季尼人有别。

布季尼人被吸引到这里，是因为格洛努斯的动物毛皮和农业，当地的居民猎取"水獭和河狸及某种长四方形脸的动物，它们的皮用于制作斗篷的边，睾丸治疗子宫疾病疗效很好"（希罗多德，Ⅳ：109）。

草原地带最大的斯基泰"城镇"实例是第聂伯河边的卡缅斯克耶，是仅有的经过详细发掘的斯基泰城市居住址。与大多数草原城镇一样，它出现于公元前4世纪，可能是对来自东方的再一次入侵作出的反应。公元前4世纪的卡缅斯克耶约12平方公里，城外围绕着大量防御工事，在其西南角有一座城堡。正如我们已经认识到的，它可能是公元前4世纪的统治者阿提亚斯国王的都城[55]。位于德涅斯特河河口的斯基泰城镇纳德利曼斯克耶，出现了像帐篷一样房屋的陷入地下的地基，这可能说明牧人开始建耐用的冬季住宅，最后这里演变成了城镇。尽管卡缅斯克耶开始可能是设防的冬季营地，但最后它变成了最大的金属加工中心，它的产品输出到草原和黑海沿岸的希腊城市。卡缅斯克耶附近可开采和加工铁，在距今克里沃伊罗格不远的地方蕴藏着接近地表的铁矿石，斯基泰人建造墓葬的方法为其开采铁矿石提供了必要的训练[56]。

顿河三角洲的叶利扎韦洛夫斯克耶的实例，可以最清楚地看出牧人在草原创造城镇过程中所扮演的角色。叶利扎韦洛夫斯克耶遗址最古老的遗存是公元前6－前5世纪的，此时斯基泰似乎有了一个冬季营地，在这里他们与可能从克里米亚的博斯普鲁斯海峡过来的希腊人贸易。随后斯基泰的冬季营地演变成永久的居住点，公元前4世纪它成长为"整个黑海北部最大的蛮族集市"[57]。公元前4世纪晚期，叶利扎韦洛夫斯克耶已经变成了具有行政和宗教功能的斯基泰城镇。最后，到公元前3世纪，这里出现了博斯波兰王国创立的稳固的希腊殖民地。

141

二、生活方式和政治

（一）生活方式

公元前 1 千纪的文献证据，使我们能够首次描述牧人生活的一些细节。直到 20 世纪，人们还普遍认为希罗多德关于人类学的记载不可信。然而，21世纪的考古工作已经表明，这些部分以希罗多德约公元前 450 年到奥尔比亚的旅行为基础的对黑海地区"斯基泰"文化的描述，是相当精确的。可以证明希罗多德的记载基本准确的最明显证据，是阿尔泰公元前 5 世纪至前 4 世纪的巴泽雷克墓葬。生活在这里的半定居牧人在高原地区建造墓葬埋葬死者，由于墓葬被盗，墓内的包含物随后被水淹没和冰冻，使墓主人的肌肉和纤维都保存下来，考古学家得以发现斯基泰文化在织物、文身以及殉马细节方面的典型特征。他们甚至观察到从前只有从希罗多德的记载才会知道的仪式细节，如在巴泽雷克一座墓中发现的头骨，恰好是用希罗多德描写的方式剥的头皮[58]。这项研究表明，希罗多德大多数的人类学描述都是可信的。这也说明，我们在更东面的阿尔泰等地区，可以见到希罗多德描述的斯基泰文化的很多内容。下面对斯基泰人生活方式的叙述主要是针对黑海草原的牧人，但是其中很多内容可能也适合于中央亚洲的牧人。

当然，有很多不同类型的畜牧业。在黑海草原，纯粹的游牧业可能是不常见的，很多牧人在夏季随畜群而行，冬季的大多数时间里则住在半永久性的居住点。从黑海草原向东，牧人可能更加游牧化，像较晚时候的哈萨克牧人那样，以大规模的集团沿锡尔河从冬季营地向夏季营地行进，有时还要向北走几百公里到达南西伯利亚附近。在高加索或中亚的山区，牧人实行季节性的迁徙，有时还兼营简单形式的农业，很像当地 20 世纪初牧人的生产方式。在丘陵起伏的地区，牧人进行垂直的而不是水平的迁移，上半年随着春天的到来慢慢地向山坡上移动，下半年随着冬天的到来向山下移动[59]。

斯基泰牧人的饮食，和现代内欧亚大陆的牧人一样，以绵羊、山羊和马，以及猎物的肉和发酵奶为主。在巴泽雷克墓葬中，考古学家发现了兽骨、奶酪（像现代牧人那样放在皮袋子里）和曾经装满奶的容器[60]。普通的斯基泰人饲养头部较大的强壮的草原矮种马，这种马在蒙古时期就被人所知。富裕的斯基泰人有时饲养较大的精致的马，与费尔干纳的名马相似。马是主要的贵

142

重动物，尽管人们也喝它们的奶，吃它们的肉。特别是在城镇附近，大牲畜是牧人畜群的重要组成部分，要充分利用它们的奶、肉和畜力。绵羊更便于在草原上行走，在巴泽雷克居住点发现的绵羊是目前仍分布于中亚地区的肥尾羊[61]。斯基泰居住点发现的野生动物骨骼数量很少，说明狩猎不是主要的食物来源，主要是被看作一种军事训练[62]。

　　像内欧亚大陆的大多数早期牧人一样，斯基泰牧人住在用毡子覆盖的圆顶帐篷里，中国文献称之为穹庐[63]。与公元 500 年首次出现的可拆卸毡房和廓尔不同的是，这样的房子必须载在车上。被称作"伪希波克拉底"的希腊作家描写了大多数斯基泰人住的车：

> 这些车很小，有四个轮子。此外还有覆盖着毡子的六轮车；这些车像房子一样使用，有时有两部分，有时有三部分，能够遮风挡雨。他们用两头或三头无角的公牛拉车。妇女和儿童住在车上，男人则总是骑马[64]。

希罗多德将普通牧人描写为"八条腿的"，因为他们有一对牛和一辆车[65]。对于当时高度游牧化的斯基泰人，他写道："这些人没有城市或定居的堡垒；他们带着自己的房子，坐在马背上射箭；他们以畜群为生，而不是以耕地为生，他们的住房在车上。"（Ⅳ：46）在希罗多德的记述中提到，毡子是遍及牧人世界的基础性建材，将毛皮或毛发的纤维放在一起捣碎捶打，直到形成具有特殊绝缘体性质的较厚材料[66]。

　　像内欧亚大陆的很多牧人一样，斯基泰人忌讳水。他们用轻便的蒸汽澡盆清洁自己或仪式性地净化自己（希罗多德，Ⅳ：73－5），澡盆由三根端头系扎起来的三脚架状的杆子构成，在上面围羊毛垫子做成帐篷。在帐篷内挖一个坑，坑内放烧红的石头。他们在热石头上投放水和大麻种子，这样就做成了蒸汽强大而令人陶醉的蒸汽浴。根据希罗多德的记述，"斯基泰人在做蒸汽浴时很高兴，大声吼着。这对于他们来说的确替代了洗澡，因为他们从来不肯让水接近身体"（Ⅳ：75）。希罗多德补充道，女性有时添加柏树枝、春柏、乳香，自己做沙浴。在巴泽雷克墓葬发现的帐篷和大麻反映出希罗多德记述的准确性[67]。

　　家庭成员的劳动有明确的性别分工。妇女负责住房内的活计，男性管理大的家畜和作战。公元前 514 年大流士入侵黑海地区时，斯基泰的首领将载

143

着妇女和儿童的车以及大多数畜群送到北方（Ⅳ：121）。然而，在紧急情况下，女性也不得不从事通常由男性承担的工作，甚至去打仗。这表明，在斯基泰文化中，根据性别区分普通个体并不一定能够反映人的真实身份和等级。克泰夏斯认为在中亚塞种人中，"女性经常在战争中冒着危险鼓励和帮助男性"[68]。这可能会解释为什么在内欧亚大陆牧人中流传着大量关于女武士，即"亚马逊"的故事。据希罗多德的记载，顿河流域灵活机动的萨夫罗马泰部落，声称自己是与亚马逊通婚的斯基泰男人的后裔。他补充道，"萨夫罗马泰的女性延续着她们古老的生活方式；她们骑马行进，和她们的男人一起或单独打猎，她们也穿着和男人一样的衣服参战"（Ⅳ：116）。希罗多德甚至说萨夫罗马泰的女性只有在杀了一个敌人之后才能结婚（Ⅳ：17）。

考古学的证据支持这些记述。从阿尔泰到黑海，女性墓葬随葬的武器几乎与男性的一样多。最近在哈萨克斯坦西北的波克罗夫卡的发掘，发现很多身份较高的女性墓葬随葬长剑、短剑和箭[69]。萨夫罗马泰随葬武器的女性墓葬占所有随葬武器墓葬的20%，女武士墓在有些墓群中占据了中心位置并且随葬品丰富。即使在斯基泰人中，也有很多女性墓出全套的武器，包括箭、矛和剑。这类墓葬中最著名的是位于顿河和北顿涅茨河之间的斯拉德科夫西基村的公元前4世纪晚期的墓葬[70]。在这里，一位成年女性随葬全套的武器和甲胄：一个铁矛，一个次等的半米长的铁刀片，一把73厘米长的铜柄铁剑，以及一个装着铁镞和铜镞的箭囊。在其他的牧人社会中也发现了人种学上的相似之处，这说明亚马逊的故事以神话的形式反映了广泛存在于牧人社会的劳动力的性别分工[71]。但是，没有充分的证据证明存在纯粹由女武士组成的军队。

对于男性，有时也对于女性来说，战争是提升威望和名声的关键。尽管成功地管理好个人的畜群能确保最基本的生存，幸运的婚姻能产生有利的关系，但是战场上的成功则使财富、地位和权力得到保证。在黑海草原每年的节日期间，地区的首领会为上一年杀敌的人献上葡萄酒，没有杀过敌人的则被羞辱而且喝不到葡萄酒（Ⅳ：66）[72]。希罗多德本人也来自崇尚战争的社会，他赤裸裸地表达了这个世界的军事基调。

　　斯基泰人第一次杀人后要喝敌人的血，扛着在战场上杀的所有人的头颅去见皇帝。每拿回来一个人头，就会分享到一种战利品，没有带回人

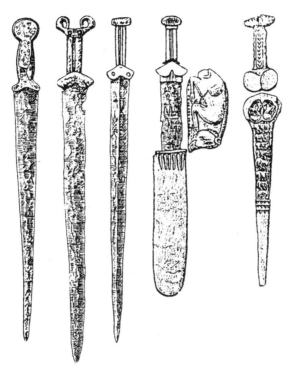

图 6.4　斯基泰剑

（引自 Jeannine Davis-Kimball, V. A. Bashilov et al., *Nomads of the Eurasian Steppes in the Early Iron Age*, Center for the Study of Eurasian Nomads, Berkeley, Cal.: Zinat Press, 1995）

头则什么也得不到。武士这样剥头皮：围绕耳朵切一个圆形，把头放在手里摇晃使其松动；然后用一条牛肋骨清理掉肉，用手捏皮肤；皮肤完全变软后看起来像一块餐巾，他很自豪地将"餐巾"挂在马缰绳上。拥有最多人皮餐巾的人被视为最伟大的人。很多人也穿人头皮做的"衣服"，将人头皮缝在一起，像普通的皮衣一样。很多斯基泰人也砍下敌人的右手，待敌人死后剔下手上的皮和指甲，覆盖在箭筒外面。……他们中很多人也剥完整的人皮，把皮展开支在架子上，骑马时也载着架子（Ⅳ：64）。

　　最值得骄傲的战利品是战败者的头颅。通常，武士将著名败将的头做成饮杯，在眼眉下锯开颅骨，锯下的上半部分头颅镀金或用皮蒙上。展示这类战利品是值得骄傲的英雄行为（Ⅳ：65）。在别尔斯克，考古学家发现一处很可能是专门做人头骨杯的作坊[73]。俘虏也偶尔用作人牲。根据希罗多德的记载，每 100 个俘虏中有 1 个要献祭给巨型短剑所代表的战神。献祭者在开胸之前要从头上浇下葡萄酒，这样他们的血就会喷到短剑神上（Ⅳ：62）。通常人牲死后要马上切断右臂，可能以此来防止他们的灵魂参战。

斯基泰人的军事战术以其移动性、使用复合弓技术和协调一致行动的能力为基础。他们在狩猎和作战时也很自然地使用了陷阱、伏击和袭扰等现代游击队常用的战术，这些战术在公元前 514 年抵抗大流士的战役中就发挥了重要作用。斯基泰武士将复合弓和箭存放在专用的盒子里，希腊人称之为戈雷图斯。他们随身带着锉刀，用锉刀将箭锉成剃刀形，箭上通常附刺，刺能扎进中箭者的肉里；或者把箭沾上蝰蛇毒液或毒芹毒液制成的毒药。这些技术使敌人即便受轻伤也会很痛苦地死去[74]。

当牧人已相当定居化的时候，其军事手段与农业世界的也更为接近。的确，可能正因为熟悉中亚牧人的军事战术，才激励大流士侵入黑海草原。马萨格特人虽被希罗多德描述为灵活的牧人（Ⅰ：216），但实际上他们在锡尔河沿岸经营灌溉农业，甚至住在城镇里。约公元前 529 年，他们的军队在抵抗居鲁士的战争中使用步兵和骑兵，武器有战斧和矛以及弓[75]。从希罗多德记载的居鲁士在中亚战役的最后一场战斗可以看出，马萨格特人的军事战术也属于典型农业世界的。

146

> 我认为这次战斗是以往和蛮族之间的所有战争中最艰难的，……首先，他们要求，双方停在与对方有一定距离的地方并开始互相射箭。当所有的箭耗尽之后，双方用矛和短剑近距离战斗。进逼搏斗式的战斗持续了很长时间，没有一方能逃跑，但是最后马萨格特人占了上风（Ⅰ：214）。

马萨格特人使用金属铠甲，包括铁甲袍和铁盔。和黑海地区的马萨格特人一样，在公元前 6 世纪，较富裕的斯基泰人可能已经开始使用铠甲。很多马萨格特人的马有青铜胸甲，他们的武器也是青铜的，并用黄金装饰。骨质轻铠甲在草原有悠久的历史，可能早在公元前 2 千纪即已使用[76]。帕萨尼亚斯描写了波斯贵族用母马的蹄子做骨甲：他们把马蹄劈开，排成"龙的鳞片"形状，然后用动物的肌腱将其缝成胸甲。虽然较金属铠甲的强度弱，但是骨甲既轻便又便宜，能挡住大多数的箭镞和短剑[77]。金属铠甲至少是较富裕牧人使用

147

的,可能是因波斯时期改进的复合弓而出现的。罗马人将身着沉重金属甲的
骑兵称为卡塔夫拉卡塔里,他们是中世纪欧洲骑士的原型。早期的卡塔夫拉
卡塔里的效用有限,而且,由于没有马镫,骑兵要用膝盖小心地夹住马,这使他
们无法穿上最重的金属盔甲,也非常容易从马背上掉下来。公元前2世纪,阿
兰人(可能是马萨格特人的后裔)开始使用带硬质弓弭的匈奴弓,这种弓力量
强大,足以穿透早期的铠甲。这导致马萨格特人的战术在草原上再一次被淘
汰,此时正处于中世纪的欧洲战争改革开始之前[78]。

148

图版 6.3　金梳子上的武士

(引自张文玲:《黄金草原:古代欧亚草原文化探微》,上海古籍出版社,2012年)

　　至少从公元前1千纪开始,骑着更强壮马的着甲骑兵是草原历史上重复
出现的特征。拉铁摩尔指出,在草原社会,存在一个独特的"从精英到贵族、少
数带重武器的武士、马上弓箭手组成的轻骑兵之间的权力更迭,在成吉思汗时
期,轻骑兵代表了一个部落居民的全部机动性"[79]。轻骑兵自然来自草原地

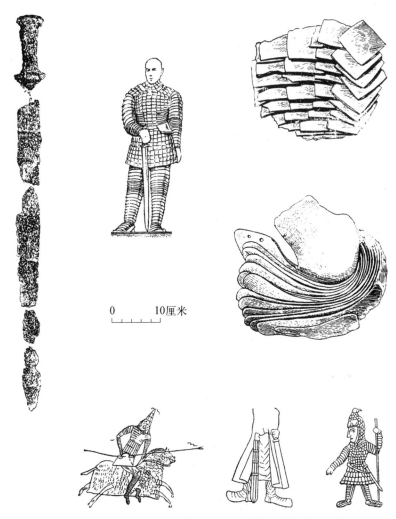

0　　　　　10厘米

图 6.5　根据奇里克-拉巴特的遗物复原的马萨格特人铠甲

（引自 S. P. Tolstov, *Po drevnim del'tam Oksa i Yaksarta*, Moscow: Izd-vo vostochnoi literatury, 1962）

带的生活,通过轮替骑乘强壮的草原矮种马可以远距离作战。但是,重甲骑兵需要养在畜栏里的高头大马,冬天可能还需要马厩,所以仅见于一些有农业的地区。通常,只有富裕的牧人才能养得起在马厩里饲养的高头大马,所以重骑兵的出现也是物质不平等增强的信号。在草原上,不论在哪里发现重甲骑兵,都应该能猜到我们正面对着半农业的社会。这些社会存在巨大的财富和权力等级差别,可能像有的萨尔马特部落那样,他们也有半城市化的居民[80]。

对斯基泰人宗教的描述反映出他们所统治土地的多样性。林地草原上的农业社会有古老的宗教传统,别尔斯克这类的城镇都建有威严的中心,在此供奉的动物或产品要经过焚烧献给太阳神和丰产神。虽然我们不能确定,但可以推测出这样的仪式应包含萨满教和祖先崇拜的因素。像大多数草原宗教一样,斯基泰的宗教是"种族的",因为它的细节将其与一个特定的政治或社会集团联系在一起,它有很多与其他草原宗教共有的普遍特征,包括"多神教,对超级神的信仰,骑马带武器的神,对上天、大地、水和火的崇敬,殉人和殉牲并用等"[81]。斯基泰的宗教理念也受到中亚、北美索不达米亚和希腊世界的广泛影响[82]。希罗多德的叙述表明,他遇见的斯基泰人已经将很多希腊的神供奉在万神殿中,虽然这可能是希罗多德用希腊的名字给斯基泰的神命名(Ⅳ:302)。希罗多德特别甄选出的重要的宗教实践,是向一把大铁剑所代表的战神阿瑞斯祭献动物,有时也祭献人(Ⅳ:62)。对祖先神的强烈崇拜反映出斯基泰牧人有分层的部落结构,现世的统治者则声称是这个祖先神的后代。

名叫埃纳雷的世袭牧师所起的作用也反映了斯基泰宗教的政治作用。埃纳雷用一捆柳树枝来预言,他们把柳树枝一个接一个地放在地上,或者劈开椴树,在拆开树皮纤维的时候预言。像楚科奇、中央亚洲的萨满或者北美居民的男扮女装者一样,男性埃纳雷经常穿女式服装[83]。埃纳雷能参与政治活动。当酋长生病时会传唤埃纳雷来确定是谁带来了疾病。这个牧师指认应受到惩罚的肇事者,其他的埃纳雷也可以否定他的判断。最后,第一个被指控的人将受到惩罚,但如果大多数埃纳雷认为被指控者是无辜的,那么最初认定肇事者的牧师将会被放进车里烧死(Ⅳ:68)。惩罚的残忍性也反映出埃纳雷工作的政治敏感性。

独特的宗教传统能说明存在特有的"斯基泰"族群意识吗?无文字社会的族群问题十分复杂。现代形式的族群,首先是将每个政治统一体与一个特定的种族身份意识联系在一起,这给大多数前现代社会提供了误导的模式。在政治权力是多层的、私人的和不稳定的地方,个人被多种甚至有时相冲突的语言、血统、任免权和政治的纽带联系在一起,族群很难起作用。一些人类学家指出,在前现代社会,不存在持久脱离实际的和经常由个人和集团做出临时性选择的种群。但是这些超出了我们的研究范围。内欧亚大陆的很多身份或归属感虽然复杂且相互重叠,但是它们有时又是与个人或群体有关的客观实体。这一归属感通过向个人、王朝、神以及模糊的团体个性效忠的强大象征性符号来表达。例如,希罗多德描写他在奥尔比亚听到的斯基泰起源神话,说明至少

149

存在一些分享共同历史的意识（Ⅳ：5－7）。他也讲了两个希腊化斯基泰人的故事，他们因为触犯了斯基泰的习俗而被杀（Ⅳ：76－80）。历史学家的困难是要用平衡的方式来看待族群问题。在畜牧世界，归属感虽然意义重大，但同时也是多方面和复杂的，每个个体都有其特有的归属感，并且与环境、地位、性别和血统密切相关。这意味着将"斯基泰"视为一个族群是不合适的，因为它不与任何考古综合体相对应。像大多数种族的称号一样，"斯基泰"是指一群部落集团，虽然其最稳定的形态通常是诸多更加局部化的集团，但是他们的首领能够在危机的时候团结在一起支持强大的联盟首领。这才是草原上族群所能发挥的最基本作用，我们也会在后文中反复看到[84]。

（二）草原上国家的形成？

遍布内欧亚大陆草原的公元前 1 千纪的王室墓地，明确反映出牧人社会能够组织起来强大的联盟，而联盟的首领拥有国家权力的某种因素[85]。尽管有其局限性，但是黑海草原牧人首领建立的政治体系仍十分强大且相当持久。最强大的斯基泰人集团是希罗多德描述为"王室斯基泰"（Ⅳ：20）的统治宗
150 族。公元前 500 年后，出现了几个王室墓葬群，以分布在第聂伯河下游的最为著名。有些首领的随葬品惊人地丰富。根据希罗多德的记载，多达 50 个奴隶在某个时刻被勒死随王室的墓主人下葬，同时殉葬成群的马（Ⅳ：72）。最近在切尔托姆雷克公元前 5－前 4 世纪的遗址发掘的两三座最大的斯基泰坟墓中的一座，说明希罗多德并没有夸大事实[86]。公元前 4－前 3 世纪的其他坟冢，同样也表现出明显的财富等级差别。在托尔斯塔亚莫吉拉的墓葬发现多达千人参加的巨型葬礼宴会的遗迹。虽然贵族的坟冢随葬金银制品，但是普通斯基泰人的墓葬并没有奢侈品，这些墓葬可能由希腊工匠建造。富人墓随葬的艺术品也表现出相当大的文化差异，因为很多斯基泰的贵族已经一定程度地希腊化了[87]。

这样的社会系统究竟是怎样产生的？它又是怎样起作用的？回答这一问题很复杂，因为证据非常薄弱，也因为现存的关于国家地位的理论，是为解释不同环境下农业社会的国家地位而设计的。然而，当与现代的研究结合在一起时，这些证据就足以说明草原上的政治权力是如何被动员起来的。

像很多早期国家一样，内欧亚大陆第一个类似国家的组织是近乎稳定的部落联盟。由家庭、氏族或部落建立起来的集团幸存下来，但是在它之上出现

了超部落的王朝，可以整合很多较小部落的行动和经济及军事资源。这些统治王朝取得了辉煌的成就，对口传史诗、同时代的人以及历史学家的文献都产生了深刻影响，也使较小的集团被世人所遗忘。事实上，草原上类似国家的组织通常组成不稳定的超级结构，只有当庞大的统治王朝崩溃以后人们才能再次看清这一超级结构。公元前 2 世纪匈奴帝国出现之前，草原上可能尚未出现设置重要官僚机构并进一步形成统治集团的国家结构。斯基泰世界出现了强大的统治王朝，有的王朝已经很明显地向国家状态迈进，但是没有任何一个王朝能够成功地官僚化或长期延续，从而达到可视为真正国家的程度。

　　我们已经看到（第四章）军事威慑能够引发牧人社会形成大型军事联盟。希罗多德对斯基泰部落与大流士在公元前 514 年发生的著名战争的记载，反映出通过部落首领之间的谈判，能够召集大规模的多部落军队[88]。面对大流士庞大军队的威胁（Ⅳ：87），"斯基泰人意识到部落单独作战不能抵抗大流士的军队，因此他们派信使到附近部落"（Ⅳ：102）。有的斯基泰部落同意联合抵抗波斯，有的则反对（Ⅳ：119）。当部落联盟军队在大流士庞大的军队面前撤退时，他们故意引导对手经过拒绝加入联盟部落的土地。"斯基泰人说，将来他们如果不愿加入反抗波斯人的战争，就应当忍受这些不愿看到的现实"。大流士在持续了只有几个月的不成功战役后选择撤退，并没有迹象表明此后这些联盟继续存在。

151

　　虽然在危急时刻很容易形成这样的联盟，但是将其变成持久的政治系统则十分困难，这在牧人世界是非常现实的情况。牧人社会的权力、财富和地位的等级差别通常十分微弱且稳定。扩大等级差别的诀窍是动员大量的物质和象征性资源，用其维持危机时期出现的统治集团。统治者通过再分配财富或贵重商品来增强自身威信，为其随从发放奖赏来强化首领意识，通过这种方式还能将较小的牧人首领固定在持久的联盟内。

　　然而，游动性的牧人社会只能生产有限种类的剩余产品，所以必须有来自畜牧社会以外的剩余产品。这就是为什么草原上持久的政治系统往往是以与其邻近社会之间的交换或索取贡品关系为基础，这些邻近社会能够创造出更多的或更有价值的剩余产品[89]。国家形式的勒索机制随着牧人勒索到贡品种类的差别而变化，也反过来反映了他们所控制地区的生态。所有的牧人国家都从相邻的非牧人社会那里获得巨大财富。

　　公元前 1 千纪，我们可以从斯基泰社会非常清楚地观察到这样的过程，而后来则可以从蒙古观察到(见第八章)。在整个公元前 1 千纪,斯基泰首领通过强迫或贸易从邻近的农业社会获得资源。斯基泰最早类似国家的实体形成于公元前 7 世纪,以现代的阿塞拜疆为基础,主要依靠入侵亚述和美索不达米亚获得的战利品来维持。一旦被撵出美索不达米亚,斯基泰首领就不得不从其他的牧人那里索取贫瘠的资源,或者依靠林地草原地带的农业社会或黑海的希腊贸易城镇的资源,以此来维持其统治。获取的资源相对贫乏,这可以在一定程度上解释为什么这个地区的牧人国家往往比后来东方草原出现的牧人国家更加贫弱[90]。这个地区既未出现过具有扩张主义思想的强势帝王,也没有存在过长期延续的王朝。

尽管如此,牧人首领的确从邻居那里勒索物资,而且有的还以此维持着相当奢侈富贵的生活,以至于希罗多德感到至少应当把他们列为"巴塞勒斯"。牧人和农业社会之间的关系非常清楚。公元前 7 世纪晚期,沿乌克兰林地草原南缘出现一系列有防御设施的聚落,说明该地的统治者曾努力抵抗斯基泰人的入侵,尽管他们未能取得成功。斯特拉波写道:"游牧民族……为了索取贡品而引发战争。将获得的土地分给愿意从事农耕的人之后,游牧民族满足于得到适当的贡品,贡品种类和数量经协商而定。这并不是为了谋利,而是为了满足日常需求。但是如果进贡者没有纳贡,游牧人就会对其发动战争"。[91] 贡品包括部队征税以及谷物等其他供应品。斯基泰的领主也要求为举行国王或酋长的葬礼而纳贡。对于防御能力较弱的农业社会,勒索贡品的行为相当残暴。公元前 1 世纪的奥维德写道,一旦多瑙河结冰:

152

> 牧人就趾高气扬地骑马挎箭,使广大地区的乡村变得荒芜……很少有人愿意冒险去耕作土地,不得不耕作的不幸男子,必须一边犁地一边握着武器。羊倌在吹奏笛子时要戴头盔,胆怯的绵羊害怕战争甚过狼[92]。

另一方面也存在这样的时期,缴纳给斯基泰人贡品的压力并不特别繁重,对传统的生活方式只有很小的影响[93]。

经过一段时间后,贸易变得像贡赋一样重要。斯基泰首领的政治和军事力量以及希腊城邦国家的商业力量,逐渐地将斯基泰的各种社会连接成统一的经济和文化系统。早期斯基泰的移民从农业城镇工匠那里得到大多数的陶器和金属商品,这些物品或者是贡品,或者是用来与牧人交换的商品。在别尔斯克这样的中心，当地的工匠从高加索、南乌拉尔甚至哈萨克斯坦进口原料[94]。希罗多德的记载说明存在过通往乌拉尔河中央草原的广泛交换网络（Ⅳ：24）。可能斯基泰人像较晚的黑海草原牧人首领一样，通过对经过其领地的商品征收"保护"税而致富。我们知道斯基泰人有时向其南面的农业社会销售毛皮。以较晚的类比为基础，我们能够猜测，这些毛皮来自俄罗斯北部和乌拉尔的狩猎社会，它们或者是征收的贡品，或者是卖到地中海的商品，后者是通过与别尔斯克或叶利扎韦洛夫斯克耶这样的城市贸易而获得的。根据希罗多德的记载，斯基泰的商人利用当地的翻译与边远地区的社会交换商品[95]。这些贸易网络可能远达阿尔泰，那里富有的斯基泰人随葬黄金和紫貂毛皮做成的衣服，这说明存在一条通过阿尔泰草原的繁荣商路（鲁比松称之为"毛皮之路"），至少在公元前 5 世纪，这条商路已经将西伯利亚与中国联系在一起[96]。刻赤半岛对希腊人和斯基泰人的重要性说明，经过顿河沿岸向伏尔加河、乌拉尔和哈萨克斯坦的贸易路线已经成为很划算的商业收入来源。豪西格认为，至少在斯基泰时期就存在一条"北方的"丝绸之路，它最远可达甘肃。这可能含有夸张成分，因为缺少大量的来自中亚的商品，说明只是与草原中部或东部有偶然的联系[97]。

　　可能因为得到农业社会生产的陶器和金属商品相对容易，在游牧的斯基泰人社会很少发现金属加工或制造陶器的迹象。在早期斯基泰的墓葬中，大多数陶器和金属制品是从农业社会输入的，采用的是我们熟悉的公元前 4 千纪就已经存在的交换方式[98]。然而，在希罗多德时期，卡缅斯克耶和叶利扎韦洛夫斯克耶这样的斯基泰城镇，本身已经发展为重要的手工业和贸易中心。

153

　　随着希腊城邦的出现，这些联系狩猎采集人群、农民和牧人的交换系统也开始深入地中海地区。斯基泰人从公元前 6 世纪开始进口希腊的贵重商品，如橄榄油、瓶装葡萄酒，也有花瓶，以及青铜、银和金质的金属制品。公元前 5 世纪晚期以前，斯基泰与地中海的贸易同波斯的一样多，因为到了公元前 5 世纪中期，似乎雅典已将对黑海及其贸易的控制权让位给波斯。但是自伯里克利时期开始，雅典的影响在黑海逐渐增强。公元前 425 年，约 50 座黑海的城市向雅典纳贡，这些贡品由雅典战舰收集。到了赫诺丰时期，大多数安纳托利亚北部沿岸的城市都是希腊取向的，不论其居民属于哪一族群[99]。

　　公元前 4 世纪，按照斯基泰统治者要求生产的贵重物品，主要在黑海附近的希腊城邦国家以及地中海地区生产，它们在斯基泰墓葬中有大量发现。到

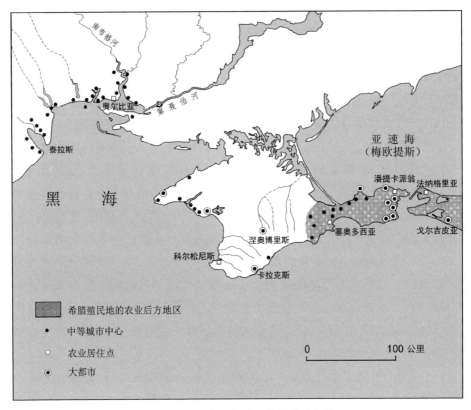

地图 6.3　黑海北部地区的希腊殖民地

（根据 Dolukhanov, *The Early Slavs*, p.130）

了公元前 4 世纪晚期,希腊的花瓶甚至开始见于普通斯基泰人的墓葬。反
过来,斯基泰人种植的谷物,首先供给博斯普鲁斯海峡的贸易城市。虽然我
们不知道这些贸易的细节,但是看起来很清楚:斯基泰的酋长充当中间人,
以贡品的形式索取谷物,然后用它交换黑海附近希腊城市的奢侈品。虽然
谷物是到目前为止最重要的斯基泰出口品,但是其他的商品也出口,包括毛
皮、家畜产品和家畜、蜂蜜、蜜蜡甚至奴隶。奴隶多是在地方冲突中抓获的,
对游牧的牧人来说很少有直接的用处,所以通常卖给地中海地区专门买卖
工匠或武士奴隶的商人。早在公元前 8 世纪,有斯基泰名字的奴隶就已在
地中海出现[100]。

　　斯基泰人也出售服务,特别是军事服务。他们通常为换取现金或贵重物
品而充当雇佣兵。公元前 6 世纪,当居鲁士与中亚塞种人部落作战时,斯基

表 6.1　区域性体系和"世界体系"

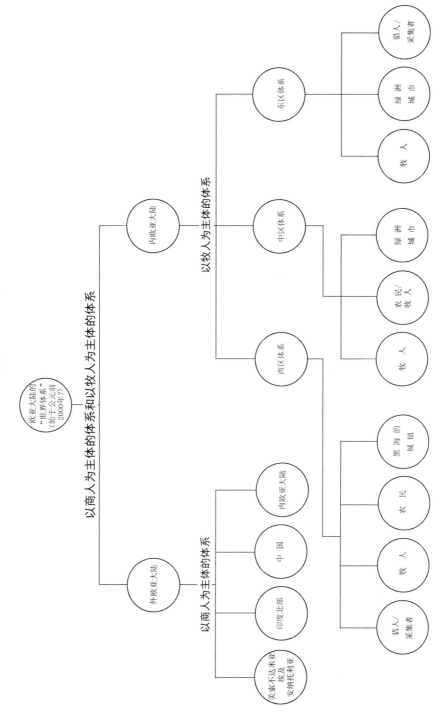

泰向居鲁士的军队提供了特遣队。公元前331年,斯基泰人也在马拉松或大流士三世军队的侧方与波斯作战。最后,斯基泰武士充当了阿契美尼德王朝的守备部队[101]。

尽管各种各样的斯基泰社会存在生态、语言和文化的差异,但是这样的交换确保了独特的黑海文化的出现,这种文化是希腊殖民者、本地农业居民以及占支配地位的斯基泰牧人共同创造的。希腊的花瓶渗透到草原和林地草原的城镇与村庄,甚至渗透到俄罗斯的森林和乌拉尔,将偏远的社会带入与希腊世界的商业联系之中。有的斯基泰雇佣兵可能在地中海地区生活了多年,他们返乡后无疑会将很多希腊的思想和文化因素深深植入斯基泰社会中[102]。

在奥尔比亚或潘季卡裴乌姆等希腊城市附近,斯基泰文化的折中主义表现得特别明显,那里出现了融合的世界,既不是斯基泰的,也不是希腊的。罗斯托夫特泽夫用一座1世纪的墓葬证据,展现出令人着迷的对斯基泰的克里米亚绅士生活的复原。

> 墓主人带着武器,有一个侍从跟随,正在骑马奔向他家的驻地——一顶真正的游牧式帐篷。他的全家人,妻子、孩子和仆人集合在一顶树荫下的帐篷前后。在树的后面是他的长矛,箭筒挂在树枝上。很容易解释:这位绅士是土地主,大多数时间住在城镇里。夏天的收获季节,他带上武器,由武装的仆人陪同携家前往草原。他监视土地上的工作,并保卫他的劳动者和庄稼不受防线外的邻居袭击。这些邻居包括山上的陶里兰人、残忍的步兵,以及平原上的斯基泰人、骑马人和土地所有者。谁知道是哪些人会来袭击呢?也许他本人也偶尔袭击别人。人们一般认为公元前2世纪潘季卡裴乌姆的墓葬绘画反映了上述邻居之间的战斗。我们见到当地的酋长带着他的小型军队,与黑胡须的陶里兰人作战,或与头发蓬松的斯基泰人作战……当搬家的时候,他用重型的车载运帐篷、家具和家人[103]。

156　　罗斯托夫特泽夫的想象复原提醒我们,尽管畜牧业在内欧亚大陆历史上占有绝对的地位,但它从来都不是以"纯粹"的形式存在的。它通常与其他的生态形式相互作用,并且还存在很多中间型的生活方式。

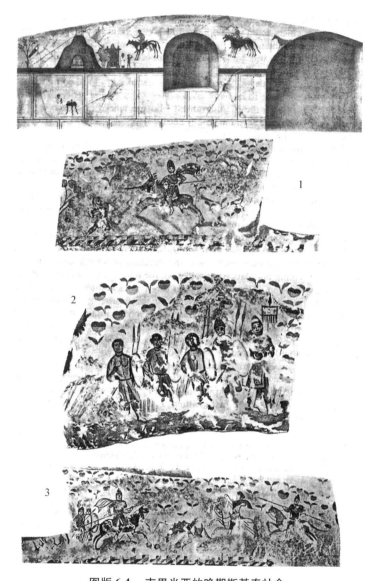

图版 6.4　克里米亚的晚期斯基泰社会

（引自 M. I. Rostovtzeff, *Iranians and Greeks in South Russia*, Oxford：Oxford University Press，1922）

157

注释

[1] N. A. Bokovenko, "History of studies and the main problems in the archaeology of southern Siberia during the Scythian period", in Savis-Limball ed., *Nomads*（pp.255－61），p.256.

［2］Khazanov, *Nomads*, p.95; Barfield, *The Nomadic Alternative*, pp.132－4; V. A. Bashilov and L. T. Yabolonsky, Introduction, in Davis-Kimball, ed., *Nomads* (pp.xi－xiv), p.xii.

［3］这是对大多数苏联学者研究的总结,更好的概览,见 Jacobson, *Burial Ritual*, pp.2－5; Bashilov and Yabolnsky, Introduction, in Davis-Kimall ed., *Nomads*, p.xiii。

［4］Khazanov, *Nomads*, p.95; L. T. Yablonsky, "Some ethnogenetical hypotheses", in Davis-Kimall ed., *Nomads* (pp.241－52), pp.241－3.

［5］Rudenko, *Frozen Tombs*, translator's intro., p.xxvi；关于在中国边境的马匹贸易,见 Jagchid and Symons, *Peace*, *War and Trade*, pp.8－10, 189。关于内、外欧亚大陆之间 的马的贸易,见 Denis Sinor, "Horse and pasture"; Golden, *Introduction*, p.9。

［6］Pulleyblank, "Why Tocharians?", pp.418－9；关于复合弓的革命,见 McEwen, Miller and Bergmanm, "Early bow design and construction", p.55。

［7］首先的四个因素,见 Watson, *Cultural Frontier*, pp.109, 113。最后的三个项目,见 Bashilov and Yablonsy, Introduction, in Davis-Kimball ed., *Nomads*, p.xiii and 195。关 于斯基泰影响的重要性,见 Esther Jacobson, "Symbolic structures as indicators of the cultural ecology of the early nomads", in Seaman, ed., *Fourdations of Empire*, pp.1－25; 见 A. Askarov, V. Volkov and N. Ser-Odjav, "Pastoral and nomadic tribes", in *HCCA*, 1：467－70。关于从克里米亚到蒙古东部体现"斯基泰"设计风格的"鹿石"的描述, 见 N. A. Bokovenko, "Tova during the Scythian period"; V. V. Volkov, "Early nomads of Mongolia", in Davis-Kimball ed., *Nomads* (pp.265－83, 319－33), pp.271－2, 325－32。

［8］Quintus Curtius, Ⅶ.8.30, Loeb edition, 2：205－7. 翻译者 Rolfe 推测"Tanais"是锡 尔河,但是看起来更可能是顿河。Briant, *Etat et pasteurs*, p.183, 注意到在很多希腊 和罗马的文本混淆了顿河和阿姆河。Klyashtornyi and Sultanov, *Kazakhstan*, pp.31－ 48 强调了在塞种人集团和斯基泰集团之间的种族和文化纽带的效力。

［9］Chang, *Archaeology*, 3rd, edn, pp.392, 394; Prusek, *Chinese Statelets*, pp.101, 119, 130, 134, 224; Chang, *Archaeology*, 3rd, edn, pp.391－4; Golden, Introduction, p.43; Ssu-Ma Ch'ien, *Record*, 1：74; Waldron, *The Great Wall*, p.38; N. Ishjamts, "Nomads in eastern Central Asian Nomads", in *HCCA* (pp.151－69), 2：151.

［10］Di Cosmo, "Ancient Inner Asian Nomads", p.1100, 1089, 该文强调了农业社会的生 存;Chang, *Archaeology*, 3rd, edn, p.391。

［11］Altheim, *Attila*, pp.19ff; Khazanov, *Nomads*, p.96. 关于采用牧人的军事技术和服装, 见 Ssu-ma Ch'ien, *Record*, 2：159。

158 ［12］Ishjamts, in *HCCA*, 2：152.

［13］Askarov, Volkov and Ser-Odjav, "Pastoral and nomadic tribes", in *HCCA*, 1：466－7；Di Cosmo, "Ancient Inner Asian Nomads", p.1099.

［14］A. Abeketov and H. Yusupov, "Ancient Iranian nomads in western Central Asia", in *HCCA*（pp.23－33），2：26－9；V. Semenov and K. Chugunov, "New evidence of the Scythian-type culture of Tnva", p.321, 据此得出的树轮校正年代为公元前 745±40 年。关于建造它所需的劳动力, 见 N. A. Bokovenko, "Tuva during the Scythian period", in Davis-Kimball ed., *Nomads*, p.265。

［15］N. A. Bokovenko, "History of the studies and the main problems in the archaeology of southern Sibera during the Scythian period", in Davis-Kimball ed., *Nomads*, p.260. 关于阿尔然墓葬更广泛的重要性, 也见 N. A. Bokovenko, "Tuvo during the Scythian period", pp.315－71；Semenov and Chugunov, "New Evidence", pp.322, 315－7。根据匈奴的制度, 在单于之下的封号是面向北方的左贤王, Ssu-ma Ch'ien, *Record*, 2：164。

［16］Bokovenko, "Tuva during the Scythian period", in Davis-Kimball ed., *Nomads*, pp.280－1.

［17］Abetekov and Yusupov, "Ancient Iranian nomads", in *HCCA*, 2：23－4；见 Vogelsang, *Rise and Organisation*, pp.108－9, 113－6, 131－2 中的讨论；V. I. Sarianidi, in *Ancient Civilization*, Dec, 1995, p.301 指出 "Hamavarga" 的意思是 "那些创造了 Haoma 的斯基泰人", 例如 "Soma", 由此将它们与早期形式的琐罗亚斯德教的仪式联系起来；也见于 L. T. Yablonsky, "Some ethnogenetical hypotheses", in Davis-Kimball ed., *Nomads*, pp.250－1；P'iankov, "The Ethinc History of the Sakas"。

［18］Abetekov and Yusupov, "Ancient Iranian nomads", in *HCCA*, 2：30；Briant, *État et pasteurs*, p.223.

［19］Tolstov, *Po Drevnim del'tam*, pp.80－6, 137, 139, 154.

［20］Masson and Sarianidi, *Central Asia*, p.166. 关于塔吉斯肯文化, 也见于 A. Askarov, "The beginning of the Iron Age in Transoxania", in *HCCA*（pp.441－580），1：444－6。

［21］Tolstov, *Po Drevnim del'tam*, pp.86, 182－4.

［22］Moravcsik, *Byzantinoturkica*, 1：39；参考 *Iliad* ⅩⅢ, 3－8；*Odyssey*, ⅩⅠ, 14－9。

［23］Dolukhanov, *Early Slavs*, p.118.

［24］Khazanov, "The Early State", p.427；关于其基地建在北高加索的可能性, 见 V. G. Petrenko, "Scythian culture in the north Caucasus", in Davis-Kimball ed., *Nomads*（pp.5－22），p.9。

［25］关于对巴勒斯坦的进攻, 见 Jeremiah, 5：15－8, 该文提到 "一个伟大的民族，……一个古老的民族，一个我们不知道它的语言的民族……他们的箭筒是一座打开的坟墓, 他

们都是强者。而且他们将要吃掉你的收成,你的面包,……他们将要吃掉你的牲畜和牧群;……他们将要使你设防的城市变得贫穷"。

［26］A. I. Melyukova, "The Scythians and Sarmatians", in *CHEIA*（pp.97 – 117）, pp.99 – 100; 关于他们经过 Darbands 的考古学证据,见 Braund, *Georgian in Antiquity*, pp.45 – 6; Melyukova, *Stepi evropeiskoi chasti SSSR*, p.34。Vogelsang 已经指出,他们从里海的南部攻克并与米提亚的贵族融合,见 Vogelsang, *Rise and Organisation*, pp.214 – 5。

［27］V. G. Petrenko, "Scythian culture in the north Caucasus", A. Melykova, "Scythians of southeastern Europe"（pp. 27 – 61）, in Davis-Kimball ed., *Nomads*, pp. 18, 31 – 2; Marčenko and Vinogradov, "The Scythian period", p.806; Melyukova, *Stepi evropeiskoi chasti*, pp.48 – 9.

［28］Marčenko and Vinogradov, "The Scythian period", p.806.

［29］对大流士战役的描写见 Herodutus Ⅳ: 1, 46, 83 – 7, 89, 92, 93, 97 – 8, 102, 118 – 43;以及 Ctesias（fragments 13, 20 – 1）和 Strabo（Ⅶ, 3, 14）中的描写。根据 Strabo 的记载,大流士的军队在到达德涅斯特河以前,刚从长达 15 天的向多瑙河东北的行军中返回。

［30］Melyukova, *Stepi evropeiskoi chasti*, p.40;我使用了 Marčenko and Vinogradov, "The Scythian period"的分期,见 p.808。

［31］Khazanov, *Nomads*, p.51, 引自 Strabo, Ⅶ. 3. 17。

［32］在 Khazanov, *Sotsial'naya istoriya*, 157 中引用。

［33］Dolukhanov, *Early Slavs*, p. 120; Melyukova, *evropeiskoi chasti*, p. 35; Melyukov, "Scythians of southeastern Europe", in Davis-Kimball ed., *Nomads*, p.29.

［34］M. G. Moshkova, "Brief review of the history of the Sauromatian and Sarmatian tribes", in Davis-Kimball ed., *Nomads*, pp.85 – 9.

［35］Diodurus, 2.43. 引自 E. I. Lubo-Lesnichenko, "The Huns 3rd century BC – 6th century AD", in Basilov ed., *Nomads of Eurasia*（pp.41 – 53）, p.41;也见于 Sulimirski, *The Sarmatians*, p. 18; Tolstov, *Po drevnin del'tam*, p. 186; Y. A. Zadneprovskiy, "The nomads of northern Central Asia after the invasion of Alexander", in *HCCA*（pp.457 – 72）, 2: 465 – 6。

［36］M. G. Moshkova, "Brief review", in Davis-Kimball ed., *Nomads*, pp. 87 – 9, 150; Marčenko and Vinogradov, "The Scythian period", p.811.

［37］Melykova, "The Scythians", in *CHEIA*, p.107; V. S. Olkhovsky, "Scythian culture in Crimea", in Davis-Kimball ed., *Nomads*, pp.72 – 3; Khazanov, "Early state", p.427;自公元前 5 世纪起斯基泰人和萨尔玛特人的缓慢渗透,见 Sulimirski, *The Sarmatians*, pp.100－11。

［38］Tolstov, Po drevnim del'tam, pp.128, 89ff, 123－7; N. N. Negmatov, "States in north-western Central Asia", in *HCCA* （pp. 441－56）, 2：446－9; Yablonsky, "Some ethnogenetical hypotheses", in Davis-Kimball ed., *Nomads*, pp.251－2.

［39］Loeb edn, 2：235, from Q. C. Ⅷ.i.11－3; 出自 Afrasiab 的壁画遗存说明这个汇报的准确性。关于 Afrasiab 的早期历史,见 Ocherki istorii SSSR：*pervoobshchinnyi stroi*, p.242; Shishkina, "Ancient Samarkand", pp.86－9; Gafurov, *Tadzhiki*, 1989, i：95－6。

［40］Askarov, "The beginning of the Iron in Transoxaina", in *HCCA*, 1：454－5.

［41］在 Margiana,Gonur 其中面积最大的约 22 公顷。Lamberg-Karlovsky, "The Bronze Age khanates", p.403。

［42］Masson and Sarianidi, *Central Asia*, p.160.

［43］据 Boyce, *History*, 1：189－90;但是其他文献将他追溯到公元前 6 世纪,部分基于居鲁士对琐罗亚斯德的守护神的认同,Vistaspa; Boyce, *History*, 2：68－9。

［44］Abetekov and Yusupov, "Ancient Iranian Nomads", in *HCCA*, 2：23; Boyce, *History*, 1：184－8; 1：4, 13－4, 17, 104－7;《阿维斯塔》直到公元前 6 世纪才常见于文学作品,同上注,1：20。

［45］这个包括终极审判、战胜魔鬼、复活和永生的来世论,成为地中海世界一神论宗教的中心思想;Boyce, History, 1：246。

［46］Boyce, *History*, 1：192－3,中亚早期国家的问题,在 Gafurov, *Tadzhiki*, 1989, 1：71－4 中有很清楚的讨论;Frye 怀疑任何形式的较紧密而非较松散的城邦联盟的存在（*History of Ancient Iran*, p.62）;但是 Gardiner-Garden 对存在一个前阿契美尼德的巴克特里亚国家的观点持十分谨慎的态度（*Ktesias*, pp.6－8）。

［47］Rostovtzeff, *Iranians and Greeks*, pp.61－2.

［48］Tret'yakov and Mongait, eds, *Ocherki istorii SSSR: pervoobshchinnyi stroi*, p. 323; Rostovtzeff, *Iranians and Greeks*, p.63.

［49］Braund, *Georgia in Antiquity*, pp. 89－90; Marčenko and Vinogradov, "The Scythian period", p.806; 关于 Olbia, 见 *Ocherki istorii SSSR: pervoobshchinnyi stroi*, pp.326－32。

［50］Braund, *Georgia in Antiquity*, p.86.

［51］di Cosmo, "Ancient Inner Asian nomads", pp.1110－1.

［52］Melyukova, "The Scythians", in *CHEIA*, p.104.

［53］Rolle, *Scythians*, p.117.

［54］Haussig, *Geschichte Zentralasiens ... in vorislamischer Zeit*, p.32 将其定位在伏尔加,但是希罗多德提出（4：123）,大流士劫掠这个城市说明它是十分靠西的。见 Melyukova,

160

Stepi evropeiskoi chasti, pp.47 – 8 关于 Budini 和对 Gelonus 遗址的论战。

[55] Khazanov, "Early State", p.429; Melyukova, "The Scythians", in *CHEIA*, p.104. L. Pavlinskaya 将 Atheas 的王国描述为"历史上第一个游牧的国家",见 Basilov ed., "Scythians and Sakians 8th – 3rd centuries BC", in *Nomads of Eurasia*（pp.19 – 39）, p.27。

[56] Rolle, *Scythians*, p.121; Melyukova, *Stepi evropeiskoi chasti*, pp.52 – 3.

[57] M. Yu. Treister, "Archaeological news from the northern Ponic region", in *Ancient Civilization from Scythia to Siberia*, 1: 1(1994: 2 – 39); p.32.

[58] Rudenko, *Frozen Tombs*, p.221; Herodotus, Ⅳ, 64; 鲁金科的书仍然是关于巴泽雷克墓葬的基础性文献, 但是在这个地区的发掘一直持续到今天; 在 N. A. Bokovenko, "Scythian cultures in the Altai mountians", in Davis-Kimball ed., *Nomads*（pp.285 – 97）, pp.288 – 92 中有简要的描述。

[59] 在 Boris a. Litvinskii, in Seaman ed., *Ecology and Empire*, pp.61 – 72 中对中亚现代和古代多种类型的畜牧业有极精彩的描述; Klyashtornyi and Sultanov, *Kazakhstan*, pp.328 – 34 中有对早期的现代高加索移民同样生动的描述。

[60] Rudenko, *Frozen Tombs*, p.60.

[61] Gryaznov, *Civilization of Southern Siberia*, p.155; Rudenko, *Frozen Tombs*, p.57; 关于马的饲养, 见 Melyukova, *Stepi evropeiskoi chasti*, p.114; Sinor, "Horse and Pasture"描写了草原矮种马的天性; Barclay, *Role of the Horse*, p.87; Azzaroli, *Early History*, pp.69 – 70。

[62] Melyukova, *Stepi evropeiskoi chasti*, pp.114 – 5; Herodotus 注意到斯基泰人从来不养猪, 考古证据也支持这个观点, Ⅳ: 63。

[63] M. V. Kriukov and V. P. Kurylev, "The origins of the yurt: Evidence from Chinese Sources of the third Century B.C. to the thirteenth Century A.D.", in Seaman, ed., *Foundations of Empire*, pp.143 – 56.

[64] 引自 Rudenko, *Frozen Tombs*, p.62; Melyukova, in *Stepi evropeiskoi chasti*, p.113, 出自 Pseudo-Hippocrates, "On wind, water and places", p.25。

[65] Khazanov, *Sotsial'naya istoriya*, pp.164 – 6.

[66] Rhoads Murphey, "An ecological history of Central Asian nomadis", in Seaman, ed., *Ecology and Empire*（pp.41 – 58）, pp.47 – 8.

[67] Rolle, *Scythians*, p.94.

[68] 引自 Rudenko, *Frozen Tombs*, p.212. Ctesias 是阿契美尼德宫廷的物理学家, 他写的一部波斯历史残本流传下来, 关于他的介绍, 见 Vogelsang, *Rise and Organisation*,

pp.210 - 14; Gardiner-Garden, *Ktesias*。关于劳动力的性别分工，见 Lacobson, *Burial Rituals*, p.16; Melyukova, "The Scythians", in *CHEIA*, p.106。

[69] Davis-Kimball, "Warrior women", p.45; Davis-Kimball and Yablonsky, *Kurgans*.

[70] Smirnov, "Une 'Amazone' du Ⅳe siècle", pp.121 - 41; Melyukova, "The Scythians", in *CHEIA*, p.112; Dolukhanov, *Early Slavs*, p.123.

[71] Smirnov, "Une 'Amazone' du Ⅳe siècle".

[72] 在本文的上下文关系中，名词"*archai*"可以解释为"酋长"或"官员"，见 Khazanov, *Sotsial'naya istoriya*, pp.120 - 1; 匈奴在战斗后，那些俘虏了敌人或取下敌人头颅的人将得到一杯葡萄酒; Ssu-ma Ch'ien, *Records*, p.165。

[73] Rolle, *Scythians*, p.83.

[74] 同上注, p.65。

[75] Sulimirski, *The Sarmations*, pp. 29, 81; T. Sulimirski, "The Scythians", in *The Cambridge History of Iran* vol.2, Cambridge: Cambridge Univerisity Press, 1985, pp.149 - 99, 指出有的斯基泰人也使用铠甲，但是没有马鞍或者马镫; 关于灌溉农业，见 Tolstov, *Po drevnim del'tam*, pp.80 - 6, 136。

[76] Maenchen-Helfen, *World of the Huns*, pp. 242 - 7; Abetekov and Yusupov, "Ancient Iranian nomads", in *HCCA*, 2: 30; Rolle, *Scythians*, p.67.

[77] 引自 Maenchen-Helfen, *World of the Huns*, pp.242; 见 pp.241 - 50 对草原上的铠甲的讨论。

[78] Sulimirski, *The Sarmatians*, 32; McEwen, et al., "Early Bow Design", p.56; 关于马镫，见 Barclay, *The Role of the Horse*, pp.40 - 1。

[79] O. Lattimore, *Nomads and Commissars: Mongolia Revisited*, New York: Oxford University Press, 1962, p.41.

[80] 同上注, pp.41 - 2。

[81] Khazanov, "The Spread of world religions", p.12.

[82] Herodotus 的记载在Ⅳ, 36, 59 - 63, 67 - 73, 76; 也见于 Melyukova, *Stepi evropeiskoi chasti*, pp.68, 122。

[83] Vitebsky, *The Shaman*, p.93.

[84] 在 Heather, *The Goths*, pp.5 - 7 中有对部落社会种族问题很好的讨论。

[85] 对斯基泰墓葬最好的描述在 Rolle, *Scythians*。

[86] Herodotus, *Histories*, Ⅳ: 71, 72 描述了一座王室墓葬; 关于 Chertomlyk, 见 E. V. Chernenko, "Investigations of the Scythian tumulin in the Northern Pontic Steppe", in *Ancient Civilizations from Scythian to Siberia*, 1(1) (1994): 45 - 53; pp.47 - 8; 也见于:

Alekseev, Murzin and Rolle, *Chertomlyk*。

[87] Melyukova, "The Scythians", in *CHEIA*, pp.105 – 6; 关于 Tolstaya Mogila, 见 Rolle, *Scythians*, pp.34 – 5。

[88] Briant, *Etat et pasteurs*, p.195, 提出真正的日期是公元前 513 年。在公元前 519 年,大流士对中亚的塞种人发动的战役十分成功,俘虏了国王 Skaunkha。Briant 补充道, B. A. Rybakov 在他的 *Gerodotova Skifiya* 中已经展示了希罗多德记载的准确性, 见 *Gerodotova Skifiya*, Moscow, 1979。然而, *Cambridge Ancient History*, 1980, vol. Ⅳ, pp.234ff 对此很怀疑。

[89] 例如, W. Irons, "Political stratification among pastoral nomads", in *Pastoral Production and Society* (pp.361 – 74), p.362; Khazanov, *Nomads*, p.3, 认为所有的游牧社会(例如,放牧的游牧人)都依赖外面的社会。然而,这仅适用于游牧人的国家。

[90] Golden, "The Qipcaqs of Medieval Eurasia", in Seaman and Marks, eds, *Rulers from the Steppe*.

[91] 引自 Khazanov, *Sotsial'naya istorya*, p.156; 关于斯基泰的堡垒, 见 Melyukova, *Stepi evropeiskoi chasti*, p.68。

[92] 出自 *Tristia ex Ponto*, 引自 Gryaznov, *Civilization of Southern Siberia*, p.132。

[93] Sulimirski 认为这是公元前 5 世纪斯基泰早期法则的真实情况; "The Scythians", in *Cambridge History of Iran*, p.154。

[94] Melyukova, *Stepi evropeiskoi chasti*, pp.115 – 6.

[95] 同上注, p.120; 关于这条贸易路线的描述见 Herodotus, Ⅳ: 24。

[96] Rudenko, *Frozen Tombs*, p.223. 尽管马可能充当了某种形式的货币, 但在阿尔泰, 草场太小, 不能使马成为贸易的主要商品。在草原, 关于"毛皮之路", 见 Rubinson, "A reconsideration of Pazyryk", in Seaman, ed., *Foundation of Empire*, pp.68 – 76。

[97] Haussig, *Geschichte Aentralasiens … in vorislaischer Zeit*; Melyukova, *Stepi evropeiskoi chasti*, p.120.

[98] Melyukova, *Stepi evropeiskoi chasti*, p.115.

[99] Braund, *Georgia in Antiquity*, pp.126 – 7, 132 – 5, 123 – 5; Braund 指出,与波斯贸易的证据说明,雅典在公元前 5 世纪晚期以前并没有像有时猜测的那样依赖乌克兰的谷物;也见于 P. D. A. Garnsey, "Grain for Athens", in P. A. Cartledge and F. D. Harvey, eds, *Crux: Essays in Greek History Presented to G.E.M. de Ste. Croix*, Exeter, 1985, pp.62 – 75; Melyukova, *Stepi evropeiskoi chasti*, p.117。

[100] Melyukova, *Stepi evropeiskoi chasti*, p.198.

[101] Briant, *Etat et pasteurs*, p.198.

162

[102] Haussig, *Geschichte Aentralasiens … in vorislaischer Zeit*, pp.41－8, 认为这可能是希腊文化渗透入斯基泰的一条非常重要的路线。

[103] Rostovtzeff, *Iranians and Greeks*, pp.160－1.

延伸阅读

现在，我们首次找到了文献资源。关于内欧亚大陆最重要的早期文献是希罗多德和司马迁的。关于斯基泰时代的考古，见 *HCCA*, vol.2, Rudenko, *The frozen Tombs*；Rolle, *World of the Scythians*；Artamanov, *Kimmeritsy I skify*；Gryaznov, *Civilization of Southern Siberia*；Davis-Kimball ed., *Nomads*；以及 Melyukova 的研究。McEwen et al., "Early Bow Design"中有对斯基泰复合弓的讨论。关于东部地区，见 Watson, *Cultural Frontiers*；*Journal of Indo-European Studies*, vol.23, nos 3 and 4（1995）；Prusek, *Chinese Statelets*；Chang, *Archaeology of Ancient China*。关于中亚，见 Briant, *Etat et pasteurs* 和 *L'Asie Centrale*；Tolstov, *Po drevnim del'tam*；以及 *HCCA* vol.2。关于黑海草原，见苏联最著名的斯基泰专家 Melyekova 的研究成果，还值得参考的有 Khazanov, *Sotsial'naya, istoriya*；Dolukhanov, *Early Slaves* 中的简要概述。在 Rice, *The Scythians*；以及 Philips, *The Royal Hordes* 中有非常通俗的描写，并配有插图。尽管年代较早，Rostovtzeff 的 *Iranians and Greeks* 仍然很有价值。Kursat-Ahlers, *Zur fruhen Staatenbidung*；Khazanov, "The Early State among the Scythians"；Krader, "The Origin of the State"；以及 Christian, "State Formation in the Steppes"，只是关于牧人世界国家形态的庞大文献中的一部分。关于早期 Georgia，见 Braund, *Georgia in Antiquity*。关于丝绸之路，Haussig, *Geschichte Zwntralasiens … in vorishlanischer Zeit* 有很多有趣的观点和假说，但不是完全可靠的。关于萨尔马特人，标准的历史是 Sulimirski, *The Sarmatians*，也可阅读 Davis-Kimball, *Nomads of the Eurasian Steppes* 关于最近考古工作的总结。关于亚马逊，见 Davis-Kimball, "Warrior Women of the Eurasian Steppes"；Smirnov, "Une Amazon"；以及在 Blok, *The Early Amazons* 中轻蔑的记述。关于宗教，见 Boyce, *Zoroastrians*, *A History of Zoroastrianism*；以及 Khazanov, "The Spread of World Religins"。

第七章　外欧亚大陆人的入侵及其余波

公元前1千纪,军事化牧人对外欧亚大陆农业地区的威胁,以及一些内欧亚大陆边缘地区财富的增长,激发了农业国家尝试建立将部分内欧亚大陆包括在内的帝国。文献材料可以反映出这些帝国的早期统治对中亚及其邻近地区产生的影响,这也是后来的伊朗萨珊王朝、伊斯兰的哈里发和中国汉唐王朝出现的前兆。

一、外欧亚大陆人的入侵:公元前6世纪至前3世纪

(一)阿契美尼德王朝

第一个伟大的伊朗帝国——米底和波斯的阿契美尼德王朝的缔造者,是约公元前2千纪末从内欧亚大陆草原侵入伊朗人的后裔。短剑(akinakes)上的刻画,斯基泰的三翼镞,以及米底浮雕上的穿裤子习惯,都表现出他们与草原之间长期的联系[1]。因此,阿契美尼德王朝试图统治部分中亚地区,在某种意义上说代表了他们对原始伊朗人故乡的再一次征服。

米底和波斯帝国的历史可以从公元前7世纪中期米底人反抗其领主亚述算起。然而,他们建立的帝国很大程度上应归功于斯基泰人和塞种人的雇佣兵与同盟者,在某种程度上可将这一帝国视为牧人入侵的产物。这种入侵早在公元前2千纪就已出现,并在此后500年的帕提亚以及此后1500年的塞尔柱再次出现。公元前653－前624年之间,斯基泰部落对米底的统治可能也伴随着米底贵族的出现[2]。公元前624年,米底部落在国王基亚克萨雷斯的带领下重新独立,基亚克萨雷斯在杀了斯基泰的首领之后反叛斯基泰,并将米底

变成强大的国家,首都设在埃克巴塔纳(现代的哈马丹)。公元前612年,米底
与斯基泰结盟,摧毁了亚述首都尼尼微,占领了美索不达米亚的大部分地区,
可能也占领了后来被称作帕提亚的土库曼斯坦南部地区[3]。

164

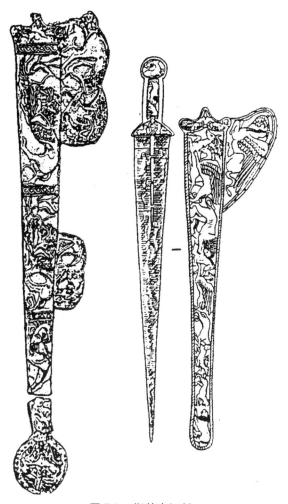

图7.1 斯基泰短剑

(引自 Jeannine Davis-Kimball, V. A. Bashilov et al., *Nomads of the Eurasian Steppes in the Early Iron Age*, Center for the Study of Eurasian Nomads, Berkeley, Cal.: Zinat Press, 1995)

公元前553 –前550 年期间,阿契美尼德家族的首领居鲁士二世(公元前
559 –前529 年在位)推翻了米底的统治者阿斯泰亚基斯,取得米底"伟大的国
王、国王的国王、大地的国王"的头衔,占领了美索不达米亚、帕提亚和安纳托

利亚。中亚南部富庶的贸易城市很快便引起了居鲁士的注意,他可能从米底人那里继承了帕提亚。到公元前 539 年,居鲁士已经占领了巴克特里亚和粟特的很多地方。然后,他在锡尔河(现代的乌拉-秋别)修建了包括库列斯卡塔或"居洛波利斯"在内的一系列塞堡。公元前 529 年,他决定征服住在乌兹别克草原的阿姆河三角洲和锡尔河三角洲之间的马萨格特人[4]。希罗多德对这次致命的最后战役的描写,使我们对这个边疆世界有一些生动而粗浅的了解(Ⅰ:201 - 16)。就在居鲁士侵入马萨格特人土地以前,马萨格特人的部落联盟首领或"国王"去世了,留下他的妻子托米莉斯继续其统治。根据希罗多德的记载,居鲁士战前在边界修建大量的堡垒,制造渡过阿拉克塞斯河(很可能165 是指阿姆河)的木筏[5]。然而后来居鲁士却同意和平地进入马萨格特人的土地,并与马萨格特人谈判建立新的双边关系。但是,在克洛伊索斯的建议下,吕底亚国王设了一个陷阱(希罗多德Ⅰ:127)。利用马萨格特人从没有见过波斯财富的机会,他布置了盛大的宴会,只用较弱的部队守卫。当马萨格特人占领了宴会并喝得大醉时,居鲁士的米底士兵趁着他们熟睡将其屠杀了三分之一。王子斯巴伽皮塞斯也被米底人活捉,但是他伺机自杀了。托米莉斯警告说,如果居鲁士不马上离开,那么"作为马萨格特人的主人,我向太阳宣誓,你由于噬血如狂,我会让你喝个够的"(Ⅰ:212 - 213)。居鲁士后来战死,(根据希罗多德的记载)托米莉斯将其首级浸泡在盛满血的皮囊里,兑现了她的恐怖誓言[6]。

居鲁士的继任者冈比西斯(公元前 529 -前 522 年在位)和大流士(公元前 521 -前 486 年在位),在中亚南部的很多地方恢复了阿契美尼德王朝的统治。的确,大流士本身与巴克特里亚有很密切的关系,他的父母可能既是巴克特里亚人,也是琐罗亚斯德教徒。大流士也将阿契美尼德王朝的统治扩展到塞种人部落,该部落曾威胁到从波斯中部到巴克特里亚以及东北行省呼罗珊的道路[7]。公元前 519 年,大流士在比苏通铭刻记录:

> 我和我的军队向塞种人的土地进军,戴着尖顶帽子的塞种人出来迎战。当我到了那条河(阿姆河?)附近,我和全体军队过河到了对岸。我们迅猛地袭击了一部分塞种人,其他的(部分)都被俘虏了……他们的首领斯坤哈被俘并被带到我面前。我给塞种人指派了我看中的新首领。于是这片土地为我所有[8]。

166

图版 7.1　波斯波利斯的石雕

（引自李零：《波斯笔记》，生活·读书·新知三联书店，2019 年，第 124 页，图 2－6；第 125 页，图 2－9）

此时阿契美尼德王朝的势力远达锡尔河,甚至进入了大流士曾经没有成功占领的土库曼草原。帕提亚、花剌子模、粟特和巴克特里亚要向阿契美尼德王朝纳贡,该地区的牧人也接受了伊朗的宗主权。为阿契美尼德王朝作战的中亚士兵遍及波斯帝国,他们的复合弓成为军队的主要武器。在遍及阿契美尼德王朝的遗址都能发现头戴尖顶帽身穿塞种人窄脚裤的中亚士兵的褐色陶塑像,甚至远达埃及的遗址也有发现[9]。

并入阿契美尼德王朝对中亚有哪些影响？历史学家时而认为阿契美尼德王朝是有强大中央集权的统一系统,时而认为它是被遥远的"国王的国王"所统治并任命的王侯组成的松散统治集团。最近的学术研究强调帝国统治的松散性,以及传统的统治者在阿契美尼德王朝的宗主权之下保持自主性的程度。早期的征服阶段之后,帝国在诸行省的统治主要依靠地方统治者的忠诚[10]。斯塔维斯基描述了阿契美尼德王朝在巴克特里亚的统治:

167

> 当亚历山大到来时或者更早的时候,阿契美尼德王朝的权力更依赖于地方贵族,而不是当地的守备部队和波斯的行政机关。贵族的忠诚看起来不仅是依靠阿契美尼德王朝政权的威力和统治,而且也得益于当地贵族对成为这一强大国家成员的兴趣[11]。

沃格尔桑也提出,塞种牧人从来都不仅仅服从于这个帝国,而是充当了管理中亚南部土地关键"中间人"的角色。据此可以推测,帝国的"国王的国王"头衔,是对阿契美尼德政权形式的确切描述。

> 波斯在东伊朗或者所有阿契美尼德王朝统治的基本结构所表现出来的图景,是在纳贡者和索贡者之间、补贴金的分配和税收之间、纳贡品和战利品之间的谨慎平衡。不仅波斯国王寻求这种平衡,而且国王的下属,以及相应的下属的下属等也在寻求这种平衡。在"金字塔顶部"的合作非常广泛,米底和斯基泰-塞种人是波斯最忠诚的扈从,因为万一这个系统崩溃,他们的首领就要遭受重大损失[12]。

公元前 518 年大流士一世进行改革,建立了 20 个行省,每个行省都由一位总督和一位独立的军事将领统领。希罗多德列出的每位总督提供贡品的表单,反映出帝国的中亚诸行省拥有相当多的财富。巴克特里亚的第十二总督缴纳了 360 塔兰特(即约 10 吨白银);塞种人和里海的卡斯庇的第十五总督缴纳了 250 塔兰特;花剌子模和粟特两地的第十六总督缴纳了 300 塔兰特(Ⅲ:93)。与这些数字相对应的是,最富庶的省份巴比伦和叙利亚缴纳 1 000 塔兰特,埃及缴纳 700 塔兰特,腓尼基、巴勒斯坦和塞浦路斯等贸易省缴纳 350 塔兰特。其中有的财富变成了首次在中亚流通的货币。根据希罗多德的记载(Ⅲ:17),控制中亚灌溉渠道是阿契美尼德王朝权力的关键部分。官员有时通过关闭灌溉渠道来强迫地方交税。帝国以设在苏撒的中央官僚机构为中心,作为一个整体运行,有分布广泛的警察和间谍网络监视这个系统。

阿契美尼德王朝建立起来的相对和平,以及官方的道路建设和对农业的支持,促进了帝国范围内贸易的发展,使内欧亚大陆贸易网络与伊朗、美索不达米亚和地中海的贸易网络之间的联系更加紧密。花剌子模的绿松石出现于波斯,阿契美尼德的商品则出现于草原深处,其中包括阿尔泰的巴泽雷克墓葬保存下来的一叠毯子[13]。帝国也鼓励不同地区之间的官方贸易,这可能导致了阿契美尼德文化在不同血统贵族之间的融合。阿契美尼德王朝也与亚述人一样,将迁走整个社区作为一种惩罚手段。这些被迫迁走的社区包括最早到中亚定居的希腊人。在总督辖地之外,还存在与帝国有松散联盟关系的地区,如锡尔河的马萨格特人和塞种人的部落[14]。

可能是波斯人首先将文字引进中亚。波斯官员使用的亚拉姆语字母后来为帕提亚、粟特和花剌子模的地域性文字奠定了基础,这些语言都与波斯语有密切的关系[15]。波斯人还建立了为官方传递邮件的高效驿马服务系统。另一方面,公元前 6 世纪晚期,波斯将琐罗亚斯德教定为国教,这表明中亚对帝国腹地也有相当大的文化影响。可能在阿契美尼德王朝建立之前,琐罗亚斯德教已经沿着从中亚延伸出来的商路逐渐进入伊朗西部。阿契美尼德家族成员可能早在公元前 600 年就接受了琐罗亚斯德教,因为人们发现,从那时开始,维什塔斯帕和阿托萨这样的阿维斯陀语人名就已经出现于皇室家庭[16]。

虽然将中亚的城邦并入阿契美尼德王朝有利可图,但是随着中央权力的衰落,地方的统治者最后都宣布了独立。约公元前 400 年,花剌子模,可能也包括部分粟特地区已经脱离了阿契美尼德王朝的控制,同时巴克特里亚常常处于一种反叛的状态。这些中亚总督的辖地保持了相对的独立,这可以解释为什么他们顽强地反抗亚历山大的征服[17]。此后一直到 7 世纪的阿拉伯统

168

治时期,中亚的广大地区才再一次并入一个持久的世界帝国。

(二) 马其顿人

居鲁士死后整整两个世纪,在一场与大流士所经历的相似战役之后,马其顿的亚历山大征服了中亚南部的很多地方。亚历山大于公元前 329 年进入巴克特里亚,他面对的是包括牧人和其他地方统治者——德赫干在内的松散联盟。最初,他的对手是巴克特里亚的贝修斯,该人是大流士时期的总督。贝修斯此前在赫卡东比鲁(现代的直辖市凯米斯)谋杀了大流士,然后自封为大流士的继任者。贝修斯在高加美拉已经统领了大流士军队中最强大的队伍(公元前 331 年)。其军队由来自巴克特里亚和粟特的带甲胄骑兵组成,而且他有办法让大多数人以最小的损失离开战场。贝修斯的支持者有粟特的斯皮塔梅涅斯,他同时也有希望得到其他地方军队的帮助,如来自花剌子模、帕提亚的大益人,粟特的塞种人,克什米尔以及锡尔河以外地区的塞种人等。然而,这些支持很多都不是具体的。贝修斯只设法调动了约 7 000 名骑兵,骑兵的人数太少,不足以与亚历山大直接交战[18],结果他不得不渡过阿姆河拆毁了自己的桥梁。

亚历山大率军追赶贝修斯,他们先是穿过巴克特里亚首都巴克特拉和现代的铁尔梅兹之间的一片恐怖的沙漠,然后乘充气皮筏渡过阿姆河。很快,贝修斯的同盟者向亚历山大求和并交出了贝修斯,将裸体的贝修斯用锁链锁着带到赫卡东比鲁。他们鞭挞贝修斯,砍下他的鼻子和耳朵,用阿契美尼德王朝最恐怖的处罚篡位者的刑罚处决了他[19]。

此时,巴克特里亚和粟特的很多地方都臣服于亚历山大。但是,像在他之前的居鲁士一样,亚历山大决定进攻锡尔河畔的牧人部落。锡尔河沿岸及其三角洲的许多设防聚落,早在居鲁士时期或更早的时候就已经成为入侵伊朗的基地。亚历山大的这个决定引起了大范围的暴动,经过两年的艰苦战役才镇压下去[20]。亚历山大从马拉坎达(撒马尔罕)总督的宫殿出发,向锡尔河进军。他在这里建造了设防的城镇——亚历山大里亚埃斯卡特①(现代的忽毡),这遭到了全费尔干纳和锡尔河以北牧人的反抗。亚历山大打败了一支锡

---

① 亚历山大里亚埃斯卡特英文原文为" Alexander Eschate",同一地点在地图 6.1 中标注为" Alexandria Eschate"。这里的译名与地图 6.1 中的统一。上述英文地名,学界也有译作亚历山大里亚、极东亚历山大里亚的。

尔河以北的牧人军队,占领了几座起义反抗他的设防城镇(土砖城墙根本抵挡不住马其顿的攻城器械)。然后,他像1500年后的成吉思汗一样,屠杀城镇中的男人,奴役妇女和儿童。与此同时,粟特在亚历山大的后方起义,使其经历了军事生涯中最糟糕的一次失败。这时亚历山大开启了一场最艰难的战役。在巴克特里亚(或可能在纳奥塔卡,现代的萨赫里萨布兹)过冬后,亚历山大花费了一年半的时间逐个摧毁粟特的设防城市,从希斯萨尔山开始,沿扎拉夫尚河行进,可能远达木鹿。他将希腊的士兵安置为守备部队,使很多被占领的城镇变成了希腊城镇。亚历山大也雇佣当地的士兵,用马其顿战斗风格的方阵训练他们[21]。

亚历山大战役的获胜也得益于这个地区相互的隔绝状态。花剌子模的统治者法拉斯马尼斯派出的代表团曾断言,大多数斯基泰人不支持亚历山大的对手[22]。根据阿里安的记载,公元前328年,亚历山大接受了进一步结盟的建议。这个建议来自当时已经去世的塞种人国王的兄弟兼继位者,提议亚历山大及其追随者通过迎娶塞种人首领女儿的方式与之联盟。这一外交策略表明,边疆地带的战争既有对效忠的重新洗牌,也有面对面的军事对峙。在中亚的政治权力中,馈赠礼物和联姻与战争一样重要。最后,斯皮塔梅涅斯被马萨格特人联盟杀害,因为这些马萨格特人认为面对亚历山大的入侵,最好的办法是与其谈判。亚历山大也将策略从镇压调整为安抚,公元前327年上半年,他娶了巴克特里亚公主罗克萨娜,她是另一位粟特对手欧克西亚特斯的女儿[23]。

马其顿统治的最直接影响仅局限于被亚历山大军队掠夺过的地区。当亚历山大大驾光临的时候,人们要承认他的权威,向其缴纳贡赋并提供军队。但是事实证明,在亚历山大启程去印度作战后,他的权威比阿契美尼德王朝的更为脆弱。在公元前323年死于巴比伦之前,亚历山大得知巴克特里亚已经反叛了他。约公元前305年塞琉古(公元前311－前281年在位)重新占领了巴克特里亚。但是,公元前281年,塞琉古及其继任者安条克一世(公元前281－前261年在位)虽然发动了两次抗击草原部落入侵的大型战役,仍未能将中亚河中地区或花剌子模纳入塞琉古王国的行政管理范围[24]。在这50年间,帕提亚和巴克特里亚也先后脱离了塞琉古王朝。塔恩写道,塞琉古王国与罗马帝国不同,罗马帝国可以比喻为一个脊椎动物,而塞琉古王国"更像一个甲壳纲动物,它不是从任何坚固的核心长出来的,而是被围在一个外壳内;塞琉古王国是涵盖多种人口和语言以及主要城市的框架。……甚至在最后解体前,任

170

何总督辖地都很容易私自建立起来……而不会危及他人的生活"[25]。在这方面,塞琉古王国与阿契美尼德王朝相似,事实证明它们建立了一种这个地区常见的模式。

但是,亚历山大的入侵通过建立新城市、加速发展商业,以及引进希腊人口和文化等,在文化和经济领域都给中亚带来巨大影响。在连接中亚西部与地中海文明方面,亚历山大所起的作用比阿契美尼德王朝要大得多。他也将伊朗的影响进一步扩大到锡尔河的东面和北面的草原地带。在锡尔河边疆,亚历山大打败了塞种人,这是北方牧人第一次遭受外欧亚大陆的打击,可能导致了波斯和锡尔河以外地区之间出现更直接的联系。很显然,巴克特里亚在中间调节了这种关系[26]。不过,亚历山大从来没有犯过完全占领草原地带的错误。相反,他将注意力集中在控制粟特和巴克特里亚的城市化绿洲的财富方面。

马其顿人的占领使一些地区遭受严重的破坏。撒马尔罕的大部分地区被亚历山大的军队摧毁,而且可能在几十年的时间里失去了原有的文化和经济实力。但是亚历山大也建设了新的城镇,如马尔吉亚纳绿洲的木鹿。在这里,当征服者变成定居者时,亚历山大开始建造长城,与同时期沿中国北方边界所建的长城相似。不久,木鹿被围在长城内,以阻挡游牧人的军队,巴托尔德称之为"第一个在中亚出现的此类建筑"[27]。修建这样的长城将成为内欧亚大陆历史上起关键性作用的制度,而且标志着抵御牧人进攻的防御设施规模明显扩大,塞琉古王朝的梅尔夫的长城便长达 250 公里[28]。

亚历山大使中亚和地中海地区重要的商业世界之间有了密切的联系,他在很多新建的城市中安置马其顿人,建立了从希腊延伸到帕米尔的统一的政治和文化带。根据阿里安的记载,亚历山大在阿姆河河谷建立了有 13 500 名士兵的殖民地,很多退役的士兵也留在新建的城镇中。虽然有的人在亚历山大死后叛逃回家乡,但是更多的人留了下来。这些士兵为当地的希腊化奠定了基础,他们新建的城镇促进了贸易的发展和城市化。亚历山大死后应该还是由希腊的指挥官掌权,他们自立为王,甚至发行自己的货币。在塞琉古及其继承者的统治下出现了新的城镇,他们在此铸造货币,出现了新的殖民地化浪潮[29]。

在阿姆河流域的阿富汗的阿伊哈努姆(现代名字的字面意思是"我的妻子,月亮")的发掘,已经显示出城市华丽壮观的一面,它在建筑、宗教、语言和生活方式上均奇妙地混合了希腊和当地的影响[30]。阿伊哈努姆可能是在公元前328年亚历山大的平乱战争期间修建的,尽管它在变成大城市之前已经有了灌溉工程。它是目前发现的所有希腊-巴克特里亚遗址中保存最好的,因为该城被希腊人废弃后再也没有重建。最初它的功能是军事性的,目的是保护阿姆河河谷的平原。城市的财富来自附近平原的灌溉农业,以及天青石、黄金、铜、铁和贵重矿石的开采[31]。该城建造在天然城堡状的地方,有一座卫城、一座宫殿、一个铸币厂、一个体育馆、贵族的住宅区以及庙宇。它的剧场比目前所知任何亚洲其他的希腊剧场都要大,只比埃皮达鲁斯的剧场稍小一点。但在巴克特里亚的剧场中出现王室的包厢,说明那里的希腊社会等级结构更明显。遗址中发现的人名明显反映出有来自希腊的居民,他们可能以城市附近的土地补助金为生,也有使用伊朗名字的巴克特里亚本地人[32]。

希腊的定居者平等地对待当地的神和希腊的神。正如塔恩所写的,"在多神的社会,你会很自然地崇拜当地的神"[33]。因此,他们将琐罗亚斯德教的神阿胡玛兹达神视为一种形式的宙斯神,将密特拉男神视为一种形式的阿波罗神。在其他地方,本地的神通常是一个具体城镇的神,也被供奉在希腊的万神殿,一些希腊人也开始崇拜印度神。钱币考古的证据表明,希腊-巴克特里亚的宗教也受到佛教的影响,后者早在公元前3世纪已传入当地[34]。

塞琉古王国采取的其他措施,例如引进新历法和新的银行规则等,促进了贸易和旅游,也促进了知识分子在整个王国范围内的交流。塞琉古本人对他的中亚诸省非常感兴趣,他娶了巴克特里亚的公主,即斯皮塔梅涅斯的女儿阿帕马,他们的儿子安条克一度成为巴克特里亚的总督。阿姆河和扎拉夫尚河沿岸灌溉绿洲的巨大财富,山区的金属和宝石,以及作为对抗草原游牧民族的堡垒的位置,使它们成为塞琉古王国至关重要的部分[35]。

二、边疆的王国

公元前3世纪中期,塞琉古王国在中亚失去控制力,出现了一些地方性的王国。其中的希腊-巴克特里亚王国和帕提亚王国,利用在长达两个世纪殖民期间建立的法律和官僚体系,创建了强大的区域性王国,这一类型的王国首次登上中亚历史舞台。

地理位置决定了塞琉古王国在该地的统治渐趋衰落,这与两个世纪前阿契美尼德政权的败落相似。随着中央政权控制力的下降,出现了地方的权力竞争,其中有两类竞争者:王国中央任命的总督和热衷于证明其自身权力的

172

图版 7.2 希腊-巴克特里亚货币

（承蒙大英博物馆的 Trustees 复制）

牧人首领。这种竞争模式持续了很多个世纪。另一种模式的竞争是：沿着权力分裂的裂痕，将东伊朗、巴克特里亚和粟特划分成三个不同的区域性政权。最重要的分界线是伊朗中部的沿巴克特里亚西部边界和阿姆河分布的沙漠。

（一）希腊-巴克特里亚王国：约公元前238-前140年

公元前3世纪中期，巴克特里亚的塞琉古统治者狄奥多图斯建立了号称"希腊-巴克特里亚"的王国。最初，狄奥多图斯铸造带有塞琉古王国省长——安条克二世名字的货币。约公元前246年安条克二世死后，狄奥多图斯铸造的货币开始将自己描述为"国王"[36]。约公元前238年，狄奥多图斯正式脱离塞琉古王国[37]。

希腊-巴克特里亚王国在巴克特里亚本地的控制最为牢固，而对粟特、花剌子模和费尔干纳的控制（如果这种控制的确存在的话）则十分松弛，尽管斯特拉波声称王国包括了这些地区的很多地方。希腊-巴克特里亚王国可能对塔里木盆地实行过一些管理，尽管希腊的军队不大可能进入这个地区。约公元前230年，狄奥多图斯的儿子——狄奥多图斯二世被希腊侨民总督欧西德穆斯推翻，后者的统治持续了约40年，一直到约公元前190年去世为止。欧西德穆斯统治期间，塞琉古王朝的统治者安条克三世企图恢复塞琉古王朝对巴克特里亚的统治，他在约公元前207-前206年期间围攻了巴克特里亚两年[38]。根据波利比尤斯的记载，欧西德穆斯告诉安条克三世，北面的大量蛮族正准备入侵巴克特里亚，这使两个王国达成了持久的和平协议。这个警告确实存在，因为欧西德穆斯和安条克都是希腊贵族的首领，他们所统治的人民在语言、文化和传统方面与粟特和土库曼草原上的牧人有密切联系[39]。

虽然希腊-巴克特里亚王国的官员可能有读写能力，但是关于其社会的文字证据和考古证据很少，我们所掌握的大多数证据都来自钱币。这使得希腊-巴克特里亚的历史年表至今仍然很模糊。然而，考古和钱币的证据足以证明，正如弗赖伊所写的，"希腊-巴克特里亚王国与塞琉古王国和托勒密王国一样，都是最伟大的希腊化王国"[40]。

巴克特拉的农业财富随着灌溉系统的改进不断增长，成为王国的核心，甚至是王国的第一个首都。这里的希腊人口最多，而且希腊语言、文化和艺术的影响也最大。阿伊哈努姆很可能是第二个首都,有华丽的宫殿;的确,它也有可能是最晚的希腊-巴克特里亚王国之一——欧克拉蒂德斯的首都,欧克拉蒂底亚[41]。

希腊-巴克特里亚钱币的分布、希腊-巴克特里亚从其他地区进口物品的出现,说明这里与印度西北部和塞琉古伊朗之间存在广泛的贸易联系,但是与地中海和中国的贸易联系则很有限。亚里士多德学派的哲学家克利尔克斯到印度调查宗教实践时参观了阿伊哈努姆,留下了一份出自德尔斐神殿的希腊格言,这是该地与其希腊故乡最晚的联系之一。在查拉赫的伊西多雷的"帕提亚站"里描述的当时最重要的商路,是从恒河河谷出发,通过塔克希拉(咀叉始罗),穿过旁遮普邦,经由兴都库什山进入巴克特拉,然后向西指向埃克巴塔那或安纳托利亚。同时还有另一条位于兴都库什山南麓的商路。利用第二条商路,希腊-巴克特里亚的商人有时能够绕开帕提亚,向南沿印度河到达巴里加沙(现代的布罗奇),之后通过海路到达美索不达米亚[42]。

约公元前 180 年之后,德米特里一世利用印度北部孔雀王朝崩溃的有利时机,将希腊-巴克特里亚的政权向南扩展到犍陀罗和印度北部及巴基斯坦,而这里已经有了很多中亚移民。在德米特里返回巴克特里亚的时候,他命令两位重要的将军——阿波罗多鲁斯(可能是他的弟弟)和米南德(希腊侨民)留下管理印度各省[43]。在巴克特里亚,德米特里被欧克拉蒂德斯打败,后者是被其亲戚——塞琉古的统治者安条克四世派来重新占领巴克特里亚的。公元前 2 世纪中期,米南德在印度北部建国称王,定都在今锡亚尔科特附近,他用很少的希腊贵族统治了以前由印度统治的居民。包括一本关于帕坦伽利梵文语法的语法练习书及其他原始资料在内的梵文参考书中,提到该地的亚瓦纳(希腊)武装力量,其他文献也说明米南德统帅下的希腊军队可能统治了西起巴里加沙,东到印度河河谷的摩揭陀的广大地区。可能米南德改宗了佛教,因为著名的巴利语佛教文本《弥兰陀王问经》,记录了弥兰陀(米南德)和佛教徒那先比丘之间的对话。欧克拉蒂德斯试图重建覆盖印度北部的巴克特里亚政权,但是没有成功,他最终在巴克特里亚抵抗帕提亚人入侵时战死[44]。

当希腊-巴克特里亚政权的重心向南面转移时,其北面的政权瓦解了。约公元前 140 -前 130 年,在建国一个世纪之后,希腊-巴克特里亚王国在塞种人部落的压迫下瓦解。这些塞种人是被来自东部草原的月氏牧人驱逐后南迁到巴克特里亚的(见本书第八、九章)[45]。巴克特里亚应该是逐渐衰落的,因为大城市中没有发现严重被毁的迹象。阿伊哈努姆在约公元前 145 年的废弃，可能标志着一次牧人的袭击，但此时西部的省份已经被帕提亚占领。赫利奥克勒(约公元前 145 -前 130 年在位)可能是巴克特里亚的最后一位希腊统治者，尽管到公元前 1 世纪在兴都库什山以南还残存着几个希腊的王国[46]。约公元前 129 -前 128 年，西汉的使者张骞发现月氏侨居在阿姆河北岸的粟特地区，他们已经在某种程度上控制了阿姆河南岸的巴克特里亚。张骞认为巴克特里亚存在很多军事实力很弱的小侯国[47]。

希腊-巴克特里亚正好在汉朝开通丝绸之路前陷落，巴托尔德把这一事件描述为"世界历史上首次在西方(希腊)和远东(中国)文献中都有记载的事件"[48]。从此一直到 7 世纪，中国的文献一直是记载中亚历史最重要的文字文献，因为此时中亚的很多地方都脱离了美索不达米亚文明和文化的轨迹。

175

(二)帕提亚王国：约公元前 238 -公元 226 年

希腊-巴克特里亚王国的衰落标志着外欧亚大陆在内欧亚大陆边地扩张活动的缓慢退潮。希腊-巴克特里亚王国的主要对手是帕提亚王国，它代表了一种截然不同的国家形式，即来自内欧亚大陆草原的王朝所统治的农业国家，这种类型的国家将在下一个千纪变得十分常见[49]。

约公元前 245 年，帕提亚行省的总督安德拉戈拉斯脱离塞琉古王国宣布独立。但是在公元前 238 年，安德拉戈拉斯不得不面对被称为"帕尼人"的牧人的入侵。像在阿契美尼德时代的马萨格特军队一样，帕尼人强大的军队既有步兵，也有重骑兵和轻骑兵。早在公元前 3 世纪初期，帕尼人就已经迁到南土库曼斯坦，成为塞种人部落的较大集团"大益人"的一个分支[50]。帕尼人有位精力充沛的首领阿萨息斯(公元前 238 -前 217 年? 在位)。虽然他在文献中只是一个模糊的人物，但沃尔斯基指出，阿萨息斯受到其继任者的敬畏，说明他是与成吉思汗等牧人领袖一样的军事和政治天才。阿萨息斯在位期间的货币将其表现为"手中有弓的斯基泰武士"[51]。帕尼人可能是被花剌子模草原上更强大的牧人驱逐到南面的。如果是这样，那么安德拉戈拉斯所经历的那次牧人入侵，从帕尼人的角度来看，就是一次武装撤退。阿萨息斯打败并杀死了安德拉戈拉斯，征服了帕提亚和赫卡尼亚后，他在今阿什哈巴德附近的尼萨建都。然而，此后长达一个世纪之久，他的继承者仍然继续使用塞琉古王朝的货币，这说明他们至少在名义上臣服于塞琉古王朝。苏联考古学家发掘了尼萨遗址,发现一座大型城堡、一个火神殿,以及一个巨大的葡萄酒窖。该遗址还出土了很多用亚拉姆语字母写在泥土碎块上的波斯语文件,通过它们能够了解到帕提亚某些地区的官僚工作和税收系统[52]。

由帕提亚和赫卡尼亚维持的帕提亚王国很脆弱,受到南面的塞琉古王国和北面的其他牧人的双重威胁。约公元前228年,塞琉古二世可能狠心地将阿萨息斯从帕提亚驱逐到了土库曼草原,但是阿萨息斯应该很快就回来了[53]。约公元前208年,安条克三世(公元前217-前191年?在位)从阿萨息斯的儿子——阿萨息斯二世的手中重新夺回了赫卡尼亚,但是很快又讲和,并且双方形成了依赖关系[54]。

将阿萨息斯的区域性国家变成大王国的是米特里达特一世(约公元前171-前138年)。公元前192年,罗马在马格尼西亚战争中打败了塞琉古王国,彻底削弱了塞琉古人。此后不久,米特里达特占领了塞琉古王国的大部分地区。公元前148年,米特里达特占领了米底,公元前141年,又占领了巴比伦王国。米特里达特取得上述胜利可能因为得到来自土库曼草原塞种牧人的帮助,后来他把这些牧人安置在萨卡斯坦行省(后来的锡斯坦)[55]。在东面,帕提亚人从希腊-巴克特里亚的手中夺取了马尔吉亚纳。塞琉古人最后的反抗遭到了米特里达特的儿子弗拉特斯二世(公元前138-前128年在位)的镇压。米特里达特占领巴比伦后,开始发行自己的货币,并模仿其阿契美尼德前辈,在货币上将自己描述为"伟大的国王"。这显示出米特里达特是伊朗的皇帝,而且也说明阿萨息斯在很大程度上认同的是阿契美尼德的定居传统,而不是其帕尼人祖先的牧人传统[56]。米特里达特创立的帕提亚王国将再持续四个世纪,并成为罗马在东方的主要对手,一直到该王国在224年灭亡。然而,即使在米特里达特的统治下,帕提亚王国仍然是一个几乎"分成很多部分的"由很多牧人组成的联邦。安息王朝①统治的是一个联邦国家,而不是统一的王国。

帕提亚的政体是牧人和农业传统的复合体,这种差异反映在政治、文化和宗教生活等方面。帕提亚的很多战斗力来自东部的牧人或半牧人。的确如塔恩所指出的,帕提亚实际上是一个双重的系统,西边由安息王朝统治,东边的统治王朝是苏林[57]②。苏林的权力归功于它曾在抵抗塞种人和马萨格特人入

---

① 《史记》将帕提亚称为安息,所以帕提亚王国也称安息王国、安息王朝。
② 《汉书》将苏林家族统治下的安息人与塞种人杂居的地区称为乌弋山离国。

侵的战斗中所起的作用,后两者摧毁了希腊-巴克特里亚王国,并于公元前130－前124年几乎消灭了帕提亚王国。一位苏林的王子曾率领他的10 000名骑兵及其部下组成的地方部队在卡雷打败了罗马人(公元前53年)。苏林的军队中有重骑兵,人和马都穿铁甲。他们不用马镫,骑的是专门在米底草原饲养的高头战马。但与所有的帕提亚军队一样,苏林的军队也包括轻骑兵,展现出牧人军队在战术上的灵活性[58]。

安息王朝从来都没有创造出一种像罗马那样的统一官僚机构,在其统治的不同地区建立任何形式的统一都需要有巨大的能力。安息频繁地从一个首都迁到另一个首都,从马尔吉亚纳的尼萨到赫尔卡尼亚的赫卡东比鲁,再从幼发拉底河的埃克巴塔那到泰西封,这反映出它缺乏明确的官僚中心。安息王朝应该也没有自己的军队(尽管它可能有一些自己的兵力),而不得不主要依赖于地方总督的军队或像苏林这样的贵族军队[59]。统治阶层"azat"或"free"在一定程度上是由"亲王"①和王子组成的强大团体,他们是帕尼人长老的后代和帕提亚骑兵部队的首领[60]。在这一统治阶层之下是人数众多的普通帕尼牧人阶层,该阶层在轻骑兵中占有重要地位。随着琐罗亚斯德教在帕提亚贵族中的缓慢传播,中亚的宗教传统塑造了帕提亚的意识形态。琐罗亚斯德教的象征,如火坛等,还出现在货币上。琐罗亚斯德教的圣典《阿维斯陀经》,也可能是在安息的统治下编成法典[61]。但是,即使琐罗亚斯德教也没能为帕提亚创造出强烈的统一意识。

虽然早期的安息王朝故意保持阿契美尼德的而非希腊的传统,但是帕提亚王国的经济、人口和政治中心仍然是位于巴比伦的富庶的希腊城市。在这里贵族的收入来自贸易或灌溉农业,他们并不认同安息王朝的牧人传统。巴比伦的城市与罗马的文化、商业和外交的联系最密切。安息不信任美索不达米亚的希腊城市,在帕提亚的守备部队中安置安息人的主管[62]。但是他们知道农业和贸易,特别是国际贸易的重要性,而且对扩展主要通过叙利亚北部的巴尔米拉的地中海的贸易,以及与高加索和印度北部的贸易不作任何阻挡。在米特里达特二世(公元前123－前87年)时期,帕提亚与罗马和中国都建立了外交联系。公元前1世纪晚期,可能正是帕提亚首次将中国使者馈赠的丝绸传入罗马[63]。通过阻止中国与罗马商人和官员之间的直接接触,安息和美

177

---

① 译文中"亲王"的英文原文为sub-kings。

索不达米亚的城市分享了垄断新建商路贸易的收益。《后汉书》记载:"大秦(罗马)的国王总是愿意派遣使节到中国,但是帕提亚希望与大秦作中国丝绸的贸易,因此切断了他们之间的联系"[64]。总之,帕提亚成功地阻断了中国和地中海之间的贸易。钱币学家在帕提亚以东几乎看不到任何拜占庭时期以前的罗马货币[65]。另一方面,有迹象表明,帕提亚的抵制可能促进了人们开辟从埃及到印度巴里加沙之间海上航线的尝试,这条航线可以绕过帕提亚,其东端很可能到达了中国沿海[66]。

考古发现表明,至少在帕提亚统治的早期,灌溉农业很繁荣。谷物种植面积扩大,葡萄和棉花、芝麻等经济作物的产量提高,人们与王国北部边境饲养牲畜的牧人之间有频繁的贸易往来[67]。这一时期的制毯业和金属制造业繁荣,马尔吉亚纳是当时的铠甲制造中心。

几个世纪以后,在草原牧人和罗马帝国的军事压力下,帕提亚的松散王国开始瓦解。约公元前 130 年有塞种人的大规模入侵;公元 72 年和 135 - 136 年,有来自高加索的阿兰部落的入侵。公元前 130 年塞种人入侵的导火索是弗拉特斯二世雇佣塞种人军队攻打塞琉古人,但是因为塞种人来得太迟而拒绝支付报酬。塞种人坚持要求赔偿损失,但是迟迟没有兑现,就开始袭击帕提亚,挑起一场新的战争,帕提亚的国王在这次战争中被杀[68]。公元 2 - 3 世纪,帕提亚与罗马经常发生冲突,不断衰落的安息王朝最后被来自波斯南部行省的一位地方统治者推翻。约 226 年,阿尔达希尔建立了萨珊王朝,以其祖父萨珊的名字为王朝命名[69]。根据阿拉伯历史学家泰伯里的观点,安息王朝与波斯的决战战场位于伊斯法罕和尼哈万德之间的今布尔嘎亚干附近,阿尔达希尔亲手杀死了最后一位安息国王阿塔巴诺斯[70]。

帕提亚松散的政治结构内部可以分为畜牧人口和农业人口两部分,这是典型的共生国家。在帕提亚之后,成功地入侵中国北方、阿富汗、伊朗和巴尔干等农业国家的牧人频繁创建了这种类型的国家,帕提亚的与众不同之处是它持续的时间非常长。

帕提亚王国也以另外一种方式展示了一种持久的模式,这个模式只在中亚边地较早时期的历史中有迹可循。在这里,条状的草原地带延伸到现代的阿富汗和伊朗甚至安纳托利亚,使得牧人的军队很容易深入到这些外欧亚大陆地区。通常情况下,他们建立起强大的外欧亚大陆国家,将其生态基础缓慢地从草原转变成耕地。最后,这些国家或多或少地演变成了传统的农业帝国,

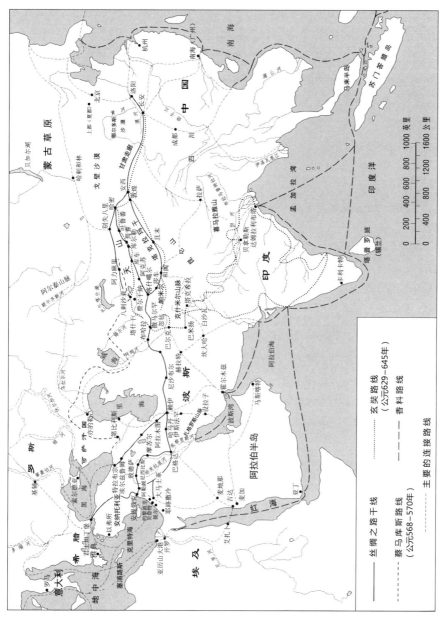

地图 7.1 丝绸之路

区别只是其统治阶层对以往牧人的传统、象征和随身物品的偏爱。在帕提亚之前，这一模式出现于公元前 2 千纪牧人对印度北部的入侵，也见于米底和波斯的早期历史。在帕提亚之后，我们可以看到这一模式反复出现于嚈哒和贵霜帝国、塞尔柱王朝、奥斯曼帝国以及印度北部的莫卧儿王朝。

注释

[1] Vogelsang, *Rise and Organization*, pp.142, 175.

[2] 同上注, pp.215, 305。

[3] Dandamayev, in *HCCA*, 2：38；Vogelsang, *Rise and Organization*, p.176.

[4] M. A. Dandamaev, *Polotical History*, pp.66, 33.

[5] 关于希罗多德搞错的名字，见 Vogelsang, *Rise and Organization*, p.183；Yabolnsky, in Davis-Kimball, ed., *Nomads*, p.251。

[6] 其他关于居鲁士死亡细节的记载有所差别，但都将其死亡地点定在东伊朗。见 Vogelsang, *Rise and Organization*, pp.187 – 9；Dandamaev, *Political History*, pp.66 – 8；根据 Ctesias 的记述，居鲁士死于后来的一次草原战役中的剑伤；见 Gardiner-Garden, *Ktesias*, pp.17 – 20。

[7] Vogelsang, *Rise and Organization*, p.131 – 2；关于大流士与巴克特里亚的关系，见 Holt, *Alexander*, p.39；Boyce, *History*, 2：69 – 9, 指出大流士的父亲是以琐罗亚斯德的守护神 Vistaspa 为名的。

[8] 引自 Dandamaev, *Political History*, p.136。

[9] Dandamaev, "Media and Achaemenid Iran"（pp.35 – 65）, in *HCCA*, 2：45.

[10] 见 Vogelsang, *Rise and Organization*, Introduction 中的讨论。

[11] Staviskij, *La Batriane*, p.25.

[12] Vogelsang, *Rise and Organization*, pp.244, 18.

[13] Dandamaev, "Media and Achaemenid Iran"（pp.35 – 65）, in *HCCA*, 2：55.

[14] Arrian 将反对亚历山大入侵的斯基泰人描写为"不屈服于 Bessus（巴克特里亚总督），但是……与大流士结盟"；引自 A. H. Dani and P. Bernard, "Alexander and his successors in Central Asia", *HCCA*（pp.67 – 97）, 2：67。关于希腊人在中亚最早的社会，见 Frye, *Heritage of Central Asia*, p.90；Gardiner-Garden, *Ktesias*, p.4。

[15] Dandamaev, "Media and Achaemenid Iran", in *HCCA*, 2：47 – 8, 55.

[16] Boyce, *History*, 2：7 – 8, 41.

[17] Frye, *History of Ancient Iran*, p.141.

［18］Bosworth, *Conquest and empire*, pp.107, 76－7; Briant, *Etat et pasteurs*, pp.207－10.

［19］Bosworth, *Conquest and empire*, p.108.

［20］这是 Holt 的解释,见 *Alexander*, pp.55－60。

［21］Bosworth, *Conquest and empire*, pp.117, 109－10; Holt, *Alexander*, p.66 有关亚历山大在 Nautaca 过冬;pp.62, 56 关于他在梅尔夫的驻防。

［22］Briant, *Etat et pasteurs*, p.224; Vogelsang, *Rise and Organization*, p.235 主张任何花剌子模的统治者都必须习惯于处理巴克特里亚与波斯总督的关系,因此法拉斯马尼斯派代表团到巴克特里亚的亚历山大处,可能是在达成协议以后。

［23］Dani and Bernard, "Alexdander and his successors in Central Asia", in *HCCA*, 2：72.

［24］Wolski, *L'Empire des Arsacides*, p.26.

［25］Tarn, *Greeks*, p.4.

［26］Briant, *Etat et pasteurs*, p.231.

［27］Barthold, "A short history of Turkestan", in *Four Sudies on Central Asia*（pp.1－68）, 1：3－6.

［28］这座长城有的部分已经发掘。Dain and Bernard, "Alexander and his successors", in *HCCA*, 2：91;作为从中国到苏格兰都存在的一种重要设施的长城,见 Lattimore, *Inner Asia Frontiers*, 2nd edn, xlv, xliv。

［29］*Ocherki istorii SSSR: pervoobshchinnyi stroi*, p.265; Dani and Bernard, "Alexander and his successors", in *HCCA*, 2：88－9.

［30］见 P. Bernard, "An ancient Greek city in Central Asia"; Litvinskii and Pichikian, "The Hellenistic architecture and art of the Temple of the Oxus"中有关 Takht-e Sangin 的另一个重要的希腊文化遗址。

［31］Rapin, "Greeks in Afghanistan：Ai Khanum", in Descoeudres, ed., *Greek Colonists*, p.331; P. Bernard, "The Greek kingdoms of Central Asia", in *HCCA*（pp.99－129）, 2：104; Holt, *Alexander*, p.62.

［32］Bernard, "Greek kingdoms", in *HCCA*, 2：105, 112.

［33］Tarn, *Greeks*, p.68.

［34］Bernard, "Greek kingdoms", in *HCCA*, 2：116－7; J. Hammatta, et al., "Religions in the Kushan empire" in *HCCA*（pp.313－29）, 2：314.

［35］Dani and Bernard, "Alexander and his successors", in *HCCA*, 2：91; Frye, *History of Ancient Iran*, p.167.

［36］Dani and Bernard, "Alexander and his successors", in *HCCA*, 2：95.

［37］Wolski, *L'Empire des Arsacides*, p.200.

［38］Gardiner-Garden, *Apollodorus*, p.21；根据一些记述,Euthydemus 与 Diodotus 共同领导了最初的撤退,同上注,pp.11, 23 - 9；也见于 Tarn, *Greeks*, p.82；Golden, *Introduction*, p.48；Bernard, "Greek kingdoms", in *HCCA*, 2：100；*Cambridge History of Iran*, 3(1), pp.239 - 40。

［39］Staviskij, *La Bactria*, p.28, 强调希腊-巴克特里亚王国的统治者和人民之间文化的巨大差距；Ploybius 的评论来自 K. Enoki, G. A. Koshelenko and Z. Haidary, "The Yüeh-chik and their migrations", in *HCCA* (pp.171 - 89), 2：179。

［40］Frye, *History of Ancient Iran*, p.179. 关于从塞琉古王国分裂出去的时间这一容易混淆的问题,见上注,pp.179 - 80。

［41］Bernard, "An Ancient Greek City in Central Asia"；Bernard, "Greek kingdoms", in *HCCA*, 2：100, 110.

181　［42］Haussig, *Geschichte Zentralasiens … in vorishamischer Zeit*, p.128；Dani and Bernard, "Alexander and his successors", in *HCCA*, 2：92；Bernard, in *HCCA*, 2：107, 125；Isidore of Charax, *Parthian Stations*。虽然断代在约公元元年,但是它的信息可能来自 Mithridates 二世(公元前 123 - 前 87 年在位) 当政时期；Wolski, *L'Empire des Arsacides*, p.13。

［43］Tarn, *Greeks*, pp.116 - 7；Bernard, "Greek kingdoms", in *HCCA*, 4：98 - 9.

［44］Tarn, *Greeks*, pp.219, 247, 258, 226 认为米南德在位时间是公元前 167 - 前 150/145 年；也见于 Puri, *Buddhism in Central Asia*, p.19；Bernard, "Greek kingdoms", in *HCCA*, 2：101。

［45］Enoki, Koshelenko and Haidary, "The Yüeh-chih", in *HCCA*, 2：178；Puri, *Buddhism in Central Asia*, p.191 认为月氏的入侵较晚；最早的入侵者是被月氏驱逐离开家乡的塞种人,后又被向南驱逐到更远的印度。

［46］Bernard, "Greek kingdoms", in *HCCA*, 2：103；Frye, *History of Ancient Iran*, p.193.

［47］Bernard, "Greek kingdoms", in *HCCA*, 2：103；Gardiner-Garden, pp.49 - 50.

［48］Barthold, "A short history of Turkestan", in *Four Studies on Central Asia*, 1：4.

［49］我们关于安息或帕提亚王国的认识仍然较匮乏且片面,因为没有当地的文字文献,碑铭或钱币的材料也很少,特别是早期的资料很少。有关其早期王朝的历史,我是根据 Wolski, *L'Empire des Arsacides* 复原的,该书第 200、201 页列出了大事年表。

［50］Colledge, *Parthians*, p.25；Wolski, *L'Empire des Arsacides*, p.101.

［51］Wolski, *L'Empire des Arsacides*, pp.69, 49, 52 - 7.

［52］Colledge, *Parthians*, p.27；Gafurov, *Tadzhiki*, 1：150 - 4.

［53］Wolski, *L'Empire des Arsacides*, p.68.

［54］Colledge, *Parthians*, p.27; Wolski, *L'Empire des Arsacides*, p.64.

［55］据 Tarn, *Greeks*, pp.222－3。

［56］Wolski, *L'Empire des Arsacides*, p.97; Colledge, *Parthians*, p.29.

［57］Tarn, *Greeks*, pp.204, 222－4 有关于苏林人在击败入侵的塞种人部落时所担当的角色;Wolski, *L'Empire des Arsacides*, p.90 接受了相似的理论;关于苏林,也见于 Colledge, *Parthians*, pp.31－2。

［58］Colledge, *Parthians*, pp.40－1, 61－2, 65; Wolski, *L'Empire des Arsacides*, p.113.

［59］Wolski, *L'Empire des Arsacides*, p.115; Colledge, *Parthians*, pp.62, 67.

［60］G. A. Koshelenko and V. N. Pilipko, "Parthia", in *HCCA*（pp.131－50）, 2：144－5.

［61］同上注,p.149。

［62］Wolski, *L'Empire des Arsacides*, pp.106－7.

［63］Yü, *Trade and Expansion*, p.165;关于帕提亚的贸易网络,也见于 Colledge, *Parthians*, pp.32－4; Koshelenko and Pilipko, "Parthia", in *HCCA*, 2：137－9。

［64］引自 Yü, *Trade and Expansion*, p.156。

［65］Koshelenko and Pilipko, "Parthia", in *HCCA*, 2：246; Colledge, *Parthians*, p.80.

［66］Yü, *Trade and Expansion*, pp.157, 172－6.

［67］Koshelenko and Pilipko, "Parthia", in *HCCA*, 2：136－7.

［68］Colledge, *Parthians*, pp.52, 166; Koshelenko and Pilipko, "Parthia", in *HCCA*, 2：133, 181－2, 457; Gafurov, *Tadzhiki*, 1：161－2.

［69］Colledge, *Parthians*, p.173;公元前 226 年的年代出自 Wolski, *L'Empire des Arsacides*, p.195。

［70］Lieu, *Manichaeism*, p.5.

延伸阅读

HCCA, vol. 2 再次变得极为有用,但是对于中亚来说,*Cambridge History of Iran* 也值得珍视。有大量研究阿契美尼德王朝的文献,其中特别有价值的是 Vogelsang, *The Rise and Organization of the Achaemenid empire*; Frye, *History of Ancient Iran*; Briant, *Durius and L'Asie central*; Dandamaev, *A Political History*;以及 Gardiner-Garden 的论文。关于中亚的阿契美尼德王朝,可阅读 Bosworth, *Conquest and empire*; Holt, *Alexander the Great and Bactria*;以及 Briant, *Etat et pasteurs*。关于希腊-巴克特里亚王国,虽然 Tarn, *The Greeks in Bactria* 的成书年代较早,但仍然是基础性的;也可以阅读 Staviskij, *La Bactriane*; Bernard, "A ancient Greek city"; Bernard, "The Greek kingdoms of Central Asia", in *HCCA* 2：99－129; Litvinskii and Pichikian, "The Hellenistic architecture and art of the Temple of the Oxus"。关于帕提亚,

在 Debevoise, *A Polotical History of Parthia*; Colledge, *The Parthians* 中的概述很有帮助,但 Wolski, *L'Eempire des Arsacides* 的研究成果是最新的。关于商路,见 Haussig, *Geschichte Zehtralasiens … in vorislamischer Zeit*; Yü, *Trade and Expansion*; Schoff, trans., *Parthian Stations*。

第八章　匈奴帝国

公元前 2 世纪,草原东部一个伟大牧人帝国的出现,引发了新一轮的迁徙浪潮,在长达五百余年的时间里,内欧亚大陆草原都能感受到这一驱动力。匈奴帝国的兴衰影响了整个内欧亚大陆,也间接地决定了从中国到罗马这些农

地图 8.1　公元前 200 -公元 1800 年的内欧亚大陆牧人国家

业帝国的发展方向。

一、匈奴帝国的创立：公元前 200 -前 133 年

184　　　(一) 匈奴帝国的起源

公元前 4 世纪,中国的官员已经知道在其北面有几个强大的牧人集团,他们用"胡"来统称这些骑马的蛮族,这些胡人与他们早已熟悉的农业蛮族有很大的差别。公元前 300 年,中国北方有三个大型牧人联盟,这些联盟的稳定性说明,他们正处于真正牧人国家的形成阶段。其中一个集团——匈奴,是以鄂尔多斯地区为基础,位于黄河北面的拐弯处[1]。东胡(即"东方的蛮族")统治东部蒙古,讲印欧语的月氏占领了甘肃。

与"斯基泰"等很多出现于文献的草原民族的族名一样,"匈奴"这一称呼不仅用于指代有特定语言和传统的具体部落集团,在通常情况下也指一个规模较大且有内部差异的部落集团,该集团通常有一个总的首领。虽然大多数被描述为"匈奴"的部落有相似的生活方式,受到草原中部和西部斯基泰文化的强烈影响,但是他们并非全部使用匈奴的语言,甚至在体质特征上也与匈奴有别。中国的文献甚至记录了公元前 4 世纪的一个匈奴部落的男人有大鼻子和红头发①。可能像甘肃的月氏一样,这些集团讲一种印欧语系的语言。但是在语言和人种起源方面,匈奴的统治氏族仍然不可能是欧罗巴的。遗憾的是,我们对匈奴的语言所知甚少。然而,大多数学者认为,匈奴的核心部落讲的是早期形式的突厥语或蒙古语,因为在 2000 年前这两种语言比现在更接近[2]。在匈奴的西面,中国文献所记载的丁零和后来称作铁勒的部落(与讲突厥语的乌戈尔人有联系)可能讲早期形态的突厥语[3]。

公元前 3 世纪中期,匈奴部落形成强大的部落联盟,有确定的皇族——挛鞮氏,和称为单于的首领。但是,他们正受到来自中国北方诸国拓展疆土的压力。公元前 214 年,首位统一中国的始皇帝,将匈奴从传统的鄂尔多斯的家乡驱逐到北面[4]。这一毁灭性的打击应该摧毁了匈奴的政治力量,使其变成中国北方三个大型牧人联盟中的最弱者。头曼单于被迫将长子冒顿送到月氏充当人质。但是四年之后的公元前 210 年,秦帝国随着秦始皇的去世而崩溃,这

————————————

①　中国古代文献中并没有此类记载。

使匈奴能够重新占领鄂尔多斯地区。之后,头曼的儿子及其继位者冒顿的统治使匈奴成为强大的帝国。

司马迁对冒顿确立政权的恐怖而暴力的记载充满了传奇色彩,但是也让我们了解到很多冒顿在草原上建国的过程。根据司马迁的记载,头曼不喜欢冒顿,想让他年幼的儿子继位。尽管冒顿在月氏当人质,头曼还是坚持攻打月氏,希望冒顿死在那里[5]。但是,冒顿骑着一匹偷来的马英雄般地逃脱了。冒顿回来以后,头曼不得不授予他与正式继位者身份相符的军事头衔,统领一万骑兵。冒顿借此建立了一支纪律严明的军队,并在最后用它夺取了政权。

> 冒顿乃作为鸣镝[6],习勒其骑射,令曰:"鸣镝所射而不悉射者,斩之。"行猎鸟兽,有不射鸣镝所射者,辄斩之。已而冒顿以鸣镝自射其善马,左右或不敢射者,冒顿立斩不射善马者。居顷之,复以鸣镝自射其爱妻,左右或颇恐,不敢射,冒顿又复斩之。居顷之,冒顿出猎,以鸣镝射单于善马,左右皆射之。于是冒顿知其左右皆可用。从其父单于头曼猎,以鸣镝射头曼,其左右亦皆随鸣镝而射杀单于头曼。遂尽诛其后母与弟及大臣不听从者。冒顿自立为单于(《史记·匈奴列传》)[7]。

冒顿在公元前209年获称单于,这一称号一直伴随着他,直到公元前174年去世。利用纪律严明的追随者的威力,以及那些接受他为合法单于部落的税收,冒顿将其势力扩展到匈奴的腹心地带以外。

此时冒顿开始攻击其他强大部落联盟。在蒙古东部的东胡,通过索要贡物来考验新单于的统治。冒顿同意了东胡的要求,直到他们越界索要匈奴在戈壁地区的土地。冒顿带着纪律严明的军队,活捉了毫无准备的东胡王,杀了很多东胡男人,俘虏了妇女和儿童,抓走了牲畜。冒顿用斯基泰人惯用的习俗处决了东胡王,用东胡王的头盖骨做成仪式用的饮杯。这个饮杯被后继的单于珍藏下来,偶尔在特殊的仪式上使用。摧毁东胡以后,冒顿转向攻打西边的月氏,夺回了沿黄河西部拐弯处分布的传统上属于匈奴的土地。此时匈奴的势力已经越过鄂尔多斯高原抵达汉朝防线。冒顿在打败了南西伯利亚的几个牧人和狩猎采集人群集团后,将势力向北扩展[8]。对蒙古北部边地的统治使匈奴接触到西伯利亚森林地带的毛皮和其他产品,也接触到蒙古阿尔泰的金属。在蒙古草原、北面的森林地带以及鄂尔多斯

185

186

边地和甘肃东部的胜利,奠定了冒顿的权力、财富和声望,因此,"匈奴的贵族和高级大臣都被冒顿所折服,将他视为名副其实的首领"[9]。这些统治使冒顿能够获得相当多的财富[10]。然而,冒顿此时占领的土地没有一处能够为建立持久的牧人国家提供大量的必需品,为此,他必须染指中国的巨大财富。幸运的是,新建立的汉王朝还很软弱,冒顿很轻易地得手了。公元前201年,汉朝的开国皇帝高祖(公元前206-前195年在位)为了反击匈奴对北方的侵袭,发动了对位于今山西北部的冒顿都城的攻击。这场战争是灾难性的,长城以北草原的严寒使高祖的大军死伤三分之一,余下的军队则在追赶自认为软弱且陷入混乱的敌人时遭遇伏击。汉朝的皇帝被包围在平城(今大同西约150公里的平卢城)达七天,不得不卑躬地讲和才不光彩地撤出了匈奴的包围圈。

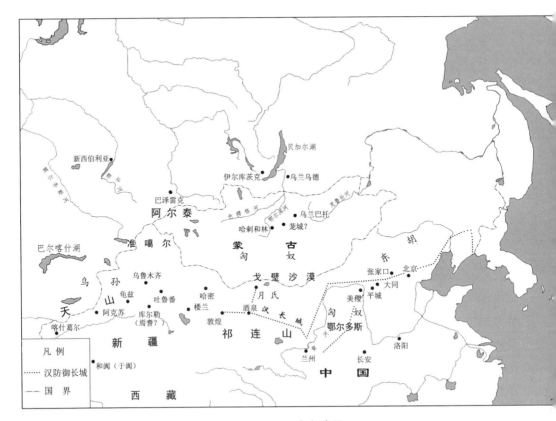

地图 8.2 匈奴帝国

公元前 198 年,汉高祖首次采取了和亲政策。汉朝定期向匈奴提供丝绸、酒、谷物等礼品,并派遣皇室公主与单于成亲,在外交上平等对待匈奴。此外,汉朝正式交出了对秦长城①以外的鄂尔多斯北部地区的控制权。作为回报,匈奴不再侵扰汉朝的疆土。这一在公元前 198 年建立起的关系持续了六十年。像托马斯·巴菲尔德指出的,和亲关系虽然从来都不是完美的,但对双方都非常有利[11]。对于中国来说,它带来了北部边境地区的相对稳定,因为至少在本质上,中国的资助使冒顿及其继任者有足够的实力控制蒙古草原的绝大多数牧人。对于匈奴贵族来说,这一系统提供了稳定的贵重物品来源,这些物品由强大的汉朝财政官僚在全国范围内征收到一起。正是对这些财富的重新分配,将人数较少的部落首领与匈奴系统连接在一起来支持单于的权威。冒顿也能利用这一财富维持皇家"公职人员"的高贵地位——这些人不是凭借其出身,而是凭借自身的能力和提供的服务得到职位。这些人就是"骨都侯",其中也包括冒顿的私人侍卫[12]。

冒顿在其统治的后期再次拓展疆域。公元前 175 年,他派遣儿子"右贤王"率领部队西进消灭了月氏。根据冒顿给汉文帝信中的叙述,他的军队"成功地摧毁了月氏,屠杀或降服了这个部落的每个成员。此外,匈奴还征服了楼兰、乌孙和呼揭等部落,也包括附近的二十六个国家,使他们所有的人都成为匈奴的一部分"[13]。对甘肃和新疆富庶绿洲城邦的控制,使匈奴能够与费尔干纳和粟特的统治者建立贸易甚至是朝贡联系。虽然从"西方"获取的财富没有从中国得到的多,但是对这些地区的统治无疑增加了单于的财富、威望和权力。公元前 174 年冒顿去世的时候,他的帝国东达中国东北,向西穿过新疆到达中亚的东部。

(二)匈奴的生活方式

冒顿所创建国家的核心部分是统治着帝国的牧人部落,这些部落均有斯基泰文化因素,这一因素曾广泛流行于公元前 1 千纪内欧亚大陆的牧人部落。

蒙古的很多地方存在大半为游牧形式的畜牧业。在和平时期,匈奴的牧人生活在小的营地集团内,随季节迁徙。大多数人过着与斯基泰人极其相似

---

① 此处的秦长城应该指的是战国时期的秦长城。

的生活,用四轮车载着圆顶帐篷[14]。司马迁写道:

> (匈奴)逐水草迁徙,毋城郭常处耕田之业,然亦各有分地(《史记·匈奴列传》)[15]。

最重要的动物(现代蒙古的五畜)是马、牛、骆驼、绵羊和山羊。尽管在很干旱的地区骆驼或牛是主要交通工具,但马是最贵重的动物,在战争和迁移中至关重要。巴克特里亚骆驼或牛(在山区是牦牛)拉着帐篷在营地之间迁移。绵羊和山羊提供羊毛,所有的动物都能提供肉和奶。奶是像现代的马奶酒那样发酵了之后饮用。在木材很少的草原上,动物的粪便,或称为 *argal*,是重要的燃料。蒙古的严冬气温可下降到零下40℃,这意味着春天所有的牲畜都很虚弱,如果有晚霜(非常可怕的 *dzud*),牲畜就会大批死亡。因此,春天是最不宜发动战争的季节,所有内欧亚大陆草原都是这样。但是,秋天是很好的季节,因为牲畜很肥而且喂得很好,农耕土地上的农民也正处在收获的季节[16]。

图8.1 南西伯利亚的济基尔－卡亚岩画,可能是2－3世纪匈奴的生活

(Jon Wilsher 绘制;引自 E. D. Philips, *The Royal Hordes*, London: Thames and Hudson, 1965)

匈奴迁徙的方式无疑与近几百年来的迁徙很相似。最短的迁移是在杭爱山这样的山区,这里在很近的地方可以发现不同类型的草场。在这个地区,现代的牧民很少在一年的时间里迁移超过 30 公里的距离。戈壁地区的迁移路线较长,这里的家庭可能每年会不得不在相距较远的水源地之间移动十次或十二次,迁移路程长达 120 公里或更多。夏季营地通常位于较高的地方,那里有清凉的微风;冬季营地则处于积雪堆积较少并能使牲畜受到保护的地方,一般在山谷或山的南坡[17]。

匈奴的男人也像斯基泰的男人一样专注于战争。在战场上,他们使用能穿透铠甲的先进复合弓[18]。他们也使用短剑和矛。与马萨格特人和萨尔马特人一样,一些富有的匈奴武士使用铠甲,可能是骨质或皮质的,有时也有青铜的。在蒙古北部诺音乌拉的发掘表明,匈奴可能已经使用早期形态的马镫和带前鞍桥的马鞍[19]。匈奴使用牧人武士的所有传统计策,包括佯退、突袭,以及连续袭扰较弱的对手。但是,在冒顿的领导下,匈奴也展现出非凡的纪律。在战场上,他们的将军用鸣镝相互联系[20]。

草原上也有商人和农民,尽管大多数同时代人对匈奴的描述没有提及他们[21]。和很多在其他遗址发现的木质工具和加工皮革的工具一样,在诺音乌拉发掘出土的毡毯,与 19 世纪图瓦生产的毡毯相似。对匈奴时期精致的铁质和青铜器物的化学成分分析表明,它们大多数是由草原工匠制造的,这些工匠在迁徙过程中带着他们的加工设备。的确,到了公元前 4 世纪,铁质商品在整个草原都很常见。然而,邻近农田的牧人通常能发现,通过掠夺或贸易的方式来从他们的邻居那里获得手工制品更加容易而且划算[22]。

公元前 2 世纪末,在草原上很少有农业社会,但是农业从来没有完全消失。有些牧人可能是半游牧的,他们主要使用简单的木质工具,这些遗物很少能够保存下来。但是有的地区农民使用家畜牵引的铁犁,在其他的地方还有生活在定居塞堡内的牧人,他们也从事狩猎和采集[23]。有的地区,特别是在鄂尔浑河谷的多山地区,有肥沃的土壤和能够灌溉农田的河流。在这里,冒顿及其继位者精心安置了农业社会,通常在主要的冬季营地附近。近年来,已经发掘了约 20 处这类定居的遗址。今乌兰乌德市南约 16 公里的伊沃尔加遗址,是在冒顿早期进入蒙古北部的战争中建立的,可能是本地人的居住点,被匈奴征服并用作向森林部落征收贡赋的边疆塞堡。但是,城内居民由被掳来的汉朝农民、匈奴士兵和当地人组成,这些人的食物只能自给自足。所以,居住址包括定居的房子和作坊,居民种植谷子、大麦和小麦,冶炼铁和青铜,制造工具、武器、日常用具、珠宝和陶器。有些房子有取暖设施,由在地面以下挖出

189

的沟槽式火道构成[24]。

有的牧人，特别是那些距离农业区较远的牧人，可能从事简单形式的灌溉农业。苏联的人类学家瓦伊什泰恩曾描写过农业在现代图瓦牧人中所扮演的角色，这些牧人从事灌溉农业，利用从小河引出的简陋水沟灌溉。在这里，男人一年中几次从距离较近的迁移路线返回他们的田地。这可能是内欧亚大陆草原的一种常见模式，特别是在与农业社会的交换系统相距较远的偏远地区[25]。在有些地区，像我们已经看到的，当地的定居人口以农耕为生。但是，"农耕的匈奴"在人口学上和经济上都比从事农业的斯基泰人的重要性要小得多，而且很少有剩余财富。

匈奴控制的最重要的农业区是位于现代甘肃和新疆的绿洲聚落。这些地区是冒顿从月氏那里夺取的。对这些地区的首次详细的描述始于公元前1世纪，即汉王朝从匈奴手里夺回这些地区之后。在"西域"的绿洲中，汉军发现30多座"有城墙的城邦"，包括吐鲁番、楼兰、焉耆、龟兹、阿克苏、喀什、莎车以及于阗[26]。在更西边，有讲伊朗语的和与中亚塞种人文化相似的居民。在伊犁河谷乌孙的领地，存在设防的居民点和灌溉农业。这里和吐鲁番一样，人们可能讲与古代的塞种人或某种形式的吐火罗语接近的语言[27]。这些较大城市的人口可达80 000人（龟兹），小的人口不到200人。大多数城有城墙，居民经营灌溉农业。畜牧业在鄯善（楼兰，在罗布泊附近）这样干旱的地区有重要地位。新疆的很多城市生产上乘的羊毛、亚麻布、棉花和丝织品，这些在汉地都很有价值。新疆的金属加工，特别是甲胄加工业很发达。汉地的产品，如丝绸、亚麻、纸和漆器向西域出口。反过来，他们向汉地输入纺织品、马、葡萄、苜蓿和玉器[28]。

甘肃和新疆的绿洲城市，像中亚南部或黑海的城市一样，虽然繁荣但是很软弱。这限制了强大地方政权的形成，而且使这一地区很容易成为邻近的牧人帝国或农业帝国的牺牲品。就像《汉书》中的描述："西域各国各有其统治者和酋长。它们的大批武士是分裂而软弱的，绝无统一的控制。"[29]

（三）在蒙古草原建国

将相互之间差别明显的社会组建成一个牧人统治的国家，意味着要征收贡赋和控制贸易网络。在国家建设中贵重物品特别重要，因为大多数生活必需品能够在牧人社会内或从散布在草原上的小型农业社区那里得到供应[30]。

有长达一百年的时间,匈奴的单于从战败的东胡那里索取牛、马、绵羊和毛等贡赋,也向半游牧的乌孙征收贡赋。乌孙是匈奴原来的纳贡者,他们将居住在准噶尔地区的月氏赶走后占据了原来塞种人的土地。但是牧人社会能生产出的剩余产品很少,而且生产出的贵重物品也很少。西伯利亚的部落也能提供有价值的但很有限的贡赋,主要是毛皮[31]。

甘肃和新疆的绿洲城市是匈奴非常重要的贡赋来源。匈奴派遣一名专门的"僮仆都尉"(统领奴隶的司令官)驻扎在喀什噶尔①,他从城邦中收取大量的贡赋,主要是马匹、牲畜和纺织品[32]。他们也像汉朝一样,可能从这些城市的统治者家庭中带走人质。公元前 2 世纪中期,匈奴甚至从费尔干纳等部分中亚东部地区的城市征收贡赋,因为汉朝最早到达这一地区的使者发现匈奴在这里很有威慑力并受到尊敬:"带着单于国书的匈奴使者不管什么时候在这个地区出现,都会被从一个国家护送到另一个国家,并且要给他提供食物,没有人敢耽误他或者出任何差错。"[33]

匈奴直接开展贸易,将他们从汉朝得到的商品通过准噶尔输送到中亚,有的商品从那里继续运到地中海和美索不达米亚。土拉河的匈奴晚期都城诺音乌拉的公元前 1 世纪的墓葬,反映出匈奴对贸易控制的程度。这些墓葬的随葬品包括"毛纺织品、花毯,以及从粟特、希腊-巴克特里亚和叙利亚带到蒙古的刺绣。从南面的汉帝国运到匈奴总部的大量各种各样的丝绸衣服、刺绣品、加软衬料的丝绸,以及漆器和青铜的珍宝"[34]。

虽然西域的财富很引人注目,但是它们对于汉朝的财富来说都算不了什么。因此,与斯基泰或中亚南部的牧人首领可以从当地的农耕或贸易居民中攫取大量的财富不同,在东部区域,产生了设法从强大而危险的农业帝国夺取财富的牧人国家。做到这一点是冒顿及其继任者成功的关键所在。

匈奴通过商业、征税、恐吓、馈赠和外交等多种手段从汉朝获取财富,其中最暴力的是为缴获战利品而发动的袭击。虽然这种做法从来都不会为建立稳定的关系奠定基础,但是常常可以作为恐吓或最后采取的手段,或作为有野心的地区首领的策略。汉朝的官员非常了解匈奴的掠夺袭击,并对其做了详细的分类。*Lüeh-pien* 的意思是抢劫边界地区;*Kúo-pien* 的意思是侵占边界;*ju-kúo* 是一次入侵;*ta-ju* 是一次大规模的入侵;*shen-ju* 是一次深入的入侵;*ta-chü ju-*

191

---

① 喀什噶尔为喀什的全称,汉代为疏勒。

kúo 是一次大规模的入侵①。小规模的侵袭在四季都有可能发生。较大规模的入侵多是在秋天进行,这时草料充足,农民正在城墙外的田地里劳作[35]。但是,掠夺侵袭是破坏性的,战争如同瘟疫一样,过度的致命性可能会摧毁掠夺品。这是必须谨慎使用的策略,或者是那些看不到希望或没有远见的首领才会使用的。为了得到源源不断的财富,匈奴首领不得不使用更隐晦巧妙的办法。

托马斯·巴菲尔德指出,征服的确不是攫取汉朝巨大财富的最好办法,因为它只是迫使征服者建立起新的财政系统[36]。巴菲尔德将冒顿与汉朝打交道的方法称为"外边疆策略",即用摧毁性的侵袭作为恐吓手段,以保证索取到资源。在这一掠夺策略下,汉朝的官吏要负担收集和运输的使命,甚至负担国有丝绸作坊的费用[37]。逃到匈奴的汉朝宦官中行说向使者直率地描述了这一策略:

> 顾汉所输匈奴缯絮米蘗,令其量中,必善美而已矣,何以为言乎? 且所给备善则已;不备,苦恶,则候秋孰,以骑驰蹂而稼穑耳(《史记·匈奴列传》)[38]。

这一策略的奇怪后果是匈奴和汉朝变得互相依赖。巨大的寄生虫,也像微小的寄生虫一样,不得不保护它们的主人[39]。在公元前 198 年签署汉匈和亲协议后,第一次出现了有规律的交换系统。在此后的六十年里,针对这一协议汉匈之间重新谈判了十次。通过这个协议,人口不到 100 万的匈奴,轻松获取了人口是其 50 倍的农业帝国的财富。

反过来,汉朝得到了对草原的有限影响。汉朝的官员希望通过奢侈品逐渐削弱牧人对手的独立性。他们寄希望于"五个诱惑物",即"1. 精美的衣服和车马,使他们的眼睛腐化;2. 精美的食物,腐化他们的嘴;3. 音乐,腐化他们的耳朵;4. 高耸的建筑物、谷仓和奴隶,腐化他们的胃;5. 给予投降的匈奴以礼物和恩惠"[40]。牧人很清楚地意识到了汉朝奢侈品带来的危险。对其过分依赖一定会逐渐削弱草原的军事文化,并且产生新形式的经济和政治依赖性。就像中行说评论的:

---

① 根据拉丁字母发音推测,Lüeh-pien 可能是"掠边";Kúo-pien 可能是"寇边";ju-kúo 可能是"入寇";ta-ju 可能是"大入"或"大举";shen-ju 可能是"深入";ta-chü ju-kúo 可能是"大举入寇"。

其得汉缯絮,以驰草棘中,衣袴皆裂敝,以示不如旃裘之完善也。得汉食物皆去之,以示不如湩酪之便美也(《史记·匈奴列传》)[41]。

对于匈奴来说,商品交换与贡品或赠品一样重要。他们需要贵重物品来支撑其权力,当陷入困境的时候,他们也需要食品。汉朝的商人也对与匈奴贸易很感兴趣。匈奴能带来家畜、毛皮(匈奴人从北面的民族那里索取的贡品),从西域带过来宝石和纺织品。汉朝的文献列出了主要的进口商品,包括骡子、驴、骆驼和马,紫貂、狐狸、貛和旱獭的毛皮,草原地带的毯子以及玉石等宝石。汉朝的守备士兵也加入了与邻近牧人的贸易。但是,汉朝朝廷通常很少热心于边境贸易,而是有意识地限制武器或铁器这类战略商品的贸易[42]。只有当缺少战马或运输用马匹的时候,中国政府才不情愿地支持边境贸易。但是,通常他们将此看作是中国财富的危险流失。所以,通常是牧人要求开放关市,有时得到中国地方的商人或其他次要的商人的支持[43]。当被迫进行贸易的时候,中国官员尽力将贸易变成附带着外交和军事利益。当汉文帝(公元前180–前157年在位)第一次允许开关市的时候,一个顾问告诉他:

> 夫关市者固匈奴所犯滑而深求也,愿上遣使厚与之和,以不得已,许之大市。使者反,因于要险之所多为凿开,众而延之,关吏卒使足以自守。大每一关,屠沽者、卖饭食者、美臛膹炙者,每物各一二百人,则胡人着于长城下矣。是王将强北之必攻其王矣。以匈奴之饥,饭羹啖膹炙,嗜湩多饮酒,此则亡竭可立待也(贾谊《新书》卷四"匈奴条")[44]。

然而,关市也给汉朝带来了问题。汉朝的商人常常用智慧战胜在商业上很无知的牧人及其官员,冲突、腐败和走私也随之盛行[45]。

跨境交流还有重要的象征性意义,因为基于象征意义的协商反映了汉、匈双方能够清醒地评估利害关系,巧妙地平衡声誉和权力的关系。在公元前2世纪的很多时间,汉朝的外交官平等地对待匈奴。汉文帝承认长城以北的匈奴单于享有天子的称号。联姻是象征性关系中最重要的方面[46]。在充斥着血缘关系的世界里,婚姻是建立氏族、部落和国家之间稳定关系的强有力方式。草原统治者与中国统治者的联姻历史悠久,人们对此也有较高的评价。公元前5–前4世纪的巴泽雷克墓葬发现的车就可能是中国公主的嫁妆[47]。

高祖送给冒顿一位皇室新娘,他寄希望于女婿或以后的外孙,认为他们将比外族的牧人统治者更容易控制。正如一位汉朝官员指出的:"谁听说过外孙企图和他的外公平起平坐? 这样你的士兵就不必再作战了,匈奴将逐渐地变成你的下属。"[48]

将皇室女儿嫁给草原地带的统治者也是一种形式的遣送人质,甚至是交易。对于中国的官员来说,新娘是外交游戏的抵押品,而牧人感兴趣的是随她而来的嫁妆、礼品、头衔和交易机会[49]。婚姻通常是相对划算的外交形式。像 814 年一位唐朝官员指出的,当回鹘控制蒙古的时候,一场婚姻可能会花费一个大地区的总收入,但是一场军事战役可能要使三万步兵和五千骑兵卷入战争,会花费更多财富[50]。在这场交易中,没有人为可怜的女人着想。嫁给准噶尔年老的乌孙统治者的汉朝公主刘细君,在公元前 2 世纪晚期写了一首诗表达对作为这一古老交易牺牲品的痛心,她也因此被后人所熟知,这个交易是将汉朝的贵族女子留在草原简陋的显赫中度过一生:

> 吾家嫁我兮天一方,远托异国兮乌孙王。穹庐为室兮旃为墙,以肉为食兮酪为浆。居常土思兮心内伤,愿为黄鹄兮归故乡(《汉书·西域传》)[51]。

总的来说,和亲系统的象征性和物质的交流,以及来自甘肃和新疆的少量税收,为匈奴贵族在整个草原保持他们的权力和威望提供了必要的财富和声望。利用这些财富,继位的单于创立了纪律严明的军队和建立在汉朝模式基础上的官僚体系。

中国的文献提到匈奴的二十四个主要"大臣",其中四个最重要的是"左贤王"(或东部地区的王)、"左禄蠡王""右贤王"(或西部地区的王)和"右禄蠡王",每个王都有自己的政府官僚系统。"左贤王"是地位较高的职位,通常由已确定有即位资格的人担任。在每个地区,不同的部落有其固定的游牧区域[52]。部落区域的划分,开始是以划分成"左"和"右"(东方的和西方的)两部分为基础,后来这一方法在很多牧人帝国中重现。可能和匈奴一样,这种划分方法仅仅反映了部落等级制度的形式化。根据司马迁的记载,这些职位中很多是世袭的,这也说明即使冒顿也很难打破较大的地域性酋长对其统领区域的统治权。

但是,冒顿有能力使各地的首领感受到他的权力。冒顿的第一个都城在今山西省北部,较晚时期匈奴的都城在"茏城",即"龙的城",在现在乌兰巴托西边的杭爱山中,距后来的蒙古都城哈剌和林不远。正如路易十五的凡尔赛宫一样,这一仪式性的中心有助于从不同民族和社会的因素中建立起更加广泛的统一意识。冒顿一年三次召集他的部落首领到都城,并举办像现代那达慕节一样的比赛。这些聚会不断巩固了广泛的部落联盟的统一,也使基本的人口和牲畜统计成为可能。这是中行说引进的管理方法[53]。管理匈奴帝国是在识字率极低的世界中进行的,基本不需要读写能力。有的匈奴官员的确学习文化,像中行说这样的人会将汉朝官僚的管理和外交技能传授给他们。因此发现一些确定的存在匈奴书写系统的证据不足为奇,在诺音乌拉等墓葬、遗址已经发现了与后来的鄂尔浑的突厥字母相似的神秘符号[54]。

我们对匈奴的宗教所知甚少,所了解到的是它与斯基泰的宗教性质相似。匈奴的宗教具有浓厚的政治色彩,并且反复用于支持匈奴贵族的合法性。这种宗教可能是很多不同影响的混合体,包括萨满教的形式(在诺音乌拉墓葬中有类似萨满头饰的器物)、使用动物特别是马作为殉牲、祖先崇拜的形式,以及来自中亚琐罗亚斯德教的影响和来自中国的影响。冒顿每天早晨向太阳祈祷,每天晚上向月亮祈祷,也和其他的部落首领一起每年举行祭祀活动[55]。

> 岁正月,诸长小会单于庭,祠。五月,大会茏城,祭其先、天地、鬼神(《史记·匈奴列传》)[56]。

《史记》明确记载,公元前 121 年,匈奴单于用来祭天的金人被带到了汉朝的都城。这个金人可能是佛教的造像,若果真如此,这应该是佛教传入蒙古,或者实际上也是传入中国的最早记载[57]。有证据表明天神(腾格里)的重要性增强,天神后来在蒙古的宗教中变得非常重要,其中最高的天神是阔克腾格里(*köke tngri*)或上帝[58]。单于的传统称呼已经暗示对上天的称颂,因为其全称是"撑犁孤涂单于",意思是"上天的伟大儿子"。此外还有很多受到汉朝宗教影响的例子。匈奴在军事远征之前向萨满咨询,而萨满像汉朝的占卜者一样,

195

也解读烧过的肩胛骨上出现的裂纹[59]。

二、汉朝的反攻和匈奴的衰落：公元前 131－公元 220 年

（一）汉朝的反攻

和亲系统在伟大的汉武帝时期(公元前 141－前 87 年)遭到破坏。尽管和亲的花费、矛盾已经沿着汉朝北方边疆流行开来，但是它一直受到汉朝官员的批评。公元前 133 年，经过了长期的争论之后，武帝认为和亲太昂贵、太卑谦，而且太低效，不能再继续下去。相反，他决定粉碎匈奴，并展开大规模的进攻，而这一进攻将持续几十年。

196　　　正如武帝的谋士韩安国所讲的，这一举措要冒很大的风险。对于汉朝军队来说，在草原作战要面对很多棘手的后勤问题。据推算，每个汉朝的士兵需要准备 300 天行军所需的 18 蒲式耳①的干米，这必须用牛拉，每头牛需要超过 20 蒲式耳的饲料，而且在沙漠地区牛不能活过 100 天[60]。气候是另外一个问题。汉朝军队的装备既不适合沙漠地区夏天的极热天气，也不适合沙漠的冬天。由于这些原因，人们估计汉朝军队在匈奴地区不能生存超过 100 天。更进一步的是，北方地区的百姓会因承担军队食物和衣物的供给而陷入苦难。

武帝想把匈奴的军队引入埋伏圈以便一网打尽的尝试没有成功[61]。这次进攻的失败迫使双方陷入了消耗巨大的持久战争。从公元前 129 年开始，武帝派出了一系列军队深入匈奴所在的草原。在公元前 127 年的一次战役后，匈奴丧失了对鄂尔多斯地区的控制，汉朝政府开始建设灌溉工程，甚至驻防到黄河以北的一些地区。虽然战争花费巨大，但是这些早期的战役足以成功地说服一些牧人部落早在公元前 121 年就脱离了匈奴[62]。然而，由于匈奴住在戈壁以北，汉朝军队看起来似乎找不到他们。公元前 119 年，武帝决定派两支军队从晋北进入戈壁以北，由有丰富经验的前锋将军卫青和他的外甥——年轻的骑兵将军霍去病率领。

> 乃粟马发十万骑，私负从马凡十四万匹，粮重不与焉(《史记·匈

---

① 蒲式耳是计量单位。在英国，一蒲式耳相当于 36.268 升(公制)。在美国，一蒲式耳相当于 35.238 升(公制)。

奴列传》)[63]。

两支军队都成功地击败了大批的匈奴军队,卫青洗劫了茏城。匈奴单于伊稚斜(公元前126－前114年在位)及其军队被赶到茏城以北远达贝加尔湖的地方。在这里,他居住在诺音乌拉城,匈奴政权的重心现在开始转移到北面和西面。此时,匈奴的东翼控制云中郡以北的土地(在现在的包头附近,在黄河大拐弯的东北角),右翼占据包括今甘肃省北部在内的土地[64]。

战争策略的改变对于汉朝来说也付出了高昂的代价。汉朝政府第一次推行了盐、铁和酒以及一些其他商品的官方专卖,这是为武帝的战争所付出的代价[65]。但是,尽管代价高昂,武帝发动的战争还是从地域、军事和经济上削弱了匈奴的统治。和亲条约的结束也使匈奴单于丧失了很多其政权所依赖的贡赋体系。

武帝挑战匈奴在新疆的势力,再一次打击了匈奴。甚至早在他正式袭击匈奴之前的公元前139年,武帝已经派遣使者张骞去联络被匈奴打败后西迁的月氏人,尝试从侧翼包围匈奴[66]。这个使命特别危险,因为匈奴仍然控制张骞必须经过的甘肃走廊。张骞带着一位叫甘父的匈奴奴隶和一百人的使团出发,但是在甘肃走廊被俘虏并且囚禁了十年。最后,张骞和甘父与一位匈奴姑娘逃跑,穿过今新疆到达中亚的大宛国(费尔干纳),在大宛国王的帮助下,他继续向当时定居在大夏(巴克特里亚)北面粟特地区的月氏前进。他沿着塔里木盆地南缘的路线返回,再一次被匈奴俘虏,但是在被俘一年后就逃脱了。在出发13年后的公元前125年,张骞返回了汉地,跟随他回来的只有他的妻子和奴隶。

张骞的探险是汉朝、匈奴甚至整个欧亚大陆历史上特别重要的事件,因为它标志着中国第一次成功地与中亚建立了官方的外交和商业联系。在向武帝的汇报中,张骞描述了费尔干纳有城墙的城市,当地著名的葡萄酒和似乎出“血”汗的“天马”,以及粟特,他们的城邦国家现在被月氏所统治[67]。他还描述了其他的地方,包括印度、帕提亚、美索不达米亚,以及康居(塔什干?)和可能是以咸海的锡尔河河口为基地、国名为奄蔡的牧人国家。

对中亚富庶土地的认识激励武帝努力去建立汉朝对这些地方的宗主权。他特别感兴趣的是费尔干纳的强壮马匹,希望用它们替代汉朝骑兵使用的由匈奴提供的蒙古矮种马[68]。公元前121年,匈奴在甘肃地区的将领浑邪王在被霍去病多次击败后投降了汉朝。汉朝实现了对甘肃走廊的持久控制，首次打开了通向西方的安全通道。公元前 104 年，中国政府在酒泉和敦煌相继建立新的行政区。他们还修建了远达敦煌的塞堡和长城，在甘肃的绿洲安置居民耕种。可能西汉政府在从甘肃向西远达吐鲁番（车师）一带的绿洲都安置了农民[69]。

　　虽然张骞因公元前 122 年反击匈奴的战役失利而被贬，但是公元前 117 年，汉武帝第二次派遣他带队西行探险以弥补被贬的损失。这次探险的主要目的是建立与乌孙的联系，后者的都城在今吉尔吉斯斯坦伊塞克湖盆地的赤谷城。乌孙可能是讲伊朗语的居民，也可能是后来的阿兰/阿斯人和现代奥塞梯人的祖先。他们的首领和建国者都是昆莫，在占领当时的领土之前曾是匈奴的附庸，但可能因为匈奴最近被汉朝打败，乌孙宣布独立"并且拒绝再去参加匈奴宫廷的集会"[70]。因为此前没有与月氏结盟成功，张骞这次出使的目标是劝说乌孙迁到甘肃地区作为汉朝的忠实附庸国，作为回报，他将送给昆莫一位汉朝的公主。张骞带领 300 名侍从、几千头牛羊以及黄金和丝绸之类的贵重礼品出发了。他派出一些人与曾访问过或听说过的更西面的王国建立联系。张骞在回国之前与乌孙谈判，虽然谈判失败，但是乌孙仍然派遣代表团随张骞返回。乌孙使者对汉朝的财富非常震惊，两个政权的谈判缔结了在下一个世纪持续很长时间的盟约。

　　这仅仅是派向西域的第一支人数众多的外交和贸易使团。远达波斯的外国使节也随张骞回到汉朝的都城，得到皇帝的热情款待。虽然很多沿着这些路线交换的商品应视为赠品或外交礼品，但是大多数的外交使节本身也做贸易，所以还存在一些真正的贸易。司马迁评论道，大多数的使节来自贫困家庭，他们像处理自己的私人物品一样对待政府委托的赠品和商品，寻找机会低价从外国买到商品，在回到汉地时可以从中渔利。这些探险活动第一次将"丝绸之路"变成大型的国际贸易商路，将欧亚大陆的东部、中部和西部连成一体，成为有规律的陆上商业交换的统一系统[71]。丝绸在这些贸易路线中占支配地位，因为它具有质地轻、体积小和价值高的特点。但是，丝绸绝不是这些商路上仅有的商品。在中亚发现大量中国的钱币和其他器物可反映出贸易的规模，就像在敦煌发现了粟特的文书一样[72]。

　　但是，武帝感兴趣的不只是与中亚的商业交流。104 年，他派出了由李广利率领的军队去征讨大宛的首都贵山城，以报复一些汉朝使节在大宛被杀事件。但是,这一次远征由于缺少当地居民的补给而失败。公元前102年,在有了强大的军事补给之后,李广利再一次被派遣出征,并率领一支军队到达了费尔干纳(大宛)。这次远征打败了大宛的统治者,带回了葡萄藤、战马以及输送更多马匹和贡赋的承诺[73]。

　　李广利的胜利很大程度上增强了汉朝在西域的声望,当地的首领开始向汉朝派出带着赠礼的使节。但是,控制西域绝对不是容易的事,汉朝的势力在塔里木盆地最大,但是在天山以北的影响则最小。很多当地的国家发现他们夹在汉朝和匈奴帝国之间很痛苦,这也是很少有国家愿意帮助首次远征的李广利的原因。缴纳给匈奴的贡赋很繁重,但是给很多往来于汉朝的使节提供食物和补给的任务也同样繁重。罗布泊的楼兰在公元前108年承认汉朝为宗主国,但是继续向匈奴派遣人质,而且还偶尔骚扰汉朝官员。只有在公元前77年在其前任国王被地方的代理人杀害之后,汉朝才在楼兰任命了一位西汉的统治者[74]。公元前71年,汉朝和乌孙的军队联合打败了匈奴,在一段时间里乌孙昆莫的儿子统治了从莎车到塔里木盆地的很多地方。从公元前59年一直到王莽时期(约9-23年)的末期,汉朝的统治者以焉耆以西的武垒为基地,通过特别指派的"都护将军"统治着"西域行省"。我们对汉代新疆的知识很多都来自这些将军的汇报。都护将军的地位很微妙,因为他们不得不主要依赖当地居民,在当地招募军队[75]。这促使他们设法掌握当地居民的供给情况以及各城镇之间的距离等地理知识。汉朝通过两种方式控制从甘肃到南疆的城址,一种是当地统治者的允许(以将其家庭成员带到汉朝作为"质子"为背景),一种是当地驻扎的汉朝守备军(屯田)。这些守备军带着家眷屯戍,政府通常希望他们能够自给自足。有时汉朝甚至派罪人到西域做苦力[76]。汉朝也在这一地区修建长城,有的带烽火台(信号可以从烽火台上一个接一个传送到长安)的长城现在还能看到。长城和烽火台系统从甘肃西部的玉门通过罗布泊延伸到龟兹。汉朝人推广和改善灌溉工程以支持他们的殖民,坎儿井灌溉隧道可能是在这一时期引入吐鲁番地区的,他们也将铁器加工技术带到了西域[77]。

　　公元23年篡位者王莽死后,汉朝失去了对新疆的控制。新疆在一段时间内受到匈奴和以莎车为基地的乌孙的影响。但是,公元73年以后,历史学家班固的弟弟班超率领一支军队恢复了汉朝对新疆的控制。此后汉朝对西域的直接控制只持续到107-119年,但是其影响则持续了非常长的时间[78]。

199

200

图版8.1　汉朝烽火台遗址

（二）匈奴帝国的衰落

　　汉武帝的胜利从军事上削弱了匈奴，强行解除了乌孙等国与匈奴的同盟关系，同时也使匈奴丧失了来自汉朝和西域的定期贡赋，而这些贡赋正是其政权的基础。匈奴首领在经济、军事和外交方面的衰落导致了其内部的分裂。

　　在几乎一百五十年的时间里，匈奴单于的传位继承是相当平稳的。但是公元前60年，首次爆发针对继承权的内战[79]。最后，这一复杂夺权内战的一方精心策划了接受汉朝为象征性宗主国的策略，以换取来自汉朝的保护。甚至从公元前119年匈奴失败时开始，汉朝政府已经要求其承认汉朝为形式上的宗主国，并以派遣质子到长安作为谈判条件。直到公元前54年，继位的单于都拒绝了这一条款。匈奴南部部落的单于呼韩邪，带领他的部下到达长城下的边境，以承认汉朝的宗主国地位为条件，请求汉宣帝（公元前73－前49年在位）给予保护。在随后的几年里，呼韩邪派一个儿子到长安作为质子，他本人也分别在公元前51年和公元前49年拜访了汉朝皇帝，表达效忠之意。

在做出上述顺从决定之前,在匈奴首领之间发生了激烈的争辩。一个集团认为接受汉朝的条款会辜负匈奴有勇气的声望,使其成为笑柄,并且推翻他们将成为"所有民族之主"的断言[80]。其他的集团则认为:

> 匈奴日削,不能取复,虽屈强于此,未尝一日安也。今事汉则安存,不事则危亡,计何以过此(《汉书·匈奴列传》)[81]!

南匈奴的决定使其与汉朝之间产生了一种新关系,通常被描述为"朝贡国"系统。它有三个主要因素:向汉朝的皇帝效忠,派遣皇族的质子,以及纳贡[82]。巴菲尔德将这一新的关系描述为"内边疆策略"。在这一策略下,草原内战中的一方首领以承认象征性附属国地位为条件,寻求中国的支持,同时保持相当程度的自治。从中国的视角来看,"内边疆策略"仅仅是再一次分化蛮族的初级阶段。在晚期阶段,在经过各种行政关系之后,这些民族最后完全并入了中原帝国。然而,事实证明牧人首领常常能够成功地运用"内边疆策略",借此重建权力,并重新统一草原[83]。

201

对于呼韩邪来说,这一策略的确发挥了很好的作用。汉朝的皇帝接受了他提供的宗主权地位,但是却谨慎地没有提出太多要求。因为他知道,通过与一个能够控制边疆部落的强大草原首领结盟,汉朝能从中获利很多。汉朝承认南单于拥有相对平等的身份,其地位在皇帝之下,但是在所有贵族之上[84]。西汉政府正式承诺呼韩邪仍然任其人民的首领。378 年阿德里安堡战役之后,罗马(帝国)边疆的蛮族也被授予这一身份。公元前 51 年呼韩邪到达长安时,皇帝不但没有要求他磕头,而且赐给他满载的黄金、丝绸、服饰和稻米,承诺保护他的人民,供给谷物、开放关市。后来赏赐的规模进一步扩大,西汉甚至在饥荒的时候援助南匈奴[85]。西汉的物质和外交支持使呼韩邪建立了在南匈奴的统治,现在他住在鄂尔多斯和黄河北岸。

此时呼韩邪的兄弟兼对手——北单于郅支,也在努力与汉朝谈判建立与呼韩邪类似的关系。但是,此时汉朝已没有多少必要关心草原深处发生的事情,当郅支在公元前 45 年杀害了一位汉朝使节之后,他与汉朝的关系破裂。郅支向西逃到新疆北部,在那里他与康居结盟攻打乌孙,最后占领了费尔干纳的很多地方。公元前 42 年,根据"都护将军"陈汤的建议,一支有蛮族骑兵加入的西汉军队进入粟特杀死了郅支。郅支的军队可能包括公元前53年卡雷战役中被帕提亚俘虏的罗马士兵,他们被转移到东边充当匈奴的雇佣兵[86]。

随着呼韩邪对手的死亡,呼韩邪及其随从重新统治了外蒙古草原。在这里,西汉的使臣劝说呼韩邪作庄严的和平宣誓,用一百五十年前战败的月氏酋长的头颅做成的饮杯干杯,以此作为宣誓的标志。此时边疆再一次沿着长城线分布。公元前33年,呼韩邪再次访问长安,并且娶了出自皇家后宫的王昭君。在几乎五十年的时间里,王昭君帮助西汉和匈奴之间保持了相对的和平关系[87]。

事实证明新的关系很持久,对匈奴首领也很有利。作为谦恭的象征性效忠的回报,匈奴首领能够通过汉朝的赏赐控制大批资源,这足以使他在草原的广大地域树立权威。汉朝赏赐的财富不断增长,后来西汉政府开始害怕匈奴代表团到访,因为匈奴代表团的规模和招待费用持续上升。很难估算西汉政府对此付出的实际费用有多少。但是余英时认为,在西汉晚期,每年为所有野蛮民族所支出的费用约占政府年收入的百分之七[88]。

呼韩邪谈判达成的关系一直持续到王莽在位时期。西汉灭亡后,匈奴的首领短时间内重新宣布独立,再次控制了鄂尔多斯和山西北部,甚至干预中国北方的事务。44年,随着光武帝(25-57年在位)在洛阳定都建立东汉王朝,匈奴的袭击甚至到达了渭河河谷。呼韩邪的孙子——单于舆没有成功地建立起长期的"外边疆策略",他于46年去世,匈奴随后陷入饥荒和内战,政权崩溃。此时,忠诚于草原的匈奴北支和与中国保持较密切关系的南支之间出现了持久的裂痕。"单于比(48-56年在位)统领的匈奴南部,在47年向洛阳派出使团,献出匈奴地图,并请求永久内附"[89]。汉朝同意其内附请求,单于比带着四五万士兵和相当于其兵力三四倍的人口,迁入鄂尔多斯和山西省长城以南的部分地区,这些人被称为"南匈奴"。对于他们而言,"内边疆策略"成为永久的关系。南匈奴的位置处于东汉帝国的防御边界以内,使他们在相对衰落的状态下,仍能与汉朝谈判并接受赠礼。虽然南匈奴单于比不得不向汉朝皇帝磕头,居住在黄河"几"字形弯曲区域的西北部(现代的府谷),但是得益于汉朝慷慨的赠礼以及放弃对鄂尔多斯西北部的直接控制权,其政权得以恢复[90]。新莽之后的内战导致中国北方人口锐减,这也使东汉政府愿意在此设置一个能起缓冲作用的国家[91]。

虽然从大同到西边的鄂尔多斯,匈奴的居民和生活方式都像冒顿时期一

样重新恢复起来,但是南匈奴仍然只是汉朝的附庸。南匈奴的单于被汉朝的
"中郎将"监视,后者的作用非常像英国向印度宫廷派出的不列颠公使[92]。公
元前 78 年,起源于兴安岭山脉但是长期居住在张家口贸易中心附近的乌桓部
落,盗掘了作为草原居民固定标志物的匈奴单于的墓葬[93]。其他的民族,乌
孙从西面,丁零部落从贝加尔湖,也随之成功地袭击了匈奴。2 世纪中期,匈奴
已经无法维持有效的统治,匈奴的政体甚至在南部也不复存在,蒙古再一次变
为纯粹的部落政治地区。随着东汉王朝的灭亡,南匈奴的最后一个单于也像
东汉皇帝一样,成为军阀曹操的俘虏,约死于 220 年①。

北匈奴的政权,在呼韩邪孙子蒲奴在位期间(46－83 年)甚至更早的时候
就已经崩溃,随着贡赋来源的枯竭以及附属部落乌桓和鲜卑的反叛,约 83 年
蒲奴的死亡,以及匈奴来自新疆的谷物供应因班超的胜利而被切断,北匈奴的
末日也到来了。87 年,鲜卑在占领蒙古大部之前,杀了蒲奴的继位者,剥了他
的皮当作战利品[94]。很多北匈奴人南迁。最后,东汉、鲜卑和南匈奴的联军
进入蒙古,在涿邪山汇合,于 89 年在稽落山打败北匈奴。东汉的军队继续前
进并焚毁了茏城,北匈奴向西逃窜。在之后的五十年里,鲜卑部落占领了蒙古
的大片土地[95]。

随着匈奴政权的崩溃,地方的部落首领重新获得了他们在冒顿时代就已
经失去的独立。一些牧人向南迁移成为鲜卑,其他的向西迁徙到伊犁河谷、巴
尔喀什湖以南。早在 2 世纪,这些西迁匈奴中的一些人沿着更早时期月氏人
的迁移路线向更西边迁移,进入锡尔河两岸地区[96]。这些避难者与当地居民
有相当大程度的融合,最后在更西边扮演了十分显著的角色,那里的历史学家
称他们为"匈人"。西方第一次对匈人的注意是在 160 年,把他们定位在咸海
附近,托勒密的《地理学》则认为,一些匈人的集团已经到达黑海[97]。但是,这
些匈人残部大多数在以后的二百年,即他们的后代在 4 世纪末迁入乌克兰草
原之前,都依然生活在乌拉尔地区。

匈人的西迁是内欧亚大陆草原更大规模"突厥化"过程的一部分,这一过
程首先出现在蒙古西部和准噶尔,然后在哈萨克草原,最后在中亚南部和西部
草原。讲伊朗语的牧人被讲早期突厥语或蒙古语的集团所取代。到 500 年,
突厥语统治了中部和西部的草原。到了 1000 年,他们也占据了中亚南部的大

203

---

① 这一自然段没有按照时间先后顺序介绍西汉和东汉时期的历史事件。

多数地区。匈奴政权崩溃的影响以这种方式遍及内欧亚大陆草原。

_____

注释

[1] 司马迁第一次提到匈奴活动的时间是公元前 318 年，见 *The Grend Scribe's Records*，1：112；并认为他们是夏代的一个统治者的后裔；见司马迁《史记》；也见于 Prusk，*Chinese Statelets*，p.224。

[2] Jagdid and Hyer，*Mongolia's Culture and Society*，p.206；Janhunen，*Manchuria*，p.189，认为匈奴讲一种早期形态的保加尔突厥语，而他们东面的邻居——鲜卑和乌桓，则讲早期形态的蒙古语。

[3] 见 Golden，*Introduction*，pp.93–5；他们可能占据了从贝加尔湖到米努辛斯克盆地的广大地区，他们的文化可能属于公元前 7–前 3 世纪的塔加尔文化。

[4] N. I shjamts，"Nomads in eastern Central Asia"，in *HCCA*，2：163；de Crespigny，*Northern Frontier*，p.177.

[5]《史记》2：160–1。

[6] 关于鸣镝，见 Vainshtein，*Nomads of South Siberia*，pp.170–1。这种箭已经在匈奴和突厥的墓中发现，蒙古人也使用。猎人在狩猎时，用鸣镝将藏匿起来的野兽从隐蔽处吓出来，把高飞的鸟儿吓得飞得更低，或者用来把较大的野兽吓呆。一旦猎物冲出来，猎人就可以用常用的箭来射杀它们。几百支鸣镝发出的声音可以用来恐吓敌人或使他们士气低落，也可以使射击目标暴露。见 Klyashtornyi and Sultanov，*Kazakhstan*，p.57以及 Phillips，*The Mongols*，p.44 中的插图。

[7]《史记》2：161。

[8] 同上注，2：161–5。

[9] 同上注，2：165；对北方的征服，见 Golden，*Introduction*，p.61。

[10] di Cosmo，"Ancient Inner Asian Nomads"强调了一个很多文献忽视的事实。

[11] Barfield，*Perilous frontier*，ch. 2；Ying-shih Yü，"The Hsiung-nu"，in *CHEIA*（pp.118–49），p.122；de Crespigny，*Northern Frontier*，p.29.

[12] Ishjamts，"Nomads in eastern Central Asia"，in *HCCA*，2：158.

[13]《史记》2：168。

[14] Ishjamts，"Nomads in eastern Central Asia"，in *HCCA*，2：158，164；在 p. 169 有一个鲜卑的陶质牛车模型。

[15]《史记》2：155。

[16] Jagchid and Hyer，*Mongolia's Culture*，pp.20–2；在公元前 10 世纪，拜占庭国王利奥六

世建议在 2 月进攻牧人时说,"那时候他们的马因冬季的饥寒而瘦弱"。Thompson, *Attila*, rev. edn, p.61。

[17] Jagdid and Hyer, *Mongolia's Culture and Society*, p.26; Vainshtein, *Nomads* 对特别的迁徙路线有极好的描述;Novgorodova, *Drevnyaya Mongoliya*, p.26。

[18] McEwen et al., "Early bow design and construction", pp.55-6.

[19] Ishjamts, "Nomads in eastern Central Asia", in *HCCA*, 2:160; 但是 Barclay, *Role of the Horse*, p.114 认为真正的马镫可能是在 2-4 世纪之间首次出现在中国;关于铠甲,见 MaenchenHelfen, *World of the Huns*, p.247。

[20] Altheim, *Attila*, p.21.

[21] di Cosmo, "Ancient Inner Asian nomads", 及其他相关章节。

[22] Jagchid and Symons, *Peace, War and Trade*, p.2; 关于匈奴的手工业,见 Vainshtein, *Nomads of South Siberia*, pp.199-200;关于诺音乌拉的发掘,以及毡毯上的图画,见 Ishjamts, "Nomads in eastern Central Asia", in *HCCA*, 2:152, 159-63;关于诺音乌拉,见 Rudenko, *Kul'tura Khunnov*。

[23] di Consmo, "Ancient Inner Asian nomads", pp.1100-3, 1115.

[24] Philips, *The Royal Hordes*, p.120; Kiselev, ed., *Drevnemongol'skie goroda*; Homphrey, Intrucuction to Vainshtein, *Nomads of South Siberia*, p.14;关于伊沃尔加,见 Lubo-Lesnichenko, "The Huns", in Basilov, ed., *Nomads of Eurasia*, p.50; Davydova, *Ivolginskii kompleks*, pp.6, 83-4; di Cosmo, "Ancient Inner Asian Nomads", p.1115。

[25] Caroline Humphrey, Introduction to Vainshtein, *Nomads of South Siberia*, pp.15, 17, 13, 83-94, Ch.4。"这样似乎自相矛盾,正是在最'野蛮'的游牧民族中,农业和灌溉设施才最引人注目"。她认为,同样的情况也见于手工业制品,它要比本身所处的文明先进得多。也见 di Cosmo, "Ancient Inner Asian nomads", p.1100。

[26] Mao Yong and Sun Yutang, "The western region under the Hisung-nu and the Han", in *HCCA* (pp.227-46), 2:227. 通常引用的 36 个国家的数字是纯粹象征性的。Hulsewe, *China in Central Asia*, p.71。

[27] J. Harmatta, Conclusion, in *HCCA* (pp, 485-92), 2:488; di Cosmo, "Ancient Inner Asian nomads", p.1108.

[28] Ma Yong and Sun Yutang, "The western regions", in *HCCA*, 2:229-34; p.230 包含对尼雅村落遗址的描述;也见于 di Cosmo, "Ancient Inner Asian nomads", p.1106-7; Hulsewe, *China in Central Asia*, p.73。

[29] Hulsewe, *China in Central Asia*, pp.202-3; Waldron, *The Great Wall*, p.62.

[30] di Cosmo, "Ancient Inner Asian nomads", pp.112-4.

205

[31] 关于这些从属的附庸国的关系,见 Barfield, *Perilous Frontier*, pp.48 - 9;在 Hulsewe, *China in Central Asian*, pp.43 - 4 中有对汉朝与乌孙关系的简要概述;Zürcher,"The Yüeh-chih", p.360 有出自《汉书》96A. 14b 的相关段落;也见于 de Crespigny, *Northern Frontier*, p.368。

[32] Ma Yong and Sun Yutang, "The western regions", in *HCCA*, 2:228; Hulsewe, *China in Central Asia*, pp.73, 203;《汉书》有对其中大多数国家的详细描述,同上注;Khazanov 指出,游牧民族常常把农民看作"奴隶",因为他们的移动能力差,并且很软弱; *Nomads*, p.160。

[33]《史记》2:279。

[34] Lubo-Lesnichenko, "The Huns", in Basilov ed., *Homads of Eurasia*, p.47; Philips, *The Royal Hordes*, pp.114 - 20. 公元前 119 年,匈奴被汉朝军队打败后,将都城迁到这里; Watson, *Cultural Frontiers*, p.125。

[35] Jagchid and Symons, *Peace, War and Trade*, pp.24 - 5.

[36] 这是 Barfield 的 *Perilous Frontier* 的基本观点。

[37] Yü, *Trade and Expansion*, p.28.

[38]《史记》2:172。

[39] 这个隐喻出自 W. H. McNeill 的 *Pursuit of Power*。

[40] Barfield, *Perilous Frontier*, p.51.

[41]《史记》2:170。

[42] Yü, *Trade and Expansion*, pp.117 - 32, 97 - 8, 191(《盐铁论》).

[43] Jagchid and Symons, *Peace, War and Trade*, p.13; Rossabi, *China and Inner Asia*, p.82 指出,中国声称这种交换是由贡品组成的而非贸易,这一观点很天真,不必认真看待。

[44] 引自 Ying-Shih Yü, "The Hsiung-nu", in *CHEIA*, P.124。

[45] Jagchid and Symons, *Peace, War and Trade*, pp.182ff, 内容涉及边境地带的走私和混乱。

[46] 的确,Jagchid 和 Symons 将婚姻、贸易和战争描述为中国和北方野蛮民族间关系的三个主要因素;*Peace, War, and Trade*, p.1, ch.5;关于外交平等方面的让步,见上注, p.65。

[47] Ludenko, *Frozen Tombs*, p.191;在战国时期遗存中已经发现相似的马车,早在公元前 9 世纪就有对类似的与北方部落作战用的车辆的描写,它们也作为礼物送给北方部落;同上注,192。

[48]《史记》1:289。

[49] Jagchid and Symons, *Peace, War and Trade*, p.141; Hulsewe, *China in Central Asia*,

Intro, pp.60－1.

[50] MacKerras, *Uighur Empire*, 1972 edn, p.113.

[51] 听到这首诗后,武帝很感动,并且定期送给她礼物,但是最后刘细君还是死在了乌孙国;Hulsewe, *China in Central Asia*, pp.148－9。

[52]《史记》2：163; de Crespigny, *Northern Frontier*, pp.176－7。

[53]《史记》2：164, 170; Barfield, *Perilous Frontier*, p.53, 举了一个关于中行说教给匈奴外交技巧的例子。

[54] Ishjamts, "Nomads in eastern Central Asia", in *HCCA*, 2：165－7 有关于"胡"的描写。

[55]《史记》2：164; Heissig, *Religious of Mongolia*, pp.4－5; Ishjamts, "Nomads in eastern Central Asia", in *HCCA*, 2：164－5。

[56]《史记》2：164; Jagdid and Hyer, *Mongolia's Culture*, pp.120－1, 附带说明清朝的旗(*khushighu*)大会,以及延续到本世纪的敖包节,包括体育竞赛等,都延续了这些传统。

[57]《史记》2：180; 但是 Zürcher, *The Buddhist Conquest*, 1：21 和 Ch'en, *Buddhism in China*, pp.28－9 怀疑这是佛教徒的形象。

[58] Heissig, *The Religions Mongolia*, pp.4－6; Pulleyblank 认为"蓝色天堂"可能是来自汉语的借用词,曾经拼读为"chengli"; "Why Tocharians", p.420。

[59] Ishijamts, in *HCCA*, 2：165; 根据 Kürsat-Ahlers, 匈奴首领全称的第一部分来自单词tengri; 见 *Zur frühen Staatenbildung*, p.266。

[60] Ying-Shih Yü, "The Hsiung-nu", in *CHEIA*, p.130; Jagchid and Symons, *Peace*, *War*, *and Trade*, p.53, 1 世纪早期提到这些内容以及的 Yen Yu 将军的著作,可能是 Ying-Shih Yü 的文献来源。

[61]《史记》2：136－7。

[62] 同上注,2：181,以及 2：178, 183。

[63] 同上注,2：182。

[64] 同上注,2：187, 以及 2：195, 185; 关于诺音乌拉, 见 Ying-Shih Yü, "The Hsiung-nu", in *CHEIA*, p.129。

[65] Yü, *Trade and Expansion*, p.17.

[66]《史记》卷一二三;《汉书》卷九〇, in Hulsewe, *China in Central Asia*。

[67] 这种流血是由至今在中亚还能见到的一种寄生虫引起的;这种寄生虫引起流血,与夏天的汗水结合就变成了粉红色;Barclay, *Role of the Horse*, p.48。

[68] Barclay, *Role of the Horse*, p.48;《史记》,2：269－70。

[69] 关于库车,见司马迁《史记》2：277;也见于上注,2：204－5, 271; Ma Yong and Sun Yutang, "The western regions", in *HCCA*, 2：228; Hulsewe, *China in Central Asia*, pp.

75 - 6; de Crespigny, *Northern Frontier*, pp.7 - 10; Sir Aurel Stein 是证明汉长城可远达罗布泊的第一位现代专家,见 *On Ancient Central Asian Tracks*。

[70]《史记》2:272;关于乌孙与印欧语系的联系,见 Frye, *Herigage of Central Asia*, p.165。

[71] 然而,在古典时代,中国和地中海之间的海上航线可能会运输更多的商品;Adshead, *China in World History*, pp.23 - 4;《史记》2:276 - 9。

[72] *Ocherki istorii* SSSR, 2:546;在 p. 552 有对一件粟特文书的说明。

[73]《汉书》卷六一描写了这次成功的战役,Hulsewe, *China in Central Asia*, pp.228 - 36;公元前 90 年,李广利战败后被匈奴杀害;贰师城可能是中世纪的 Sutrishna,在浩罕和撒马尔罕之间,见 Hulsewe, *China in Central Asia*, pp.75 - 6;《史记》2:282 - 7 中也有关于这次远征的记载。

[74] Hulsewe, *China in Central Asia*, Introduction, p.46, 75, 87 - 9 有关于这些小国的艰难处境的内容;也见于 Yü, *Trade and Expansion*, pp.145 - 7。

[75] Hulsewe, *China in Central Asia*, pp.64 - 6, 164; Y. A. Zadneprovskiy, "The nomads of northern Central Asia after the invasion of Alexander", in *HCCA* (pp.457 - 72), 2:460 - 1.

[76] Hulsewe, *China in Central Asia*, p.63; Lattimore, *Pivot of Asia*, p.8; Ssu-ma Ch'ien, *Records*, 2:186, 264; Ma Yong and Sun Yutang, "The western regions", in *HCCA*, 2:239 - 43; Yü, *Tradeard Expansion*, pp.147 - 50.

[77] Yü, *Trade and Expansion*, p.169; Ma Yong and Sun Yutang, "The western regions", in *HCCA*, 2:242.

[78] Yü, *Trade and Expansion*, p.150; de Crespigny, *Northern Frontier*, p.258.

[79] Barfield, *Perilous Frontier*, pp.60 - 1.

[80] 引自上注,p.62。

[81] 同上注。

[82] Yü, *Trade and Expansion*, pp.38, 43.

[83] Barfield, *Perilous, Frontier*, p.63ff; Yü, *Trade and Expansion*, pp.70 - 8.

[84] 关于这一争论,见 Tinios, *Pan Ku*, pp.55 - 8。

[85] Barfield, *Perilous, Frontier*, p.64.

[86] Ishjamts, "Nomads in eastern Central Asia", in *HCCA*, 2:164; Dubs, *A Roman City in Ancient China*;然而 Yü, *Trade and Expansion*, pp.89 - 91 怀疑 Dubs 认为罗马的雇佣军在 36 年以后定居在甘肃的一个他们自己的城里的观点。

[87] 关于她的角色,见 de Crespigny, *Northern Frontier*, p.189ff;也见于上注, p.188。

[88] Yü, *Trade and Expansion*, p.64;在公元前 51 -前 1 年,作为"礼品"送来的丝绸织物总

207

量达 8 000 - 30 000 匹;Barfield, *Perlious Frontier*, p.65。

[89] Honey, *Medieval Hsiung-nu*, p.1.

[90] 这个意味着放弃了"以前"的秦代和汉武帝时期的政策的决定,见 de Crespigny, *Northern Frontier*, pp.30 - 1; Ying-Shih Yü, "The Hsiung-nu", in *CHEIA*, P.143。

[91] de Crespigny, *Northern Frontier*, pp.243 - 6 论及在鄂尔多斯地区和陕北的定居点急剧减少。

[92] de Crespigny, *Northern Frontier*, p.238.

[93] Barfield, *Perilous Frontier*, p.59 注意到与公元前 519 - 前 513 年斯基泰国王向大流士提出的讽刺性建议的相似性;乌桓在张家口附近的居住点,见 de Crespigny, *Northern Frontier*, p.37。

[94] De Crespigny, *Northern Frontier*, pp.294 - 5; Barfield, *Perilous Frontier*, p.77.

[95] De Crespigny, *Northern Frontier*, pp.269 - 71, 304.

[96] 有关最后的崩溃的描写见 Ying-Shih Yü, "The Hsiung-nu", in *CHEIA*, pp.147 - 9; Zadneprovskiy, "The nomads of northern Central Asia", in *HCCA*, 2：469。

[97] Artamonov, *Istoriya khazar*, p.42.

延伸阅读

关于匈奴帝国,基础性的第一手文献是司马迁的《史记》。当代没有全面研究匈奴历史的著作。Gumiliev 的成果 *Khunnu* 是最接近全面的,同时包含史学研究讨论,但是该书已经过时了。有很多对匈奴历史或生活方式的研究可作为补充,包括:*HCCA* 第二卷;《剑桥中国史》;Barfield, *Perilous Frontior*; Altheim, *ATTILA*; Golden, *Introduction to the history of the Turkic People*; Philips, *Royal Hordes*; Kürsat-Ahlers Symons, *Peace, War, and Trade*; de Crespigny, *Northern Frontiers*; Tinios, *Pan Ku*; Yü, *Trade and Expansion*。Yü 的书中关于丝绸之路出现的内容也非常精彩,同样 Hulsewe, *China in Central Asia* 是关于"西域"的最好文献。关于匈奴考古和生态,见 di Cosmo, "Ancient Inner Asian nomads"; Vainshtein, *Nomads of South Siberia*; Davydova, *Ivolginskii kompleks*; Lubo-Lesnichenko, "The Huns", in Basilov ed., *Nomads of Eurasia*。关于宗教,见 Heissig, *Religions of Mongolia*。关于东部草原的生活方式,见 Jagchid and Hyer, *Mongolia's Culture*。

第九章 公元 500 年之前的 "蛮族"入侵

　　冒顿的卓著功绩是创建了一种草原帝国与邻近的农业帝国之间稳定的政治和军事关系。通常分布于内、外欧亚大陆边境之间的多为脆弱、不稳定的系统,这种系统是复杂的入侵与反抗等暴力政治的产物。夹在草原上的扩张主义邻居和南面的农业帝国之间的牧人集团,不时地在农耕世界寻找机会,并在他们防御最脆弱的地方发动入侵。大多数牧人集团只取得了短暂的成功,但是帕提亚、月氏和突厥语系的拓跋则取得了显著成就,他们在外欧亚大陆的边地建立了新的统治王朝。

　　至少从公元前 4 千纪开始,就已经出现了由此类矛盾引发的小规模冲突。然而,在公元纪年最初的世纪,我们还不能详细地描述这类冲突的细节。历史学家所指的西部欧亚大陆的"蛮族入侵"时代,也是从中国经中亚到高加索和巴尔干的边境发生剧烈冲突的时代。这一时代最为明显的特征,是外欧亚大陆帝国开展的有效反侵略战争的失败。虽然在几个世纪中都没有出现强大的草原帝国,但是在欧亚大陆的边疆地带,雄心勃勃的内欧亚大陆牧人的首领普遍具有政治和军事主动性。本章将叙述匈人时代边疆地带的动荡政治。

一、中亚: 约公元前 50 -公元 500 年

　　由于匈奴扩张引起的牧人迁徙,成为中亚公元第一个世纪历史的主旋律。在整个中亚边疆可能存在很多这类入侵。然而我们了解最多的,是位于今伊朗和阿富汗边疆地带的少数富有创造力的王朝取得的持久成功。在阿富汗和印度北部的贵霜和嚈哒就是两个成功的案例,它们重现了米底以

及稍后的帕提亚这些前代王朝的入侵历史。

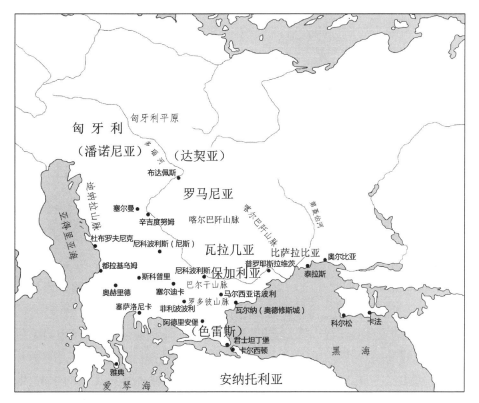

地图 9.1 匈人时代的巴尔干

（一）贵霜：50－250 年

贵霜帝国的创建者是月氏人的后裔。月氏人可能讲某种印欧语系的语言，其祖先可能在公元前 2 千纪居住在甘肃。的确，如果月氏人讲的是我们所知的早期印欧语系中的吐火罗语，那么他们的祖先可能早在公元前 2500 年就到达了那里。另一方面，月氏人可能是塞种人的一个东部分支，可能与建造巴泽雷克墓葬的人有密切联系[1]。公元前 2 世纪早期，在被匈奴打败之前，月氏已经占领了甘肃和新疆的绿洲城市，因此他们了解中亚南部特有的畜牧业和农业混合的经济。

在公元前 174 年冒顿死后的几年内，他的儿子和继位者杀了月氏的首领，将其头颅做成饮杯，迫使月氏王的追随者在月氏王儿子的带领下向西逃亡。

月氏在环境恶劣的土地上迁徙的三十年期间与其他的民族混合。一些月氏人居住在吐鲁番地区,其他的则向准噶尔迁移,在那里他们遇见了乌孙。公元前133-前129年,乌孙将月氏赶出七河地区。在塔什干地区,幸存下来的月氏人和他们的追随者遇见了另一个新兴的牧人国家,中国文献称之为康居。康居国可能早在公元前5世纪即已存在,以锡尔河沿岸富裕的设防城市为基础。像很多该地区较晚时候出现的政治系统一样,康居国可能由牧人贵族统治,但是包含很多城镇和农业社会。考古学的证据表明,康居在通向咸海的商路沿线一带影响最大,其影响穿过萨尔马特人的土地向西到达南乌拉尔。这个"北线"的西半部,即咸海和里海之间的部分,被称作奄蔡的部落所控制,这个部落可能也包括像阿兰这样的萨尔马特人部落[2]。也许因为康居及其邻近民族的实力强大,月氏不得不向南前进,穿过费尔干纳到达粟特。约公元前130年,月氏把塞种人的牧人赶出粟特并且占领了他们的牧场。被月氏人驱逐后,塞种人在迁移中侵占了其南面的土地。他们摧毁了希腊-巴克特里亚,而且几乎摧毁了年轻的帕提亚王国,这一事件很好地反映了横跨草原地带的多米诺骨牌效应[3]。

公元前128年,在月氏统治粟特2-3年后,汉武帝的使节张骞出访了这里。他发现月氏人仍然过着游牧生活,便用传统的夸张口吻向武帝汇报说,月氏能组织十万的骑马弓箭手。月氏人在粟特发现了比甘肃更富庶的土地,他们一度停止迁徙,居住于此。考古证据证明,月氏人很谨慎,没有破坏粟特和巴克特里亚繁荣的灌溉城市和商业网络。他们可能居住在粟特贸易中心之间的肥沃牧场,满足于勒索贡赋。在月氏墓中发现大量城镇制造的陶器,这反映出他们与粟特的绿洲城市之间保持着密切关系。考古和文字证据都表明,月氏统治下的城镇仍然很繁荣[4]。

当张骞到访的时候,大夏(巴克特里亚)没有统一的统治者。他是这样描述的:

> 其俗土著,有城屋,与大宛同俗。无大君长,往往城邑置小长。其兵弱,畏战。善贾市。及大月氏西徙,攻败之,皆臣畜大夏。大夏民多,可百余万(《史记·大宛列传》)[5]。

汉朝热切地想与月氏建立外交关系,这说明月氏已经稳固地控制了粟特和巴克特里亚北部。

　　像匈奴一样，月氏似乎也有保持共有忠诚意识的政治和仪式性的中心。这个中心可能在撒马尔罕以南苏尔汉河的哈尔恰扬。但是，月氏不是统一的，而是由五个相分离的部落集团或翕侯①组成[6]。

　　这一松散的地域性小国系统存在了几乎 200 年，这些小国保持了很多希腊-巴克特里亚的政治和商业传统，但均处于月氏的宗主权之下[7]。约公元前 70 年，月氏的一位翕侯——贵霜的首领丘就却打败了他的四个对手，建立了以巴克特里亚为基础的统一帝国。根据《后汉书》记载，丘就却活到 80 岁，他死后，其子维玛·塔克图②征服了印度北部的大片土地，该帝国可

212

图版 **9.1**　维玛(塔克图?)的无头雕像

---

　　①　原文中的"翕侯"为 *yabghus*，与突厥的"叶护"为同一个英文单词。大月氏"翕侯"这一官名见于中国文献。

　　②　文中丘就却儿子的姓名——维玛·塔克图(Vima Takto)，与《后汉书》中记载的继承丘就却王位的儿子阎膏珍的姓名完全不同，而是采用了在阿富汗发现的腊跋闰柯碑铭的相关记载。

能一直持续到 1 世纪末。在马土腊发现的一尊统治者的无头雕像,可能是第一位在印度建立大帝国的贵霜统治者维玛·塔克图的象征。《后汉书》记载,自此以后,月氏变得极为富强[8]。这些由维玛·塔克图的儿子巩固起来的统治,使贵霜控制了沿印度河到巴里加沙(今布罗奇港)的丝绸之路主要支线。从巴里加沙出发,船能够绕过帕提亚航行到埃及。到 100 年时,贵霜可能沿着这一路线,在那些渴望不再依赖帕提亚的罗马商人的帮助下进行贸易。罗马货币在这条路线的沿线使用,维玛·卡德费赛斯则仿照它们制造了自己的货币[9]。

213　　　　在维玛·卡德费赛斯的儿子迦腻色伽统治时期,贵霜帝国的政权达到顶峰。迦腻色伽统治时期是贵霜年代学研究的基础,长期以来学界对此都有争议。迦腻色伽在位时间可能跨越两个世纪,从 1 世纪末到 2 世纪中期[10]。他及其继位者胡毗色伽和韦苏提婆一世统治时期的贵霜,通常被称为"伟大的贵霜"。因为正值帕提亚王国衰落之际,贵霜的势力尤其强大。贵霜帝国的货币和刻铭的广泛分布,以及其他的考古学证据都表明,迦腻色伽的帝国包括现代的塔吉克斯坦和部分土库曼斯坦与吉尔吉斯斯坦,以及阿富汗和巴基斯坦的大部分、印度北部和东部的一部分,甚至包括塔里木盆地的喀什噶尔、莎车以及于阗等城市,但是可能不包括花刺子模或全部粟特地区。在晚到 3 世纪的后三分之一时期,一位到达中南半岛的中国旅行家评论说,当时的世界分成三个部分——中国、罗马和贵霜帝国[11],每个部分都由一个"天子"统治。

　　　　在迦腻色伽统治下,贵霜的重心转移到印度北部。首都从巴克特拉迁到白沙瓦,或亚穆纳河边的马土腊[12]。迦腻色伽承认神的地位,他被称为 *devaputra*("上帝之子"),与中国的"天子"类似。尽管存在这些变化,但是牧人传统至少作为一种象征还有其重要地位。3 世纪,一位中国人仍在记载中坚称月氏人"骑马,用弓箭杀人"。在货币上,迦腻色伽的形象看起来像塞种牧人的传统雕像一样,"戴中亚的尖顶头饰,穿长靴和沉重的大衣,身体强壮,留着胡须"[13]。

　　　　可能在 230 年,萨珊王朝的创建者阿尔达希尔征服了马尔吉亚纳和锡斯坦。根据泰伯里的记载,贵霜的统治者接受了萨珊的宗主国地位,一个较晚的贵霜王朝幸存下来,在 3 世纪的大部分时间里成为萨珊的附庸[14]。正如此前的希腊-巴克特里亚那样,贵霜被印度北部的财富吸引到南方,又被来自伊朗

214

图版 **9.2**　马土腊的迦腻色伽一世无头雕像

和中亚草原的军事压力推向南方。

贵霜帝国最突出的特征是其政治体系、宗教和艺术受到多方面的影响。贵霜不仅是统治着农业帝国的牧人王朝，而且还与罗马、帕提亚、印度和中国保持了活跃的贸易与文化联系。他们使用印度的称谓，如 *maharajia rajatiraja*（"伟大的国王、王中之王"），此外还有与伊朗和希腊相同的称谓（*saonano sao* 和 *basileus basileon*），迦腻色伽甚至使用罗马的称谓——*Kaisara*[15]。较晚的贵霜万神庙包括草原地带的伊朗诸神、希腊-巴克特里亚和琐罗亚斯德教诸神、当地诸神以及佛教的菩萨，同时也受着那教和毗湿奴派的影响。所有伟大的欧亚大陆的宗教、文化传统：琐罗亚斯德教、希腊文化、基督教、婆罗门教、佛教、儒教、道教以及后来的摩尼教，在中亚这一文化熔炉中混合在一起，后来在这里出现了新的思想、神、经文和图像。贵霜艺术和著作像贵霜的政治和宗教一样兼收并蓄。考古学家已经发现了希腊的雕像、中国的漆器、印度的象牙雕刻，以及埃及的玻璃器。最早用希腊字母书写的巴克特里亚书面文字出自维玛·卡德费赛斯统治时期。这代表着经过长期的希腊文化洗礼后，伊朗文字在巴克特里亚得以复兴。可能也正是在这个时期，吐火罗语成为一种重要的书面语言[16]。

贵霜帝国在佛教向帕提亚、中亚和中国的传播过程中扮演了非常重要的角色。巴克特里亚可能早在公元前 3 世纪的阿育王时期已接触到佛教，从公元前 2 世纪开始，希腊-巴克特里亚的国王德米特里和米南德都庇护了这一宗教。可以确定公元前 1 世纪在月氏人中已有佛教徒，丘就却的货币也明确地反映出来自佛教的影响。佛教在公元前 1 世纪至 1 世纪中期的某个时间到达中国。传入中国的第一份佛教文书是约公元前 2 年的来自月氏的礼物。1 世纪，佛教传入帕提亚、马尔吉亚纳和粟特，几乎可以确定都是由贵霜帝国传入的。2 世纪，佛教在塔里木盆地迅速传播，特别是在从喀什噶尔向东到达洛阳的商路沿线出现的龟兹与于阗这两个在当地占支配地位的城镇。在迦腻色伽时期，佛教也开始在中国传播，因为自 2 世纪开始，有很多贵霜或在贵霜培训的帕提亚、粟特、巴克特里亚、印度和塔里木盆地的佛教徒在洛阳工作并充当翻译。迦腻色伽本人就是因召集可能在克什米尔/坎大哈召开的第四次佛教大会而闻名于世。在其支持下，佛教在贵霜帝国普及[17]。4－5 世纪，佛教成为巴克特里亚和塔里木盆地占绝对优势的宗教，主要的城镇都有大型寺院。

图版 9.3　迦腻色伽的货币

图版 9.4　苏尔汉·科塔尔的贵霜圣殿

　　正如刘欣如已经说明的,在印度、贵霜帝国和中国之间的商路上商人与佛教徒间的密切关系,对大乘佛教的改革有重大影响。特别是,它激发了类似施舍活动的出现。施舍使富人更容易换得他们超度的方式,而对于菩萨来说,也愿意接受贵重礼品来转化他们所积累的功德,就像交易商品一样。出自贵霜时期的大乘佛教常常把佛陀描绘成一种精神上的商队领袖,同时在印度和中国之间的商路集散点上出现了佛教寺院,而且有些像巴米扬这样的集散点,起到了商队客栈的作用。贵霜的佛教可能也具有琐罗亚斯德教的特征,特别是当出身于帕提亚的佛教徒传教时。例如,佛陀"净空法师"或"无限光明",在很多方面都与琐罗亚斯德教的阿胡玛兹达相似[18]。

217 　　贵霜帝国的社会结构多种多样,有小的村庄和城镇、大城市、移动的游牧畜牧业区域和偏远的山区社会。在城镇和村庄,*azatkar*(贵族精英)拥有土地,充当地方官和宗教首领的侍从。在城市中,商人或 *xvakar* 拥有很多财富,而且具有相当大的影响力。在他们之下是工匠或 *karikar*,此外还有大量的扈从或奴隶,他们主要从事日常的服务工作,特别是充当富人的扈从或奴隶。一些土地无疑由地方首领或寺庙所有,但还有很多土地是由较小的地主或村庄集体所有。当地的地主阶层德赫干拥有村庄集体土地在经济和法律上的所有权[19]。

　　很大区域范围内的政治稳定,帝国对水利灌溉系统的支持,以及繁荣的贸易网络,使贵霜帝国成为一个大繁荣时代。在中亚地区,灌溉农业是帝国财富的基础。在今塔什干附近的泽拉夫尚河沿岸,以及锡尔河沿岸的新区域开发出了大规模的灌溉系统。虽然小的支线渠道数量较少,灌溉集约性较差,只能维持较少的人口。但是,当时的阿姆河和锡尔河沿岸的灌溉区域可能比今天的灌溉面积还要大。在所有灌溉系统中,贵霜帝国边缘的花剌子模的系统最为显著。现代考古学家的统计表明,至少要有 15 000 名劳工工作两个月才能挖出 Kîrkkîz 渠道,同时每年需要至少 6 000 – 7 000 名劳工来维护渠道防止决堤[20]。一位上一代的苏联学者将这样的灌溉工程看作奴隶劳动的产物,并断言在中亚发现了"奴隶模式的生产"。然而现在看来,可能大多数的劳动来自当地的村庄社会,这些社会直接从他们建造和维持的灌溉系统中获利。在伊斯兰教兴起之前,花剌子模有一所专门的水利工程师学校,培养管理灌溉系统所需的数学家、地图绘制者、天文学家和工程师。在巴克特里亚的一些山区,如科佩特山脉和泽拉夫尚河上游河谷,通过地下的坎儿井系统输送水,与现今吐鲁番的坎儿井相似。因为更多铁农具的使用,带金属铧的木犁取代了简单的锄头,使农业生产方式也得到相应发展。种植的农作物包括谷物、水果和紫花苜蓿之类的饲料作物、棉花和罂粟。在花剌子模、布哈拉和马尔吉亚纳可能有广泛商业化生产的葡萄酒,特别是在费尔干纳等地,也有商业化饲养的马匹[21]。

　　和平、繁荣、能够帮助民众的政府、生态的多样化,以及重要的地理位置,促进了贵霜人口的增长和贸易的发展。贵霜帝国货币的数量和种类反映了货币交换的广泛程度,大量青铜货币的发现也说明大多数人口都在使用。商队的路线穿过费尔干纳康居的国土、石国绿洲以及锡尔河北部的牧人地区。沿着这条路线,农业区的农产品、纺织品、手工业品和武器与草原的毛皮、皮革、肉、纤维和牲畜做贸易交换,此外也有与地中海、印度和中国的贸易。99 年,一位贵霜的大使可能访问了罗马,在贵霜地域内也发现了很多罗马货币。掌握了印度洋季风的规律后,船只也能避开帕提亚王国强征的通行费。罗马帝国和印度西海岸之间的贸易,特别是在巴巴里贡和巴里加沙港之间的贸易,自奥古斯都皇帝在位时期就开始繁荣起来[22]。粟特的商人向西到达亚历山大港,向东到达敦煌,粟特人常常充当穿越塔里木盆地的丝绸之路商队的向导。沿着这一网络,贵霜的商人成为中国、罗马和印度之间的中间商,经营丝绸、香料、宝石以及乌拉尔地区的毛皮。甚至在村庄里都发现了货币,这表明货币关系广泛存在于粟特、巴克特里亚和犍陀罗,但是在花剌子模、费尔干纳和七河地区则不太发达。在贵霜东部的山区,可以开采金、银、铁、铜、红宝石和天青石,也有相当程度的人口交流。有证据表明在贵霜时代晚期,花剌子模出现了印度士兵,他们可能在 3 世纪建立了一个地方王朝[23]。

　　如同这一地区较早的帝国一样,贵霜帝国是城邦国家的联盟,由牧人的王朝及其军队将诸城邦维系在一起。在贵霜的统治下,城镇达到前所未有的繁荣,城镇的数量、规模和社会的复杂性都得到提高。在贵霜时期,密集的寺庙建筑强化了城镇的思想和宗教角色。木鹿、巴尔克、铁尔梅兹和阿芙拉西阿普/撒马尔罕等大型城镇的人口可能多达 50 000 人。大多数贵霜的城镇是设防的,每个城镇都有自己的宫殿和地方统治者。大多数大城镇有精心建造的城墙、官员的宫殿,此外还有寺庙、作坊和房屋。每个城市都有相当多的工匠和其他的市内工人,包括制造陶器、金属首饰和武器以及纺织品在内的手工业特别发达。有的城市有精心设计的防御系统、中央宫殿、底层有商店的住宅区、市场专有区、公园、圣殿以及湖泊,有的甚至有地下排水系统。一部印度北部的文献描述了一座贵霜时代的城市,有"象、马、马车和行人,有成群漂亮的男人和女人,城里挤满了普通人、武士、贵族、婆罗门、商人和工人以及各种为宗教苦修的人"[24]。旅游者包括塞种人、巴克特里亚人和中国人。商店出售鲜花、香料、首饰;街头小贩出售香草、水果、鱼和肉,同时也可以在饭店就餐,或者看演员、魔术师、杂技演员、摔跤选手的表演。

虽然早在 3 世纪末贵霜帝国就崩溃了,但是在后来者的统治下,贵霜帝国曾经具有的复杂的文化、政治和经济的混合体得以保存下来。

(二)萨珊王朝和嚈哒人:250 – 550 年

在维持伊朗草原边境稳定方面,萨珊王朝比帕提亚王国更加成功。它控制了马尔吉亚纳和一部分巴克特里亚,但是从来没有控制粟特和费尔干纳,对于花剌子模充其量只行使了松散而不稳定的宗主权。

219　　萨珊王朝对草原主要采取了防御的策略。马尔吉亚纳的中心——木鹿是东部行省的战略要地。在这个城镇发现的由多种语言写就的刻铭表明,它也是重要的贸易中转港。5 世纪,萨珊王朝已经建成巨大的防御系统,塞墙和塞堡从里海向外延伸约 200 公里,几乎到达木鹿。在今阿塞拜疆的里海西面,他们修建了另一个防御系统来防御北高加索的入侵,这是斯基泰人曾经侵入亚述的路线,阿兰人和匈人的入侵者在 2 – 5 世纪也曾通过这个路线发动进攻。这个系统的中心是达尔班德,它早在斯基泰时代就是类似的防御系统的关键点。在拜占庭的帮助下,库思鲁一世重建了这个系统。达尔班德本身坐落于一小块肥沃土地上,处在海、山之间的通道上。它建于延伸到海边的两条平行的墙之间,在那里有由链条护卫的港口。沿墙建一座塔,墙与山在塔所在的位置汇合,那里有一处要塞。墙继续延伸 40 公里到达山里,在墙后有位于山上的防御堡垒[25]。

萨珊王朝没有真正想征服中亚东部,在粟特,随着贵霜的衰落,撒马尔罕这样的城市中心也衰落了。然而,到了 5 世纪晚期,那里重新出现了与公元前 2 世纪张骞所见相同的独立而富裕的绿洲城邦系统。这些城邦以灌溉农业为支撑,四周环绕着贵族和德赫干的较小塞堡,与当地的牧人做贸易。在伊斯兰教入侵前,中亚城市生活的富裕和精细程度,可在撒马尔罕东约 40 英里的惊人的片治肯特壁画中见到,该壁画年代为 6 – 8 世纪。这些壁画展现了非常富裕的领主世界,有领主在宫殿、帐篷中,或在打猎、战斗的情景,其中很多可能源于后来菲尔多西在《王书》中记录的口传民俗。粟特的城市因为丝绸贸易而繁荣,并且维持了一个强大的商人阶层。根据同时期的记载,商人常常如德赫干阶层一般富裕而有势力,有的也像德赫干一样生活在自己的城堡里[26]。

从 4 世纪开始,粟特和巴克特里亚,可能也包括花剌子模的一部分,再一次处于强大帝国的宗主统治之下。这个帝国像贵霜帝国一样,由逃离东方草原的牧人建立。4 世纪中期,随着一些匈奴集团向西方草原迁移,另一个可能起源于匈奴但是混合有突厥和伊朗因素的松散部落联盟,开始袭击萨珊王朝的东部边界。拉丁文献将他们描述为匈尼特人,可能是"匈奴"或"匈人"的同义词[27]。

350 年,匈尼特人控制了粟特的大部分地区。在之后的五十年里,他们也控制了巴克特里亚和印度北部的部分地区。曾有一段时间,他们被一个名为寄多罗的王朝统治着,其王朝名来源于创建者。然而,从约 466 年开始,他们又被新出现的草原王朝"嚈哒"统治,并被向南驱赶到印度。嚈哒在与前盟友——正在蒙古兴起的柔然联盟之间爆发冲突后,像 500 年前的月氏那样向南方前进,占领了巴克特里亚和远达喀什噶尔的新疆东部,以及印度北部的一部分。5 世纪晚期,以巴克特里亚为基础的嚈哒王朝将首都建在赫拉特附近位于巴尔克东面的昆都士,他们将匈尼特人的部落统一成像贵霜帝国一样的兼收并蓄的大联盟。嚈哒人也接受了贵霜的文化和文字。6 世纪,嚈哒的贵族已经开始定居,很多人居住在城市里。但是畜牧业仍然占重要地位。中国僧人宋云在约 518 年旅经嚈哒国土时,记录了一种季节性畜牧的移动:"夏天人们寻找山上的凉爽处,冬天人们则分散在村庄里。"虽然嚈哒人不识字,但是宋云记载他们从周边的四十个国家征收贡赋,包括西面的波斯和东面的于阗[28]。

嚈哒人频繁地袭击萨珊王朝,在 484 年后的几十年间向其征税。同时,萨珊的首领有时也雇佣嚈哒人,或在内部争斗中将其当作同盟军。早在 484 年,嚈哒就已连续打败萨珊王朝,杀了皇帝卑路斯一世(459 - 484 年)。随后伊朗出现混乱和饥荒,在此过程中玛兹达克运动的平等主义宗教改革繁荣起来,它的发起人卡瓦德一世(488 - 531 年)在 496 年被推翻,其子取而代之。卡瓦德设法潜逃到嚈哒,因为嚈哒的统治者是他的姐(妹)夫。499 年,在嚈哒军队帮助下,卡瓦德重返王位。528 年,卡瓦德与玛兹达克运动的教徒反目,杀死了教徒首领和很多追随者。6 世纪前半叶,卡瓦德及其继任者——萨珊最伟大的皇帝库思鲁·阿努希尔万一世(531 - 579 年),将萨珊王朝的伊朗重建成强大的国际性政权。557 年,库思鲁与新的草原民族突厥人结盟。5 世纪 60 年代的早期,这一联盟打败嚈哒军队并杀了其首领。这标志着嚈哒帝国的灭亡,尽管嚈哒的居民在特里斯坦(巴克特里亚)延续了很多世纪。同时,在印度北部也幸存下来一些小的嚈哒国家。

贵霜和嚈哒帝国的历史再一次展示了亚洲边地的持久模式,这个模式是由当地生态决定的。两个帝国都是由被吸引到波斯东部和巴克特里亚的牧人建立，这些牧人原本分布在草原上，也正是这一点解释了为什么他们最后都创立了强大的外欧亚大陆帝国。

二、西部地区：200－500 年

位于内、外欧亚大陆之间的西部边地，与中亚和中国北方的边地差别很大。与中国或伊朗不同的是，罗马面对的是沿其北方边界大部分地区分布的农业蛮族，这一地带与草原之间的边地非常狭窄且有限。对于罗马而言，匈牙利和罗马尼亚扮演着鄂尔多斯的角色，多瑙河的作用与黄河相似。在喀尔巴阡山以东，多瑙河将巴尔干与黑海草原分开；而在喀尔巴阡山的西边，它将东匈牙利草原（the "Alföld"）与西匈牙利葱郁的草原分开。公元前 8 年，台比留恢复了罗马对匈牙利西部潘诺尼亚的控制，建立了沿多瑙河分布的新的军事边界（limes）。一个世纪以后，约 105 年，图拉真率领军队进入匈牙利和一部分特兰西瓦尼亚，在那里创建了新的达契亚行省。

罗马东北部生态边地的狭窄性，使牧人首领很难建立起能够充分敲诈和利用罗马帝国的有规律的系统。但是这也意味着罗马鲜有像中国或伊朗王朝那样应对畜牧人的经验。至少从斯基泰时期开始，牧人就在喀尔巴阡山的东、西两翼结成松散的统治系统，这引发了与占据罗马北部边界的农业"蛮族"之间的竞争。在大征服时代，驻扎在多瑙河沿线的罗马军队不得不首先应付自内欧亚大陆西部迁移来的农业蛮族，之后才能应对畜牧人从 376 年开始的一系列毁灭性入侵。

（一）哥特人：约 200－370 年

日耳曼人通常被称为"哥特人"，他们并非起源于内欧亚大陆，却在内欧亚大陆的历史上占有重要地位。因为他们向现代的白俄罗斯、乌克兰和俄罗斯的移民，是内欧亚大陆出现第一个强大农业国家罗斯的前奏。

像所有的部落名称一样，"哥特"这个词是一种常用但不准确的称呼。它通常是指大量从北欧迁徙而来的居民，他们从约 150 年开始经过东欧，向南迁移到罗马帝国的多瑙河边境。我们关于哥特人及其相关部落早期历史的知识，主要来自生活在君士坦丁堡的哥特历史学家约尔丹内斯在约 550 年写成的《哥特史》。约尔丹内斯使用的是约三十年前北意大利的东哥特王国宫廷汇

编的资料,所以他的记述至少部分试图为意大利的东哥特国王统治者提供可追溯的谱系,其中很多是纯粹的神话。然而,东欧和中欧的考古发现已经反映出,约尔丹内斯的记述保存了早期哥特人历史的一些重要特征[29]。

"哥特"(Gutones)的名称,最早出现于 1 世纪塔西佗的著作中。塔西佗将哥特人定位在现代波兰的北部,他们属于几个与明确的考古学文化——韦尔巴克文化有松散关联的日耳曼集团之一。根据约尔丹内斯的记述,哥特人最后在一位叫菲儿默的人率领下向南迁移。当他们穿过一条大河(第聂伯河?)时,河上的大桥塌了。已经过河的人占领了乌克兰、北高加索和克里米亚并居住在那里,形成"东哥特";留在后面的人向南迁移后紧挨着多瑙河定居下来,在那里形成了"西哥特"。考古和文献的证据表明,约 150 年到约 230 年,的确有大规模的(通常是好战的)哥特人集团,穿过中欧和东欧向南迁移[30]。有关于约 166 年在罗马的多瑙河沿岸边界发生动乱的文献证据,也有韦尔巴克文化内部出现动荡的考古学证据。其中最重要的,是 3 世纪沿着黑海沿岸,从多瑙河到顿河流域出现了一支新的考古学文化——切尔尼亚希夫文化,该文化明显起源于韦尔巴克文化。然而,约尔丹内斯的记述将其看作单纯的迁徙,在迁徙过程中出现了两个不同的集团:东哥特和西哥特,两者是 6 世纪强大哥特王国的先驱。事实上,还有很多有不同名称的属于不同哥特人集团的独立的迁徙,有的集团是只有几百个士兵的武装突击小队,其他的集团则明显是为了寻找新土地而系统地迁徙,因为集团中包括妇女和儿童[31]。

约 230 年,一些哥特集团开始发动针对罗马帝国的大规模袭击。251 年,哥特的军队杀害了罗马皇帝德西乌斯,全歼了一支罗马军队。269 年,多瑙河边地被克劳迪斯二世夺回。255 年以后,当罗马失去其博斯普鲁斯舰队时,哥特人的统治者控制了黑海的大多数港口,267 年,由哥特人和赫鲁利人率领的大约 2 000 艘船组成的巨大舰队进入爱琴海,袭击希腊和亚洲沿岸的城市与寺院达两年之久。他们在岸上布置了几股士兵接应,尽管只有很少的人能活着返乡[32]。

新的罗马皇帝奥里利安在 271 年完成了扫荡行动,通过 275 年放弃对西哥特的达契亚的控制,取得了近一个世纪的相对和平,就像东汉放弃对鄂尔多斯的控制一样。此后,哥特部落开始占领多瑙河北面和东面,即现代的罗马尼亚和匈牙利。约 300 年,戴克里先建立了潘诺尼亚边境。多瑙河再一次成为一条巨大的防线,就像一个河流形式的长城,当地的城镇则通过与士兵和驻守部队的贸易来获利。边界线吸引着哥特人居住,因为这里靠近罗马兵营和边

222

223

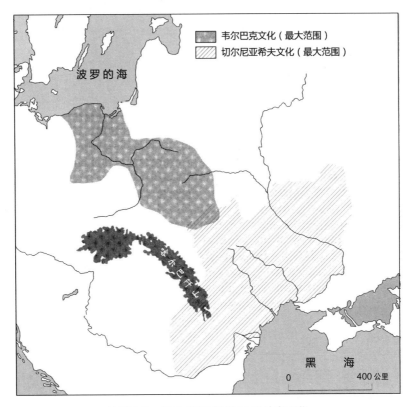

地图 9.2　韦尔巴克/切尔尼亚希夫文化

境城镇,有最好的贸易机会。和中国长城沿线类似,沿多瑙河出现的关市受到当地商人的欢迎,却被帝国的官员满腹狐疑地审视。罗马沿多瑙河南岸广泛建设堡垒系统,在锡西厄(多布鲁迪加)就有 34 座。在这条防线的后面分布着一系列相关联的有防御设施的城镇,它们能够给前线供应补给。在大后方的是菲利普波利斯、塞尔迪卡和阿德里安堡等大型设防城镇。像中国人一样,罗马人与野蛮的邻居谈判,雇他们当雇佣军(早在 208 年就开始了),不情愿地允许他们在特别规划出的关市内开展贸易,有时为了避免被袭击也要向哥特人酋长纳贡[33]。结果,尽管哥特人口少,但是他们却像磁铁一样将罗马的军队及政府机构拖向了恐怖的边境,在 4 世纪早期迫使罗马迁都至君士坦丁堡。

此时,就在罗马边境之外,出现了一系列越过边境的王国。在这些王国中,哥特人及其同盟者中的贵族统治着当地的斯拉夫、萨尔马特居民甚至日耳曼农

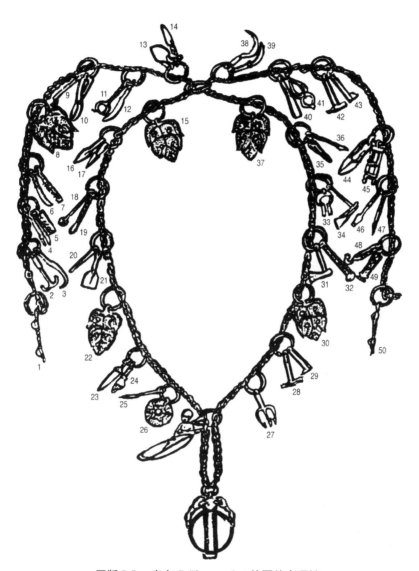

图版 9.5　出自 Szilàgysomlyó 的哥特人项链

（引自 T. S. Burns, *History of the Ostrogoths*, Bloomington：Indiana University Press, 1984）

1. 轭形扁担　2. 锚　3. 镰刀　4. 藤剪　5. 有装饰的钉(?)　6. 截锯　7. 锉刀　8、15、22、30、37. 葡萄叶　9. 钩子　10. 有铰链的截锯　11. 叉形工具　12. 刀　13. 犁　14. 犁刹垫　16. 矛　17. 镞　18. 头部有特别的方形和三角形小面的棍棒　19. 凿　20. 钉(?)　21. 铲　23. 短剑或剑　24. 模型手　25. 窄匙　26. 带中套筒的盾　27. 三齿叉　28、42. 锤　29、43. 铁砧　31. 斧　32. 棍棒，可能专门用于宰杀动物　33. 圆梳刷　34. 有穿孔刃的鹤嘴斧　35. 雪橇滑板　36. 有环形把手的倒匙　38. 锯状镰刀　39. 采葡萄者的刀　40. 铁匠修马蹄用的凿　41. 钳　44. 羊毛剪　45. 梯子　46、47. 修鞋工具　48. 装饰板末端的钩子　49. 带装饰的车匠工具　50. 马车车闸或轭形扁担民。切尔尼亚希夫文化的考古学材料展示了一座有木质建筑物的不设防的小村庄。小村庄中出现了地方酋长,酋长和他们的家庭、家仆、佣人与奴隶居住在设防的围栏里[34]。最西面的哥特人,在领主这一贵族阶层以下,还有生活在村庄或 haims 内的自由农民。哥特的潘诺尼亚保存下来的一条金质项链的年代可能正是约 375 年匈人入侵之后,项链上串连了 45 个模型器物,这条项链使我们对居住在边境内的哥特人有了非常形象的深入了解[35]。这些器物包括农具,如轭形扁担、镰刀、铲、剪刀、截锯、犁和鹤嘴锄;家畜管理用具,如羊毛剪和梳子、刷子;交通工具,如雪橇滑板、马车车闸和车匠的工具和小船;手工业工具,包括凿子、钳子、锤子和砧子,以及修鞋匠的工具;军事装备,包括三齿叉、盾牌、矛、刀和棍棒;居家用具,如梯子、浇勺、钩子和刀。这些工具模型都通过藤叶编在一起。

225　　　切尔尼亚希夫遗址的手工业包括制陶、木器加工和金属加工。有很多手工织物和编织品。在这里发现一处完整的制造梳子的作坊,很明显,这里的手工业已经有相当程度的专业化,展现了一个"至少已从本地的自给自足经济中脱离出来的"社会[36]。大量罗马货币的出现也说明有了部分的货币经济。有的货币可能用于买卖商品,但是罗马军队中的哥特人士兵也接受现金报酬。大量罗马双耳细颈陶壶的发现反映出与罗马帝国有密切的贸易往来,同时哥特人的主要出口品可能是掳掠的奴隶。总的来说,"桑塔纳德穆列河/切尔尼亚希夫文化反映出以农业为主的经济,但是存在一些专业化的手工业和相当程度的与罗马帝国间的贸易"[37]。

对于 4 世纪的哥特人诸王国的性质和发展程度存在很多争议。文献证据表明,4 世纪的前三分之一时期,至少存在两个强大的哥特王国。一个王国以多瑙河为基础,另一个在更东面。多瑙河附近的哥特王国被称作"特尔温吉"的部落统治着。其首领阿塔纳里克将自己描述为"法官"而不是国王,这说明他是一位超越部落的首领,对统治下的每个部落只享有有限的权力。然而,我们不要只强调其软弱性的一面,因为他的家庭统治特尔温吉差不多 50 年。他的权力,以及控制哥特贵族的能力,是以他能够处理与君士坦丁堡的复杂而危险的关系为基础。特尔温吉与罗马帝国的军队作战,接受帝国的贡赋,在 3 世纪 40 年代允许基督教的布道活动,其首领偶尔也在君士坦丁堡接受教育[38]。但是特尔温吉也拥有威力强大到足以令罗马愿意支付补助金的军队。例如,332 年,罗马皇帝康斯坦丁签署了条约,规定哥特人要统一提供援军,回报是一年的报酬和开放多瑙河边两个要塞点的边境贸易。这一哥特版本的匈奴和亲条约持续了三十多年[39]。它结束于 367 年,这一年瓦伦斯皇帝在一次战争中侵入了特尔温吉的土地,他采取了在边境冲突中具有代表性的残忍手段。根据佐西姆斯的记载,哥特人躲开了瓦伦斯入侵的军队,因此:

> 瓦伦斯集合了所有的奴仆和辎重随从,并承诺给带回蛮族头颅的任何人都支付固定量的奖金。重赏之下,渴望得到更多奖励的人马上进入森林和沼泽地,杀死任何能见到的人。上交头颅时,他们都得到了当初承诺的奖金。瓦伦斯用这种方式消灭了很多哥特人,余下的则开始求和[40]。

更东面的哥特人鲜有染指罗马财富的机会,哥特人贵族盘剥隶属的农民和商人的农业和商业财富,就像曾经的斯基泰和萨尔马特人那样。这些居住在黑海地区的哥特人可能继承了草原地带的文化传统。根据沃尔弗拉姆的研究,4世纪时,"东哥特人完成了斯基泰化:披甲持长矛的轻骑兵能够驰骋令人难以置信的长距离,并在马背上作战;他们用猎鹰狩猎,信奉萨满教;皇族家庭穿着萨珊的皇家礼服。总之,草原的伊朗-突厥人的生活方式成为哥特人世界的一部分"[41]。

有证据表明 4 世纪晚期,黑海草原出现了至少一个强大的王国。395 年的阿米亚努斯的文献中,描写了哥特人集团中格鲁森尼人"富裕而广大的王国"的首领埃尔马纳克,他是"好战的国王,他的很多英勇行为已经威胁到他的邻居"[42]。约尔丹内斯主要根据阿米亚努斯的记载,认为这暗示埃尔马纳克统治了一个远达乌拉尔和波罗的海的王国。若是如此,这将是后来的罗斯的短暂先驱。然而,正如希瑟指出的,达到如此程度的王国不可能在文献资料中留下这么少的痕迹。切尔尼亚希夫文化的考古学研究表明,在黑海沿岸有多达六个独立的构筑防御工事的中心,其中每个都可能是一个强大的地域性"国王"的首都[43]。像在斯基泰时期一样,这些王国可能从当地的农民那里征收贡赋,向通过北面丝绸之路或来自北面森林的贸易征税。正如沃尔弗拉姆曾经说过的,约尔丹内斯描述的阿米亚努斯为了控制顿河下游而导致的激烈冲突,可能反映了控制"金麦里族的博斯普鲁斯"贸易的企图[44]。也许与阿塔纳里克相似,埃尔马纳克宣布对多个半自治的地区性

226

王国享有宗主权,结成一个松散的联盟。这样的联盟,和斯基泰和萨尔马特的联盟一样,利用它所具有的可以在危急时刻迅速动员的能力,合并了相当多的区域性集团,这能够解释阿米亚努斯对埃尔马纳克王国的记载,尽管它对罗马的影响有限。

如果这一解释正确,那么可以说明哥特人虽然有农业背景,但是创造了典型的黑海草原的政治系统。这些系统以利用当地的农业人口和区域性的商路为基础,却从来没有富强到能像匈奴勒索中国那样来勒索罗马的财富。哥特人与他们的牧人先驱及后继者之间的最大区别是:哥特人是农民,如果他们没有成功建立起能够切实存在下去的边境国家,他们就会选择进入农业世界。在 376 年的大灾难之后,他们正是这样做的,并带来了令人震惊的后果。

（二）匈人:约 370 – 450 年

4 世纪 70 年代"匈人"的到来,改变了西部边地沿线的局势。很多世纪以来,黑海地区的居民第一次遇见了具有超强移动性和武装性的大规模畜牧人军队。与匈人的首次相遇在哥特人和罗马人心中产生的恐惧一直流传下来,在阿米亚努斯和约尔丹内斯的记述中仍有反映。

227　　大多数现代历史学家接受广义的(并非严格意义上的)"匈人"概念,即匈人是在匈奴帝国崩溃后向西迁移的匈奴部落的后代。然而,这两者之间的联系可能并非那么直接,而且匈人看起来似乎没有留下对蒙古地区的帝国祖先的记忆。"匈人"的名称,无疑源自阿尔泰语(突厥语的 kün,意思是"人民",蒙古语的 kümün,意思是"男人")。保留下来的少数欧洲匈人的语言片段表现出不同的语言因素,但看起来其中蒙古语和突厥语的占多数。正如戈尔登所说的:"我们没有掌握将匈奴与匈人直接联系起来的连续链条。但是看起来存在这样的链条。匈奴的核心(是种族的或者是政治的还不清楚)保留下来,当经历了……诸如种族甚至是语言的改变时,仍保留下来这一赫赫有名的称谓。"[45]

匈奴帝国崩溃后,很多匈人集团在向西迁徙的过程中与突厥、乌戈尔人、西伯利亚和伊朗的因素混合。这一迁徙结束了古印欧语系居民统治哈萨克草原的局面。在哈萨克斯坦出现了大规模兼收并蓄的部落,这些部落主要是匈奴语或突厥语起源的,但是也有很多其他的语言因素,受到中国、伊朗和中亚文化的强烈影响[46]。西方对这些迁移到更西边的乌拉尔和咸海之间的匈人集团的最早记录约在 160 年。匈人部落可能在这里居住了 200 余年,时间长到足以失去所有有关帝国过往的记忆。4 世纪中期,有些匈人可能被正在壮大的柔然联盟政权驱赶到更西面,柔然在同一时期也将匈尼特人驱赶到中亚。

360 年之后,匈人部落穿过伏尔加河,打败了统治黑海东部地区的萨尔马特人部落的阿兰人联盟。和一千年前的斯基泰人一样,匈人一旦控制了高加索北部地区,就开始侵入美索不达米亚北部。4 世纪 60 年代,匈人大规模突袭萨珊王朝。90 年代,匈人大规模侵入叙利亚和美索不达米亚,其破坏力与公元前 7 世纪斯基泰人的突袭相当。很多匈人定居在北高加索,约 520 年,他们的后代在那里转信基督教[47]。

其他的匈人部落继续向西迁移。约 375 年,一支匈人的军队与阿兰人结盟,消灭了埃尔马纳克的王国,占领黑海草原。根据阿米亚努斯的记载,埃尔马纳克自杀[48]。埃尔马纳克的儿子死于战场,他的孙子维特里克成为失去斗志的格鲁森尼人的首领。由于维特里克尚未成年,由另外两位首领阿拉特乌斯和萨夫拉克率领一支大规模的格鲁森尼人队伍向西行进,最终定居在匈牙利平原。在匈人的宗主权之下,很多东部的哥特人仍然生活在东面,因为在接下来的一整个世纪中,哥特人的器物一直存在于黑海草原。无疑,他们向匈人纳贡并在匈人军队内服役。但是另一方面,哥特人仍然保留原有的生活方式。哥特人在匈人联盟中扮演了重要的角色,普利斯库斯曾记载,阿提拉的帝国由阿提拉和他的家庭指挥,之后由匈人贵族控制,最后由哥特贵族指挥[49]。像此之前的斯基泰王国一样,哥特王国在克里米亚存在了很长时间。

228

376 年,很多特尔温吉和格鲁森尼人集团迫于匈人的压力,希望被准许渡过多瑙河定居在巴尔干。这一危机的规模并没有给罗马的瓦伦斯皇帝多少选择的余地。由于大部分军队正在美索不达米亚作战,瓦伦斯皇帝及其官员把横渡多瑙河变成了大规模的危险的难民危机。阿米亚努斯这样描写这次孤注一掷的渡河事件:

> 当皇帝允许渡过多瑙河并定居在色雷斯的部分地区以后,运输工作就不分昼夜地开始了。哥特人用船、木筏以及掏空的树干做成的独木舟运送军队。虽然这条河流是世界上最危险的,并且当时由于经常下雨而涨水了,但是仍然有大批的人试图过河,有些人奋力游泳,在与水流冲力

的抗争中溺水[50]。

罗马的军队没有成功地管制住新到来的哥特人。最后,罗马将军的腐败(阿米亚努斯声称,地方司令官向饥饿的难民出售狗以换取奴隶),以及未能成功地提供食品救济和帮助新来的哥特人定居,导致巴尔干的大批哥特人造反。这一反叛在 378 年达到顶峰,这一年罗马人在阿德里安堡耻辱地战败,瓦伦斯被杀[51]。

376 年之后,匈人成为罗马的巴尔干边境沿线的主要势力。根据阿米亚努斯的记载,当匈人第一次进攻东欧的时候还没有统一的首领。他们可能单独居住,但是拥有几千人的同盟部落,每个部落能选出多达一千名士兵[52]。阿米亚努斯的记述虽然在一些细节上抱有成见,但也说明在这一时期,匈人从事高度游牧化的畜牧业,这与我们预料的大迁徙时代的情形一致。

> 他们没有居住用的建筑。但是尽管连茅草屋都没有,他们也像我们要避免定居在墓葬周围一样,在小心翼翼地规避着什么。他们全部在山岭和森林里游荡,从小就习惯于寒冷和饥渴……穿亚麻或田鼠皮做成的衣服,居家和外出服装没有区别。他们一旦把脖子伸进一件肮脏的衬衫,就再也不脱下来换洗,直到衬衫破成碎片……他们一直粘在强壮而丑陋的牲畜——马匹上,有时像妇人一样坐在马上完成日常事务,买或卖、吃或喝都日夜在马上进行。他们甚至将身体向前弓,伏在牲畜的脖子上,以享受深度而梦幻般的睡眠[53]。

他写道,匈人对农业或定居是有敌意的。

> 他们没有人耕地,甚至连犁的把手都不愿碰触。他们没有固定的住所,没有家、法律和稳定的生活方式,赶着他们住的马车像难民一样游荡。马车里的妻子穿着肮脏的衣服,与丈夫交媾、生孩子,把孩子抚养到青春期。没有一个人能回答出自己是从哪里来的。他们在一个地方孕育孩子,在另外的某地生产,在更远的地方抚养孩子长大[54]。

在发动攻击以后,匈人部落沿着罗马的边境侵袭和试探,但是也显示出与帝国结盟的意愿。在约四分之一世纪的时间里,大多数匈人继续留在黑海草原。在之后的 5 世纪前二十年里,匈人集团开始在喀尔巴阡山周围移动,进入现代匈牙利所在区域[55]。随着第一次巩固了对黑海的控制,他们可能开始实行一种半游牧的迁移方式。氏族和部落集团建立了有规律的迁移路线,出现新的首领级别的统治集团,与从属的农耕者和城市之间建立了密切的贸易或贡赋关系[56]。区域性的匈人首领可能接管了哥特人诸王国的贸易和贡赋系统。他们非常关注从罗马购买谷物和武器的跨边境贸易。匈人的贵族对贡赋中的贵重物品和货币特别感兴趣,因为用它们能购买奢侈品,而奢侈品能够提高他们在追随者眼中的身份和地位。卡马河沿岸发现的匈人镂,以及阿提拉赠给来访使节的毛皮礼物,都说明匈人和斯基泰人一样,其贡赋系统已经深入到内欧亚大陆西部[57]。

匈人不久就适应了东欧的农业世界,他们的居住点变得更加固定,当普里斯库斯在 449 年访问阿提拉在匈牙利的宫殿时,第二个关于匈人的主要文献资料,描写了牧人贵族居住在被农业区包围的牧场世界。普里斯库斯在访问阿提拉的路上经过了很多村庄才到达他的营地,这里是匈牙利"东匈牙利草原"①中部的一个没有树木的固定居住点,可能位于蒂萨河东边。普里斯库斯将其描述为"一个村庄,……像大城市一样,在这里我们发现用光滑发亮的木板制成的木墙,木板连接得非常坚固,以至于仔细观察都几乎看不出接缝。在这里,你可以看见很大的餐厅和布置华美的廊柱,在乡间边界出现这么大的环形道路及其超大的规模都说明这是皇家宫殿"[58]。在阿提拉宫殿的栅栏内有很多圆形的木房,可能是模仿游牧人的帐篷。在阿提拉妻子科瑞卡的小屋内,普里斯库斯看见了典型的非常富有的牧人房屋内的情景,女主人坐在毛毡垫子上,仆人在上好的麻布上刺绣。皇宫以及大部分装饰廊柱用的木料都是进口的,因为附近的草原上没有树木。在附近有阿提拉的助理奥内格休斯的房子,与众不同的是出现了一座石头的浴房,使用进口的石头建造,由一位在塞尔曼俘虏的建筑师建成[59]。普列特涅娃指出,阿提拉草原聚落的结构,包括呈长方形或圆形同心状布局的广场,以及广场中心的皇家宫廷,是围绕大的冬季营地发展起来的很多牧人"城镇"的典型结构[60]。

5 世纪早期,出现了一个有组织的匈人政体。422 年,匈人部落重新开始

①　译文中"东匈牙利草原"的原文为 Alföld。

大规模袭击巴尔干。30 年代,这些袭击在名叫禄亚的首领及其兄弟蒙楚克和奥克塔的率领下重新开始。约 433 年,禄亚要求归还正在君士坦丁堡服务的逃亡者。这表明禄亚当时至少对黑海的西半部声称享有宗主权。的确,禄亚可能是匈人政权的真正缔造者[61]。在侵入潘诺尼亚和色雷斯后,禄亚缔结了一个条约,根据这个条约,匈人每年将收到 350 磅的黄金。

禄亚死于 432 年或 433 年。为了阻止匈人对罗马的有计划进攻,狄奥多西二世(408 - 450 年)将每年给禄亚继位者的贡赋增加到 700 磅黄金,而且同意开放关市[62]。因罗马贡赋而富裕起来的禄亚的侄子博勒达和阿提拉,保持了禄亚建立起来的对匈人和非匈人部落的统治[63],后来又巩固和扩展了他们的权力。普利斯库斯提到了在斯基泰的战争,甚至提到匈人将他们的统治扩展到波罗的海的可能性。433 年,潘诺尼亚再一次向匈人投降。441 年,当君士坦丁堡的军队在北非和叙利亚的时候,匈人的军队侵入了巴尔干,借口是君士坦丁堡拒绝归还"逃亡者"和没有缴纳全部贡赋。他们摧毁了包括塞尔曼和辛吉度努姆(贝尔格莱德)在内的几座大城市,掳走大批战利品和俘虏。443 年,匈人的军队袭击了拉提阿拉的多瑙河舰队基地,以及人口众多的城市耐苏和塞尔迪卡(索菲亚),将罗马帝国的军队赶到巴尔干。六年之后,普里斯库斯旅行穿过耐苏,他发现河岸还覆盖着死者的骨头[64]。狄奥多西二世不得不用卑谦的条款与匈人谈判,以阻止君士坦丁堡被攻陷。

约 445 年,阿提拉杀了他的兄弟博勒达,用八年的时间成为匈人联盟唯一的首领。阿提拉控制了今匈牙利和罗马尼亚的很多地方、黑海北岸草原的大部,甚至对德国和高卢的部分地区也享有相当的权力。阿提拉可能有更大的野心,因为据普里斯库斯的记载,他使罗马臣服之后,企图沿着较早的匈人军队通过高加索的路线转向进攻波斯。随着政权的建立,阿提拉表现出特别强烈的追求荣誉和威望的意识,因为这对外交地位与其真正权力不匹配的统治者来说非常重要。普里斯库斯记载的很多事件反映出阿提拉对遣返背叛他的逃亡者,以及从君士坦丁堡发出的特别的外交身份和头衔非常感兴趣[65]。

普里斯库斯对阿提拉的简要介绍表明,阿提拉对直系随从实行独裁统治,其权力依赖于通过贡赋、赎金和纯粹的洗劫而获得的巨大财政收入,这些收入早在 5 世纪 20 年代就集中在匈人首领的手中。他用这些财富把地方首领约束为忠诚的追随者。在阿提拉之下,强大的酋长充当其主人的个人随从,而且有义务承担主人可能派遣给他们的任何军事和外交任务。这些下属保持忠诚是因为阿提拉能够奖励给他们袭击罗马帝国虏获的物品,赏赐尊贵的贵族头衔、服装和食物,有能力让他们出使君士坦丁堡,并在出使期间有希望得到贵重的礼品。像汤普森指出:"阿提拉对匈人使者在君士坦丁堡应该收到'礼品'的要求没有限制,人们认为这不仅是由于他的政治声望……这也是游牧民族中普遍流行的维持社会等级的重要支柱。"[66]然而,各地的酋长即使不是匈人,也能够在自己的领地内行使很大的权力,因为没有迹象表明存在任何一类的中心官僚机构。阿提拉最多是享用了罗马同盟者埃提乌斯送给他的拉丁大臣的服务[67]。

447年,匈人的军队与哥特人和格皮德人结盟,再次侵入巴尔干,洗劫了大片土地。狄奥多西二世不得不将年贡赋提高到2 100磅黄金,立即支付6 000磅的欠款,并撤离两个政权之间的无人区。虽然贡赋繁重,但只是占5世纪罗马帝国年收入270 000磅黄金的百分之二多一点。莫姆森指出,这些黄金的确不足以使帝国崩溃[68]。但是它们证明,在一个时期内,匈人像他们的祖先曾经在遥远的东方那样,在西方采取"外边疆策略"。在阿提拉的葬礼中,追随者赞美他,其中一个原因是他"在征服了两个罗马帝国的城市后,还用各种条款胁迫罗马帝国为了保全其余的国土而承认这种掠夺,并每年向其纳贡"[69]。

451年,阿提拉率领军队向西进攻高卢的西哥特人统治者,虽然约尔丹内斯声称军队人数达50万,但实际上可能不超过10万,军队的主体可能是哥特人。在最后时刻,西罗马皇帝瓦伦丁尼安决定支持他的老对手——西哥特人,阿提拉发现自己面对着西哥特人和罗马军队的联合抗击,他的军队于450年6月在特鲁瓦附近的一场重大战役中战败,但是被允许向东逃跑。452年,阿提拉侵入意大利,摧毁了北边的很多大城市。但是这次阿提拉也被挡了回去,可能是因为爆发了瘟疫,饥荒过后荒废的土地缺少补给,也可能是因为一支拜占庭军队已经进入匈人在潘诺尼亚的土地[70]。一年之后,即453年,阿提拉死于失血过多,他的帝国开始崩溃。

阿提拉的追随者为其举行了伟大草原首领应有的葬礼(或 strava)。根据约尔丹内斯的记载(根据普利斯库斯的记叙):"他的身体放在平原中部的一顶光滑的帐篷里,以示对他的爱戴。匈人全部落最好的骑手骑马围成圆形,在马戏比赛后,就在阿提拉被抚养大的地方,在葬礼的挽歌中讲述他的事迹。"他

232　的随从在骑马围绕坟墓的时候割破脸,用很多贵重的物品为酋长随葬,最后屠杀掩埋首领的人使埋葬地点不为外人所知[71]。

阿提拉的帝国因为儿子们对继承权的争夺而四分五裂。与冒顿不同,阿提拉没有建立起能将帝国维系在一起的持久政治结构。这可能部分因为匈牙利草原只能维持较少的牧人人口,因此依附于匈人部落的人口要远超过匈人本身。或者可能因为他对官僚结构和传统规则重要性的理解比冒顿差得多。随着阿提拉的死亡,贡赋和战利品的来源开始枯竭,逐渐动摇了依附部落的酋长对经验欠缺的匈人新首领的信心[72]。日耳曼部落反叛,阿提拉儿子率领的匈人军队在 454 年战败,匈人被迫离开匈牙利逃往黑海草原,导致阿提拉的帝国分裂成很多部落。468 年,仅在阿提拉死后十三年,他的儿子甸吉斯赫要求为匈人商人开放沿多瑙河的关市,这可能是严重缺少贵重物品、武器甚至食品的信号。拜占庭政府拒绝重开关市,于是甸吉斯赫开始侵袭边界,但最终战败被杀,他的头被上交到君士坦丁堡的帝国将军阿纳加斯特手里。在此后的十年或二十年间,又融合了其他被称作"匈人"的小群体,沿多瑙河边界生存下来,成为商人、小股的侵袭者或定居者。但是大多数"匈人"返回黑海草原,在那里融合入其他的牧人集团[73]。

阿提拉的生涯说明,冒顿操作得如此成功的"外边疆策略"很难在西方实行。这是因为罗马、君士坦丁堡和帝国富裕城市距离草原较远,巴尔干的边界过于狭窄,以及喀尔巴阡山缺少上好的牧场[74]。在这里,牧人首领不得不主要依靠当地的农业人口、森林定居者及匈牙利或黑海草原畜牧人的财富。

三、匈奴之后的中国北方边疆地带:220－550 年

公元纪元的前几个世纪,与内欧亚大陆中部和西部由匈奴引起的移民潮的情况相反,东部草原的牧人被卷入因长城两侧帝国的崩溃而出现的真空中,此后在很长时期内,在较弱而不稳定的政治联盟之间形成了复杂的政治关系。一直到 6 世纪,中国和草原才出现新的帝国。

在汉朝灭亡之后,东部草原被一系列较弱的部落联盟所控制。大多数联盟使用较原始的侵袭策略,因此冲突只是地方性的。像托马斯·巴菲尔德已经说明的,在这一时期的复杂政治之下,东部草原最后可能寻找到一种在中国

233　和草原两方面都适用的恢复政权的方式。首先,在边疆地区不仅出现了比较了解农业社会的地方性牧人政权,还出现了由类似哥特人这样的农业"蛮族"

统治的王朝[75]。中国东北地区在这一阶段扮演了关键性的角色,因其地域偏远,生态多样,能够在相对安全的环境内尝试建立畜牧业和农业共生的系统。最后,随着这些政体越来越依赖于中原王朝居民的财富及官员的能力,它们被汉化或被当地的中原王朝所取代。当新的强大的中原王朝出现时,草原首领有可能再一次谋划某种"外边疆策略"。

（一）混乱年代的中国北方边疆

中国的文献将匈奴灭亡之后大多数在中国北方边界沿线分布的部落称为鲜卑。鲜卑部落来自中国东北地区西部,是曾被冒顿在第一次军事大捷中击败的东胡的一部分。然而,鲜卑的名称的确掩盖了巨大的人种和语言的多样性,很多鲜卑人可能是在新族名之下的匈奴人。鲜卑中占统治地位部落的语言可能与后来契丹和蒙古的接近[76]。

虽然与匈奴相比,鲜卑可能更多从事农业生产,特别是在东北附近的鲜卑,但是他们的生活方式不可能与匈奴时代的人有很大的差别。以下是一位中原人对鲜卑的生活及其与乌桓密切关系的描述。

> 俗善骑射,随水草放牧,居无常处。以穹庐为宅,皆东向。日弋猎禽兽,食肉饮酪,以毛毳为衣。……米常仰中国。大人能作弓矢鞍勒,锻金铁为兵器,能刺韦作文绣,织缕毡罽(《三国志·魏书·乌桓鲜卑列传》)[77]。

虽然突厥的"可汗"头衔首见于 3 世纪关于鲜卑的文献,但是鲜卑从来没有建立持久的牧人国家[78]。这意味着中国的官员不得不与多种多样的地方酋长打交道。早在 49 年,汉朝官员就已经给鲜卑酋长发放奖金,奖励他们带来北匈奴的人头。鲜卑人把匈奴的人头拿到辽东的市场,便能够收到礼品和现金。很多鲜卑部落也接受现金补贴。89 年北匈奴战败后,很多匈奴部落首领自称鲜卑人,鲜卑成为蒙古地区的统治民族。然而,北匈奴的灭亡使鲜卑丧失了匈奴人头带来的奖金。这使鲜卑部落开始再次袭击中原王朝的北部边疆[79]。

156－180 年间,出现了一位强大的鲜卑首领——檀石槐,他可能已经建立了新的国家。檀石槐每年都从大同北面今化德附近的基地出发袭击汉朝,拒

234

绝所有和平谈判的提议。177年,他打败了自89年以来汉朝派到北方的一支最强大的军队,最终建立了控制所有曾被冒顿控制过土地的联盟。他的影响从乌苏里江一直到达准噶尔和南西伯利亚。然而,几乎与3个世纪后更西边的阿提拉的联盟一样,180年檀石槐死亡的时候,他所创立的联盟也随之崩溃。巴菲尔德认为,这可能是因为当时的中原政权已经非常衰落,不能够与草原统治者之间建立起稳定的朝贡关系[80]。

十六国时期(301-439年)的内战导致中国北方人口衰减。此时中国北方边境沿线野心勃勃的牧人首领发现,不论征收任何形式的贡赋,他们都不得不直接卷入琐碎的管理农业国家的事务之中。有时他们与罗马的 foederati 相似,以边疆卫士的身份卷入;有时受邀成为敌对集团的雇佣兵。如此一来,部分汉化的牧人部落发现自己直接卷入了中国北方的暴力政治之中。

304年,汉化的而且至少已部分定居的南匈奴残余叛乱,在中国旧的边界内建国。他们的首领刘渊(304-310年在位)重新使用216年已经被废除的单于名号,这一新的匈奴帝国是由高度汉化牧人统治的农业国家,其中一些牧人甚至认为他们是皇位的合法继承者。匈奴攻占并摧毁了伟大的帝国城市洛阳(311年)和长安(316年),处死了统治他们的中国皇帝。现在匈奴统治了中国北方大部,建立了第一个统治北方大部的蛮族王朝,他们将王朝命名为赵。匈奴的军事成功可能部分反映了蒙古地区马镫的传播,它增强了装甲骑兵的效力[81]。

像大多数牧人起源的国家一样,在忠实于牧人传统的人和接受中国传统的人之间很快出现了巨大的政治分歧。刘渊是在西晋宫廷作为质子长大的,他很自然地仿照中原的统治模式[82]。他的儿子兼继位者刘聪(310-318在位)也是如此。然而,很多匈奴人对此非常不满,其中就包括匈奴将军中的最成功者石勒。对于石勒来说,最好的办法是掠夺和袭击中国北方。他认为如果这样意味着把居民赶走,"这对于匈奴的马来说就更好了"[83]。319年刘渊离世的时候,石勒虽然不是冒顿的后裔,但是他自封为新的王朝——后赵(319-352年)的首任皇帝。但是石勒的暴力和掠夺成性的治国方式带来了毁灭性后果,他的"帝国"不久就在血腥的内斗中灭亡。

同时,东北边疆的鲜卑部落也开始创建混合了农业和牧人因素的共生政体。像巴菲尔德已经说明的,这些政体以一种与众不同的顺序出现[84]。首先,牧人的部落统治着包括中国定居居民在内的土地。接着,它创建了区别对待农业和牧人区域的行政结构。这样的结构由于得到两类人群的支持而使首领拥有操控的空间。当这样的统治者最后征服了中国中心区域时,事实证明他们的双重行政系统十分适合两类明显有别的统治和管理工作。放牧的游牧人为军队提供战斗力,农民则提供支持财政的财富。像在更西边的哥特人和其他的农业"蛮族"一样,若有必要,中国东北地区的这些政权比畜牧的"蛮族"更愿意永久地转变成农业社会。当牧人的军队袭击中国北方时,东北地区的军队更愿意永久性地居住下来,这也是很多入主中原的外族王朝来自东北地区,而不是草原的原因。

第一个这类共生的国家,出现于接受汉式教育的鲜卑单于慕容廆长期当政时期(283–333 年)。3 世纪末,鲜卑部落控制了中国东北广袤的农田和城市。294 年,慕容廆在东北修建了都城。他鼓励农桑,以这种方式完成了从掠夺向生产的转化。301 年,他已经能向中原出口谷物。农业部门以中原的战俘为主,并由来自中原的官员管理。在汉人的帮助下,慕容廆强制其牧人军队遵守严格的纪律,将步兵和攻城部队与牧人军队合并在一起[85]。不断增长的军事实力也吸引了其他鲜卑部落的加入。

慕容廆的继任者慕容皝,于 337 年自称为新王朝的皇帝。前燕(337–370 年)是统治中国北方的一系列东北政权中的第一个。慕容皝接受了其中原谋士提出的通过安置流亡人员和罪人来加强农业生产的建议,重视灌溉设施,尽管这种做法会消减传统的牧场。慕容皝的继承者慕容儁,在前赵灭亡时接管了它的残余势力,于 353 年自称为燕国皇帝[86]。

燕和赵一样,要兼顾农民和牧人的利益,这是很难的事。前燕在慕容评主政时衰落,其统治更多地继承了祖先的掠夺传统。部落贵族消费掉了本应用作军费的资源,在 370 年的军事失败后,前燕灭亡。

(二)帝国的兴起:拓跋/魏(386–534 年)和柔然(350–555 年)

当拓跋作为一支显著的政治力量于 3 世纪出现时,可能位于内蒙古的东部。4 世纪,他们在山西北部建立了"小国"——代。像鲜卑一样,拓跋的语言似乎与蒙古语相似,但是其中也有突厥语的因素。最后,在突厥语文献中,拓跋(突厥语形式的 Tabgach)变成了指代中国[87]。

尽管他们具有牧人传统,但是当 396 年拓跋珪自称为新王朝——魏的皇

帝时,拓跋继承了很多高度汉化的燕国行政机构并任用燕国官员。直到 493
年,拓跋政权在距匈奴第一个都城不远的大同附近的平城统治着中国北方大
部,中国历史学家将其称作北魏。与阿提拉同时代的拓跋焘统治时期(432 -
452 年在位),拓跋于 430 年占领了长安,消灭了冒顿后裔所统治的最后一个王
国——夏。拓跋也把统治扩展到准噶尔的乌孙,甚至丝绸之路上[88]。429 年,
他们暂时将 4 世纪时蒙古地区的强大政权——柔然驱赶到很远的西边。440
年,拓跋魏控制了中国北方、蒙古的很多地方以及“西域”的大部,但是从来没
有成功征服长江以南。

中国北方出现的强大国家给牧人提供了新的谈判伙伴,也激发草原地区
出现较大的部落系统。源自草原的拓跋比大多数中国本土王朝能更熟练地应
对草原军队,这对柔然来说很不利。而且,拓跋非常善于利用联姻来分化草原
部落。柔然很清楚地知道,拓跋通过战争也能做到这一点。正如一个拓跋的
将军解释的:

> 夏天柔然的男人和牲畜会分散开,秋天则聚到一起,牲畜被饲养得很
> 好。冬天时他们转而向南移动,掠夺我们的边疆。如果我们出其不意地
> (在春天)突然出现,并带着军队进攻,那么他们将惊恐地四散奔逃。公马
> 保卫畜群,母马追赶马驹,都会陷入混乱。在几天内,他们将找不到草和
> 水,男人和牲畜都变得衰弱,我们使敌人突然崩溃[89]。

拓跋的军事策略与汉武帝的相同,即依靠大规模的骑兵部队,系统地破坏
牧人的经济,以及用持续的进攻使牧人对手永久地失去平衡。

5 世纪末,北魏变得高度汉化。在元宏(471 - 499 年在位)统治时期,拓跋
的语言和习俗被禁止。493 年,北魏将都城从平城迁到洛阳。同时,随着丝绸
之路贸易影响的增强,北魏接受了佛教,这个变化被一些历史学家看作中国贵
族普遍“胡化”过程的一部分[90]。第一位历史上已经证实的来到中国的佛教
传教士安世高是帕提亚王子,可能来自马尔吉亚纳,他成为佛教僧侣,名叫
Lokottama。约 140 年,安世高到达洛阳,并一直在白马寺讲经和译经,直到 179
年去世。在东汉晚期及灭亡后的混乱时期,佛教在中国的南、北方广泛传
播[91],但是直到北魏时期才得到官方的持久赞助。今大同市外的大多数佛窟
都是 5 世纪开凿和装饰的,而且是仿照敦煌 4 世纪的佛窟。在拓跋的都城平

237

城,最有特色的是皇家在 476 年建造的有七层高佛塔的佛教寺院。6 世纪早期,在中国北方可能有多达 3 万处佛寺[92]。随着拓跋更加汉化并将佛教作为主要宗教,他们对牧人的策略更具有防御性。北魏开始建边防系统,并且向牧人纳贡。494 年,魏迁都到黄河边的洛阳。这使曾经对北魏的发展起过重要作用的边疆地带及其守备军丧失了重要的地位、影响力和补给。

这些变化使牧人组成的柔然增强了潜在的讨价还价能力。柔然(即使中国的文献对其也有不同称呼)的语言和人种起源还不清楚,虽然他们固有的族名似乎既不是突厥语的,也不是蒙古语的,而很可能是来源于西伯利亚的语言。蒲立本认为柔然起源于乌桓,后者可能与阿瓦尔人/匈人一类的部落有关系,嚈哒可能就出自这些部落[93]。第一个柔然联盟出现于 4 世纪早期,由首领木骨闾(308－316 年在位)创建,但是一直以来它的实力较弱,而且在这个世纪的大多数时间里都是分裂的。约 394 年,一位叫车鹿会的首领创建了统一的帝国,并且建立了对蒙古大多数部落的统治。为了避免与北魏的直接冲突,车鹿会转移到蒙古北部,在那里自称为草原部落的可汗。北魏打败邻近的部落,间接地成全了车鹿会完成这一行动。位于中原的拓跋魏政权不再给边疆部落选择的机会,他们要么臣服于魏,要么加入到柔然中。正如巴菲尔德的评论:"拓跋的统治……起到了铁砧的作用,被放在铁砧上的以前的自治部落被柔然捶打成一个草原联盟。"[94]在敦煌附近的车鹿会统治下,柔然汗国的范围从吐鲁番向东到达朝鲜[95]。

虽然 429 年被拓跋魏打败,但是柔然联盟很快又复苏,在 30 年代进攻巴克特里亚的可能就是柔然的同伙——寄多罗"匈人"。458 年,北魏大规模侵入柔然的土地,迫使柔然向更西面迁徙,他们于 460 年占领了吐鲁番。但是到 6 世纪早期,柔然在最后一位伟大首领阿那环(520－552 年在位)的统帅下,在宿敌北魏即将分裂成东、西两翼时与其结盟。北魏向柔然支付大量贡赋来换取其军事支持。526 年,北魏皇帝承认了柔然首领阿那环的平等地位[96]。

柔然的政权不甚稳定,但是范围广大。他们在蒙古西部和北疆的势力最大,同时也向东部蒙古施加影响,甚至可能通过他们与嚈哒的联系而影响中亚。534 年,北魏分裂成东、西两部分。东魏保持与柔然的联盟,但是 545 年西魏(535－556 年)建立了与布门(土门)的联盟。土门是柔然的奴仆,也是未来突厥的首领[97]。魏王朝的崩溃,其继承者周(557－581 年)和齐(550－577 年)的灭亡,以及柔然的覆灭(552 年),标志着外族王朝的混乱和重建周期的结束。当581年中国统一的王朝——隋出现的时候,外族牧人在草原建立了强大的联盟,即突厥(552－640年),他们已准备好要重新开始700年前匈奴人首次玩过的帝国游戏。

　　仔细观察"匈人"时代的复杂细节,可能会观察到一些内、外欧亚大陆之间关系的持久方式。中国边疆地区的冲突方式与遥远的西方边疆地带一样,都与中亚的边疆冲突有着明显的差别。在东方和西方的边疆地带,草原地带与农耕地带的对立比中亚明显得多。匈牙利以外的东欧地区没有明显的草原地带,在中国北方的鄂尔多斯南部也是如此。因此在这些地区出现的牧人帝国绝大部分是沿着边疆地带分布的。正是来自北欧和中国东北的农业的野蛮民族才能够深入到农业文明的地域居住,建立新的"蛮族"王朝和国家。对于牧人来说,跨过生态环境完全不同的罗马或中原的边疆是一个重大的步骤,通过远距离的控制来敲诈勒索生态边界另一侧的社会对他们来说相对更容易。这也是实际上只有很少的牧人集团能够在中国北方或东欧的农耕区创建帝国的原因。只有在中亚,草原地带的触须确实深入地伸向了外欧亚大陆,所以也只有在这里能经常见到牧人创建的位于外欧亚大陆的统治王朝。

注释

[1] 这是 K. Enoki, G. A. Koshelenko and Z. Haidary, "The Yüeh-chih and their migrations", in *HCCA* (pp.171－89), 2：174 and 178 中的论点;也见于第五章;以及 *Indo-European Studies*, vol.23, nos 3 and 4 (Fall/Winter, 1995),这期特刊是关于吐火罗语的问题。

[2] 关于奄蔡,见 Y. A. Zadneprovskiy, "The nomads of northern Central Asia", in *HCCA*, 2：465－6; Hulsewe, *China in Central Asia*, p.129。关于康居, Zadneprovskyi, in *HCCA*, 2：463 将其都城定位在塔什干;康居在《汉书》中有记载(Hulsewe, *China in Central Asia*, pp.123－31),但是同一文献(同上注,p.123)认为康居与"石国"相同, Hulsewe 将后者定位在撒马尔罕(以及之后的 Golden, *Introduction*, p.52);也见于 Negmatov, in *HCCA*, 2：452－3; L. R. Kyzlasov, "Northern nomads", in *HCCA*, 3：315－16; Gafurov, *Tadzhiki*, 1：173－4。可能我们应该把康居看作以沿着锡尔河的塞种人的居住点为基础的国家,至少在塔什干附近有一个都城,偶尔也控制扎拉夫尚河河谷。

[3] A. K. Narain, "Indo-Europeans in Inner Asia", in *CHEIA* (pp.151－76), p.158;中国的文献将被取代的人称为塞种人;同上注,p.173,以及 Enoki, et al., "The Yüeh-chih",

in *HCCA*，2：182 - 2；Tolstov, *Po drevnim del'tam*, p.204；P'iankov, "The ethinc history of the Sakas", pp.38 - 9。

[4] Enoki et al., "The Yüeh-chih", in *HCCA*, 2：182 - 4；Hulsewe, *China in Central Asia*, p.120.

[5]《史记》2：269。

[6] J. Harmatta et al., "Religions on the Kushan empire", in *HCCA*（pp.313 - 29），2：316；Frye, *History of Ancient Iran*, p.251.

[7] Frye, *Heritage of Central Asia*, p.126.

[8] 引自 Zürcher, "Yüeh-chih and Kaniska", p.367 中引用的《后汉书》；在 Vima Takto, Joe Cribb, "New Discoveries in Kushan Chronology", *Newsletter of the Circle of Inner Asian Art*, Edition 3, July 1996, pp.1 - 2 中描述了最近发现的罗巴塔克铭文,这一断代认识以该铭文为基础；也见于 Narain, "Indo-Europeans in Inner Asia", in *CHEIA*, p.159；B. N. Puri, "The Kushans", in *HCCA*（pp.247 - 63），2：247；关于都城,见 Gibb, *Arab Conquests*, p.8。

[9] Puri, "The Kushans", in *HCCA*, 2：257 - 8, 2：248 - 9, 254；关于季风对这一贸易路线的重要性,见 Haussig, *Geschichte Zentralasiens … in vorislamischer Zeit*, p.128；也见于 Isidore of Charax, *Parthian Stations*, p.19。

[10] Puri, "The Kushans", in *HCCA*, 2：249 - 52；根据上注,2：253,Harmatta 将 134 年作为迦腻色伽王时代的开始；在 Gafurov, *Tadzhiki*, 1：178 - 84 中有关于这长达一个世纪之久的年代争论的概述。

[11] Staviskij, *La Bactriane*, p. 29；Narain, "Indo-Europeans in Inner Asia", in *CHEIA*, p.165；Shishkina, "Ancient Samarkand", p.90.

[12] *Ocherki istorii SSSR*：*Pervobytno-obshchinnyi stroi*, p.538；马图拉成为都城在 Narain, "Indo-Europeans in Inner Asia", in *CHEIA*, p.169 中有所涉及。

[13] Narain, "Indo-Europeans in Inner Asia", in *CHEIA*, p.165；Narain（pp.172 - 3）提到早期月氏王似乎是做了头骨变形,而这是一种萨尔马特和匈奴人的习俗；关于迦腻色伽王的头衔,见 Puri, "The Kushans", in *HCCA*, 2：260 - 1；引自 Zürcher, "Yüeh-chih and Kaniska", p.372 中使用的《后汉书》,虽然他使用的是年代早到 2 世纪的资料。

[14] Puri, "The Kushans", in *HCCA*, 2：255 - 6；Basham ed., *Papers on the Date of Kanishka*, p.391；N. N. Chegini and A. V. Nikitin, "Sasanian Iran — economy, society, arts and crafts", in *HCCA*（pp.35 - 76），3：36 - 8；A. H. Dani and B. A. Litvinsky, "The Kushano-Sasanian kingdom", in *HCCA*, 3：103 - 18.

[15] Harmatta et al., "Religions in the Kushan empire", in *HCCA*, 2：317；Puri, "Kushans",

in *HCCA*，2：261.

［16］Narain，"Indo-Europeans in Inner Asia"，in *CHEIA*，pp. 167 – 8；J. Harmatta，"Languages and literature in the Kushan empire"，in *HCCA*（pp.417 – 40），2：422；Liu，*Ancient India and Ancient China*，pp.117 – 20.

［17］Puri，*Buddhism*，pp.37 – 8，46 – 7，90 – 101；Zürcher，*The Buddhist Conquest of China*，1：23 – 38；Ch'en，*Buddhism in China*，pp.18，32 – 3；Zhang Guang-da，"The city-states of the Tarim basin"，in *HCCA*（pp.281 – 301），3：291 – 301.

［18］Ch'en，*Buddhism in China*，pp.15 – 6；关于与贸易的关系，见 Liu，*Ancient India and Ancient China*，Cha.Ⅳ，Ⅴ，特别是 pp. 101 – 2，107，114 – 5。

［19］A. R. Mukhamedjanov，"Economy and social system in central Asia in the Kushan age"，in *HCCA*（pp.265 – 90），2：289 – 90；B. A. Litvinsky and Zhang Guang-da，"Central Asia, the crosslroads of civilizations"，in *HCCA*（pp.473 – 90）；Gafurov，*Tadzhiki*，1：235 – 40 举例说明了苏联历史学家将这一时期的中亚匹配到马克思主义的"奴隶模式"时所面临的困难。

［20］Mukhamedjanov，"Economy and social system"，in *HCCA*，2：268 – 70，265；Tolstov，*Po drevnim del'tam*，pp.94 – 5.

［21］*Ocherki istorii SSSR: Pervobytno-obshchinnyi stroi*，p.540；Mukhamedjanov，"Economy and social system"，in *HCCA*，2：268 – 74；关于史学研究的争论，见 Gafurov，*Tadzhiki*，1：224 – 30。

［22］Liu，*Ancient India and Ancient China*，pp.7 – 9；Gafurov，*Tadzhiki*，1：205 – 7.

［23］Tolstov，*Po drevnim del'tam*，p.225；Narain，"Indo-Europeans in Inner Asia"，in *CHEIA*，p.163；Golden，*Introduction*，p.56；Mukhamedjanov，"Economy and social system"，in *HCCA*，2：284 – 7；*Ocherki istorii SSSR: Pervobytno-obshchinnyi stroi*，pp.539，546.

［24］B. A. Litvinsky，"Cities and urban life in the Kushan kingdom"，in *HCCA*（pp.291 – 312），2：303，2：302，309；也参见 Litvinskii in Gafurov，*Tadzhiki*，1989，2：351 – 2。

［25］这一可能由库思老一世建造的设防系统，见 Frye，*Golden Age of Persia*，pp.13 – 5；Frye，"The Sasanian system of walls for defense"，in *Islamic Iran and Central Asia*，Ⅲ：12 – 3；也见于 Artamonov，*Istoriya khazar*，pp.117 – 26，这里包括一个 p.121 的示意图。根据 Novosel'tsev，*Khazarskoe gosudarstvo*，p.101 最近的发掘表明的堡垒年代是从公元前 8 – 前 7 世纪。关于达尔班德的历史，见 Bartol'd，*Sochineniya*，3：419 – 30；Barthold，"A History of the Turkman People"，in *Four Studies*（pp.75 – 170），p.87。

［26］Barthold，*Turkestan down to the Mongol Invasion*，p.181，xxix；关于 5 世纪晚期以前撒马尔罕的衰落，见 Shishkina，"Ancient Samarkand"，pp.90 – 3；B.I. Marshak，"Sughd and

240

adjacent regions", in *HCCA* (pp.233 – 58);Azarpay, "Sogdian Painting and Belenitsky", *Central Asia*。

[27] Chegini and Nikitin, "Sasanian Iran", in *HCCA*, 3：38;有关匈尼特人起源问题的争论,见 Gafurov, *Tadzhiki*, 1：255 – 8。

[28] 转引自 Sung Yün 从 Beal, *Si-yu-ki: Buddhist Records*, Ⅰ：xci 中引用的;也见于梅南窦 *The History*, p.115;Frye, *Golden Age of Persia*, p.38; Golden, *Introduction*, pp.80 – 2;根据 al-Biruni 的观点,昆都士是他们的都城,Vogelsang, *Rise and Organisation*, p.62;也见于 E. V. Zemal, "The Kidarite kingdom", in *HCCA*, 3：119 – 34; Litvinsky, "The later Hephthalite empire", in *HCCA*, 3：176 – 83; Chavannes, *Documents sur les Tou-Kiue*, pp.224 – 6。

[29] 对哥特历史的最好描述是现在的 Heather, *The Goths*;关于 Jordanes, 见 pp.9 – 10。

[30] Jordanes, *The Gothic History*, pp.57 – 8; Herther, *The Goths*, pp.21 – 49; Wolfram, *History of the Goths*, pp.12, 23; Lazanski, *Les Goths*, pp.19, 25.

[31] Heather, *The Goths*, pp.46 – 8.

[32] Wolfram, *History of the Goths*, pp.48, 51 – 5; Brown, *The Making of Late Antiquity*, pp.22, 25.

[33] 关于哥特的雇佣兵,见 Heather and Matthews, *The Goths*, p.1; Burns, *Barbarians*, pp.19 – 20, 22 和 p.20 的地图; Burns, *History of the Ostrogoths*, pp.32 – 4; Wolfram, *History of the Goths*, p.56。

[34] Wolfram, *History of the Goths*, p.101; Kazanski, *Les Goths*, p.25; Heather and Matthews, *The Goths*, pp.98, 57 – 8, 63.

[35] Burns, *History of the Ostrogoths*, pp.139 – 42;以及 pp.140 – 1 的图片。

[36] Heather and Matthews, *The Goths*, pp.90, 82 – 4;关于梳子,见 Heather, *The Goths*, pp.81 – 3。

[37] Heather and Matthews, *The Goths*, pp.93, 71, 91.

[38] Heather, *The Goths*, pp.60 – 2, 58.

[39] Heather, *Goths and Romans*, p.107;Wolfram, *History of the Goths*, p.62.

[40] Zosimus, *New History*, tr. Ridley, bk 4：11, p.75.

[41] Wolfram, *History of the Goths*, p.115;关于"斯基泰人"称呼的使用,见 p.11。

[42] Ammianus Marcellinus, *Later Roman Empire*, p.415.

[43] Burns, *History of the Ostrogoths*, p.38; Jordanes, *The Gothic History*, pp.84ff;关于约尔丹内斯对阿米亚努斯的感激,参见 Heather, *The Goths*, pp.55 – 7, 53。

[44] Wolfram, *History of the Goths*, pp.87 – 8.

241

［45］Colden, *Introduction*, pp. 87, 89; Golden, *Khazar Studies*, 1：28; Maenchen-Helfen, *World of the Huns*, 坚持认为两者之间没有联系,但是现代大多数的专家很少对此抱有怀疑。

［46］Altheim, *Attila*, Cha.2; Colden, *Introduction*, p.86; Bona, *Hunnenreich*, p.29.

［47］Colden, *Introduction*, pp. 107 - 8; Maenchen-Helfen, *World of the Huns*, pp. 43 - 4; Sinor, "The Hun Period", in *CHEIA* (pp. 177 - 205), p. 182; Artamonov, *Istoriya khazar*, p.53.

［48］Annianus, *Later Roman Empire*, 3.2, p.xxxi.

［49］Burns, *History of the Ostrogoths*, pp.46 - 7, 53 - 5; Bona, *Hunnenreich*, pp.12 - 3.

［50］Ammianus, *Later Roman Empire*, bk 31, section 4, p.417.

［51］见 Burns, *History of the Ostrogoths*;关于这一极重要的时期,见 Ammianus, *Later Roman Empire*, bk 31, sections 4 and 5, pp.416 - 19; Heather, *Goths and Romans*, pp.128 - 35。

［52］Thompson, *History of Attila and The Huns*, pp.48 - 56;Ammianus, *Later Roman Empire*, p.412;然而,Bona, *Hunnenreich*, pp.25 - 9,认为 Ammianus 对匈人的认识都是间接的,低估了其政治结构的实力和老练。

［53］Ammianus, *Later Roman Empire*, pp.411 - 2.

［54］同上注,p.412。

［55］Heather,*The Goths*, pp.102 - 8.

［56］Pletneva, *Kochevniki*, pp.44 - 5.

［57］Bona, *Hunnenreich*, p.40; Thompson, *The Huns*, pp.177 - 82.

［58］引自 Jordanes, *The Gorthic History*, p.101;关于阿提拉都城的地点,见 Thompson, *The Huns*, pp.276 - 7 中的讨论。

［59］Golden ed., *Age of Attila*, p.84, 90;近 800 年后,方济各会的传教士鲁布鲁克像普利斯库斯一样惊奇地在蛮族的都城发现欧洲的工匠。

［60］Pletneva, *Kochevniki*, p.45.

［61］见 Thompson, *The Huns*, p.227;关于匈人控制黑海草原的界限,也见于 pp.84 - 5, 79 - 80; Sinor, "The Hun period", in *CHEIA*, p.187。

［62］Sinor, "The Hun period", in *CHEIA*, pp.187 - 8.

［63］阿提拉的名字可能是来自关于伏尔加河的突厥语单词"Itil"(Golden, *Introduction*, p.90);如果是这样,这可能意味着他的生涯始于黑海草原。

［64］Gordon, *Age of Attila*, p.74; Thompson, *The Huns*, pp.71, 84, 89.

［65］Gordon, *Age of Attila*, p.94,也见于 p.91。

［66］Thompson, *The Huns*, pp.192, 178 - 9, 181 - 2, 187 - 9.

［67］同上注,pp.122, 139。

［68］Maenchen-Helfen, *World of the Huns*, p.180, p.182; Sinor, "The Hun period", in *CHEIA*, p.190; Thompson, *The Huns*, pp.99 - 101.

［69］Maenchen-Helfen, *World of the Huns*, p.275;但是（pp.276 - 7）他怀疑出自约尔丹内斯 　242
的挽歌的可靠性。

［70］Sinor, "The Hun period", in *CHEIA*, p.196;关于匈人军队的规模,见 Maenchen-Helfen, *World of the Huns*, p.213。

［71］Jordanes, *The Gothic History*, p.124.

［72］见 Thompson, *The Huns*, pp.190 - 202 的极好分析,这一分析转而以拉铁摩尔的观点为基础;关于这个问题的生态方面,见 Sinor, "Horse and Pasture", pp.182 - 3。

［73］Golden, *Introduction*, p.92.

［74］Lindner, "Nomadism, horses and huns", pp.14 - 5; Sinor, "The Hun period", in *CHEIA*, p.204.

［75］Barfield, *Perilous frontier*, Cha.3.

［76］Golden, *Introduction*, p.69.

［77］出自 Jagchid and Symons, *peace, War, and Trade*, p.170 中引用的《魏书》。

［78］Golden, *Introduction*, p.71;关于这个称呼词源的探索,还没有完全成功的尝试。

［79］Barfield, *Perilous Frontier*, pp.86 - 8;在中国的军队中根据带回人头的数量来记功是传统的做法;Jagchid and Symons, *Peace, War and Trade*, p.178,指出完成指标需要处死非战斗人员。

［80］Barfield, *Perilous Frontier*, pp.97, 89;在 de Crespigny, *Northern Frontier*, pp.330 - 42 有对其职业的叙述;也见 Ishjamts, "Nomads in eastern Central Asia", in *HCCA*, 2：156。

［81］Honey, *Medieval Hsiung-Nu*, p.7; Barfield, *Perious Frontier*, p.101.

［82］关于刘渊,见 Honey, *Medieval Hsiung-Hu*。

［83］Barfield, *Perilous Frontier*, p.103.

［84］同上注,pp.104 - 5。

［85］Barfield, *Perilous Frontier*, pp.107, 98, 106, 111.

［86］同上注,p.111。

［87］这是 Golden 的结论;*Introduction*, p.74。

［88］Golden, *Introduction*, p.75.

［89］引自 Barfield, *Perilous Frontier*, p.122。

［90］Golden, *Introduction*, p.75;关于"蛮族化",见 Yü, *Trade and Expansion*, pp.213 - 5。

［91］根据传说,一匹白马把第一份佛教文书带到洛阳,见 Liu, *Ancient India and Ancient*

China, p.85；Zücher, *The Buddhist Conquest of China*, 1：28－38；Zücher, "Yüe-chih and Kaniska", p.356；Puri, "Buddhism in Central Asia", in Gafurov et al., *Kushan Studies in USSR*, p.68。关于拓跋统治时期的佛教，见 Ch'en, *Buddhism in China*, Cha.6。

［92］Liu, *Ancient India and Ancient China*, pp.145, 155.

［93］Colden, *Introduction*, pp.76－7；Sinor, "Establishment ... of the Türk empire", in *CHEIA* （pp.285－316）, 291.

［94］Barfield, *Perilous Frontier*, pp.120, 122.

［95］Chavannes, *Documents sur les Tou-Kiue*, p.221,以及 Sinor, "Establishment ... of the Türk empire", in *CHEIA*, p.293。

［96］Barfield, *Perious Frontier*, pp.124－6；Jagchid and Symons, *Peace, War, and Trade*, pp.170－1 描述了一批可观的送给茹茹首领的"礼品"性质的货物；关于与嚈哒和阿瓦尔人的关系，见 Golden, *Introduction*, pp.76－8。

［97］Golden, *Introduction*, p.79.

243　**延伸阅读**

对于本章的很多内容来说，*HCCA* 的第 2 卷和第 3 卷、*CHEIA* 都很有价值。目前缺少关于月氏和贵霜帝国的参考书，这是世界历史学的一个关键问题，但是长期被学界忽视。近年最好的概述性成果是 *HCCA* 第 2 卷；*CHEIA*；Golden, *Introduction to the History of the Trukic Peoples*；Frye, *Heritage of Central Asia*。在 Zürcher, "Yüe-chih and Kaniska"中有对中国文献关于月氏记载的总结，而 Hulsewe, *China in Central Asia* 中的内容很易于理解。同时，关于这一时期的其他中国文献可见于 Chavannes, *Documents sur les Tou-Kiue*；Beal, *Si-Yu-Ki*。关于中亚的佛教，见 Puri, *Buddhism*；Litvinsky, "Outline History of Buddhism"。关于印度和中国之间的商路和宗教交流，见 Liu, *Ancient India and Ancient China*。关于伊斯兰教之前的中亚，见 Barthold, *Turkestan*；Staviski, *La Bactriane*；Frye, *Golden Age of Persia* 和 *Heritage of Central Asia*。关于哥特人的最新研究包括：Heather and Matthews, *The Goths*；Heather, *Goths and Romans* 和 *The Goths*；Kazanski, *Les Goths*；Wolfram, *History of the Goths*；Burns, *History of the Ostrogoths*。主要的原始文献是 Ammianus Marcellinus 和 Jordanes 的，尽管两者都需要谨慎对待。关于匈人，见 Maenchen-Helfen, *World of the Huns*；Thompson, *A History of Attila and the Huns*（修订版包括一篇 Heather 的文章，使其很新颖）；Altheim, *Attila und die Hunnen*。两篇简要的概述是：Sinor, "The Hun period", in *CHEIA*, pp.117－205；Sinor, "The historical Attila"。关于匈人考古，见 Bona, *Hunnenreich*。主要的原始文献是 Ammianus Marcellinus 和 Priscus 的。在 Gordon, *Age of Attila*；Blockely, *The Fragmentary Classicising*

Historians 中有关于 Priscus 出使阿提拉的相关记述的翻译。关于匈人在匈牙利面对的生态困境,也可参见 Lindner,"Nomadism, Horses and Huns";Sinor,"Horse and pasture"。最新的关于拜占庭的历史是 Treadgold,*A History of the Byzantine State and Society*。关于这一时期的东方草原,最好的概述是 Barfield,*Perilous Frontier*;也可阅读 Jagchid and Symons,*Peace, War and Trade*;Honey,*The Rise of the Medieval Hsiung-Nu*;Golden,*Introduction to the History of the Turkic Peoples*。

第四部分

突厥、河中地区和罗斯：
500－1200 年

第十章　东方的突厥汗国

6 世纪中期,在匈奴帝国诞生 750 年之后,一个出自阿尔泰地区的以讲突厥语居民为主体的王朝,在柔然的基础上创建了甚至比匈奴更广大的草原汗国。然而,突厥汗国在不到一个世纪的时间里就崩溃了,然后重建,之后又分裂成很多部落。突厥汗国的后继者——回鹘,于一个世纪后的 840 年灭亡。这些国家的崩溃,也像匈奴一样,将其碎片散播到草原和内欧亚大陆南部边地,而且在几个世纪的时间里,重新整合了从拜占庭到朝鲜这一广大区域内的政治、人口和文化的秩序。

一、突厥的语言

大多数语言学家认为,在庞大的"阿尔泰"语系中,突厥语和蒙古语形成了一个独特的语族。阿尔泰语系包括满语/通古斯语、朝鲜语,可能也包括日语。蒙古西部的部落,例如中国文献记载的匈奴时期的"丁零",可能讲早期形式的突厥语;同时出自"东胡"或"鲜卑"的东部部落,可能讲早期形式的蒙古语。逐渐的,西部的同源语可能变成了古突厥语,而东部的同源语奠定了蒙古语的基础[1]。

匈奴帝国灭亡后,随之而来的移民迫使讲突厥语的人群西迁。因此,在嚈哒和匈人联盟内可能有很多讲突厥语的人。至少从阿提拉时期开始,我们就知道在黑海草原有讲突厥语的部落。这些部落属于"乌戈尔"集团,他们可能是从北部蒙古和以额尔齐斯河河谷为基地的丁零/铁勒部落向西迁移过去的[2]。今天,乌戈尔土耳其语也存在于楚瓦什语中。将近 6 世纪的时候,从阿尔泰到拜占庭已有人讲突厥语的同源语。随着它们的传播,讲这些同源语的集团吸收其他民族和文化的影响,创建了"后来的中亚和欧亚大陆西部突厥族

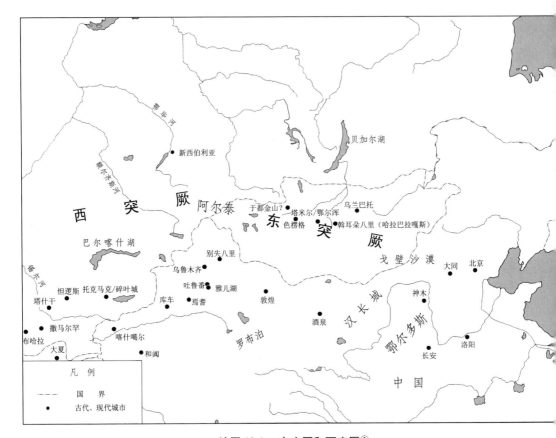

地图 10.1　东突厥和西突厥①

群的基础区"[3]。但是一直到 6 世纪突厥汗国创立的时候,才创造出明确的"突厥语"实体。

二、第一突厥汗国: 552－630 年

(一) 突厥

在 19 世纪和 20 世纪早期发现并释读 8 世纪的鄂尔浑河突厥碑刻之前,

---

① 地图 10.1 有两点需要说明。第一,原著地图将蒙古境内的色楞格、塔米尔、鄂尔浑三条河流名称旁标注了城市图标,将山名"于都金"旁也标注了城市图标。这是将河流和山峰名称当作了城市名称。因涉及地名多,中译本地图对此未做更正。第二,原著地图上的文字"东突厥""阿尔泰"的位置明显偏离实际位置,中译本地图将两者向西南移动到合理位置。

很少有人了解早期突厥汗国[4]。然而,从那时开始的对(所有相关的中国)文字文献和考古材料的深入细致研究,使我们有可能十分详细地描述突厥的历史和生活方式。

人们已经做了很多识别 6 世纪以前"突厥人"的尝试,但是目前可知确切的"Türk"(汉语读若 T'u-chüeh)这个族名,最早出现于 6 世纪的描述第一突厥汗国建国的中国文献[5]。与斯基泰类似,突厥也在种族和语言上有不同的起源。其多源性在突厥语神话相互对立的来源以及中国文献中均有所反应。早期的中国文献将突厥描述为匈奴的后代,但这最多只对了一半。从他们非常重视鄂尔浑河西部支流塔米尔河,以及杭爱地区塔米尔河以西的于都金山可以说明,突厥首领认为他们与匈奴存在着某种文化和政治上的承袭关系。然而,他们的王朝与匈奴没有任何相关联的迹象。相反,在突厥起源的神话中,突厥源于一个古老民族中唯一幸存的成员这一内容,反映出很清晰的谱系断裂。一些传说认为,阿史那氏的祖先是一个男孩。这个男孩所在的部落被邻族所灭,他是唯一的幸存者,然而手脚都被砍掉了。一只母狼抚养他长大,在逃到阿尔泰山的一个山洞后,母狼为男孩生育了十个儿子(最早的突厥碑铭是582 年用粟特语书写的,1968 年发现于蒙古国的布古特①,碑额就镌刻着这样的形象——一只站立的狼身下有一个没有手臂和腿的人)。我们有可能确认这些传说中提到的迁徙,因为据《隋书》记载,439 年拓跋占领甘肃东部后,一名叫阿史那的首领率领 500 家人逃到高昌(Koch,在吐鲁番附近)。后来他们被驱赶到北面的东阿尔泰的偏僻河谷,成为金属工匠并附属于柔然[6]。可能像赛诺指出的,这些传说中的"山洞"是突厥采矿人向阿史那姓工匠提供矿石的采矿坑。阿史那家族的人可能讲匈奴语、鲜卑语或是粟特语、吐火罗语。但是他们所统治的阿尔泰地区居民讲一种东部形式的突厥语,这种语言最后成为突厥汗国的主要语言[7]。其他有关突厥起源的神话提到突厥在匈奴帝国北部的故乡,甚至在"西海"附近的故乡,这可能反映了突厥参与匈奴西迁的记忆。

不同的神话可能源于突厥部落联盟的不同集团。目前已经很清楚,"突厥"从来都不仅仅是牧人,而是具有不同的生态传统,其中既有阿尔泰的金属加工传统,也有甘肃走廊和吐鲁番地区的商业及农业传统。阿史那姓的成就

249

---

①　此年代为碑文照片首次发表时间,不是发现时间。

是从这些传统中创造出独特的政治和文化认同,并且将其向东扩展到蒙古,向西扩展到里海草原。

(二) 第一突厥汗国的创立: 552 - 581 年

534 年,北魏(拓跋)王朝分裂成以长安为中心(西魏或北周)的西支和以洛阳为中心的东支(东魏或北齐)。这次分裂使中国北方边疆出现极大的不稳定性,也给柔然联盟这一边疆部落带来新的机遇。

根据中国最早的相关文献记载,突厥出现于这次分裂后不久,并成为柔然汗国的一个强大(如果是从属于柔然的话)部落集团。他们有一位名叫土门的强大首领,控制了曾经被月氏占领的从鄂尔多斯到阿尔泰的广大地区。他们的军队使用传统的埋伏和快速进退等草原作战策略。由一支被称作"狼"的贵族军人组成的重骑兵军团发起突袭,他们的装备是突厥铁匠制造的铁甲胄和马厩中养肥的高头大马[8]。

对突厥最早的明确记载是在 542 年,根据《周书》记载,在 542 年的前几年,在每年的黄河冰封时节[9],突厥都侵袭今神木以南的陕西地区。542 年,新的中原统治者宇文氏欺骗突厥入侵者,让他们误以为中原已经派出一支庞大的军队迎击。突厥在无序的撤退中扔下大量战利品,并终止了一年一度的入侵。

突厥一旦出现,当地的居民就只得躲避在有防御设施的城镇中,明显可见突厥此时已经拥有强大的军事实力。突厥一定也从他们的领主柔然那里得到了相对的独立性,因为 545 年,突厥的首领土门设法直接与西魏进行丝绸贸易谈判。西魏的官员将此看作突厥的实力、成熟性和商业联系都在增长的信号。因为土门的诉求表明,他的子民已经从事中国和中亚之间的商业贸易[10]。对突厥实力的印象使得西魏开始将其视为对抗与柔然关系密切的东魏的潜在盟友。545 年,西魏向土门派出使团。使团的首领是出自甘肃的贸易绿洲——酒泉的一名粟特人。土门觉得这是对他们在外交上的承认,因此热情款待了使团,并在一年后派出使团回访[11]。

西魏使团到访后不久,突厥的军队镇压了一次铁勒部落集团对柔然的反抗,铁勒已经在哈萨克斯坦建立了半自治的国家(高车)。突厥没有将战败的铁勒交给柔然,而是将他们吸收到自己的军队。由于军队扩大了,土门随即挑战柔然首领阿那环(520 - 552 年在位),提出要娶柔然皇家的公主。阿那环用侮辱性的语言回复土门,将其描述成他的工匠和奴隶。551年,土门请求与西魏通婚并得到许可。第二年,土门带着一支西魏的分遣队东征,在今北京北面的热河省打败了柔然①,阿那环自杀,这使土门成为东部草原最强大的首领。土门将他以前的名号——叶护,改成至高无上的名号——可汗,他的兄弟室点密(552－576年在位)则得到了叶护的名号。在此后约二百年刻成的鄂尔浑河碑铭中,将这一时期的突厥称作"Gök Türk"。形容词"Gök"可译为"蓝色的""天空的"或者"神圣的",碑文给予上述突厥建国人物半神的地位[12]。

　　土门以蒙古东部的杭爱山为基地,统治突厥汗国地位较高的东翼;同时,室点密在焉耆附近的一个冬季营地统治汗国的西半部。我们可以想象,这些牧人的首都是由很多毡帐组成的空旷的大片地域,非常壮观,并严格按照礼仪规范来布局。营地可能很大且固定,足以吸收较少的农业居民或种地的牧人。汗国宏伟的礼仪性中心在阿尔泰的先祖洞穴和于都金山,这两地位于两个主要首领的冬季营地之间,因此汗国中心之间的联系相对容易[13]。突厥权力的分治延续到土门去世的552年。在土门的长子科罗继位和死亡的同一年(553年),土门的次子木杆(553－572年在位)继位。看起来室点密承认木杆的权威。这种东、西分治的格局在更早的柔然汗国时期已经存在,这可能是缺少成熟官僚机构的汗国,面对统治广袤国土这一挑战时作出的自然的选择[14]。

　　木杆和室点密开始追捕柔然的残余势力,同时巩固和扩展他们的汗国。木杆将其统治范围扩展到今中国东北,在那里打败了契丹。他也向西北扩展,控制了叶尼塞河流域的黠戛斯部落。无疑,他向治下的非突厥部落征收贡赋,但是对于突厥政权来说,最关键的是中国的财富。在近三十年的时间里,木杆和他的兄弟及其继位者佗钵,使中国北方的两个王朝相互对立。他们通过周期性地掠夺财富,或通过支持一个王朝反对另一个王朝,来持续对中国北方施压[15]。在一段时间内,他们用草原的物品,其中主要是马匹,从中原换取大量的丝绸,以及亚麻布、黄金、玉器、花瓶、服装、葡萄酒和仪式用的四轮大马车等奢侈品。在木杆统治时期,北周每年要送给他10万匹丝绸。为了孤注一掷地买通佗钵结盟,东魏(北齐)使自己濒临崩溃。突厥汗国将从中原王朝得到的

251

----

① 《北史》卷九十九《突厥铁勒列传》只提到此次是土门发兵进攻柔然,没有提到西魏军队参与此次行动。见《北史》卷九十九,中华书局,1974年,第3278页。

奢侈品当作维系联盟系统的财富,转授给汗国西部分支的贸易商品被用于与伊朗和拜占庭的外交和贸易。就像巴菲尔德所写的:"丝绸贸易是将突厥汗国结合在一起的主要纽带。"[16]

与中国北方两个王朝的关系使突厥在一定程度上汉化。突厥的首领与两个王朝都结成联姻关系,特别是 568 年木杆的女儿嫁给周武帝之后,很多突厥人开始在长安生活。突厥在长安挥霍着中原王朝的财宝,过着奢侈的生活,很多人在品味和文化上已经变成了中原人。中原的文化也渗透进草原。佗钵被北齐崇尚的佛教所吸引,在北齐的帮助下建造佛塔,将佛教经文译成突厥语,支持在其居民中传播佛教[17]。

西突厥与这些政权的距离相对遥远,因此不得不依靠控制商路(在粟特商人的帮助下),或通过向大量的小领主收取贡赋来获得财富。西突厥从来没有从波斯或拜占庭这样的大国获得馈赠以外的财物。首先,室点密最初向西迁徙是为了追赶柔然汗国的残余势力。虽然这一战役的细节模糊,但是可能在555 年,室点密的势力已经到达咸海。约 558 年,他打败了匈尼特人的单于,不久,这些人以"阿瓦尔人"的名称出现在黑海草原。这些胜利将室点密的势力扩展到伏尔加河[18]。557 年,室点密与娶了他女儿的萨珊国王库思鲁一世结成联盟。562 年,两国的军队进攻嚈哒。突厥军队在 564 年占领了石国(塔什干),最后于 565 年在内塞甫(卡尔西)附近彻底击败嚈哒。一条突厥/萨珊的边界线沿着阿姆河建立起来,阿史那氏成为这条河东部和北部的中亚地区的新领主。尽管因为 569 年室点密要求波斯像以前给嚈哒纳贡那样向突厥纳贡,从而导致两国之间发生短暂的战争,但是这一新边界仍然未变。

在十五年的时间里,阿史那氏建立起从伏尔加到今中国东北的"神圣突厥"宗主权,创立了第一个统治内欧亚大陆南部大部分的汗国。随着 567－571年占领北高加索(在乌特格尔人的帮助下)和博斯普鲁斯(现代的刻赤),神圣突厥的势力在 576 年已经到达了黑海[19]。但是,蒙古西部以外的大多数西突厥汗国的居民并不是严格意义上的突厥人,很少有人认为他们的命运与汗国的一致,所以要以绝对的军事实力以及对供应稳定的贡赋和贸易商品的再分配,来维持他们对突厥的忠诚。

约两个世纪以后,第二突厥汗国的可汗在鄂尔浑河碑铭上歌颂了土门和室点密的成就。

当高于蓝天之上和褐色土地之下的世界被创造出来的时候,在两者之间创造出了男人的儿子。在男人儿子之上站着我们的祖先布门(土门)汗和室点密汗。在成为突厥的主人后,他们安顿流民,巩固统治,制订法律。在世界四隅有很多敌人,但是他们发动战役打击敌人,征服了很多民族,使这些敌人鞠躬屈膝[20]①。

这段文字表明草原上保留下来的关于突厥汗国的知识是有多么少。同时它也很好地表达了一种英雄史观,虽然对于现代的读者来说这一史观看起来很天真,但是在每个家庭、每个营地集团甚至每个民族的命运都依赖于其首领的能力和运气的社会,这一英雄史观非常现实[21]。第一突厥汗国的成功主要基于土门和室点密的政治和军事本领,尽管他们的汗国建立在柔然奠定的基础之上。

(三) 政治、文化和经济方面

新的汗国是如何运作的?

我们已经看到,草原国家不得不主要依靠来自农业世界的物质和文化资源来维持运转。像匈奴一样,突厥从中国和中亚两地的商业城镇攫取资源。 253
到 581 年隋朝建立时,突厥同大多数中国北方边疆强大的军事力量一样,都处在通过贸易或礼品的形式来获得中国奢侈品的极好位置。在西部,贸易比贡赋更重要,因此在室点密的外交努力中,丝绸贸易与地域扩张两者并重。精通贸易的粟特商人维持并指导着突厥的商业发展。正如一位隋朝将军所抱怨的:"突厥人本身头脑简单,目光短浅,很容易产生纠纷。不幸的是,很多粟特人生活在他们中间,这些人狡猾而阴险,他们教授和指导突厥人。"[22]至少在居住于敦煌的粟特人书写"粟特古书简"的 4 世纪早期,在丝绸之路的沿线就已经存在粟特商人的社会。到了 6 世纪,粟特语已经成为丝绸之路东半部沿线的主要商业语言,不久又成为突厥汗国的通用语[23]。

室点密与波斯的早期接触部分是出于控制嚈哒地区商路的目的。一旦嚈哒被打败,商业利益就会使联盟迅速分裂,因为萨珊王朝像以前的帕提亚人一

---

① 对于鄂尔浑河突厥碑铭,不同学者的中文翻译略有差别,本章涉及的鄂尔浑河碑铭的中文翻译,主要参考耿世民《古代突厥碑铭研究》,中央民族大学出版社,2005 年。

样,更想限制对拜占庭的商品贸易。一个叫马尼亚克的粟特商人劝说室点密向库思鲁派出使团,要求允许粟特商人在波斯出售生丝。库思鲁不仅拒绝了这个要求,还毒死了进入波斯的第二个突厥使团的成员。569 年,西突厥的军队穿过锡尔河入侵波斯,但是面对以木鹿为基地的萨珊的坚固防御体系,突厥基本没有取得任何进展。两年之后的 571 年,两个强国讲和。588 - 589 年,突厥再一次尝试侵占阿姆河以外的原嚈哒土地,巴赫拉姆·朱宾所率领的一支萨珊军队粉碎了这次入侵,他也因此成为波斯中期史诗中的民族英雄[24]。

在马尼亚克的劝说下,室点密试图开辟通往拜占庭的丝绸之路北路,这条通道在 4 世纪匈人入侵后便废弃了。这一计划将威胁到萨珊对通向地中海资源的垄断,这一垄断巩固了萨珊与其所征服的部分阿拉伯半岛的联系。这一计划为粟特商人提供了绕开犹太人和叙利亚人这两个竞争对手的途径,后两者曾控制着穿过叙利亚的商路。早在 558 年以及后来的 563 年,西突厥的使团就访问了君士坦丁堡。568 年,马尼亚克组织了第三个使团,带着由生丝组成的礼品和一封室点密写的信到访[25]。虽然拜占庭的皇帝查士丁尼二世透露拜占庭现在已经从东方偷运了桑蚕,能够自己生产生丝,但是他明显对与突厥建立军事联盟的可能性感兴趣。569 年 8 月,查士丁尼二世派出了回访使团,由一位名叫蔡马库斯的拜占庭官员率领。一年之后这个使团返回,带回载着室点密的丝绸的突厥商队。虽然维持与拜占庭的关系从来都不顺利(特别是乌特古尔人在突厥的支持下,在约 576 年占领了博斯普鲁斯海峡后),但是随着丝绸之路北路的重新开通,两个地区之间的商业繁荣起来。粟特和花剌子模的商人从控制北面商路中获利,克里米亚的城市也从中获利[26]。

这些发展刺激了横穿欧亚大陆的贸易和文化交流的复兴。在某种意义上,撒马尔罕变成了繁荣的城市,成为突厥人和粟特商人商业联盟的有力象征。撒马尔罕是粟特地区最有实力和影响力的城市,因此西突厥可汗对撒马尔罕相当尊敬。当地原有的统治王朝仍然保留权力,达头可汗甚至将他的女儿嫁给了撒马尔罕的统治者。中古时期的佛教徒玄奘,在 630 年访问了该城,他写道:

> 飒秣建国,周千六七百里,东西长,南北狭。国大都城周二十余里,极险固,多居人。异方宝货,多聚此国。土地沃壤,稼穑备植,林树蓊郁,花

果滋茂,多出善马。机巧之技,特工诸国。气序和畅,风俗猛烈。凡诸胡国,此为其中。进止威仪,近远取则。其王豪勇,邻国承命。兵马强盛,多诸赭羯。赭羯之人,其性勇烈。视死如归,战无前敌(《大唐西域记》卷一"飒秣建国"条)[27]。

正如白桂思所指出的,"对贸易和战争都感兴趣的人群控制了丝绸之路,这对于商路沿线的国家和途经的国家都有着重要意义"。[28]突厥建立的充满活力的商业联系创造了新的"世界系统",将地中海、近东、波斯、印度和中国连接起来。它也对建立穿过花剌子模和伏尔加河沿岸的新贸易网络起到了促进作用,这一网络为可萨人政权以及后来的"维京人罗斯"奠定了基础。更向东,它使小型绿洲侯国高昌(Kocho,在吐鲁番附近)的重要性得到增强[29]。

从政治的角度来说,突厥汗国和所有的牧人国家一样,是一个"国家的联盟"。正像巴菲尔德所指出的,这样的系统:

> 在与其他国家的交往中,表现出的是专制的国家;而对内则是协商和联盟的结构。他们组成至少有三个层次的统治集团:汗国的首领及其宫廷,被指派去监督作为汗国组成部分的部落的官员,以及当地土著部落的首领[30]。

虽然其来源不十分清楚,但是我们能够确定突厥的可汗和冒顿或阿提拉一样,拥有一批随从。这些人可能包括从图腾角度被称作"狼"的重甲骑兵,他们是突厥军队的主要进攻力量。突厥在黄河以北有一座特殊的庙宇,他们在中国北方作战以前要在这里聚会、喂马并供奉祭祀[31]。可汗通过承诺礼物、授予从粟特和中国传统中借用的复杂的等级和名号系统,将皇族成员和地方酋长与突厥的系统紧密联系在一起。这些名号中最有声望的(设、叶护、特勤)只能授给皇族成员,但是也有少数授予了地方的酋长和官员[32]。

突厥可汗有意识地用财富和奢华来打动追随者与外来者。在冬季营地,两个可汗与其随从人员一起过着非常豪华的生活。569年,拜占庭的外交官员蔡马库斯访问了室点密在"金山"的冬季营地,这个营地可能在焉耆西北的天山山脉,尽管有些学者将其定位在阿尔泰山的突厥故乡。蔡马库斯被带到室点密面前,室点密坐在带彩色丝绸帷幔的帐篷里的"有两个轮子、必要时可以

255

用一匹马拉的金质宝座"上。第二天,蔡马库斯在另一个用丝绸帷幔和很多雕像装饰的房子里见到室点密。在这里,"Sizabul(室点密)坐……在纯金的四轮大马车上。建筑物的中央是金壶、汲水器和金质的大水罐"。[33]第二天,使团在另一个房子内消遣,房内有"一把由四只金孔雀支撑的金箔装饰的睡椅。在房子前面的开阔空地上停放了载有很多银器的马车,盘子和碗、大量的动物雕像也用银子做成,而且绝不比我们做的银器差。突厥的统治者是如此富有"[34]。

像匈奴一样,突厥可汗每年举行地方酋长的聚会,这有助于将组成突厥的各集团联合在一起。据《周书》记载,"(可汗)每岁率诸贵人,祭其先窟。又以五月中旬,集他人水,拜祭天神。"[35]这些聚会都是大型的公众节日,类似现代的那达慕节或古希腊的奥林匹克比赛。据《隋书》记载:"五月中,多杀羊马以祭天。男子好樗蒲,女子踏鞠,饮马酪取醉,歌呼相对。"[36]

只要可汗有足够的财富和声望来组织这样的聚会,并且奖励参会的人,那么以突厥为核心的统一体就有可能控制整个汗国。

使非突厥居民保持效忠是一件更难的事情。形形色色的地方统治者控制着行省。在佗钵统治时期,汗国的两翼分别分裂成四个主要部分,每一部分都由一个皇族成员统治着。古米列夫指出,这里存在着与基辅罗斯相似的系统,该系统下的皇族成员被职位高的人从一个地区派到另一个地区。奖赏家族内的忠诚以及防止地域性联盟的出现,这可能已经成为保持阿史那王朝政权和维护统一的一种方法[37]。

在皇族和贵族或"begs"阶层以下,可能有两个以上的普通突厥社会阶层:牧人,年轻的牧人在突厥军队中作战,被称作 er 或"武士";以及那些太贫穷的以至于不能像牧人那样生活的人。较贫穷的牧人通常依附于富有的贵族,充当其保镖或仆人。但是,穷得没有自己马匹的人通常像农民那样居住在小村庄里。在将财富看作是英勇和武艺高超标志的社会里,这样的居民没有地位,也没有财富。位于突厥等级制度最底层的是奴隶,通常是战争的俘虏,而且绝大多数是女性(男性俘虏常常会被杀掉,因为突厥人认为他们是对自己十分危险的人)。她们的劳动,以及那些自由的突厥妇女的劳动,使大多数突厥男人能够集中精力作战,反过来,战争也创造出源源不断的俘虏和奴隶。正如鄂尔浑河碑铭所反映的,突厥可汗将保持这一等级制度看作突厥人民和国家生存的关键所在。战争是整个系统的基础,因为它维持了突厥贵族及武士的财富和威望,并且保持了奴隶供应的连续性[38]。

突厥的宗教信仰差别很大,受到中国和欧亚大陆的几个主要宗教传统的影响。很多早期的突厥集团似乎信仰天空和大地,以及被称为乌迈的家内女神。突厥的政治仪式可能反映出一些来自中国的影响,这些仪式旨在保证获得天神的祝福。可汗被看作是半神的形象,即使在被处死时也不会流血[39]。新可汗的登基仪式也有明显的萨满教因素:围绕死亡、重生和长途跋涉等主题。

> 其主初立,近侍重臣等舆之以毡,随日转九回,每一回,臣下皆拜。拜讫,乃扶令乘马,以帛绞其颈,使才不至绝,然后释而急问之曰:"你能作几年可汗?"其主既神情瞀乱,不能详定多少。臣下等随其所言,以验修短之数(《周书·突厥传》)[40]。

正如刘茂材指出的,这一仪式在很多方面与萨满的入行仪式非常相似,这说明在可汗的权力中有很强大的祭司因素[41]。的确,旧的突厥单词 kam(萨满),可能与"血"或"血统"有关,两者的意思都存在于最早形式的"汗"这个单词中[42]。突厥的萨满擅于运用特殊的石头或 yats 来控制天气,通常以此在战斗中获取战术上的优势。其他的仪式则反映出祖先崇拜的重要性,突厥的起源传说暗示狼在图腾崇拜形式方面的重要性。7 世纪的拜占庭作家泰奥菲拉克塔斯记载,突厥崇拜火、水和土地,有可以预言未来的祭司,他们最崇拜的是天神[43]。梅南窦关于萨满催眠状态的最早文字记载,详细地描述了蔡马库斯第一次进入突厥汗国时所经历的被强迫净化的仪式。蔡马库斯团队的行李被放在地上。

257

> 然后他们就开始在行李上敲铃打鼓,同时一些人拿着燃烧的香叶围着行李奔跑,香叶发出火焰并破裂。他们像疯子一样发怒、做手势,好像是在反抗魔鬼神灵。在驱除这些想象中的魔鬼时,他们让蔡马库斯本人也从火上穿过[44]。

由于与中国和粟特的联系密切,突厥上层社会的文化中有大量外来因素的影响。大多数官僚头衔都是借用的。文字也是从粟特商人那里传入的,两种不同的书写系统都来源于粟特文字,并且都来自亚拉姆语。其中一种书写系统肯定在 6 世纪晚期已经使用了,另一种如尼文字母是较晚才发展起来的(保存下来的最早文字遗存的年为 7 世纪晚期),很多鄂尔浑河的如尼文实际上是中国工匠镌刻的[45]。

三、分裂和衰落

部分突厥贵族的汉化,草原上一场持续时间很长的饥荒,581 年中国的统一王朝——隋朝的出现,以及同年在佗钵死后发生的继位危机,这些事件综合在一起威胁到了第一突厥汗国的统一。

畜牧社会中最关键的是领导权。突厥权力的衰落始于继承权的纷争,这是因为几乎所有可汗的最合法继承人都缺乏足以使人对其效忠的政治和军事才能。高层的纷争促使地方首领,特别是非突厥部落的首领宣布独立,他们往往得到中国的支持。于是,较小的缝隙慢慢变成鸿沟,最后摧毁了汗国。

土门和他的兄弟木杆与佗钵,像西边的室点密及其子达头(576 - 603 年在位)一样,是强健而有能力的领袖。但是佗钵的儿子奄罗太温和,木杆的儿子大逻便则很好战,后者吸引了一群强健而稳定的拥护者。更有能力的是佗钵和木杆的侄子摄图(581 - 603 年在位)和处罗侯(588 年),他们也非常隐晦地觊觎着皇位。按照佗钵的遗嘱,应将皇位传给大逻便。然而,佗钵死后,在鄂尔浑河岸边召开的一次会议上,摄图和很多人拒绝接受大逻便继位可汗,因为他的母亲出身太低微。相反,他们坚持将皇位传给奄罗。摄图甚至威胁要离开汗国,并“用他的利剑和长矛”保卫自己的土地[46]。奄罗不久就放弃了首领位置,将其转给摄图,后者以第一代可汗“最聪明的”儿子这一依据被授予可汗之位。

新可汗不稳定的权力不久就受到隋文帝(581 - 604 年在位)的挑战。隋文帝不再像他的前辈那么需要突厥的军事援助,也不再送给突厥财物,并拒绝突厥在首都长安居住。缺少曾经维持政权的中国“礼品”和贸易商品使突厥受到威胁,582 年,摄图在西突厥达头可汗的支援下,组织了对中国北方的大规模袭击。尽管最后胜利了,但是在 582 年年末,达头可汗单独与隋朝讲和,并且撤回了军队。

隋朝这时开始实施系统的政治离间行动(*Politik der Spaltung*)[47]。长孙晟是摄图继位可汗之前的朋友,曾在突厥境内生活过一段时间,他非常了解突厥个人与部落之间的矛盾。在他的劝说下,隋朝开始支持突厥皇族内摄图的对手,以及臣服于阿史那氏的非突厥部落。584 年,摄图因听到从隋朝传来的关于他家庭内部不忠的谣言而袭击大逻便的军营,并杀害了大逻便的母亲。这一袭击引发突厥的第一次内战。大逻便带领包括摄图的弟弟处罗侯在内的几个突厥首领逃到达头可汗处[48]。达头援助给他们一只强大的新军队,大逻便返回并袭击了摄图。摄图和达头在 584 年接受了隋朝的宗主国地位以换取支持,因为重启贸易和商品、礼品的交换对两个可汗都非常重要。在摄图死后的 587 年,其继位者处罗侯短暂地重新统一了突厥汗国,并在公开反对保护人达头可汗之前,打败了仍然独立的大逻便。处罗侯在与达头的战斗中战死,突厥的两翼之间开始了一场持续到 593 年的战争。达头成为突厥汗国中最有势力的人物。然而,可汗的名号由摄图的儿子雍虞闾把持着,他和达头之间有很多旧的问题需要解决。

草原上有野心而没有实力的首领经常要面对一个问题,即是否要"打中国的牌",也就是通过承认中国的宗主国地位以换取战胜对手的援助。这些首领的实力太差,以至于无法实施巴菲尔德所谓的"外边疆策略",而不得不采取"内边疆策略"。这样的策略导致草原上出现了支持和反对中国的两个派别,而中国的外交官机敏地利用了这一分歧。594 年,长孙晟再次被派到草原,支持新可汗的侄子兼对手染干。染干实力很弱,对隋朝构成不了威胁。但是,如果他在隋朝北方居住,将会提供对抗突厥的有利屏障[49]。向染干提议联姻并馈赠很多必要的礼物,足以在突厥的东部权贵内创造出一支强大的亲隋派别,但是也会使新的可汗与达头结成更紧密的联盟。597 年,隋朝帮助染干及其子民迁到鄂尔多斯草原居住。

598 年,改革后的隋朝军队在染干及其拥护者的帮助下,袭击了达头和东部可汗雍虞闾,达头的军队被打败,雍虞闾被染干雇佣的间谍谋杀。这使隋朝的傀儡染干成为可汗的合法继承人[50]。虽然达头仍很强大,但是他缺少合法性,而且由于战败声誉受损。隋朝利用达头的弱点,向铁勒这样的臣服于达头的蒙古北部部落提供金钱和军队,并说服他们反抗达头的统治。达头逃到今青海的吐谷浑①,在那里被杀。604 年,达头的儿子布哈拉可汗投降隋朝后被

259

————————

① 原文在"吐谷浑"之前还有一个英文单词 Tiban 无法翻译。

囚禁。隋朝皇帝宣布染干为新的突厥可汗,并允许他返回草原。铁勒的起义由于隋朝放弃支持而结束,但是东突厥可汗永久地失去了西部汗国和塔里木盆地。在此之后,突厥经常遭受铁勒和唐的联合打击[51]。

我相当详细地分析了第一突厥汗国的崩溃,因为它反映了导致草原汗国逐次分裂的机制。突厥人本身对第一突厥汗国灭亡的原因了解很多。鄂尔浑河碑铭从政治和文化两方面分析了这一问题:

> 弟弟比不上他们的哥哥(土门和室点密),儿子比不上他们的父亲。因此可汗的能力和勇气似乎越来越差,官员也如此。由于统治者与人民之间关系疏远,由于来自中国的搬弄是非的人和欺骗……也因为中国人在兄弟之间制造矛盾,以及让武装的人民和统治者互相对立,突厥陷入了混乱[52]。

上述对突厥存在问题的分析忽视了经济方面。牧人的国家是由若干强大的首领联合组成的,他们统治着其他的牧人集团,并且获得来自农业世界的资源。中央权力最轻微的衰弱——对新首领的合法性或政治和军事能力的怀疑,或来自合法的对手的竞争——没有成功保持来自外部世界稳定的商品流通,都能使这一系统内部出现裂缝。这些不仅使统治王朝分裂,还使相对而言缺乏合法性的臣服于汗国的外族部落分裂。随着裂缝的出现,皇族内的对手开始挑战首领的权力,并且寻求与其他部落集团或中国结盟。中国的金钱、奢侈品和文化的渗透特别容易形成亲中国的因素(据中国文献记载,630年,有大约一万户突厥家庭居住在长安,推测他们都与在草原的家庭有关联[53])。所有牧人国家的分治结构都意味着当中央领导层的统一崩溃时,国家很容易分裂为很多部分。

630年以后,存在两个分裂的突厥汗国,两者都承认唐朝名义上的宗主国地位。两个汗国很强大,但都比不上它们所取代的统一汗国的实力和声望。东部的汗国控制蒙古和部分新疆东部地区,在这一区域的很多地方,突厥部落是享有统治地位的种族和语言集团,统治着由铁勒和鲜卑部落混合在一起的部众。在西部的汗国,突厥的控制更为间接并具有居中调和性质,在很大的程度上受粟特商人和顾问的影响。西部汗国也控制着从吐火罗斯坦(巴克特里亚)到今新疆的大批城市居民,在这里"突厥部落分布于能够打击反叛因素的战略要地"[54]。西部汗国以七河地区为基地,控制草原的中部和粟特,以及从焉耆到喀什噶尔的塔里木盆地西部的大片土地。

在下一个 30 年,两个汗国首领的势力消长都很不稳定。618 年隋朝的灭亡,以及唐朝的崛起,再次使草原处于不利地位。东突厥的颉利可汗(620 - 634 年在位)恢复了侵扰的政策,但是没能与唐朝建立持久的附庸国关系,而且他因为主要依赖唐朝和粟特的顾问而疏远了很多突厥人。627 年至 629 年期间,恶劣的天气条件导致严重的牲畜死亡和饥荒,这使颉利可汗的政权濒于崩溃。630 年,颉利可汗被唐朝的军队俘虏,并死于囚禁。颉利可汗的死亡结束了第一东突厥汗国的独立政权。在汗国内出现了几个突厥的和非突厥的部落联盟,它们都承认唐朝的宗主国地位,而且为了得到唐朝的承认、获得唐朝的赏赐和一定程度的独立,都帮助唐朝守卫北方边疆。

达头的垮台使西突厥陷入短期的衰落和分裂,后来在射匮可汗(611 - 618 年在位)领导下重建了从阿尔泰到更遥远西方的中央权威。在射匮的兄弟统叶护可汗(618 - 630 年在位)统治下,西突厥重新繁荣起来。统叶护可汗再次掌握了铁勒部落的统治权,支援拜占庭的皇帝赫拉克利乌斯在高加索的战争,与唐朝保持良好的关系并娶了唐朝公主。他派遣被称为吐屯的使节监视征收贡赋的领土[55],也统治阿姆河以南的曾经属于嚈哒的土地。630 年,唐朝的佛教朝圣者玄奘在今吉尔吉斯斯坦的托克马克市见到的西突厥全盛时期的可汗,可能就是统叶护可汗,时间正是可汗去世及汗国崩溃前的几个月。玄奘见到了统叶护,他的随从正在准备一次皇家狩猎。

> 可汗身着绿绫袍,露发,以一丈许帛练,裹额后垂。达官二百余人,皆锦袍编发,围绕左右。自余军众,皆裘毼毳罽羃端弓。驼马之骑,极目不知其表(《大慈恩寺三藏法师传》)[56]。

三天后,可汗狩猎返回,正式在金线刺绣的帐篷内用食物和音乐热情款待朝圣者。他派给玄奘一名翻译,并附带了一封将其引荐给从七河地区到迦必试(在喀布尔附近)沿途统治者的书信,这些统治者都以可汗为宗主[57]。

在玄奘到访后的几个月内,统叶护可汗被他的伯父所杀,西部汗国开始内战,很多领土被唐朝占领。659 年,西突厥的最后一个首领在与唐朝的战争中阵亡[58]。西突厥汗国分裂成所谓的"On Ok"或十箭,即十个部落的松散联盟,

261

分别由五个部落组成两个集团,居住在伊塞克湖两岸。

唐朝取代了西突厥汗国和东突厥汗国,宣布对从朝鲜到新疆和阿姆河的内欧亚大陆的宗主权。在唐太宗(626 - 649 年在位)统治时期,蒙古草原也被纳入了唐朝版图,当 661 年唐朝的佛教徒王玄策第三次出使印度返回时,他进入了唐朝控制的迦必试所在的巴克特里亚[59]。曾经被突厥控制的土地现在再一次被大量不稳定的部落联盟所控制,所有这些联盟都承认唐朝的宗主权并为唐朝而战[60]。

四、第二突厥汗国: 683 - 734 年

(一) 东部草原

东部汗国灭亡 50 年后,来自中国北方牧人聚居地的一位不满现状的酋长骨咄禄(即"吉利的",也被称为颉跌利施可汗,682 - 692 年在位),离开了鄂尔多斯北部汉化的突厥人,带着他的支持者回到了蒙古草原。在这里,他召集了一支军队,在 687 - 691 年期间重新统治了大多数第一东突厥汗国的领土。他还将突厥的宗主权强加给其他讲突厥语的部落集团,包括九姓乌古斯和葛逻禄。骨咄禄创建的汗国虽然偶尔有危机,但是仍存在了近六十年。他的弟弟兼继位者默啜(阿波干可汗),于 691 - 716 年在位。默啜与唐朝建立了良好的关系,但是陷入与以突厥人为主的其他的草原部落的长期战争。在经历了与骨咄禄的两个儿子——毗伽可汗(汉语称为"默棘连",716 - 734 年在位)及其掌握实权的弟弟阙特勤之间短暂而激烈的争斗后,默啜的王位被毗伽可汗继承[61]。

第二突厥汗国留下大量对其自身的记载,第一次让我们能够了解牧人国家的首领如何看待他们的战略和战术问题。鄂尔浑河的碑铭用如尼文字母刻成,大概是在 8 世纪 30 年代,由唐朝的工匠刻在为毗伽可汗和阙特勤所立的碑上。从形式上说,碑文是对年轻一代统治者的政治遗嘱和政治建议的结合体,像 12 世纪的俄罗斯王公弗拉基米尔·莫诺马赫的遗嘱,或者伊斯兰世界中非常普及的建议手册[62]。这些碑铭反映出第二突厥汗国的统治者对第一突厥汗国有充分的了解,对突厥共同体有一种强烈的自豪感和与众不同的情感,而且有决心不重蹈覆辙或不再忍受臣服于唐朝的耻辱。关于他的父亲,阙特勤写道:"他将那些亡国之人,那些被夺取可汗的、变成奴隶和奴仆的人,那

些已经失去突厥习俗的人组织起来。"[63]

从骨咄禄可汗时期到毗伽可汗时期的主要顾问和将军是暾欲谷,他是受过汉式教育的阿史那姓突厥人。暾欲谷可能是第二突厥汗国背后真正的智囊,因为刻着他名字的如尼文碑铭坚持认为骨咄禄没有多少政治和军事判断力①(按照字面上的意思,他"不能区分公牛的肥瘦")[64]。换句话说,第二突厥汗国是建立在一些精明的唐朝治国之道的基础上。暾欲谷认为应该强制性地退回到传统的草原生活方式,他相信第一突厥汗国的灭亡是因为首领过于汉化。当毗伽可汗打算建一座带佛教和道教寺院的有城墙的城市时,暾欲谷表示反对:

> 突厥的人口数量少,只是唐朝的百分之一。我们能够抵制唐朝,是因为我们随水草而居、没有固定住所,并以狩猎为生。我们所有的男人都能够作战。当我们强大的时候,可以让士兵伺机抢劫;当我们衰弱的时候,可以逃到山上和森林里躲避起来[65]。

他认为,如果突厥建造城市和庙宇,这将为唐朝的大军提供固定的目标,这些庙宇将削弱突厥士兵的军事文化。

正如毗伽可汗解释的,对于突厥来说,最好的策略是在地理和文化上保持相对于唐朝的独立性,同时从唐朝攫取资源。

> 部落能够[最好地]控制的地点是于都金山。住在这里之后,我去与中国人签订愉快的协定。他们给我们丰厚的金子、银子和丝绸。中国人说的话总是甜蜜的,中国人的物资总是柔软的,他们用这两种方法引诱遥远地方的人民接受他们。当这样的人民住得离他们近时就被说成是在谋划邪恶的企图……一旦被他们的甜言蜜语和柔软的物资所吸引,突厥的人民将被大批杀害……但是如果你留在于都金山的土地上,并派出商队,那么你将没有麻烦。如果你留在于都金山,你将永远统治部落[66]。

---

① 这里可能是作者对碑文的误解。碑文的原意不是形容骨咄禄缺少政治和军事判断力,而是说明暾欲谷认为目前不宜仓促地将骨咄禄任命为可汗。

这是我们能看到的巴菲尔德所说的"外边疆策略"的最简要描述。

然而,实行这样的策略从来都不是容易的事,第二突厥汗国的创始人在回到草原以前已经汉化,这也是他们非常介意唐朝影响的原因。唐朝的影响仍然继续渗入蒙古腹地,正是通过分配唐朝奢侈品来将同盟者维持在一起的做法激励了对汉文化的欣赏。一旦皇族爆发内斗,或与臣服的部落间产生冲突,那么冲突的一方就会强烈感受到寻求中国支持的诱惑,暾欲谷对唐朝影响的抵制说明突厥第二汗国保持了自身特征。

734 年,毗伽可汗被毒死,突厥第二汗国陷入分裂。744 年,由铁勒部落形成的新草原王朝——回纥的首领,向唐朝皇帝进献了最后一个突厥可汗的人头。铁勒曾长期处于突厥的压迫之下,他们与唐朝的联盟已至少有一个世纪的历史,他们从约 716 年开始就已经相对独立,因此铁勒的侵袭计划已经酝酿了很长时间[67]。为了象征性地报复两个世纪隶属关系产生的仇恨,回纥人毁坏了四年前突厥人树立的墓葬纪念碑。第二突厥汗国像第一突厥汗国一样,尽管偶有冲突,但仍然在一个特别有能力的统治家族的两代人统治之下团结在一起。随着内部的纷争以及由此带来的臣属部落的独立,突厥第二汗国解体了。745 年,残余的突厥人在草原上被追捕。在那一年,毗伽可汗的遗孀及暾欲谷的女儿婆匐,带领一群幸存者到达中国北方投降唐朝,同意充当边防军[68]。他们在这里融入了中国北方边疆地区流动的种族和语言混合体中,此时北面和西面曾经臣属于突厥的部落都具有了突厥的种族特征。

(二)西部草原

在西部汗国的土地上,还生存着由十箭部落的残余组成的地域性部落集团。正常情况下,他们承认唐朝的宗主权,虽然这一宗主权在中亚受到来自吐蕃和阿拉伯两方面的挑战。片治肯特是这一时期被研究得最为深入的遗址,这里的证据表明,突厥的贵族已经与粟特的主要城镇建立了密切联系,有时也以官员或统治者的身份居住在城镇里。这些联系持续到阿拉伯入侵的早期。突骑施的部落成员苏禄可汗在位时期(718-738 年),他所统领的松弛的突厥部落联盟直到 737 年都使伊斯兰军队陷入困境。

苏禄以典型游牧民族的慷慨传统来统治。根据一部唐朝的史书记载,即使在他参加战役的时候,也把得到的所有战利品分配给他的将军、官员及部落成员。他的属下拥护他并随时为他服务。苏禄与东部汗国和吐蕃建立联姻关系,他像室点密一样,知道怎样打动外国使节。根据一位 10 世纪的阿拉伯历史学家伊本·法基赫的记载,大清早在十名骑手的陪同下,苏禄带着一位倭马亚的使节去了小山顶上的林中空地。破晓时分,他命令一名骑手展开旗帜,一万名全身着甲的武装骑士立刻出现并向他们的首领欢呼。他们在苏禄下方编成阵列,然后苏禄命令其他的骑士展开旗帜。随着每个旗帜被打开,出现了远远多于一万名的骑士,直到在可汗的前面站立了十万名全副武装的士兵为止[69]。

苏禄败于阿拉伯人之手,他在 734 年或 738 年被暗杀,标志着西突厥政权的结束,同时也是突厥对阿拉伯人有组织的反抗行动的结束。这一崩溃使十箭部落之间出现新的分裂,最后导致另一个部落集团——被回纥赶出家园的葛逻禄部的渗入。葛逻禄部叛投阿拉伯人,是 751 年在怛逻斯的战役中阿拉伯人战胜唐朝军队的主要原因。766 年,葛逻禄部控制了西突厥故地,在今天的托克马克市附近的碎叶城统治着这片土地[70]。

五、回鹘汗国①: 744－840 年

（一）回纥汗国的建立

回纥是九姓乌古斯("九姓部落")中的"铁勒"部落集团建立的汗国,这个集团臣服于突厥。745 年,回纥推翻了突厥汗国并且把他们的对手——拔悉密和葛逻禄部驱赶到了西边。回纥的首领骨力裴罗自称为"骨咄禄阙毗伽骨力可汗"(744－747 年在位),他所在的药罗葛(突厥语 yaghlagar)氏族成为回纥的皇族。虽然回纥是统治民族,但是铁勒的九个部落在汗国内仍然占有重要地位。这可以从宫廷仪式中他们的首领或代表所起到的作用方面反映出来,例如接待唐朝使者的仪式即如此。回纥不久就控制了东起蒙古、西至阿尔泰山、南到戈壁的原匈奴帝国的土地。800 年,回纥的影响也向西到达费尔干纳,进入塔里木盆地[71]。

在巩固草原地区统治的同时,回纥也努力维护他们与唐朝传统的友好关系。骨力裴罗接受了唐朝的宗主权,其继任者默延啜(747－759 年)每年都遣

---

① 回纥在 788 年改名为回鹘。英文的"回纥"和"回鹘"是同一个单词"Uighur",本译文对原文中"Uighur"的翻译,在大致相当于 788 年后,由"回纥"改为"回鹘",不再专门加译注说明。

使长安,并接受唐朝的赏赐,特别是丝绸[72]。在一段时间内,回纥基本没有必要为掠夺战利品而侵扰唐朝,因为合法的贸易,以及软弱的唐朝政府因迫切想要换取回纥的支持所提供的赏赐,足以保障回纥可汗及其追随者的荣耀和强大。

　　回纥用马匹、骆驼、牦牛和兽皮换取唐朝的商品,他们也经营从黠戛斯等臣属部落处得到的西伯利亚毛皮贸易。回纥的紫貂在唐朝很名贵。广泛的贡赋网络使回纥还能经营贵重金属、玉石和钻石等宝石、棉花和大麻等纺织品以及海狸香(一种从海狸中提取的可作为香料或药材的物质)等贸易。和突厥一样,回纥控制途经甘肃走廊的利润丰厚的商路。在 8 世纪晚期的一段时间里,他们向在中亚和中国之间旅行的人征收很重的通行费[73]。回纥可汗任用有文化的粟特商人充当官员和顾问。粟特商人陪同回纥的外交代表团来到唐朝,并成为有影响力的丝绸贸易商人和债权人。

　　通常,回纥较突厥更加开放地对待来自农业世界的影响。在 8 世纪 50 年代的默延啜统治时期,当回纥巩固了对草原的控制后,开始在粟特和唐朝工匠的帮助下兴建城市[74]。我们知道当时默延啜至少建了两座城,一座建在色楞格河河畔;另一座变成了首都斡尔朵八里(“皇家营地城镇”,从成吉思汗时期开始被称为哈拉巴拉嘎斯)。像它的名字所说明的,该城像大多数的草原城镇一样,最初是皇家营地,位于鄂尔浑河地区,邻近后来的蒙古首都哈喇和林[75]。斡尔朵八里比以往任何的草原都城都要大,经济也更发达,而且还有农业聚落组成的后方来保障城市的供给。阿拉伯的旅行者塔米姆·本·巴哈尔,可能在 821 年访问了该城,“在草原上旅行了 20 天,草原上有泉水和草,但是没有村庄和城镇:只有生活在帐篷里的从事驿马递送的男人……之后,在分布密集的村庄和大片耕作土地之中旅行了 20 天……之后到达了王城(斡尔朵八里)”。他补充道,该城是“一个大的城镇,农业很发达”,周围围绕着耕地和“分布密集的村庄”。考古学家在这一地区发现了丰富的农业遗迹,有“磨盘、杵和灌渠,甚至谷物的遗迹,比如和动物尸体一起焚烧的小米”[76]。种植的谷物是典型的内陆亚洲绿洲谷物:小麦、大麦、小米和水稻,以及苹果、杏等水果和葫芦。

　　根据塔米姆·本·巴哈尔的描述,斡尔朵八里城“人口众多并且很拥挤,有市场和各种买卖”。在他访问的时候,城里有十二个巨大的铁门,在城的中央有一座带围墙的宫殿,坐落于一个土丘上,顶部是一顶可容纳 100 人的金色帐篷。这座帐篷显然是可汗权力的有力象征，它可能是 821 年唐朝太和公主的嫁妆之一[77]。考古学家在城中发现了手工业的证据，保留下来的遗址规模（约 7×2.5 平方公里）明显地说明城内人口众多[78]。然而，斡尔朵八里城的存在并不能完全代表城市化的普及，即使在塔米姆·本·巴哈尔访问期间，该城仍然保留一些临时性军营的特征。大多数城中的居民住在帐篷里，尽管很多帐篷可能是半固定的。城中可能还居住着很多回鹘以外的其他民族[79]。

他们小心地与唐朝人打交道，并且很早就关注贸易和城市化，这些都说明回纥人可能不仅满足于用军队维护在草原的国家，还试图通过商业而不是战争来获取唐朝的资源。然而，8 世纪 50 年代唐政权的衰退及其在怛逻斯（751年）、南诏（751 年）和中国东北战败，加之心怀不满的唐将军安禄山的叛乱（755 年），使回纥尝试用更暴力的方式获取唐朝的资源。安禄山不久就控制了中国北方大多数州县和最好的军队，在几个月内就占领洛阳并威胁到长安。唐皇帝退位逃到四川。756 年 9 月，回纥和吐蕃表示愿意帮助新的皇帝，他们调集了一支包括阿拉伯人和于阗人在内的队伍以及由回纥和吐蕃的独立分队组成的军队。作为对回纥支援的回报，回纥可汗要求得到与唐的平等外交关系，以及娶一位唐朝皇家新娘的承诺。新的唐朝皇帝给予回纥很高的荣誉，因为回纥的军队现在是他能够利用的最重要军事力量。758 年，一位唐朝大使护送皇家公主嫁给默延啜可汗，他们见到默延啜"可汗胡帽赭袍座帐中，仪卫光严"（《新唐书》卷二一七《回鹘传》）[80]。可汗将大使带去的礼物（包括国玺、丝绸、金和银质的盘子以及其他织物）一直分配"到他的最后一位官员、酋长和其他人"[81]。

回纥与其新的同盟者——阿拉伯、于阗和吐蕃共同镇压了叛乱并收复长安。757 年，回纥的军队占领并劫掠了洛阳，劫掠一直持续到唐用一万匹丝绸将回纥成功引走。第二年，回纥的军队粉碎了汗国北疆黠戛斯人的起义。762 年，默延啜的继任者，移地健（759－779 年在位，在中国的文献中称为牟羽）帮助唐朝镇压了新的起义。回纥军队再一次占领洛阳并劫掠这座古都，烧毁了两座躲有很多避难者的庙宇，杀伤上千人。根据中国文献记载，回纥人造成了非常大的破坏，以至于"每个人不得不用纸当衣服，甚至有人用典籍当衣服"[82]。

这时回纥对唐朝财富的控制规模超过了以往任何一个草原政权，因为，虽

266

267

图版 10.1　　柏孜克里克的 9 世纪回鹘壁画

(引自《西域美术全集·12》,天津人民美术出版社、新疆文化出版社,2016 年,第 120 页)

然回纥从唐朝北方掠夺战利品,但是他们还继续接受唐朝的赏赐和贸易商品。当回纥人出征打仗时,唐朝每天要供应他们的军队 20 头牛、200 只绵羊和 4 斛(约 300 千克)稻米。同时,回纥还从事被最近的历史学家描述为"对中国市场的军事访问"的强迫贸易[83]。根据中国的史书记载:

> 回纥……屡遣使以马和市缯帛,仍岁来市,以马一匹易绢四十匹,动至数万马……蕃得帛无厌,我得马无用[84](《旧唐书》卷一九五)。

（二）改宗摩尼教

因为回纥汗国内部出现了后果意想不到的事件,才使该国在安禄山叛乱之后没有深度卷入唐朝的内政。762 年第二次劫掠洛阳之后,回纥可汗移地健在这座城市住了三个月,逐渐了解了该城众多的摩尼教居民。之后他带着大批粟特的摩尼教徒回国,改宗摩尼教,并且命令他的属下也改宗摩尼教。他将手下分成十个集团,每个集团负责本集团内成员的宗教教育[85]。回纥是仅有的正式改宗摩尼教的大型政权。

在本世纪之前,我们对摩尼教,即"光明的宗教"的认识,主要来自不友好的辩论术。然而,主要在吐鲁番和敦煌绿洲发现的大量摩尼教经文,已经改变了我们对其教义和历史的认识。先知摩尼(216 –约 274 年)出生于帕提亚/萨珊的都城泰西封,他的思想是由萨珊王朝的美索不达米亚的犹太-基督教信仰和诺斯替教的信仰塑造而成,但是当摩尼在印度和呼罗珊旅行之后,又学到了琐罗亚斯德教甚至佛教的因素。摩尼将自己看作亚当的儿子赛思,是包括琐罗亚斯德、佛陀和耶稣在内的众先知中的最后一个,相信他能够统一包含在其他世界宗教中的启示。他以使徒保罗为榜样,鼓励传教活动[86]。

摩尼将历史看作光明和黑暗力量的永恒冲突。人类以光的因素(灵魂)的身份被卷入这一斗争,与包围住人类(物质的身体)的黑暗因素作斗争。摩尼的经文用宏大而且通常是触目惊心的文字详述这一史诗般的竞争历史。他希望信徒将这个宇宙哲学史诗的离奇细节看作是字面上的,而不是比喻性的事实。摩尼教使用文字表达的丰富而迷人的叙事细节,是它在存在众多宗教派系的地方仍然具有吸引力的原因[87]。摩尼教是分等级的,将其信徒分成确定的集团,在这些集团中只有最高的"选民"才能够接触宗教的内部知识。选民必须服从摩尼教的严格命令以避免任何杀生,以及避免以动物为基础的食物。

摩尼教对暴力的抵制,以及对传教活动的投入,都使宗教和商人之间形成了紧密而天然的兼容性,而且它很容易沿着丝绸之路传播。游历广泛且通常掌握几种语言的商人自然成为摩尼教理想的信徒[88]。甚至摩尼在世时该教就在粟特传播,主要是通过摩尼的门徒派未冒。伊朗对摩尼教的迫害始于摩尼去世的 274 年或 276 年,这导致了一股向东避难的潮流,中亚不久就成为这个新宗教最重要的中心。粟特商人和门徒们将摩尼教带到更远的东方,进入

268

塔里木盆地和新疆。到了 7 世纪,中亚的摩尼教教堂已经有某种程度的自治,有众多的信徒和大量的寺院,有一位可能是以雅尔湖(在吐鲁番附近)为基地的首领或 *archegos*。7 世纪中期开始的伊斯兰的袭击,带来了一场新的摩尼教徒东迁浪潮。摩尼教在 7 世纪末到达中国,但是最初仅局限在外国人间传播[89]。

　　解释回纥改宗摩尼教的原因并不容易,我们绝不能低估出自真正热情的可能性。奥古斯丁描述他的摩尼教徒岁月时写到,最初被宗教所吸引很少是由于其神秘教义(我们知道这个神秘教义只是针对选民的),而是由于它充满活力的辩论术、丰富的仪式生活,以及它在很多基层组织之间的紧密联系[90]。根据一部中国的文献记载,一位名叫睿息的被移地健带回斡尔朵八里的摩尼教牧师,"对光明教义有令人惊奇的见解,……而且他的口才像瀑布一样。这实际上是他能够使回纥信仰宗教的原因"。[91]可能正如麦克勒尔斯已经说明的,移地健像一千年前的印度皇帝阿育王一样,是出于对他的军队,特别是在洛阳的残忍恶行的悔恨而改宗摩尼教。也许摩尼教美丽的雕刻绘画手稿,以及对占星术的忠诚也是重要的诱因。摩尼教在"选民"和"听者"之间的严格等级制度可能也对回纥可汗的政治本能有吸引力。摩尼教还巩固了当时回纥与粟特商人之间的商业联系,而且它的确使蒙古成为中亚摩尼教徒的重要中心。最后一点是,选择被中国拒绝的宗教可能会使回纥避免对中国文化过分依赖[92]。

　　移地健强迫改宗的尝试引起了回纥贵族的不满,摩尼教徒也抱怨被回纥人袭击和杀害[93]。很难相信城外的牧人能严格遵守禁食肉类和禁喝发酵奶的禁令,即使在城内,新的宗教也进展缓慢。反摩尼教的情绪可以解释为什么 779 年移地健的叔父兼继位者顿(779 – 789 年在位)杀了移地健和他的几百名家庭成员。顿(合骨咄禄)领导了一场反对粟特人和农业影响的较为广泛的抵制运动[94]。但是,在中亚主要商路沿线的粟特人和突厥人的贸易区进行的对摩尼教徒的袭击引发了几次起义,并导致贸易水平急剧下降。在顿死后,以及795 年新的王朝碛跌氏出现后,摩尼教的影响又得以恢复。在新王朝统治下,摩尼教在回鹘的贵族中广泛传播,出现了严格遵守宗教禁令的神职人员,尽管这些禁令与牧人的习俗和生活方式不相容。唐朝官员是这样描述的,摩尼教徒"喝水,吃味道浓的蔬菜(洋葱或大葱?),不喝发酵的马奶酒"。[95]这样的习惯与传统的突厥生活方式完全对立,但是在那些已经汉化了的回鹘贵族看来,

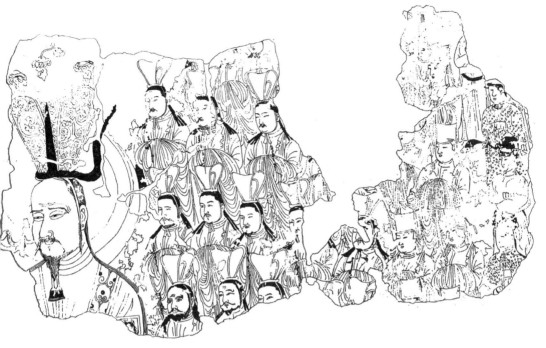

图版 10.2 高昌壁画：可能为摩尼教的牧师和信徒

（引自孟凡人等：《高昌壁画辑佚》，新疆人民出版社，1995 年，第 35 页）

摩尼教徒对牧人习俗具有敌意的和自觉的抵制是非常诱人的行为。

9 世纪早期，摩尼教已经在汗国的小城市（其中大多数是粟特或非回鹘的居民）中广泛传播。因为 813 年的中国文献记载，"摩尼教在回鹘人中受到信任和尊重"。塔米姆·本·巴哈尔记载，当他访问斡尔朵八里城时，摩尼教是那里占优势的宗教[96]。回鹘政府通过鼓励唐朝建造摩尼教徒的寺院，以及为境外的摩尼教徒提供保护来支持其境外的摩尼教徒。回鹘汗国于 840 年灭亡后，唐朝开始迫害摩尼教徒，由此可以看出回鹘政权对境外摩尼教保护的重要性。就在汗国灭亡之前，一位回鹘的可汗威胁要杀了国内所有穆斯林以阻止在撒马尔罕对摩尼教徒的残酷迫害[97]。然而，尽管有回鹘可汗的热情支持，但是摩尼教仍然没有在普通回鹘人中扎下根。因为在汗国灭亡之后，在新疆（别失八里）以及甘肃建立的回鹘王国都很可能像当年皈依摩尼教一样变为信奉佛教。在吐鲁番的雅尔湖出现了一个摩尼教的政府，但即使在这里，大多数的居民可能还是佛教徒或景教徒[98]。

随着摩尼教来到回鹘的是粟特人的字母系统，这后来被蒙古人和满族人所继承。读写文化可能在汗国的城镇内得到广泛传播，并在后汗国时期留存下来。苏联学者季霍诺夫指出，在丝绸之路沿线的城镇中，多达三分之一的居民可能都识字[99]。不久那里出现了被摩尼教徒、景教基督教徒和佛教徒的影响所控制的丰富的回鹘文献[100]。

（三）衰落和灭亡

同时代和后来的作者都责怪摩尼教只关注和平与道义，从而导致回鹘军事力量的衰落，古米列夫甚至将摩尼教的传播描述为"一种自杀"[101]。可汗宫廷的奢侈和挥霍促使同时代的人相信，一个伦理宗教很可能会削弱牧人社会的军事价值，就如同一个世纪之前暾欲谷对突厥人的警告一样。事实上，摩尼教只是结果的表征而不是其起因，是获取和控制资源的方式从军事向商业转变这一深刻变化的预兆。的确，从 8 世纪 80 年代开始，回鹘贵族变得不再像他们的突厥前辈那样对军事能力和地位感兴趣，而是对商业的、有文化且文明的奢侈生活方式更感兴趣。虽然没有直接的证据，但是他们有可能已开始利用其商业收入来收买或雇佣士兵和将军。这说明对摩尼教的选择是 1 千纪晚期的长期商业繁荣期间草原逐渐商业化的征兆。商业化增强了草原和定居世界之间的经济、文化和私人的联系，但是也使草原内部的普通牧人和统治他们的日益"城市化的"贵族之间出现了新的差距。麦克勒尔斯写道："两个十分有特点但截然不同的社会在同一个汗国内成长起来。随着时间的推移，明显可以看出两个社会在政治以及社会上都是分离的。宫廷对城市以外的控制很弱，这给心怀不满的地方酋长留下了很多机会。"[102]此外，正如暾欲谷一个世纪前所警告的，城市化产生了新的危险，因为城市是容易袭击的目标。从821 年开始，北面的黠戛斯就公开反叛，839 年饥荒和疾病广泛传播，与罕见的大雪灾赶在一起。840 年，一位心怀不满的突厥酋长率领黠戛斯军队洗劫了斡尔朵八里，摧毁了回鹘汗国。中国文献简洁地记载道，"回鹘人四散奔逃到异邦"[103]。

回鹘的部落向四处逃散，有的向西走，有的到了中国东北，有的到了甘肃或新疆的高昌等绿洲。大约 866 年，回鹘人在高昌建国[104]，他们通过控制中国和中亚之间的重要商路而部分地补偿了亡国的损失。对于中国来说，这些回鹘人带来中东的马匹、玉石、钻石、高质量的西伯利亚毛皮和其他舶来品（如从西伯利亚得到的海豹睾丸，它们具有医疗价值），换回丝绸和其他的中国商品,再将这些商品卖到西方。10 世纪,回鹘人向中国人供应了很多种类的毛皮,包括"麝香,黑色、红色和有条纹的狐狸,灰松鼠皮,紫貂,貂(和)黄鼠狼的毛皮"[105]。回鹘的商业实力使他们能够在 10 世纪与中国保持密切的外交联系。一位中国的官员对后唐明宗皇帝(926－933 年在位)抱怨说:

> 马来无驽壮皆售,而所雠常过直,往来馆给,道路倍费。其每至京师,明宗为御殿见之,劳以酒食,既醉,连袂歌呼,道其土风以为乐,去又厚以赐赍[106](《新五代史》卷七四《四夷附录》)。

推翻回鹘汗国的黠戛斯人与突厥和回鹘一样,也是由西伯利亚、蒙古和突厥的部落组成的联盟,由一个源于铁勒的突厥氏族统治。他们在蒙古创立了既非军事也非商业的帝国。

蒙古成了政治的真空地带,来自今中国东北的契丹部落在那里开展了活跃的殖民运动,建立起由俘虏或中国移民居住的殖民点和边防据点[107]。虽然细节还模糊不清,但是这些殖民活动为蒙古在语言和种族上向讲蒙古语的而非突厥语的土地转变起到了重要作用。

272

注释

[1] Golden, *Introduction*, pp.19, 16－8, 26－7, 61.

[2] Golden, *Khazar Studies*, vol.1, p.43; *Introduction*, pp.82, 89, 92－5, 97－106.

[3] Golden, *Introduction*, p.113.

[4] Chavannes, *Documents*, p.217;关于如尼文的历史及其解读,见俄文版的对碑铭的介绍,Malov, *Pamyatniki drevnetyurkskoi pis'mennosti*, pp.11－4;英文的翻译见 Silay, ed., *Anthology of Turkish Literature*, pp.1－20 以及 Tekin, *A Grammar of Orkhon Turkic*, pp.261－95;在 Sinor, *Inner Asia*, pp.27－32 中有对内陆亚洲的书写语言系统的简要概述。

[5] Golden, *Introduction*, p.116.

[6] Liu Mau-tsai, *Die chinesischen Nachrichten*, 1:40,以及见上注,1:5 和 2:806;他试图证实 Ötükän 是现在的鄂特冈腾格里,是杭爱地区的最高峰,位于现代的乌里雅苏台东约 100 公里,蒙古阿尔泰的北面 200－300 公里;也见于 Tasagïl, *Gök-Kürkler*, p.9;关于布古特碑刻,见 Klyashtornyi and Sultanov, *Kazakhstan*, p.77。

［ 7 ］Golden, *Introduction*, pp, 121, 126 – 7;Sinor, "The historical role of the Türk empire", in *Inner Asia and its Contacts with Medieval Europe*, no. Ⅶ, p.428;关于突厥汗国中语言影响的多样化,见 Sinor, "The first Türk empire", in *HCCA*（ pp. 327 – 35）, 3: 327 – 31。

［ 8 ］Liu Mau-tsai, *Die chinesischen Nachrichten*, 1: 9,以及见上注,1: 430 – 1;也见于 O. Lattimore, *Nomads and Commissars: Mongolia Revisited*, New York: Oxford University Press, 1962, p.41;Gumilev, *Drevnie tyurky*, pp.65 – 7, 140,在这里他认为重骑兵是用来冲散对方军队的,之后这些军队就能用普通的骑兵消灭。

［ 9 ］Liu Mau-tsai, *Die chinesischen Nachrichten*, 1: 28 – 9.

［10］Tasagïl 提出了这个问题,*Gök-Türkler*, pp.15 – 6。

［11］Liu Mau-tsai, *Die chinesischen Nachrichten*, 1: 6 – 7.

［12］Tasagïl, *Gök-Türkler*, p.1;Malov, *Pamyatniki drevnetyurkskoi pis'mennosti*, p.36,将"Gök-Türk"译成"蓝突厥",并没有表达出他们是民族的缔造者这一本意;关于突厥人复杂的名号系统,见 M. R. Drompp, "Supernumerary Sovereigns: Superfluity and Mutability in the Elite Power Structures of the Early Türks（Tujue）", in Sesman ed., *Rulers from the Steppe*（ pp.92 – 115）, pp.92ff;也见于 Liu Mau-tsai, *Die chinesischen Nachrichten*, 1: 7, and 2: 492。

［13］关于这些中心的作用,见 Liu Mau-tsai, *Die chinesischen Nachrichten*, 1: 10;也见于上注,1: 10, 2: 500, 722;一部 19 世纪的文献将室点密的冬季营地定位在距焉耆西北、距其有 7 天路程的地方。

［14］Chavannes, *Documents*, pp.20, 47.

［15］Liu Mau-tsai, *Die chinesischen Nachrichten*, 1: 433 – 41 将已知的所有突厥对中国的侵袭都列表并画出地图;关于汗国向东和向西的扩张,见《周书》,引自上注,1: 8。

［16］Barfield, *Perilous Frontier*, p.133; Golden, *Introduction*, p.131.

［17］Liu Mau-tsai, *Die chinesischen Nachrichten*, 1: 461 – 2, 1: 13.

［18］Golden, *Khazar Studies*, 1: 37;关于阿瓦尔人,见 *Menander*, pp.45 – 9, 252 – 3; Gomilev, *Drevnie tyurki*, pp.33 – 4。

［19］Gomilev, *Drevnie tyurki*, pp.47 – 51.

［20］引自 Sinor, "Establishment ... of the Türk empire", in *CHEIA*, p.267;Malov, *Pamyatniki drevnetyurkskoi pis'mennosti*, p.36。

［21］Liu Mau-tsai 提出了这个问题"一个可汗的力量决定了其国家的命运";*Die chinesischen Nachrichten*, 1: 431。

［22］Lieu, *Manichaeism*, p.228.

273

［23］Golden, *Introduction*, p.145; Klyashtoryni and Sultanov, *Kazakhstan*, pp.96－7;Gafurov, *Tadzhiki*, 1：206－8, 329－31.

［24］Gomilev, *Drevnie tyurki*, pp.46－7; Harmatta and B. A. Litvinsky, "Tokharistan and Gandhara under western Türk rule（650－750）", in *HCCA*（pp.367－401）, 3：368－9; Blockley ed., *Menander*, pp.111, 113.

［25］Blockley ed., *Menander*, pp.115－7; Lieu, *Manichaeism*, p.97;Haussig, *Die Geschichte Zentralasiens … in vorislamischer Zeit*, pp.165－6 强调萨珊王朝征服阿拉伯的重要性, 这使他们能够控制从印度到地中海的所有商路。

［26］Drège and Bührer, *Silk Rord Saga*, pp.34－5;关于对博斯普鲁斯的袭击, 见 Gumilev, *Drevnie Tyurki*, pp.106－8;关于蔡马库斯的使命, 见下文, 以及 Blockley ed., *Menander*, pp.117－27;蔡马库斯的商队带了很多丝绸, 波斯帝国尽力阻止商队返回; Klyashtornyi and Sultanov, *Kazakhstan*, pp.92－4。

［27］Watters, *On Yuan Chwang's Travels*, 1：94; Lieu, *Manichaeism*, p.228;关于撒马尔罕像一个"新兴城市", 见 Marshak, "Sughd and adjacent regions", in *HCCA*（pp.303－14）, 3：236－9。

［28］Beckwith, *The Tibetan Empire*, p.179.

［29］Gumilev, *Drevnie Tyurki*, 153－4; Beckwith, *The Tibetan Empire*, p.178;关于高昌的历史, 见 Zhang Guang-da, "Kocho", in *HCCA*（pp.303－14）, 3：303－14。

［30］Barfield, *Perilous Frontier*, p.8.

［31］Liu Mau-tsai, *Die chinesischen Nachrichten*, 1：329, 1：9.

［32］《隋书》记载了二十八个不同等级的名号都是世袭的, 这说明实行严格的官僚制度所受到的限制; Liu Mau-tsai, *Die chinesischen Nachrichten*, 1：41。

［33］*Menander*, pp.121, 119;关于室点密冬季营地, 见上注, p.264 以及 Tasagïl, *Gök-Türkler*, pp.31, 106; Chavannes, *Documents*, pp.235－7;不是所有的作者都同意室点密就是 Ishtemi, 例如 Sinor, "The first Türk empire", in *HCCA*, 3：333。

［34］*Menander*, 121.

［35］Liu Mau-tsai, *Die chinesischen Nachrichten*, 1：10, 2：500.

［36］同上注,1：42。

［37］Gomilev, *Drevnie tyurki*, pp.56－9; *Menander*, p.173.

［38］对突厥社会结构的最好简述是 Klyashtornyi and Sultanov, *Kazakhstan*, pp.138－50; S. G. Klyashtornyi, "The second Türk empire", in *HCCA*,（pp.335－47）, 3：336－8。

［39］Golden, *Introduction*, p.147;最受青睐的处决王室的方法是将他们裹在毯子里压死;在 Liu Mau-tsai, *Die chinesischen Nachrichte*, 1：458－63;以及 Klyashtornyi and Sultanov,

Kazakhstan, pp.150 – 2 中有对突厥宗教信仰的简要概述;关于内欧亚大陆草原"本地的"宗教,见 Khazanov, "The spread of world religions", pp.12 – 3。

[40] Liu Mau-tsai, *Die chinesischen Nachrichte*, 1: 8,出自《周书》。

[41] Liu Mau-tsai, *Die chinesischen Nachrichte*, 1: 459 – 60.

[42] Küsat-Ahlers, *Zur frühen Staatenbildung*, p.329,引自 Togan, Z. V., *Umumi Türk Tarihine Giris* (Introduction to Türk history), vol.1, Istanbul, 1946: Ismail Akgun Matbass。

[43] Simocatta, Theophlactus, *History*, p. 191;关于 *Yats* 的使用,见 Boyle, *Mongol World Empire*, ⅩⅩⅢ, pp.184 – 92。

[44] 被引用在 Boyle, *Mongol World Empire*, ⅩⅩⅢ, p.183。

[45] Golden, *Introduction*, pp.151 – 2; Klyashtornyi and Sultanov, *Kazakhstan*, pp.153 – 66.

[46] 关于继承权的争论见于 Liu Mau-tsai, *Die chinesischen Nachrichte*, 1: 44; Gumilev, *Drevnie tyurki*, ch. 9。

[47] 这个短语是 Liu Mau-tsai 的,见 *Die chinesischen Nachrichte*, 1: 396 – 8。

[48] 同上注,1: 49;长孙晟的传记在上注,1: 96 – 110。

[49] 同上注,1: 103 – 4。

[50] Gumilev, *Drevnie tyurki*, pp.140 – 1.

[51] Mackerras, *Uighur empire*, 1972 edn. p.8.

[52] Malov, *Pamyatniki drevnetyurkskoi pis'mennosti*, p.37.

[53] Liu Mau-tsai, *Die chinesischen Nachrichte*, 1: 344.

[54] Golden, *Introduction*, p.134;630 年,西突厥控制着从吐鲁番到唐朝的佛教朝圣者玄奘所访问的巴尔喀什湖畔的阿富汗王国之间的所有土地;Chavannes, *Documents*, p.196; Klyashtornyi and Sultanov, *Kazakhstan*, pp.96 – 7。

[55] Golden, *Introduction*, p.134; Klyashtornyi and Sultanov, *Kazakhstan*, pp.94 – 5,声称他本人参加了 627 – 628 年赫拉克利乌斯在高加索的战役,这一战役在第十一章有叙述。

[56] Watters, *On Yuan Chwang's Travels*, 1: 74, 77; Chavannes, *Documents*, p.194,他引用了 Julien 的翻译。

[57] Beal, *Life of Hiuen-tsiang*, p.44; Watters, *On Yuan Chwang's Travels*, 1: 74 – 5.

[58] 关于西部汗国的衰落,见 Sinor, "Establishment … of the Turk empire", in *CHEIA*, pp.309 – 10。

[59] Chavannes, *Documents*, pp.279 – 80;关于唐朝和吐蕃对"西域"的统治,见 Mu Shun-ying and Wang Yao, "The Western Regions under the T'ang empire and the kingdom of Tibet", in *HCCA* (pp.349 – 65), 3: 349 – 65。

［60］与他们记忆中的一样,后来是充满痛苦的;纪念阙特勤的鄂尔浑河碑铭记载,"在五十年时间内,他们把劳动和力气都给了中国人";Malov, *Pamyatniki drevnetyurkskoi pis'mennosti*, p.37。

［61］Sinor, "Establishment ... of the Türk empire", in *CHEIA*, p.312; Klyashtornyi, "The second Türk empire", in *HCCA*, 3：335 - 6, 339 - 40.

［62］见阙特勤碑铭简短的开始部分,在 Malov, *Pamyatniki drevnetyurkskoi pis'mennosti*, p.33;关于中国工匠的作用,见上注,p.35:"我……从中国的皇帝那里带来高手,命令他们将这些刻在碑上。"

［63］引自 Sinor, "Establishment ... of the Türk empire", in *CHEIA*, p.311; Malov, *Pamyatniki drevnetyurkskoi pis'mennosti*, pp.37 - 8。

［64］Malov, *Pamyatniki drevnetyurkskoi pis'mennosti*, p.65.

［65］Liu Mau-tsai, *Die chinesischen Nachrichte*, 1：172 - 3.

［66］引自 Barfield, *Perilous Frontier*, 148; Malov, *Pamyatniki drevnetyurkskoi pis'mennosti*, pp.34 - 5。

［67］Mackerras, *Uighur Empire*, 1972 edn, p.8; Sinor, "Establishment ... of the Türk empire", in *CHEIA*, p.313.

［68］Gumilev, *Drevnie tyurki*, p.365.

［69］Klyashtornyi and Sultanov, *Kazakhstan*, pp.101 - 2;关于片治肯特的突厥,见 B. A. Litvinskii, in Gafurov, *Tadzhiki*, 1989, 2：368。

［70］Golden, *Introduction*, pp.141, 190 - 1.

［71］C. Macherras, "The Uighurs", in *CHEIA* (pp.317 - 42), p.322; Mackerras, *Uighur Empire*, 1972 edn, pp.8 - 9, 55, 120; Golden, *Introduction*, p.158.

［72］Gumilev, *Drevnie tyurki*, p.370.

［73］Mackerras, *Uighur Empire*, 1972 edn, p.30; Golden, *Introduction*, pp.170 - 1.

［74］Gumilev, *Drevnie tyurki*, p.383; Mackerras, *Uighur Empire*, 1972 edn, p.10;在很多回纥的建筑中有粟特的设计元素;p.50 有关中国工匠的存在。

［75］Mackerras, *Uighur Empire*, 1972 edn, pp.9, 13.

［76］Macherras, "The Uighurs", in *CHEIA*, 337; Vainshtein, *Nomads of South Siberia*, p.146;该遗址在蒙古时期就已被发现,被描述为"一个城镇和宫殿的遗址",见 Juvaini, *History of the World-Conqueror*, 1：54;塔米姆·本·巴哈尔引自 Minorsky, "Tamim ibn Bahr's Journey", p.283。

［77］Mackerras, *Uighur Empire*, 1972 edn, p.183;吐蕃的统治者有一顶类似的帐篷,见上注,p.183;塔米姆·本·巴哈尔引自 Minorsky, "Tamim ibn Bahr's Journey", p.283。

275

［78］ Minorsky, "Tamim ibn Bahr's Journey", p.295.

［79］ Golden, *Introduction*, p.175; Macherras, "The Uighurs", in *CHEIA*, p.339; Minorsky, "Tamim ibn Bahr's Journey", p.284.

［80］ Mackerras, *Uighur Empire*, 1972 edn, pp.63, 65.

［81］ 同上注,p.64。

［82］ 同上注,pp.25, 76－7。

［83］ Jagchid and Symons, *Peace, War and Trade*, p.74; Mackerras, *Uighur Empire*, 1972 edn, p.57.

［84］ Mackerras, *Uighur Empire*, 1972 edn, p.86.

［85］ Barfield, *Perilous Frontier*, 159; Mackerras, "The Uighurs", in *CHEIA*, pp.329－30 中有对摩尼教教义和历史以及移地健改宗摩尼教的简要讨论。

［86］ Lieu, *Manichaeism*, pp.87－9;这是现代最好的关于摩尼教的记述,见 p.69 关于摩尼教的犹太教-基督教根源以及 pp.7－32 有关"摩尼教义"的内容。

［87］ 同上注,pp.31－2。

［88］ 同上注,pp.98－101。Weber 认为,通常伦理宗教对商人有一种天然的吸引力,因为他们关心公平的交易,见 Hodgson, *The Venture of Islam*, 1：133。

［89］ Lieu, *Manichaeism*, pp.230－2, 109－12, 220, 228.

［90］ 同上注,p.168ff。

［91］ Mackerras, "The Uighurs", in *CHEIA*, p.330.

［92］ Golden, *Introduction*, p. 174; Lieu, *Manichaeism*, pp. 175－7; Mackerras, *Uighur Empire*, 1972 edn, p.26;以及在 Khazanov, "The spread of world religion" 中的分析。

［93］ Lieu, *Manichaeism*, p.235.

［94］ Golden, *Introduction*, p.160;Mackerras, *Uighur Empire*, 1972 edn, pp.10, 88－9, 152; Mackerras, "The Uighurs", in *CHEIA*, p.335.

［95］ Mackerras, *Uighur Empire*, 1972 edn, pp. 109, 10; Mackerras, "The Uighurs", in *CHEIA*, p.333;Klyyashtoryni and Sultanov, *Kazakhsta*, pp.110－1.

［96］ Minorsky, "Tamim ibn Bahr's journey", p.283; Mackerras, "The Uighurs", in *CHEIA*, p.325.

［97］ Lieu, *Manichaeism*, p.114;也见于上注,pp.237－9; Mackerras, *Uighur Empire*, 1972 edn, pp.42－3, 168。

［98］ Lieu, *Manichaeism*, pp.240－242;Golden, *Introduction*, p.175.

［99］ Golden, *Introduction*, p.173;Klyyashtoryni and Sultanov, *Kazakhsta*, p.160.

［100］ Golden, *Introduction*, p.173.

［101］ Gumilev, *Drevnie tyurki*, p.423;9 世纪的阿拉伯作家 al-Jahiz 指出,转信摩尼教导致回

276

鹘的军事衰落,见 Mackerras, "The Uighurs", in *CHEIA*, pp.340 - 1。

[102] Mackerras, "The Uighurs", in *CHEIA*, p.341.

[103] Mackerras, *Uighur Empire*, 1972 edn, pp.124 - 5.

[104] Gabain, *Das Leben*; Minorsky, "Tamim ibn Bahr's journey", p.278.

[105] *Hudud al-Alam*,约成书于 982 年,p.94; Jagchid and Symons, *Peace*, *War*, *and Trade*, pp.124, 168 - 9。

[106] Agchid and Symons, *Peace*, *War*, *and Trade*, p.125.

[107] Golden, *Introduction*, p.186.

延伸阅读

　　关于突厥的起源,当代最好的研究成果是 Golden, *Introduction to the History of the Turkic Peoples*。中国的文献可见于 Liu, *Die chinesischen Nachrichten*; Chavannes, *Documents sur les Tou-Kiue*; Tasagǐl, *Gök-Türkler*; Beal, *Si-yu-ki*; *The Life of Hiuen-Tsiang*; Watters, *On Yuan Chwang's Travels*。在 Grousset, *In the Footsteps of the Buddha*; Waley, *The Real Tripitika* 中有易于理解的对玄奘西行的描述。在 Silay ed., *An Anthology of Turkish Literature*; Tekin, *A Grammer of Orkhon Turkic* 中可见鄂尔浑河碑铭的英文翻译,俄文翻译则见于 Malov, *Pamyatniki drevnetyurkskoi pis'mennosti*。在 Minorsky, "Tamim ibn Bahr's journey"中有对回鹘汗国的阿拉伯语记述。关于早期突厥的最重要西方文献是梅南窦 *History* 中对蔡马库斯大使职务的总结;以及在 Simocatta Theophylactus, *History* 中的相关段落。Gumilev, *Drevnie tyurki* 像他的很多著作一样,可读性很强,但不能保证都准确。在 Barfield, *Perilous Frontier*; *CHEIA*; Sinor, "The historical role of the Türk empire"; Sinor and Klyashtornyi, "The Türk empire", in *HCCA*, 3: 327 - 48; Klyashtornyi and Shltanov, *Kazakhstan*, pp.75 - 168; Golden, *Introduction to the History of the Turkic Peoples* 中有较简短的概述。在 Kürsat-Ahler, *Aur frühen Staatenbildung* 中也有有趣的讨论。关于回鹘,见 Mackerras, *Uighur Empire*; Sinor, Denis, "The Uighur empire of Mongolia"。关于摩尼教,见 Lieu, *Manichaeism*;也见于 Khazanov 在"The spread of world religions"中的分析。关于吐蕃政权的兴起,最容易理解的文献是 Beckwith, *The Tibetan Empire*。

第十一章　内欧亚大陆西部的
突厥语诸国

对于牧人统治者来说，内欧亚大陆边地商业和文化网络的复杂关系既有利可图，又暗藏杀机。通过建立商业联系，以及从农业世界借鉴文化和宗教传统，他们能够创造出新型的政权和新形式的正当性。但是，来自农业世界的影响也威胁到草原畜牧业的军事传统。因为地方酋长仍然顽固地沉溺于充满地方性世仇的世界和对掠夺的冲动。但是，临时性的袭击能削弱更有远见的草原领袖所构建的商业和政治纽带。选择哪种基本策略的纷争甚至使最强大的牧人国家走向分裂。但是，草原国家政权最本质的特性，决定了它无法避免分裂的结局。

本章将叙述 6 世纪后内欧亚大陆西部出现的两个截然不同的草原汗国。阿瓦尔人，他们与外欧亚大陆社会之间的战斗和匈人一样直接而猛烈；可萨人，他们像回鹘一样，在草原上建立了庞大的商业和政治王国，然后改宗了外欧亚大陆的宗教，即犹太教。

一、拜占庭的边疆和阿瓦尔人：6 世纪 60 年代–7 世纪 30 年代

（一）拜占庭的边疆

从 5 世纪中期开始，讲突厥语的集团占领了拜占庭巴尔干边界沿线的草原，他们中的很多集团是在匈奴西迁时迁入的，大多数属于被中国文献称为铁勒或丁零的乌戈尔人集团。在黑海草原，他们融入匈人、萨尔马特或阿兰裔的伊朗语集团，以及乌拉尔的乌戈尔语集团的后裔之中。5 世纪晚期的拜占庭文献中提到了几个不同的民族，包括匈人、撒拉古尔人和沃诺古尔人，以及后来

的库特格尔人（在顿河和第聂伯河之间）、乌特格尔部落（在顿河和乌拉尔山之间）。480 年，拜占庭的文献首次提到"保加尔人"或"混合的"一群人，后者是可以贴切地描述所有这些群体的族称①[1]。

由于来自东方的压力，这些集团中最西面的常以侵略者、雇佣兵、避难者、商人的身份，偶尔也以多瑙河行省或巴尔干征服者的身份试探拜占庭的边疆。拜占庭开始新建或重建其边疆防御设施。512 年，阿纳斯塔休斯皇帝（491－518 年）修建了著名的保卫拜占庭的长墙。普罗科匹乌斯描写了查士丁尼（527－565 年在位）统治时期的由约 60 座新建或重建塞堡组成的防御系统。系统的外围地区包括一系列塞堡和设防的城镇，它们沿着古罗马时期的防线分布，从贝尔格莱德沿着多瑙河南岸延续到河口。在这一外部边疆的后面还有另外两条防线[2]。

经过克里米亚博斯普鲁斯海峡的商路是拜占庭商业系统中最易受攻击的地方。约尔丹内斯提到了科尔松北面的名为"阿尔特贾济里"的集团，在 5 世纪末，商人带给他们亚洲的商品，他们则和沃诺古尔人交易貂皮，这说明沃诺古尔人控制了到达乌拉尔的商路[3]。同时，以刻赤为基地的独立的博斯普鲁斯王国存在下来，这些商路再次到达黑海。在查士丁尼一世（518－527年在位）时期，拜占庭重建了对博斯普鲁斯王国的宗主权，该王国的突厥或匈人统治者格罗德改宗基督教。对克里米亚的博斯普鲁斯的控制使拜占庭对黑海草原贸易的影响力增强，在这里，畜牧产品用来交换葡萄酒、纺织品、盐和克里米亚的手工业商品。拜占庭也要求博斯普鲁斯提供船只和航海设备，与 4 世纪哥特人海军实力增强类似，对博斯普鲁斯的控制增强了拜占庭的海军实力。这一控制也加强了拜占庭思想的影响，因为博斯普鲁斯变成了一个基督教主教辖区。从约 6 世纪 20 年代开始，基督教的传教士在北高加索的突厥/匈人部落中传教，向信基督教的俘虏布道，并将宗教经典翻译成当地语言。他们的活动得到博斯普鲁斯王国基督教城镇的支持，这些城镇送给他们小麦、葡萄酒、油、亚麻和类似蜡烛以及牧师长袍之类的宗教随身用品[4]。

根据外交策略可知，敌人的敌人就是朋友，这一策略与拜占庭对亚述地区商路的持久利益相结合，确保了拜占庭能够在通常情况下寻求与黑海东部草原居民结盟，以对抗那些更邻近多瑙河边界的居民。做到这一点，要确保在克

① 译文中的"族称"英文原文为 ethnonym。

里米亚南部城市中有拜占庭的不确定的据点,其中科尔松最重要。10 世纪,君士坦丁·波菲洛根尼图斯生动地描述了这一外交的运作过程。拜占庭的谈判者被安排到科尔松或其他任何黑海沿岸的协议据点。他们在那里从佩切涅格人中物色护送者,并带走佩切涅格人的人质,之后进入草原,用马车装满了给地方可汗家庭及其同盟者的礼物。成功外交的关键是带上大量礼物,因为用康斯坦丁的话来说:"这些佩切涅格人……贪得无厌,而且对那些罕见的物品极度贪婪,他们对于索求大量的礼品并不感到羞耻,人质不仅为自己索要这些东西,也为他们的妻子们索要;护送者索要一些解决自身麻烦所用的物品,以及牲口的挽具和易磨损的物件。"[5]

6 世纪 50 年代晚期,当乌特格尔人控制东黑海商路的时候,查士丁尼挑唆他们反抗西面的邻居——库特格尔人,所采取的外交手段像中国北方边疆的一样残忍。当查士丁尼第一次提出资助乌特格尔人进攻库特格尔人时,乌特格尔人的首领桑第克回复说:

> 毁灭一个同类部落是邪恶和完全不正派的,"因为他们不仅讲我们的语言,像我们一样住在帐篷里,穿的和我们一样,像我们一样生活,而且还是我们的亲戚,尽管追随的是他们自己的首领。尽管如此,我们应该夺取库特格尔人的马匹,把他们的财产占为己有,没有运输工具,他们就不能抢劫罗马了"。而这些都是查士丁尼曾经让他去做的事[6]。

最后,拜占庭的黄金战胜了乌特格尔人的顾忌。乌特格尔人进攻了库特格尔人,并释放了大批拜占庭的奴隶。但是,当他们听说库特格尔难民已经被允许住在多瑙河以外充当守边士兵时,又开始强烈地抱怨。

> 我们生活在贫瘠沙漠中的棚屋里,而这些库特格尔人现在能吃到想吃的面包,随时能喝到酒,可以选择所有种类的特殊食品。他们甚至能洗澡,佩戴金质装饰品,穿色彩鲜艳的饰金织物做成的衣服[7]。

拜占庭和萨珊波斯都努力寻求与牧人结盟,特别是高加索的牧人。6 世纪,分布在这里的主要是沙比尔人部落,他们在约 515 年占领了北高加索。有的学者将"沙比尔"与"西伯利亚"联系在一起(在那里,它可能是讲乌戈尔语的曼西/窝古尔人的替代名字),甚至与更东面的鲜卑联系起来。但是他们的语言是突厥语。他们很可能代表了一个讲突厥语的民族集团,在向西迁移的时候吸收了讲乌戈尔语和伊朗语的部落。根据普罗科匹乌斯的观点,沙比尔人虽然人数很多,但是缺少固定的超部落首领,而且从来也没有形成持久的联盟[8]。

尽管如此,沙比尔人的服务对拜占庭和波斯双方都相当有价值,因为他们能防守庞大的军队,有牧人中很少见的擅长打包围战的名声。然而,他们是易变的联盟,并且根据佣金的多少经常性地转向另一方。有时,不同的沙比尔部落发现他们处在彼此敌对的军队里。513 年,一支沙比尔人的军队穿过高加索山脉,威胁波斯给他们像拜占庭所给的一样多的物品,否则就攻打他们[9]。他们为自己的牧人传统而骄傲,"我们靠武器、弓箭生存,我们的力量来自我们吃的肉"。两年后,沙比尔人对高加索南部的一次大规模袭击成为他们实力的广告,在这次袭击中,他们不偏不倚地进攻了伊朗人和拜占庭的土地。

280

(二)阿瓦尔人: 6 世纪 60 年代-7 世纪 30 年代

约 557 年,在乌特格尔人袭击库特格尔人不久,自称为阿瓦尔人的民族进入西部草原。阿瓦尔人可能是逃离其突厥统治者的柔然或嚈哒的残余。对匈牙利的墓葬发掘表明,虽然阿瓦尔人在西迁过程中并入了其他部落集团,但是其联盟的贵族核心是源于东亚的可能属于蒙古人种的匈奴人。他们的军队可能使用保加尔语和突厥语的混合语言[10]。

欧洲阿瓦尔人的起源及其后来的历史与匈人相似。558 年,阿瓦尔人向拜占庭派出了大使。这里是奥伯伦斯库对查士丁尼接见他们的描述:

> (君士坦丁堡的)市民已习惯于外族蛮人使者的形象,但是身后垂着长发辫的阿瓦尔人的出现,以及他们的炫耀行为,仍然引起了一场轻微的轰动。他们的要求都是常见的内容:贵重礼品、每年的佣金、可居住的肥沃土地。最后一个要求没有被帝国政府所采纳;然而,阿瓦尔人被金壳做成的链子、马鞍、马笼头、长褥和丝绸做成的长袍等礼物所安抚,与帝国达成了协定,答应与帝国的敌人作战。查士丁尼别无选择,只有欣然接受这一在南俄罗斯草原结盟的机会。像梅南窦看出来的,他相信"不管阿瓦尔人是打胜仗还是被打败,两种结局都对罗马有利"[11]。

阿瓦尔人的使节是如此引人注目,以至于拜占庭的纨绔子弟开始模仿他们的"匈人"发型——把头发从前面剃去,将其余的长发编成长辫子[12]。

得到了拜占庭佣金的阿瓦尔人将黑海草原讲突厥语和伊朗语的部落,从阿兰人到库特格尔人,再到乌特格尔人和沙比尔人都纳入自己的统治之下,并阻止他们袭击拜占庭。但不久阿瓦尔人与拜占庭的关系就恶化了,特别是在突厥的压力下。突厥怨恨阿瓦尔人首领使用突厥汗国的"可汗"名号,要求拜占庭交出他们的首领。562 年,阿瓦尔人的可汗巴彦请求允许在拜占庭境内居住。当时的新皇帝查士丁尼二世(565 - 578 年在位)迫于突厥的压力,决心采取比他的叔父查士丁尼更少的调和政策,拒绝了这一请求。阿瓦尔人率领的军队开始袭击多瑙河的行省。不久,他们征服了原始斯拉夫人(安特人)的定居居民。565 年,阿瓦尔人的军队占领了阿提拉帝国在潘诺尼亚的腹地,从此以后,在黑海草原很难再见到他们的踪迹[13]。

像之前的匈人一样,阿瓦尔人从潘诺尼亚开始运作了一个欧洲版的"外欧亚大陆策略"。提比留斯(578 - 582 年在位)恢复了查士丁尼的政策,同意每年向阿瓦尔人支付 80 000 枚金币,阿瓦尔人也重新开始为王国而战[14]。尽管如此,他们一点也没能阻止由于人口过剩和阿瓦尔人的压迫而导致的斯拉夫人的进攻。斯拉夫人的袭击从约 576 年开始,延续到 80 年代,在 7 世纪初期再次发动这类袭击,有时还有阿瓦尔人的积极支持。在皇帝毛里斯(582 - 602 年在位)时期,斯拉夫人在阿瓦尔人的支持下,开始在巴尔干大规模定居。这些大规模的入侵使拜占庭失去了它在巴尔干的大多数行省,并且永久性地改变了巴尔干半岛的种族和语言构成[15]。

在战斗中,阿瓦尔人让斯拉夫人的士兵打前锋,希望以此得到大多数的战利品。601 年,在一次战胜阿瓦尔人的战斗之后,拜占庭的指挥官发现他们的俘虏中只有五分之一是阿瓦尔人,而一半是斯拉夫人,余下的俘虏是其他的蛮族,可能主要是突厥人。阿瓦尔人对斯拉夫的安特人的统治可以在注释者弗莱德加的著名描述中反映出来。他写到,每年的冬天阿瓦尔人都生活在安特人之中,他们从安特人那里征收贡赋,包括索取妇女和儿童[16]。然而,这些相同的描述说明,本身人数不多的阿瓦尔人热心于维持农业人口的存在,因为他们能够从中征税。

通常被认为是毛里斯皇帝撰写的拜占庭的《军事手册》,将阿瓦尔人描述成典型的草原武士,虽然他们可能比大多数牧人侵略者更依赖于甲胄,而且可能是在欧洲最早使用马镫的民族。马镫可能起源于中国,由突厥的牧人向西传播,对骑兵作战产生了巨大的影响,因为它使骑手的座位更稳固,而且使骑手有更强大的抗打击能力[17]。难怪阿瓦尔人的弓比其前辈的要大,并且自萨尔马特时代就已定型的直剑,也开始被稍弯曲的单刃剑所取代,这是军刀的远祖,是一种砍杀用的而不是刺杀用的武器。两种创新是结合在一起的,因为用军刀劈杀时必须蹬在马镫上[18]。这里是《军事手册》中关于阿瓦尔人作战方法和生活方式的记载:

> 他们装备护胸板、剑(刀)、弓和长矛;他们大多在战斗中带两件武器,长矛扛在肩上,弓拿在手上,使用哪件根据需要而定。他们不仅自己披甲胄,还在要员的坐骑胸部也罩上铁或毛毡的防护层。他们的骑射训练非常严格。他们有众多的牲畜,公的和母的都和主人在一起,这一方面是为了保障食物供应,另一方面是因为用这种方式能够使阵营更有震撼力。与罗马人和波斯人不同,他们不使用设防的军营,而是以氏族和部落为单位分散开。他们在夏天和冬天都不停地放牧牲畜,直到战斗的那一天。然后他们把必需的牲畜圈在帐篷附近,在进入战阵前一直看护。推测他们的战阵在晚上开始布置[19]。

阿瓦尔人和拜占庭之间的联系不仅局限于军事方面。出自现代匈牙利的考古证据表明,拜占庭和阿瓦尔人之间在 7 世纪有很多贸易,往来拜占庭的工匠制造专门供应阿瓦尔人市场的商品,帝国的货币也在阿瓦尔人中流通,阿瓦尔人所积累的财富已经接近了阿提拉[20]。

在公元 600 年前阿瓦尔人仍然缺乏大型的仪式,这说明他们在此之前是游牧的。但是 7 世纪的墓地反映出他们开始使用固定的冬季住房,并且即将变成半定居的居民。在很多墓地发现镰刀和斧子,以及饲养家禽的迹象。尽管如此,墓地内的商品也表明畜牧业继续占有重要地位,而且看起来保留下来的阿瓦尔人居住点主要位于喀尔巴阡地区上好的牧场[21]。

随着阿瓦尔人定居成分的增多,他们的实力也相应下降。623 年,文德人在首领萨莫的率领下举行起义,这破坏了阿瓦尔人对中欧的控制。在巴尔干,626 年阿瓦尔人野心勃勃地侵袭了君士坦丁堡之后,他们的政权可能在正处于发展顶峰的时候即被摧毁。约 619 年,面对萨珊王朝对安纳托利亚的一次大规模入侵,赫拉克利乌斯(610－641年在位)皇帝亲自与阿瓦尔人可汗谈判,为换取其国家北部边界的和平作出了很大的让步。尽管如此,阿瓦尔人还是侵袭了帝国,到达君士坦丁堡,带走几乎30万的俘虏。赫拉克利乌斯继续向阿瓦尔人支付贡赋,现在达到了20万枚金币,甚至派一些出身高贵家族的儿子当人质。626年,就在波斯军队在博斯普鲁斯海峡与拜占庭对抗的同时,阿瓦尔人率领由斯拉夫人、保加尔人和格皮德人士兵组成的军队再一次入侵拜占庭。7月29日,一场著名的十天围攻开始了,但是最终被帝国舰队的力量、牧首帕特拉克·瑟吉厄斯的神灵感应所挫败,按照君士坦丁堡居民的说法,是被圣母的斡旋所打败。阿瓦尔人可汗约8万人军队的一次陆地进攻被打退,接着他们谋划与波斯的军队联合起来穿过博斯普鲁斯海峡,拜占庭的海军挡住了乘坐 monoxyla(凿挖出的独木舟)的斯拉夫人军队并消灭了这支舰队。这次耻辱的失败以及以阿瓦尔人为首军队的撤退,结束了阿瓦尔人对巴尔干的南斯拉夫人和保加尔人的统治[22]。

626年阿瓦尔人的失败是地中海东部历史的转折点。阿瓦尔人的汗国从此一蹶不振。尽管如此,在潘诺尼亚地区仍然有一个阿瓦尔人的国家幸存下来,以他们在王国时代掠夺的战利品为生,一直存在到796年,最后被法兰克人消灭。

二、可萨汗国①: 7世纪20年代-965年

在逃离突厥政权的逃亡者创建阿瓦尔汗国的时候,那些最初居住在西突厥汗国一个行省内的可萨人,在7世纪前叶的晚段实现了独立。

(一)征服国家: 7世纪20年代-750年

早期的可萨汗国包括很多居住在北高加索和今达吉斯坦的民族,其首领可能来自西突厥的阿史那氏家族。大多数可萨牧人也可能起源于突厥,虽然也有高加索、乌戈尔人和伊朗的因素。最近的证据表明,可萨人的优势语言是一种乌戈尔语方言[23]。在人种学和语言学方面,可萨人与黑海草原的其他突厥居民相似。可萨人的人种学遗存,与匈人和阿瓦尔人汗国的一样,显示出他们是带有蒙古和欧罗巴两种人种因素的居民。"感觉是一个内陆亚洲的统治阶层以其核心的部落(通常占据关键性的、战略性的地区)统治着体质类型上

283

---

① 原著将"可萨帝国""可萨汗国"并用,中译本统一为"可萨汗国"。

明显鲜有蒙古人种特征的群体"[24]。"可萨人"这个族群名称一直到 6 世纪晚期才出现，与此同时，在西突厥汗国内部，主要起源于沙比尔人的一个强大部落群体出现于达吉斯坦[25]。可萨人显示出与沙比尔人相似的高超军事技艺。但是在突厥的领导下，他们表现出更强的政治组织能力。

可萨人第一次引起外界注意是作为拜占庭的高加索同盟者。他们的军事指挥官——设，可能是西突厥可汗统叶护（619－630 年在位）的侄子步利设；同时他们的最高统治者，可萨人叶护，可能是步利设的父亲莫贺设，他于 626 年从一个前往中国的使团中返回[26]。7 世纪 20 年代，可能是在西突厥可汗的支持下，可萨的设领导了一次从达吉斯坦或北高加索的基地向南高加索的侵袭。从地理和目标两方面，可萨人的这一行动都使人联想到公元前 7 世纪斯基泰人的侵袭。这次侵袭缴获很多战利品，包括俘虏、牲畜、宝石以及纺织品，以至于设的父亲叶护汗决定参加第二次侵袭[27]。可萨人的军队到达达尔班德南面的被称作"阿尔巴尼"的地方。下文生动且充满敌意和程式化的描述，出自 10 世纪的亚美尼亚历史，描写了 627 年达尔班德遭受的破坏。

> 突厥人像海浪一样扑向霍拉（达尔班德）城并将其完全摧毁。这一大群卑鄙丑陋的进攻者，长着无眼睑的斜眼睛和像女人一样下垂的头发。看到他们带来的可怕威胁，居民们惊恐万分。特别可怕的是弓箭手，他们技艺娴熟而且有力气，箭像冰雹一样落下。他们像饿狼一样无耻地扑向居民，把他们砍倒在城市的街上和广场上。他们不宽恕美丽温和的年轻男人或女人，他们甚至不放过病人、无关紧要的人、残疾人和老人。他们甚至不可怜那些抱住被杀害了的母亲的儿童，而是像喝奶一样吸儿童的血[28]。

洗劫了达尔班德之后，可萨人的军队向西移动，与赫拉克利乌斯皇帝交会，他正在围困伊比利亚的第比利斯，这是拜占庭和波斯之间长期有争议的地区[29]。可萨人的首领向拜占庭的皇帝鞠躬，而皇帝的首都君士坦丁堡刚被可萨人洗劫过。赫拉克利乌斯宴请了可萨人，给他们载满了礼物，并许诺将女儿嫁给叶护汗以换取结成军事联盟。对第比利斯的包围失败了，在他们撤退时遭到当地守军的嘲笑，守军在大南瓜上画上皇帝和叶护汗，并公然将南瓜刺成碎片。赫拉克利乌斯继续统治叙利亚，于 628 年与波斯讲和。同一年，可萨人

284

成功袭击了第比利斯,杀死城中居民,并惩罚了他们的波斯指挥官,因为上一年他们侮辱了可萨人。叶护汗弄瞎他们,然后把他们折磨死,剥下他们的皮用干草填充吊在城墙上。这样的野蛮行为得到信奉基督教的拜占庭人以及(可能的)崇拜腾格里的可萨人的欢迎。基督教文献将波斯指挥官的命运看作是上帝对其敌人的正确惩罚[30]。

　　在同一年,就在达尔班德被洗劫一年之后,可萨人的设在现代的卡拉巴赫侵入阿尔巴尼西部。基督教的主教维罗在这里看到可萨人的营地沿着阿尔巴尼的首都帕塔瓦附近的库纳河分布。

　　　　在那里,我见到他们像骆驼商队那样蹲着吃饭,每个人拿着一个装满肉的碗,这些肉很不干净。此外还有装盐水的碗和杯子,当吃肉的时候将小块肉在盐水里蘸一下。他们也有银的高脚杯和吃饭用的盘子,有金的雕刻,是从第比利斯带出来的;也有牛角形或葫芦形的大型木质装酒容器,用这种带流的容器把饮料直接倒入嘴里。他们还没等擦洗沾满嘴唇的油脂和肥油就两三个人共用一个高脚杯,毫无节制地喝着,把肚子里填满了未稀释的葡萄酒或骆驼奶和马奶,一直喝到他们看起来像吹大了的装酒袋子。没有端杯子的人或仆人来伺候他们,即使是设,围绕他的也只是一小群手握长矛的士兵,他们用连在一起的盾来守卫他的门[31]。

可萨人对伊比利亚的入侵引起了一场可怕的饥荒,在饥荒中人民不得不吃皮革和树皮甚至死人肉。在饥荒之后,可萨人开始统计从事金属制造的工匠以及渔夫的人口,从他们的贸易中征税,并征收以前按照惯例要支付给波斯人的贡赋[32]。

　　对这些高加索富庶土地的控制增强了阿史那的可萨支系的影响和独立,就像西突厥汗国的分裂一样。尽管这一地区此后二十年的历史并不十分清晰,但是可萨人的政体可能已经十分独立[33]。当我们下一次听到可萨人统治者名字的时候,他们指的是可汗,这是说明他们源于皇族的有利证据。10世纪的《世界境域志》的第三章就是写可萨人的,认为他们的首领属于阿史那王朝。可见,很显然在650年的时候,突厥皇族的一个分支带着突厥人追随者,正在统治着独立的可萨汗国,该国家的人口和军事两方面都由可萨突厥人支配[34]。

　　随着西突厥汗国的灭亡,在西高加索出现了第二个突厥后代的国家,由保

加尔人的部落统治。这个国家——"马格纳保加利亚",统治着从库班河到第
聂伯河的黑海草原,并且控制穿过黑海东北海岸的商路。它的首都可能是法
纳格里亚,该城自从金麦里人时期就是强大的区域性国家的核心。考古学的
材料说明,它的居民在夏天迁移到库班草原,冬天回到海岸捕鱼。它的部族可
能属于在突厥内战中一直与阿史那部族对立的咄陆部,但是其中可能也包括
沃诺古尔人和其他乌戈尔人的因素[35]。它的第一个独立的统治者库布拉特,
在约619年接受洗礼,在君士坦丁堡受教育,也在那里成为赫拉克利乌斯皇帝
的亲密朋友。约635年,库布拉特拒绝了阿瓦尔人的霸权主义并且建立起独
立的国家,在希腊文献中称作"大保加利亚"。约670年,大保加利亚被可萨人
的军队打败。它的一些部落,在库布拉特的儿子阿斯巴鲁赫的带领下向西迁
移,约679年进入巴尔干。他们在这里居住下来,形成了保加尔汗国,最终在
语言和基督教信仰两方面变成了斯拉夫人(约865年)[36]。其他残余的保加

285

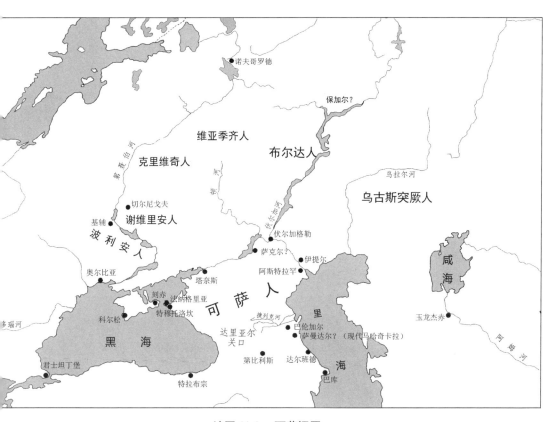

地图 11.1　可萨汗国

尔人最后分散到意大利、巴伐利亚和阿瓦尔人统治下的匈牙利,同时,数量相当多的保加尔人留在东高加索,在那里被可萨人统治。最后,一些保加尔人向北到达伏尔加-卡马地区,他们的后代在那里统治当地的芬兰-乌戈尔语族的居民,在9世纪晚期建立了强大的政体。

随着"马格纳保加利亚"的失败,可萨人成为高加索地区的主要势力。大约三个世纪后,可萨人的统治者约瑟夫将这一次征服看作是可萨人第一次从位于今达吉斯坦的家乡挣脱出来,直接控制大部分高加索地区并确立其强大政权的时刻[37]。可能可萨人的势力将阿斯巴鲁赫的保加尔人驱赶到了西边,可萨人的统治已扩展到黑海北部的草原。可萨人也接受了克里米亚贸易城市的影响,8世纪早期,他们在这里有官方的代表。8世纪的第一个十年,可萨人卷入了拜占庭皇帝查士丁尼二世(685 - 695、705 - 711年在位)的复辟以及最后被解除权力事件,这巩固了他们在东克里米亚的影响力[38]。

可萨的军事实力在与正在兴起的伊斯兰教政权之间的一系列战争中得到锻炼。642年,就在先知死后十年,阿拉伯的军队穿过高加索,第一次袭击可萨人,在652年再次发动袭击。在第二次袭击中,一支阿拉伯的军队装备着弩炮,在被可萨人军队击退之前,包围了可萨人在北高加索的设防城市巴伦加尔。虽然胜利增强了可萨人的声望,但胜利是归功于地理因素。穿过高加索入侵的军队不得不带着他们的补给纵队,渡过通过达尔班德(阿拉伯语 Bab al-Awab)的里海狭窄海峡,或者穿过第比利斯北侧的达里亚尔(阿拉伯语为'Da-i Alan')关口,即古典作家所说的"里海之门"[39]。两个路线都很险峻且易受到当地居民的袭击,这也正是在很多中亚地区被合并入伊斯兰教世界的时候,可萨人能够独立于伊斯兰世界之外的原因。的确,高加索山脉是非常完美的防御工事,该山脉以南的政权没有一个能够翻过它并成功地长久控制山北地区,即使14世纪的帖木儿汗国也如此,只有斯基泰是一个例外。因此,认为可萨人政权像法兰克阻止伊斯兰向欧洲推进一样,独自阻挡了伊斯兰教向北高加索推进的观点,是夸大了事实[40]。

7世纪60年代和80年代,可萨人向高加索以南发动新的掠夺性袭击。从713年开始,随着其他阿拉伯军队开始占领粟特,阿拉伯人再次进攻北高加索。722年,由贾拉哈·伊本阿·卜杜拉·哈卡米率领的一支阿拉伯军队占领了巴伦加尔,但是之后向南撤退,因为他们担心穿过高加索的通道被有敌意的居民切断。730年,由贾拉哈率领的一支纯粹的穆斯林军队,在今阿塞拜疆南面的阿尔达比勒被可萨人消灭,而且可萨人的军队挺进到远达波斯的摩苏尔。七年之后的 737 年,由麦尔旺·本·穆罕默德(他将成为最后一个倭马亚王朝的哈里发,称为麦尔旺二世,744－750 年在位)统领了一次大规模的阿拉伯人入侵,同时从海岸沿线和达里亚尔关口两路发动袭击,成功地绕过了可萨人的防御系统[42]。阿拉伯军队穿过北高加索继续前进,占领了可萨人的新首都伊提尔,进入伏尔加河三角洲。麦尔旺的军队沿着伏尔加河的北面追赶上了可萨人,并在那里打败了可萨人,强迫他们的可汗信奉伊斯兰教。然而,阿拉伯人漫长的交通体系,以及倭马亚哈里发的灭亡,使穆斯林没能长久地控制可萨的土地。可萨可汗的改宗以及臣属于哈里发的时间都非常短暂。

287

　　750 年,可萨汗国已经成为一支强大的国际力量,控制着人口众多、族群多样的居民和富饶的商路。可萨人的首领很享受其皇族谱系的声望,同时他的军队已经成功地击退了伊斯兰教徒的军队。可萨人的统治,从花剌子模西北的哈萨克草原,通过高加索,向西扩展到第聂伯河,而且甚至可能到了多瑙河。向北,可萨人的势力进入伏尔加河、顿河和第聂伯河的森林地带。虽然可萨人以相当靠东的地方为基地,但是现在控制了大多数曾经被东哥特控制的土地。

（二）可萨汗国的鼎盛时期

　　经历了 7 世纪的军事和经济灾难之后,拜占庭与伊斯兰世界的经济在 8 世纪晚期得以恢复。可萨人与伊斯兰世界的关系在 750 年后得到改进,因为阿拔斯哈里发显示出较倭马亚王朝更少的扩张主义而且更有商业头脑[43]。758 年,第二个阿拔斯哈里发——曼苏尔,认识到没有与可萨人的持久和平就没有亚美尼亚的繁荣,因此他命令住在亚美尼亚的总督迎娶可萨的公主,可汗也同意女儿出嫁。泰伯里描述了公主向南行进的壮观景象:可贺敦带着大批侍从和奴隶,大群的牲畜,十辆载有丝绸的帐篷和用紫貂皮覆盖着地板的马车,以及二十辆载着金银容器嫁妆的马车[44]。

　　在更加稳固的国际环境下,可萨人的统治者开始更系统地开发他们所控制的人力和物质资源,将征服王国改造成了伟大的商业王国。最初,牧人和农业居民的资源为可萨汗国提供了生存基础,战争的战利品支撑着它的政治系统。然而,逐渐的,贵族找到了其他的财富资源,于是王国的性质开始改变。

与匈人或阿瓦尔人不同,可萨人的统治贵族从来不放弃他们的草原驻地和生活方式,然而很多普通的可萨人可能的确变成了定居的农民,特别是在达吉斯坦地区[45]。位于今达吉斯坦的可萨人原来的基地生态非常多样,在很多方面与七河地区相似,有河流和湖泊,山上有很好的牧场。两个地区的生态都促进了定居化和城市化。对于那些仍然放牧的可萨人来说,生态多样性也促进了以短途迁徙为特征的半定居畜牧业。

288

> 冬天(北高加索的居民)最大限度地利用任何在草原上能得到的草料,春天将畜群赶到山中牧场过夏天。在冬季牧场,沿着河流和溪水,或多或少出现了固定的居住点,即冬季营地。夏天,老人和弱者,或那些没有足够家畜以及甚至没能力给富裕邻居打工的人都留在冬季营地。为了不饿死,他们开始从事农业和手工业。这样,草原上逐渐出现了有定居居民的村庄[46]。

虽然可萨贵族至少保持了部分的游牧业,但是他们统治的很多居民都是定居的,而且有的住在小城镇里。根据同时期的文献记载,7世纪20年代的可萨人军队包含很多类型的"部落和人民,有住在草地和小山上的居民,有住在城镇或野外的人,有剃头发的(可能是保加尔人)和编发的人(突厥人)"[47]。

农业在北高加索和南克里米亚有很古老的根基。根据马苏德的记载,在阿兰人的北高加索王国,定居点之间的联系非常紧密,以至于"当公鸡(在一个村庄)叫的时候,在王国其他地方就有回应,因为村庄相互混合,并紧密连在一起"[48]。借助于灌溉系统,这里的农业、葡萄栽培和水果种植业繁荣起来。北高加索草原的居住点很稀疏。但是8世纪,农业的社区再次出现于黑海和顿河草原东部,这里的社区自从匈人入侵后已经基本消失了。它们也出现于更北的顿河中游的林地草原,那里的农业从来没有被重视过[39]。不论是被可萨汗国所建立的相对和平所吸引,还是被8世纪早期与伊斯兰教徒的战争而被推向北面,这些社区都形成了一个明确的文化,考古学家称之为萨尔托夫-马亚茨基文化。这一文化的400处或更多的遗址从顿涅茨河和顿河的上游延伸到克里米亚东部,以及库班河和里海沿岸,并沿着伏尔加河到达今萨拉托夫[50]。尽管有明显的证据证明萨尔托夫-马亚茨基文化起源于不同种族,但是很多遗址之间的相似性,能说明出现了共同的可萨人文化,他们的混合语言可能是可萨的突厥语。此时出现的突厥如尼文碑铭,内容大多数是关于普通的主题和经常使用的物品,这说明读写能力甚至普及到偏远的草原社区或要塞[51]。在更西面的乌克兰,可萨汗国的和平①使农耕斯拉夫人的居住点分布密集,他们占据了讲布勒加尔语的可萨牧人清理出来的土地。

在设防的要塞或酋长的冬季营地周围出现了城镇。可萨的第一个首都巴伦加尔已经被确认,是在达吉斯坦奇尔-尤尔特村附近的一处设防遗址,它控制着邻近苏拉克河的密集定居点的肥沃河谷[52]。这个城市可能不是可萨人创立的,因为它看起来像是萨珊王朝为抵挡沙比尔人和可萨人等牧人而建,是以达尔班德为中心的广泛防御系统的一部分。但是基本可以确定的是,它最初由定居的牧人创立,因为考古发掘已经表明,很多巴伦加尔的房屋是毡房或者毡房状的。在722年的阿拉伯人进攻中,城内的居民用3000辆连在一起的马车,排列成与突厥传统的库连相似的阵型来防御。城外围绕着很多设防居住点,它们可能与巴伦加尔有相似的起源。也有很多像古巴克特里亚的塞堡那样的小塞堡,可能为贵族家庭所独有[53]。第二个可萨人的首都萨曼达尔,位于马哈奇卡拉附近的塔尔基遗址,它在很长的时间里是可萨人军队南下的交汇点,而且它使可萨人能够直接控制里海西岸富庶的土地和繁荣的海上商路。7-8世纪,它仍然是一个有或多或少固定毡房的城市。它可能是在8世纪20年代伊斯兰教徒占领巴伦加尔和737年麦尔旺袭击伊提尔之间的可萨人的主要中心[54]。到了10世纪,该城更加定居化。根据伊斯-塔希尔的记载,它有4000座葡萄园和以穆斯林为主的居民。可能在某一时期,首都萨曼达尔及其名称转移到了防御性更强的位于捷列克河边的内陆遗址谢尔科夫斯克耶[55]。

第三个著名的可萨首都伊提尔,位于伏尔加河三角洲,在今阿斯特拉罕北面的某地,位于曾经属于布尔塔斯(巴什基尔人)的土地上。它开始是皇家的宿营地,在其周围集中了相对固定的商人、工匠和农民等居民。该城的历史明显是来自它的设计:伊提尔的防御工事,像阿提拉的匈人兵营和布勒加尔的首都普利斯卡一样,是"同心状布局的(可汗的宫殿在中心)";的确,根据约瑟夫国王的描述,伊提尔的平面是"圆形的"[56]。虽然到9世纪伊提尔才发展成

289

---

① 译文中的"可萨汗国的和平"原文为 pax khazarica,为拉丁语,据字面意思,是指可萨汗国统治的和平时期,大致从700年至900年。

为繁荣的商业城市,但是可萨人在 8 世纪晚期已经迁都于此[57]。

> 阿提尔[伊斯塔希尔所写]有两部分,在河西的较大的部分叫阿提尔,
> 另一部分在河的东边。国王住在西部……这一部分的长度约为 1 里格①。
> 它由一条墙围绕,尽管建筑分布到了墙外。他们的房子是毡帐,例外的是
> 有数量很少的泥土建筑。他们有市场和浴池。城里是穆斯林居民,据说
> 有 10 000 余人,有大约 30 座清真寺。国王的城堡是砖砌的,离河岸有一
> 定距离。除此之外再没有砖砌建筑,因为国王不允许任何人用砖
> 建房[58]。

伊提尔早期的建筑主要是毡房,可能是半移动的,就像 19 世纪的乌兰巴
托,这也说明为什么考古学家很难确定它的遗址[59]。根据马苏德的记载,国
王的宫殿在伏尔加河的一个岛上,由浮桥与河岸连接。10 世纪的可萨国王约
瑟夫写到,城市中有统治者及其王子、奴隶和仆人居住的街区,包括了所有供
应皇家宫殿所需的田地和葡萄园。伊斯塔希尔声称,国王的家眷约有 4 000
人,其他的重要人物可能有同样多的家眷[60]。

伊提尔的很多居民在附近的草原从事农耕和经营葡萄园。约瑟夫国王写
道:"我们在尼散月(4 月)出城,每个男人都要去自己的葡萄园、田地及耕作的
地方。"他补充说,进入草原上好的黑土地带后,可萨人"高兴地唱着歌"[61]。
谷物包括粟及水稻。鱼也很重要。的确,伊斯塔希尔写道,可萨人的日常饮食
主要由米饭和鱼组成,苏联考古学家普列特涅娃认为,鱼是这一地区大多数牧
人的主食[62]。

可萨人的统治者使用从掠夺到贸易的各种方法,来调动他们所控制各类
土地上的财富。贡赋是财富的来源,同时也是受尊重的标志,但是征收贡赋的
当权者不得不一再地重申其权力。除了战争的战利品之外,采矿和冶金在很
早的时候就为可萨人提供财富,因为高加索是世界上最古老的冶金中心之一,
早在 628 年可萨的军队就从这一地区征收贡赋。10 世纪时可萨国王约瑟夫征
收贡赋的地区,包括花剌子模西部的乌古斯草原、很多克里米亚的城市、伏尔
加河沿岸、伏尔加保加尔人和很多斯拉夫人的部落以及北高加索的核心地

---

① 1 里格约等于 3 英里。

区[63]。我们从《往年纪事》中知道,9 世纪的可萨人从波利安人(居住在基辅附近)、谢维里安人和维亚季奇人的"每个家庭征收一张松鼠皮和一张河狸皮"。其他的商品以贡赋的形式或来自北方的贸易商品的形式进入可萨。据伊斯塔希尔记载,10 世纪早期,河狸皮、蜂蜜和蜜蜡从伏尔加的保加尔人、罗斯人那里到达伊提尔。可萨人也从伏尔加的保加尔人那里和伏尔加河交通网沿岸征收毛皮、兽皮和蜜蜡等贡赋,他们可能也将奴隶作为征收贡赋的一种形式。根据伊斯塔希尔的记载,大多数向南方出卖的奴隶是"偶像崇拜者"①(例如,不是"圣书的子民"),他们可能来自罗斯异教徒、森林地带讲芬兰-乌戈尔语的居民,或者来自草原[64]。

可萨人一方面通过定期的军事巡游和劫持人质,一方面通过在附属土地上布置守备部队来保障他们征收贡赋的权力。10 世纪,伊本·法德兰记录了25 个不同的种族不得不把皇家的公主献给可萨可汗[65]。然而,索要人质本质上会引起敌意。约 920 年,可萨可汗想得到伏尔加布勒加尔可汗的第二个女儿的企图,导致该可汗从反对可萨人的哈里发政权那里寻求帮助。8 世纪晚期至 9 世纪早期,可萨人沿着顿河和顿涅茨河建造了塞堡网络,用来征收这一地区不断增多的定居人口的贡赋,以及向北通往伏尔加河和波罗的海的繁荣贸易活动的赋税。大多数塞堡使用白色石灰岩块以标准的样式砌成,坐落在可以俯视河谷的高处。它们很明显充当了牧人军队的冬季营地,这些军队维护可萨政权,并为其征收贡赋。在远达基辅的地方可能也有可萨人的塞堡。的确,可能基辅最初就是作为可萨人的要塞建立起来的。基辅是设立要塞的理想地点,因为它控制着由拉丹尼特犹太人所支配的通向东欧的获利丰厚的商路[66]。

位于顿河岸边最著名的可萨人塞堡萨克尔,约于 840 年在拜占庭的建筑师帮助下兴建,可能是为了控制马扎尔的牧人而建。萨克尔也充当了海关要塞,因为它控制着从伏尔加河到顿河两条水路之间的运输。遗址(在被齐姆卢安斯克耶水库淹没之前由苏联考古学家阿塔莫诺夫发掘)有顿河本身作为屏障,外面有一周壕沟,再向内由一周 3.75 米宽的砖墙包围,在城墙角上有高塔[67]。塞堡的建筑技术表明,虽然拜占庭提供了建筑建议,但劳动力是可萨人,而且可能十分内行,因为可萨人已经长期熟练于建塞堡,并且维修了遍布

291

---

① 偶像崇拜者指的是信奉萨满教的森林地带的居民。

达吉斯坦的很多萨珊以前的防御工程。像很多开始时作为堡垒,不久随着农民定居点的出现变成小城镇的可萨人城市一样,该城的贸易也在扩张[68]。萨克尔的居民明显属于两个类型。一群代表当地的农业居民,他们住在半地穴的房子里,使用当地典型的"萨尔托夫"文化的陶器。第二群是牧人,他们住在可移动的房子里,有砖砌的临时壁炉,他们构成了塞堡的战斗力。第一群人的器物,表现出与顿河的大多数保加尔文化和北高加索的大多数阿兰文化有很多相似性,可能是可萨人和保加尔人相互融合的遗存,使用可萨语作为通用语言。第二群的文化看起来很明显不是可萨人的,可能代表担任商人或辅助人员的乌古斯人或佩切涅格突厥人[69]。

征收贡赋逐渐演变成了贸易。伊提尔位于两个主要商路的交叉路口。第一条商路是丝绸之路的北支,它从锡尔河和花剌子模向西,围绕里海北部,通过伏尔加河三角洲通向黑海的城市。第二条商路通过高加索,将波斯和美索不达米亚的富裕城市与遥远北方的、波罗的海和北欧的森林社会连接在一起。两个商路在8世纪和9世纪都很繁荣,这可以从商路沿线发现的白银数量的增多反映出来[70]。

波斯与伏尔加河中游森林地带之间的旧商路,很明显在6世纪处于繁盛阶段,但是在7世纪和8世纪早期之间衰落,这一方面是由于可萨汗国和哈里发之间的战争,另一方面是因为7世纪和8世纪早期之间是正在衰落的拜占庭与萨珊王朝毛皮需求的萧条期。8世纪中期,沿着这条路线的贸易开始复苏。早在730年,来自可萨汗国的商人就已出现在达尔班德,同时达尔班德的商人也在可萨汗国做买卖,为这一权益而交付什一税[71]。来自伏尔加保加利亚的商人用伊斯兰制造商专门给森林居民生产的铁刀片和鱼镖,从他们北面的森林居民那里换到毛皮。据伊斯塔希尔记载,10世纪可萨国王的财政收入来自从陆上和海上贸易中收缴的关税,以及从商品贸易和生产中征得的什一税。根据《世界境域志》记载,"可萨人的福利和财富主要来自海事的关税"[72]。像基辅和萨克尔这样的可萨塞堡既收关税也收贡赋。可萨人把他们以贡赋形式征收来的或从北面贸易中得到的商品运到高加索、花剌子模、呼罗珊和君士坦丁堡的市场,换回纺织品、奢侈品和大量的伊斯兰货币,把其中的一些又带回北面。可萨汗国从8世纪开始使用货币,这些货币大多数是阿拉伯的迪拉姆,或者是可萨汗国做的迪拉姆仿制品[73]。虽然可萨人主要征收别人的商业税,但他们自己可能也直接从事贸易。他们可能控制了在里海、黑海和在伏尔加河运行的船只,尽管马苏德声称他们没有海军[74]。

可萨人的外交开始慢慢地显示出日益依赖于商业。从伏尔加到亚速海和克里米亚的商路的竞争制约着可萨汗国与拜占庭的关系,两者之间从来没有达成长久的协定。早在7世纪,可萨人就企图取代拜占庭的黑海北岸和东岸宗主国的地位。可萨人的联合抵制有时使克里米亚的城镇失去了粮食供应,迫使他们依靠海上供应或接受可萨人的宗主权。同时,双方也涉足其他的政治活动。拜占庭皇帝查士丁尼二世在克里米亚流亡的时候娶了可萨可汗的妹妹,不久可汗本人也访问了君士坦丁堡[75]。至此,可萨汗国控制了大多数克里米亚的塞堡,只有科尔松被作为友好的表示返还给拜占庭是个例外。732年,就在可萨汗国刚刚大胜阿拉伯之后,"伊苏利亚王朝"的利奥三世(711–741年在位)让他的儿子娶了可萨可汗的女儿奇克克("鲜花"?)。他们的儿子利奥四世,被称作"可萨人"。当可萨汗国与伊斯兰世界和平相处的时候,在克里米亚和格鲁吉亚边境的冲突很容易导致与拜占庭的冲突。虽然拜占庭在8世纪接受了可萨人对克里米亚很多地方的宗主权,但它同时通过鼓励基督教的传播来削弱这种宗主权的控制力。8世纪晚期,位于克里米亚半岛哥西亚的多罗斯主教辖区,监督着在克里米亚、伊提尔、塔马塔尔哈和可萨汗国其他地方的主教小区,它简直变成了一个大都会[76]。

可萨汗国的贸易联系引进了大批穆斯林商人(从花剌子模和波斯两地)和基督教的人口。基督教在这一地区有古老的根基,因为在巴伦加尔发现年代为可萨人统治最早时期的两座基督教堂遗址,它们可能反映了来自阿尔巴尼和亚美尼亚的基督教的传播[77]。可萨汗国也有很多犹太教徒,特别是在克里米亚和北高加索。他们有的可能是6世纪早期躲避萨珊王朝祆教迫害的避难者,但更多的是在630–632年赫拉克利乌斯统治时期的拜占庭大迫害期间,或利奥三世在8世纪早期的迫害期间到达这里的。拉丹尼特犹太人特别重要,他们最初以罗纳河河谷为基地,控制从欧洲到中国的商路,用丝绸、毛皮、武器、香料和奴隶做交易[78]。在萨曼达尔和伊提尔这样的城镇,犹太商人的作用很大。像突厥汗国内的粟特人一样,他们因为有贸易人脉和读写能力而显得重要而有影响力。

（三）改宗犹太教

在回鹘改宗摩尼教一个世纪后,可萨国王和一些重要的可萨人家族改宗犹太教。和其他的突厥人一样,可萨人的宗教传统,包括对腾格里的崇拜,以及对火这样的自然力的崇拜。我们可以从文献和可萨人的宗教遗址两方面了解到这些传统[79]。这些传统,以及其他的宗教传统,可能在贵族改宗犹太教后还存在。尽管如此,在政治和外交上,改宗犹太教都是一件很重要的事。

这一重要事件的起因和时间仍然很模糊。在可萨人的记载中有两个阶段的改宗。这一改宗,导致一些评论者认为犹太教早在 8 世纪早期就在可萨人贵族中传播。例如,阿塔马诺夫认为,麦尔旺入侵之后,犹太教在 8 世纪 30 年代开始传播,在 8 世纪晚期或 9 世纪早期某个阶段的内部冲突过程中被可萨人选择为国教。西姆·斯祖斯兹曼在他的几本著作中提出,可萨的国王不是改宗希伯来语的犹太教,而是改宗卡拉派,是 8 世纪的某些时间卡拉派的传教士艾萨克·桑加利努力工作的结果。但是最近主要依靠对可萨人档案的解读,说明这一改宗是个非常简单而迅速的过程,它发生在 861 年,可能是一系列内部和外部危机的结果[80]。在所谓的约 949 年写成的“藏书”信件中,很清楚地保存了可萨人的传统。根据这些信件可知,可萨汗国的早期,犹太人定居者融入当地的居民中并且失去了大多数的犹太人传统。但是最后,一位名叫“布兰”的出身于犹太人的有权势的可萨汗国军官,被其妻子萨拉劝说回归到犹太教,之后他起了犹太教徒的名字“萨布里埃尔”。他的改宗,而且可能还有他对犹太教的积极支持,受到可萨贵族内部的抵制。因此,布兰劝说可萨可汗主持一次在不同宗教代表之间的正式辩论。朱克曼认为关于这一次辩论的故事是十分真实的,因为它被拜占庭的文献《君士坦丁传》所证实,这可以使我们将事件发生的时间确定在 861 年。这一年,后来首次创造西里尔字母的康斯坦丁(圣西里尔)到伊提尔旅行,在此之前他在科尔松学习可萨语[81]。

虽然犹太教在可萨人贵族内部和商人社区传播,但是它从来没有在可萨人中广泛传播,而其他的宗教,包括伊斯兰教、基督教和传统异端信仰,甚至到了 10 世纪还继续兴盛。根据伊斯塔希尔的记载:“最小的集团是犹太教,他们中的大多数人是穆斯林和基督教徒,尽管国王和他的宫廷是犹太教的。”伊本·鲁斯塔在约 900 年的记载提到,虽然统治者和贵族选择了犹太教,但是大多数普通可萨人的信仰“与突厥人的相似”。根据阿拉伯的旅行家马苏德的描述,在 10 世纪的伊提尔,针对不同的宗教团体有不同的法官,基督教居民有两个,穆斯林有两个,可萨人有两个(根据犹太律法判断),一个法官是针对异教居民、罗斯人和萨加利巴人的。对于穆斯林的居民,在城的东半部有一座清真寺和一个光塔[82]。

在改宗之后,出现了一种双重的王权,随着可萨可汗的权力变得更象征化,真正的权力落入了犹太教"国王"或"别克"手中,很明显他们是布兰的后代。到了9世纪晚期,军事和政治的权力由可汗-别克或伊萨掌握,他处理日常事务并统领军队。"大可汗"成了纯粹的圣礼形象,孤立于人民,很少公开出现,而且公开地被当作接近于神的人来对待,尽管如果政治命运衰落很容易被谋杀。接近他的人不得不用火净化,埋葬他的人要被处决以使他的墓地保密[83]。伊本·法德兰听说"大可萨"有25个妻子,每个都是下属首领的女儿,同时还有60个妾,每个妾有一个独立的住房,由一位太监来守卫。伊本·法德兰记录说:"命令权属于伊萨(别克),因为在管理权和军队两方面的地位使他不必担心有任何人在他之上。"[84]军事权和祭典权就以这种方式被分开。

改宗犹太教可能已经使支撑可萨统治者的基础变窄。在同一时期雇佣军的产生,说明突厥贵族对可萨政府的支持度降低,因为它变得越来越依靠财富而不是部落忠诚这一传统的纽带。雇佣军的使用,像9世纪早期阿拔斯王朝使用外国奴隶士兵一样,说明来自地方贵族的支持率下降。到了10世纪早期,由12 000多名士兵组成的可萨的固定军队核心,都是从花剌子模穆斯林中招募的,而且他们的出现,使伊斯兰教在可萨汗国的事务中有了强大的发言权[85]。军队中也包括非常传统的从可萨人部落中征募的士兵。马苏德注意到可萨的国王是这一地区仅有的有固定军队的统治者,尽管这样的军队正在逐渐使用伊斯兰教社会的规范[86]。

虽然军队中可萨人很少,但是却变得更加职业化。据伊本·鲁斯塔记载,900年后不久,可萨汗国的军队每年都发动针对讲突厥语的佩切涅格人部落的战役,后者在9世纪晚期已经进入黑海草原。"他们的军队向任何方向出发的时候都全副武装,有旗帜、长矛和沉重的带铠甲袍子。他(伊萨或别克)带着一万名骑兵在前,骑兵中有的是有报酬的正规军,其他的是从富人那里征募的"[87]。战役结束时,伊萨最先选择战利品,其余的战利品在军队中分配。佩切涅格人的奴隶被卖到伊斯兰国家[88]。

9-10世纪,随着读写能力的提高,政府也变得更加职业化。约瑟夫国王的信与古代的宗谱文本有关,在克里米亚有用与鄂尔浑河突厥碑刻相似的如尼文写成的可萨语碑铭。可能还存在一种西里尔字母。在改宗犹太教以后,犹太人的文字和书写系统可能不仅在宗教上变得重要,而且在商业和官方用途方面也变得越来越重要[89]。

对回鹘汗国所发生事件的遥远回音,同时响彻在很多伊斯兰教国家中,执政权与军权分离了。阿塔莫诺夫评论:"可萨汗国变成了被内陆地区所围绕的商业城市,而不是有首都的国家。"[90]

(四)向可萨人政权的挑战

直到 10 世纪中期,可萨汗国仍然是一支重要的国际势力。然而,在其存在的最后一个世纪,出现了很多衰弱的征兆。可萨人失去了管理黑海草原的能力,也失去了控制贡赋这一重要资源的能力。这两方面的发展变化可能反映出支撑政府的基础从可萨人的牧人贵族转移到以商人和信奉犹太教的可萨人为主的更狭窄的社会范畴内。

在顿河和伏尔加河之间的地区,长期存在讲乌戈尔语并受到突厥文化强烈影响的集团,他们最后将形成"马扎尔人"的核心。9 世纪 20 年代和 30 年代,这些集团变得越来越独立,并开始攻击其可萨人领主。他们不仅从可萨人的统治下独立出来,而且还在一段时间内成为顿河和第聂伯河之间的统治力量[91]。这可能导致了草原越来越不稳定,也使拜占庭于 838 年派一位建筑师帮助可萨汗国建造萨克尔塞堡。90 年代,来自哈萨克草原的佩切涅格集团进入黑海草原,他们被相邻的乌戈尔人赶到西边,并破坏了可萨人创建的黑海和哈萨克草原之间的防线[92]。约 895 年,他们打败了马扎尔人,后者在约 898 年迁移到喀尔巴阡山以西。在几乎无人居住的匈牙利盆地,马扎尔人建立了与匈人和阿瓦尔人的国家相似的掠夺成性的国家。然而,像保加尔人一样,他们最后在 10 世纪建立了持久的定居国家,即匈牙利。1000 年,在伊斯特凡(斯蒂芬)统治时期,马扎尔人改宗基督教。

根据迦尔迪齐记载,佩切涅格人是人数众多而富裕的民族,有数量庞大的家畜、金和银的器皿、上好的武器以及用公牛角做成的战斗号角。他们侵袭造成的最明显破坏是,在 890 年后萨尔托夫-马亚茨基文化迅速衰落,白色塞堡被废弃,而这些塞堡是可萨人控制伏尔加河和第聂伯河之间土地的关键所在[93]。10 世纪中期,拜占庭的皇帝康斯坦丁·波尔菲洛根尼图斯(913－959年在位)将佩切涅格人而不是可萨人当作黑海草原的统治力量,尽管佩切涅格人分成八个独立的部落,每个部落都有各自的可汗[94]。像斯基泰人一样,他们的可汗偶尔以聚会的形式开会,在此期间达成军事联盟协议,而这些联盟强大到足以推翻可萨人的宗主权。从这时起,可萨人失去了对穿过黑海草原的富饶商路的控制。萨克尔现在变成了一座边疆塞堡,其规模和财富都通过跨国贸易得以扩大[95]。

可萨人政权在黑海草原的崩溃,也削弱了其他地方可萨人的势力。10 世纪早期,哈萨克草原的乌古斯部落、可萨人北面的巴什基尔人部落,甚至一些可萨汗国中刚刚信仰基督教的阿兰人等高加索居民,都对可萨的宗主权失去耐心。康斯坦丁·波尔菲罗根尼蒂斯描写到,此时对于阿兰人来说,非常容易就能切断萨克尔和科尔松之间的重要商路[96]。

9 世纪,在内欧亚大陆西部出现两个非常引人注目的可萨政权的对手。距离伊提尔最近的是新兴的伏尔加的保加利亚政权。有证据表明,一支保加尔人从 8 世纪晚期开始流落在伏尔加河中游,但可能由于马扎尔人的入侵导致他们继续迁徙,特别是在 9 世纪中期。在一些地方,保加尔人的贵族开始从本地讲斯拉夫语和乌戈尔语的农民和森林地带的民族中征收贡赋,这是当地民族关系中的一种古老形态,因为早在公元前 3 世纪和公元前 2 世纪,萨尔马特的牧人已经扮演了相似的角色[97]。10 世纪早期,伏尔加保加尔人成为举足轻重的商业和军事力量,他们接受了可萨人的宗主权,但是带着一些不情愿。

控制伏尔加河沿岸以及与其平行的商路是伏尔加保加尔人政权的基础。10 世纪早期,银质迪拉姆的使用非常普遍,伊本·法德兰曾亲眼见到在仪式上将它们撒在尊贵客人的身上[98]。从 10 世纪中期开始,伏尔加保加利亚以中亚萨曼王朝的迪拉姆为模型,铸造自己的迪拉姆。该国的很多财政收入来自贸易,主要是毛皮方面的,因为统治者对所有通过其土地的贸易征收什一税。伊本·法德兰在约 921 年参观的时候,记录了保加尔人可汗乘船穿过他的王国,亲自检查什一税的交付情况[99]。他们的很多毛皮以及其他贸易商品,通过可萨汗国和西哈萨克斯坦乌古斯人的土地,到达花剌子模,并流入伊斯兰社会。根据穆卡达西的描述,这一路线上贸易的商品包括:

> 紫貂皮,松鼠皮,貂皮,貂鼠,狐狸,河狸,各种颜色的兔子,山羊皮,蜜蜡,镞,杨木,帽子,鱼胶,鱼牙,海狸香,黄琥珀,*kimuxt*(一种皮革),Saqlab(斯拉夫)奴隶,绵羊和牛[100]。

保加尔人的首都在今喀山附近。根据穆卡达西记载,保加尔人可以提供 2

296

万名骑手[101]。首都有一个小的工匠街区,居住着斯拉夫人移民。在伏尔加保加利亚,考古学家已经发现至少 20 个城镇,以及很多较小的定居点[102]。大多数由保加尔人控制的土地树木茂盛,有定居的社区。根据伊本·鲁斯塔在 10 世纪早期所描述的:"他们是拥有耕地进行农耕的居民,种植所有(种类的)粮食:小麦、大麦、粟等。"伊本·鲁斯塔观察到的主要食物品种是粟和马肉,以及小麦和大麦[103]。

297　　　　除了所统治土地的农业基础,保加尔人贵族仍保持着草原的传统,因为他们有规律地袭击其南方的邻居——"布尔达人"(巴什基尔人),经常抓俘虏充当奴隶。伊本·鲁斯塔记录,他们在马背上战斗,索取马匹作为贡赋。根据伊本·法德兰的记载,伏尔加保加尔人主要住在帐篷里,虽然他们中的很多人改为冬天住在城镇的木头房子里,夏天住帐篷。可汗的帐篷很宽敞,能够容下1 000 人,用亚美尼亚的毯子和拜占庭的锦缎装饰[104]。

　　　　10 世纪早期,伏尔加保加利亚的统治者仍然承认可萨人的宗主权,向伊提尔送人质。然而,他们已经与中亚的萨曼王朝直接贸易,沿着绕过伊提尔及其海关的艰难路线向花剌子模派送商队。有关这一贸易规模的最有力物证是自 10 世纪起大量见于波罗的海的萨曼王朝的迪拉姆。这一路线可能剥夺了可萨人曾经从伏尔加河沿岸贸易中征税得到的大量财富。考古学的证据表明,从 9 世纪晚期开始,伊斯兰教在伏尔加保加尔人中传播,当 10 世纪早期伊本·鲁斯塔写作的时候,他记录大多数伏尔加保加尔人是穆斯林,"而且在他们的居住点有清真寺和古兰经学院,他们有报告祈祷时刻的人和阿訇"[105]。约 920 年,一位保加尔人的可汗寻求哈里发的帮助在其土地上传播伊斯兰教,并且依靠他们防御可萨人。哈里发派出的代表团成员伊本·法德兰做了特别详细的描述,他的描述是这一时期关于伏尔加保加尔人历史的主要文献。约 950 年,保加尔人开始自己铸造迪拉姆,说明他们不再承认可萨人的宗主权[106]。

　　　　罗斯是十分遥远但又非常危险的政权。840 年已经有罗斯汗国存在的证据,可能是以今诺夫哥罗德附近的居住点——戈罗季谢为基础。860 年,罗斯的首领们已强大到足以发动对君士坦丁堡的猛烈袭击,可能他们是乘船沿着伏尔加河或顿河,穿过伏尔加保加尔人和可萨人的土地。在 864 年之后二十年间的某一时刻,罗斯的军队可能征得了可萨人的同意,主导了一次类似向里海的远征。在 910–912 年期间,大规模的罗斯军队可能从黑海和萨克尔经过可萨汗国,开始袭击里海,并承诺给可萨人一半的战利品[107]。根据马苏德的记载,约 912 年,在这次远征的末尾,远征军在从里海返回的路上被主要是穆斯林的伊提尔居民袭击,以报复这一远征导致的对里海沿岸穆斯林城镇的破坏。远征军的大多数成员(据马苏德记载约 3 万人)在伊提尔的三天战斗中被杀,余下的人在通过巴什基尔人/布尔塔斯人以及伏尔加保加尔人的土地时被屠杀[108]。这次起义说明,此时信犹太教的可萨国王甚至对其首都伊提尔也只有有限的控制力。

（五）衰落和沦陷

虽然可萨人对伏尔加贸易的控制权正在放松,而且 10 世纪早期他们不再控制黑海草原,但是可萨人仍然控制着从里海到黑海的主要商路,并且从很多森林部落那里继续征收贡赋。他们可能甚至在基辅保留了一支守备部队。10世纪早期,他们仍然是一支主要的国际势力,罗斯和伏尔加保加尔人可能都承认了可萨人的宗主权。有关于某一时期可萨汗国和拜占庭之间战争的模糊证据,在这场战争中,为了控制黑海东岸的像刻赤这样的贸易港口,罗斯和可萨汗国信奉基督教的阿兰部落的武力也参与交战[109]。这一战争可能断断续续地从 920 年一直持续到可萨人 941 年击退罗斯对刻赤的进攻,迫使罗斯的军队转而进攻君士坦丁堡。虽然可萨人军队在这场冲突中可能没有被打败,但是从约瑟夫国王约 960 年写的信中,可以发现绝望的气氛:"在全能上帝的帮助下,我守卫河口不让乘船从海上来的罗斯人来到阿拉伯人的对面,也不让任何从陆上来的敌人到达(达尔班德?)。我和他们交战。如果我让他们通过,一个小时内他们将摧毁远达巴格达的阿拉伯地区。"[110]

约瑟夫的焦虑有十足的原因。964-965 年,在他写下上述内容后的五年,由斯维雅托斯拉夫王公率领的一支罗斯军队打败了奥卡河沿岸的可萨人附庸国维亚季齐,然后沿着伏尔加河向南航行,并打败了伏尔加保加尔人。965 年,在罗斯与哈萨克草原的乌古斯部落结盟,而且可能也与佩切涅格人结盟的情况下,他们的军队摧毁了伊提尔城和萨曼达尔,可萨人的政权彻底崩溃了。斯维雅托斯拉夫返回基辅的时候摧毁了萨克尔的塞堡,也可能劫掠了刻赤[111]。

随着罗斯政权的扩张,斯拉夫人的居住点散布到萨尔托夫-马亚茨基文化的分布区域。在萨克尔遗址,这一人口改变的迹象最清楚,在那里出现了典型的斯拉夫人有砖砌火炉的半地穴式房子和模制陶器。到了下一个世纪,萨克尔(斯拉夫语"Biela Vezha",白色的城)成为繁荣的斯拉夫人的城市,有发达的

298

手工业和广泛的贸易联系。然而,到了 12 世纪,它又重新变成草原,成为钦察的一座冬季营地[112]。更向南,11 世纪早期,随着罗斯的君王宣布他们对曾经一度是可萨人商业势力基础的商路行使主权,在特穆托洛坎出现了一个罗斯公国。但是这一商路在 12 世纪早期不再属于罗斯[113]。

虽然罗斯的王公摧毁了可萨汗国,但是其统治政策多归功于可萨人的商业和政治传统。这一观点还没有得到公认,因为现代的俄罗斯学术界,部分学者迫于斯大林主义而一般拒绝承认可萨汗国在中世纪国家——罗斯的创建中所起的作用。的确,研究可萨汗国的最著名苏联学者阿塔莫诺夫本身就是突厥人后裔,他被迫撤回他在较早时期关于可萨人对罗斯影响的积极评价,并在他的《可萨史》中认为,罗斯人从可萨人那里没有得到任何有价值的东西[114]。本书第 13 章将展现可萨汗国对罗斯早期国家的深刻影响。

---

299 **注释**

[1] P. B. Golden, "The peoples of the south Russian steppes", in *CHEIA* (pp.256 - 84), p.258; *Introduction*, pp.94 - 5, 103 - 4; Golden, *Khazar Studies*, 1: 34; Moravcsik, *Byzantinoturcica*, pp.65 - 7.

[2] Obolensky, *Byzantin Commonwealth*, pp.68 - 9; Artamonov, *Istoriya khazar*, p.80.

[3] Golden, *Introduction*, p.98.

[4] Artamonov, *Istoriya khazar*, pp.92 - 4, 88 - 90.可能格罗德是被 Kardost 主教带领的布道团改宗的。

[5] *Constantine Porphyrogenitus*, pp.55 - 7; Noonan, " Byzantium and the Khazars", pp.118 - 20.

[6] *Menander*, pp.43, 45.

[7] Artamonov, *Istoriya khazar*, p.96.

[8] 同上注,p.74;Golden, *Introduction*, pp.104 - 5;Artamonov, *Istoriya khazar*, 第三章是关于沙比尔人的。

[9] Artamonov, *Istoriya Khazar*, pp.70, 74; P. B. Golden, "Peoples of the south Russian steppes", in *CHEIA*, pp.295 - 60;Golden, *Introduction*, p.105.

[10] Golden, *Introduction*, pp.109 - 10.

[11] Obolensky, *Byzantine Commonwealth*, p.72.

[12] Artamonov, *Istoriya khazar*, p.156,出自 the Chronicle of feofan。

［13］S. Szádeczky-Kardoss, "Avars", in *CHEIA* （pp.206 - 28）, p.207; Artamonov, *Istoriya Khazar*, p.160; Gumilev, *Drevnie Tyurki*, p.37, 因为当年的阿瓦尔人充当了波斯的盟友。

［14］S. Szádeczky-Kardoss, "Avars", in *CHEIA*, p.208.

［15］Obolensky, *Byzantine Commonwealth*, p.75 - 7.

［16］Artamonov, *Istoriya khazar*, pp.111 - 2; S. Szádeczky-Kardoss, "Avars", in *CHEIA*, p.212.

［17］关于马镫的起源, Barclay, *Roles of the horse*, pp.47, 113 - 4, 98, 书中认为阿瓦尔人在 6 世纪后才开始使用马镫; 也见于 S. Szádeczky-Kardoss, "Avars", in *CHEIA*, p.211。

［18］Pletneva, *Kochevniki srednevekov'ya*, p.47; Artamonov, *Istoriya khazar*, p.113.

［19］引自 Szádeczky-Kardoss, "Avars", in *CHEIA*, p.211。

［20］Obolensky, *Byzantin Commonwealth*, p.183.

［21］Szádeczky-Kardoss, "Avars", in *CHEIA*, p.227.

［22］Szádeczky-Kardoss, "Avars", in *CHEIA*, pp.212 - 4; Obolensky, *Byzantin Commonwealth*, pp.78, 85.

［23］在保留下来的较少的可萨人档案之一, 是一封发自基辅的信, 看起来是保加尔语的, 据 Golb and Pritsak, *Khazarian-Hebrew Documents*, pp.233 - 6; 人们已经尝试说明他们起源于阿兰人或乌戈尔人（Artamonov, *Istoriya khazar*, pp.114ff 认为他们像马扎尔人一样, 是突厥化的乌戈尔人）, 这些可能包含一些事实依据, 因为在这类人中确实有乌戈尔人和阿兰人的后裔。

［24］Golden, *Introduction*, p.235.

［25］Golden, *Introduction*, p.236; Artamonov, *Istoriya khazar*, p.128; Pletneva, *Khazary*, 2nd edn, pp.15 - 6.

［26］Gumilevm, *Drevnie Tyurki*, p.159; Artamonov, *Istoriya khazar*, pp.146 - 7; 618 - 626 年莫贺设在中国活动, 之后不见于中国文献。

［27］Artamonov, *Istoriya khazar*, p.146; 根据 Klyashtornyi and Sultanov, *Kazakhstan*, pp.94 - 5, 正是西突厥的统叶护可汗参加了这一战役。

［28］引自美国的 *History of Albania* 中关于 Moisei Kagankatvatsi（以阿尔巴尼的主教维罗的生平为基础）的部分, 出自 Artamonov, *Istoriya khazar*, p.147。

［29］作为边疆地区的伊比利亚, 见 Braund, *Georgia in Antiquity*, Cha.7。

［30］Artamonov, *Istoriya khazar*, pp.148 - 50.

［31］引自 *History of Albania*, 出自 Artamonov, *Istoriya khazar*, pp.151 - 2。

［32］Artamonov, *Istoriya khazar*, p.153.

300

［33］Novosel'tsev, *Khazarskoe gosudarstvo*, p.88,认为虽然他们接受西突厥的宗主权,但是实际上在 7 世纪 20 年代就独立了。

［34］Artamonov, *Istoriya khazar*, pp.180, 170 – 1.

［35］Pletneva, *Kochevniki*, pp.48, 20 – 1;关于保加尔人,见 Golden, *Introduction*, pp. 103 – 4, 244 – 6。

［36］Golden, "The peoples of the south Russian steppes", in *CHEIA* p. 262; Golden, *Introduction*, p.245;Artamonov, *Istoriya khazar*, p.161.

［37］Pletneva, *Khazary*, 2nd edn, pp.7, 21;约瑟夫的信,是仅有的关于可萨人历史的真实可萨文献,见 Pletneva, *Khazary*, pp.5 – 13; Kokovtsev, *Evreisko-khazarskaya perepiska*。

［38］Pletneva, *Khazary*, 2nd edn, pp.22 – 3; Golden, *Khazar Studies*, 1：60 – 1;关于可萨控制的克里米亚的相对自治,见 Artamonov, *Istoriya khazar*, pp.252 – 8,以及见上注,p.174。

［39］这是两个穿过高加索的最早关口,但是关口有很多;见 Braund, *Georgia in Antiquity*, p.45。

［40］例如 Dunlop 写道:"虽然广大的山区无疑会给来自南方的入侵者带来很多困难,但是,他们迟早将打败强劲而组织严密的反抗。"*History*, p.46; Artamanov 也持相似观点,见他的 *Istoriya khazar*, p.224。

［41］Artamonov, *Istoriya khazar*, p.181.

［42］Magomedov, *Obrazovanie*, p.193; Dunlop, *History*, pp.64 – 6, 69 – 71.

［43］Golden, *Introduction*, p.239.

［44］al-Tabari, Ⅲ,引自 Dunlop, *History*, pp.178 – 9; Artamonov, *Istoriya khazar*, p.241。

［45］Magomedov, *Obrazovanie*, p.95.

［46］Pletneva, *Khazary*, 2nd edn, p.24.

［47］引自 Artamonov, *Istoriya khazar*, p.146,出自 *History of Albania*,概述使用了同时代的文献,也见 pp.155 – 6;保加尔人通常在剃光的头上只留一根辫子,后来斯维雅托斯拉夫的王公和乌克兰的哥萨克人也模仿这种发型。

［48］Golden, *Khazar Studies*, 1：94.

［49］Artamonov, *Istoriya khazar*, pp.235ff; Mikheev, *Podon'e v sostave Khazarskogo kaganata*; Magomedov, *Obrazovanie*, pp.97 – 8.

［50］Pletneva, *Khazary*, 2nd edn, p.41;对这一文化的主要考古学考察是 Pletneva, *Ot kochevii k gorodam*。

［51］Pletneva, *Khazary*, 2nd edn, pp.46, 48; Artamonov, *Istoriya khazar*, pp.241, 293 – 4.

［52］Magomedov, *Obrazovanie*, pp.36, 49;见 Dunlop, *History*, p.88 的地图;Protsak 认为它是

捷列克河畔的萨曼达尔；Pritsak，"The Khazar kingdom's conversion to Judaism"，in *Studio in Medieval Eurasian History*，XI：262；Artamonov，*Istoriya khazar*，p.399，将其定位在今达吉斯坦的布纳克斯；Pletneva，*Khazary*，2nd edn，p.25 将其定位在更靠内地的苏拉克河。

［53］Pletneva，*Khazary*，2nd edn，pp.28 - 9，25 - 7；Magomedov，*Obrazovanie*，pp.28 - 34，51，95 - 6，140，154；Artamonov，*Istoriya khazar*，p.207。

［54］根据 Novosel'tsev，*Khazarskoe gsudarstvo*，p.128；Pletneva，*Khazary*，2nd edn，p.28；Magomedov，*Obrazovanie*，pp.54，52 - 7，183。

［55］Magomedov，*Obrazovanie*，p.59；这可能是因为在同时期的记述中对萨曼达尔的地点有不同的解释；也见于 Dunlop，*History*，p.95。

［56］Pletneva，*Kochevniki*，p.51.

［57］Magomedov，*Obrazovanie*，p.59.

［58］Dunlop，*History*，pp.91 - 2.

［59］Golden，*Khazar Studies*，1：106；遗址也有可能位于伏尔加河三角洲已经改道了的水域下面。

［60］Artamonov，*Istorya khazar*，pp.400 - 1，394；Dunlop，*History*，p.205.

［61］Artamonov，*Istorya khazar*，p.398；Dunlop，*History*，p.149.

［62］Dunlop，*History*，pp.93，225；也见于 Pletneva，引自 Golden，*Khazar Studies*，1：103。

［63］Artamonov，*Istoriya khazar*，pp.385 - 6；关于 628 年的税收，见 Dunlop，*History*，p.30；以及上注，p.227。

［64］Dunlop，*History*，pp.93，96；ibn Fadlan，*Risala*，pp.140 - 1.

［65］Ibn Fadlan，*Risala*，p.147；关于 ibn Fadlan 的文献，见 Dunlop，*History*，p.109；按照这一惯例，一种政治关系被象征性地表现为一种血缘关系。

［66］Curtin，*Cross-Cultural Trade*，p.106；主要的阿拉伯文献是 ibn Kurdadbeh；关于可萨人的防御系统，见 Franklin and Shepard，*Emergence of Rus*，pp.95 - 6，79 - 83；Golb and Pritsak，*Khazarian-Hebrew Documents*，p.44。

［67］Artamonov，*Istorya khazar*，p.300；关于 Artamonov 在萨克尔的发掘（今齐姆卢安斯克耶水库的下面），见 pp.299ff。

［68］Pletneva，*Khazary*，2nd edn，pp.52 - 4；Magomedov，*Obrazovanie*，pp.125 - 45.

［69］Artamonov，*Istorya khazar*，pp.312 - 3，307 - 8，357.

［70］Franklin and Shepard，*Emergence of Rus*，p.8.

［71］同上注，pp.7 - 10。

［72］Golden，*Khazar Studies*，1：67；al-Istakhrii 引自 Dunlop，*History*，p.93；关于伏尔加保加

301

尔人，见 Janet Martin, *Treasure of the Land lf Darkness*, p.22。

[73] Pletneva, *Khazary*, 2nd edn, pp.56 - 7.

[74] Dunlop, *History*, p.229.

[75] 同上注，pp.171 - 2；Artamonov, *Istorya khazar*, pp.195 - 6；与拜占庭关系的综合考察，见 Noonan, "Byzantium and the Khazars"。

[76] Artamonov, *Istorya khazar*, pp.258 - 60, Cha.14；Golden, *Khazar Studies*, 1：65.

[77] Magomedov, *Obrazovanie*, pp.158, 166, 170.

[78] 关于拉丹尼特，见 L. Rabinovitz, *Jewish Merchant Adventurers: A Study of the Radanites*, London：Edward Goldston, 1948；关于其贸易网络的范围，见 Ibn Khurdadhbih 的描述，引自 Golden, *Khazar Studies*, 1：108 - 9。

[79] Magomedov, *Obrazovanie*, pp.155 - 8.

[80] Zuckermann, "On the date"；Artamanov, *Istoriya khazar*, p.327 支持在 9 世纪早期存在长期内部冲突的观点；也见于 Artamanov, *Istorya khazar*, pp.275 - 6，他的观点部分依赖于马苏德有关 caliph Haroun al-Rashid 在位时期（786 - 809 年在位）发生的改宗的观点，也见于 Szyszman, *Le Karaïsme*, p.71；关于最后一个注释，我要感谢 Leonid Lavrin。

302

[81] Artamanov, *Istoriya khazar*, pp.331ff；Zuckerman, "On the date", pp.243 - 4.

[82] Ibn Fadlan, in ibn Fadlan, *Risala*, pp.147 - 8；当得知伊斯兰世界的一个犹太教堂被破坏后，可萨国王毁掉了光塔；马苏德引自 Pritsak, "The Khazar kingdom's conversion to Judaism", p.266；伊斯-塔希尔引自 Dulop, *History*, p.92；伊本·鲁斯塔引自上注，p.104。

[83] Ibn Fadlan, in ibn Fadlan, *Risala*, pp.146 - 7；Golden, "People of the south Russian steppes", in *CHEIA*, pp.264, 270；Artamanov, *Istoriya khazar*, pp.410 指出与 Frazer 的 *The Golden Bough* 中的神圣王权的相似性；关于这一改变的最早证据是马苏德的文献，引自 Artamanov, *Istoriya khazar*, p.275；Zuckerman, "On the date", p.252 指出"伊萨"可能是突厥名号"设"的一种形式。

[84] Dunlop, *History*, p.104；ibn Fadlan, *Risala*, p.147.

[85] Pritsak, "The Khazar kingdom's conversion to Judaism", p.265；见马苏德对穆斯林士兵的描述，引自 Dunlop, *History*, p.206；但是 Artamanov, *Istoriya khazar*, pp.316 - 7 认为在萨克尔没有穆斯林墓葬的迹象，因此这个军队可能是乌古斯的，虽然他们当然可能来自花剌子模控制的土地；Crone, *Slaves on Horses* 指出，黑衣大食使用 *mamaluk* 军队反映了他们在所统治的人民中缺少合法性，可萨人也可能面对着相似的现实。

[86] Dunlop, *History*, p.207.

［87］引自上注,p.105。

［88］Artamanov, *Istoriya khazar*, p.352;Dunlop, *History*, p.105.

［89］Artamanov, *Istoriya khazar*, pp.268－9;这些西突厥的如尼文还没有被解读,见 Klyashtornyi and Sultanov, *Kazakhstan*, p.156。

［90］Artamanov, *Istoriya khazar*, p.414.

［91］Sugar, *History of Hungary*, p,9;已经有大量关于马扎尔人起源的复杂问题的文献,见 Golden, *Introduction*, pp.258－62,以及"People of the south Russian steppe", in *CHEIA*; Moravcsik, *Byzantinoturcica*, 1:131－4。

［92］Pletneva, *Pololvtsy*, p.10; Artamonov, *Istoriya khazar*, p.298.

［93］Artamanov, *Istoriya khazar*, pp.357, 350; Franklin and Shepard, *Emergence of Rus*, pp.97－8; Golden, *Introduction*, pp.264－70 是关于佩切涅格人的。

［94］Golden, *Introduction*, p.265; Constantine Porphyrogenitus, *De Administrando*, 1: 167－71.

［95］Pletneva, *Pololvtsy*, pp.14－5 认为从这时开始,可萨汗国的命运就注定了;也见于上注,p.17。

［96］Constantine Porphyrogenitus, *De Administrando*, 1:65;以及见伊斯-塔希尔的文献,引自 Dunlop, *History*, pp.95－6。

［97］Simirnov, *Volzhskie bulgary*, p.11;Pletneva, *Stepi Evrazii*, p.77;Golden, *Introduction*, pp.253－8.

［98］例如 Ibn Fadlan, in ibn Fadlan, *Risala*, pp.131－2。

［99］Franklin and Shepard, *Emergence of Rus*, p.63;ibn Fadlan, *Risala*, pp.140－1.

［100］Golden, *Introduction*, p.256.

［101］Fedorov-Davydov ed., *Gorod Bolgar*, pp.3, 10.

［102］Smirnov, "Volzhskaya Bulgaria", pp.209－10.

［103］Ibn Fadlan, *Risala*, p.136 ;鲁斯塔引自 Golden, *introduction*, p.254;关于伊本·鲁斯塔的文献的年代,见 Dunlop, *History*, pp.107－8。

［104］Ibn Fadlan, *Risala*, p.137 ;Golden, *introduction*, p.256.

［105］引自 Franklin and Shepard, *Emergence of Rus*, pp.62－4。

［106］Nooman, "Byzantium and the Khazars", p.126.

［107］Franklin, Shepard, *Emergence of Rus*, pp.88, 56.

［108］Artamanov, *Istoriya khazar*, p.371.

［109］Zuckerman, "On the date", pp.254－68 中有最近对于这一时代的昏暗外交和军事历史的复原。

303

[110] Dunlop, *History*, p.240.

[111] Artamanov, *Istoriya khazar*, p.428;以上是 Artamanov 对斯维雅托斯拉夫路线的假说性复原;Pletneva, *Polovtsy*, p.18 赞成佩切涅格人联盟。

[112] Pletneva, *Polovtsy*, p.98;Artamanov, *Istoriya khazar*, pp.430, 449.

[113] Pletneva, *Polovtsy*, p.99;Franklin, Shepard, *Emergence of Rus*, pp.200－1.

[114] Artamanov, M. I., *Ocherki drevneishei istorii Khazar*, Leningrad, 1936; *Istoriya khazar*, Leningrad, 1962; Anna Frenkel, "The Jewish empire in the land of future Fussia", p.143.

延伸阅读

关于匈人以后的西部草原,有 Golden, Szádeczky-Kardoss, in *CHEIA* 中的文章。也见于 Artamanov, *Istoriya khazar*; Golden, *Khazar Studies* 以及 *Introduction to the History of the Turkic People*; Pletneva, *Stepi Evrazii v epokhu srednevekov'ya*; Moravscik, *Byzantinoturkica*。Obolensky, *Byzantine Commonwealth* 提供了研究拜占庭的思考方法, 而 Constantine Porphyrogenitus, *De Administrando* 提供了研究 10 世纪中期拜占庭的视角。关于可萨人, Artamanov, *Istoriya khazar* 仍然是最基础的,尽管 Artamanov 迫于斯大林主义而修改较早的研究结论(*Ocherki drevneishei istorii Khazar*, Leningrad, 1936) 以贬低可萨人的重要性(见 Anna Frenkel, "The Jewish in the Land of Future Russia")。最近的苏联的研究是 Pletneva, *Kochevniki srednevekov'ya* 以及 *Khazary*;Magonedov, *Obrazovanie*; Novosel'tsev, *Khazarskoe gosudarstvo*。标准的西方描述仍然是 Dunlop, *History of the Jewish Khazars*, 同时 Nooman, "Byzantium and the Khazars"考察了与拜占庭的外交关系。Koestler, *The Thirteenth Tribe* 是不可靠的。数量非常少的从 10 世纪开始的可萨汗国档案,可见于 Kokovtsov, ed., *Evreiskokhazarskaya perepiska* 以及 Golb and Pritsak, *Khazarian-Hebrew Documents*。所有主要的文献都讨论了可萨人的改宗犹太教,但是除此之外, Khazanov, "The Spread of World Religions"继承了 Artamanov 的方法;Pritsak, "The Khazar Kingdom's conversion"; Szyszman, *Le Karaïsme* 认为可萨人是 Karaïte; Zuckerman, "On the date"提供了新的年代学和解释。关于伏尔加保加利亚, 见 Smirnov, *Volzhskie Bulgary* 以及 "Volzhskaya bulgariya"; Fedorov-Davydov, *Gorod Bolgar* 以及 ibn Fadlan, *Risala*;还有在 Golden, *Introduction to the History of the Turkic People* 中的讨论。关于通过可萨汗国的商路, 见 Franklin and Shepard, *Emergence of Rus*。

第十二章　河中地区：中亚的伊斯兰文明

公元前一千纪的下半叶,中亚历史的节奏重现了斯基泰时期的一幕。牧人的扩张时期(第一轮是讲伊朗语的斯基泰人,第二轮是突厥语人群)被来自伊朗的牧人后裔(一个是阿契美尼德王朝,另一个是阿拉伯)建立的扩张主义的王朝所打断。在文化上,两轮循环的特征均为外欧亚大陆的影响增强,在较早一轮是阿契美尼德王朝、希腊和佛教的影响,较晚一轮是阿拉伯、伊朗和伊斯兰教的影响。7世纪期间,伊斯兰的阿拉伯军队侵入了中亚河中地区,他们将这一地区称为"河中地区""河流以外的土地"。8—9世纪,粟特、巴克特里亚和花剌子模的河边绿洲都并入了伊斯兰世界,而且和今天一样,伊斯兰教成为这一地区文化、生活方式和政治的基础。最后,阿拔斯王朝像塞琉古王国一样,分裂成地区性的政权,有的由帝国以前的统治者统治,有的由源于草原的王朝统治,有的由地方酋长的家族统治,有的由王朝的新贵统治。10世纪,在吸收了伊朗阿拔斯王朝的行政和文化传统的地方王朝——萨曼王朝的统治下,在几十年的时间内,中亚变成了伊斯兰世界最繁荣、最有知识创造力的地区。

一、伊斯兰教统治：650—900 年

（一）伊斯兰教出现之前

在伊斯兰教出现之前的几个世纪里,中亚被松散地并入了几个帝国,这些帝国的中心都在中亚以外。萨珊王朝已经控制了木鹿地区和广阔的东部行省呼罗珊。在阿姆河的南面和北面,自塞琉古王朝灭亡以后,牧人起源的王朝已

305

图版 12.1 片治肯特壁画："演奏竖琴者"

（引自 A. L. 蒙盖特著, 中国科学院考古研究所资料室译:
《苏联考古学》, 1963 年, 第 273 页）

经对当地的王朝实施了或多或少的宗主权。自 3 世纪贵霜帝国衰落后，先后有寄多罗和嚈哒帝国统治了巴克特里亚和粟特的很多地方，一直持续到 6 世纪中期第一突厥汗国占领这里。

然而，对于中亚的大多数居民来说，帝国的统治是遥远的。只有在征税或军队经过时人们才能感受到帝国统治的存在，除此之外对日常生活没有任何影响。对于绝大部分地区来说，农民、商人和德赫干不用改变其传统生活方式，就能适应遥远的帝国或汗的要求。显著的权力掌握在地方的统治者或德赫干手里。在布哈拉和撒马尔罕这样的城市，或在像花剌子模这样的地区，形成了自己的城市王朝。如布哈拉的呼达特，或多或少地成为帝国名义上的地区性代表[1]。中亚的政治和经济的重心在西边的木鹿绿洲，阿姆河南部的巴尔克绿洲，泽拉夫尚河沿岸的包括撒马尔罕和布哈拉在内的一连串绿洲，阿姆河南面的花剌子模，以及沿着锡尔河的费尔干纳到石国（塔什干）再到咸海的绿洲。

地方的统治者努力限制上交到帝国最高领主那里的财政收入的总量，并使自己的财政收入最大化。地方的牧人首领经常完全忽视帝国的权威。有政治才能和对未来有信心的统治者，经营着当地的农业和贸易系统，该地的繁荣也正是依赖于这两个系统。他们维护水渠和坎儿井（qanats），建立卫戍部队保护地区边界，为商人建立商队客栈。就像 11 世纪一位陀拔里斯坦的王公在写给儿子的书中所说的：

> 要不断努力来提高农业水平和治理好国家。你要明白这一点：王国需要军队来维持，军队需要黄金来维持，黄金需要通过发展农业来获得，而发展农业需要公正和平等。因此要做到公正和平等[2]。

缺少才干和远见的统治者毁坏了整个地区，因为他们任由其军队纵横驰骋，寻找容易得到的战利品，使该地区复杂而脆弱的渠道设施、城镇和商品都陷入破损失修状态。

要了解这一地区长期的经济趋势很困难，但是苏联对花剌子模灌溉系统的研究表明，4－5 世纪有很多衰败的征兆。然后，从 7 世纪开始，当地用较新且更加复杂的方式扩展和重建灌溉系统。特别是出现了更加密集而精致的小渠道改造系统。更加纵横交错的渠道系统能够维持更多的人口，这可能为强大的地区性国家的出现提供了人口的基础。至少花剌子模当地首领开始居住在可以管控这些灌溉系统的城堡里,使他们能够更好地控制下游的村庄和城镇。从 6 世纪开始,整个中亚的商业财富都在增多。财富的增长供养了地方的商业和贵族精英,以及大量的区域性统治者,并维持了一种奢侈的贵族生活方式,如同我们从年代为 6 – 8 世纪的片治肯特壁画上所看到的那样。财富及捐赠也为繁荣而精致的世俗和宗教的建筑、艺术与文学提供了营养。读写能力在城镇内普及(在粟特和塔里木盆地发现了讲授拼写的儿童读物),甚至传播到草原。同时佛教的寺院从粟特传播到于阗再到敦煌。像花剌子模天文台这样的机构,保持了与世界其他任何地方一样高的学术水平。财富的创造者是城市的手工业者、小商人和其他工人组成的大规模人口,在片治肯特已经发掘了他们居住的狭窄街区[3]。

维持秩序是每个人的责任。大多数居民,不论是牧人还是灌溉的农民,都持有武器并希望有机会试用它们。因此原则上可能组建了一支由征募的普通市民组成的应急军队[4]。但是,大多数德赫干和地方的君主有自己的职业士兵组成的侍从,他用税收、贸易或侵袭得到的财政收入来供养这些侍从。对于生活在设防领地的德赫干来说,慷慨的招待是维持地区性影响和保护网络的一种方式。伊斯塔希尔被德赫干阶层的好客传统所震惊,这一传统的极端例子是粟特的家庭在长达一个世纪的时间里每天敞开大门接待 100 – 200 名旅行者,并引以为荣[5]。这种生活方式塑造了花剌子模的村民和城镇居民以及锡尔河沿岸牧人的日常生活和政治事务水平,虽然有时会被列强间的战争完全颠覆。绝大多数村民都居住在有相互联系的社区内,这种联系是基于灌溉农业的合作需求。村民还需要经常性地上缴区域性霸主和地方官员强制索要的钱财。

在 7 世纪中期先知去世的二十年内,当伊斯兰的军队第一次进入中亚的时候,他们仅代表了又一次来自外部的威胁。然而在两个世纪内,伊斯兰教就改变了大多数中亚定居区域的文化传统,并开始改变牧人地区的文化生活。

（二）第一次伊斯兰入侵: 650 – 750 年

先知穆罕默德·本·阿卜杜拉·本·阿卜杜勒·穆塔利·本·哈希姆,约 570 年出生于繁荣的贸易城市麦加。他属于古莱氏部落,早期生活在麦加,或与贝都因人的亲戚生活在沙漠里。他的早期职业是经商，因为古莱氏是以麦加为中心的广泛贸易网络中的统治力量。约610年，他开始接受后来组成《古兰经》的启示[6]。

622年，穆罕默德和他的信徒逃到麦地那。这一被称为西吉来的事件，是伊斯兰历开始的标志。到了他去世的632年，他和信徒已经再一次征服了麦加，并且开启了一段令人震惊的军事扩张。637年，阿拉伯军队带着贝都因商队，在萨珊王朝的伊拉克腹地摧毁了萨珊的统治。642年，他们在今哈马丹附近的伊朗高原的尼哈万德打败最后一支萨珊大军。第二年，穆斯林的军队征服了伊朗的西北部和阿塞拜疆的很多地方。他们惊人的军事成功有些是因为赫拉克利乌斯胜利之后萨珊王朝的衰弱，有些是由于宗教的精神力量。但是他们的成功还要部分地归功于缓慢但是重要的技术革新，即公元500年之后马鞍在阿拉伯北部的发展。这使在战中使用骆驼而不是仅仅将其当作驮载的动物成为可能，并且刺激了军事文化在以马和骆驼为基础的蓄养骆驼牧人中发展。由此，骆驼牧人开始获得了一些曾经长期被内欧亚大陆骑马民族所享有的军事利益[7]。

653-655年，阿拉伯军队越过高加索山脉进入内欧亚大陆的第一次尝试被可萨人阻止。与此同时，最后一个萨珊王朝的首领耶兹德格德，像亚历山大以前的大流士一样逃跑了，一直逃到木鹿，并在651年被杀死。当时由大批叙利亚甚至萨珊士兵组成的伊斯兰军队，跟踪着耶兹德格德于651年进入了中亚，将木鹿变成他们在该地区的基地，就像萨珊在此前所做的一样。耶兹德格德的儿子卑路斯向东逃到中国建立流亡政府，最后死在那里。为了维持木鹿这个遥远的前哨基地，671年，阿拉伯在木鹿绿洲上安置了约5万户阿拉伯家庭。这是在阿拉伯以外最大规模的阿拉伯人移民集团，这也有助于解释为什么花剌子模和木鹿不久就变成了伊斯兰军事和文化影响的重要中心。到730年，大多数的移民已变成了农民，并在木鹿地区深深地扎下了根[8]。

随后，阿拉伯军队马上渡过阿姆河进入河中地区。据中国文献记载，阿拉伯军队早在655年就首次渡过阿姆河。然而，早期的袭击仅仅是夏季的掠夺。他们的目的是从这个地区富裕的城市夺取战利品，以显示阿拉伯人是想保护呼罗珊免于游牧人入侵的意图，也可能是要确保对这个地区商路安全的控制。直到约682年才有一支阿拉伯的军队进入阿姆河以东[9]。征

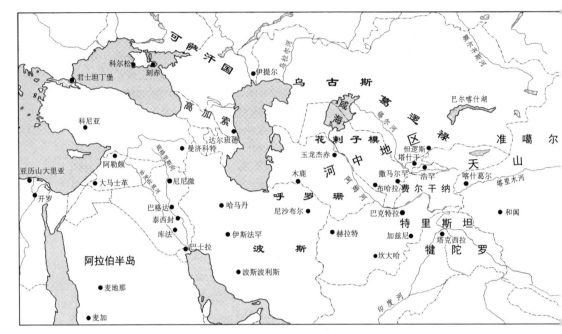

地图 12.1　中亚的伊斯兰文明

服河中地区比征服波斯困难得多,因为自从西突厥汗国灭亡以来,没有一个单独政权的失败能够导致该地所有区域性政权的沦陷。相反,阿拉伯人所要征服的这些地区政权,虽然是分裂和衰落的,但是在长期的区域性战争中锻炼得非常坚韧。阿拉伯人对每个城市和每个地区都要分别应对。发生于651－661 年、680－692 年的前两次伊斯兰内战造成的混乱也对早期的征服计划有很大的影响[10]。

首次成功征服河中地区的是屈底波·伊本·穆斯利姆。约 705 年,屈底波·伊本·穆斯利姆被倭马亚王朝第六个哈里发瓦利德(705－715 年在位)指定为木鹿的总督。征服需要用外交技巧来分化对手,用金融资本来支付军队的开销,还要有果断而精力充沛的将军所具备的精湛军事水平。他还在对方首领之间的竞争矛盾中尽力扮演成他们的同盟者,并借此从中获利,他通常要与比自己的阿拉伯军队规模还要大的地方军队联合作战。为了给战役提供资金,屈底波·伊本·穆斯利姆甚至从粟特商人那里借钱,这一分化和统治的政策部分地起了作用,因为在这样的入侵面前没有团结一致的地方传统。根据泰伯里的记载,区域性的首领每年在花剌子模聚会来协调联合,但通常没有实质性进展[11]。屈底波·伊本·穆斯利姆一个接一个地征服了布哈拉、巴尔克、撒马尔罕和花剌子模以及锡尔河的较大城镇。屈底波·伊本·穆斯利姆要求被征服的首领承认其宗主权,也要求他们提供参加未来战争的军队。像一千年前的马其顿人一样,他在城镇中安排卫戍部队,通常将整个城区清空为新的定居者使用。他在布哈拉建了一座清真寺,这是布哈拉上升为伊斯兰教主要教学中心的第一步[12]。

早期的冲突是血腥的,几乎摧毁了这一地区的前伊斯兰文化以及很多与其相关的记录。10-11世纪的波斯学者,如菲尔多西和比鲁尼曾努力保护河中地区萨珊王朝的文化遗存,但是尽管如此保留下来的仍然很少。比鲁尼声称屈底波·伊本·穆斯利姆毁坏了花剌子模的古代图书馆并杀死了其中大多数学者。早期的入侵的确是破坏性的。屈底波·伊本·穆斯利姆的一位在花剌子模的指挥官把俘虏的衣服拿走让他们冻死,屈底波·伊本·穆斯利姆在沛肯遭遇反抗之后杀死了所有的男人并把妇女和儿童变成了奴隶。屈底波·伊本·穆斯利姆的军队也掠夺了大量战利品,血洗了库法、巴士拉和木鹿的奴隶市场,并且可能使奴隶价格降低,导致对中亚奴隶的需求上升[13]。

715年,在反抗新的哈里发之后,屈底波·伊本·穆斯利姆被杀,同时在费尔干纳战役中阿拉伯人失去了对这一地区很多地方的控制。随后是一段战乱时期,阿拉伯总督为重建他们的权力而战,有时是对抗阿拉伯的对手。一位早期的总督阿伯拉斯·本·阿卜杜拉·苏莱曼(727-729年在位)通过对改宗的人不征收贡赋来鼓励改宗伊斯兰教,但是其结果是引起了地方的穆斯林和阿拉伯人的反抗。阿拉伯的总督也介入地方矛盾,并努力摆脱来自七河地区突骑施部落的干涉。通常,阿拉伯的总督以木鹿为基地,允许地方的统治者保持权力,同时指定阿拉伯的瓦利斯来监督他们[14]。事实上,他们需要具备技巧和经验来统治长期处于纷争中的地方王朝,因为在8世纪,河中地区仍然是边疆地区。720年,阿拉伯的总督开始建设 ribats,或称为有骑兵卫戍部队的边疆塞堡,主要用来针对游牧民族的入侵。通常是用私人的捐赠来支付建设塞堡的费用,住在这里的很多战士是宗教的志愿者,或加齐[15]。尽管如此,突骑施的可汗苏禄在720年和723年还是打败了阿拉伯军队,并成为这一地区的主要势力,直到737年才被阿拉伯总督打败。

在突骑施名义上的宗主权之外,是更遥远的唐朝的皇帝。在绝望之中,地

310

方的统治者早在屈底波·伊本·穆斯利姆的时候就寻求唐朝的帮助。下面是撒马尔罕的统治者乌勒伽在 718 年寄给唐朝皇帝的请愿书①，其中表现了这一时期伊斯兰统治的特色：

> 您的臣民（乌勒伽），像被您的马匹践踏的一百万里草原和土地一样，臣服于承蒙上天保佑的统治全世界的天子。我的家庭成员，以及各种各样的胡，已经长期忠诚地奉献于您的伟大帝国；……现在我们已经连续 35 年[自 7 世纪 80 年代早期的大规模入侵]不停地与塔车[阿拉伯人，"塔吉克"]的强盗战斗，每年我们派出大量的步兵和骑兵参加战斗，却从来没有好福气享受到您的帝国出于仁慈而出兵帮助我们。在六年多的时间里[自 712 年屈底波·伊本·穆斯利姆占领撒马尔罕]，塔车的指挥官带领庞大的军队来到这里；我们与之作战并努力打败他们，但是我们的很多士兵被杀或受伤；因为塔车的步兵和骑兵数量特别多……我躲在城墙后面自卫；然后塔车包围了城市，安放了 300 座弩炮轰击城墙，在三个地点挖深沟，想尽办法摧毁我的王国[16]。

乌勒伽请求唐朝派军，并献上一匹马、一头波斯骆驼和两头骡子组成的微薄礼物表明战争已经把这个伟大的贸易城市撒马尔罕变得多么贫困。然而，唐朝能做的也很少。在北面，他们面临敌对的突厥汗国。在西藏，他们面对和伊斯兰同时期扩张的强大的吐蕃。直到 7 世纪晚期，以及在 8 世纪晚期，吐蕃控制了塔里木盆地和丝绸之路的东半部，并与哈里发、突厥和唐朝有外交关系。乌勒伽与所有的地方统治者一样，被迫在不同的区域性政权之间周旋。在他的职业生涯中曾两次承认阿拉伯的宗主权，尽管在 731 年他再一次与突骑施结盟反抗阿拉伯[17]。

（三）早期的阿拔斯王朝：750－850 年

8 世纪中期，河中地区成为扩展到横跨整个欧亚大陆的复杂国际对抗的焦点。8 世纪的"伟大竞赛"主要参与者是伊斯兰教的军队、吐蕃和唐朝的军队。其他地方的政权也充当了同盟者或牺牲品的角色。约 750 年发生的两件大事

311

————————

① 《资治通鉴》卷二一二记载这一事件发生时间为开元七年（719 年）。

最终结束了这些冲突：阿拔斯哈里发的出现和751年唐朝在怛逻斯战役中的失败。

第三次伊斯兰大内战从744年持续到750年。750年，一支由大量来自木鹿地区的心怀不满的阿拉伯移民，以及大批河中地区居民组成的呼罗珊军队，由波斯人阿布·穆斯利姆率领向西行进，他们打败最后一个倭马亚哈里发麦尔旺，建立了出自先知家族阿拔斯分支的新哈里发，这标志着大内战结束。虽然第二位阿拔斯哈里发阿尔·曼苏尔在755年将阿布·穆斯利姆谋杀，但是呼罗珊仍然保持了对阿拔斯哈里发的强大影响。在很多年内，阿拔斯的军事力量依赖于呼罗珊的军队，而且新首都巴格达的卫戍部队主要是从呼罗珊征募。同时，出自中亚的官僚家族，就像出自巴尔克的波斯家族巴马基德一样，在早期阿拔斯王朝的官僚机构中担当了重要角色。阿拔斯哈里发在其他方面也受到波斯和中亚传统的强烈影响。762年，阿尔·曼苏尔哈里发在萨珊故都泰西封附近建立新首都巴格达。随着中亚变得伊斯兰化，伊斯兰教本身也变得更加波斯化。

第二个决定性事件是751年发生在怛逻斯的战役。750年，阿拔斯哈里发在王朝刚刚建立不久就发动了对河中地区的侵袭。阿布·穆斯利姆的助手，齐雅德·本·萨利赫用大规模的屠杀来镇压布哈拉和撒马尔罕的反叛[18]。同时，唐朝战胜吐蕃已经使阿拔斯王朝未来的一个主要对手衰落。对于唐朝来说，虽然由于距离和地理的原因使其总是难以直接控制中亚，但是在突骑施崩溃之后，他们再一次尝试直接控制中亚。749年，由高句丽人高仙芝率领的唐朝军队出现在费尔干纳，并宣布对这一地区拥有宗主权。齐雅德·本·萨利赫抗击唐朝的军队，并于751年7月在怛逻斯将其打败。这次失败使中国在此后几乎一千年的时间内都没能实现控制塔里木盆地以西地区的愿望[19]。

以呼罗珊军队为基础复苏了的哈里发，消除了来自唐朝或吐蕃这样对手的威胁，现在有能力巩固它在呼罗珊和河中地区的统治。也只有此时，伊斯兰教才开始更深入地渗透到中亚居民的生活。然而，改宗是一个缓慢的过程。艾兹赫德指出，在中亚，伊斯兰教"像龙卷风一样失败，（但是）像冰川一样成功"[20]。伊斯兰教曲折的传播过程反映出在这个地区共存着各种不同类型的社会。当伊斯兰教在7世纪到来的时候，它面对的是一个混乱的宗教市场：琐罗亚斯德教流行于粟特和花剌子模。佛教在巴克特里亚流行[21]。基督教在萨珊王朝时期就到达了马尔吉亚纳，摩尼教也是如此。8世纪，即主教提莫赛乌斯主政时期(780－823 年),景教成为这一地区能够使人改变信仰的宗教,同时犹太教也有很多的信徒。考古学的证据表明,怛逻斯(现代的江布尔)的居民信奉琐罗亚斯德教、基督教、佛教、一种酒神(Bacchic)崇拜的地方变体、一种对丰产女神安娜(Anahit)的崇拜,以及突厥传统对天神或腾格里的崇拜。在草原和村庄,可以发现萨满教的活动,而伊本·法德兰在 921 年遇见的乌古斯人向腾格里祈祷[22]。宗教的多样性给中亚的宗教文化带来了某种人类学的相对论。例如,一部景教的著作认为,救世主在最后时刻将以不同的形式出现:"对于希腊人来说,它将以宙斯或赫尔墨斯的形式出现,对于犹太人则以弥赛亚的形式出现,对于魔术师则以波斯人的形式出现,对于印度人则以般若和佛陀的形式出现,对于迦勒底人则以贝尔的形式出现,对于突厥人是腾格里,对于中国人是 'Gabour'(帕提亚的 *bgpwhr*,'天神的儿子' = 汉语 t'ien-tzu 天子)。"[23]这种多样性甚至在伊斯兰教入侵之后还存在,但是现在它们被改造成单一的、统一的宗教。

第一次改宗伊斯兰教发生在主要的城镇。反抗通常是以支持非官方伊斯兰教的形式,例如早期形式的什叶派教义。有的运动借助于阿布·穆斯利姆的名字,他对倭马亚王朝的反叛产生了平等主义改革的空想。776－783 年间,河中地区的很多地方被哈希姆·布·阿奇木领导的反抗运动所接管,他是阿布·穆斯利姆的前将军,宣称自己是亚当、诺亚、亚伯拉罕、摩西、耶稣、穆罕默德和阿布·穆斯利姆这一系列先知中的一员。他关于社会和物质平等的教义可能归因于幸存于呼罗珊的玛兹达克运动的理想。在阿拉伯文献中,他被称作穆盖纳尔,即"邪恶的人"——他戴着绿色的面纱,宣称如果不这样的话凡人将因他脸上放出的光而眩目(敌人说恶魔将隐匿他的缺陷)。他的主要成就是在基什(Shakhrisabs)、内塞甫(卡尔西)和布哈拉。根据纳尔沙布的记载,他继续采取利用突厥牧人反对阿拉伯这一旧策略。他"邀请突厥人并允许他们(获得)穆斯林的生命和财产。很多军队都来自突厥斯坦,他们抱着掠夺的念头,抢劫教区,俘虏穆斯林妇女和儿童并屠杀百姓"[24]。

尽管有这样的运动,但是到了 850 年,河中地区的大多数城镇都信仰了伊斯兰教。单词"塔吉克"最初是用来指来自伊朗塔依部落的阿拉伯移民,不久就被用来指所有改宗伊斯兰教的人,不论是阿拉伯的还是波斯的[25]。虽然不是迫害,但是琐罗亚斯德教由于丧失了精英的资助而衰弱。在这一阶段以后,850－950 年间河中地区的乡村也像伊朗一样开始信仰伊斯兰教。

至 10 世纪中期,这个过程已近乎完成,以至于"菲尔多西和其他的伊朗文学人士或学者感到,需要抢救一些几乎绝迹的前伊斯兰教传说和文化"[26]。草原上的改宗是长期而复杂的过程,其中部分是因为阿拉伯人愿意居住在南方的城市里。正是在这些城镇出现了独特的中亚伊斯兰教文化,并最后渗透到草原,赋予了这些地区统一的文化。这一统一的文化一直保留至今[27]。虽然伊斯兰教意味着在阿拔斯王朝内文化上的合并,但是,阿拔斯王朝逐渐的分裂证明,呼罗珊在政治上仍然保持相对的独立。呼罗珊早在 9 世纪已再一次成为孕育新哈里发的摇篮。哈里发哈伦·拉希德(786－809 年在位)为他死后的继位制订了周密的计划,在此计划下,其长子穆罕默德(后来的哈里发阿敏)将成为哈里发,幼子阿卜杜勒(后来的哈里发马蒙)将十分独立地统治呼罗珊。809 年,哈伦在呼罗珊平定一场撒马尔罕的叛乱时死亡。陪伴他的阿卜杜勒开始在维齐尔法德尔·本·赛赫勒的帮助下,在这一地区建立联盟以准备必然发生的继位战争。呼罗珊具有掌握政权的优势,因为这里有哈里发最好的军队,他们在中亚边境的残酷战争中得到锻炼。811 年,阿卜杜勒的哥哥派出庞大的军队进攻他,并准备了一个特制的银链子用来日后囚禁他[28]。但是规模较小的呼罗珊军队,在当地的指挥官塔希尔·本·侯赛因的率领下,打败了阿敏的哈里发军队。阿卜杜勒在他哥哥死后的 813 年正式成为哈里发。在一段时间内,他以木鹿为首都,但是在 819 年退回巴格达,巴格达仍然是阿拔斯王朝的人口、经济和政治中心。

313

　　821 年,塔希尔被任命为呼罗珊的总督。他死于 822 年,其后这一位置传给了他的儿子和孙子们,直到 873 年。塔希尔呼罗珊的首都在尼沙布尔,它从来没有真正独立过,因为塔希尔接受哈里发的宗主权,继续向巴格达上交贡赋,以哈里发的名字发行货币,并在宫廷中为哈里发保留着显著的位置[29]。然而,在呼罗珊内部,塔希尔拥有巨大的行动自由。在整个阿拔斯王朝的疆域内,以这种方式开始了权力的逐渐分裂,特别是在呼罗珊。

　　塔希尔的儿子阿布杜拉汗(822－844 年在位)在某些方面是理想的伊斯兰教统治者。他是强硬的统治者,并维持了呼罗珊全境的稳定。他也表现出特别关心大多数人民的命运和繁荣。他说,"'上天'用他们的手喂养我们,通过他们的嘴欢迎我们,禁止恶意地对待他们"[30]。他支持广泛的大众教育计划。在河中地区,他鼓励制定控制水道的基本原则,支持大型水利工程,如在今塔什干附近建一条大型的运河,这是现代费尔干纳大运河在中世纪的先驱。

塔希尔也成功地发动了很多以获得奴隶为目的的远途侵袭,最远可达突厥的草原,这为古拉姆军队提供了重要的兵源。而由古拉姆或奴隶组成的军队,在哈里发穆塔西姆(833－842年在位)统治时期变得尤为重要[31]。虽然我们对塔希尔的统治所知甚少,但是他所开拓的很多政治统治方法后来很可能被呼罗珊和河中地区所采纳。

314　　873年,完全非贵族起源的新统治王朝——萨法尔王朝攻克了尼沙布尔,从塔希尔王朝手中夺取了政权。萨法尔王朝的创立者是一位铜匠(萨法尔),名叫雅忽比,他出自混乱并且充满强盗的南方省份锡斯坦。雅忽比创立了一支军队,其中部分士兵是从那些仍然是伊斯兰边疆地区的哈瓦利吉派的加齐或称为"宗教的武士"中招募的。雅忽比的政权从来没有被巴格达承认,他直接依靠武力,通过没收获取大量财富。在生活方式和举止方面,他一生都保持士兵的样子,"穿棉衣,坐在光秃秃的地上,用头枕在盾上睡觉"[32]。例外只发生在接待大使这样的特殊场合,此时他被两支各有1 000人的卫队所围绕,这些卫士都是从最好的士兵中挑选出来的。

雅忽比的弟弟兼继位者阿慕尔取得了更大的合法性,通过获得正式的任命成为哈里发在呼罗珊的总督。阿慕尔还使用很多正式的统治方法。在尼扎姆·莫尔克的评论中可以大致反映出他的宫廷规模:"他是如此有人道和宽宏大量,以至于需要四百峰骆驼来运他的厨房。"[33]军队仍然是统治者的政权基础,因此支付军队的薪水是一个重要的仪式,在这一仪式中,阿慕尔模仿萨珊王朝皇帝的典礼。由一位专门的名为 arid 的官员,负责每三个月发一次薪水。在鼓声的伴奏下,士兵们集合起来领薪水,从统治者阿慕尔开始逐一上前。在检查了他的马和装备之后,arid 点头批准并交给他薪水。"阿慕尔将钱放在靴筒内并说:'感谢上帝,劳他准许我为指挥官忠诚地服务,并使我对得起他的恩惠。'之后阿慕尔坐在一块高地上,看骑手和步兵轮番在 arid 面前亮相,经过同样的仔细审查领取他们的薪水"[34]。

到900年,当阿慕尔被河中地区的萨曼王朝统治者打败时,阿拔斯哈里发已经失去了呼罗珊和河中地区,只保留了名义上的宗主权。

二、10 世纪萨曼王朝的复兴

两个条件造就了中亚的繁荣。首先,强有力的政府保证农民和商人能够安全有保障地工作。其次,政府关心这一地区,同时又不能征收过重的赋税。

这两点只有在当地政府强大时才有可能实现。这既不同于在帝国统治下为了遥远的宫廷利益而汲取当地的财富，也不同于在衰弱的地方王朝统治下应付战乱和侵袭。中亚很少能达到这一理想的平衡，贵霜帝国就曾处在这样的时期，9－10世纪阿拔斯政权瓦解后开始的区域性政府同样也处于这样的时期。这一时代最重要的，而且我们掌握了最丰富资料的中亚王朝，就是萨曼王朝，因此我们将详细地介绍萨曼王朝。

315

（一）萨曼王朝

在萨曼王朝以前，布哈拉的传统统治者"胡达特"尽管还接受伊斯兰的宗主权，但是已经保持了一些自治。他们通常在伊斯兰呼罗珊的第一个首都木鹿设一个公馆[35]。738年，萨曼-胡达特，一位来自巴尔克的波斯人兼萨曼王朝的祖先，改宗伊斯兰教。约820年，他的四个孙子都被任命为河中地区的区域性总督。在塔希尔统治的875年，总督变成世袭的，在他们失势以后，纳斯尔·本·艾哈迈德被穆太米德哈里发任命为河中地区的总督。他的弟弟兼继位者，伊斯梅尔·萨曼（893－907年在位），曾经长期担任布哈拉的总督，是这个王朝财富的真正创造者。他的哥哥于893年死后，伊斯迈尔被哈里发授予河中地区的总督。同一年，他从葛逻禄手中征服了怛逻斯地区。900年，他摧毁了一支萨法尔王朝的军队，并俘虏了王朝统治者阿慕尔，他把阿慕尔送到巴格达，两年之后阿慕尔在那里被处决。在推翻萨法尔政权之后，伊斯梅尔·萨曼成为呼罗珊以及河中地区的总督。他死于907年。他的墓葬至今仍然是布哈拉地区现存的前蒙古时期的少数建筑之一。

虽然他们接受了在哈里发之下的埃米尔，或称为地区性总督的职位，但是萨曼王朝对呼罗珊的统治较塔希尔或萨法尔王朝的更独立。因为他们好像从来没有向巴格达上缴贡赋。然而，他们维护着哈里发的行政和官僚机构。统治者至少在理论上享有专制的权力。实际上，他最重要的作用是选择和指派下属的官员[36]。像所有近世的国家一样，萨曼王朝最好被理解为一个联邦，而不是统一的系统。因为在它的很多省里，锡斯坦、巴尔克、伽色尼、花剌子模以及其他的地区性王朝把持着权力，根据穆卡达西的记载，这些王朝大多是向布哈拉赠送礼品而不是贡赋。控制这些地区不得不需要经常地谈判。萨曼王朝的统治者通过与阿拔斯王朝相似的系统来统治，这个系统的主要结构有两部分：哈吉布主管军事，也是宫廷仪式负责人——达尔甘的主管；维齐尔则是管理平民和财政的迪万或大法官的主管[37]。

萨曼王朝是中亚第一个主要依靠奴隶或古拉姆(它的意思是"男孩")组成的军队来统治的王朝,古拉姆主要从草原征募。不过使用来自奴隶的职业士兵在中亚已经成为事实,例如阿拔斯哈里发从马蒙的弟弟及其继位者穆塔西姆(833－842 年在位)时期就已经使用突厥的奴隶。穆塔西姆在他成为哈里发之前就组建了一支由 3 000－4 000 名奴隶组成的私人军队。最初这些奴隶是他从巴格达的奴隶市场买来的,后来是从萨曼王朝在河中地区的总督那里买的。无论如何,他的哥哥马蒙已经开了先例,在第四次内战中他主要依赖来自呼罗珊的由突厥奴隶组成的军队。古拉姆军队不久在哈里发的内部冲突中承担了重要角色,以至于他们从最初的私人扈从变成了伊斯兰世界中最重要的军事单位。从 9 世纪中期开始直到现代,奴隶士兵一直是伊斯兰军队在定居地区的作战力量,阿拔斯王朝也随着这些士兵势力的上升而衰落[38]。古拉姆军队的出现反映出伊斯兰的统治王朝没有成功地在自由民中建立持久的正统性意识,这与很多农业帝国任命太监或奴隶为官员所反映出的性质相同[39]。

萨曼王朝的军队由可能带着家眷的波斯德赫干和突厥的俘虏组成。但是像当时的伊斯兰统治者一样,他们越来越依赖于职业的古拉姆士兵,后者首先要忠诚于萨曼王朝统治者。奴隶特别是古拉姆,一般主要来自锡尔河北部。萨曼王朝的统治者也紧紧地控制着非常有利可图的奴隶贸易。他们控制买卖奴隶的边市,给奴隶贩子发放执照并从中征税,由税款包收人征税。他们也建立培训中心专门培训征募到军队的奴隶。可能从伊斯梅尔·萨曼开始,军队转变为职业的奴隶军队,因为他的很多场战役发生在呼罗珊,在那里他的军队既不能吸收宗教的志愿者,也不能吸收上层阶级[40]。

对于奴隶来说,因为伊斯兰社会缺乏像印度或基督教世界那样强烈的等级意识,从而使军队服役为他们打开了新的职业前景,而且有的地位会提高到令人目眩的高度。塞尔柱王朝的首领阿尔普·阿尔斯兰的维齐尔尼扎姆·莫尔克(1018－1092 年),为我们展示了 11 世纪成功的古拉姆的典型职业道路,那时这个系统已经变得高度制度化。他的记述以伽色尼王朝的创建者阿勒波的斤的职业为蓝本。

当一个古拉姆被买来后,在一年之内他被命令徒步贴身服侍一位马镫上的骑手,穿撒答剌锦[出自布哈拉附近城镇的织物]制成的斗篷和长靴。这个古拉姆在第一年不允许私自或公开骑马,如果被发现[他已经骑马了]就要受到惩罚。当他穿着靴子服务了一年后,帐篷首领就会告诉国王的侍从,侍从告知国王;然后给他一匹突厥小马,马身上带着用未鞣制皮革覆盖的马鞍和素皮带做成的笼头。在他挥鞭骑马服务一年以后,在他的第三年会得到一条腰带[和一把剑?]系在腰上。第四年,他们给他一个箭筒和弓袋,骑马时要挎上它们。第五年,他得到一副更好的马鞍和带星的马笼头,同时还有一件斗篷和一根挂在棍环上的棍棒。第六年,他成为持杯者或持水者,在他的腰上挂一个高脚杯。第七年,他是一个穿长袍的人。第八年,他们给他一顶独顶的十六桩帐篷,将三个新带来的古拉姆放到他的队伍里。他们授予他帐篷首领的头衔,给他戴上一顶装饰着银线的黑色毡帽,穿上用大麻做成的斗篷。每年他们都改进他的制服和装饰并提升他的军衔和职责,直到他成为军队的首领,并进一步成为国王的侍从。当他的适应性、技艺和勇气得到普遍认可,完成了一些突出的军事行动,并被发现体贴同伴、忠诚于主人时,而且只有当他已经35岁或40岁时,他们才任命他为埃米尔并委派到一个省[41]。

317

依靠薪水的职业军队给伊斯兰世界带来很多后患。第一,它导致军队和平民百姓之间的距离不断扩大,特别是在纳斯尔·本·艾哈迈德在位末期摒弃逊尼派伊斯兰之后。10 世纪晚期,萨曼王朝已大体失去了贵族和教士的支持,只能完全依靠古拉姆军队。第二,它将财政与军事实力连接在一起,因为古拉姆军队将商业和农业的财政收入直接转化成军事力量。第三,这一实践产生了新的危机,因为在高薪的古拉姆提高其统治者实力的同时,无薪水的或心怀不满的士兵能够(经常)推翻无能的统治者,从伊斯梅尔·萨曼的儿子及其继位者艾哈迈德(907-914 年在位)开始就如此。第四,使用带薪的军队降低了传统的军事阶层德赫干的重要性,并使统治者不像以前那样依赖于城镇的支持。很多德赫干离开前萨曼王朝时期河中地区典型的设防乡村,居住在逐渐发展起来的城镇里。河中地区至少在斯基泰时期就已经遍布乡村堡垒,但是此时这一历史悠久的景观消失了[42]。然而,当德赫干的权力衰落时,中央统治者的权力则暂时增强,地方的统治者第一次有了忠于他的大型军队。

如果他们能管理其雇佣军,那么地方统治者的权力和独立性无疑会增强。使用古拉姆与在牧人国家中使用卫士或私人随从相似。在征服的时代,这一系统能很好地发挥作用,因为这时有足够的财富来分配。然而,在稳定的时代,这一系统很难奏效,因为此时财政已经紧缩[43]。

维齐尔主管萨曼王朝的平民行政,他们通过 10 个左右的迪万或称为"部门"来统治。大多数迪万处理财政事务,其他的打理皇族的土地,或者维持城镇的秩序和公正,或者监视其他机关,或者掌管为官方服务的邮政系统[44]。在省的层面,与此大体相似但不那么完善的官僚机构,以被称为阿奇木的地方维齐尔为首。然而,这些职位很多是世袭的,相对于布哈拉的萨曼王朝中心来讲,拥有这些职位的人通常具有很强的独立性。

布哈拉社会的第三个重要集团是城镇居民,他们控制了这一地区的很多商业财富。随着伊斯兰教的传播,河中地区的城镇处在地方的宗教教师法基赫的影响之下。伊斯兰教宗教领袖所拥有的权力是基督教社会无法与之相比的,因为这一权力要依靠感召力和声望,世俗社会的领袖通常因缺乏执法的合法性而不愿去挑战这一感召力和声望。司法的权威喀迪特别重要,他们对清真寺以外的事物做出判决。在布哈拉,从萨曼王朝开始,被时人称为 *ustadh* 或"首领"的最有影响的教士,属于哈乃斐派[45]。萨曼王朝灭亡以后,他们成为布哈拉社会的统治力量。

(二)经济和政治的扩张

至少在 10 世纪的上半叶,来自布哈拉的高效而强有力的政府创造了经济和政治扩张的先决条件。在一段时间内,萨曼王朝统治的河中地区确实成为推动整个伊斯兰世界经济和文化发展的动力所在[46]。

布哈拉的重要性可追溯至嚈哒时代,当时它首次有城墙围绕。但是布哈拉最伟大的时代是在萨曼王朝统治时期,此时它是伊斯兰世界最重要的城市。8 世纪,布哈拉的第二重城墙建成,将市场以及古代的城市中心沙赫里斯坦围了起来。每重城墙有 17 座城门。布哈拉的地方经济依赖于复杂的地方水道系统,几乎所有的水道都是人工的[47]。穆卡达西描写了萨曼王朝时期布哈拉的渠道:

河流在 Kallabadh 旁进入城中,这里建有水闸,形成宽的原木建成的闸门。在夏天的洪水季节根据水位的高度依次移走木柱子,这样较多的水流入了水闸,然后流向培康;如果没有这一精巧的安排,水将会回流到城里……在城的下游是其他的水闸……用同样的方法建造。河流穿过城内,穿过市场并沿着街道(在渠道里)分流。城内有大的露天水库;在边上有木板做成的带门的建筑用来沐浴……水是浑浊的,很多垃圾都被扔进水里[48]。

布哈拉是拥挤的,以糟糕的空气和水质而闻名。像中世纪欧洲的很多城市一样,城市的增长可能伴随着城市贫民的出现,他们的生活条件极为恶劣,而且和富人不同,他们在夏天没有机会到乡下庄园躲避浑浊的空气和水[49]。

　　撒马尔罕的环境可能比布哈拉更有益于健康。中世纪的旅行者记录:“花园占相当大的区域,几乎每座房子都有一个花园;从城堡的顶部俯瞰城中看不见建筑物,因为花园里的树遮挡了建筑。”[50]花剌子模也很繁荣,这里原来是村庄和农田,偶尔有几处城堡散落其间,现在变成了一座庞大而富裕的商业城镇。根据穆卡达西的记载,花剌子模的首都柯提有一座壮丽的清真寺和一座皇家宫殿,有很多著名的学者和商人。花剌子模报告祷告时刻的人,是阿拔斯王朝最具有“优美的声音、朗诵的表达力、风度和学识”的人。但是,他补充道:

> 城市时常被河流淹没,居民从河堤上转移走(越来越远),城市……有很多排水沟,所有公路都被淹没了。居民把街道当成厕所并堆满垃圾,随后从那里装入麻袋运到田地里。由于垃圾太多,陌生人只能白天在城中行走[51]。

花剌子模的很多小城,有的还没有村庄大,也都建有防御墙、大门和吊桥,城内设置市场、清真寺和监狱。像遍及前工业化世界的一样,富人的捐助能为减轻最严重的贫困出一些力。在花剌子模,伊本·法德兰注意到,乞丐在冬天可以自由地进入任何房子并在火前坐下要面包吃[52]。

　　城市的增长和城墙的修建使城市与农村居民之间的差距越来越明显[53]。城镇主要依靠灌溉农业的产品,但是维持这些灌溉系统是昂贵而复杂的工作。堤坝必须建造和维修,水渠和地下的坎儿井必须定期清理防止淤塞,还要建造并维修水泵(由风磨或骆驼牵引)和井。政治、军事和法律的问题也很多。要

319

保护整个系统免于敌人袭击,要组织维护系统的劳动力,还要有人来管理由谁供水以及供水的时间和供水量。当政府强大而有很好的组织能力,而且愿意在地区性统治者和地方领主的参与下,投资并组织必要的劳动力来维护和保护水道时,农业及其所支撑的城镇就能兴旺。然而,城市的财富也依赖于与畜牧社会之间建立的良好关系,这些畜牧部落位于创造巨大商业财富的商队所途径的地区,这对花剌子模来说尤其现实,因为其军事防卫和商业财富完全依赖于与牧人的成功交往。由于花剌子模在与草原和西伯利亚贸易中的特殊作用,花剌子模人在河中地区和呼罗珊随处可见,他们戴的毛皮高帽非常显眼[54]。

大型的商队从花剌子模出发,向西北进入可萨人和伏尔加保加尔人的土地,将草原和北部森林的商品运到木鹿、呼罗珊和巴格达,或运到东面的撒马尔罕、塔什干、费尔干纳,商品从那里被带到更遥远的东方,通常是由粟特商人运到中国。特别是在塔什干、花剌子模、木鹿的草原边疆,地方的统治者沿着主要的商路以 25—30 公里的间距建造和维护商队客栈,这个距离正是一天的旅程。商队客栈用石头建成,由小型守备部队保护,坐落于水源地或有很好的天然屏障之处[55]。通常,它们发展成小型草原城镇,有的一直存在到今天。

320　20 世纪 40 年代,苏联考古学家托尔斯托夫展示了追踪玉龙杰赤(现代的昆亚-乌尔根奇)和里海之间商路遗迹的航空照片的价值,当时沿着这条商路,仍然有很多石头建成的商队客栈,有石头覆盖的水井。玉龙杰赤在与草原贸易中的重要作用有助于解释为什么它在 10 世纪晚期成为花剌子模的首都[56]。

商队组织依赖于当地商人的行政和财政专长,他们有广泛的人脉,可以使用信用证在其他城镇支取现金。我们知道至少有一位花剌子模的商人在伏尔加保加利亚,以及花剌子模和古吉拉特有作坊。出于自卫和维持几个星期补给的需要,商队通常很庞大,像“迁移中的小型城镇”[57]。在被哈里发穆格塔迪尔(908—932 年在位)派到伏尔加保加利亚的伊本·法德兰写的文章中,我们对 10 世纪早期穿过乌古斯草原商队的生活有了全面了解。伊本·法德兰于 922 年从玉龙杰赤向北面的伏尔加河行进[58]。与他同行的商队特别庞大,由 3 000 头驮兽和 5 000 人组成。费列指出,这个商队的规模有助于解释保加尔花剌子模殖民地的规模和在俄罗斯北部发现的这一时期穆斯林货币的数量。商队在 3 月 3 日离开,用了约 70 天走了约 1 000 英里[59]。伊本·法德兰和他的同伴准备这次远行时采纳了当地人的建议。他们购买突厥骆驼、骆驼皮制成的渡河用皮船，以及足够三个月旅程用的面包、小米、盐及肉。他们也购买为度过寒冷的沙漠夜晚而准备的保暖衣服："我们每个人穿一件短上衣，外面穿一件大衣，外面再穿一件 tulup[毛皮大衣]，在上面再加一件 burka 和一顶毡子制成的只露出两只眼睛的头盔；一条简单的和一条带内衬的内裤，再套上裤子以及室内便鞋 kaymhuht，在它们的外面还有一双靴子。我们中的一个人在骑上骆驼的时候，就因为衣服太多不能动了。"[60]他们的贸易商品主要是纺织品和干果，以及给途经地区的乌古斯人和佩切涅格人的礼物。

　　途经河中地区的贸易商品种类繁多，可以不加夸张地说是来自欧亚大陆的所有地方。萨曼王朝时期的河中地区以棉花闻名，自伊斯兰时期以前的5世纪起就在木鹿的绿洲大规模种植[61]。但是河中地区的城市也出口种类多得惊人的纺织品、皮革制品、毛皮、畜产品、金属制品、宝石、食品和其他商品。穆卡达西在约985年写成的文章提供了种类繁多的该地出口商品的清单：

　　　　出自铁尔梅兹的肥皂和阿魏胶[一种味浓的草]；出自布哈拉的软织物、祈祷用的毯子、小旅馆铺地面用的编织物、铜灯、泰伯里的棉纸、马肚带（是在监禁的地方编成的）、Ushmuni 织物[出自埃及的城镇 Ushmunayn]、润滑油、绵羊皮。头上涂抹用的油。……出自花剌子模的有紫貂、白鼬[一种白色的毛皮]、貂、草原狐狸、貂鼠、狐狸、河狸、斑兔和山羊的毛皮，也有蜜蜡、镞、桦树皮、长毛帽子、鱼胶、鱼牙[可能是海象的胡须]、海狸香、琥珀、鞣好的马皮、蜜、榛子、猎鹰、剑、铠甲、哈阑木、斯拉夫人奴隶、绵羊和牛。所有这些商品来自保加尔人，但是花剌子模也出口葡萄、大量的葡萄干、杏仁糕、芝麻、带条纹的布料、毯子、毛毯呢子、作为皇家礼物的缎子、织物做成的遮盖物、锁、Aranj 织物[可能是棉的]、最强壮的人才能拉开的弓、rakhbin（一种奶酪）、酵母、鱼、船（后者也从铁尔梅兹出口）。从撒马尔罕出口的有涂银色的织物（simgun）、撒马尔罕食物①、大的铜器、精美的高脚杯、帐篷、马镫和笼头以及皮带。出自石国[现代的塔什干][62]的有马皮的高鞍、箭筒、帐篷、兽皮（从突厥进口并鞣好的）、斗篷、祈祷用的毯子、亚麻籽、上好的弓、劣质的针、出口突厥的棉布以及剪

321

————————

①　译文中的"撒马尔罕食物"的原文为 Samarqandi stuffs。

刀。还有从撒马尔罕出口到突厥的缎子、被称作马尔加尔的红色织物、Sinizi布[出自法尔斯地区,虽然最初用的亚麻来自埃及]、很多丝绸和丝绸织物、榛子和其他坚果。出自费尔干纳和白水胡城的,有突厥的奴隶、白色织物、武器、剑、铜、铁。出自塔拉兹(怛逻斯)的有山羊皮。……没有比布哈拉的肉以及一种称作 ash shaq(或称为 ash shaf)的甜瓜再好的,花剌子模的弓、沙什的瓷器和撒马尔罕的纸也没有别处能比得上[63]。

中亚的贸易规模部分反映出有30万到40万人口的9世纪世界最大城市之一——巴格达的巨大需求,它对纺织品、奴隶和毛皮以及蜜一类的甜味剂有巨大的需求。布哈拉以纺织业闻名,费尔干纳以金属商品特别是武器闻名,泽拉夫尚河谷以棉花和丝绸闻名。在费尔干纳,提炼出来的油一部分用来照明,一部分用来攻城,在泥质管子内填满油并投入被围困的城里做燃烧剂[64]。这一地区也出口黄金、白银、水银、焦油、石棉、绿松石、铁、铜和铅。自从撒马尔罕的工匠从怛逻斯战役中俘虏的中国工匠那里学会了造纸术以后,撒马尔罕已经成为向伊斯兰世界出口纸的主要地点。萨曼王朝也从兴都库什山的矿山中开采白银,一直持续到约983年这些地方被喀喇汗王朝占领。9世纪,花剌子模的甜瓜被包在装满雪的铅容器里运到哈里发在巴格达的宫殿[65]。

(三) 文化的复兴

强有力的政府和商业的繁荣刺激了文化的复兴,这使河中地区在一段时间内成为伊斯兰的文化、知识和科学的中心。

繁荣富足,大量阿拉伯居住点的出现,以及呼罗珊和河中地区在阿拔斯王朝的有利位置,都激励着地方精英资助作家和学者,同时边疆地带本身所具有的兼收并蓄传统也促进了思想的交流。以此为基础,伊斯兰文化在萨曼王朝的河中地区兴盛起来。伴随着伊斯兰教的传播,伊斯兰的语言也在传播。作为整个阿拔斯王朝的理论和学术语言的阿拉伯语传到了东方;地理学家穆卡达西(约卒于1000年)声称,在他生活的年代,纯粹的阿拉伯语是在呼罗珊使用。虽然波斯语在城镇和粟特是主要的语言,但阿拉伯语也是萨曼王朝官僚机构的官方语言。波斯语虽然正在逐渐消失,但是仍有很多乡村使用[66]。波斯语和阿拉伯语同样流行,只是在改良的类型中有更多的阿拉伯语影响。很多来自这一地区的人,像比鲁尼(卒于1048年)一样,母语是花剌子模语,但是不得不学阿拉伯语,用阿拉伯语字母书写形式上已经伊斯兰化的新波斯语[67]。

在萨曼王朝时期,布哈拉吸引了来自所有伊斯兰世界的学者。正如同时代的人所说的,它成为:"光辉的焦点,王朝的圣地,当代最独一无二的知识分子聚集地,世界文学明星的地平线和当代最伟大学者的交流场所。"[68]比鲁尼描写了布哈拉的著名书市[69]。伊本·西拿(阿维森纳;980－1037年)使用布哈拉的萨曼王朝统治者的图书馆。

> 我进入了有很多房间的建筑,每个房间都有叠放的书箱。一个房间是阿拉伯书籍和诗歌,另一个房间是法律书籍,以此类推,每个房间的书都是关于一个学科的。我读了古代作者的清单并找到我需要的书。我看见很多人们还不知道的书名,在此之前我从来没有见到过这么多的藏书。我阅读这些书,从中受益,并了解到每个人在各自领域的相对重要性[70]。

学者在自己家中,或者在其资助人那里以及清真寺附近给学生上课。这可能就是现代大学的伊斯兰教先驱——伊斯兰大学的起源,例如建立专门的捐助或 waqf 来支持学者,并给他们提供通常坐落于清真寺附近的住所和图书馆。甚至伊斯兰大学在中亚可能有年代更早的雏形,因为其建筑显示了佛教影响的重要性[71]。

萨曼王朝社会的慷慨资助以及充满活力的知识交流,激励着来自呼罗珊和河中地区的思想家和作家,他们促进了萨珊波斯的希腊和波斯传统与伊斯兰教思想的融合。写出伟大英雄史诗《王书》的阿布尔卡西姆·菲尔多西(约940－1020年)出生于呼罗珊东北部,在现代的马什哈德市附近,他的伟大史诗保留下来很多这一地区的萨珊文化。史诗中的神——善神阿尔马兹达和恶神阿里曼,以及在伊朗和图兰(阿姆河以北的地方)之间无尽的冲突,反映了琐罗亚斯德教的二元论。史诗的中心英雄鲁斯塔姆,既属于牧人也属于农耕世界,史诗的记叙终止于阿拉伯入侵。中亚对伊斯兰教的哲学和科学也有很多贡献,主要是通过伊本·西拿的工作。伊本·西拿出生于布哈拉附近,但是他在伊朗的很多地方生活过。他做的将亚里士多德的思想与伊斯兰教传统相结合的工作,可能比伊斯兰的任何思想家都多。花剌子模的学者也特别重要。在这里,建造和维护灌渠所需的复杂工程激励数学方面出现独创性成果。在哈

323

里发马蒙在位时期,穆罕默德·伊本·穆萨·花拉子密(约卒于850年)开创了在穆斯林的数学运算中使用以梵语和希腊语传统为基础的位值法计数系统。还有一位出自花剌子模的哲学家阿尔·法拉比(卒于950年),他出生于锡尔河一带的突厥军队家庭,做了很多调节伊斯兰教神学和希腊的形而上学的工作;还有博学者比鲁尼(卒于1048年),他写了关于数学、地理学、天文学和历史学方面的著作。诗歌是萨曼王朝时代的荣耀之一,在撒马尔罕的诗人鲁达基的著作中达到了顶点。河中地区也对苏菲派禁欲神秘主义的早期历史有很大贡献,这一贡献部分是通过地方的佛教和萨满教传统的影响而实现的[72]。

地理学文献的数量很多,给我们留下大量对穆斯林世界大都市以及地理学家所到之处的详细描述。地理学对商业和行政管理两方面都很重要,其中单纯对域外的介绍也很有价值。地理学伟大的先驱是伊斯塔希尔(卒于951年),他来自法尔斯,但他的世界地理学是以一位来自巴尔干的地理学家的较早著作以及他本人的旅行为基础的[73]。穆斯林的地理学将世界分为七个主要地区:在中央的阿拉伯和波斯领土,在西北边缘的法兰克基督教世界的Rum,在东面的印度世界,最后是撒哈拉以南的非洲①、突厥的中亚和远东的中国。霍奇森指出,这是当时欧亚大陆文明中最写实的世界地理[74]。

不论以任何标准来看,萨曼王朝的河中地区都已经成为重要的农业文明中心,后者是外欧亚大陆占统治地位的文明类型。在政治、经济结构和宗教及其文字文化方面,河中地区都代表了进入内欧亚大陆边地的农业文明的巨大进步。

注释

[1] 关于布哈拉王朝,见 Narshakhi, *History of Bukhara*。

[2] 出自 *Qabus-nama* 的关于 Kay-Ka'us b. Kskandar (ed. R. Levy, London, 1951),写于 1082 – 1083 年,引自 Morgan, *Medieval Persia*, pp.11 – 2。

[3] Tolstov, *Po drevnim del'tam*, pp.251, 248ff; Azarpay, G., *Sogdian Painting*, pp.35 – 46 讨论年代;B. A. Litvinsky and Zhang Guang-da, "Central Asia, the crossroads of

---

① 译文中的"撒哈拉以南的非洲"的英文原文为 sub-Saharan Africa。

civilizations ", in *HCCA* (pp. 473 – 90), 3：488；P. G. Bulgakov, " Al-Biruni on Khwarizm ", in *HCCA* (pp.222 – 31), 2：228；在 Gafurov, *Tadzhiki*, 1：313 – 65 中有对阿拉伯入侵前的粟特的长篇叙述，这些内容被 Litvinskii 在上注的 2：362 – 8 中更新过。

［4］ Grye, *Bukhara*, p.73.

［5］ 引自 Bosworth, *Ghaznavids*, 2nd edn, p.32。

［6］ Kenndy, *The Prophet*, p.30.

［7］ 在 Bulliett, *The Camel and the Wheel*, pp.87 – 110 中证明：以公元前 2 世纪开始的 Petra 为基础的 Nabataean 王国，可能首次展现了骆驼的军事潜力；同上注,p.91。

［8］ Lapidus, *History*, p.48；Kennedy, *The Prophet*, p.86.

［9］ Barthold, *Turkestan down to the Mongol Invasion*, p.183,以及 p.6 关于中国文献最早的记载；也见于 Frye, *Golden Age of Persia*, p.77。

［10］ Gibb, *Arab Conquests*, p.23；Frye, *Golden Age of Persia*, p.74.

［11］ 引自 Barthold, *Turkestan down to the Mongol Invasion*, pp.183 – 4,以及见 p.185；也见于 Frye, *Golden Age of Persia*, p.98；Gibb, *Arab Conquests*, pp.31 – 2。

［12］ Crone, *Slaves on Horses*, p.76；Frye, *Bukhara*, p.16；Narsakhi, *History of Bukhara*, p.48.

［13］ Frye, *Golden Age of Persia*, p.95；al-Biruni 引自上注,p.81；Frye, *Heritage of Central Asia*, p.209。

［14］ Gibb, 引自 Wheeler, *Modern History of Soviet Central Asia*, p.21；Barthold, *Turkestan*, pp.189 – 90；A. H. Jalilov, " The Arab conquest of Transoxania ", in *HCCA*, 3：456 – 65。

［15］ Paul, *The State and the Military*, p.16；Barthold, *Turkestan*, p.189.

［16］ Chavannes, *Documents*, pp.204 – 5；Ghourek 在 710 年已经被选为统治者,因为其前任已与 Qutayba 讲和；Jalilov, " The Arab conquest of Transoxania ", in *HCCA*, 3：458。

［17］ Barthold, *Turkestan*, p.190；关于吐蕃的角色,见 Hoffman, " Early and medieval Tibet ", in *CHEIA* (pp. 317 – 99), pp.381 – 2；Beckwith, *The Tibetan Empire*, p.137。

［18］ Beckwith, *The Tibetan Empire*, p.137.

［19］ Barthold, *Turkestan*, pp.195 – 6.

［20］ Adshead, *Central Asia in World History*, p.45.关于阿拉伯的征服,见 Gibb, *Arab Conquests*；Barthold, *Turkestan*。

［21］ Litvinskii, " Outline history of Buddhism ", p.121；Frye, *Golden age of Persia*, pp.28 – 9.

［22］ Ibn Fadlan, *Risala*, pp.125 – 6；关于宗教的混合,见 Golden, " The Karakhanids and early Islam ", in *CHEIA* (pp.343 – 70), pp.344 – 5；B. A. Litvinsky, M. H. Shah and R. S. Samghabadi, " The rise of Sassanian Iran ", in *HCCA* (pp.473 – 84), 2：483 – 4。

［23］Lieu, *Manichaeism*, pp.87 – 8.

［24］Narshakhi, *History of Bukhara*, p.68; Barthold, *Turkeatan*, p.199.

［25］Frye, *Golden Age of Persia*, p.96;利用伊朗的宗谱,Bulliet 证明在伊朗,750 年约 8%的居民可能是穆斯林,800 年是约 40%,而到了 900 年是 70%－80%;引自 Kennedy, *The Prophet*, p.202。关于"Tajik"的起源,见 Frye, *Heritage of Central Asia*, p.214。

［26］Frye, *Heritage of Central Asia*, p.141;关于琐罗亚斯德教的衰落,见 Morgan, *Medieval Persia*, p.15。

［27］Golden, "The Karakhanids and early Islam", in *CHEIA*, p.344.

［28］Kennedy, *The Prophet*, pp.150, 146.

［29］同上注,p.161 指出从呼罗珊送到巴格达的财政收入中很多是用来支援希尔塔的。

［30］引自 Barthold, *Turkestan*, p.213。

［31］Golden, *Introduction*, p.192; Frye, *Golden Age of Persia*, p.190; Barthold, *Turkestan*, p.213.

［32］Barthold, *Turkestan*, pp.218 – 9.

［33］Nizam al-Mulk, *The Book of Government*, p.18.

［34］Barthold, *Turkestan*, p.221.

［35］Frye, *Bukhara*, p.30.

［36］Barthold, *Turkestan*, p.227 指出了这显著又重要的一点。

［37］同上注,p.227;al-Muqaddasi 引自上注,p.233。

［38］Crone, *Slaves on Horses*, pp.80, 78; Kennedy, *The Prophet*, pp.158 – 9; Paul, *The State and the Military*, pp.8, 25;Frye(*Heritage of Central Asia*, pp.195 – 6)证明中亚商人使用奴隶当护卫队的前伊斯兰传统是古拉姆传统遍及伊斯兰世界的根源。

［39］Crone, *Slaves on the Horse*, pp.80 – 2 的基本论据。

［40］Paul, *The State and the Military*, pp.24 – 5; Golden, *Introduction*, p.193;Frye, *Bukhara*, p.121.

［41］Nizam, al-Mulk, *The Book of Government*, pp.103 – 4; Barthold, *Turkestan*, p.227.

［42］Frye, *Bukhara*, pp.91, 150 – 1; Barthold, *Turkestan*, p.239; Paul, *The State and the Military*, pp.21 – 2.

［43］Paul, *The State and the Military*, pp.27 – 8.

［44］Narshakhi 列出了萨曼王朝布哈拉的 10 个明确的迪万的名单;Barthold, *Turkestan*, p.229;同上注,pp.226 – 34 有对萨曼王朝官僚机构的详细记叙。

［45］Barthold, *Turkestan*, p.232; Frye, *Bukhara*, pp.75, 123.

［46］在 Frye 的很多成果中有讨论,例如 *The Golden Age of Persia*。

325

［47］Frye, *Bukhara*, pp.32, 9－10, 30.

［48］Barthold, *Turkestan*, pp.103－4 引用 al-Muqaddasi。

［49］Frye, *Bukhara*, p.93；Barthold, *Turkestan*, p.112.

［50］Barthold, *Turkestan*, p.88.

［51］引自上注,p.145。

［52］Ibn Fadlan, *Risala*, p.124; Barthold, *Turkestan*, p.148－9.

［53］Frye, *Bukhara*, p.154.

［54］Barthold, *Turkestan*, p.238；Bosworth, *Ghaznavids*, 2nd, p.259 中强调了与牧人关系的重要性。

［55］Frye, *Bukhara*, pp.72－3.

［56］Khazanov, *Nomads*, p.206; Bosworth, *Ghaznavids*, 2nd edn, p.215；Tolstov, *Po drevnim del'tamm* p.8 等。

［57］Frye, *Bukhara*, pp.72－3.

［58］ibn Fadlan, *Risala* 的俄文版；也见于 Frye, "Notes on the Risala of Ibn-Fadlan", in Frye, *Islamic Iran and Central Asia (7th－12th centuries)*, ⅩⅩⅨ中的部分翻译。

［59］Frye, "Notes on the Risala of Ibn-Fadlan", in Frye, *Islamic Iran and Central Asia (7th－12th centuries)*, ⅩⅩⅨ,Frye 在 pp.30－1 的注释,以及上注 p.17。

［60］Frye, "Notes on the Risala of Ibn-Fadlan", in Frye, *Islamic Iran and Central Asia (7th－12th centuries)*, ⅩⅩⅨ: 12; ibn Fadlan, *Risala*, p.124.

［61］*Newsletter of the Circle of Inner Asian Art*, 2nd edn, Apirl 1996, p.3.

［62］在今塔什干附近的省；它的首都 Binkath,可能也在今塔什干附近；Barthold, *Turkestan*, p.171。

［63］引自于 Barthold, *Turkeatan*, pp.235－6。

［64］Frye, *Bukhara*, p.70.

［65］Barthold, *Turkeatan*, pp.235－7, 164.

［66］Frye, *Bukhara*, pp.44, 60; Frye, *Golden Age of Persia*, p.171.

［67］Frye, *Golden Age of Persia*, p.x.

［68］Abu Mansur al-Tha'alibi,引自 Frye, *Bukhara*, p.59。

［69］同上注,p.58。

［70］Barthold, *Turkeatan*, pp.9－10；在阿维森纳参观后不久,这个图书馆就被烧毁了,而妒忌的对手坚持认为是阿维森纳为了不让他们进入图书馆而焚毁了它。

［71］Litvinskii, "Outline history of Buddhism", pp.123－30; Lapidus, *History*, p.165; Frye, *Bukhara*, pp.131－2, 189.

326   [72] Frye, *Golden Age of Persia*, pp.158 - 9;关于科学,见 Frye, *Golden Age of Persia*, p.162;
       Hodgson, *Venture of Islam*, 1: 414 - 5; al-khwarazmi 的名字可以转换成英语单词
       "algorithm",而他的主要著作可转换成单词"algebra"。

       [73] Hodgson, *Venture of Islam*, 1: 456 包括对伊斯兰地理学及其在伊斯兰 *adab* 或宫廷文
       化中所处位置很好的讨论;也见于 Barthold, "Short History of Turkestan", in *Four
       Studies*, 1: 13。

       [74] Hodgson, *Venture of Islam*, 1: 457.

延伸阅读

在伊斯兰教之前和引进伊斯兰教期间的中亚,见 Barthold, *Turkestan*; Tolstov, *Po drevnim del'tam*; Frye, *Golden Age of Persia* 和 *Heritage of Central Asia*; Golden, *Introduction to the History of the Turkic People*; *Cambrige History of Iran* 和 *Cambridge History of Islam* 的相关部分;也可见 Frye, *Fukhara*。关于伊斯兰教在中亚的出现,见 Lapidus, *History*; Kennedy, *The Prophet*; Litvinsky, Jalilov and Kolesnikov, "The Arab conquest" in *HCCA*, pp.449 - 72; Gibb, *Arab Conquest*。关于河中地区的重要私人文献包括 Narshaki, *History of Bukhara*; Nizam al-Mulk, *The Book of Government*; *Hudud al-Alam*;以及 ibn Fadlan, *Risala*。关于 1 000 年前的河中地区,除以上之外,见 Frye 在 *Islamic Iran and Central Asia* 中的论文,以及两个较早的研究:Hodgson, *Venture of Islam*, vol 1 和 Barthold, *Four Studies*。在 Frye, *Golden Age of Persia* 中,有对萨曼王朝统治下的河中地区最好的专门叙述。关于奴隶军队的出现,见 Grone, *Slaves on Horses*; Paul, *The State and the Military*。因 Paul 的 *Herrscher*、*Hemeinwesen*、*Vermittler* 出版得太晚,在 *The State and the Military* 中没有出现。在 Rice, *Ancient Arts of Central Asia* 中有很好的插图。

第十三章 罗斯的起源

在内欧亚大陆的最西边,旱作农业社会自公元前4千纪的库库特尼-特里波利耶文化时期起就已存在于今乌克兰和摩尔多瓦的森林草原地带[1]。然而,在4 000年间,它们很少传播到森林草原之外。这些遥远西方农业社会的数量和繁荣足以给从斯基泰人到哥特人这些潜在的索贡者带来利益,但是因为分布过于分散,这些社会甚至无法提供建立农业国家的基础。

从约500年开始,这一形势被一场庞大的、持续长达一个世纪的来自东欧的农业人口迁徙所改变。从多瑙河到第聂伯河中游的森林草原地带核心区域,都进行了农业开发,农业开发还扩展到更北面的针叶落叶混交林地带,甚至向东到达顿河边缘。10世纪,旱作农业的开发已经为农业国家的出现奠定了人口和经济基础。同时,这些土地上的人口和经济财富的增长也吸引了斯堪的纳维亚半岛和草原的商人及索贡者的注意力。林地的农业社会和外界的索贡者一起,以黑海北部草原为基础建立了第一个农业国家。9世纪,这里出现了两个由移民统治但是以森林地带为基础的强大政体:罗斯汗国和保加尔汗国。两者都从可萨人那里借鉴治国之道。10世纪,罗斯的首领向南迁移,在基辅兴建新的首都,推翻了可萨汗国,建立了内欧亚大陆西部第一个重要的农业国家。

罗斯的出现是内欧亚大陆历史的重要转折点。与中亚的灌溉农业不同,旱作农业不仅局限于少量生态热点地区。相反,它一旦开始在森林地区广泛扩展,就会在广大的区域内创造出密集而又不断扩张的移民网络。虽然这一过程可能需要很多世纪,但是建立在这样的经济和人口基础上的国家最后征服了内欧亚大陆的大部分地区。在内欧亚大陆的历史中,罗斯及其后继者代表了农耕文化自新石器时代以来迟来的胜利。地理学家麦金德充分意识到这一变化的革命性历史意义。

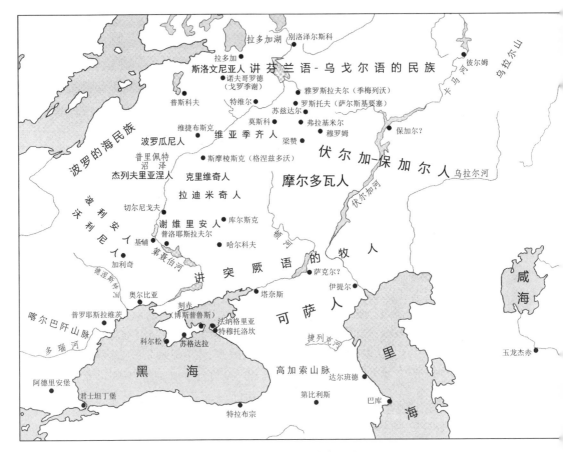

地图 13.1　罗斯的各民族

中世纪结束之际,当俄罗斯的哥萨克第一次控制草原的时候,出现了一次重大的变革。因为像阿拉伯人一样,鞑靼人已经失去建立持久帝国所需的人力,但是在哥萨克的后面则有俄罗斯的农夫[2]。

一、农耕在内欧亚大陆西部的扩展

(一)农业的传播

公元前1千纪末,克里米亚用商业化的农业供应黑海沿岸的城市,并向地中海出口。北面,在牧人占据黑海草原的同时,被希罗多德称为"农耕斯基泰"的社会居住在河谷和古老的特里波利耶腹地的森林草原。更北面的森林长期以来一直散布着觅食者社会,这些人使用包括陶器在内的一些新石器时代的技术。从公元前 2 千纪开始,来自中欧的森林畜牧业有向从波罗的海到第聂伯河中游和伏尔加河中上游的林地草原北面地带扩展的迹象。这一传播与所谓的"绳纹器"①文化有关,它兼有觅食、捕鱼和家畜饲养。从约公元前 1000 年开始,一些林地社会也开始实行烧垦农业[3]。烧垦的农民清理河边排水较好的坡地,焚烧倒下的树木,在树的灰烬中耕作三到四年之后弃耕。这一广泛而游牧式的农业只能维持较少的人口,因此这一区域内的人口密度只比那些觅食者社会的略高一些。因此,即使进入现代社会,林地农业的社会仍仅局限于广袤的俄罗斯森林的南缘,经营农业的同时兼营牲畜饲养,农耕不使用犁。他们的村庄沿着这一地区的河流系统分布,形成非常稀薄的聚落网络。

　　从特里波利耶文化腹地再往南,仍能发现密度较大的农耕人口,这个地区在哥特时期也成为切尔尼亚希夫文化的中心。据文献记载,这一地区出现了大量小型农民社会。塔西佗在现代纪元的第一个世纪,将乌克兰的"维涅季"描写为占据"大片土地"的"人口众多的种族"[4]。这些人的名字反映出他们中的大多数人讲早期形式的斯拉夫语,虽然其中可能也有讲萨尔马特语、哥特语或突厥语的集团。这些社会用犁耕地,饲养家畜,与地中海之间有贸易或其他的联系。大多数居民点不设防,这说明他们已经习惯于作为宗主国的哥特人、萨尔玛特人以及突厥的索贡者的到来,尽管他们偶尔也利用森林和沼泽当避难地[5]。

　　从约 500 年开始,有新移民进入并越过林地草原的迹象。大多数的移民可能讲某种形式的斯拉夫语,或用其他语言作为通用语。各种各样的斯拉夫语在 11 世纪仍然十分统一,说明这些移民是从一个小型的东欧"故乡"开始迁移的,目前还不能确定这个故乡的确切地点[6]。6 世纪,约尔丹内斯描述了讲斯拉夫语的"人口众多的种族"(维涅特人)所占据的一个东欧大农业定居区,它从里海延伸到第聂伯河中游,向北到达维斯杜拉河。他将其中的主要部落称为"斯拉文人"(几乎可以确定他们讲斯拉夫语)和"安特人"(他们中的很多人源于萨尔马特人或阿兰人)[7]。

───────────

①　译文中的"绳纹器"的英文原文为 corded ware。

在之后的三个世纪,有小股的农民迁入,通常住在河堤附近。他们向第聂伯河中游或北面的波罗的海迁移,有些人在 8 世纪期间迁入了混交林地带,也向北进入第聂伯河东面。到了 9 世纪,斯拉夫人的移民甚至居住在伏尔加-奥卡河流域讲芬兰语的居民之中[8]。从 9 世纪开始,农业在混交森林地带的重要性增强,据《往年纪事》记载,生活在今莫斯科附近的维亚季齐人“用犁”向可萨人交付贡赋。迁徙来的农民缴纳的贡赋在一定程度上为伏尔加保加尔汗国的崛起奠定了基础,这也是上述重要性增强的反映。其他的移民在草原附近开拓殖民,在约 750 年之后的可萨汗国和平时期,这些草原被可萨人建立的有序的政府区域保护起来[9]。

有时候可以通过文献和考古相结合的证据,寻找特定的斯拉夫人集团的迁移轨迹。“斯洛文尼亚人”部落看起来是分裂成两个集团,其中的一个向南迁移,形成现代斯洛文尼亚人口的核心;另一个向西北迁移,住在今诺夫哥罗德附近。在诺夫哥罗德西边有讲波罗的海语的人群,他们在波罗的海岸边和部分今白俄罗斯境内居住。在西北,较晚的城市诺夫哥罗德和普斯科夫周围的肥沃土地上居住点特别密集。但是在基辅的东面和北面开拓殖民地,通常比以前的农耕地区更慢些。到了 7 世纪,斯拉夫人的迁移可能已经达到了他们向西和向南发展的最大限度,但是在居民稀少的北部和东部,斯拉夫人的迁移仍然延续了很多个世纪[10]。

我们不知道这些迁移的确切形式。新的家庭可能就在已有的村庄边清理出一片土地,这导致一场缓慢的、变形虫状的一个家庭接着另一个家庭的迁移,或者整个社区可能是以一种十分谨慎的方式迁移。这样的迁移可能像《高卢战记》中描写的那样组织起来:在派出人侦查之后,整个社区挑选一个合适的地方,与 19 世纪美国中西部的移民一样,乘着马或牛拉的车载着财产出发[11]。但是 6 - 10 世纪,几乎在他们到达的每个地方,讲斯拉夫语的移民都为了保暖而建造陷入地下 40 - 70 厘米深的木屋(poluzemlyanki)。他们的房子大致为边长 3 - 4 米的方形,有土和草秆制成的屋顶,屋内有取暖和烹饪用的石灶。斯拉夫人的房子,像果尔克指出的,“大小适中,黑暗,并被烟尘熏黑”。只有在诺夫哥罗德和普斯科夫周围的北方地区,斯拉夫人移民才借鉴了芬兰人在地面上建造房子的技术[12]。

解释这些居民的迁移非常困难。农耕的社区为何、如何设法突破他们已经被局限了 4 000 年的特里波利耶的腹地? 我们已经讨论了在相对恶劣的气候和相对贫瘠的森林土壤或灰壤条件下的林地进行农耕的困难。这里需要解释的是年代顺序：这些困难是如何、为何在 500 年后被克服的？我们目前能做到的只是确定三类因素：技术的改变、经济和政治变革带来的推动力与吸引力。

公元 1 千纪时，随着农民使用铁铧头并采用更先进的以马或牛作为挽畜的耕作方法，他们开始收获更多的小麦和黑麦，这些农业技术的改进使得人口增加，在罗马帝国以北的整个"蛮族"分布地区形成了人口压力[13]。先进技术传入欧洲的更东面，包括摩尔多瓦和乌克兰中部原有的农耕区。这里所谓的"布拉格"文化反映出犁耕和家畜饲养已经普及，并采用了包括系统施肥和庄稼轮作在内的罗马人的农业技术。更北面的移民普遍使用一种轻型的"浅层表面的"犁（ralo），但是采用了更广泛的耕作制度。一种先进的带一个铁犁镜（sokha）的轻型犁在 1 千纪末出现。这种 sokha 特别适用于多石头、多植物根须的新开垦林地，这些林地较薄的表层土壤如果犁得太深会失去肥力。只有到了 11－12 世纪或可能更晚，重型犁（plug）才开始在林地传播[14]。

在以前的核心区，6－7 世纪的主要作物仍然是粟、小麦和大麦。燕麦作为一种夏季作物更加常见，同时农民也种植豆类、亚麻和水果。家畜在任何地方都很重要，种类有马、牛、绵羊、山羊和猪。但是，农业向更北面成功开拓的关键因素可能是冬季黑麦的传播。9－10 世纪，冬季黑麦开始出现于混交林地带。黑麦在更寒冷的罗斯北半部比小麦更可靠，它的引进使得更加广泛而多产的农作物轮作系统的出现成为可能[15]。在 1 千纪的欧亚大陆北半部，黑麦的引进导致人口的增长，并最终出现了非农业的专门化，例如铁匠或地方首领及其随从，他们可以在一定程度上为这一区域提供保护。随着人口增长，以及采用新的工具，铁匠的数量及其工作质量在 9 世纪得到提高[16]。这是混交林地带农耕社会内部出现劳动分工的第一个信号。

然而，仅有技术变化不能解释斯拉夫人和波罗的海人移民的原因，因为很多他们引进的技术在此前已经存在了一定时间。还有很多其他的因素成为移民迁入这一地区的推力和吸引力。负面的压力包括中欧和东欧的人口过剩以及来自东南欧洲牧人的压迫。东欧最明显的人口压力早期信号是讲斯拉夫语社会在 6 世纪开始大批地迁入巴尔干。移民开始于 6 世纪 60 年代阿瓦尔人到来之前，这说明在此之前东欧就已存在人口压力。但是，在阿瓦尔人占领潘诺尼亚之后斯拉夫人移民活动加剧的事实，说明阿瓦尔人的压迫也是一个重

331

要的刺激移民因素。俄罗斯的《往年纪事》记载：

> （阿瓦尔人）向斯拉夫人开战，并骚扰本身就是斯拉夫人的杜列贝人。他们甚至强暴杜列贝妇女。当一个阿瓦尔人出行时，他既不给马也不给犍牛套上挽具，而是命令三个或四五个杜列贝妇女套上他的马车来拉他①[17]。

332　　　　移民有的是被吸引进入乌拉尔山以西的林地，也有的是被迫迁移到该地。多鲁哈诺夫指出，这些移民活动发生于气候变暖期间，与公元前 4 千纪的气候适宜期特里波利耶文化的第一次繁荣非常相似。东欧在 1 千纪时的气候可能与公元前 2 千纪的气候一样，都适合农业生产。从公元前 300 年到约 1200 年期间，年平均气温可能在上升，同时降雨量从约 500 年开始增多[18]。虽然气候变化方面的证据看起来还太单薄不足以解决这个争论，但是它们与居住点的年代相吻合。

　　吸引移民的还有另外两个因素。第一个是可萨汗国和平时期。从约 750 年开始，这一片受保护的土地与沿着顿涅茨河和顿河分布的草原邻近，将移民吸引入长期由游牧人占据的土地。第二个因素是沿着罗斯水道的商业活动的增长。这也可能部分是因为可萨人政权稳定才出现的。此外，由于来自欧洲、拜占庭和伊斯兰世界 7 世纪的经济萧条之后出现的复苏需求，促使对诸如船、木材、毛皮、蜂蜡和蜂蜜等森林产品的需求增长。从而导致从 8 世纪晚期开始，伊斯兰的银迪拉姆从顿河-顿涅茨河系统向北面的奥拉河和伏尔加河推进，这可能表明愿意充当向导、卫士或毛皮供应者的移民被吸引到这一地区。即使普通斯拉夫人的定居点可能也会从事某种程度的贸易，因为虽然大多数居住点在 10 世纪是自给自足的，但是他们也生产可出卖的商品。大多数的家庭可以生产蜂蜜、蜜蜡、毛皮和其他商品。在冬天，他们织、染亚麻或羊毛的布，或者做陶器，或者烧炭，或者在当地的沼泽地挖掘铁匠用的生铁②[19]。

　　1 千纪下半叶的移民改变了内欧亚大陆西部的语言和生态地图。到了约

---

　　①　原著正文未标注[17]，译者根据注释内容和上下文关系，将注[17]标在此处。
　　②　译文中"生铁"的英文原文为 pig iron，汉译为"生铁"。但是按照常理，在沼泽地里不可能挖掘出生铁。

900年,乌拉尔河以西土地上的大多数居民可能是讲斯拉夫语或波罗的海语的农民。他们的居住地从草原延伸到北面的泰加林,尽管人口的中心仍然保持在基辅附近的林地草原[20]。除了从木鹿延伸到敦煌的条带状绿洲,现在西方这片新开拓的土地也成为内欧亚大陆人口最稠密的地区[21]。

(二)政治结构

以斯拉夫人为主体的移民在迁徙过程中可能形成了比那些相邻的觅食者社会更广泛的领导权和部落联盟结构。然而,拜占庭6-7世纪的记载说明,至少在与拜占庭邻近的地区,他们的领导阶层还不够强大。根据约600年出现的被认为是拜占庭皇帝毛里斯写的战争策略手册——《军事手册》记载,斯拉夫人和安特人缺乏系统性的军事和政治组织,并且"既不能服从指挥也不能以阵型作战"。缺乏强有力的领导权意味着地方社区之间战争不断,缺少野外战斗的纪律。拜占庭政权当然鼓励这样的分裂。《军事手册》建议有选择性地与特定的斯拉夫人部落结盟,这样他们将"不会处在一个首领的统一领导之下"[22]。该书作者清楚地认识到在这一地区出现的任何团结一致的集团都将是可怕的对手。

考古学研究揭示出8世纪的小型村落,它由4座至10座或最多20座房子构成,房屋一般沿河分布。村庄大多是以村落群的形式存在,村落群一般由5-15个居民点构成,村落群之间相距20-30公里。较大的村庄通常有一个宗教中心或一个避难处或铁匠铺[23]。苏联历史学家弗罗亚诺夫指出,每一个村落群可能包含几百人到几千人,代表了一个确定的部落(或称为 verv')。8-9世纪开始出现设防的村落,通常处于可俯瞰河流汇合点的战略位置,因此10世纪斯堪的纳维亚的移民将罗斯叫作 Gardariki,即设塞堡的土地。很多设防村落可能最初是作为部落首领的住所,随着人口和生产力的增长,市场和工匠的居住点出现在这些设防村落的泥土或木质围栏的内外,直到它们发展成为小城镇。这样的遗址沿着第聂伯河、德涅斯特河和布格河的河谷扩展,在9世纪也向更北的地方扩展[24]。

已有线索表明,在新开拓的第聂伯河东部的可萨人控制地区,出现了更加复杂的政治结构。8世纪晚期,当大多数第聂伯河以西的居住点仍然保持未设防的时候,那些在河东的居住点很可能是建于可俯瞰河流汇合处或河谷的高处,有泥土堡垒甚至豪华的木头围栏。有证据表明这里富有的人可能自8世纪晚期开始即从经过可萨人土地的银迪拉姆流通中获利。这一地区任何程度的贸易都为由小酋长组成的贵族精英的出现提供了必要的剩余价值。商路也吸引了来自草原和波罗的海沿岸有武装的外来人,因此这样的社会也非常需要自卫[25]。

主要写于 11 世纪的基辅罗斯的《往年纪事》,列出了几个出现于 9 世纪或 10 世纪的大部落集团。大多数部落集团可能讲斯拉夫语,虽然有的集团可能包括讲波罗的海语或芬兰语的人。这些集团分布在很大的范围内,通常每个集团至少包括一个城镇以及较小的村落群。他们能够调动用于地方冲突的军队,像我们从《往年纪事》中看到的,有的集团向相邻的集团征收贡赋。这些集团无疑是存在的,因为在几个文献中都提到了。10 世纪的证据也表明,像杰列夫里亚涅人这样的部落集团,甚至在 9 世纪就已经有了强大的首领[26]。果尔克指出,例如居住在基辅附近的杰列夫里亚涅人或波利安人:

> 确实能防御游牧民族,并且能够抵御瓦兰吉人的劫掠和索取贡赋,因此他们在政治上[herrschaftlich]是有组织的。换句话说,他们有配备武士侍从的具有最高统治权的统治者[27]。

334　　　这可能是夸大事实的。这样的集团只能有限地抵御外部的索贡者。而且这一时期没有明确提及王权,或者还没有皇家首都和富裕的精英。这些证据说明,他们的首领仍然是强大的地方性酋长,是广泛的但是地方性的联盟系统首领。

第聂伯河更东面的斯拉夫酋长政治上的软弱性,反映出他们的大多数财富仍然来自自给自足的农业,而且他们的武装力量主要由地方酋长治下的部落所征募的农夫组成。8-9 世纪的移民为创建国家提供了丰富的人口资源,但是专门从事贸易和战争的外来人口的出现促成了规模更大、实力更强的国家结构的形成。

二、罗斯汗国

(一)史学论战

关于早期罗斯史的基础性文献《往年纪事》,已经被现代学者根据其他编年史的引用材料而复原出来。它是在罗斯国家出现约两百年之后的 11 世纪晚期,于基辅的彼舍拉("山洞")修道院编撰而成,幸存下来的版本是 12 世纪早期由留里克王朝的王公编辑的,它既是王朝宗谱的正式文件,也是历史记录[28]。因此,使用它要格外谨慎。但是所有复原罗斯早期历史的研究都必须使用它,而且其中很多材料已被证明是准确的。

根据《往年纪事》的记载,第一个罗斯国家形成于 862 年,这时在诺夫哥罗德地区由芬兰人、波罗的海人、斯拉夫人和斯堪的纳维亚的社会组成的包含各种族人的集团,邀请由留里克率领的三个维京人①酋长当王公。他们说:"我们的土地富饶,但是没有秩序,来统治和管理我们吧。"[29]与此同时,由阿斯科德和迪尔率领的第二个维京人集团,已经占领了基辅。根据《往年纪事》可知,约 882 年,留里克的继位者奥列格征服了基辅,并创建了第一个包括波罗的海和黑海之间的大多数森林地带的国家。

至少从 18 世纪早期开始,很多历史学家已经认为《往年纪事》是真实的,并得出结论,认为第一个罗斯国家的确是由维京人或"诺曼人"在 862 年至 882 年期间创立的,并用形容瑞典人的芬兰语单词将该国家命名为 *Rotsi*[30]。然而在 18 世纪中期,从罗蒙诺索夫开始,出现另外一种或称为"反诺曼说"的观点,认为"罗斯"的名字是本地的,主要是由斯拉夫人部落完成了在这一地区建国的任务。20 世纪,在斯大林提出反诺曼说的观点以后,由于原来的观点含有日耳曼人征服的暗示,"反诺曼说"变成了苏联历史学家的强制性观点。部分出于对这一强制政策的反应,大多数西方历史学家在冷战期间选择了诺曼说。今天,随着苏联的解体,出现了承认维京人在罗斯历史上重要性的观点,并一致承认维京人是罗斯种族起源的重要因素。但是人们也认识到他们所创建国家的多种族性质,以及非维京人集团在罗斯的建国及语言和文化发展过程中所起到的决定性作用[31]。仍然未被大家充分理解的是,最早的罗斯国家在多大程度上以可萨人和巴格达而非拜占庭和基督教为主导。

335

(二)维京商人和索贡者

至少从公元前 1 千纪开始或更早,林地的奴隶、蜂蜡、蜂蜜和毛皮就已经吸引了外地人,其中大多数是想通过武力索取,只不过因距离遥远以及当地人

① 维京人(Viking),有的学者也翻译成诺曼人,本书统一翻译成"维京人"。

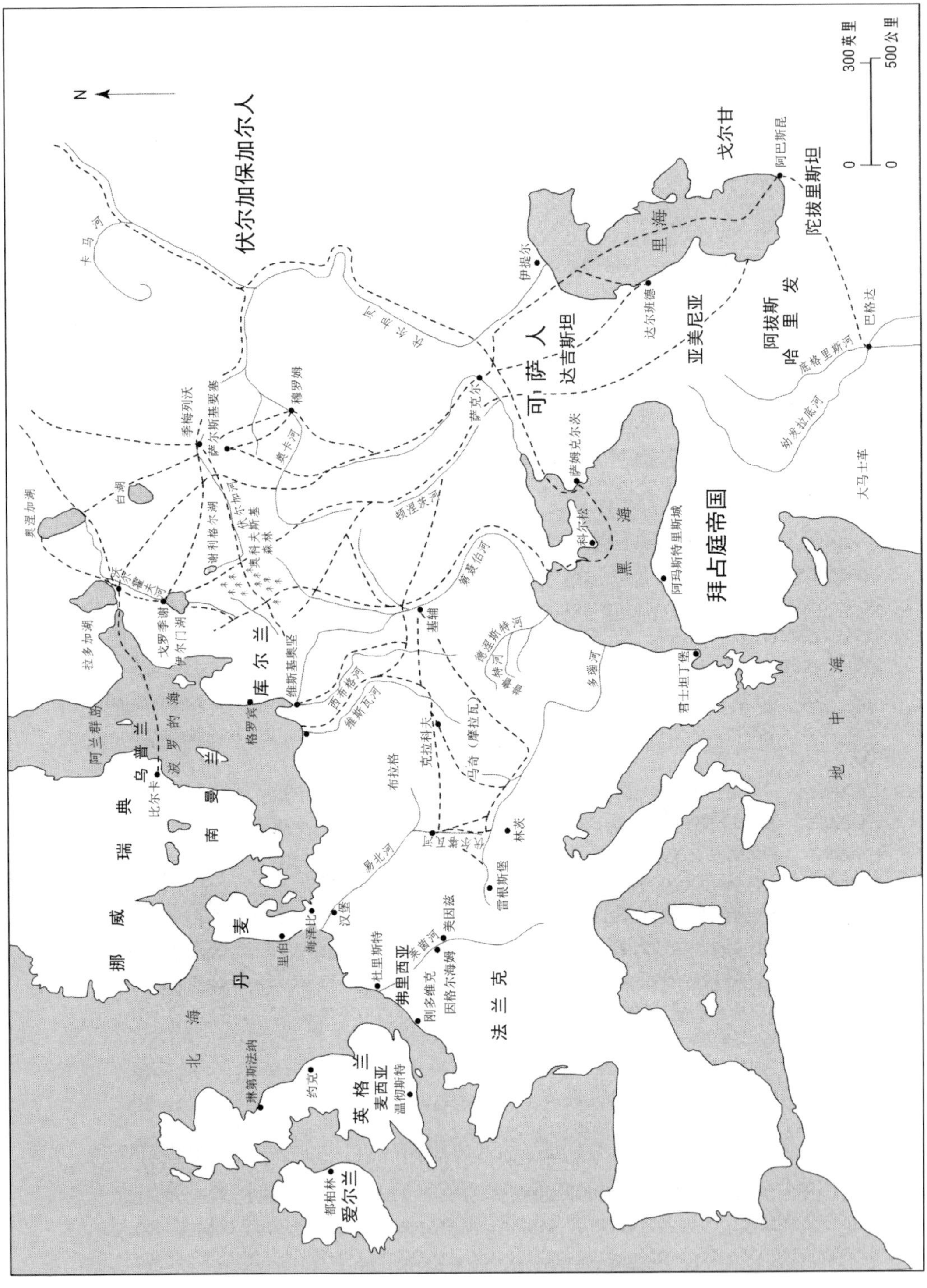
N
0 300英里
0 500公里
伏尔加保加尔人
卡马河
戈尔甘
里海
伊提尔
阿巴斯昆
陀拔里斯坦
巴格达
达尔班德
亚美尼亚
阿拔斯哈里发
可萨人
达吉斯坦
萨克尔
穆罗姆
季梅列沃
萨尔斯基要塞
奥卡河
白湖
奥涅加湖
谢利格尔湖
伏尔加河
奥科夫斯基森林
顿涅茨河
萨姆克尔茨
科尔松
黑海
拜占庭帝国
阿玛斯特里斯城
底格里斯河
幼发拉底河
大马士革
第聂伯河
基辅
沃尔霍夫河
拉多加湖
戈罗季谢
伊尔门湖
库尔兰
维斯基奥坚
格罗宾
西布格河
维斯瓦河
德涅斯特河
普鲁特河
多瑙河
君士坦丁堡
地中海
阿兰群岛
乌普兰
波罗的海
比尔卡
瑞典
南曼兰
挪威
丹麦
里伯
海泽比
汉堡
易北河
布拉格
克拉科夫
马奇（摩拉瓦）
雷根斯堡
林茨
美因兹
莱茵河
杜里斯特
弗里西亚
刚多维克
因格尔海姆
法兰克
北海
琳第斯法纳
约克
英格兰
麦西亚
温彻斯特
都柏林
爱尔兰

烟稀少常常使贸易成为更方便的选择。农业的扩展无疑刺激了林地的贸易，因为它创造了新的日常用品和修理的基础，以及新的内部市场。结果，这个地区的商业潜力迅速增长，特别是从 8 世纪开始，它对外面的商人和包括可萨人和伏尔加保加尔人在内的索贡者的吸引力也迅速增大。

8 世纪，这个地区不断增长的财富也吸引了斯堪的纳维亚的商人。他们的主要商业优势是能从东北面进入人烟稀少且防御能力很差的邻近北部森林的产毛皮地区，并进入最近开拓出来的可萨人或伏尔加保加尔人到达不了的地区。在这里有可能从当地的觅食者和农夫社会中索取贡赋，并控制从波罗的海到巴格达和中亚的商路中的关键部分。

最近的钱币学和考古学研究，已使我们有可能大致估算出通过这个地区的贸易量是怎样波动的[32]。根据沿卡马河发现的年代从 6 世纪到 7 世纪早期的萨珊王朝和拜占庭的银器以及拜占庭的钱币，并参考约尔丹内斯对瑞典毛皮商人的研究，证明在 1 千纪的中期，这里存在长距离交换的网络。在 7－8世纪的大部分时间里，穿越罗斯林地的贸易处于衰落阶段，这是由于拜占庭和波斯市场的萧条，以及可萨人和倭马亚哈里发之间的冲突，导致阶段性地关闭通过高加索的商路而使需求疲软。从 8 世纪晚期开始，可萨人和阿拔斯哈里发之间的和平，以及地中海东部经济的重新增长，刺激了通过林地到达波罗的海和东欧商路的复苏。这一复苏最清楚的信号是 8 世纪末在北方出现银迪拉姆。早期发现的分布说明银迪拉姆的"行程"是穿过高加索山，然后沿着许多路线向北和向西前进，主要是通过顿河和顿涅茨河系统，路线的多样性说明存在很多地方的交换系统，这种交换是用贸易和贡赋的形式来交换货物与货币[33]。

阿拔斯的迪拉姆反过来也吸引了斯堪的纳维亚的商人从事毛皮和奴隶贸易。斯堪的纳维亚人自铁器时代就开始在波罗的海东部从事贸易活动。有的商人可能早在 6 世纪已经走到远达拉多加湖的地方寻找毛皮。13 世纪的冰岛文献《因格瓦尔的传奇》可能保存下来了他们对所进入的这个世界的记忆。在一个段落中，英雄的儿子斯韦恩遇见了沿深入罗斯的一条河流分布的土著人集团。

> 一个土著人的手里拿着一根羽毛，首先他向上指着羽毛的茎，然后是叶，这看起来是和平的象征。所以斯韦恩也用一个和平的手语回答。土

著人聚集在一个悬崖的背风面,拿出来各种各样的货物。斯韦恩告诉他
手下的人他们能上岸,然后他们与土著人做交易,虽然哪一方都不知道对
方在讲什么[34]。

但结局说明贸易多么容易变成掠夺。

第二天,斯韦恩的人上岸再次和土著人做交易,并且暂时交换了商
品,直到一个罗斯人[维京人]试图打破已经做出的买一些毛皮的协定。
当野蛮人失去耐心把他的鼻子打得鲜血直流时,罗斯人拔出他们的剑把
野蛮人砍成两段。野蛮人喊叫着跑走了,但是马上便聚集成一支看起来
无敌的军队。斯韦恩告诉他的人武装起来准备作战,并向野蛮人进攻,在
接下来的激烈战斗中,野蛮人因没有铠甲的保护而被砍倒一大片。野蛮
人见已经战败就逃跑了,斯韦恩和他的人则缴获大量他们扔下的战利品,
并将战利品扛到船上[35]。

7 世纪,斯堪的纳维亚人开始在波罗的海东岸讲芬兰语的居民中定居。但
是直到 8 世纪晚期,他们才在远离波罗的海岸边的地方居住。8 世纪 50 年代,
正当丹麦的海泽比和瑞典的比尔卡这两座贸易城市开始兴旺的时候,维京人
居住在沃尔霍夫河边的旧拉多加(挪威语 Ladeigjuborg)。旧拉多加控制着经
河流到达拉多加湖和波罗的海的通道。它可能是包括比尔卡和海泽比在内的
更大的商业网络的一部分,是相当于 8 世纪的哈德逊湾那样的居住点,在这一
系统中起到了偏远地区贸易站的作用。这里吸引了土著的毛皮商人和奴隶贩
子,他们换到的商品是来自波罗的海的琥珀或玻璃珠等人工制品。旧拉多加
的居民卖给南面来的商人一些当地的产品来换取阿拔斯迪拉姆。这里有修船
的船坞,有修改或加工如珠子之类简单贸易商品的作坊,也有固定的住房,大
多数房子是典型斯堪的纳维亚式的。这里在 9 世纪中期缺少防御工事,这时
期的墓地也很少发现武器,这些都说明这一地点由于地处偏远而暂时没有受
到侵袭[36]。

9 世纪早期,维京商人向南探险,在位于沃尔霍夫河南端的伊尔门湖发现
了新定居点。最重要的是在今诺夫哥罗德附近发现了一个设防的居住点,考
古学家称之为"留里克沃·戈罗季谢"或"留里克的城镇"。9 世纪晚期,戈罗

338

季谢变成重要的贸易中心,很多维京人以及当地讲波罗的海语、斯拉夫语或芬兰语的居民住在这里。维京人也住在更南面,可能是在讲斯拉夫语和芬兰语的社区之中,位于雅罗斯拉夫尔或罗斯托夫等未来的城镇以及斯摩棱斯克附近的战略中心位置[37]。总的来说,零星的考古证据说明,到 850 年,维京人已经选择住在沿穿过人烟稀少的混交林地带的商路分布的大量居住点内。这些居住点具有战略地位,有时在维京人的殖民地内,有时在波罗的海人、斯拉夫人或芬兰人的社区中。

这些殖民地的存在可以解释为什么从约 840 年到罗斯的第一个"汗国"这段历史的文献记载模糊。欧洲人最早提到罗斯是在《圣贝尔廷年鉴》,书中提到一个 Rhos 集团,在参观完拜占庭之后,在约 838 年尝试通过德国①回到家乡,而不是冒着遭遇马扎尔人的危险从南俄草原返乡。虔诚的法兰克国王路易,在美因兹附近某个地方审问 Rhos。他发现,虽然他们的首领被称为 Chacanus(可汗),但是他们源于瑞典人[38]。看起来,他们的统治者可能是以分布在沃尔霍夫河沿岸的维京人居住点的集团为基础,罗斯的《往年纪事》将第一个罗斯的国家定位在这里。最近对汗国的分析说明,它的首都可能在戈罗季谢。这可以解释为什么伊本·鲁斯塔将罗斯的首都描写成"一座被湖围绕的岛",因为斯堪的纳维亚语戈罗季谢"Holomgarthr"的字面意思是"岛的复合体"[39]。俄罗斯的私人编年史也把第一个罗斯的首都定在诺夫哥罗德,这一事实为假说提供了更进一步的支持。

与对可萨人和伏尔加保加尔人的认识相比,我们对罗斯汗国的了解还相当零星。然而,北方的罗斯汗国看起来存在了至少 80 年,可能与一个维京人居住点的松散联邦有关。它能够防御能从陆上和海上长距离行军的强大军队。罗斯汗国的财富主要以贸易和掠夺为基础,其政治结构却是模仿可萨人的。

伊本·鲁斯塔写于 9 世纪 80 年代的著作,是较少的与古罗斯国同时代的记载之一,它使我们有一种罗斯是雇佣兵国家的感觉:

> 他们的国王叫罗斯汗。他们袭击 Saqlaba[可能包括林地斯拉夫人、波罗的海南岸的居民和芬兰–乌戈尔族人的术语],为了找到 Saqlaba 而在

---

①　根据上下文关系,这里的"德国",应指现代德国所在的地域。

船上航行,他们带着俘虏,运到可萨人和 Bulkar[保加尔人]那里做交易。他们没有耕地,只吃从 Saqlaba 运出来的东西。当他们中的任何一个男人的儿子出生时,他都带一把拔出来的剑来到新生儿面前,把剑放在孩子的两手之间并对他说:"不送给你财富,用这把剑得到你想要的,你就不会枯萎。"他们没有土地、财产,也没有村庄、耕地;他们仅有的职业是买卖紫貂、灰松鼠以及其他野兽的毛皮,他们用这些产品做贸易,并视其如金银一样贵重,把它们放在腰带[或马鞍囊里]里保存[40]。

339　　考古发现证实了罗斯人主要对征收贡赋和贸易感兴趣。几乎没有证据表明,罗斯在北方以农民的身份定居。在旧拉多加或戈罗季谢这样的定居点几乎可确定有固定的罗斯群体,但是他们主要是在那里为贸易服务。相当重要的居民是暂住在这里的寻找生意和就业机会的斯堪的纳维亚雇佣兵和商人。13 世纪冰岛的《耶伊姆兹传奇》提到了 11 世纪的事件,描写了新来的维京人在罗斯汗国的斯堪的纳维亚定居点可能扮演的角色。它讲述了一位叫耶伊姆兹萨的挪威人通过给诺夫哥罗德的"贾里斯莱夫王"当雇佣兵来寻求名声和财产[41]。他特别小心地为自己和随从商定条款。

现在我们提出负责国王的防御,并成为您雇佣的士兵,从您那里得到包括金、银和上好的布料在内的报酬。如果您很快拒绝我们并推翻我们的提议,我们将和其他国王签订同样的条款[42]。

贾里斯莱夫要求更精确的条款,然后被告知:

首先,……你要给我们和所有的部队提供一个大的礼堂,而且要保证在需要的时候为我们提供最好的供应。……那些人……将听从您的指挥,在战斗中冲在您军队的前面来保卫王国。您也将给我们每个士兵一盎司重的白银,给每一位船长额外再增加半盎司。……我们将收取海狸皮和紫貂毛皮以及其他在您的王国容易得到的东西作为实物报酬。……而且一旦以抢劫的方式获得很多收获,您应该与我们共享。但是如果我们闲坐着什么都没做,那么可以少付给我们一些报酬[43]。

可能至少从 860 年起,罗斯已经组建了能够大规模远征的军队。在这一年,罗斯的海上军队发动了对拜占庭的猛烈袭击,这使拜占庭警觉到在其北方存在一个重要的军事力量。在以后的十年或二十年,罗斯对里海南岸的富裕城市也发动了同样规模的袭击,可能这些袭击都得到可萨别克的允许。这样的袭击说明传统的贸易越发不能创造足够的财富来维持在这一地区寻找机会的维京人移民。可能像富兰克林和谢波德指出的,罗斯汗国应付这些危险的投机者的方法是把他们派到南方。的确,在考古学和文献方面都有证据证明,罗斯汗国经历了一段时间的内讧。《往年纪事》的记叙提及独立的罗斯政体的创建,而阿拉伯的作家马苏德写到,基辅的征服者迪尔虽然不是可汗,但是他是最伟大的罗斯王公,统治着众多人口规模庞大的城市,穆斯林的商人曾到访过这些城市。有考古证据证明,旧拉多加和戈罗季谢在约 860 年被洗劫,9 世纪中期,拉多加第一次有了坚固的防御工事[44]。总之这些迹象说明,周期性的来自斯堪的纳维亚的新投机者集团的到来,使当时相对不稳定的军事上层集团虽然强大了,但是并不稳固。

然而,罗斯汗国很显然取得了一定程度的稳定。9 世纪中期,罗斯已经开展大规模的贸易,主要是沿着白银之路向南到黑海,在那里他们不得不向拜占庭交通行费。他们从那里进入可萨汗国,向可萨人交通行费,然后继续向里海前进,有的远达巴格达。根据阿拉伯地理学家伊本·可达比的记载,甚至在 9 世纪 40 年代:

> 他们带着海狸、黑狐狸毛皮和剑从斯拉夫最远的部分到达黑海,在那里,希腊的统治者[从他们的商品中]征收什一税。如果愿意,他们就渡过斯拉夫河[顿河]到达可萨人的城市哈姆利赫[在伏尔加河上],在那里被可萨人的统治者征收什一税。然后他们到达朱尔占海[里海],并在选好的地方上岸。有时他们把货物驮在骆驼上从朱尔占海运到巴格达,让那里的斯拉夫太监当翻译。他们声称自己是基督教徒,[只]付人头税[45]。

900 年,罗斯派大规模的舰队南下伏尔加河到达伏尔加保加尔人的首都,可能是从现代的雅罗斯拉夫尔附近的季梅列沃这样的贸易定居点出发。伊本·法德兰写于 922 年的对伏尔加保加利亚的记述,描写了定期穿过保加利亚从事贸易的罗斯士兵/商人,将其利润按一定比例交给可萨汗国。他们有自

340

己的房子和货库,交易的商品范围广泛,包括很多种类的毛皮(紫貂、松鼠、貂、狐狸、貂鼠和海狸)、法兰克剑、蜜蜡、蜂蜜、琥珀、皮革之类的畜产品以及奴隶。伊本·法德兰描写罗斯人到达保加尔时竖起刻有人脸的图腾木柱,他们向图腾柱祭献食物,祈求成功发现富有的买主[46]。

　　由于从波罗的海到高加索山脉的商路所处的地理位置,使罗斯汗国受到可萨汗国的深刻影响。这种影响的程度被《往年纪事》关于罗斯经常以拜占庭为主导的记述所掩盖。在苏联时期,可萨人的影响被斯大林主义的反犹太主义所掩盖,反犹太主义者反对早期罗斯可能受到过犹太教国家影响的观点。葬俗中的草原因素是特别的证据。伊本·法德兰描述了一座维京人的墓葬,死去的酋长在一艘被拉上岸的船内火葬。在火葬前,给酋长提供食物、葡萄酒、钱、衣服和珠宝,以及一个自愿陪葬的奴隶女孩,将其作为祭献杀害并与他一起火葬。在罗斯城镇墓丘的发掘证实这个记述是准确的。很多墓中有马以及被屠杀的妃子和侍从[47]。伊本·法德兰对罗斯统治者的记载说明,他和当时的可萨可汗一样,是纯粹的礼仪性首领,真正的权力由副手掌握。当"副手指挥军队、进攻敌人,并在国民面前充当他的代表"时,可汗本人"没有什么其他的任务,除了与他的奴隶女孩做爱,喝酒,自娱自乐"[48]。可汗几乎是一个囚徒,过着放纵奢侈的生活,由 400 名侍从围绕着,住在庞大的城堡里,房间用贵重的布料装饰。

　　总的来说,关于罗斯可汗零星的证据说明,维京商人和雇佣兵已经设法创建了相对持久的国家,有像可萨可汗那样半神圣的统治者,以及像可萨的别克那样独立的军事首领。同阿史那王朝建立的突厥汗国一样,这个政权建立在武士精英阶层的基础上,依靠控制两个大的农业文明之间的商路来提供资金。虽然维京人乘船出行,但是他们表现出像任何牧人国家一样的贸易和掠夺本领,家乡的相对贫困是他们劫掠富裕地区的巨大动力。普里察克将维京人称为"海上游牧民族",这是个很好的类比,特别是在"古罗斯国"时代[49]。

三、基辅罗斯

（一）向基辅转移

　　9 - 10 世纪,已经是古罗斯国民的维京人不知做了多少次尝试,以打破可萨人对伏尔加河和第聂伯河商路的控制。860 - 880 年期间,维京人发动了对南面的第聂伯河和伏尔加河的袭击。910 年,看起来是在可萨人统治者允许下,罗斯的商人对里海南部的伊斯兰海岸发动了大规模的掠夺性袭击[50]。然而,在返回的路上,大多数罗斯人在伊提尔被主要由穆斯林士兵组成的可萨人军队屠杀,那些逃脱的则在逃跑时被杀。比较成功的尝试是绕过伊提尔,为此罗斯可能与伏尔加保加尔人合作。伊本·法德兰的考察是通过一条绕过伊提尔的路线到达保加尔。从约 900 年开始,在斯堪的纳维亚半岛出现的萨曼王朝迪拉姆数量增多,这说明很多其他的商队也走这条取代了可萨人中间商地位的路线。

约 910 年,另一支规模较大的罗斯军队发动了至少一次南下第聂伯河对拜占庭的袭击。这次,他们较 860 年的袭击有很多成功之处。因为在 911 年,罗斯的首领与拜占庭缔结了一个规范贸易的条约。《往年纪事》声称这次远征是由名为赫尔吉(奥列格)的王公率领,他的职位可能与可萨人的别克类似。他指挥由维京人、斯拉夫人和芬兰人组成的混杂的军队。

> 奥列格乘马和船出发,船的数量是 2 000 艘。他来到特萨格莱德前面,但是希腊人在海峡设防并封锁了城市。奥列格在岸边上岸,命令士兵将船拖上岸。他们发动围城战,屠杀了很多希腊人。……被俘虏的囚徒,有的被砍头,有的被折磨,有的被射杀,其他的被扔到海里。在此之后,罗斯人还让希腊人遭受了其他的灾难[51]。

911 年与拜占庭缔结的条约清楚地反映出罗斯新首领的商业和政治野心。根据《往年纪事》记载,奥列格寻求贡赋、外交承诺,为他的商人寻找贸易权力,也为自己的随从或德鲁日那寻找给拜占庭当雇佣军的机会。他要求给舰队的每个男人 12 个 *grivny*①,并送给特殊城市的王公额外数量的 *grivny*。这些条约中的商业条款意味着为了建立稳定的长期关系而做出的一些承诺[52]。罗斯人要求允许他们的商人在君士坦丁堡驻留达 6 个月,在此期间要给他们提供食物、房屋和返程用的设备,而且允许他们在不交税的情况下贸易。

罗斯汗国可能从北面发动袭击。然而,它表明了从波罗的海到拜占庭商路贸易的利益正在不断增长,而且这一转变标志着罗斯汗国在权益和国际结

342

---

① grivny 是一种样式古老的装饰品。

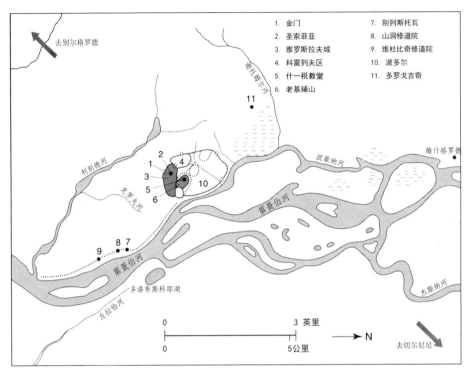

1. 金门　　　　7. 别列斯托瓦
2. 圣索菲亚　　8. 山洞修道院
3. 雅罗斯拉夫城　9. 维杜比奇修道院
4. 科雷列夫区　10. 波多尔
5. 什一税教堂　11. 多罗戈吉奇
6. 老基辅山

地图 13.3　　基辅及其周边地区

(参照 Franklin, Shepard, *The Emergence of Rus'*, p.412)

盟方面缓慢而重要的重新定位。罗斯汗国在第聂伯河地区的利益越来越大有几个原因。第一，这里处于最富裕的东欧农业区之一的中心地带，有稠密的斯拉夫人口。第二，该地区控制了从中欧到可萨汗国的利润丰厚的陆上路线。

343　此外，对于愿意带船绕过易受佩切涅格人袭击的第聂伯河急流的武装商人来说，这里也开启了一条直接与君士坦丁堡贸易的路线。第三，该地区在可萨汗国的外围，不容易受可萨人控制。可萨人可能甚至在9世纪晚期，仍在基辅保留一支卫戍部队。但是到了900年，维京人的定居点开始沿着第聂伯河逐渐削弱可萨人的政权[53]。随着维京人沿着第聂伯河中游和上游居住，他们开始向邻近的谢维里安人和拉迪米奇人等以前曾向可萨人交贡赋的部落索贡。从900年开始，有证据表明，沿着第聂伯河中游分布的维京人定居点越来越多。在基辅，原来的设防区域外的贸易港口波多尔在9世纪末迅速扩张，这与控制着第聂伯河和西北河流系统水路运输的格涅兹多沃相同，后者位于今斯摩棱斯克附近。同时，在戈罗季谢附近建了新的定居点，这里后来变成重要的城市诺夫哥罗德。《往年纪事》把诺夫哥罗德描写成北方罗斯的早期都城,这说明它可能是被当成北方"可汗"宏大的新都城来建设的。这些变化说明出现了维京人在罗斯殖民的新浪潮,创建了大量新的维京人权力中心,同时也说明罗斯从可萨汗国转向拜占庭的利益重组。这将给后来的罗斯国家带来与北方"汗国"明显有别的文化和经济发展方向[54]。

940 年,罗斯政权的重心已经转移到基辅。《往年纪事》坚持认为,奥列格在 882 年从当地的维京人统治者阿斯科德和迪尔的手中征服了基辅。然而,众所周知,《往年纪事》中的早期年代顺序是不可靠的,而且我们已经看到 922 年访问保加尔的伊本·法德兰仍然把罗斯的首领定位在北方。此外,现代的考古学证明,基辅本身的迅速扩张是在 900 年以后。因此,最近几位学者已经计划编写修订版的《往年纪事》,根据这个版本,基辅在 10 世纪 30 年代以前没有成为罗斯的首都[55]。第一个可明确证实为基辅留里克王朝王公的是伊戈尔。他可能是在奥列格的帮助下,于 40 年代成为王公。奥列格不是留里克家族成员的事实说明,他的职位可能与可萨别克的职位相似,也可能在伊戈尔未成年时充当摄政者的角色。

还不清楚伊戈尔怎样或在什么时候自立为独立的基辅王公。可能《往年纪事》关于一位北方王公征服了以基辅为基础的分裂出去的维京人政权的描述基本属实,只是具体年代有出入。这个记载可能反映出精力充沛的年轻王公将皇权从他的别克奥列格那里重新夺了回来。不管他的动机如何,向南的移动创造出更加强大而统一的国家,这个国家把基地建在草原地区的边缘,控制从波罗的海到黑海草原的大多数地区。

基辅罗斯不久就卷入一场复杂的与拜占庭、佩切涅格人和可萨人之间的四角战争。以可萨的档案为基础,朱克曼提出该战争的新阶段开始于 10 世纪 40 年代早期,当时赫尔吉(奥列格)率领的一支罗斯军队进攻可萨人控制的黑海港口萨姆克尔茨/法纳格里亚(后来的特穆托洛坎)[56]。赫尔吉被可萨人的军队打败,并被可萨人强迫向拜占庭人发动一次新的进攻,这次进攻与他合作的有王公伊戈尔和一支可能有 1 000 艘罗斯船的舰队,以及佩切涅格人的同盟军。当这次进攻失败的时候,伊戈尔返回基辅,而赫尔吉则返回可萨汗国并最终死去。如今这位在南面的黑海寻找新征服土地的老人,显然被年轻的王公伊戈尔抛弃了。

尽管有这次失败,基辅罗斯还是不久就作为一个国际势力出现。几年之

344

后,约950年,拜占庭的皇帝康斯坦丁·波尔菲罗根尼蒂斯写了著名的对基辅罗斯的描述[57]。他描写的国家是来自单一皇族的以城市为基础的联邦,它由斯拉夫人、芬兰人以及维京人组成的武士贵族所维持。它从半自治的部落中征收贡赋,也充分利用通过林地的商路。他详细地描写了征收贡赋的方法,以及在10世纪中期得到了巩固的贸易系统。

> 11月初,他们的酋长和所有的罗斯人一起离开基辅去poliudia(意思是"索贡巡行")。这是向罗斯缴纳贡赋的斯拉夫人的区域,这些人包括瓦兰人、杜列勃人、克里维奇人、谢维里安人以及其他的斯拉夫人。在那里他们驻留整个冬天,当第聂伯河从4月份开始解冻的时候他们再次返回基辅[58]。

为与拜占庭贸易而征收的商品主要是这一地区传统的出口商品,即毛皮、蜜蜡、蜂蜜和奴隶[59]。

为了运输他们在索贡巡行时征收的商品,罗斯使用斯拉夫人传统的凿挖出的独木舟(或称为monoxyla)。冬天的时候,在斯拉夫人的村庄里准备这些船。当春季河流破冰的时候,造船者将船放入第聂伯河向南漂往基辅,在这里他们将船做完并卖给罗斯人。罗斯人用旧船上的索具将这些独木舟装配在一起[60]。一位苏联的历史学家复原了这些船的建造过程:

> 首先用斧子挖空一棵大树的树干,用扁斧修整。然后将原木蒸煮,使其边缘膨胀到需要的宽度;牢固地束缚住船头和船尾以免开裂;伸缩的过程中用硬树条做成的横梁加固……可能有的树在砍倒之前已经被修整合适:在这种情况下楔子被逐渐地嵌入更深的树干;这棵树将在2-5年后砍伐,然后用常用的方法加工成独木舟。……这些凿挖出的船尺寸差别很大,从小的独木舟到相当大的船都有[61]。

独木舟是在复杂河流系统中航行的无价之宝,甚至能拖拽着穿过港口。独木舟也可以很大,有时像17世纪哥萨克的船那样加宽船舷以增加载货量[62]。一旦船组装好并装载好货物和人,罗斯的船队就在6月份向君士坦丁堡进发。当他们进入基辅南部草原时,开始进入旅程中最危险的地段。从现代的第聂伯罗彼得罗夫斯克向下游航行会遇到一系列急流,随着佩切涅格人的出现就更加危险了。佩切涅格人在9世纪末第一次进入黑海草原,915年第一次与罗斯发生冲突[63]。当罗斯人拖拽载着货物和用链子锁住奴隶的船绕过急流时,他们的远航最容易受攻击,这一段路线的危险性解释了为什么他们向拜占庭的贸易远航需要如此精心组织和防御。

在此后的10世纪,基辅罗斯的历史有两个主要趋势:巩固第聂伯河的新首都周边地区的需要,以及进一步扩展基辅对南方控制的努力。

伊戈尔在拜占庭战败后一经返回,新系统的脆弱性就马上显现出来。为了补偿损失并为心怀不满的追随者支付报酬,伊戈尔在945年尝试提高从相邻的德列夫安人部落征收贡赋的比例。然而,德列夫安人的首领马尔拒绝了这些要求,并杀了伊戈尔[64]。伊戈尔的妻子奥尔加,在他们的小儿子斯维雅托斯拉夫未成年时维持着基辅的政权。她向德列夫安人发动一系列的袭击来复仇,在《往年纪事》中记述了袭击的恐怖细节。在奥尔加统治的晚期,开始建立更加有规则的征税系统,广泛的地区性防御工事支撑着这一系统。950年,她也努力与拜占庭结成更密切的关系,私下到达君士坦丁堡并且最后改宗基督教。

她的儿子斯维雅托斯拉夫,在10世纪50年代的某一年成为唯一的统治者,并且重启了更加有侵略性的与可萨汗国及拜占庭直接对抗政策。他用古罗斯雇佣军的传统来统治,根据《往年纪事》记载:

> 在远征中,他既不带马车又不带水壶,而且不煮肉,只是切下小条的马肉、猎物或牛肉在煤上烤了吃。他也没有帐篷,但是在身下铺一块鞍褥,把马鞍枕在头下;他所有的随从也这么做[65]。

965年,斯维雅托斯拉夫指挥了一场沿着伏尔加河的战役,在这次战役中他强迫奥卡河地区的维亚季齐人向罗斯而不是可萨人交贡赋。然后,他与乌古斯人结盟,摧毁了可萨汗国,洗劫了伊提尔、萨曼达尔和萨克尔。到这场战役结束的时候,罗斯已经取代了可萨汗国成为内欧亚大陆西部的统治政权。斯维雅托斯拉夫可能也洗劫了萨姆克尔茨/特穆托洛坎,因而获得了通过亚速海重要商路的控制权。但是,罗斯对这一地区的控制在1016年前就结束了。

在这次胜利后不久,斯维雅托斯拉夫答应了拜占庭的请求,帮助他们进攻保加尔汗国。968 年左右,他与佩切涅格人结盟,打败了保加尔汗国,但是却被这个汗国的财富所陶醉,开始考虑将首都从基辅迁到多瑙河边的佩列斯拉夫尔。971 年斯维雅托斯拉夫被拜占庭打败,导致罗斯再一次南迁的计划也随之搁浅。斯维雅托斯拉夫在与拜占庭的将军兼皇帝约翰·奇米斯西斯和平谈判期间,拜占庭人对其有精彩的描述。这反映出一些罗斯人仍然受草原的行为和传统影响的程度。

> 皇帝骑在马上来到了多瑙河岸边,穿着金铠甲,跟随他的有一大批穿着耀眼衣服的骑马随从。斯维雅托斯拉夫乘坐一种斯基泰的船过河,他和手下一起划桨。他的外貌是:中等身高——既不太高也不太矮。他有浓密的眉毛,蓝眼睛,短而扁的鼻子;剃胡须但是留长而浓的小胡子。他的头剃了,只在一边留一绺头发作为其高贵氏族身份的象征。他的脖子很粗,肩膀很宽,整体形象很棒。他看起来阴郁而残忍。在他的一个耳朵上垂一只金耳环,耳环上装饰两颗珍珠,两颗珍珠之间有一颗红宝石。他的白色衣服除了整洁以外,与身边随从的衣服没有特别的差别[66]。

一年以后,拜占庭把佩切涅格人安排在罗斯撤退的路上。当斯维雅托斯拉夫的军队涉过第聂伯河急流的时候,佩切涅格人的可汗库利亚围困并屠杀了他们,用斯维雅托斯拉夫的头骨做成镀金的杯子。之后库利亚和他的妻子用这个杯子干杯,并祈求生一个像斯维雅托斯拉夫一样勇敢的儿子[67]。

(二) 弗拉基米尔王公和选择基督教

在斯维雅托斯拉夫的儿子之间爆发的内战反映出基辅罗斯的联盟是多么容易分裂成松散的维京人统治的城邦。然而 980 年,斯维雅托斯拉夫的小儿子弗拉基米尔(980 - 1015 年在位),率领一支新征募的斯堪的纳维亚雇佣军从诺夫哥罗德向基辅进军,占领了这座城市,重建了以基辅为基地的统一罗斯国家。

在其强大的侍从支持下,弗拉基米尔开始扩张和巩固领土。985 年,在与伏尔加保加尔汗国的一场无结果的战争之后,两国之间签订条约确立了稳定的关系,这个关系使罗斯控制第聂伯河的商路,伏尔加保加尔汗国控制伏尔加河的商路。在基辅的南面,弗拉基米尔建了一套被称为"蛇状壁垒"的庞大防御工事系统,延伸约 500 公里,可能包括 100 座塞堡或设防的定居点,以防御曾经杀了他父亲的佩切涅格人。然而,与佩切涅格人的关系仍然很麻烦,而且有一次他甚至不得不交出他的儿子斯维雅托尔克做人质。他也鼓励向南面的边疆地区移民。980－990 年期间,他从波兰夺取了加里西亚和沃利尼亚,由此建立了罗斯在东欧的所有权,这一影响在该地区持续了几百年[68]。

弗拉基米尔最显著的成就是将罗斯改宗基督教。改宗基督教是罗斯脱离伊斯兰世界或正在消失的可萨草原政体并重新定位的必然结果。基督教为罗斯国家的正统性提供了新的来源。但是与可萨人的犹太教或回鹘人的摩尼教不同,基督教后来在大多数的居民中深深地扎下根。最后,它改变了罗斯人的文化生活,给他们提供了书面的文化并将罗斯并入更广阔的欧洲基督教文化世界。

改宗基督教以前,罗斯的宗教将森林世界的萨满教实践与来自草原、斯堪的纳维亚和欧洲的影响合并在一起。911 年,罗斯王公以两个卓越的神——佩伦(维京人与托尔相当的神,是闪电、战争和武士的神,他的名字可能与以前伊朗的"Farn"有关)和沃洛斯(家畜神)的名字发誓,支持他们与拜占庭人谈判达成的条约。然而,外欧亚大陆的主要宗教早已开始渗入罗斯。伊斯兰教已经沿着伏尔加商路有了一些进展。在可萨人的统治下,基辅城可能由从花剌子模来的伊斯兰军队驻守。10 世纪,基辅也有人数众多的信犹太教的可萨商人[69]。在罗斯也有很多基督教徒。伊本·库达第伯写到,甚至在 9 世纪中期,巴格达的罗斯商人就声称是基督教徒,同时,大牧首佛提乌声称,在 860 年的袭击后不久,一个罗斯的代表团出现于拜占庭并接受了基督教,带着一位基督教的主教和牧师返回家乡。奥尔加女王在 946－960 年之间改宗,地点可能是在君士坦丁堡,她在世的时候基辅至少有一座基督教堂[70]。同时,基督教已经传播到波罗的海地区,波兰国王在 966 年接受洗礼,还有东欧的其他地区也如此。斯维雅托斯拉夫的巴尔干战役也将很多罗斯人带入与保加尔人的接触中,后者在 964 年就选择了基督教[71]。到了弗拉基米尔在位的时候,基督教已经被大家所熟悉,甚至可能在罗斯的一些城镇中很流行。

然而,弗拉基米尔像他的父亲斯维雅托斯拉夫一样,或像六十年前伊本·

347

法德兰见到的罗斯商人一样,原来都是虔诚的非基督教徒。据《往年纪事》记载,弗拉基米尔在基辅取得政权后,"把偶像放在宫殿庭院外面的小山上:有银头金胡须的木身雷神佩伦,以及霍尔斯、达日季神、斯特里神,还有西马尔格、马科什。他们为这些偶像提供祭品,并尊它们为神"[72]。这群偶像反映出罗斯受到多神文化的影响,因为它包括斯拉夫人的天空和丰产神(斯特里神和达日季神),伊朗的有相似功能的神(霍尔斯和西马尔格),芬兰的丰产女神(马科什)以及佩伦[73]。弗拉基米尔也强迫包括诺夫哥罗德在内的其他城市崇拜佩伦的雕像。

约 988 年,弗拉基米尔改宗基督教。根据《往年纪事》记载,弗拉基米尔系统地比较了拜占庭基督教和罗马基督教,因为拜占庭基督教对酒的容忍及其教堂的壮观而最后选择了它。事实上,外交和贸易比信仰更有价值[74]。987 年,拜占庭的皇帝巴西尔(976 - 1020 年在位)面对着保加尔汗国的军队和安纳托利亚的反叛,请求基辅提供军事援助。弗拉基米尔要求以娶皇后的妹妹安娜作为出兵条件,他大概已意识到这将势必造成改宗基督教。正在绝望中的皇帝接受了这个条件,988 年,弗拉基米尔派基辅的军队去支援拜占庭(这些人中可能包括一些难管的瓦兰吉人雇佣军,他们帮助弗拉基米尔登上王位)。第二年,弗拉基米尔亲自率领一支军队到达位于克里米亚的拜占庭城市科尔松。我们还不清楚他的目的是镇压反对拜占庭的叛乱,还是强迫巴西尔信守承诺[75]。巴西尔将安娜派到科尔松。她和弗拉基米尔结婚,弗拉基米尔正式改宗基督教。

弗拉基米尔带着拜占庭的牧师和甚至可能是一位大主教返回基辅,并且像八年前他传播对佩伦的信仰一样热情地传播基督教。他毁坏并玷污了基辅高大的佩伦雕像,命令基辅和其他主要城镇的居民接受洗礼,并决定用皇室总收入的 10% 来支援教堂。到 996 年,基辅已经有了几座新的教堂,包括第一座宏伟的东正教教堂——由拜占庭建筑师建造的"什一税教堂"。这个教堂可能被当作给拜占庭的皇后安娜使用的皇家住宅[76]。在别尔格罗德、诺夫哥罗德、切尔尼戈夫以及可能在波拉茨克都建立了主教区。

随着时间的推移,基督教改变了罗斯的政治和文化生活。通过创造新的被外界认同的宗教,即 Pravoslavnye(或称为"东正教派的基督教"),给予斯拉夫人、芬兰人和维京人部落以及罗斯公国新的而且非常统一的身份。作为这个身份的卫士和东正教派教堂的资助者,留里克王朝的王公们获得了崭新而有影响力的正统形式。这一正统形式扩展到所有的社会阶层,并且把掠夺成性的雇佣兵国家——古罗斯国改造为更像现代民族的国家。

注释

[1] 这一考古证据在 Gimbutas, *The Slavs*, Cha.1, 2 中有总体研究;关于最近的总体研究, 见 Dolukhanov, *Early Slavs*, Cha.4 - 7。

[2] Mackinder, *Democratic Ideals*, p.110.

[3] Dolukhanov, *Early Slavs*, pp.114, 82 - 91,以及 p.133 关于公元元年形势的总结。

[4] 引自 Vernadsky, *Ancient Russia*, p.103。最早提及维涅季的都来自1千纪之初的资料, 包括 Pliny, *Natural History*, Ⅳ:97; Ptolemy, *Geography*, Ⅲ:5, 7; Tcitus, *Germania*, ⅩLⅥ;见 Cross, and Sherbowitz-Wetzor, *Primary Chronicle*, p.36。

[5] Franklin and Shepard, *Emergence of Rus*, p.72; Mauricius, *Strategikon*, 引自 Vernadsky, *Surce book*, 1:8;关于语言,见 Dolukhanov, *Ancient Slavs*, p.170。

[6] Conte, *Les Slaves*, 30 - 1 指出在 9 世纪,传教士 Kyril 和 Methodius 感到必须只设计一种西里尔字母;见 Cross and Sherbowitz-Wetzor, *Primary Chronicle*, p.62。

[7] Jordanes, *The Gothic History*, pp.59 - 60; Goehrke, *Frühzeit*, pp.6, 11 - 3; Vernadsky, *Source Book*, 1:8.

[8] I. V. Dubov, "The ethnic history of northeastern Rus'", 引自 Kaiser and Marker, *Reinterpreting* (pp.14 - 20), p.17;也见于 Goehrke, *Frühzeit*, p.112; Franklin and Shepard, *Emergence of Rus*, p.73。

[9] Franklin and Shepard, *Emergence of Rus*, p.82;《往年纪事》引自 Vernadsky, *Kievan Russia*, p.101。

[10] Conte, *Les Slaves*, pp.64, 50; Dolukhanov, *Early Slavs*, p.161 地图。

[11] Kazanski, *Les Goths*, p.29 的一个建议,引自 Julius Caesar, *Gallic Wars*, Ⅰ, pp.2 - 5。

[12] Goehrke, *Frühzeit*, pp.107 - 8.

[13] Levasheva, "Agriculture in Rus'", in Kaiser and Marker, *Reinterpreting*, p.39; Goehrke, *Frühzeit*, p.170.

[14] Goehrke, *Frühzeit*, p.111; V. P. Levasheva, "Agriculture in Rus (fourth-thirteenth centuries)", in Kaiser and Marker, *Reinterpreting* (pp.39 - 44), pp.39 - 41.

[15] Dolukhanov, *Early Slavs*, p.173; Goehrke, *Frühzeit*, p.114;以及见 pp.111 - 2。

[16] Goehrke, *Frühzeit*, pp.114 - 7.

[17] Cross and Sherbowitz-Wetzor, *Primary Chronicle*, p.55.

[18] Dolukhanov, *Early Slavs*, p.146;同上注,p.48 图表。

[19] Goehrke, *Frühzeit*, pp.114－5, 171;关于白银的作用,以及草原交界处斯拉夫人的定居点,见 Franklin and Shepard, *Emergence of Rus*, pp.75－84。

[20] Goehrke, *Frühzeit*, p.173.

[21] McEvedy 和 Jones 估计在 1000 年,大约 400 万人生活在乌拉尔山以西地区,占当时内欧亚大陆总人口(约 760 万人)的一半以上;*Atlas of World Population History*, pp.78－82;然而,大多数对基辅人口的估计都太高了,例如 Vernadsky, *Kievan Rus'*, pp.103－5 中的讨论。

[22] 引自于 I. D. Koval'chenko, ed., *Istochnikovedenie istorii*, *SSSR*, 2nd, Moscow: Vysshaya shkola, 1986, p.54;其他的来自 Strategikon 的引文,见 Vernadsky, *Source Book*, 1: 8－9;关于原始资料,见 Moravcsik, *Byzantinoturcica*, 1: 417－20。

[23] Goehrke, *Frühzeit*, pp.110,以及见 108;也参见 Froyanov, *Kievskaya Rus'*, 1974, pp.16, 30; B. A. Rybakov, "Predposylki obrazovaniya drevnerusskogo gsudrstva", in *Ocherki istorii SSSR*, III－IV vv, p.852。

[24] Constantine Porphyrogenitus, *De Administrando*, II: 29; Tikhomirov, *Drevnerusskie goroda*; Goehrke, *Frühzeit*, p.171.对这些部落单位的更持怀疑态度的解释,见 Franklin and Shepard, *Emergence of Rus*, p.109。

[25] Goehrke, *Frühzeit*, p.109;Franklin and Shepard, *Emergence of Rus*, p.75.

[26] Goehrke, *Frühzeit*, p.153; Cross and Sherbowitz-Wetzor, *Primary Chronicle*, p.58; Froyanov, *Kievskaya Rus'*, 1980, p.13.

[27] Goehrke, *Frühzeit*, p.171.

[28] 后面的叙述以 Serge A. Zenkovsky, *Medieval Russian Epics*, *Chronicle and Tales*, pp.43－4; Aleshkovskii, *Povest' vremennykh let* 为基础;在 Zuckermann, "On the date", pp.237－70, 259－62 也有很好的叙述。

[29] 引自 Vernadsky, *Source Book*, 1: 15;见 Cross and Sherbowitz-Wetzor, *Primary Chronicle*, p.59;注意"Russians"以既是邀请者又是被邀请者的身份出现,这是到了 9 世纪晚期已经发生种族混合的明显迹象。

[30] 关于这些历史研究辩论的最好的简要概述在 Goehrke, *Frühzeit*, pp.157－62。

[31] Goehrke, *Frühzeit*, pp.163－4 对这一形式有清楚的阐述。

350 [32] 关于这一课题的关键性研究是 T. Noonan 的研究,其成果在 Franklin and Shepard, *Emergence of Rus* 中有总结。

[33] Franklin and Shepard, *Emergence of Rus*, pp.20, 7－8, 12,25; Goehrke, *Frühzeit*, p.122.

[34] Palsson and Edwards, *Vikings in Russia*, p.62;关于斯堪的纳维亚人和斯拉夫人之间的

早期接触,见 Franklin and Shepard, *Emergence of Rus*, pp.8－9。

[35] Palsson and Edwards, *Vikings in Russia*, p.19;虽然是由对罗斯没有直接了解的一位作者写成的,但是 *Yngvar's Saga* 似乎提到了 10－11 世纪早期罗斯的状况;同上注,p.2。

[36] Franklin and Shepard, *Emergence of Rus*, p.19,以及见 pp.12, 17, 20－1; Dolukhanov, *Early Slavs*, pp.182－5,指出 Staraya Ladoga 在最初的时期就是多种族的。

[37] 这里的主要遗址是在现代的雅罗斯拉夫尔附近的 Timerevo,以及在现代的斯摩棱斯克附近的 Gnezdov,两处遗址都很明显是接近该世纪之末的维京人居住地,但是有更早时候就有人居住的迹象;Franklin and Shepard, *Emergence of Rus*, pp.36, 101;关于“戈罗季谢”,见 Franklin and Shepard, *Emergence of Rus*, p.33; Dolukhanov, *Early Slavs*, p.187。

[38] Jones, *History of the Vikings*, pp.249－50;Vernadsky, *Source Book*, 1：11;在俄罗斯文献中只有两处提及罗斯汗国,一处是在 Metroplitan Ilarion(11 世纪)的布道文章“On law and Grace”中,另一处是在 *Lay of Igor's Host* (*Halperin*, *Russia and the Golden Horde*, p.12) 中,但是在阿拉伯文献中有其他的提及罗斯汗国的内容。

[39] Franklin and Shepard, *Emergence of Rus*, p.40;pp.31－41 讨论了四个可能的地点:瑞典、戈罗季谢、罗斯托夫和伏尔加河上游;而 Vernadsky, *Kievan Rus*, p.174 提出在刻赤海峡的 Tmutorokan'(现代的塔曼)。

[40] Vernadsky, *Source Book*, 1：9.

[41] Palsson and Edwards, *Vilings in Russia*, p, 71;“Yarisleif”是仿照雅罗斯拉夫大公的名字。

[42] 同上注,p.73。

[43] 同上注。

[44] Franklin and Shepard, *Emergence of Rus*, pp.51－3, 55－6, 59;马苏德引自 Artamonov, *Istoriya Khazar*, p.368;《往年纪事》给出的这次远征的时间是 866 年,但认为远征是从基辅出发的。

[45] 引自 Vernadsky, *Source Book*, 1：9。

[46] Ibn Fadlan, *Risala*, pp.141－2; Jones, *A History of the Vikings*, p.164,总结出自马苏德和穆卡达西的证据;Franklin and Shepard, *Emergence of Rus*, pp.67－8。

[47] Jones, *History of the Vikings*, p.256;伊本·法德罕的叙述在 Jones, *History of the Vikings*, pp.425－30 有翻译;也见 Vernadsky, *Source Book*, 1：10 对出自马苏德的相似记载,以及马苏德对罗斯妇女的记载:“愿意和她们的丈夫一起被烧死,为的是和他们一起去天堂。”

[48] Ibn Fadlan, *Risala*, p.146.

［49］Pritsak, *Origin of Rus'*, p.256.

［50］Zuckerman, "On the Date", p.256.

［51］Cross and Sherbowitz-Wetzor, *Primary Chronicle*, p.64.

［52］同上注,pp.64－9。

［53］Pritsak 认为直到 10 世纪 30 年代,基辅都主要是可萨人的城镇,见 Golb and Pritsak, *Khazarian-Hebrew Documents*, p.71。

［54］Franklin and Shepard, *Emergence of Rus*, p.126;关于基辅的成长,见上注,pp.98－9。

351　［55］Zuckerman, "On the Date", p.256; Franklin and Shepard, *Emergence of Rus*.

［56］Zuckerman, "On the Date", pp.256－9;Pletneva, *Polovtsy*, p.15 认为佩切涅格人可能已经与奥列格结盟。

［57］Constantine Porphyrogenitus, *De Administrando*, 1：18－20, 28;在 Goehrke, *Frühzeit*, p.157有很好的总结。

［58］Constantine Porphyrogenitus, *De Administrando*, 1：63.

［59］见 Cross and Sherbowitz-Wetzor, *Primary Chronicle*, p.86 关于 969 年的条目。

［60］Constantine Porphyrogenitus, *De Administrando*, 2：57, 59;称呼罗斯汗国的单词 "Rosia"第一次出现于康斯坦丁的著作,同上注,2：20;*Monoxyla* 长期被罗斯的斯拉夫人部落使用,同上注,2：23。

［61］引自 Constantine Porphyrogenitus, *De Administrando*, 2：36。

［62］同上注,2：36。

［63］Pletneva, *Polovtsy*, p.15.

［64］拜占庭的作家 Leo Diaconus 记载他被绑在两棵树上,然后把他从树上放下并撕成两半;Fennell, *Russian Church*, p.6。

［65］Cross and Sherbowitz-Wetzor, *Primary Chronicle*, p.84.

［66］Vernadsky, *Origins of Russia*, pp.276－7.

［67］Pletneva, *Polovtsy*, p.19; Cross and Sherbowitz-Wetzor, *Primary Chronicle*, p.90.

［68］关于加里西亚和沃利尼亚的早期历史,见 Subtelny, *Ukraine*, pp.57－60;Franklin and Shepard, *Emergence of Rus*, pp.170－3 有关弗拉基米尔的防御工事;与佩切涅格人的关系,见 Pletneva, *Polovtsy*, p.21。

［69］见 Golb and Pritsak, *Khazarian-Hebrew Documents*, pp.xiii, 44,可萨汗国雇佣军的信在 10 世纪早期的藏书档案中发现。

［70］关于这一事件的争论,见 Fennell, *Russian Church*, pp.26－30;关于教堂,见上注, pp.24－5;关于 860 年袭击的后果,见 Vernadsky, *Source Book*, 1：9 引用的伊本·可达比的记载,以及同书的 1：12 关于佛提乌的记载。

［71］Fennell, *Russian Church*, p.9.

［72］I. Ia. Froyanov, A. Iu. Drovnichenko and Iu. V. Krivosheev, "The Introduction of Christianity in Russia and the Pagan Tradition", in Galzer, ed., *Russian Traditional Culture*, pp.(3－15), p.5; Fennell, *Russian Church*, p.33;这些偶像与伊本·法德罕约922年在保加尔看到的那些相似,见 ibn Fadlan, *Risala*, p.142。

［73］Martin, *History*, p.6.

［74］见 Fennell, *Russian Church*, Cha.3 的叙述。

［75］见 Franklin and Shepard, *Emergence of Rus*, p.162 对这一问题的辩论的总结。

［76］同上注,pp.164－5。

延伸阅读

　　有大量关于罗斯早期历史的文献。最近对其史前史的很好陈述有 Goehrke, *Frühzeit*（在 pp.103－6 有对文献的非常有用的讨论）;Dolukhanov, *Early Slavs*。在 Vernadsky, ed., *Source Book* 中有简要的原始材料集合。其他重要原始文献包括 Cross and Sherbowitz-Wetzor, *Primary Chronicle*; Constantine Porphyrogenitus, *De Administrando*; ibn Fadlan, *Risala*;Palsson and Edward 翻译的 *Vikings in Russia*;以及在 Zenkovsky, *Medieval Fussian Epics, Chronicles, and Tales* 中的文献。目前充分利用了最新钱币学和考古学研究成果的一部很好的早期罗斯的新历史书是 Franklin and Shepard, *Emergence of Rus*。这本书关于早期贸易网络重要性的内容非常好。对这一课题也很有用的是 Martin, *Treasure of the Land of Darkness*; Boba, *Nomads, Northmen and Slavs*。Zuckerman, "On the Date"提供了对罗斯编年史的另外一种理解。关于早期罗斯有很多历史书,包括 Vernadsky, *Ancient Russia*, *Kievan Russia* 和 *The Origins of Russia*,虽然过时了但是现在仍然有用;Subtelny, *Ukranie*; Fiasanovsky, *A History of Russia*; Froyanov 的两卷本的 *Kievskaya Rus'*;以及较早的苏联经典 Grekov, *Kievskaya Rus'*。关于罗斯的城镇,经典的研究是 Tikhomirov, *Drevnerusskie goroda*（可以找到译为 *The Towns of Ancient Rus* 的版本）。关于教堂,见 Fennell, *A History of the Russian Church*。最新的两本有用的论文集是 Kaiser and Karker, *Reinterpreting Russian History* 和 Galzer, *Russian Traditional Culture*。关于草原,见 Golden, "Peoples of the South Russian Steppes", in *CHEIA*; Pletneva, *Polovtsy* 和 *Stepi Evrazii*;以及 Akhinzhanov, *Kypchaki*。

352

第十四章　蒙古人扩张之前的内欧亚大陆：1000－1220 年

　　初看起来,1 千纪之末,可能出现了内、外欧亚大陆之间的历史性差别消失的情况。像外欧亚大陆一样,内欧亚大陆此时似乎是以城市化的农业地区为主导,有类似国家的结构、帝国的宗教和有文化的上层社会。最终,似乎在所有重要的方面,内欧亚大陆都屈服于新石器时代的农业革命。

　　从人口学上来讲,这个印象的确是准确的。河中地区和罗斯现在成了定居人口最稠密的地区,内欧亚大陆的大多数居民都生活在这里。从政治上来讲,这些地方也比草原更有秩序。河中地区和罗斯都出现了强大的国家,同时,草原地带的政治则自 5 世纪以来就比任何时候都更加权力分散。虽然有一些强大的部落联盟,但是自从回鹘和可萨汗国灭亡之后,再没有出现任何真正的牧人国家。

　　然而,现象是有欺骗性的。事实证明河中地区和罗斯的政治与军事结构比表面上看到的更加脆弱。而从钦察到塞尔柱这些草原民族的政权依然强大。的确,蒙古帝国在 13 世纪的出现反映出草原地带的国家虽然难于创建,但是仍能在军事和政治上统治内欧亚大陆的农业区。

　　从生态上来讲,河中地区和罗斯有明显的差别。河中地区是很分散但人口很稠密的绿洲地区,依赖于灌溉农业。大面积的干旱草原或沙漠将主要的绿洲彼此分隔开,阻碍了这一地区形成统一而强大的国家。即使在伊斯兰时期,当河中地区第一次取得一定程度文化上的统一时,稳定的地区性国家仍然很罕见。它们似乎处在一种来自伊朗的帝国统治时期和由当地的城市联盟与牧人精英轮流掌权的分散化时期之间的过渡阶段。虽然有萨曼王朝统治的辉煌,但是河中地区农耕国家的结构依然很脆弱且不稳定。

另一方面,罗斯的国土由依赖旱作农业的林地定居点组成。这里有大面积彼此相邻的农业聚落,本可以使这一地区顺利地创建出规模较大的统一国家。然而,罗斯的政治结构被证明几乎与河中地区的一样脆弱,尽管原因各不相同。大批的农业人口在罗斯才刚刚出现,国家结构很原始而不稳定,缺少像波斯或中国甚至河中地区那样的古代官僚和法律传统。

因此,内欧亚大陆两个主要农业区的实力被逐渐削弱了,一个地区是出于生态的原因,而另一个地区是出于历史的原因。此外,罗斯和河中地区都有漫长而无屏障的草原边疆,与草原牧人社会之间有比我们通常认识到的更加密切且纠缠不清的关系。这一非同寻常的实力平衡使内欧亚大陆历史将继续沿着与外欧亚大陆不同的道路走下去。

一、草原地带

（一）东部和中部的草原

在中国北方,政治中心从蒙古转移到了像河中地区一样由草原、农田和山区相间分布的东北地区。两个地方性的王朝——契丹和女真,从这里开始最终统治了中国北方大片土地,创建了辽朝(907－1125 年)和金朝(1115－1234 年)[1]。一些被回鹘或吐蕃王朝统治的绿洲城邦控制着丝绸之路的东端。蒙古高原被区域性的牧人集团所占据,哪一个集团都不能对中国北方产生严重的威胁,也不能控制丝绸之路的东半部。

东部最有组织的牧人集团生活在曾经被西突厥统治的土地上。9－10 世纪,一支被称作基马克的突厥语民族从北哈萨克斯坦的设防城市,以及沿着阿尔泰山西北的额尔齐斯河分布的农耕聚落统治了哈萨克斯坦的中部、北部和西部。10 世纪的大多数时间,他们的统治者冒用"汗"的名号。虽然基马克的上层社会是草原游牧民族,但是汗国的资金主要来自河中地区与穆斯林商人之间的西伯利亚紫貂贸易[2]。从 766 年左右开始,葛逻禄以七河地区的楚河河谷为中心建立了松散的联盟,八剌沙衮和怛逻斯为其主要城市。他们的首领声称是阿史那姓的后代。8 世纪中期,葛逻禄统治了曾经一度被西突厥占领的土地。845 年回鹘战败之后,由于受到了某种名号滥用的影响,葛逻禄的首领以及其他的牧人甚至声称拥有了汗国的"可汗"名号。至此,这一名号以两种不同的形式存在,即较简单形式的"汗"和较复杂形式的"可汗",后者根据阿尔·花拉子密的解释,是"汗的汗,也就是说是首领们的首领,就像波斯语的国王的王(Shah-an-Shah)一样"。9 世纪晚期,葛逻禄统治了东哈萨克斯坦大部分草原。10 世纪中期,他们声称对乌古斯西部、新疆大部、远达萨曼王朝的中亚草原享有宗主权,将怛逻斯作为一座边疆城镇[3]。

在西哈萨克斯坦草原、咸海的北面和西面,11 世纪的统治集团是乌古斯突厥人。乌古斯包括可能是锡尔河地区古代居民后裔的当地集团,以及很晚时候到达的突厥语民族[4]。虽然他们从来没有形成统一的国家,但是乌古斯对中部和西部草原的历史有重大影响。他们控制绕过里海向黑海延伸的丝绸之路北支,以及锡尔河下游的很多贸易城镇。的确,到了 11 世纪,一些乌古斯人已经开始像农民和商人一样定居下来。他们的地理位置以及很多部落的势力,使其成为花剌子模的城邦和可萨汗国之间天然的中间商。一个叫塞尔柱的乌古斯集团,最后占领了河中地区、呼罗珊甚至美索不达米亚的很多地方。他们令人吃惊的职业生涯在本章的后段将有描述。

我们有一些来自同时代作者关于 9—10 世纪非常游牧化的乌古斯人生活的翔实记载。在 9 世纪,阿尔·雅忽比写道:

> 每个[部落]都有各自的领地,他们相互争斗,既没有永久的住所也没有设防的地方。他们住在突厥人有棱条的圆顶屋里,用野兽和牛的皮制成的皮带做销钉,用毡子覆盖房屋。他们最会制作毡子,衣服也由毡子做成。除了种植粟,在突厥斯坦没有其他农业。……他们的食物是马奶和马肉,吃的大多数是野生猎物的肉。他们很少用铁,用骨头做镞[5]。

伊本·法德兰去保加尔人地区时途经乌古斯人居住区,留下了对他们生活方式的生动描写。像大多数牧人一样,乌古斯人接受了被称为收继婚的传统:"有妻儿的男人死后,如果他的妻子不是其长子的亲生母亲,那么这个长子就娶自己的继母。"他注意到和斯基泰人一样,乌古斯人害怕水,拒绝洗涤,甚至拒绝给自己清洗掉排泄物、尿或生殖行为的污物。他们的首领采用突厥的叶护名号,下属的酋长被称为答剌罕。最强大的叶护以锡尔河下游的养吉干为基地,但是他从来没有统治所有乌古斯部落。根据 10 世纪晚期萨曼王朝汇编的《世界域志》记载,"他们的每个部落(各)有一个酋长处理部落间的纠纷"[6]。

乌古斯的部落经常进入可萨汗国和花剌子模境内袭击,带着掠夺物回到草原。但是,他们也与定居的相邻部落进行贸易。像大多数牧人一样,他们的主要贸易商品是牲畜(马、牛、骆驼和绵羊)以及畜产品,包括皮革、肉和奶酒。他们也用毛皮、铁器和像毡子、马具和武器之类的手工业产品以及奴隶来交易。根据《世界域志》记载,他们中有很多商人。伊本·法德兰注意到在乌古斯和花剌子模的商人之间存在很牢固的信用担保和保护关系。花剌子模的商人不得不在乌古斯人中寻找能在草原上关照他们的担保人,反过来,乌古斯的商人希望他们能在花剌子模的城镇得到招待和帮助。花剌子模和乌古斯的密切接触甚至影响了他们的城市生活,因为伊本·法德兰发现一些市内的住户在寒冷的夜里在房子里支起圆顶帐篷来提高室温[7]。

城市的生活方式也影响了草原,特别显著的是伊斯兰教沿着河中地区的边界在牧人中缓慢地传播。来自花剌子模的穆斯林商人在草原上寻找到穆斯林的同伴,或鼓励他们的贸易同伴改宗。有时,他们在草原的居住点留下代理人建造清真寺,到了 10 世纪,很多草原深处的居住点已经有了自己的清真寺。伊斯兰商人的巨大财富也给伊斯兰教在草原上增添了声望并激励人们改宗。传教士的活动很重要,但是很多传教活动都不是正式的,并由苏菲派的活动所支配。苏菲派的教义中常常包括来自佛教、基督教和摩尼教等其他宗教的因素,甚至有各种萨满教的活动,他们发现牧人比很多教条主义的穆斯林更乐意听取意见。有的牧人是在非常直接的军事和政治压迫下改宗的。983 年,萨曼王朝的军队征服怛逻斯,将一座景教教堂改成清真寺并努力劝说当地的酋长改宗伊斯兰教。10 世纪早期,为伊斯兰统治者服务的乌古斯和葛逻禄雇佣军有时也改宗伊斯兰教[8]。最后,那些为了保护河中地区城镇中的强大同盟而改宗的草原首领,有时也强迫其追随者全体改宗。

10 世纪中期,被称为"钦察"的突厥部落成为哈萨克和黑海沿岸草原占统治地位的集团。钦察包括基马克汗国最西边的部落,与基马克不同的是,他们保留了游牧的生活方式。10 世纪早期,他们早已从基马克汗国中独立出来,一个世纪后开始向西移动,直到他们统治了咸海南面和北面的乌古斯草原并开始进入黑海沿岸草原。结果,从 11 世纪中期到 13 世纪中期蒙古人入侵期间,穆斯林的作家将从阿尔泰到喀尔巴阡山之间的整个地区称为"钦察草原"(Desht-i Kypchak)。可能出现了短暂而唯一的钦察汗国。但是 1130 年以后,这个汗国分裂成几个更小的集团,其中的一个集团沿着锡尔河分布,在那里有很多钦察人的冬季营地,一直延伸到额尔齐斯河。同时,另一个钦察集团分布于咸海西面,第三个则分布到西北部的乌拉尔/伏尔加地区。这些区域上的分离很明显有一个生态的基础,因为这种分布状况在蒙古的后继国家和可萨汗国中都重复出现过。

很难说清楚究竟是什么原因引起了 10 世纪特别是 11 世纪中期的牧人迁徙。不过,其中的原因应该包括由于可萨汗国灭亡引起的分裂、中国东北和北方的扩张主义者——契丹辽国的出现以及党项西夏国在甘肃的出现,这些都迫使很多住在蒙古的居民向西移动,并扩展与繁荣的中亚间的贸易,这些都刺激中亚的牧人扩大他们的畜群并寻找新的牧场[9]。

（二）黑海沿岸草原

黑海沿岸草原长期以来都是强大但是只有松散组织的牧人区。当可萨人管理这一地区时,没有出现其他重要的牧人政权。随着可萨政权衰落,新的牧人集团开始威胁黑海沿岸农民的土地。马扎尔人在 9 世纪、佩切涅格人在 9 世纪末分别成为重要的军事力量。11 世纪中期,钦察人取代了佩切涅格人并形成了控制阿兰人、保加尔人、佩切涅格人和乌古斯人残余居民的上层社会。他们似乎在黑海沿岸地区形成两个有联系的“群”。一个以第聂伯河以西为基地,其主要语言可能是佩切涅格语。其他部落生活在第聂伯河以东,逐渐被称作波洛伏齐人[10]。

虽然罗斯的编年史一直到 1054 年才提及钦察,但是钦察在 1062 年就首次发动了对罗斯大片土地的袭击。在一段时间内,他们给罗斯较偏南的部分带来严重威胁,并且即将要切断通往拜占庭的罗斯商业和文化生命线。在强大的首领率领下,钦察的部落能够强大到足以为寻找战利品和奴隶,或者为了阻止在罗斯南部重要牧场的殖民而发动阶段性的侵袭,甚至能够偶尔攻下设防的城镇,尽管他们的主要技术是用燃烧的箭或装满燃油的较大抛射器之类的简单装置。《劳伦斯纪事》描写了 1093 年由钦察的图戈尔汗率领的一次恐怖的侵袭。袭击的目标是基辅南约 50 公里的叫托尔切斯克的城镇,城内居民是卡拉卡尔帕克人,他们通常是源自佩切涅格人或乌古斯人的信仰基督教的定居牧人。自 1080 年左右起,卡拉卡尔帕克人就已经成为为罗斯服务的守边部队,就像南匈奴为东汉守边一样。他们的城镇托尔切斯克以一个古老的斯基泰人聚落为基础,城中的房屋主要由圆顶帐篷组成[11]。下面这段记载很好地表达了草原战争的种族复杂性和带给人类的悲剧。

> 波洛伏齐人[钦察人]占领该城后就烧了它。他们瓜分了城内居民并将其带到自己的住处见亲属和家族。很多基督教徒忍受着痛苦：由于饥寒交迫而备受煎熬,甚至变得有些麻木;他们的面颊深陷,身体变黑;在一片未知的土地上,他们的舌头肿起,赤裸着身体、光着脚,腿被荆棘划破;他们哭泣着交谈"我来自这样一座城市""我来自这样一个村子",一边哭一边叹气,讲起自己的家乡[12]。

为了阻止囚犯逃跑,钦察人通常切开男人脚后跟把他们弄跛,并把切碎的马毛放在伤口里使它一直发炎。

一些罗斯的俘虏给钦察人的家庭当家内奴隶,大多数在袭击中虏获的俘虏和家畜以及毛皮都在保加尔、克里米亚、基辅和布拉格的市场上出售。对于波洛伏齐人来说,由热那亚商人控制的克里米亚城市科尔松以及拜占庭控制的特穆托洛坎和苏罗兹(苏达克城)是最重要的市场。像他们自斯基泰时期就已经做的一样,地中海的贸易商品从这里流回草原[13]。

钦察部落不仅简单地侵袭罗斯,他们还与罗斯的王公结盟、贸易,而且有时居住在他们之间,就像河中地区的乌古斯或葛逻禄一样。个别的钦察武士充当罗斯王公的侍从,钦察人的奴隶充当仆人或牧羊人。商品甚至人口的交流刺激了思想的交流,到了 12 世纪,在钦察人中能见到很多基督教徒。特别是从 12 世纪中期开始,政治、王朝和军事的关系常常与种族、语言、生态和教派的关系交织在一起[14]。为了寻找安全和财富,钦察的酋长与留里克王朝的王公结盟并联姻,反过来留里克王朝的王公雇佣来自草原的军队为他们打内战。联姻是牧人部落实力和声望的明显标志,罗斯王公只从最有实力和最有威胁的钦察部落中婆妻子,但他们从来不愿意把女儿嫁给钦察的可汗,这说明完全的外交平等还需要一个过程。从奥列格时期的雅罗斯拉夫的孙子斯维雅托斯拉夫开始,切尔尼戈夫和特穆托洛坎的南方王公就与钦察部落结成了长期的联盟[15]。1078 年,斯维雅托斯拉夫与钦察军队结盟,从特穆托洛坎向切尔尼戈夫进军以夺回他父亲祖传的遗产。1094 年,他将雅罗斯拉夫的孙子弗拉基米尔·莫诺马赫(卒于 1125 年)赶出了切尔尼戈夫。弗拉基米尔描写他怎样带着德鲁日那和 100 名家庭成员被迫从城中退出,在钦察人的队列之间穿过,钦察人"挡在十字路口和在山上的时候,像狼一样舔着嘴唇"[16]。

1113 年,莫诺马赫率领的一支罗斯联军大败钦察人。虽然莫诺马赫本人常常与钦察联盟并肩作战,但是 1113 年,他率领一支联合的基辅武装深入钦察领土,取得大捷。他拒绝讲和,处决了 20 位钦察酋长,并命令将钦察的俘虏砍死以报复他们多次侵袭罗斯[17]。这次胜利在一段时间内严重削弱了波洛伏齐人。罗斯进入草原侵略,通常在牧人最容易受攻击的冬天或春天,目标是夺取奴隶和战利品,以及保卫边疆的安全,可能比牧人侵袭罗斯的频率还要高。在三十年内,波洛伏齐人只在罗斯王公的邀请下进入罗斯,再也没有沿着顿河林地草原放牧;而且一些集团甚至搬出了越来越危险的与罗斯接壤的边疆。杰出的波洛伏齐人可汗沙鲁坎的儿子阿特拉克率领下的一个集团,带着 4 万名追随者向北高加索草原行进,并成为格鲁吉亚国王达维德的帮佣。根据罗斯编年史中诗歌的记载,阿特拉克的兄弟瑟尔昌为了吸引阿特拉克再次返回家乡,派一位诗人去给他唱草原民歌,送给他草原的牧草让他回忆家乡。阿特拉克终于不再坚持,他说:"把自己的尸骨埋在家乡的确比在异国土地上取得荣誉更好。"[18]

11 世纪早期,罗斯军事战役的成功使边境沿线的形势更清晰。一方面,罗斯没能守住曾经深入草原的前哨。12 世纪早期,罗斯失去了对特穆托洛坎以及贝拉维塔的控制,古老的可萨人塞堡萨克尔现在变成了波洛伏齐人的冬季营地。建在可萨首都伊提尔遗址上的萨克辛这样的城镇,很可能包含市场和大集市,以及波洛伏齐人或外国的工匠,他们雕刻石头或木头的雕像,或加工珠宝、武器、马鞍和铠甲。像大多数草原城镇一样,它们可能最初是大型冬季营地,居民(像萨克辛的居民那样)住在帐篷里,有时有防御墙保护,或聚集在十分固定的由农民创建的城镇(如萨克尔)周围。在边界的罗斯一面,出现了设防的边疆地区。与中国的"鄂尔多斯"相似。从约 1080 年开始,这一地区就被罗斯的半定居牧人所占据和防御,成了"内边疆策略"的西方版本[19]。不管他们的来源如何,这些边疆牧人的大多数逐渐被称作"卡拉卡尔帕克"(突厥语"karakalpaks"或"黑帽子")。很多"卡拉卡尔帕克"变成了农民,接受基督教,并且或多或少接受了永远担任边疆戍卒的命运。在这些定居的边疆牧人中出现的生活方式是后来哥萨克人生活方式的雏形。"男人总是准备着出征

359

360

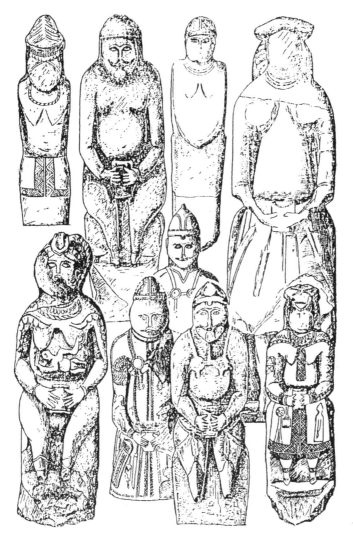

图 14.1　12－13 世纪草原上的波洛伏齐人石雕像

（引自 S. A. Pletneva, *Polovtsy*, Moscow：Nauka, 1990）

作战,因此,实际上生产工作由妇女承担,同时,男孩从儿童时期就培养军事胆量和骑术"[20]。但是,像在中国北方一样,事实证明不能将边界完全封闭,与草原分隔开。罗斯的城市继续与草原牧人贸易,用奢侈品交换家畜(特别是马)和畜产品,这些奢侈品常常出现于那个时代草原地带的墓地中。边市似乎与中国北方、费尔干纳或罗马的巴尔干边疆相似,居民也曾穿越过生态的边疆。这可以从罗斯编年史中见到的罗斯人的突厥语名字以及草原上斯拉夫语名字的不断增多上反映出来[21]。

12 世纪晚期,钦察经常在受罗斯王公邀请之际乘机侵入罗斯。当奥列格·斯维雅托斯拉夫的后代邀请波洛伏齐人的同盟者支持他们时,莫诺马赫的后代常常与"卡拉卡尔帕克"结盟作战[22]。一旦被邀请进入罗斯,牧人就被允许洗劫对方的城镇,并带走牲畜和俘虏作为他们提供服务的补偿。有时,钦察人的整个部落带着武士、家庭、奴隶和牲畜一起来到罗斯境内;当这些部落到来时,农田通常被牧人的畜群破坏。12 世纪草原地带较小的或相对较差的部落都可能有 2 万到 4 万人(大约五分之一是武士),这样的袭击十分有利可图,而且比那些没有受邀入境的袭击风险要小得多,因为后者可能会使罗斯的所有王公联合起来对抗钦察人[23]。

361　　为什么草原牧人在回鹘和可萨汗国灭亡之后的几个世纪里常常如此分散? 为什么我们见到部落或部落联盟,但是没有真正的牧人国家? 这些问题很重要,因为所有内欧亚大陆边界地带的政治和军事平衡在很大程度上依赖于牧人政治组织的发展。普列特涅娃估计,在 12 世纪,有 50 万到 60 万的牧人生活在黑海沿岸草原[24]。假设这些人中的五分之一当武士,那么统一的波洛伏齐人和库曼人就能推出一支 5 万至 6 万人的军队,这将对罗斯造成巨大的威胁。蒙古在 13 世纪的胜利提供了统一的牧人军队惊人军事力量的例证。当然,在 13 世纪之前没有出现这类军队。

遗憾的是,解释草原上政治组织的水平非常困难。将 10 - 13 世纪相对缺少政治组织看作是从 6 世纪突厥汗国创立开始的一个循环的结束是一个可接受的观点。可能向中国北方、河中地区和伊朗或巴尔干和匈牙利的移民减轻了草原的人口压力。也可能这个问题的答案很简单、很个性化和单纯,即在 12 世纪末期之前,在草原没有出现新的冒顿或土门。

二、罗斯

(一) 社会和政府

1015 年弗拉基米尔去世时,罗斯有 300 万或 400 万人口,是当时欧洲最大的国家,控制着约 80 万平方公里的土地[25]。

弗拉基米尔的继位者,雅罗斯拉夫(1019 - 1054 年在位)像他的父亲一样,在一场血腥的同族残杀战争后登基。在这场战争中,他的主要基地是旧首都诺夫哥罗德。在登基后十多年的时间里，他不得不与兄弟姆斯提斯拉夫分享权力，后者是切尔尼戈夫的王公，并已经征服了位于克里米亚的博斯普鲁斯的特穆托拉坎。的确，可能姆斯提斯拉夫在 1036 年去世之前，比雅罗斯拉夫掌握更多的实权。在其统治下，切尔尼戈夫简直变成了基辅的重要对手。

尽管存在这些冲突，但是雅罗斯拉夫通常还可以看作是罗斯政权的顶点。他的声望一部分是由于《往年纪事》对他的肯定，这本书以雅罗斯拉夫去世之前审查过的编年史为基础[26]。雅罗斯拉夫将基辅公国的统治向西扩展到波罗的海。更重要的是，1037 年他取得了对黑海沿岸的佩切涅格人部落的一场决定性胜利，就在基辅之外未来的圣索菲亚大教堂所在地打败了他们。在约25 年之内，基辅对草原进行了有效的控制，这给人一个短暂的错觉，似乎农业的罗斯已经最终战胜了南面的牧人社会。雅罗斯拉夫也进行了制度上的改革，开始了创建更加持久、更少私人化的国家组织的过程。他尝试在 *Russkaya pravada*（或称为"罗斯法"）中编纂传统法，该法最初可能是作为王公与维京商人谈判合同的一种扩展。他帮助教堂变成基辅公国强大而重要的公共机构，基辅本身也成为教堂之城，其中最重要的是 1047 年建成的圣索菲亚大教堂。基辅的修道院，特别是山洞修道院，控制着教堂的统治集团，因为只有修道士——"黑牧师"才能成为主教。

罗斯的大多数居民仍然生活在小型乡村社会，像苏联的历史学家指出的，正是在村庄里生产出了国家大多数的财富[27]。农民用一种地中海地区常见的重犁来耕种林地草原上的肥沃黑土；在混交林的森林地带，较轻的犁（ralo）占绝对主力；同时，火耕的系统在更北面仍然很常见。在村庄里，家庭是基本的单位，村庄或村庄群在其规模和作用上与牧人的"再生产集团"相似。农民的家庭像牧人家庭集团一样，也是一种生意，在家庭中男人和女人担任不同的角色，但是为了生存合作是必须的，这无疑暗示着男人和女人之间一定程度的相互尊重。但是，罗斯的法典规定杀死男人的赔偿金是女人的两倍，这说明和牧人世界一样，性别的不平等已经正式确定下来[28]。

罗斯的第一位统治者已经把他们的政权建立在贡赋和贸易系统基础上，即把城市产品的剩余价值转化成现金和贵重商品，用它们来提高自己的声望、雇佣武装侍从。11 世纪，贸易的相对（虽然不是必然而绝对的）重要性下降。一方面，穿过草原的商路，在 1060 年之后受到钦察的威胁。另一方面，罗斯的王公和领主，不论起源如何，现在都更加依赖本地资源。他们大多继续生活在

362

城镇里,但是以税收或租金的形式在从属的村庄社区得到食物、木材和供养自己所需的劳动力。维持一个王公的地区被称作"生计"(或"zhizn"),同时,主要的贵族常常以供养制的名义获得相似的权力。随着留里克王朝统治系统的巩固,王公也开始颁布法律,向罪犯强征罚金,这些为保持正义而作出的惩罚变成 11 世纪财政收入的重要形式。同时,贵族开始从农事中获取利益,特别是养马业,这个行业对于作战的武士上层社会来说至关重要,其重要性不亚于他们在马背上作战的牧人对手[29]。贸易仍保持其重要性,但是主要是作为宗教商品或贵重商品的来源。

这些罗斯经济基础方面的变化说明,与他们的牧人对手相反,农业社会的统治者有更加基本的长久利益。农业贵族的财富和权力不必专门依赖外来的收入,因为他们还可以依靠地方的农业居民创造出的巨大盈余。

在定居点稠密地区,农民和罗斯统治者之间关系的变化,使那些被迫缴纳不定期贡赋的独立农耕者,变成了向遥远的地主缴纳定期税收的依附农民。农业社区不见得能够得到更多的回报,只是偶尔也能有稳定时期,以及有机会接近一些城市中的商品。虽然还有大批奴隶,但是大多数农民可以保持法律上的自由。然而,11 世纪出现的法律形式和商业的依赖关系,为后来在莫斯科公国存在了几个世纪的严酷依赖关系奠定了基础。

虽然大多数财富是在乡下生产的,但是罗斯真正繁荣的是城镇。大多数城市和城镇仍然很小,但是由于雅罗斯拉夫推行的建设计划,使基辅以圣索菲亚大教堂为中心迅速扩张。11 世纪晚期,基辅成为罗斯的很多贸易网络的商业和手工业中心。但是即使变成罗斯最大的城市,基辅居民人口最多的时候也不超过 4 万[30]。像大多数较大型城市一样,它由坐落在高地上的有宫殿和教堂的王公家庭的中央设防区,以及外围的商人和工匠的沿河居住区组成。这里通向河流系统的码头将罗斯的城市联系成各自特有的交通网络。其他规模很小的城市有超过几千的人口。大多数城市虽然是设防的,但仍是只有市场、教堂和少数作坊的杂草丛生的村庄,以及可能有一座带防御设施的地方王公的宫殿。城镇居民仍然耕种通常分布在城墙以外的小块土地[31]。

尽管如此,城镇主导了基辅罗斯的政治和文化生活。11 世纪中期,根据同时期欧洲的标准,罗斯已经高度城市化,有多达 13%–15% 的人口生活在快速增长的城镇里。苏联的专家季霍米罗夫在 11 世纪的文献中识别出至少 225

座城镇居民点,而到了 1240 年,这一数量可能已经上升到 300 座[32]。城市化的扩展向东远达伏尔加保加利亚,但是没有进一步推进到准噶尔(在 13 世纪,方济各会的修士鲁布鲁克在去蒙古旅行的时候注意到伏尔加保加利亚是"最晚有城镇的地区")[33]。随着城镇的繁荣,它们吸引了来自斯堪的纳维亚、欧洲和草原的商人,以及大量手工业者。居民包括金属工匠,木材和石材建筑工人,纺织工匠,制革工人,制陶器工人,造船者,做木材、鱼、蜂蜜和蜜蜡以及畜产品生意的商人,钱币兑换商,绘制肖像的人,以及奴隶和临时劳动者[34]。城镇的商业势力给予他们相当大的政治权力。主要的权力代理人生活在城镇里,有贵族或波雅尔,有充当王公侍从的或被称为德鲁日那的武士,也有主要的教堂机构和大多数势力强大的商人。因此,政权是以大城镇为基础的。的确,罗斯实际上是城邦的联盟。每个城镇有自己的王公,每个王公有由骑兵武士组成的侍从或波雅尔。

王公的亲兵队通常由不超过 100 名男子组成,因本身规模太小不能开展大的战役。为了准备大战役,亲兵队从城镇或牧人的雇佣军中补充新兵。大的城镇通常能够召集 2 000－3 000 人的民兵组织。虽然城市的民兵通常质量不好,但是这意味着统一的基辅罗斯能够偶尔派出远超 1 万人的军队远征草原或君士坦丁堡。在防御方面,城镇也期望号召普通市民,尽管王公常常把这样的武力看作是炮灰。城墙对于战争的胜利非常重要,因为罗斯的围城技术不发达,王公的军队很少能够对防御工事坚固的城市造成影响。当 1237 年蒙古军队入侵时,由于他们有熟练而灵活的围城训练,罗斯的城市显得极易受攻击。然而,这可能是夸大了战争在罗斯的重要性。尽管编年史的记载充满了战争,但是实际的战斗次数很有限。像中世纪欧洲的骑士阶层一样,敌对双方亲兵队的成员相互了解,并有共同的行为准则,这反映出共有的民族精神和生活方式。通常敌对的侍从相互对抗,估量彼此的长处和弱点,然后谈判或直到一方谨慎地撤退[35]。

从政治上来说,城市的居民非常有影响力。城镇会议(或称为韦切)常常能驱逐他们不想要的统治者或邀请他们更喜欢的统治者,有时在特定条件下,统治者们似乎是政治和军事上的雇佣兵。的确,可能正是这样的情况使编年史的编撰者将留里克王朝的基础解释为一种契约。基辅公国的韦切常常介入继位的斗争。1068 年,他们驱逐了雅罗斯拉夫的儿子伊贾斯拉夫;1113 年,他们邀请弗拉基米尔·莫诺马赫做基辅的王公。诺夫哥罗德首领的商业财富以及与基辅之间的距离给予了该城相当大的独立性,它在限制王公权力方面取得显著的成功。在这里,城市管理者中的主要官员变成由选举产生;1136 年之后,通常由诺夫哥罗德市民选择由哪一位留里克王朝的王公来统治他们。虽然诺夫哥罗德仍然被牢牢地限制在基辅公国的罗斯政治网络之内,但是它扮演了与相对独立的汉萨同盟的商业城镇相似的角色,在同盟中它本身也是一个成员,或者起到了类似于中亚商业城市的作用。11 世纪,出现了以东北的丰富毛皮猎物占绝对主体的巨大商业王国,但是它的农产品贫乏,人口稀少而且军事软弱。大多数其他城镇的王公很独立,但是这些王公也不得不与他所统治的城镇进行谈判和交涉。

随着基督教的传播,城镇成为重要的文化和知识中心。罗斯在 11 - 12 世纪建造了成百或成千座教堂,可能有多达 200 处修道院。随着 1054 年左右建成的基辅山洞修道院扮演着越发重要的角色,修道院的生活方式在罗斯的"高雅文化"中起到重要作用。以山洞修道院的阿尔伯特·费奥多西确立的传统为基础,修道院成为除了私人捐赠以外慈善事业的主要资助方。教堂也享有很大的政治影响力。教堂的支持对于王公的政权非常重要,王公的官员常常是出身高贵的波雅尔,很多教堂和修道院也变成实质的土地拥有者[36]。罗斯的教堂和国家之间的关系比伊斯兰教社会的还要密切,而且两者都从这一关系中获利。

基督教给予罗斯读写文化,但是在此过程中它也使罗斯成为拜占庭的文化殖民地。以基辅为基础的大主教区在拜占庭被称作"罗西亚"大主教区。在蒙古入侵以前掌管罗斯教堂的 22 位大主教中,有 20 位是在君士坦丁堡或尼西亚选举并举行祝圣礼的希腊人,只有 2 位是斯拉夫人;大多数的主教也是希腊人。改宗也促使罗斯与天主教的欧洲文化联系更加密切,因为直到 1204 年君士坦丁堡被洗劫之前,罗斯东正教的教堂很少表现出对天主教的敌意[37]。

东正教给罗斯带来一种被称作旧教会斯拉夫语的书写语言。希腊和保加利亚的牧师用该语言为一个有充沛活力的书写文化奠定了基础。虽然没有来自君士坦丁堡主教的直接干涉,但是拜占庭的文化影响仍然是很广泛的。"智者"雅罗斯拉夫有很好的喜爱和支持读书的声望。然而,他的书像大多数在基辅罗斯公国抄写的书一样,不是原著,而是从大多数希腊语的基督教文本中翻译过来[38]。读写能力将基督教徒与异教徒区别开来,有读写能力的人学习的是《圣经》，或者是关于《圣经》的译著。罗斯从拜占庭继承了一种保守而笃信宗教的文化传统，这种传统几乎完全忽视地中海东部地区的希腊文化传统。罗斯的文学包括："伪经文学，圣徒传，*pateria*，长篇说教，历史编纂（约翰·马拉拉斯和乔治·哈马尔托卢斯的编年纪），世俗故事（马其顿的亚历山大事迹，约瑟夫·弗拉维乌斯的《犹太战争史》），自然历史杂集（*Hexaemera*——对创世纪的 6 天的评论，*Physiologus*——关于动物、矿物和树的专著）。"这些著作几乎没有原创的，但大多数也不是当时伊斯兰教或天主教世界的文化输出品。11世纪最具原创性的，并且给罗斯文化社会自身历史地位作出重要贡献的成果，是大主教伊拉里昂的讲道文章《论教规与神恩》，它将罗斯历史放在源自基督教经典的更加广阔的世界历史背景下[39]。

读写能力甚至也在普通信徒中传播。与私人、商业和宗教事务相关的书信、碑铭和涂鸦艺术的数量大增，特别是在商业化的诺夫哥罗德，在该地已经发现几百封桦树皮书信，其中几乎有 200 封书信的年代在 1200 年以前。在别的地方也发现相似的书信，不过保存最好的出自诺夫哥罗德。但是村庄里很少有人识字[40]。

基督教和读写文化首先在南方城市传播，在城市化水平较低的更北地区传播的速度很慢。除了诺夫哥罗德，大多数早期的主教辖区都在南方，而葬俗也说明这里是基督教传播最快的地方。在北方和农村，传统的惯例和信仰存在的时间更长，有时甚至保留到 20 世纪。教堂与传统形式的算命方法，与对诸如太阳、天堂、雷电、树、井或山这些自然物的崇拜，以及萨满教的活动或巫术开展了艰苦的斗争。教堂还反对乡下的治病术士，后者提供性爱的魔水或流产的服务[41]。非常古板的牧师甚至反对大众化的娱乐。编年纪将 1068 年钦察的一次袭击解释为对各种形式邪恶的惩罚，包括：

> 吹奏喇叭的或巡回演出的演员［或者可能是魔术师？*skoromokhi*］，*gusli*［弦乐演奏器］和 *rusali*［为追忆死去祖先的节日——狂欢］。因为我们看到游乐场被践踏得光秃秃的，场上一大群人相互冲撞，举办魔鬼发明的表演——而教堂则靠边站［空了］。在祈祷的时间，教堂里只能见到很少的人。因为这个原因我们被惩罚[42]。

在罗斯的乡村，东正教的神学不被重视。然而，当东正教的肖像（因 8 世纪至 9 世纪早期的偶像破坏运动失败而被允许)、仪式、节日及祈祷与传统的惯例和信仰结合时,就创造出了宗教的体验和一种身份的意识,这甚至使最偏远的乡村都被联系进更加广阔的文化统一体中。东正教以这种方式为罗斯王公的正统性创造出强大的公众基础。

　　10 世纪至 11 世纪早期,罗斯享有了一种不稳定的统一,该统一是由一系列出自留里克王朝的强硬统治者强制施加的。像在草原世界一样,统治的皇族将罗斯看作一种家族企业。这意味着在统治王朝内的继承规则对政治历史有很深的影响。这些规则与草原的相似,因为继承很容易地经历了从兄终弟及发展到父子相传。对于继承的不确定性,确实产生了不同分支之间的冲突。这些敌对可以通过任命较低等级的王族为罗斯侯国的首领来缓解。他们既可以将这些侯国作为世袭领地的基础,也可以作为提升的跳板。然而,没有可以结束冲突的继承规则。实际上,罗斯的"酋长继承人血统"与草原上的一样重要。19 世纪历史学家博戈金估计,从雅罗斯拉夫大公去世的 1054 年到 1237 年蒙古入侵之间的 180 余年间,内战占据了 80 年的时间[43]。

　　在这一系统的顶端,权力依然归于个人。基辅公国的涂鸦画中涉及的基辅王公既是"俄罗斯沙皇"(出自凯撒),也是"可汗",而且两个名号可能说明了一种半神话的地位[44]。在王公的侍从和家庭仆人之上没有正式的政府官僚机构。没有脱离于王公个人权力以外的独立国家地位。通常是由德鲁日那的成员组成主要的波雅尔会议(或称为 dumy),向统治者提供建议以及与主要贵族结盟的机会。结果,像很多草原政权一样,罗斯的命运在很大程度上变成皇家王朝的家族史。在雅罗斯拉夫的遗嘱中,他要求兄弟和儿子应该严格根据资历继承城邦,如有必要的话从一座城市转移到另一座城市,借此来努力创建稳定的继承规则。在他死后的一段时间里,不同的儿子在基辅、切尔尼戈夫和佩雷亚斯拉夫尔相对和平地统治,直到 11 世纪 60 年代中期。由于 1062 年钦察开始袭击,以及来自非留里克王朝统治者(努力在曾经被罗斯汗国统治的土地上开拓出一个明确的北方政权的弗斯拉夫波罗茨克)的袭击,使这一系统变得不稳定。像在草原一样,罗斯进行了阶段性的尝试来解决这样的冲突,而这一尝试采用了家庭"讨论会"的形式,其中最著名的是柳别奇会议(1097年)。在这里,雅罗斯拉夫的继承人们实际上将王国瓜分成不同的遗产。像蒙古的忽里勒台一样,这些王公会议证实了在留里克王朝内,政治权力所具有的集体裁决或家族的本质。但是随着王朝本身的扩张,需要王公或政府的城市

367

数量也在增多,但是他们只有有限的加强统一的能力。

(二)经济和政治的变化:12－13 世纪

在弗拉基米尔·莫诺马赫(卒于1125 年)统治时期,重新统一的罗斯试图对草原取得真正的军事统治。但是在他死后,罗斯再也没有实现这样的统一[45]。弗拉基米尔的儿子姆斯季斯拉夫在 1132 年死后,基辅不再是统一罗斯的首都。留里克王朝的存在,以及不断增强的以基督教和斯拉夫语传播为基础的文化上的统一,确保统一的罗斯思想能够保存下来。然而,现实情况并非如此。一部分问题是出在留里克王朝自身的扩张。11 世纪,我们只能确认出大约 20 个留里克王朝的王公,但是到了 12 世纪末,可确定的王公人数可能上升到了 200 人,而且随着每个家庭的分支都寻找新土地来统治,他们以前现代国家常见的扩张和分裂的形式创造出越来越多的地区性公国[46]。

实际上,罗斯变成了松散的城邦联盟,在传统上是统一的,但是在事实上不再统一。同时,曾经为留里克家族创造财富的巴格达与君士坦丁堡之间的商路衰落了。1204 年君士坦丁堡被十字军洗劫之后,拜占庭商路的重要性消失。罗斯海上贸易的兴起只弥补了一部分损失,并只能使诺夫哥罗德和普斯科夫这样的北方城邦受益,现在这一贸易开始引进德国的白银来代替原来曾经为他们创造财富的中亚迪拉姆[47]。草原上的钦察人政权也夺走了基辅对通过克里米亚的丝绸之路的一部分控制权。11 世纪末,特穆托拉坎从编年史的记录中消失,可能此时克里米亚东部的商业港口已经再次落入拜占庭之手。

然而,仅将此简单地看作政治和商业的衰落时期是不准确的[48]。当国际贸易可能衰落的时候,罗斯的人口增多,农产品和城镇的数量也有所扩大。当 12 世纪基辅的影响衰退的时候,很多新地区的影响在增强。因此,在某种意义上,罗斯的分裂也是扩张和改变的信号。移民继续向北和向东,进入 11 世纪仍然无人管理的林地。开拓和殖民提高了北方地区的农业产量和人口数量。农民进入了讲芬兰语人的土地,用火和斧子清理土地并将森林变成农田。移民产生的原因是来自草原地区越来越严重的压迫,以及基辅腹地人口压力的增大,同时,强大的地方统治者从 12 世纪开始保护移民免受伏尔加保加尔人等外部势力的侵袭,也对移民产生了积极的促进作用。到了约 1200 年,罗斯的人口可能已经是 1000 年的两倍。

368

随着基辅失去其盟主地位,又出现了新的中心。最重要的是在东北方向的弗拉基米尔-苏兹达尔和在基辅西南的加里西亚-沃利尼亚。弗拉基米尔-苏兹达尔的政权建立在 *Vladimirskoe opolye* 的农业财富基础之上,这里有面积约 4 000 平方公里的肥沃土地。但是北方的财富是以向出产毛皮地区的人口和军事扩张为基础,罗斯长期与保加尔人争夺对这一地区的控制权。12 世纪,弗拉基米尔-苏兹达尔的王公切断了一度在诺夫哥罗德和伏尔加保加尔人之间平分丰厚利润的伏尔加商路。诺夫哥罗德仍然以向西方出售毛皮而兴旺,但是,它因依赖于其他罗斯国家的谷物而被削弱。斯摩棱斯克在 12 世纪迅速扩张,部分由于控制了过境的水路运输的财富,这段水运将北方河流系统与第聂伯河连接在一起。北方城镇、农业和贸易的扩张吸引了留里克王朝的王公们。第一位到基辅统治的北方王公是长手尤里(1154 – 1157 年在位),他是苏兹达尔的王公,是 1108 年创建了弗拉基米尔城的弗拉基米尔·莫诺马赫的儿子。尤里的儿子安德烈·博格柳布斯基在 1169 年占领并劫掠了基辅,但是之后他将首都改在弗拉基米尔。他的儿子弗谢沃洛德三世(1176 – 1212 年)也在弗拉基米尔城统治,是罗斯第一位正式采用"大公"名号的王公,也是最后一位对整个罗斯实施过某些形式宗主权的王公。在东南部,沿着喀尔巴阡山的东北坡出现了强大的加里西亚-沃利尼亚。加里奇位于德涅斯特河边,可以控制通往多瑙河和东欧以及巴尔干的繁荣商路,约 1140 年第一次成为公国的首都。1190 年,罗曼·姆斯季斯拉维奇(1173 – 1205 年)王公统一了加里西亚-沃利尼亚公国。1203 年,他征服了基辅。然而,他创建的巨大南方汗国在其1205 年去世之后就瓦解了,尽管汗国曾被其子达尼洛(1223 – 1264 年统治沃利尼亚,从 1238 年开始也统治加里西亚)短暂地重组过。达尼洛在位时,于 1256 年兴建了利沃夫,该城不久就成为西南地区的主要商业中心。

12 世纪晚期,最重要的公国是西南面的加里西亚-沃利尼西亚,南方的莫诺马赫以前的封地切尔尼戈夫,基辅北面的斯摩棱斯克,以及更北面的诺夫哥罗德,东北面的将要出现莫斯科公国的弗拉基米尔-苏兹达尔公国。像梁赞这样较小的公国,常常陷入这些较大公国的势力范围内。

从长远来看,政治上的不统一要付出明显的人口、文化和经济的代价,因为敌军会洗劫毗邻的城市并摧毁维持该城的村庄。1169 年基辅被洗劫,1184 年钦察人再次洗劫了它。1237 年,成吉思汗的孙子拔都逐一地攻下罗斯分裂的城邦,结束了东斯拉夫土地长达四个世纪的政治独立。1240 年 12 月 6 日,在拔都的第二阶段恐怖入侵期间,基辅再次被洗劫。

三、河中地区

罗斯的草原和农田之间出现了相当清楚的界限。在中亚,两者则密切地交错在一起。绿洲农民和草原牧人的文化领域也是如此。在这里,来自草原的人口压力导致突厥语牧人的缓慢渗透。有时这一过程是零碎而渐进的,有时则是军事性和大规模的。

中亚城镇的人口死亡率较高,而且它们能提供财富和就业机会,因此吸引了农村和草原边缘的人口[49]。萨曼王朝由于越来越依赖于突厥奴隶的士兵而加速了这一过程。最后,由突厥起源的统治者所支配的政府的出现,强化了中亚的突厥化。

很难探究这种人口和语言变化的细节问题,但是我们可以推测出总体情况。突厥语很可能首先是在主要绿洲之间的草原上成为主要语言。然后,随着突厥政权的出现,在城镇中出现讲突厥语的上层社会。较小的村庄可能是在语言和种族传统上突厥化的最后地区。但是,在中亚的城镇以及现代塔吉克斯坦的山区至今仍然有众多讲伊朗语的居民。

更容易追踪的是伴随这些语言变化而来的政治变化。在一段时间内,萨曼王朝的政权阻止了大规模的偶然性军事入侵,萨曼王朝让整个部落定居在河中地区充当戍边卫士[50]。然而,随着萨曼王朝政权的衰落,越来越多的突厥人开始不是以个别的移民或边疆卫士或奴隶古拉姆的身份,而是以征服部落军队士兵的身份定居下来。这一过程导致河中地区在人口上,以及到 11 世纪在政治上被讲突厥语的人所统治。萨曼王朝是最后一个统治河中地区的主要讲伊朗语的王朝。约 1000 年,它被两个起源于突厥的王朝所取代。

突厥 10－13 世纪向中亚地区的移民创造了将要持续很多世纪的语言和种族的平衡。11 世纪,中亚有突厥的军队、波斯的文化传统和阿拉伯的语言。就像中亚的一句古老的格言所讲的那样:"属于突厥的是统治权,属于波斯的是教权,而属于阿拉伯的是神权。"[51]

（一）伽色尼和喀喇汗王朝：1000－1070 年

伽色尼和喀喇汗王朝代表了突厥语族群政体两个截然不同的类型。

伽色尼王朝由萨曼王朝的古拉姆士兵创建,它很大程度上保留了萨曼王朝的传统和统治方法。其创立者阿勒波的斤是一个古拉姆,后来被提拔为萨曼军队的指挥官,或称为哈吉布,并在 10 世纪 60 年代早期的一系列战斗中发挥了重要作用。根据尼扎姆·莫尔克的记载,他的土地包括 500 座村庄,他在所有萨曼王朝的较大城市中有"马、花园、酒吧、浴室和农场"。他也有 100 万只羊和 10 万多匹马、骡子和骆驼[52]。961 年,阿勒波的斤被任命为呼罗珊的总督,但是一年以后就被免职。他没有接受他的失势,而是在 962 年带领士兵来到今阿富汗的加兹尼,废黜了当地的统治者并取而代之。阿勒波的斤死后,其继承者接受了萨曼王朝的宗主权,在理论上成为萨曼王朝设在加兹尼的总督,尽管在实际上他们是独立的统治者。

伽色尼王朝巨大成就的真正奠基者是萨布克的斤(977－997 年在位),他也是古拉姆,他在伊塞克湖的楚河河谷被俘虏,被卖到石国的奴隶贩子手里。经过一段时期军事训练之后,他在尼沙布尔的奴隶市场上被卖给阿勒波的斤,并在伽色尼军队中军衔一路蹿升[53]。到 999 年他去世的时候,伽色尼王朝已经比正在衰落的萨曼王朝更加强大。在萨布克的斤的儿子马赫穆德(997－1030 年在位)在位时,伽色尼王朝宣布摆脱萨曼王朝的宗主权,并得到哈里发的同意,从而成为东部伊斯兰世界最强大的国家。

虽然是起源于突厥,特别是讲突厥语,但是阿勒波的斤、萨布克的斤和马赫穆德都是完全波斯化的。萨曼王朝宫廷的很多学者和作家,包括菲尔多西和比鲁尼,都转而效忠于马赫穆德在伽色尼建立的壮丽宫廷。很多萨曼王朝的官员也是如此。然而,两个王朝之间仍有明显的差别。最重要的是伽色尼对古拉姆军队的依赖程度更大。这反过来解释了为什么伽色尼王朝看起来比前面的王朝更掠夺成性,因为维持大规模的职业军队要付出非常昂贵的代价。结果,伽色尼的统治者把很多时间花在和军队一起出征作战上。行军时,政府文件放在驮兽牵引的王宫里,处理文件的官员要携带它们住特制的帐篷。军队本身也通过每年对印度北部的袭击而攫取很多维持军队必需的经费和大量新的奴隶,这也开始了伊斯兰教向印度次大陆的渗透。大体上,像实施伊斯兰教圣战一样,这些战役为伽色尼人赢得了"加齐"或"圣战者"的声誉。然而,他们根本上是在掠夺战利品,与 1 千纪早期贵霜和嚈哒的掠夺形式与意图相似。尽管在掠夺期间收集到了巨大的财富,但是伽色尼的税收仍然很重,并且引起呼罗珊的深刻仇恨[54]。虽然得到了哈里发的准许,伽色尼军队的实力和宫廷的壮丽使伽色尼王朝获得了某种正统性,但是这些从来没能激励军队具备危急时刻保卫国家的绝对忠诚。

在河中地区,萨曼王朝被一个很特别的王朝——喀喇汗王朝所取代。喀喇汗的王室可能来源于喀什噶尔附近的葛逻禄。普里察克认为,可以确定他们的第一位首领是 9 世纪中期来自阿史那姓的葛逻禄。10 世纪早期,可能是在苏菲派传教士的影响之下,一位以喀什噶尔为基地的喀喇汗首领改宗伊斯兰教。10 世纪中期,有迹象表明在当地的突厥居民中出现大规模的改宗[55]。随着 10 世纪喀喇汗王朝的扩张,他们逐渐夺取了很多声称是属于葛逻禄的土地。他们的国家,像突厥汗国一样,看起来有两翼:东翼(开始以八剌沙衮为基地,后来以喀什噶尔为基地)和西翼(开始以怛逻斯为基地,后来以撒马尔罕为基地),以东翼占优势。10 世纪,仍然统一的喀喇汗王朝卷入与西面萨曼政权的冲突,到了 70 年代,喀喇汗控制了部分泽拉夫尚河河谷,以及萨曼王朝曾经制造银迪拉姆所用的银矿[56]。11 世纪喀喇汗王朝分裂。

999 年,喀喇汗的首领纳赛尔·伊利格征服了布哈拉。布哈拉的乌力马以征服者是穆斯林的理由劝说该城的居民不要反抗,这既是伊斯兰教教士势力增长的标志,也是那些已经改宗的突厥统治者获得的潜在正统性加强的明显信号[57]。1001 年,伽色尼王朝的首领马赫穆德与喀喇汗的首领纳赛尔·伊利格谈判,达成建立两国在阿姆河的边界条约,因此也重建了呼罗珊和河中地区之间传统的边界[58]。由此开始,除了在 12 世纪和 13 世纪的两个短暂时期(在喀喇契丹和蒙古统治下)以外,直到 19 世纪晚期,河中地区都在突厥统治者的管控之下。

喀喇汗王朝在文化和政治方面都有非常重要的成就。作为牧人和城市社会之间的媒介,该王朝为最早的突厥语世俗文学的出现提供了天然的环境。第一部突厥语书籍是为统治者提供建议的《福乐智慧》,约 1069 年在喀喇汗王朝统治下的喀什噶尔出版。这本书通过引用传统的内欧亚大陆突厥统治者的重要讲话而有意识地保存了突厥传统,但是其中交织着有强烈苏菲派影响的伊斯兰教主题。作为第一部流传至今的突厥语伊斯兰著作,它在突厥传统中的重要性与《王书》在波斯文化中的地位类似[59]。

马赫穆德和后来的喀喇汗王朝统治者玉素甫·卡迪尔汗曾在 1025 年会面,迦尔迪齐对此有令人印象深刻的描写,这使我们领略到喀喇汗和伽色尼王朝的财富和宏伟。两个统治者的军队在撒马尔罕南部越发接近,卡迪尔汗派出使节要求与马赫穆德见面。

372

在进入彼此的视线以后,他俩都下了马;阿米尔·马赫穆德在此前曾送给司库一颗包在布里的宝石,(在这个时候)命令将其送给卡迪尔汗。……第二天,阿米尔·马赫穆德命人搭起一顶巨大的刺绣缎子做的帐篷,并把所有宴请的事情准备好;(在此之后)他通过使节邀请卡迪尔汗来做客。当卡迪尔汗到来时,马赫穆德命令把桌子尽可能扩展到最大的限度;马赫穆德和卡迪尔汗坐在一个桌子边。在吃完饭后,他们走进"欢乐的大厅";大厅用奇花、精美水果、宝石、金色刺绣的织物、水晶、漂亮的镜子和(各种)珍贵的东西装饰着,令卡迪尔汗难以平静。他们坐了一会;卡迪尔汗没有喝葡萄酒,因为这不是河中地区国王特别是突厥国王的习俗。他们听了一点音乐,然后(卡迪尔汗)站了起来。阿米尔·马赫穆德命人拿出礼物,即金、银高脚杯,宝石,来自巴格达的珍品,上好的织物,昂贵的武器,贵重的带金笼头的马以及用宝石镶嵌的尖头棒,十头带金笼头的母象和镶嵌珠宝的尖头棒;出自巴尔德哈[在外高加索]的带金马饰的骡子,配有肚带的骡子拉的旅行用轿子,金、银棒状物和铃,刺绣缎子做成的轿子;贵重的亚美尼亚产的毡子、uwaysi(?)和杂色的毯子,刺绣的扎头带;来自陀拔里斯坦的玫瑰色有印戳的物品;印度的剑,恰马里芦荟油[产自柬埔寨],马恰斯利的沉香木、灰琥珀、母驴,巴巴里的虎皮、猎狗,受过训练的猎鹤用的隼和鹰,以及羚羊等动物。他举办盛大的仪式为卡迪尔汗送行,极具盛意,并(因招待不周和礼物的不周)而表示歉意[60]。

在回到营地之后,玉素甫意识到马赫穆德在外交礼赠方面更有经验,他得到的太多了。于是他急忙"命令司库打开宝库,从那里取出很多钱送给马赫穆德,同时还有突厥的物产,即带金马饰的良马,带金腰带和金箭囊的突厥奴隶,隼和矛隼,紫貂,白鼬,貂皮,黑狐狸和貂鼠的毛皮,用两个带 khutuww 角的绵羊皮制成的容器(例如皮瓶子),中国的缎子等"[61]。之后,"两个君主分别对会面的和平和友好表示完全满意"。

喀喇汗和伽色尼王朝争霸达 40 年。1016 年马赫穆德吞并花剌子模,以及随后的喀喇汗王朝遭受瘟疫,似乎使伽色尼王朝获得了最大的优势。但是,正是由于入侵花剌子模遭遇了来自边疆部落的压力,导致伽色尼部落在不久之后就崩溃了。

喀喇汗作为统治者的压力相对略小,因为伽色尼依靠的职业军队每三个月就要支付薪金，而喀喇汗很大程度上依靠的是从牧人追随者中征募的士兵。喀喇汗王朝尽量不直接干涉河中地区的政府，并在很大程度上将萨曼王朝的官僚机构原地保留下来。像一千年前的月氏一样，他们乐意保持传统的牧人生活方式，在大城市之间的牧场扎营。1073－1080 年期间统治大部分河中地区的萨姆阿尔·莫尔克在草原地带游牧，并和他的军队一起在布哈拉附近过冬。为了防止遭遇袭击，他在这里确保他的士兵主要住在帐篷里，从来不在城镇里过夜[62]。

（二）塞尔柱王朝：1040－1170 年

1040 年，在木鹿附近的花刺子模草原的丹丹坎，一支包括印度战象在内的规模庞大的伽色尼军队，被乌古斯的牧人和雇佣兵军队打败，这支军队以两位首领图格里勒和恰格里爷爷的名字——塞尔柱命名[63]。战斗摧毁了呼罗珊的伽色尼王朝，尽管伽色尼王朝在阿富汗和印度北部存在到 1186 年。塞尔柱王朝的崛起不仅使他们自己始料不及，而且也使四邻震惊。塞尔柱王朝的首领重现了帕提亚的历史，创建了改变中东历史的著名伊朗和美索不达米亚王朝。

和很多占领中亚的定居牧人王朝一样，塞尔柱突厥人来自锡尔河沿岸的各种生态环境交汇地带，并已熟悉了他们南面的城市和农业社会。11 世纪早期，乌古斯部落征服了很多锡尔河下游沿岸的边疆城镇，很多被称作 *yatuk* 的较贫困牧人已经永久性地定居，成为农民或商人。11 世纪晚期，马赫穆德·喀什葛里将锡尔河描写为"乌古斯城镇的土地"[64]。乌古斯部落在 965 年参加了消灭可萨人政权的行动，但是罗斯和佩切涅格人的势力促使他们向南而不是向西扩张寻找机会。大概在这个时候，塞尔柱尽管缺少与王族的联系，但是在乌古斯中仍以显要首领的身份出现。他曾在一段时间内为可萨人服务，甚至短暂地改宗犹太教，因为他为儿子起了出自《旧约全书》的名字[65]。985 年左右，他在沿锡尔河下游布道的苏菲派的影响下改宗伊斯兰教。此后，他和追随者卷入了萨曼王朝与势力不断上升的伽色尼和喀喇汗王朝之间的复杂战争，在萨曼和喀喇汗双方都充当雇佣军。作为回报，他们被允许居住在河中地区或花刺子模。

经历了伽色尼王朝马赫穆德的继位者马苏德（1030－1041 年在位）在位时期的几年混战之后，塞尔柱人在丹丹坎大败伽色尼军队。虽然塞尔柱突厥人的军队在马赫穆德当政晚期已经分裂，但是 11 世纪 30 年代中期他们在今土库曼斯坦的南面,在经验丰富的塞尔柱孙子的带领下进行了改革。在这里,被中世纪巨大的移民潮流推向西面和南面的大批乌古斯和钦察集团加入进来。最初,塞尔柱突厥人的首领们抱怨现在不可能和平地生活在以前的花剌子模和河中地区的家乡,向苏丹马苏德请求允许他们居住,并以军事服务为回报。马苏德拒绝了他们的请求,并试图武力镇压塞尔柱人。然而伽色尼的军队过于复杂而低效,无法对抗塞尔柱人的机动军队。与马苏德一起旅行的拜哈奇写道,对于乌古斯人:

> 草原是父亲和母亲。……他们的骆驼能很自由地寻找草料并在很大的范围内发现牧场,而我们不得不把骆驼拴在帐篷外,因为它们不能留在营地外吃草。这是塞尔柱人没有辎重,也不用像我们这样因必须照看骆驼而不能出去做其他事情的原因[66]。

伽色尼的军队不得不停留在接近补给点的地方,通常是城镇或大的塞堡。而且,由于伽色尼受到马苏德执政时期连续战役的困扰,补给问题变得很尖锐,而此时呼罗珊的城镇已经失去了曾经对伽色尼军队所拥有的任何热情[67]。在伽色尼政权崩溃前两年的 1038 年 5 月,一位目击塞尔柱人进入呼罗珊首都尼沙布尔的马苏德间谍,生动地描述了在什么样的条件下,一支孤注一掷的牧人军队来统治阿拔斯王朝的大部分领土[68]。首先,200 人的先遣卫士出现在城外,劝说城里的人投降并接受塞尔柱人的宗主权。马赫穆德苏丹曾批评巴尔克的居民不向敌人投降而引起城市被毁,因此受人尊敬的喀迪赛德劝说人们投降。尼沙布尔城的宗教领袖同意投降,但是祈求塞尔柱人不要抢劫城市,并警告道:"在这个世界之外还有另一个世界,并和你们自己的一样,尼沙布尔本身经历过很多世面。"图格里勒的兄弟易卜拉欣·伊纳尔和塞尔柱人的指挥官承诺不会出现洗劫的情况,并派出通报人在市场周围解释情况。易卜拉欣·伊纳尔被正式接到城里。

> 他们在乎拉马克花园布置陈设,铺上地毯,并备好了食品。……易卜拉欣出现于距城半法沙克①的地方,带着他的 200－300 名骑手、一面旗帜

---

① 法沙克(farsakh)为古埃及计量路程的单位,1 法沙克大致相当于 5.622 公里。

和两个驮兽，整个队伍像平时一样，人们穿着破烂不堪的衣服。接待员来到易卜拉欣面前，看见他骑着一匹极好的马，面容和善，说话方式令人愉悦，使每个人都受到鼓舞。……一大群拥挤的人已经出来观望；只见到过［军容整齐的］马赫穆德和马苏德军队的老人偷偷地哭泣，尽管表面上对队伍和广场微笑。易卜拉欣在乎拉马克花园前下马，享用备好的大量食品和茶点（p.256）。

在星期五，库特巴被以塞尔柱人的首领图格里勒的名字拼读，这在人群中引起了一些不满。大约十天后，图格里勒带着塞尔柱人的军队到达。

> 图格里勒由3 000名骑士跟随着，他们中的大多数都穿着胸甲。他手臂上挽着一个很粗壮的弓，有三支木箭固定在腰上，都是完全准备好的。他穿一件束腰外衣（mulham），头戴 Tawaazi 布头饰，脚穿毡靴。他把自己安置在沙迪赫的花园中，让他的军队尽可能多地在那里，其余的在花园周围扎营。他们带来已经准备好的大量食物和茶点，把供应品发给所有的士兵（p.256）。

第二天，即使曾经拒绝会见塞尔柱人先遣卫士的喀迪赛德，也去见了图格里勒。喀迪赛德不卑不亢地向图格里勒讲道：

> 谨慎并值得敬畏的上帝，他的名字被尊崇。请给予正义，倾听那些遭受暴行的和在恶劣环境下的人的声音。不要放任你的这支军队去发泄不满，因为不公平的行为是不祥的事情。我正在履行职责来迎接你，同时因为我忙于研究，我将不会再来。此外，我不会对任何别的事情感兴趣。如果你想带回去一点智慧，那么这个建议将是足够的（p.256）。

图格里勒有礼貌地回应，许诺不打扰喀迪赛德，并接受他的建议，"我们［塞尔柱人］［对于一切都是］新鲜且陌生的，而且不了解波斯-伊斯兰传统的惯例。希望你不要拒绝以后再为我提建议"（p.257）。一位曾经支持塞尔柱人进城的地方官员被任命为该城的总督。

虽然尼沙布尔没有遭到抢劫，但是它不得不向塞尔柱人交贡赋，尽管这种

375

贡赋不必像伽色尼王朝的那么繁重。城市附近肥沃的灌溉土地很可能被塞尔柱人的羊、马和骆驼群破坏。根据同时期的文献记载,图格里勒的军队在每个地方住不到一周的时间就用尽了当地的补给和食品,但即使这样也比伽色尼最近几年的破坏后果要好一些。在比哈克城,除了在被外城墙保护下的花园和果园里耕种,在 1038 年之前有七年的时间,人们没有播种任何庄稼。其他地方的土地价值也在下降,使很多德赫干的家庭损失惨重[69]。

在 1040 年打败马苏德之时,塞尔柱王朝已经崛起为重要的伊斯兰政权。图格里勒在丹丹坎的战场上建造了一个御座,并自封为呼罗珊的埃米尔。然后他向哈里发派出使节,并向河中地区和突厥斯坦的喀喇汗王朝统治者派出使节宣布他的就职。1042 年,塞尔柱王朝征服了花剌子模。1055 年,当恰格里统治呼罗珊的时候,图格里勒向西移动,推翻了布叶王朝,攻克了巴格达。作为逊尼派穆斯林,塞尔柱人受到哈里发的欢迎。

塞尔柱人很快适应了他们所统治的新环境。不久,军队中的一部分已从古拉姆中征募。同时,他们也从正在塞尔柱统治地区寻找新牧场的乌古斯武士中征召缺乏训练的部落士兵,维持这两个支持者群体的平衡是早期塞尔柱王朝统治者面临的主要问题。因为,虽然他们的政治和军事实力原来源于部落支持者,但是为了维持秩序和限制新移民产生破坏,塞尔柱王朝被迫越来越依赖于昂贵的职业官僚和士兵[70]。1071 年,图格里勒的继位者——恰格里的儿子阿尔普·阿尔斯兰(1063 - 1072 年在位),在追捕乌古斯的移民进入安纳托利亚东部的时候,于曼济科特打败了一支拜占庭军队,俘虏了国王罗曼诺斯。拜占庭从此永远失去了安纳托利亚。塞尔柱人以科尼亚为基础建立了王国,突厥牧人开始在这一地区大规模定居[71]。这些移民最后使安纳托利亚变成讲突厥语的地区,这次移民的规模反映出 11 世纪移民运动给内欧亚大陆草原带来人口压力的程度。但是在曼济科特的战斗有另外一个更加直接的后果,即它引起了"十字军东征"等一系列入侵。

从草原的酋长起家,塞尔柱王朝已经变成了伊斯兰世界最重要的军事政权。但是,他们承认哈里发的象征性权威,而且因此获得了苏丹的名号,或称作"权力"[72]。1074 年,塞尔柱王朝征服了河中地区并从喀喇汗王朝手中取得了布哈拉和撒马尔罕。1089 年,东喀喇汗王朝的可汗承认塞尔柱王朝的霸主地位,最后伽色尼也承认了。塞尔柱王朝现在控制了中亚,也控制了波斯。

在图格里勒·拜格、阿尔普·阿斯兰和马利克沙(1072 - 1092 年在位)的强有力统治下，塞尔柱王朝团结在一起，在前伽色尼的维吉尔尼扎姆·莫尔克的帮助下，阿尔普·阿斯兰及其继位者马利克沙以萨曼政体为基础创建了政府组织。这些政府组织将会在波斯世界存在几百年[73]。在尼查姆的鼓励下，塞尔柱通过建立大量的伊斯兰大学，来传播逊尼派正教并压迫什叶派伊斯兰教。逊尼派正教授予塞尔柱王朝正统性，否则伊斯兰社会可能会因他们的牧人起源而否定其正统身份。

像他们的先行者一样，塞尔柱主要是通过已经建立起来的地域性王朝和官僚机构进行统治。一些地区，特别是大城市，也被塞尔柱的苏丹专门任命的人监管[74]。政府的中心是苏丹的宫廷达尔甘，它控制着塞尔柱的军队，而且往往四处巡游。文人政府由各位迪万作为首领，他们大多住在塞尔柱的首都尼沙布尔，其次是赖伊以及伊斯法罕。但是，文职行政部门的首领维吉尔通常随着宫廷巡游。随着对从部落征募士兵的军事实力的依赖程度逐渐变小，政府面临着为官僚机构和军队付出代价的问题。塞尔柱越来越依赖于先前已使用过的策略，但并未达到从前的程度。这种策略就是伊科塔，即暂时将一个地区的财政收入授予一位特定的军队或文职官员，这在很多方面与欧洲的 *fief* 相似，或与后来俄罗斯的供养制系统相似。伊科塔已经成为伊斯兰社会的公认策略。塞尔柱人像其他的中亚牧人一样，擅长于由强大的统治者授予牧人土地以换取军事服务，而这可能也有助于解释他们热切地选择伊科塔的原因[75]。伊科塔提供了满足塞尔柱新贵族需求的简单方法，但是从长远来看，它减弱了中央的权力，因为掌握伊科塔的强大的突厥穆格塔，通常会设法把伊科塔变成世袭的领土。

对于塞尔柱王朝入侵引起的破坏程度，目前存在很多争论[76]。塞尔柱军队对一些城镇造成巨大的破坏，同时大量的牧人进入呼罗珊的农田削弱了一些地区的农业经济。但是，很难查明河中地区是否在 11－12 世纪存在普遍的或长期的经济衰退，尽管巴托尔德和其他人声称已经发现了这一期间城市衰落的证据。在另一方面，也有商业化和城市化加强的证据，例如从 10 世纪晚期开始高品质银币持续短缺反映出货币需求的稳定增长，此外还有白银的真正短缺[77]。

塞尔柱政权在马利克沙及其著名的维吉尔尼查姆·阿尔·莫尔克死后开始衰落。尼查姆是第一个被伊斯玛仪教派"暗杀者"所暗杀的人，这个教派在此前两年刚刚在波斯城创立。他们杀害尼查姆是为报复他对什叶派穆斯林的迫害[78]。然而,塞尔柱王朝衰落的真正原因有更深的根源,并且反映了所有牧人政权面临的问题。随着征服阶段的结束,能够提供给牧人追随者的战利品变少,而更多的资源不得不投入农业和城市经济。结果,为了保持地方部落、种族和区域性的忠诚,不得不采用新的形式来满足他们的要求,这导致中央的实力衰竭。塞尔柱的政权在西方衰落,在东方则由 1097 年成为呼罗珊总督的桑贾尔所控制,他在 1118 年成为塞尔柱王朝的苏丹。桑贾尔以呼罗珊为政权的基础并定都在木鹿,直到 1157 年去世。在一段时间内,他对大多数塞尔柱王朝的领土宣布享有控制权。然而,他的王朝在 1141 年被喀喇契丹打败之后就衰落了,1153 年他被乌古斯反叛者打败并俘虏,塞尔柱王朝随之灭亡。

(三)花剌子模沙王朝和喀喇契丹:1170—1220 年

12 世纪,中亚的塞尔柱人政权首先受到花剌子模沙王朝的挑战,之后又受到喀喇契丹的挑战。

"花剌子模沙"这一名号很古老,可能是前伊斯兰的。然而,至少从阿拉伯统治时期开始,花剌子模本身已经分成由柯提和乌尔根奇来统治的两个地区。998 年,一位来自乌尔根奇的统治者设法再一次在政治上重新统一花剌子模,但是它不久就被并入了正在兴起的伽色尼王朝。尽管如此,在强大而相对独立的古拉姆总督阿勒吞塔什(1017—1032 年)上任之后,花剌子模沙王朝的势力在伽色尼王朝的统治下强大起来。1097 年,塞尔柱王朝任命了新的总督摩诃末(1097—1127 年),他是以前的古拉姆总督阿讷失的斤的儿子。同样也接受了花剌子模沙名号的摩诃末,成为相当成功的王朝——阿讷失的斤王朝(1097—1231 年)的创立者。他接受了塞尔柱王朝的宗主权,他的儿子阿忒昔思(1127—1156 年在位)在其大多数在位时间内也如此。1141 年之后,阿忒昔思向喀喇契丹国缴纳贡赋。但是实际上,两者的统治都是相当独立的,甚至阿忒昔思曾向塞尔柱的统治发动了几次正式的挑战。在阿忒昔思的统治下,花剌子模沙向北扩张,征服了锡尔河边的毡德和里海边的曼格什拉克。1141 年,阿忒昔思开始用他的名字铸造金币。塞尔柱王朝灭亡之后,阿忒昔思的儿子伊利·阿尔斯兰(1156—1172 年在位)继承了这个东方伊斯兰世界的最强大国家之一。从经济上讲,花剌子模的政权依赖于控制利润丰厚的商路,这些商路穿过毡德和钦察草原通向中国、西伯利亚和正在兴起的罗斯政权。由于这些商路都经过钦察地区,因此花剌子模沙王朝花了很大精力去征服锡尔河下游沿岸的贸易城镇,而且也与钦察人的首领建立了密切的军事、商业甚至家族的联系^[79]。

从 1141 年开始,花剌子模沙王朝的主要对手(和正式的宗主)一直是喀喇契丹(或称为"黑契丹")王朝,它在中国文献中被称为"西辽"。这是 9 世纪以来在中亚出现的第一个非伊斯兰教统治的王朝。喀喇契丹王朝由契丹首领耶律大石创建。1124 年被女真人打败后,耶律大石率领残余的契丹军队向西迁徙并创建了喀喇契丹王朝。其追随者有包括回鹘在内的很多不同部落的代表,契丹人本身可能是讲突厥语或蒙古语^[80]。1129 年末,耶律大石已经征服了喀什噶尔和于阗,开创了一个在中亚东部的著名王朝。它的中心可能在楚河河谷的八剌沙衮。1137 年,喀喇契丹侵入河中地区。1141 年,在撒马尔罕附近卡特万草原的战斗中,古尔汗的军队打败了塞尔柱的苏丹桑贾尔。这一胜利可能在欧洲演绎成关于反抗穆斯林统治者约翰长老的传说。喀喇契丹此时统治了新疆的大多数地区和河中地区。与喀喇汗王朝一样,喀喇契丹大部分还是游牧的,并且让当地的统治者继续掌握权力,条件是向它缴纳贡赋并在形式上承认其宗主国地位^[81]。

喀喇契丹的政体从语言、种族和政治等方面看都很复杂。虽然汉语是主要的官方语言(以及货币制度的语言),但是波斯语和回鹘的突厥语也在官方使用。在种族方面,居民有中国人、回鹘人、契丹人、突厥人和伊朗人,信仰佛教、基督教、伊斯兰教以及摩尼教。在生态环境方面,有草原、山地、沙漠和城邦绿洲。喀喇契丹的军队虽然在起源上是属于中国类型的,但是逐渐变成了传统的草原军队,其中占主导地位的是骑兵,并根据十进制系统来组织。这反映出一个事实,即契丹虽然是中国北方的统治者,但在很大程度上保留了游牧生活方式和传统^[82]。在政治方面,这个王朝的组织是松散的,基本满足于向臣属的地区收取贡赋,而不是在行政上重新安排它们。

喀喇契丹在 1141 年的胜利摧毁了塞尔柱在中亚的政权。在喀喇契丹入侵以后,花剌子模沙王朝向新的统治者支付贡赋,但实际上有很大的独立性。花剌子模沙帖基什(1172－1200 年在位)征服了呼罗珊,并将花剌子模变成伊斯兰世界的著名政权之一。帖基什的儿子阿拉丁·穆罕默德在被蒙古打败之前的 1200－1220 年间统治着花剌子模^[83]。

1210 年,摩诃末的花剌子模军队在怛逻斯附近打败了喀喇契丹的军队。于是花剌子模第一次不用交付任何形式的贡赋。在同一年,喀喇契丹王朝被

379

来自蒙古西部的一位牧人酋长——乃蛮部的首领屈出律领导的一次政变所推翻。摩诃末本人非常在意他的新地位,并自称"马其顿的第二个亚历山大"。1212 年,他攻克并洗劫了曾挑战其权威的撒马尔罕城,然后占领了喀喇契丹的西部地区,劫掠了锡尔河沿岸和费尔干纳的很多城市。在几年之内,从锡尔河到伊拉克都承认了他的权威。

但是,摩诃末的国家比任何我们能认识到的国家都更加脆弱。哈里发拒绝接受他作为伊斯兰世界的世俗首领,摩诃末企图在 1217 年占领巴格达,但是遭到了毁灭性打击。他的军队实力很大程度上依赖于钦察人军队,后者由钦察人自己的埃米尔指挥并有随军家属,这类军队的忠诚从来都不可靠。在河中地区,征服的凶残性使他们得不到一点儿帮助。在其他地方,因为摩诃末用自己家族成员来取代传统的统治者而使地方的上层集团疏远他。摩诃末的权威也被其母帖里寨哈屯的权势逐渐削弱。据摩诃末的儿子札阑丁的传记作者奈撒微记载,摩诃末的所有事情都要服从于他的母亲,一部分是出于真正的感情,一部分是因为"大部分的政府官员都是她的人"。这引起了很大的混乱,特别是在摩诃末将其住所搬到撒马尔罕并留下他的母亲控制花剌子模以后。官员们经常会收到来自摩诃末和他母亲两个人的命令,通常他们仅服从时间最靠后的那个[84]。

1218 年,蒙古的军队打败并杀死了屈出律,后者因迫害穆斯林而使很多下属疏远他。摩诃末这时才发现他所面对的是在河中地区从未遇到过的强敌。

注释

[1] H. Franke, "The Forest Peoples", in *CHEIA* (pp.400 – 23), Cha.15.

[2] Golden, *Introduction*, pp.204 – 5; Kumekov, *Gosudarstvo kimakov*, Cha.3 讨论经济和社会结构,pp.115 – 22 讨论基马克是否创立了一个真正的"国家"。

[3] Golden, *Introduction*, pp.199, 196 – 8;Golden, "The Karakhanids", in *CHEIA*, pp.350 – 1; ibn Fadlan, *Risala*, p.129; al-Khwarazmi 引自 Pletneva, *Polovtsy*, p.31。

[4] Tolstov, *Po drevnim del'tam*, p.200; Agadzhanov, *Gosudarstvo Sel'dzhukidov*, p.4.

[5] 引自 Golden, *Introduction*, pp.195 – 6。

[6] *Hudud al-'alam*, p. 101; ibn Fadlan, *Risala*, p. 126; Agadzhanov, *Gosudarstvo Sel'dzhukidov*, pp.24 – 6.

[7] ibn Fadlan, *Risala*, pp.124, 126 – 7;也参见 *Hudud al-'alam*, pp.100 – 1; Agadzhanov,

Gosudarstvo Sel'dzhukidov, pp.159, 164 - 6。

［8］Golden, "The Karakhanids", in *CHEIA*, pp.352 - 4; Golden, *Introduction*, p.213.

［9］关于钦察的起源和迁移，见 Klyashtornyi and Sultanov, *Kazakhstan*, pp.115 - 38 以及 Akhinzhanov, *Kypchaki*, Cha.1 - 3; 关于钦察在哈萨克草原的生活方式和政治，见 *Kypchaki*, pp.198 - 203, 230 - 2, Cha.5; 关于 11 世纪中期的移民运动，见 Agadzhanov, *Gosudarstvo Sel'dzhukidov*, pp.66 - 9。

［10］Pletneva, *Polovtsy*, pp.40, 101 - 2, 29 - 30, 34.

［11］见上注，p.80; 关于 *chernye klobuki*, 见 Golden, "Peoples of the south Russian steppes", in *CHEIA*, p.277; 关于图戈尔汗，见 Pletnefva, *Polovtsy*, pp.49, 135, 以及 Noonan, "Rus', Pechenegs, and Polovtsy", p.303。

［12］Vernadsky, *A Source Book*, 1：31; 托尔切斯克（"突厥的城镇"）在基辅南 65 英里。

［13］Pletneva, *Polovtsy*, pp.120, 53; 也见于 Conte, *Les Slaves*, p.426。

［14］Noonan, "Rus', Pechenegs, and Polovtsy", pp.301 - 27。

［15］Pletneva, *Polovtsy*, pp.42 - 3, 104.

［16］Franklin and Shepard, *Emergence of Rus*, p.267.

［17］Golden, "The Qipcaqs of Medieval Eurasia", pp.147 - 8。

［18］Pletneva, *Polovtsy*, pp.95 - 7, 100.

［19］Franklin and Shepard, *Emergence of Rus*, pp.326 - 7; Pletneva, *Polovtsy*, pp.98 - 9, 116 - 7, 119, 122 - 4, 127; Akhinzhanov, *Kypchaki*, pp.250 - 1.

［20］Pletneva, *Polovtsy*, p.83.

［21］同上注，p.108。

［22］同上注，p.106。

［23］对部落集团规模的估计，见 Pletneva, *Polovtsy*, pp.114 - 5; 也见于 p.106。

［24］Pletneva, *Polovtsy*, p.115.

［25］Subtelny, *Ukranie*, p.33.

［26］Fennell, *Russian Church*, p.12.

［27］苏联对农业在罗斯的重要性的经典证明是 Grekov, *Kievskaya Rus'*。

［28］Martin, *History*, p.72; 关于犁的类型，见 Dolukhanov, *Early Slavs*, p.197; 在近代早期的哈萨克习惯法中，杀死男人要赔付的钱是杀死女人的两倍，见 Klyashtornyi and Sultanov, *Kazakhstan*, p.318。

［29］Froyanov, *Kievskaya Rus'*, 1974, 1：53 - 8; 也见于 1：63, 66 - 7; Martin, *History*, pp.70 - 3; Subtely, *Ukraine*, p.45。

［30］估计人口为 2 万到 10 万; Franklin and Shepard, *Emergence of Rus*, p.282; 也见于

pp.2, 13, 279, 287。

［31］Froyanov, *Kievskaya Rus'*, 1980, p.230;见上注,p.227;也见于 Subtely, *Ukraine*, p.48。

［32］Tikhonirov, *Drevnerusskie goroda*, pp.39, 43; Subtely, *Ukraine*, p.48.

381 ［33］Dawson, *Mission to Asia*, p.131.

［34］Vernadsky, *Kievan Russia*, Cha.5.

［35］Franklin and Shepard, *Emergence of Rus*, pp.195, 197 - 8.

［36］关于最后一点,目前还没有广泛拥有土地的确凿证据,但是 Fennell 提出修道院可能拥有土地;见 Fennell, *Russian Church*, p.72;关于山洞修道院的作用,见上注,pp.64 - 8, 62 - 3。

［37］Fennell, *Russian Church*, p.103;也见于 pp.46 - 7。

［38］同上注,pp.105 - 6。

［39］Franklin and Shepard, *Emergence of Rus*, pp.213 - 4, 238;引自 Fennell, *Russian Church*, pp.106 - 7。

［40］S. Franklin, "Literacy in Kievan Rus", in Kaiser and Marker, *Reinterpreting* (pp.73 - 8), pp.74, 78.

［41］Fennell, *Russian Church*, p.83;也参见 Moshe Lewin 的 "Popular religion in twentieth-century Russia", in Lewin ed., *The Making of the Soviet System: Essays in the Social History of Interwar Russia*, Methuen, London, 1985, pp.57 - 71。

［42］Fennell, *Russian Church*, p.86.

［43］Riasanovsky, *History of Russia*, 4th edn, p.42.

［44］Franklin and Shepard, *Emergence of Rus*, p.215.

［45］Golden, "The Qipeaqs of Medieval Eurasia", pp.147 - 8.

［46］Franklin and Shepard, *Emergence of Rus*, p.339.

［47］Martin, *History*, p.68.

［48］在 Franklin and Shepard, *Emergence of Rus*, p.337 有强有力的论证。

［49］Hodgson, *Venture*, 2: 90 对中亚的种族替代机制有很好的研究。

［50］Barthold, *Turkestan*, pp.256 - 7.

［51］引自 Frye, *Bukhara*, p.111。

［52］Nizam al-Mulk, *Book of Government*, p.110;他的职业在第 12 章中有叙述。

［53］Bosworth, *Ghaznavids*, 2nd edn, p.40.

［54］Bosworth, *Ghaznavids*, 2nd edn, pp. 78, 56, 91, 131; Agadzhanov, *Gosudarstvo Sel'dzhukidov*, pp.28 - 39.

［55］Golden, "The Karakhanids", in *CHEIA*, pp.357 - 8, 354 - 6; Klyahtornyi and Dultanov,

Kazakhstan, pp.112－4.

［56］Frye, *Golden Age of Persia*, p.205；Golden, *Introduction*, p.215.

［57］Hodgson, *Venture*, 2：120.

［58］Golden, "The Karakhanids", in *CHEIA*, p.362.

［59］与 Yusuf Khass Hajib, *Wisdom of Royal Clory*, p.1 中证明的一样；也见于上注,pp.9－10, 17－22。

［60］引自 Garthold, *Turkestan*, pp.283－4。

［61］同上注,p.284。

［62］同上注,p.315；Frye, *Bukhara*, p.175。

［63］Bosworth, *Ghaznawids*, 2nd edn, p.223 将他们描写为"伊斯兰边疆的雇佣军,给任何承诺为其属下提供战利品和牧场的一方提供服务"；Frye, Bukhara, p.186 也将他们描写成 *condottieri*。

［64］Bosworth, *Ghaznawids*, 2nd edn, p. 213；Agadzhanov, *Gosudarstvo Sle'dzhukidov*, pp.19－26.

［65］Golden, *Introduction*, p.218；Artamonov, *Istoriya Khazar*, pp.419－0；Dunlop, *Jewish Khazars*, pp.258－61.

［66］引自 Bosworth, *Ghaznavids*, 2nd edn, p.247。

［67］Bosworth, *Ghaznawids*, 2nd edn, pp.252－7.

［68］Baihaqi 的叙述引自 Bosworth, *Ghaznawids*, 2nd edn, pp.252－7。

［69］同上注,pp.260－1, 258－9。

［70］Morgan, *Medieval Persia*, p.29；Agadzhanov, *Gosudarstvo Sle'dzhukidov*, pp.79－91.

［71］关于塞尔柱在安纳托利亚的历史,见 Tamara Talbot Rice, *The Sljuks*。

［72］Morgan, *Medieval Persia*, p.24；Golden, "The Karakhanids", in *CHEIA*, p.356.

［73］Morgan, *Medieval Persia*, pp.29, 36－7.

［74］关于塞尔柱的政府,见 Morgan, *Medieval Persia*, Cha.2。

［75］关于 *iqta*, 见 Morgan, *Medieval Persia*, pp. 37－40；Agadzhanov, *Gosudarstvo Sle'dzhukidov*, pp.76－9, 105－11。

［76］关于塞尔柱的破坏性,见 Frye, *Golden of Persia*, pp.169－70；强调塞尔柱军队规模小和影响力有限的叙述,见 Morgan, *Medieval Persia*, pp.32－3。

［77］Barthold, *Turkstan*, p.88；Frye, *Bukhara*, p.152；Davidovich, *Denezhnoe khozyaistvo*, pp.125－6；Buniyatov, *Gosudarstvo khorezmshakhov*, pp.110－1.

［78］Morgan, *Medieval Persia*, p.32.

［79］Buniyatov, *Gosudarstvo khorezmshakhov*；Golden, "The Karakhanids", in *CHEIA*, p.369；

382

Barthold, *Turkstan*, p.88; Barthold, *Turkstan*, p.233; Akhinzhanov, *Kypchaki*, Cha.4.

[80] H. Franke, "Forest Peoples", in *CHEIA* (pp.400 – 23), p.410.

[81] 同上注, pp.410 – 1; 关于 Prester John, 见 de Rachewiltz, *Papal Envoys*, p.3 以及 Gumilev, *Searches for an Imaginary Kingdom*。

[82] Honey, *Stripping off Felt*, p.11; 关于契丹的政体, 见 Morgan, *The Mongols*, p.49; 关于喀喇契丹的最好描述之一仍出自 Barthold, *Turkestan down to the Mongol Invasion*, Cha.3。

[83] Golden, "The Karakhanids", in *CHEIA*, p.369; Buniyatov, *Gosudarstvo khorezmshakhov.*

[84] Buniyatov, *Gosudarstvo khorezmshakhov*, pp.76 – 92, 128 – 9, 137.

延伸阅读

关于草原世界, Ibn Fadlan, *Risala* 提供了对这一时期最生动而深刻的观察。也见于 Pletneva, *Polovtsy*; Golden, *Introcuction to the History of the Turkic Peoples*, 同一作者在 *CHEIA* 中的论文, 以及 "The Qipcaqs of Medieval Eurasia"; Akhinzhanov, *Kypchaki*; Kumekov, *Gosudarstvo kimakov*。Noonan, "Rus', Pechenegs, and Pologvsty" 在牧人政治和农民政治的密切关系方面进行了深入研究。

关于罗斯, 我除了使用在前一章列出的文献以外, 还有 Martin, *History of Medieval Russia*。关于河中地区, 重要的原始文献包括 *Hudud al-'alam*; Nizam al-Mulk, *The Book of Government*; Yusuf Khasa Hajib, *Wsidom of Royal Glory*; Bretshneider, *Medieval Researches*; Juvaini, *The History of the World-Conqueror*。有用的间接成果包括 Barthold, *Turkestan*; Hodgson, *Venture*; Bosworth, *Ghaznawids*; Morgan, *Medieval Persia*; Agadzhanov, *Gosudarstvo Sel'dzhukidov*; Buniyatov, *Gosudarstvo Khorezmshakhov*; Frye, *Golden Age of Persia*; Gumilev, *Searches for an Imaginary Kingdom*; Golden 在 *CHEIA* 中的关于 Karakhanids 的论文。西方的最新研究是 Paul, *Herrscher, Gemeinwesen, Vermittler*。

第五部分

蒙古帝国：1200－1260 年

第十五章　成　吉　思　汗

蒙古帝国第二次统一了内欧亚大陆的大多数地区,创造了新的政治、军事、经济甚至流行病学的"世界体系"。它的成功似乎展现了内欧亚大陆游牧社会对农业社会持久的军事优越性。然而我们回顾过去,会发现蒙古帝国的出现是内欧亚大陆牧人政权最后的辉煌,因为它及其后继国家从14世纪开始衰落,像更早时候的外欧亚大陆一样,内欧亚大陆内部的权力天平开始果断地向农业社会倾斜。

一、蒙古人的扩张

12世纪的大多数时间里,蒙古部落都是与黑海草原部落一样的松散部落联盟。1206年,蒙古部落集团的首领铁木真被推戴为全体草原居民的首领,并使用了"成吉思"(或称为"宇宙")汗这个名号。在征服了蒙古草原之后,他的军队开始入侵邻近的定居土地。1207年,他们入侵了信仰佛教的党项人的国家——西夏,它与金和宋一样是统治中国的王朝之一[1]。西夏占据现代的甘肃和宁夏,掌控着丝绸之路的东端。1211年,蒙古的军队侵入中国北方,1215年占领北京。1217年,蒙古人西进,摧毁了位于今新疆的喀喇契丹王朝。1219年他们进入中亚,摧毁了花剌子模沙的政权。1223年,一支蒙古人的军队甚至进入了黑海草原,打败了罗斯和钦察军队的联军。成吉思汗在1226年开始的最后一次战役,再一次直指西夏,最终灭亡了西夏。此次战役结束于1227年成吉思汗死后的大规模屠杀。

成吉思汗去世的时候,他已经拥有了像6世纪的第一突厥汗国一样大的王国[2]。但是,与突厥汗国不同的是,蒙古人在第一代人的征服之后仍然保持其扩张主义的势头不减。成吉思汗第三子窝阔台(1229-1241年在位)统治

386 　时期,蒙古发动了新的入侵(1234 年),并且进入了西方的草原和罗斯(1237 年)。在 1237 – 1240 年间,在成吉思汗的大将军速不台指挥的毁灭性战役之后,成吉思汗长子术赤的儿子拔都征服了罗斯。窝阔台死于 1241 年,经过复杂的权力斗争之后,由他的儿子贵由继位(1246 – 1248 年在位)。贵由的王位由窝阔台的侄子①蒙哥(1251 – 1259 年在位)在 1248 年继承。在蒙哥统治时期,蒙古帝国的势力达到了顶点。1252 年,蒙哥派他的弟弟忽必烈去结束南宋的统治,这一任务到 1279 年才完成。1253 年,他派另一个弟弟旭烈兀向西征服波斯和美索不达米亚。旭烈兀的军队于 1258 年占领巴格达,摧毁了阿拔斯哈里发的残余。但是,他们于 1260 年在叙利亚阿音扎鲁特的失败,使蒙古在美索不达米亚的统治受阻。蒙哥死后,1259 年帝国开始分裂,尽管有一

图版 15.1　成吉思汗肖像

(引自《成吉思汗中外画集》,内蒙古教育出版社,2007 年,第 5 页,台北故宫博物院藏)

---

① 　这里原著写成"贵由的侄子蒙哥",译文更正为"窝阔台的侄子蒙哥"。

段时间他的继任者忽必烈宣称统治着从中国一直到叙利亚的帝国①。

第十五章和第十六章将描述这些惊人的征服过程。在这两章也将尝试介绍这一时期内欧亚大陆的生活方式,因为蒙古人的成功引起了人们对整个欧亚大陆的极大关注,并且积累了比任何草原国家都要丰富的文献材料。

二、在草原建立政权:1206 年以前

(一)对"蒙古人扩张"的解释

人们乐于寻找对这些重大事件的全面解释。例如,人们可能假设,蒙古人是在欧亚大陆范围内的商业繁荣达到顶点时建立的政权。遗憾的是,直到蒙古帝国建立以后,才出现此类扩张的证据。几位作家尝试从气象学的角度解释蒙古的扩张。提出气候变化(在这里指较干冷的气候)可能激发了草原上的军事调动的观点,在作家中有悠久的历史,加雷斯·詹金是新近提出这一观点的人[3]。这些理论必须被认真对待,但是很难证实它们的正确性。此外,这些理论不能解释在军事调动和产生伟大的牧人国家之间有必然联系。巴菲尔德关于边疆策略的解释鼓励我们去寻找强大中国王朝的出现,这个王朝可能迫使游牧人建立更加统一的国家。在中国北方确实存在 1125 年由女真人建立的王朝——"金"。然而,金只占领了东北,与其同时的还有党项人占领甘肃,南宋统治长江以南。

因此,我们能得到的,只有最简单且最明显的解释:蒙古帝国(像匈奴和突厥一样)是由一位既有能力又幸运,尤其是拥有卓越军事和政治才能的草原首领创建的。不论是否如此,都说明蒙古帝国的出现是偶然事件。如果没有

---

① 1206 年,成吉思汗统一蒙古各部,建立大蒙古国。1260 年,忽必烈和阿里不哥分别在开平和漠北的哈拉和林宣布继承蒙古大汗位,1264 年阿里不哥向忽必烈投降,忽必烈成为唯一的蒙古大汗。此时的大蒙古国虽然横跨欧亚大陆,但是已不复往日的团结统一,先后分裂出钦察汗国、察合台汗国、窝阔台汗国、伊利汗国四大汗国。1271 年忽必烈公开废弃"大蒙古国"国号,宣布建国号"大元"。1279 年忽必烈统一中国。虽然大元是其他四大汗国名义上的宗主国,但是大多数时间它和其他汗国之间处于分裂状态,相互之间也发生过战争。忽必烈建立的元朝,在汉族为主体地区的统治持续到 1368 年。明朝建立后,元朝的后继者"北元"被迫将中心转入漠北,于 1634 年被清朝的前身后金所灭。

元朝的统治范围主要为汉族分布区,其统治也继承了中原王朝的制度和传统。因此,元朝之后的明朝、清朝,均将元世祖忽必烈视为中国大一统王朝的开国皇帝之一,将其供奉在朝廷修建的历代帝王庙中。现代中国史也将元朝视为中国历史上的一个统一王朝。

本书没有将大蒙古国与元朝做明确的区分,但是文中所涉及的,主要为元朝建立前的大蒙古国的历史。只有生活方式、税收、交通等方面的内容涉及元朝,而且主要是忽必烈在位时期的历史。

成吉思汗,可能就不会有蒙古帝国。偶然性的因素建立在草原政权固有的本质基础上,草原政权的游动性使有能力的首领能够在很短的时间内创建庞大而强有力的牧人军队。然而,在这一人所熟知的过程中,成吉思汗比他的祖先或后继者走得更远。在蒙古帝国的创建过程中,成吉思汗起到了关键作用,下面的描述主要是集中讲述他的生涯。

（二）铁木真的早期生涯：1190 年以前

成吉思汗年轻的时候被称为铁木真。他在持续几十年的残酷部落冲突中建立了统治蒙古地区各民族的政权。幸运的是,因为有来自牧人社会的文字记录,我们能在一定程度上详细描述这一过程。《蒙古秘史》是成吉思汗统治时期的官方编年史。这是自 8 世纪的鄂尔浑河碑铭之后第一个保存下来的重要草原文献,而且,它是目前"唯一现存的 17 世纪以前的北方游牧民族自己书写的历史"[4]。根据该书的最后段落可知,大部分《蒙古秘史》写于 1228 年确定成吉思汗之子窝阔台为汗位继位人的忽里勒台大会上,作者可能是成吉思汗母亲的养子①失吉忽秃忽[5]。因此,《蒙古秘史》是由对成吉思汗本人及其生涯有深入了解的人写成。这部史书中经常出现对成吉思汗的批评使现代历史学家感觉它很可信,因为这些批评表明,虽然编年史作者有特定的立场,但是我们并没有感受到作者被迫美化成吉思汗的意图。尽管使用《蒙古秘史》时有很多困难,但它仍然是研究蒙古帝国早期历史最重要的文献。

后来被称为成吉思汗的年轻人铁木真,于 1165 年出生于今蒙古国肯特省。他的父亲也速该出自蒙古部落集团的首领家族孛儿只斤氏[6]。按照草原的古老传统,铁木真的父亲用从塔塔尔部俘虏的一个人的名字给他起了名。这个名字可能与鄂尔浑-突厥的单词 temür（"铁"）和后缀 jin（"匠人"）有关,因此这个名字的字面意思是"铁匠"[7]。

铁木真在由松散的部落联盟组成的蒙古部长大。这些联盟的名字——蒙古部、塔塔尔部、蔑儿乞惕部、克烈部、乃蛮部以及其他部落,使人产生了它们是民族联盟的错觉。实际上,像大多数草原地带部落一样,这些名字描绘出的是一些由地方的贵族或皇族作为首领的脆弱而不稳定的联盟系统。在铁木真时期,最重要的集团是他自己的部落——蒙古部,它可能是较大的塔塔尔部集

388

---

① 这里原著写成"成吉思汗的养子",译文更正为"成吉思汗母亲的养子"。

团的一部分,中心在较偏东的肯特山附近;讲突厥语且部分信景教的克烈部,以鄂尔浑河为基地;乃蛮部在蒙古西部,其首领可能是乌古斯突厥人,而且可能也信仰景教;蔑儿乞惕部在贝加尔地区[8]。这些居民大多是牧人,但只有很少的人仅单纯放牧。例如,蔑儿乞惕部从事捕鱼、狩猎、放牧驯鹿、猎取毛皮动物这些传统的森林生业;克烈部和乃蛮部与甘肃绿洲有联系,可能熟悉丝绸之路的贸易,也可能包含一些农业人口。集团本身是流动的。虽然对大多数个体的人来说,对部落和氏族的忠诚比对更大集团的忠诚要重要得多,但是个人、家庭和氏族由于战争、婚姻或生态危机的原因很容易从一个集团转移到另一个集团。在生态实践、语言、忠诚以及宗教方面,没有一个集团是一成不变的。

根据《蒙古秘史》复原的族谱可知,蒙古部传说的祖先在 8 世纪的某个时期曾迁移到土拉河、鄂嫩河和克鲁伦河①,他们可能是来自阿穆尔河地区的森林居民,沿着克鲁伦河和鄂嫩河向西、向南迁移,在 9 - 11 世纪早期变成了牧人。蒙古学者乌·鄂嫩认为,"蒙古"的名称可能源自"Onon gol",即"鄂嫩河"[9]。唐代的文献将"蒙兀"描写成与鲜卑有关的较大牧人部落集团的一部分,他们髡发,住在毡子覆盖的棚屋或载在车上的帐篷里,养猪和牛但是不养羊。E.D.菲利普斯认为,"这是对森林部落的真实描述,他们刚刚开始像游牧人那样生活,很贫穷,装备也较差"[10]。

12 世纪早期,蒙古部首领在蒙古东部更大的塔塔尔社会内部建立了一个强大的集团。但是,在 12 世纪 60 年代被以金朝为后盾的塔塔尔部打败之后,他们的势力崩溃了。在铁木真的儿童时代,蒙古部是易受攻击、贫穷、分裂和脆弱的。蒙古部中有一个贵族家族,自称是半神话的长得像狼的始祖孛儿帖赤那的后代,但是这样的领袖享有的仅仅是人们记忆中的声望。没有任何人能统领蒙古部。铁木真出身于蒙古部重要的家族,他的父亲是泰赤乌惕部氏族的首领。有一段时间,也速该甚至有足够强大的追随者,他促使克烈部的一位首领脱斡邻勒重新掌权,后来证明这一事件对他的儿子有重大的影响[11]。然而,也速该和其他人都没有能力制止导致蒙古部分裂的氏族争端。像铁木真的萨满贴卜腾格里指出的:

在你出生前,星星进入了天空。每个人都在争吵,他们不去睡觉而是

---

① 《蒙古秘史》中鄂嫩河和克鲁伦河的名称分别为斡难河、怯绿连河。

相互掠夺财产。大地和大地的顶峰已经移动。整个民族都在造反,他们不去休息而是相互斗争。在这样的世界里,一个人不能像他所希望的那样生存,而是要不断地去斗争。没有尊重,只有战斗。没有感情,只有互相屠杀。[12]

儿童时代的险恶斗争给予铁木真严酷的政治和军事学徒期。在铁木真只有9岁的时候,也速该被塔塔尔部毒死,泰赤乌惕部马上抛弃了他的遗孀——来自弘吉剌惕部的诃额伦。诃额伦和她的孩子们甚至没有从也速该的兄弟那里得到帮助,过着被遗弃的生活。《蒙古秘史》告诉我们,有段时间他们以狩猎、捕鱼和采集为生。他们沿着鄂嫩河河岸采集野梨和其他水果,用杜松枝挖草根和野蒜,也采集榆钱,她的儿子们用针做成鱼钩钓鱼。在这个孤立而危险的时期,家庭内部的关系绝不是愉快的。1180年左右,在一场捕鱼引起的冲突之后,铁木真和他的弟弟哈撒儿杀了他们的兄弟别克帖儿[13]。

像土门一样,铁木真尽管出身高贵,但是也认识到要依靠智慧和可信任朋友的忠诚,而不是依靠亲族的纽带。1180年左右,他被自己所属的泰赤乌惕部俘虏,并险些被他们杀死,但是最终说服看守他的那家人放了他。这个故事说明了铁木真的机智,以及他获取友谊和忠诚的显著能力。《蒙古秘史》讲了另一个说明铁木真非常重视个人忠诚的故事。铁木真追赶偷马的强盗,几天后,他遇见了年轻的博尔术正在他父亲的畜群中挤马奶。博尔术曾见到过那些盗贼,他借给铁木真一匹新马,甚至没有告诉他的父亲就和铁木真一起去寻找盗贼。他说,"我的朋友,你来到这里已经筋疲力尽了,所有男人的遭遇都是一样的。我要陪你一起去"[14]。骑马走了三天之后,他们找到了窃贼的营地,偷了马并逃回来。当他们回到博尔术的营地时,铁木真把一些马送给他表示感谢。

铁木真说:"我的朋友,没有你,我怎么才能找回这些马? 让我们把马分了,你必须告诉我你想要多少。"但是博尔术说:"当你筋疲力尽地来到这里的时候,我就把你当成了一个好朋友,我想我能保住一个好朋友。我陪你去了就想得到这意外之财吗? 我的父亲纳忽伯颜很有名望,我是他的独生子。我父亲得到的东西已足够我用。我不会要你的报酬,(否则的话)我给予你的帮助会变成什么样? 我不会要(它们)。"[15]

博尔术成了铁木真一生的朋友和他的家庭成员。

上述情节提供了铁木真如何理解忠诚的范例。的确,这可能正是此类故事人物在《蒙古秘史》中如此突出的原因。在无政府时期,氏族的忠诚已经变得无足轻重,政治主要依靠潜在领导获得忠诚追随者(即那可儿)的能力。在共产主义时期,那可儿这个词被译为"同志"。像罗斯的 *druzhinniki* 一样,一个伟大首领的那可儿是他的随从,他们的忠诚依赖于友谊、重视和契约,而不是家族关系。像一位苏联历史学家说的:在大混乱时代,"草原上的胜利者将不是拥有最大部落的汗,而是那个有最多和最忠诚那可儿的人"[16]。

约 1182 年,铁木真向恢复他的世袭首领权迈出了第一步,此时他得到克烈部首领脱斡邻勒汗的庇护,后者是铁木真父亲的结拜兄弟——以前的安达。关于安达的友谊,《蒙古秘史》写道:"在很早的时候,听老人们说过,'结拜为义兄弟的人,就是拥有同一条性命,不得舍弃彼此,要相互救助'。"[17]1182 年,铁木真可能是 16 岁,但是按照草原的传统已经是成年人了。在也速该死前,已经让铁木真与弘吉剌惕部的孛儿帖订婚,铁木真也收到了一件黑貂皮袄嫁妆。铁木真带着他的随从,把这件黑皮袄送给了脱斡邻勒汗。这件礼物以及脱斡邻勒与也速该的老交情,使铁木真得到了脱斡邻勒的帮助。铁木真另一个有影响的朋友,是他的安达札木合,他们在儿童时就结拜为兄弟,在一起喝金粉、歃血并交换礼物。从那时起,札木合得到了一大批追随者。

除了这些强大的朋友,铁木真还有通常不超过 10 名直系亲属组成的随从,其中包括博尔术和铁木真的仆人者勒蔑。约 1183 年,铁木真的新婚妻子孛儿帖被蔑儿乞惕部的男人绑架,以报复铁木真的父亲曾从蔑儿乞惕部绑走了诃额伦。脱斡邻勒汗同意带着 2 万人帮助铁木真夺回他的妻子,前提是札木合同意带着自己的 2 万人参与。札木合也有自己要袭击蔑儿乞惕部的原因,根据拉施德丁的观点,蔑儿乞惕部曾抓捕过札木合。铁木真带着新的同盟者袭击了蔑儿乞惕部并救回了孛儿帖[18]。

这次战斗可能是铁木真首次经历的较大规模部落战争。它反映出荣誉和仇恨在草原战争中的巨大作用,因为战争的目的是解救铁木真的妻子,当这一目的实现时战争就结束了。它也反映出在无政府时期这类战争导致的种族灭绝的残酷性。胜利者摧毁了蔑儿乞惕部的廓尔,杀死了很多蔑儿乞惕部的男人,使他们的妇女儿童沦为奴隶。战争的胜利者声名大振。对蔑儿乞惕部袭击之后发生的离奇事件可以说明这一点。在蔑儿乞惕部的营地,铁木真的队伍

391

发现了豁阿巴海,她可能是铁木真同父异母兄弟别勒古台的母亲。当她的儿子和胜利者一起到来时她感到羞愧,她说:"我听说,我的儿子已经成了汗,而在这里我遇见的只是一个普通的男人。我怎么能接受这样的现实呢?"[19]

在强大的部落首领脱斡邻勒和札木合支持下取得的胜利,改变了铁木真的地位。铁木真明确了他应该承担的义务:"得到了我父亲的(朋友)汗①和我的义兄弟札木合两位的友谊之后,我的实力已经顶天立地了。"[20]尽管铁木真比脱斡邻勒汗甚至札木合的资历还要浅,但他现在俨然已经成为一个首领了。

有一年半的时间,铁木真和札木合带着他们的追随者在一起游牧,铁木真适应了新的首领地位。然而,当两个朋友之间出现对立的奇怪情节时,这一亲密合作时期就结束了。一天,札木合问铁木真他们应该在适合牧马人的地方扎营还是应该在适合牧羊人的地方扎营。虽然感到困惑,但是铁木真对这个问题的理解是,这可能是暗示札木合的地位像牧马人的一样,是高于铁木真的。在铁木真妻子的鼓励下,铁木真带着他的人离开了。在走的过程中,一些札木合的人也加入了铁木真的队伍,标志着人们正在将他视为强大而慷慨的领袖。《蒙古秘史》将铁木真抛弃札木合归因于一个预言者的梦[21]。

在这个年代的末尾,追随铁木真的可能比他还年长的各氏族首领,同意推选他为汗[22]。首领们的誓言,明显反映出草原上战利品和政治领袖之间的关系。首领们承诺在和平与战争时期都服从于铁木真,并将所有战争的战利品、人、动物和物资都献给他。

> 我们立你做汗!
> 铁木真你做了汗啊,
> 众敌在前,
> 我们愿做先锋冲上去,
> 把美貌的姑娘、贵妇,
> 把宫帐、帐房,
> 拿来给你!
> 我们要把异邦百姓美丽贵妇和美女,
> 把臀节好的骟马,

392

---

① 汗即指脱斡邻勒。

掳掠来给你！（据余大钧译注《蒙古秘史》）[23]。

作为汗，铁木真开始在其周围创造出一个大的怯薛，即家庭，牧人国家的初步官僚体系即源于此。铁木真从其儿童时代的追随者和朋友组成的核心中建立了他的怯薛，任命了卫士、军事指挥官（包括者勒蔑的弟弟、未来的将军速不台）、厨师、毡帐和马车的制造者以及掌马官。他的厨师向他承诺：

> 我用一只两岁的阉羊[阉割的公羊]，
> 熬汤（这样），
> 在早晨（你）将不会缺汤喝，
> 在晚上（你）将不会吃得晚。

他的马车管理人承诺：

> 我不会让有锁的车倾倒，
> 不让颠簸的车坏在路上（据余大钧译注《蒙古秘史》）。

铁木真指示卫士"割下强壮者的脖子"，并"掏空傲慢者的胸膛"[24]！最后，他任命最年长的亲密同伴博尔术和者勒蔑做他的高级指挥官。

> 你们两个，
> 在我除了影儿外别无友伴之时，
> 来做我的影子，
> 使我心安！
> 我把你们牢记在心里[25]（据余大钧译注《蒙古秘史》）！

此时铁木真成为蒙古各部落中最有实力的首领之一，追随他的约有3万名武士。札木合可能已经更强大，但是铁木真正在上升的实力使两个老朋友之间做了最后的摊牌。1187年（鄂嫩给出的时间是1190年），札木合和铁木真的追随者之间的冲突导致了在答兰巴勒主惕的一场战争。据《蒙古秘史》记载，双方军队各约3万人。铁木真战败逃跑，札木合残忍地报复了那些他认定叛变了的人,在 70 口锅里煮了他们。这一决定的残忍性能解释为什么尽管札木合胜利了,但是他的很多追随者立刻转向了失败的铁木真[26]。这个情节也说明札木合认为他应该比铁木真更理所应当地获得权力,即便铁木真经历过贫困,更理解必须培养追随者的忠诚。

393

(三)铁木真成为蒙古部的总首领:1190－1206 年

我们对铁木真在 12 世纪 90 年代早期的情况了解得很少。可能他在中国住了几年,因为他在 1196 年以金朝同盟者身份重新出现于与塔塔尔部的战争中。同时,铁木真的同盟者脱斡邻勒曾被迫流亡,后来在铁木真的帮助下重新恢复了权力。在铁木真打败塔塔尔部之后,金给铁木真和脱斡邻勒都授予了新的名号,授予脱斡邻勒"王汗",即"总的汗"名号①。现在蒙古部和克烈部取代了塔塔尔部成为蒙古草原最强大的部落。

这一时期,铁木真不顾忌处决自己氏族成员要受到谴责的传统,不得不镇压了与其家庭关系密切的主儿勤氏族成员的小规模反叛。铁木真使他们窒息而死,以免遭受流血的耻辱,并给失去首领的人安排新的位置。这些人中有的加入了他的警卫队,而实际上就是充当人质,以要挟其亲属不要反抗[27]。将宿敌的人口并入自己正在壮大的队伍,是铁木真镇压叛乱的惯用手段。

在其后的几年中,铁木真、札木合和脱斡邻勒进行了一场复杂的三方战争,战争的年代目前仍然不清楚。脱斡邻勒和札木合决定检验铁木真正在上升的实力,但当他们有这个机会的时候却没有采取果断行动。1201 年,由包括蒙古部、乃蛮部、蔑儿乞惕部、卫拉特部②甚至铁木真的氏族泰赤乌惕部组成的混杂联盟,选举札木合做他们的"古尔汗",并同意进攻铁木真和"王汗"脱斡邻勒。这又一次证明了札木合作为政治和军事的组织者,不如铁木真敏锐。札木合的同盟内部爆发了冲突,随着军队的分裂,铁木真袭击了他的老对手泰赤乌惕部,杀了他们的首领,"泰赤乌惕部人的尸骨……在一代又一代人中……像灰一样在风中飘散"[28]。他们的追随者被铁木真吸收为自己的随从。一年以后,再一次打败塔塔尔部之后,铁木真及其军师对这些宿敌也采取了同样的报复,处决了所有的成年男人,将其余的人变成奴隶[29]。铁木真已

---

① "总的汗"的名号为英文原文 Overall Khan 的意译。

② 这里的卫拉特部,在中文版《蒙古秘史》中译为斡亦剌部。

经消灭了他儿童时代的两伙主要仇敌：泰赤乌惕部和更强大的塔塔尔部。

脱斡邻勒和铁木真的联盟破裂了。铁木真长子术赤娶脱斡邻勒女儿的计划，引起了脱斡邻勒儿子桑昆的猜忌，他劝不情愿联姻的父亲加入札木合的武装。1202 年，铁木真被迫东进到中国东北边境，在蒙古进行了一次长征，当他到达班朱尼湖①时，很多追随者都离开了，只剩下 4 600 人的忠诚队伍保留下来。根据拉施德丁的记载，这场内战的后果影响到很多强大的利益集团，不仅局限于蒙古，也影响到中国以及丝绸之路东端沿线。铁木真可能不仅从中国寻找到帮助，而且也向包括穆斯林商人在内的其他集团寻求帮助[30]。

事实再一次证明札木合没有能力组织起强大的联盟，他的士兵都四散奔逃，实力的天平向铁木真倾斜。最后，札木合向西逃到乃蛮部。1203 年，在脱斡邻勒的军队举行宴会时，铁木真出其不意地打败了他们。脱斡邻勒被杀。后来被证明具有重要意义的一件小事，是脱斡邻勒的小侄女唆鲁和帖尼——一位景教基督教徒，嫁给了铁木真的幼子托雷。事实证明唆鲁和帖尼是有能力的政治家，1248 年窝阔台的儿子贵由死后，能够由托雷一系掌握蒙古帝国的统治大权，她的政治智慧起了一定的作用[31]。她和托雷的儿子是蒙哥、忽必烈、旭烈兀和阿里不哥。

打败了克烈部后，铁木真成为蒙古最强大的首领。1204 年，他袭击了收留札木合避难的乃蛮部。他在阿尔泰山脚下取得胜利，一方面是因为乃蛮部的首领太阳汗年老且不果断，军队纪律也不好；另一方面是因为札木合和他的蒙古部军队在关键时刻抛弃了乃蛮部[32]。札木合向西北逃到图瓦。1205 年，札木合的仆人把他交给铁木真。铁木真因为这个仆人背叛札木合而处决了他。据《蒙古秘史》记载，札木合要求体面地处决，不要流血，铁木真满足了老朋友的要求。然而，拉施德丁记载，根据另一个传统，铁木真把札木合交给了他的远亲，他们以肢解的方式处决了他[33]。

乃蛮汗的儿子屈出律带着很多乃蛮部的部落向西逃窜。1208 年，铁木真的军队打败了他们并将其从额尔齐斯河赶到七河地区，他们从那里进入新疆的喀喇契丹王朝境内。屈出律成为喀喇契丹古尔汗的顾问。屈出律于 1211 年执掌喀喇契丹的大权，1213 年成为该国最后一位古尔汗。可能像古米列夫已经指出的，因为屈出律是景教基督徒，并且与信伊斯兰教的花剌子模沙作战，所以他的经历演绎出新一轮约翰长老的传说[34]。

---

① 《元史》记载为"班朱尼河"。

　　乃蛮部于 1204 年的失败,使铁木真只剩下很少的松散残余势力有待吞并。他镇压了老对手蔑儿乞惕部,并将少数幸存者分散在他的军队中,其余的人则加入了哈萨克草原的钦察人集团。1207 年,术赤带领的一个远征队迫使南西伯利亚的森林居民投降,其中包括后来称为布里亚特的卫拉特部[35]。1209 年,铁木真接受了居住在今吐鲁番附近的高昌回鹘宫廷的投降。回鹘宣布不再效忠喀喇契丹残余。回鹘是西夏的宿敌,因此回鹘①的投降对于蒙古来说是有利可图的外交活动。葛逻禄的部落也自愿接受蒙古人的宗主权。回鹘和葛逻禄②是在蒙古族范围之外最早投降铁木真的政权,他们的投降给蒙古人国家的西南边境带来了安全。蒙古人很轻易且安全地控制了其匈奴前辈战斗几个世纪才得到的伟大商路[36]。

395　　1206 年,在一次大忽里勒台,即草原的聚会上,铁木真被授予“宇宙的领袖”——“成吉思汗”。因为与之类似的“古尔汗”已经授予札木合,鄂嫩河聚会提出的“成吉思汗”是为铁木真而创造的新名号。根据萨满教的传统,腾格里是统治上天的神,而“成吉思”是统治大地和下面世界的神。铁木真的这一新名号,使他成为大地上能象征上天的人。上天的恩赐将成为成吉思象征主义最重要的特征[37]。

三、新社会秩序的诞生

　　正如成吉思汗的生涯所表现出来的,对于有雄心的草原首领来说,最重要的能力是组建并掌握强大的追随者联盟,不管是通过宽厚仁慈还是威逼利诱。但是,他的生涯也表明,忠诚必须建立在比单独的家族关系更有约束力的纽带基础之上。像冒顿一样,成吉思汗在很大程度上回避了传统的家庭和亲族纽带,用新的关系取而代之。这些新关系的基础是象征形式的亲族关系、宣誓效忠和礼品交换,有时是官职和纪律之类的官僚关系[38]。

　　成吉思汗不相信亲族关系,多年来他处决或以处决来威胁了大约 12 名最亲近的男性亲戚。他更愿意依靠追随者的支持,后者通过相互的利益、服务和宣誓效忠围绕在他的身边。这种传统的关系就是安达——歃血结盟的兄弟,或者那可儿——宣誓效忠的追随者。对于成吉思汗来说,那可儿可能是所有

---

①　本段出现的“回鹘”,《元史》中为“畏吾儿”。
②　本段出现的“葛逻禄”,《元史》中为“哈剌鲁”。

关系中最重要的,因为他经常处决那些没有忠诚地为其主人服务的敌人的那可儿,即使这些首领是他的对手。但是,也有与此类似的其他关系,包括通常被解释为家内奴隶形式的关系,不过这最好理解为"侍从"或"臣属"关系[39]。

其他形式的忠诚依赖于相互的利益或官僚机构的纪律。像大多数成功的军事指挥官一样,成吉思汗通过对普通士兵福利的关注而赢得他们的忠诚。他禁止官员粗暴对待士兵,坚持让他们与士兵吃一样的食物。成吉思汗和他的儿子窝阔台都资助处于困境的部落。成吉思汗的确相信他自己的生活与士兵的差别不大。他去世之前给道士长春写信说:"我来自野蛮的北方……我和牛倌、牧马人穿一样的衣服,吃一样的食物。我们作同样的牺牲并分享我们的财富。我把这个民族看作一个新生儿,我像关心兄弟一样关心我的士兵。"[40]

像所有伟大的草原领袖一样,成吉思汗要依靠向掌权的追随者分配贵重商品的能力。这是蒙古人扩张的驱动力之一,因为一旦战胜农耕土地就产生了巨大的财富洪流,这可以增加蒙古新统治贵族的财富,提高他们的声望和势力。在成吉思汗死后,这种再分配过程的规模,可以在柏朗嘉宾对 1246 年贵由的加冕典礼的评论中准确地判断出来:"在一个小山上距离帐篷很远的地方停着 500 多辆车,车上都装满了金器、银器和丝绸衣服。这些物品在皇帝和酋长之间分配。每个酋长再把他得到的那份分给手下,但是要视他的心情而定。"[41]

成吉思汗在慷慨对待忠诚追随者的同时,对背叛他的人毫不怜悯。1217年,他派出最好的将军速不台向北进军根除残余的蔑儿乞惕部,以报复蔑儿乞惕部在其儿童时代袭击他们的仇恨。拉什涅沃斯库指出,像大多数的部落社会一样,在蒙古人中复仇被看作一项任务,而不仅仅是一个残酷的愿望。"复仇的观念是游牧民族意识中正义的基础",复仇的任务代代相传[42]。

为了巩固这些忠诚的组织,成吉思汗甚至在 1206 年的忽里勒台之前就开始建立初步的官僚体系。当准备与札木合决战的时候,成吉思汗重新组织了自己的扈从,创造了严格的十进制系统和一支个人卫队。他的怯薛,即卫兵,成为蒙古政府系统的核心。怯薛主要由盟誓的私人随从组成。最初包括 70名白天的卫士和 80 名黑天的卫士。但是,1206 年它扩大到 10 000 人,即一个完整的土绵。皇帝的卫队成员主要是从其他部落(实际上是把他们变成了人质)的年轻士兵中征募。怯薛的成员比所有正常军队官员的军衔都高。怯薛

396

也管理皇家宫廷,因此它变成了"兀鲁斯('马背上的国家',即游牧帝国)的中心,这是因为怯薛要保卫汗的人身安全,服务于汗的毡帐(斡尔朵),帮助制定政策,完成任何由忽里勒台或汗决定委派给他们的任务"[43]。怯薛在成吉思汗的儿子和孙子统治时期也保留下来。在蒙哥统治时期:

> 帝国的行政管理机构……是王子王室的某种程度的扩大版,这个王室基本上是根据组织功能和人员建立起来的。也正因如此,蒙古帝国通常具有一种显著的世袭特征,特别是蒙哥在位时期[44]。

在成吉思汗的军队中,由 95 名"千户"指挥官组成的主要军事组织,几乎不包括成吉思汗的近亲[45]。大多数指挥官是侍从,因为突出的忠诚行为或长期的服务而被提拔起来。这些人包括成吉思汗儿童时代的朋友,如博尔术,也有羊倌把带和乞失力,他们曾在成吉思汗与克烈部的战争中照顾他的生活。

成吉思汗总体上重新组织和改革了最高层次以下的蒙古军队和蒙古社会。在形式上,军队系统像匈奴的一样以十进制单位为基础,这些单位分别是100 名、1 000 名,以及最大的由 10 000 名士兵构成的战斗单位土绵。十进制系统在草原上不是新鲜事,但是成吉思汗比他的前辈将其利用得更有系统性,并且为此全面重新组织了蒙古人的统治贵族。在摧毁了很多草原的旧贵族以后,他用十进制系统构建了新的精英阶层,这个阶层的很多成员之间没有传统的亲族纽带。有的部落保留其传统的身份,被分割成"千户"而保留下来。而敌人的部落则被拆散并分散到不同的十进制单位。在这些单位中,旧的部落忠诚一文不值。摩根指出:"成吉思好像已经创造了一个可描述为人工部落的系统,在这里,每个士兵对新军事单位的忠诚取代了对旧部落的忠诚。此外,蒙古皇室成为服从和忠诚的终极目标。"[46]

"千户"的首领是成吉思汗最亲近的同伴,他们在帝国中扮演了以往的传统酋长的角色。1206 年成吉思汗任命的 95 位指挥官,以及更少的土绵(10 000 人)指挥官,取代了传统的酋长。按照规定,士兵及其家庭离开被指定单位是非法的,但是,随着"千户"和土绵取代传统的部落,它们也开始承担起部落的很多作用和结构。在 1206 年的忽里勒台之后开展的划分军事单位行动,实际上是一次居民的重新定位。成吉思汗给每个军事单位分配特定的牧场,新的单位不久就产生了自己的部落忠诚并且开始行使部落的功能。通常,十进制单位的大小像他们所取代的部落一样是可变的。土绵的实际规模几乎总是达不到 10 000 人，常常是不到 5 000 人，有时还不到 1 000 人。一般而言，为了估计真实的军队人数，可以将文献中记录的军队人数折半。拉施德丁认为，1227 年蒙古军队约有 13 万人。这可能是真实的，而估计有 80 万甚至更多的士兵则是过分夸大了[47]。

虽然在和平时期，十进制系统逐渐转变成新形式的部落制度，但是在战争中它提供了强大的强化军队纪律的方法。柏朗嘉宾描写了他在 17 世纪 40 年代访问蒙古时这个系统是如何运作的。

> 当作战时，如果一个 10 人的团队中有一两个或更多的人逃跑，那么这个团队所有的人都要被处死；如果一个 10 人的团队逃跑了，那么这个 100 人团队其余的人都要被处死（即便他们没有逃跑）。总之，除非他们以尸体的形式撤退回来，否则所有匆忙撤退的人都要被处死。同样，如果一二个或更多的人勇敢地向前冲，而 10 个人中其余的人未跟上，那么他们就要被处死；如果 10 人中的一人或更多人被俘，那么没有营救他们的同伴要被处死[48]。

战争的官僚化也影响到其他地区。蒙古的参谋机构为战役所做的工作和准备细致入微，因为他们的智慧建立在认真地侦察出敌人的优势和弱点的基础之上。奥尔森指出，蒙古军队的与众不同之处，是他们利用信使和特殊的发信号的箭来协调大规模军队调动的能力，而不是简单地依靠首领个人的勇敢和能力[49]。这些逻辑的而不是军事的能力，是在每年以狩猎为基础的大规模军事演习中培养起来的。根据志费尼的描述：

> 成吉思汗十分关注追猎，而且常说打猎是一项很适合军队指挥官的活动；指挥官要负责指导与训练武士和军队中的男人，对此他们义不容辞，[他们应该学习]猎人怎样追赶、猎捕猎物，根据团队规模确定怎样布置围猎阵型，以及参照哪种方法围住野兽。蒙古人想去打猎的时候，他们首先要出去侦察，确定能捕到哪类猎物以及猎物的数量[50]。

蒙古军队在装备、计谋和策略方面与更早的草原军队相似。他们也依靠

398

放牧生活为骑兵战争提供天然的训练：所有的男牧人都知道怎样骑马、打猎、熟练准确地使用复合弓，所有人都因艰苦的草原生活磨炼得更加坚强。军队中的大多数成员都是这些普通的士兵，他们通常轻装上阵并主要依靠弓箭。军队也有一支重装骑兵组成的核心队伍，这些骑兵可能是从较富裕家庭征募的，能提供更好的马匹、铠甲和装备[51]。蒙古的指挥官技艺娴熟，而且愿意不断提高指挥能力，从外国的顾问那里学习新技术。这在围城战术方面有非常真实的反映。围城战是定居社会战争的主导战术，在草原战争中很少派上用场。但是蒙古军队成功的关键在于纪律、组织和协调合作的体系，这与传统的亲族关系并没有太多联系。

当然，在和平时期和战争中，亲族纽带并没有消失，因为亲族纽带是牧人社会基本的组织原则。在新的结构中，亲族关系的传统与新的结构一起存续下来。很多成吉思汗及其下属的家庭，最后获得了对某些区域半世袭的权力。因此，在几代人之内，传统形式的酋长关系重新出现。几十年后，当最高领导层有能力和经验让其发挥作用时，新的社会原则仍然能够给予蒙古社会相当程度的统一和纪律。

成吉思汗也尝试建立正式的书面法律系统。在1204年打败乃蛮部俘获的俘虏中，有一位叫塔塔统阿的文官，他掌管乃蛮汗的官印。乃蛮部已有以回鹘文（本身源于粟特文字，而且完全出自阿拉伯）为基础的文字，可能正是塔塔统阿劝说成吉思汗将同样的文字引入蒙古语。他也使成吉思汗认识到有必要颁布一部更加正式的法律，以及书面法律和印鉴的重要性。1206年，成吉思汗让他母亲的养子——塔塔尔的孤儿失吉忽秃忽做法律的管理人。他需要失吉忽秃忽列出给各位首领划定的土地和居民，并在一本"兰书"中记录法律规定。以这种方式记录下来的法律成为后来扎撒法典的基础。兰书本身没有保留下来，但是我们可以复原出它的很多内容[52]。

四、征服定居者的土地：1206－1227年

1206年的忽里勒台之后，成吉思汗开始将其军事征服扩展到蒙古草原以外。从中国和中亚这类定居者土地获得的财富，使他最终将这个草原帝国变成了世界性的政权。

成吉思汗的目标是什么？有的人指出金国一直是他的主要目标[53]。欧文·拉铁摩尔认为成吉思汗在控制草原的同时有复杂的征服金国和南宋的计

划。但是，摩根指出，这虽然描绘出发生了什么，但是没有证据证明这些是当时有意计划导致的结果。其他的人则认为，成吉思汗有征服世界的系统规划。的确，成吉思汗在其生命快结束时告诫后代要"征服世界，并且……在没有任何人民不愿意服从他们的状况下过和平的生活"时，他是这样理解自己的生涯的[54]。但是，也没有证据能证明他首次发动伟大的征服战役时就有这样的计划。无论如何，像托马斯·巴菲尔德指出的，蒙古人和大多数草原的首领一样，对战利品比直接的征服更感兴趣。但是他认为，金国的统治者的拒绝使蒙古人勒索贡赋的企图失败，这迫使蒙古人发动了一场征服战争。

> 蒙古人在金国大肆屠杀，他们本能地拒绝承担征服的责任，经常从征服的城市和地区撤退，这些都说明他们采取的是一种更古老的游牧人的战争方式。具有讽刺意味的是，征服并不是蒙古人设定的首要目标，而仅仅是彻底摧毁金国的结果，他们早就谋划过要勒索这个女真人统治的国家[55]。

没有必要树立一个伟大的目标，成吉思汗走向权力之路本身就是其前进的动力。他的追随者为了战争而组织起来，并通过对战利品的再分配得以维系。军事战争成功扩展了军队的规模，因为他们并入了战败的敌人。然而，新的军队必须投入使用，新的追随者必须得到报酬。像摩根提出的，如果成吉思汗不把军队的能量引向外部，那么它将使曾经混乱了几十年的蒙古草原再一次转入战争状态。每一次战争都为下一次作战提供了理由，因为每场战争都创造出新的敌人和新的威胁[56]。成吉思汗必须报复那些背叛他的人，消灭那些威胁他的权力或侮辱其名誉的人。

400

同样的扩张主义势头在成吉思汗死后很长时间都得以保持。即使在13世纪50年代，"蒙哥的扩张政策仍然将所有蒙古领导层团结在一起。不论他们的政治和社会方针如何，也不论他们对蒙哥继位的态度如何，他们都同意一个基本的观点：大蒙古乌鲁斯主要的和固有的事业就是征服"[57]。这个动力使成吉思汗及其后继者以一群可能不超过70万人、拥有的资源无非就是牲畜群的蒙古人为基础，建立了横跨欧亚大陆的帝国[58]。

每一场征服战争都有其自身特有的逻辑。蒙古于1209年发动的第一次对定居社会的大规模袭击，针对的是中国西北部的西夏。西夏国成立于1028

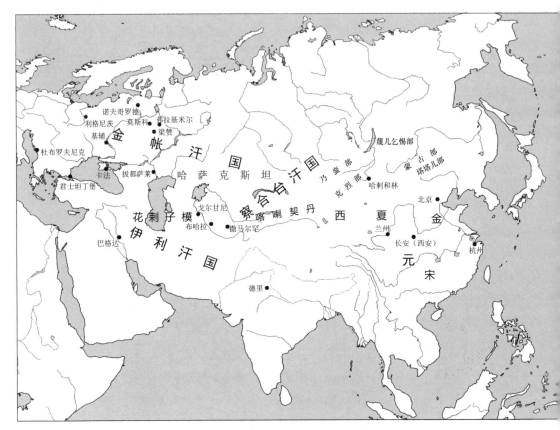

地图 15.1 蒙古帝国①

年,吐蕃的党项人消灭了甘州回鹘王国,建立西夏国[59]。对于成吉思汗来说,它是与蒙古邻近的定居社会中最近和最弱的目标。西夏也控制着甘肃绿洲的财富,这是丝绸之路东端的关键点。1205 年和 1207 年对西夏较早的袭击具有纯粹的掠夺战利品性质,蒙古军队也没有努力去夺取设防的城市。1209 年,蒙古军队发动了一场更加猛烈的侵袭,由成吉思汗亲自指挥。但是,这场战役反映出蒙古军队离开草原后将面临的困难。特别是在围城战斗中,蒙古人的装备太差了,本来蒙古人打算用水淹党项人的中兴城,结果却淹了自己的军营。尽管如此,党项人的首领还是在 1210 年投降,并同意进献大量贡赋,包括骆驼、羊毛布、隼和其他商品。但是他拒绝派队伍加入蒙古军队,理由是党项人

401

---

① 原著地图上标注的"宁夏"应为"兰州",中译本地图作了改正。

是"城镇居民",经受不住蒙古军队的长距离行军[60]。成吉思汗绝不会原谅西夏的抵制,最后进行了可怕的报复。

对于成吉思汗来说,中国北方是更加富有也更危险的目标。成吉思汗曾在金国遭受屈辱的痛苦记忆,是他入侵中国北方的一个理由。此外,中国东北的金国很容易受到攻击,因为它在宋朝和契丹人那里有很多敌人。最后,中国北方一直是野心勃勃的牧人首领最富裕和最突出的贡赋来源。来自金国的避难者为成吉思汗提供有价值的建议并鼓励他进攻金国。蒙古军队在1211年发动进攻,1215年占领了位于今北京附近的金中都。他们的抢劫持续了整整一个月。在蒙古人取得初步胜利之后,金国不得不同意支付贡赋,并将公主嫁给成吉思汗,以及献上马、金子和丝绸。蒙古的军队"赶着载满用丝绸捆扎的战利品的牲畜撤离"[61]。但是,金国并不情愿缴纳贡赋,蒙古军队又返回逼迫他们付出更大的代价。稳定的和平没有实现,反而逐渐地演变成一场围城和征服的战争。

1218年,成吉思汗转向西方。他的首次西方战役指向老对手——当时统治着喀喇契丹国的乃蛮部首领屈出律。者别率领的一支队伍在喀什噶尔附近打败屈出律并杀了他。屈出律已经开始迫害伊斯兰教徒,当地的穆斯林居民因此将蒙古人视为解放者。

第二年,蒙古人发动了入侵中亚的战役。有很多迹象表明,成吉思汗并没有计划发动这次战役,而是希望与花剌子模沙摩诃末建立一种和平的关系,以此从正在增长的东西方贸易中获利。1218年,术赤和花剌子模军队之间有一次犹豫不决的冲突,但没有导致战争。根据拉施德丁的记载,成吉思汗写道:

> 我们已经清除了边疆地区的敌人,并完全地占领和征服了这里,我们之间建立了睦邻友好的关系,因此我们沿着和平协议之路的前进需要理智和宽宏大量。我们应该着手在需要的时候相互协助和支持,确保商路安全不出现灾难性事件,使商人可以自由活动,因为世界的幸福要依靠他们的繁荣贸易[62]。

我们还不清楚这些感情里有多少真实的成分。但是花剌子模沙及其官员的一系列外交失策,使两国间的冲突不可避免地提前了,而且形势对蒙古人更有利。1219 年,著名商业城市讹答剌的统治者亦纳勒,处决了成吉思汗派出的大型代表团的所有商人和官员,并虏获了他们的商品。亦纳勒声称代表团中的很多成员是间谍(可能确实如此)。成吉思汗派出第二个使团要求亦纳勒受到惩罚并归还商品,同时要有官方的道歉。花剌子模沙拒绝了,部分原因是这个官员是他母亲的侄子,也是很多官员的亲戚。他容忍了亦纳勒的行为,并处决了第二个使团的所有人。这时战争已经不可避免[63]。

蒙古人在这一当时对他们而言最遥远的战役出征前,专门举行了一次忽里勒台。在忽里勒台上,成吉思汗宣布窝阔台是他的继承人。显然,他将窝阔台看作是一位安抚者和最有能力解决家庭争端的人。拉施德丁写道,窝阔台"以他的智慧、能力、判断力、协商能力、坚定性、自尊和公正而闻名;但是他也是喜爱享乐的酒鬼,成吉思汗常常因此而惩戒和劝告他"[64]。成吉思汗集合了一支由汉族、回鹘和葛逻禄等很多民族的队伍组成的大军。他们向西行进,开辟出一条穿过冰雪通向阿尔泰山高耸山口的道路,由此迅速突进到回鹘城市别失八里外围的平原[65]。

像中国北方的女真人一样,花剌子模沙缺少自己臣民的支持,因此蒙古人面对的是软弱而分裂的敌人。成吉思汗在离间对手和团结异族军队方面也很有经验。例如,他故意散布谣言,暗示花剌子模沙母亲的钦察军队计划加入蒙古军队[66]。花剌子模沙由于不信任自己的军队和对侵略者的恐惧,尽量避免开战。这助长了蒙古军队的士气,战役变成了一系列的围城战。

1219 年夏,成吉思汗在额尔齐斯河附近发动了一场大规模的狩猎会战。定期举办大型围猎是他们的风俗,通常能够持续三个月。成千的士兵把猎物围在一个巨大的圈里,然后慢慢缩小范围,除了将"受伤的和瘦弱的挣扎者"放生以外,最后在包围圈的中央屠杀所有的猎物。志费尼总结道:"以杀戮为特点的战争,都有相同的模式,即杀人和对幸存者的宽恕,这在细节上十分相似,因为所有战场附近剩下的都是崩溃了的可怜人。"[67]这样的打猎为军队提供了肉食,而且像现代的战争游戏一样,也提供了协调调遣的训练,有助于在成吉思汗多民族来源的军队中培养团结意识。

1220 年 2 月,讹答剌在持续五个月的围城后陷落,城内的大多数居民死亡。同月布哈拉城也宣布投降,城里的居民被蒙古人当作炮灰,在后来的战役中被安排在蒙古军队的最前面。布哈拉城被洗劫并烧毁。然后蒙古的军队,用志费尼的话来讲,"像时间一样没有尽头地"转向苏丹的家乡花剌子模[68]。

在首都玉龙杰赤,居民进行了顽强的抵抗,商人、女人和儿童沦为奴隶,男人被蒙古士兵一批 24 人地成批处决。1222 年,长春真人丘处机经过遭遇同样命运的巴克特拉时,他唯一能听见的声音是狗叫。呼罗珊的城市,包括木鹿和尼沙布尔,也被成吉思汗的儿子托雷的军队彻底摧毁。在木鹿,除了少数充当工匠和奴隶的人之外,其余的都被杀了;地方的新兵和蒙古的士兵每人不得不处决几百个居民[69]。尼沙布尔也遭受了同样的命运。大约 20 年以后,教皇的使者柏朗嘉宾写道:

> 那些[蒙古人]将杀死被俘虏的所有人,除非是他们碰巧希望保留一些人做奴隶。他们在百夫长之间分配这些要被处决的人,用战斧砍死他们。百夫长把他们分配在战俘之中,安排每个奴隶杀死 10 人,或者根据头人的愿望增减杀人数量[70]。

蒙古军队激起的恐惧本身可能也有助于他们的胜利。同时代的穆斯林作家伊本·伊西尔写道:"我听说一个蒙古兵抓了一个男俘虏,但是他没有用任何随身带的武器就杀了他;他对囚犯说,'把你的头放在地上不要动',俘虏照做了,那个鞑靼人离开这里去取剑,然后用剑把他杀死。"[71]

被摧毁的城市集中于蒙古主力部队经过的地区。没有抵抗的城市都免遭了屠城。尽管如此,大多数受破坏严重的地区用了整整一代人的时间才恢复。1221 年,在长春真人到达撒马尔罕时,发现这座以前有 10 万居民的城市只剩下四分之一人口。在河中地区,毁灭性的破坏导致严重的经济崩溃。直到 1250 年,只有撒马尔罕和布哈拉两个地方铸造钱币,这说明货币交换几乎停滞。13 世纪 30 年代早期,撒马尔罕人对地方货币制度的信任度非常低,铸币甚至要附带一条警告——如果拒绝接受货币将被视为犯罪。直到 50 年代,货币流通和商业才开始复苏。当志费尼和中国的旅行者常德在 1260 年左右访问的时候,撒马尔罕和布哈拉已再次成为繁荣的城市[72]。

花剌子模沙在撒马尔罕陷落之后逃走,蒙古军队在后追赶,1221 年 1 月,他死在里海的一个偏僻岛屿上。同时,他的儿子札阑丁率领的游击队使蒙古人在巴克特里亚疲于应对。察合台在巴米扬的围城战中受伤,为此成吉思汗命令不仅屠杀城内所有的居民,而且还要杀死城中所有的动物[73]。1223 年,因为担心国内的局势,成吉思汗决定返回蒙古。他在 1224 年到达额尔齐斯

404

河,第二年进入蒙古境内。

　　与此同时,由速不台率领的一支曾经追捕花剌子模沙的军队,穿过西呼罗珊和亚美尼亚,向北经过达尔班德,沿着大约 2000 年前斯基泰人军队的路线占领了他们路过的主要城镇。1223 年,他们进入高加索北部草原。钦察人显然对这些蒙古人带来的危险比罗斯王公更警觉,他们的可汗忽滩是加里西亚姆斯提斯拉夫王公的岳父,他提议缔结联盟并威胁说:"今天塔塔尔人(蒙古人)已经占领了我们的土地,明天他们将夺取你们的。"一个罗斯王公联盟同意与钦察联合,但是蒙古人在南俄罗斯草原的卡尔卡河打败了这个联盟(有讽刺意味的是,速不台本身有可能就是出自钦察人的兀良哈台部落)。《诺沃哥罗德纪事》这样记录,"因为我们的罪过,一个无人知晓的部落来了,没有人确切地了解他们,不知道他们是谁,不知道他们从哪里来、讲什么语言,也不知道他们是什么种族、信仰什么;他们只是自称塔塔尔人"。根据另一个编年史的描述,鞑靼人在平台顶上举行庆功宴,平台下面压着包括基辅的姆斯提斯拉夫在内的战败的罗斯王公,他们的身体被平台压碎[74]。

　　这些战役使蒙古牢固地掌握了中亚,并使它从政治和财政两方面成为蒙古帝国的一部分。然而,蒙古对这一地区的入侵在人种上留下的痕迹却惊人地少。成吉思汗的军队中蒙古人的数量实际上很少,因为蒙古依靠合并战败的军队来扩充军队[75]。在中亚的战役中,大多数士兵是突厥人而不是蒙古人。因此,蒙古征服的结果是使突厥因素在中亚社会中的重要性加强。

　　成吉思汗亲自统帅的最后一场战役发生在 1226 年,目标是征服西夏。战役在 1227 年成吉思汗死后不久即结束。战役的最初目标是惩罚这个拒绝完全服从蒙古帝国的国家,并加重以前谈判的贡赋。8 月成吉思汗去世,他的军队通过发动一场屠杀来悼念他。他们屠杀了中兴城的全部居民,也杀死了所有看见成吉思汗葬礼的人。有人认为这一屠杀即使按照蒙古人的标准都是骇人的,是故意而为的,屠杀的目的是为已故汗的灵魂提供由战败的敌人组成的护卫队。目前仍然不清楚成吉思汗的遗体埋在哪里;可能是在鄂尔多斯地区,可能是在蒙古。他的棺柩与 40 个处女和很多挑选出来的马匹一起埋葬[76]。

　　因为成吉思汗事先已有安排,蒙古汗位的交接非常平稳。他去世之前在病榻上要求儿子们同意签字承认窝阔台继位。1228 年春,在克鲁伦河举行了盛大的忽里勒台,参加者有来自不同"游牧部落"的成吉思汗的主要后代,以及帝国各地的地方官员[77]。在多次集会和讨论后,他们确认了窝阔台的继位,没有任何严重的分歧,帝国被完整地传给了他。这次平稳的过渡使蒙古帝国能在创立者去世之后仍然健康发展,因为这个阶段的任何分歧都将引起帝国的迅速崩溃。成吉思汗本人对这一危险有非常清醒的认识。志费尼记录了一个关于成吉思汗的故事,不过其他的文献认为这个故事出自成吉思汗的祖先:

> 在他第一次掌权的时候,有一天……他从箭囊中抽出一支箭给了[他的儿子们],很明显不需要多大的力气就能将箭折断。接着,他拿出了第二支箭,直到拿出 14 支箭,这时即使健壮的人也折不断它们。他说,"就是这样,对我的儿子来说也是如此。只要他们踏上了彼此尊重的路,他们就不会遇到邪恶的事件,并将自由地享受帝国的成果"[78]。

不管是真是假,这个故事完美地表达了建立联盟在牧人的国家结构中所起到的关键性作用。

注释

[1] 关于西夏,见 Ruth Dunnel, "The fall of the Xia empire: Sino-steppe relations in the late 12th-early 13th centuries", in Seaman and Marks, eds., *Rulers from the Steppe*, pp.158 – 85。

[2] 蒙古帝国也有很多传统来自突厥,而且很重要的蒙古单词——斡尔朵、土绵、汗、可敦和兀鲁斯都是突厥语的;Phillips, *Mongols*, p.24。

[3] Gareth Jenkins, "A note on climatic cycles", pp.217 – 26.

[4] Jagchid and Hyer, *Mongolia's Culture and Society*, p.213.

[5] Ratchnevsky, *Genghis Khan*, p.xiv.

[6] 在《蒙古秘史》的第 21 部分清楚地记载着蒙古的社会中有世袭的等级,这种等级可以区分领主和平民、白骨血统和黑骨血统的差别;Jagchid and Hyer, *Mongolia's Culture and Society*, p.283;关于铁木真的生日,像很多写于约 1196 年的传记一样,是不清楚的,可能是在 1155 – 1167 年之间;Onon, *History and Life of Chinggis Khan* 给出时间是1162 年;由于考虑到了一致性的问题,我使用了 Ratchnevsky, *Genghis Khan* 的日期;所有问题的讨论都见于上注,pp.17 – 9。

[7] Onon, *History and Life of Chinggis Khan*, p.14, fn. 53; *demirci* 是现代突厥语"铁匠"的

意思,出自 *demir*(铁的意思);William of Rubruck 认为他曾经是个铁匠。

[8] Ratchnevsky, *Genghis Khan*, Cha.1.

[9] Onon, *History and Life of Chinggis Khan*, pp.vviii‐xix,关于早期的迁徙见 p.xi;根据 Jagchid and Hyer, *Mongolia's Culture and Society*, p.6,"蒙古"或"蒙兀"的名称首次出现于唐代;也见于 Golden, *Introduction*, p.284。

[10] Phillips, *Mongols*, p.24.

[11] Ratchnevsky, *Genghis Khan*, p.14; Onon, *History and Life of Chinggis Khan*, p.65, para. 150.

406　[12] 引自 Ratchnevsky, *Genghis Khan*, p.12;出自 *Secret History*, para. 254。

[13] Onon, *History and Life of Chinggis Khan*, pp.21‐2, para. 77;关于他们在这一时期的生活见 pp.19‐20, paras. 74‐5。

[14] 同上注,p.27, para. 90;关于他较早的逃跑,见上注,pp.24‐6, paras. 82‐7。

[15] 同上注,p.28, para. 92。

[16] Pletneva, *Kochevniki*, p.116.

[17] Onon, *History and Life of Chinggis Khan*, p.42, para. 117.

[18] 同上注,pp.34‐9, paras. 104‐10, p.32, para. 102; Ratchnevsky, *Genghis Khan*, p.36。

[19] Onon, *History and Life of Chinggis Khan*, pp.40‐1, para. 112.

[20] Onon, *History and Life of Chinggis Khan*, p.41, para. 113.

[21] 同上注,p.45, para. 118。

[22] 成吉思汗后来声称他曾十分愿意为某个汗服务;Onon, *History and Life of Chinggis Khan*, p.86, para. 179;贵族中"汗"的制度,见 Jagchid and Hyer, *Mongolia's Culture and Society*, pp.335‐8。

[23] Onon, *History and Life of Chinggis Khan*, p.46, para. 123.

[24] 同上注,p.47, para. 124。

[25] 同上注,p.48, para. 125。

[26] 同上注,p.51, para. 129‐30。

[27] 同上注,pp.54‐5, para. 137。

[28] 同上注,p.63, para. 148。

[29] 同上注,p.68, para. 154。

[30] Ratchnevsky, *Genghis Khan*, pp.72‐3.

[31] 关于他的角色,见 Rossabi, *Khubilai Khan*, pp.11‐3。

[32] Onon, *History and Life of Chinggis Khan*, p.98, para. 195.

[33] Ratchnevsky, *Genghis Khan*, pp.87‐8.

［34］Gumilev, *Poiski*, pp.135－6 以及书中各处。

［35］Onon, *History and Life of Chinggis Khan*, p.133, para. 239.

［36］关于回鹘语在蒙古帝国中所起的重要作用，见 Allsen, "The Yüan Dynasty and the Uighurs of Turfan"。

［37］Allsen, "Changing froms of Legitimation in Mongol Iran", in Seaman and Marks, eds., *Rulers from the Steppe*, p.223; Onon, *History and Life of Chinggis Khan*, p.xviii.

［38］Kürsat-Ahlers 认为这是大多数早期国家的真实情况；*Zur frühen Staatenbildung*, p.110。

［39］Barfield, *Periloous Frontier*, pp. 192－4; Jagchid and Hyer, *Mongolia's Culture and Society*, p.286; Lattimore 也强调成吉思汗对他的那可儿的重视，见 "Inner Asian frontiers: defensive empires and conquest empires", in Lattimore, *Studies in Frontier History*（pp.501－13）, p.507。

［40］Ratchnevsky, *Genghis Khan*, pp.148－9.

［41］Dawson, *Mission to Asia*, p.63.

［42］Ratchnevsky, *Genghis Khan*, p.151.

［43］Jagchid and Hyer, *Mongolia's Culture and Society*, p.343, 关于这一制度的历史见 pp.342－7; Barfield, *Perilous Frontier*, p.196; Onon, *History and Life of Chinggis Khan*, p.95, paras. 191－2。

［44］Allsen, *Mongol Imperialism*, p.100.

［45］Barfield, *Perilous Frontier*.

［46］Morgan, *Mongols*, pp.89－90; Khazanov, *Nomads*, pp.237－8;在俄罗斯历史上有与此相似的统治贵族的重组情况，特别是在伊凡雷帝特辖区。

［47］Morgan, *Mongols*, pp.87－8; Vernadsky, *Mongols and Russia*, p.119; Allsen, *Mongol Imperialism*, p.193.

［48］Dawson, *Mission to Asia*, p.33.

［49］Allsen, *Mongol Imperialism*, p.6;关于蒙古参谋的工作，见 Jagchid and Hyer, *Mongolia's Culture and Society*, pp.370－2。

［50］Juvaini, *History of the World-Conqueror*, 1∶27.

［51］V. P. Alekseev, "Some Aspects of the Study of Productive Factors in the Empire of Chengiz Khan", in Seaman and Marks, eds., *Ruler from the Steppe*（pp.186－98）, p.192.

［52］Jagchid and Hyer, *Mongolia's Culture and Society*, p.355; Onon, *History and Life of Chinggis Khan*, p.112, para. 203; Ratchnevsky, *Genghis Khan*, p.94.

［53］例如 Morgan, *Mongols*, p.14 提到过这个内容。

［54］Ratchnevsky, *Genghis Khan*, p.140;关于 Lattimore 的观点，见 Morgan, *Mongols*, p.73,

407

引自 Latimore, "The geography of Chings Khan", *Geographical Journal*, (1963) 129/1: 6 – 7。

[55] Barfield, *Perilous Frontier*, p.197.

[56] Morgan, *Mongols*, p.63; Kürsat-Ahlers, *Zur frühen Staatenbidung*, p.108 有关以战养战 的内容。

[57] Allsen, *Mongol Imperialism*, p.79.

[58] 关于人口的数字,见 Allsen, *Mongol Imperialism*, p.5。

[59] Haussig, *Geschichte Zentralasiens … in vorislamischer Zeit*, p.260; Dunnell, "The Fall of the Xia Empire".

[60] Ratchnevsky, *Genghis Khan*, p.105; Onon, *History and Life of Chinggis Khan*, pp.143 – 4 (para. 249), and 151 (para. 256),描写他们怎样拒绝派军队去中亚;但是 Dunnell, "The fall of the Xia Empire", pp.170 – 1 认为这实际上是出钱躲避征兵的一种尝试。

[61] 引自 Barfield, *Perilous Frontier*, p.200,出自 *Secret History*;也见于 Morgan, *Mongols*, p.66。

[62] 引自 Ratchnevsky, *Genghis Khan*, p.121。

[63] Buniyatov, *Gosuadrstvo Khorezmshakhov*, pp.135 – 6.

[64] Rashid al-Din Tabib, *Successors of Genghis Khan*, p.17.

[65] 据与军队一起行进的耶律楚材的记载;Bretschneider, *Medieval Researches*, I: 13 – 5。

[66] Ratchnevsky, *Genghis Khan*, pp.129 – 30.

[67] Juvaini, *History of the World-Conqueror*, 1: 29; 1: 27 – 8 有对大型追捕狩猎的描述。

[68] 同上注,1: 124。

[69] 同上注,1: 161 – 3;对这一工作,地方征募的军队有时表现得比蒙古士兵更有热情;关 于玉龙杰赤的命运,见上注 1: 127;长春真人的内容引自 Bretschneider, *Medieval Researches*, 1: 93。

[70] Dawson, *Mission to Asia*, pp.37 – 8.

[71] Boyle, *Mongol World Empire*, 1: 5.

[72] Allsen, *Mongol Imperialism*, p.89; Bretschneider, *Medieval Researches*, 1: 131, 以及上 注 1: 78 关于长春真人的引文;Juvaini, *History of the World-Conqueror*, 1: 96; Morgan, *Mongols*, pp.73 – 83 指出,主要来自同时代定居社会的描述,夸大了蒙古人造成的灾 难,但是 Davidovich, *Denezhnoe khnzyaistvo Srednei Azii v XIII veke*, pp.129 – 35 提供了 至少在河中地区有较长商业衰落期的证据。

[73] 根据 Juvaini, *History of the World-Conqueror*, 1: 132 – 33。

[74] 出自"Battle on the River Kalka", in Zenkovsky, *Medieval Russian Epics*, p.195;《诺沃哥

罗德历史》引自 Morgan, *Mongols*, p.136;关于速不台的出身,见 M. G. Kramarovsky, "The culture of the Golden Horde and the problem of the 'Mongol Legacy'", in Seaman and Marks, eds., *Rulers from the Steppe*(pp. 255 – 73), p. 255;忽滩的话引自 Vernadsky, *Kievan Russia*, p.237;上注 pp.237 – 8 有对卡尔卡河战斗的详细描述。

[75] Allsen, *Mongol Imperialism*, pp.189 – 90;在 Alexseev, "Some Aspects of the Study of Productive Forces in the Empire of Chenghiz Khan"中有对此的估算。

[76] Ratchnevsky, *Genghis Khan*, p.144;根据 Juvaini 的观点,窝阔台在 1229 年的忽里勒台之后祭献"圆脸的"处女;Juvaini, *History of the World Conqueror*, 1:189;在中兴城的屠杀,见 Dunnell, "The Fall of the Xia Empire", p.179。

[77] Juvaini, *History of the World Conqueror*, 1:183 – 4;拉施德丁给出的时间是 1229 年;关于成吉思汗的遗愿,见 Juvaini, *History of the World Conqueror*, 1:182 – 3。

[78] 同上注,2:593 – 4。

延伸阅读

有关蒙古帝国的最好导论是 Morgan, *The Mongols*, 同时 Moses and Halkovic, *Introduction to Mongolian History and Culture* 的内容的确如标题所言。新近最好的成吉思汗传记是 Ratchnevsky, *Genghis Khan*。最重要的原始文献是同时代的叙述——*Secret History of the Mongols*,我使用的是 Onon, *The History and Life of Chinggis Khan* 的译文。Juvaini, *History of the World-Conqueror* 是由同时代的人编写,作者在蒙古和中亚旅行并遇到很多当时的重要人物;同时,Dawson, *Mission to Asia* 包括去过蒙古帝国的欧洲旅行者撰写的内容;Bretschneider, *Medieval Researches* 包括一些中国的文献。Dunnell, "The Fall of the Xia Empire"是关于西夏(党项人)的论文;Allsen, "The Yüan Dynasty and the Uighurs"是关于吐鲁番地区回鹘的论文。Jenkins, "A note on climatic cycles"提供了对成吉思汗崛起的气象学解释。Boyle, *The Mongol World Empire* 是一部论文集。也可以读 Jagchid and Hyer, *Mongolia's Culture and Society*;Barfield, *The Perilous Frontier*;Sinor, "On Mongol Strategy";Vernadsky, *Mongols and Russia*;Pillips, *The Mongols*;以及 Seaman and Marks, eds., *Rulers from the Steppe* 中的一些论文。Grousset 的 *The Empire of the Steppes* 现在已经过时了。苏联小说家 V. G. Yan 在他的三部曲:*Chingiz-Khan*、*Batyi* 和 *K'poslednemu moryu'* 中创造了一个流行的虚构历史。关于宗教的解读,见 Khazanov, "The spread of world religions";Thomas and Hunphrey, *Shamanism, History and the State*;Heissig, *Religions of Mongolia*。

第十六章　蒙古帝国和新的 "世界体系"

一、第二轮扩张：1227－1260 年

1227－1260 年间，成吉思汗的继任者发动了新的战役，使蒙古帝国成为迄今最大的陆上连成一体的帝国。成吉思汗统治时期已经开始的对中国北方的战役结束于 1234 年，最后彻底打败了金国。

1235 年举行的忽里勒台决定发动一场向西的远征，并将征服的土地分配给成吉思汗的长子术赤。1236 年，在 1223 年第一次远征黑海草原之后的第十三年，蒙古军队再次向西进发。经过非常细致的准备后，术赤的儿子拔都率领的军队进入了乌拉尔以西地区，军队再一次由成吉思汗最伟大的将军速不台指挥，其中也包括两个未来的大汗贵由和蒙哥。这支军队打败了庞大的钦察军队，将其残余势力赶向西边。匈牙利国王贝拉四世接受了钦察可汗忽滩的请求，允许他带领十万民众定居在匈牙利，条件是他们要接受基督教。这些游牧民族沿着蒂萨河居住下来，但结果是他们几乎同九百年前逃离匈人进攻的西哥特人一样难以管理。与此同时，蒙古人摧毁了伏尔加保加尔人的王国并洗劫了都城保加尔[1]，然后在 1237－1238 年的冬天进入罗斯。冬天是进入森林地区的最好时间，因为河流封冻可以用雪橇运送物资。战役是残酷的，大多数罗斯的城市拒绝投降，但是他们可能没有意识到蒙古人有高超的攻城技术。根据《沃斯克列先斯克纪事》记载：

> 在同一个冬天，不信上帝的鞑靼人和他们的沙拔都一起，从东方来到梁赞，在森林中……而且……向梁赞的王公……派出了使者，要求他们为

所有的事务交十一税：为王公，为居民，为马匹……王公回答："当我们走了的时候，所有的都将成为你们的。"……梁赞王公派人到弗拉基米尔的王公尤里那请求提供帮助或带军队支援；然而尤里王公不但自己没来，而且也没有答应梁赞王公的请求，相反，他只希望能自保。……之后，异族人在12月16日围困梁赞城，并用栅栏将城围死；梁赞的王公只得将自己和居民关闭在城里。塔塔尔人在当月的21日攻下并烧毁了梁赞城，杀了尤里王公和他的王后，虏获了男人、女人和儿童，以及教士、修女和牧师；有的人被他们用剑刺倒，有的人被用箭射死后扔进火里，还有的被捆绑起来。……他们把很多神圣的教堂付之一炬，烧毁了修道院和村庄，掠夺财产，之后继续向科洛姆纳进发[2]。

410

蒙古人下一个攻下的城市是莫斯科，之后是弗拉基米尔。在弗拉基米尔，贵族和主教在圣母教堂避难，而蒙古人把教堂烧为平地。蒙古人在追捕向西逃跑的弗拉基米尔的尤里二世王公时，占领了苏兹达尔和特维尔。尤里在锡季河的一场战斗中被杀。3月，蒙古军队进入了诺沃哥罗德公国。但是，随着春天开始解冻，以及食品供应和草料的短缺，蒙古军队没有攻打诺沃哥罗德，而是径直向南撤离。他们避开了北上时摧毁的土地，在途经的庄园和村庄寻找草料。

拔都的军队在顿河和伏尔加河之间的草原花了两年的时间，在高加索、黑海草原和切尔尼戈夫地区作战。1240年秋，他们开始向西转移。他们在12月占领并洗劫了佩雷亚斯拉夫和切尔尼戈夫，摧毁了都城基辅。当柏朗嘉宾1246年旅行经过基辅时，他记载道："我们偶然发现地上到处都是数不清的男人的头颅和骨头。基辅曾经是一座人口稠密的大城市，但是现在它几乎一无所有，这里仅有二百座房子，居民全都变成了奴隶。"[3]拔都的军队现在分成两支。一支军队通过波兰向德国前进，于1241年4月在利格尼茨打败了波兰人和条顿骑士的军队。第二支军队追捕战败的钦察汗，侵入匈牙利，在莫希打败国王贝拉四世的军队。钦察的忽滩可汗被一位有蒙古间谍嫌疑的匈牙利暴徒杀害。一年之后，当避难的人路过一处废弃的土地时，由于当地道路上的杂草和荆棘长得太高、太茂密，他们不得不凭借所经过村庄教堂的塔尖来确定方向[4]。拔都的两支军队再次汇合后，他们骑马穿过封冻的多瑙河。当拔都的分遣队向保加利亚前进时，他派出一支重要的兵力追捕贝拉国王并进入克罗地亚和达尔马提亚。在 1242 年很早的时候,拔都收到了窝阔台的死讯。

拔都马上率领军队向东返回。他的决定标志着欧洲历史的一个重要转折点,因为没有迹象表明在欧洲有任何军队能够有效阻止蒙古军队。拔都撤退的原因很重要,其中最明显的是王朝的统治。在罗斯战役中,拔都与窝阔台的儿子贵由发生了争吵,一旦窝阔台死了,两人的矛盾就会转化成严重的王朝统治危机。拔都意识到如果留在遥远的匈牙利,他对哈剌和林即将发生的王位继承的影响力就会很小,这是他撤退最正常的原因。这个论点表明,欧洲逃过了像南宋等国那样的亡国命运仅仅是因为窝阔台死亡这个偶然事件。但是,撤退也有很合理的战略和生态上的原因。虽然匈牙利草原是很好的放牧区域,但是它根本不足以维持大批蒙古军队度过可能要持续几年的欧洲战役[5]。当然,蒙古人面对的是他们在中国北方遇到的同样的困难,但是中国北方距离其蒙古家乡只有一两个月的路程,他们总能撤退后重新部署迅速返乡。除了距离近,金国本身也有很多敌人,因此蒙古在攻打女真的战役中能发现很多同盟者。欧洲则正好相反,在这里,蒙古军队距离他们的家乡数千英里,处于没有足够牧场的土地上,而且没有同盟者。此外,与中国不同的是,欧洲由很多地区性的国家组成,因此没有任何一个皇帝的失败能够标志着战役的最后结束。像戴维·摩根指出的,蒙古没有再发动侵略欧洲的战争,说明他们知道这样的战役将面对的困难[6]。对拔都撤退的解释说明,蒙古没有成功征服欧洲,更多的是出于地理和生态的原因,而不只是窝阔台死亡这个偶然事件。

拔都撤退到钦察草原,他将这里从一个临时性的营地变成了永久的基地,为金帐汗国打下了坚实的基础,蒙古人也称之为"钦察汗国"。后来证明它是蒙古政权中延续时间最长的汗国。

在窝阔台死后约十年内,蒙古没有再发动重要的征服战役,其中部分原因是缺少强有力的领导核心。这一阶段领导权的不确定表明,蒙古帝国实际上非常容易崩溃。窝阔台的儿子贵由,在 1246 年的忽里勒台被选为汗,然而拔都没有参加这次会议。但是,贵由在被立为汗的第二年,可能在出发攻打拔都之前就死了。此时拔都成为最资深的成吉思汗的后代,他在东哈萨克草原举行的非正式的忽里勒台上,选举托雷的儿子蒙哥继承汗位。贵由的后代抵制蒙哥继位,甚至企图发动叛乱,但是没有成功并遭到无情镇压。直到 1251 年,蒙哥才正式继承汗位。

不久,蒙哥发动了新的征服战役,首先是为了强化自己的地位,其次是因为战役本身就是中央政权的主要基础。第三次和第四次大规模的战役由成吉思汗的继承者发动，这两次战役将他们的军队带到了内欧亚大陆的边界之外。1252年，蒙哥派他的弟弟旭烈兀进入波斯。旭烈兀的第一个使命是粉碎被称作阿萨辛派的什叶派伊斯玛仪宗，第二个任务是让阿拔斯哈里发投降。他在1253年离开蒙古，经过中亚时又扩充了军队。1256年旭烈兀开始进攻伊斯玛仪宗，逐个摧毁了波斯遥远而华丽的设防城堡。1258年，旭烈兀进入了哈里发的国土。经过长期围城之后，他的军队洗劫了巴格达，杀死了城内约20万居民，其中包括最后的阿拔斯哈里发。1260年，他的军队侵入叙利亚。在这里，1241年的事件再现了。蒙哥的死讯，加上日益加重的维持庞大蒙古骑兵部队的困难，迫使旭烈兀带着大军向西北转移。旭烈兀在钦察的主要留守部队由景教派基督教徒怯的不花统领，该年年底，他们在阿音扎鲁特的战斗中被马木路克的苏丹——忽都思的队伍打败，后者的军队也主要是钦察人，但是也包括花剌子模的士兵[7]。旭烈兀的撤退像二十年前拔都的撤退一样，是永久性的。蒙古人再也没有占领叙利亚，但是他们的确在波斯和伊拉克创建了一个地区性的汗国，即所谓的"第二汗国"。

412

　　1252年，忽必烈和蒙哥一起发动了攻打中国南方的战役。蒙古军队首先占领了南宋东部，尽管13世纪50年代的战争取得了一些成功，但是直到1279年蒙古军队才完全占领南宋。对中国的战争自1211年开始，使蒙古花去了几乎70年的时间。

二、维持军队：行政和政治体系

　　成吉思汗的后继者显示出像他一样有能力创造一个持久的统治结构，来持续调动帝国的资源。虽然他们从定居社会雇用了很多专家，但是后来的蒙古统治者在建国过程中还是留下了无法弥合的裂痕。

　　（一）军队

　　创建和维持发动大规模战役的军队本身就是一项艰巨的任务。在某种程度上，军队需要自我维持。在十进制系统下，千户和万户的将领像传统的酋长一样，有自己的放牧地，帝国希望他们以此供养将士的家眷。例如，13世纪50年代，方济各会的使者鲁布鲁克参观了蒙古汗的宫廷，他报告说：

每个将军根据自己手下人数的多少来确定放牧地的最低限度,以及四季分别在哪里放牧畜群,因为冬天他们要到南面较温暖的地方,而夏天要向北到更凉爽的地方[8]。

当军队移动时,有专设的官员禹儿惕赤负责给每个单位分配专有的营地和放牧地。蒙古人事先也做仔细的规划。1252年旭烈兀西征之前,蒙哥派专人去摸清部队从花剌子模向西沿途经过牧场的所有牲畜。他们要求地方官员要为经过的军队准备供给和奶酒、清除路上的砾石等路障、搭建桥梁[9]。

413　　为了找到足够的牧场,不得不将军队分散在很大的区域内,所以协调各部队的行动是非常复杂的事情。蒙古军队事先的计划和安排特别有效,因此他们通常在分开行动几个月后能在一年前约定的某个时间汇合[10]。牧人的生活方式本身就具备一些大规模战役必需的逻辑和调控能力,因为所有的牧人必须准确地安排迁移行动。大规模的围猎也要求不同的单位协调一致。每年的大型狩猎 nerge 的主要目标是围成一个不断缩小的巨大包围圈,圈中的猎物很难逃脱。他们也常常以同样的方式对待外国军队[11]。根据柏朗嘉宾的记载:

> 如果敌人突然打得很好,那么塔塔尔人会想办法从对手手下逃跑;他们一旦开始射击并相互分开时,就转而攻击对手,射杀的人比搏斗中杀死的人要多。但是,人们应该知道,塔塔尔人会尽量避免肉搏战,而是用箭射伤和射杀人及马匹;他们只有在对方的战斗力被消耗殆尽时才进行近距离搏斗[12]。

他们像对待猎物一样残忍地对待敌人和俘虏。柏朗嘉宾记载,当包围一座城镇时:

> 蒙古人向居民讲诱人的话,给他们很多承诺以引诱其投降。如果他们投降了,蒙古人就说:“出来吧,以便我们用自己的办法清点你们的人数。”然而当居民出城后,蒙古人就从中挑选出能工巧匠,其余的除了留着当奴隶的,全部用斧子砍死[13]。

蒙古军队的规模非常庞大,部落内的征兵无法满足需要,特别是大型战役期间更是如此。即使是成吉思汗都被迫将战败的部队并入自己的军队以补充部落征兵的不足。窝阔台建立了更加有组织的征募系统。他从牧人社会(在这里征兵很容易,而且几乎是全体性的)和定居社会(在这里征兵很复杂,只能部分征募)征兵。蒙古军队可自然地分成放牧的游牧民族骑兵和以农业为基础的步兵。我们对于蒙古在罗斯的征兵方法有更多了解。在这里,只有13世纪50年代完成人口的清点工作后,才可能进行有规律的征兵。此后当地引入了虚拟十进制系统,随之设立了诸如万户长(temniki)或百户长(sotskie)这样的官员。

装备如此庞大的军队也很困难,大多数牧人只得自带武器。柏朗嘉宾在1240年到访的时候,蒙古的士兵有如下装备:

> 2或3张弓,或者至少1张良弓,3个装满箭的大箭囊、1把斧子和1根拖拽军械用的绳子。富人佩带刃部弯曲且仅一侧刃锋利的有尖突的剑,备有一匹带甲的战马;他们的腿也有防护,有头盔和胸甲。有的人有胸甲和马的护甲[14]。

有的士兵有带钩的长矛,可以将对手从马鞍上拉下来。有的士兵佩带磨砺箭镞锋刃用的锉刀。蒙古的弓是复合的,有达300码的有效射程,需要约166磅的拉力。征募来的士兵被明确地告知参战要带哪些物品,甚至连"旗帜、针、绳子、坐骑和驮兽"都包括在内,在定期的装备检查中丢失了任何物品都将受到处罚[15]。

(二)调动资源:税收

供应军队需要做庞大的调动工作。在调动军队涉及的人数和覆盖的范围方面,在拿破仑以前,没有其他任何军队能和蒙古相比[16]。最令人吃惊的是蒙古人不仅能调动大量的牧人军队,而且还能调动庞大的步兵军队和攻城设备。

对帝国资源进行有规律的普查,是蒙古战争调动工作正规化的最明显反映。至少从匈奴时期开始,草原的首领就认识到人口普查的重要性。也正是在那个时候,它成为战争成功的关键因素,并一直保持下来。中原地区的方法提供了普查的模式,而且那里的官员也提供了专业知识。13世纪30年代中期,蒙古人在中国北方开展了人口普查。1252 年,蒙哥开展了全帝国的人口普查,并将其结果记录在专门的"青册"上。他们就像蒙古传统的登记帐篷一样登记帝国内的家庭。同时,普查人员也登记定居区域内的土地和资源、成年男性的数量。教堂及其全体人员通常是排除在普查外的,因为蒙古人保护其大多数疆域内的教堂,这被证明是保护地方投降者的有效方法。例如在罗斯,这一政策有助于保证教堂对蒙古同盟者亚历山大·涅维斯基(1252－1256 年在位)的支持[17]。

　　13 世纪 40 年代蒙古占领罗斯以后,可能在罗斯境内马上进行了两次初步的人口普查。在 40 年代后期,有迹象表明拔都将伏尔加河以西的土地授予他可能是基督教徒的长子撒里答。在准备与一些罗斯的王公合作开展一场更加广泛的人口普查时,撒里答去世了。这个普查最后于 1254 年在高加索开始,进行了约五年。普查覆盖了罗斯全境,也包括钦察草原、克里米亚和南西伯利亚等术赤汗国的土地。我们对在诺沃哥罗德的普查了解较多,在那里,亚历山大·涅维斯基帮助蒙古的官员镇压当地的反抗。普查在冬天进行,这时很少有中断的情况,而且家庭成员基本都在家里[18]。

　　对可获得的资源有清楚的认识非常重要。例如,当确知旭烈兀需要为波斯战役提供围城机械时,蒙哥能知道在哪里找这些机械,并且派出由 1 000 名中国人组成的炮兵队[19]。

415 　　　　[旭烈兀]攻打阿萨辛派和阿拔斯王朝的军队来自蒙古、突厥斯坦、伊朗、外高加索和金帐汗国。维持这些军队的食物来自亚美尼亚、格鲁吉亚和中亚。操纵石弩和围城设备的技术人员是从中国派去的,他们要承担消灭刺客派的山上要塞及摧毁巴格达的坚固防御工事等艰巨任务[20]。

　　精确的普查资料使创建有规律的征税系统以取代征服时期的临时性征税成为可能。这一征税系统可能是在 13 世纪 30 年代由粟特的穆斯林商人马合谋·牙剌洼赤设计的,他曾在蒙古最初占领后被任命为突厥斯坦的总督,后来在中国任职。他的努力为在内欧亚大陆很多地方普及现代化的税收体系奠定了基础。牙剌洼赤简化了当时混乱的税收系统,创造出两个主要税种,即人头税(忽卜赤里)和关于农产品的税(卡兰)。另一个重要的税种是塔马嘎,即商业税。塔马嘎是突厥语"商标"的意思,被用来形容印在征税商品上的印鉴[21]。

对诸如亚速海所产食盐的垄断,也提供了额外的增加财政税收的途径。

在蒙古统治时期,随着流通货币数量的增多,更多的税收能够用现金的形式征收。中央政府有充分的理由支持现金税收,它们比实物税收更容易运输,能将更多的税款调到哈剌和林,使必须留在行省的税收变得更少。此外,现金税收更加灵活,而且更容易转化成广泛的商品和服务。在东方,中国流通纸币,可能其流通范围已远达准噶尔。在中亚,特别是在 13 世纪 70 年代由马合谋·牙剌洼赤的儿子麻速忽伯克实行货币体系改革之后,河中地区铸造的银币得到广泛流通。这次改革促进了大量高质量银币和金币的铸造。金帐汗国从 1250 年开始在伏尔加保加尔铸造钱币。但是罗斯在 11 世纪晚期还没有使用货币,货币在那里到 14 世纪才再次出现。罗斯的税收大体上是用毛皮支付,毛皮起到了虚拟货币的作用[22]。

差役是向帝国所有居民征收的一种较晚出现的税收形式,与上述税种一样得到有效实行。差役对于维持邮路系统特别重要。不论是军用的(制造马鞍、弓、机械)还是民用的工匠,蒙古人都对他们的才能有很强的鉴别力,例如鲁布鲁克在哈剌和林遇到的巴黎银匠威廉①即如此。

随着蒙古的调动方法变得更加系统,蒙古人开始更注意保护所统治地区的生产力。在马合谋·牙剌洼赤和窝阔台的大臣耶律楚材这些外国顾问的影响下,蒙古人意识到其毁灭性的早期战争是目光短浅的。据说耶律楚材曾劝说窝阔台不要摧毁中国北方,蒙古人可以通过向地方的农民征税而筹集相当多的财政收入[23]。

但是,蒙古人早期的战役已经很明显地损害了被占领地区的生产力。中国的人口从宋金时期的约 1 亿缩减到 13 世纪 90 年代的约 7 000 万。人口的减少在北方表现得特别明显。在伊朗,蒙古人破坏了古老的地下灌溉渠道或坎儿井。在中亚,他们对大部分灌溉系统受到的破坏视而不见,其中就包括塞尔柱苏丹桑贾尔在梅尔夫绿洲修建的有 80 年历史的渠道系统。可能是因为蒙古的牧人移民造成放牧活动明显增多,导致即使蒙古军队几乎未到达的七河地区,耕地上也见不到庄稼[24]。

13 世纪 50 年代,蒙古的首领们认识到他们的财富和权力要依赖于保持草原和农耕土地的生产力。在蒙古发动进入波斯和中国的战役之前,他们努力

416

---

① 英文原文的银匠姓名是 Mathew of Paris(马修·巴黎)。

使税收平衡,并限制由战争引起的对生产力的破坏。奥尔森指出,除了对巴格达的洗劫,蒙哥时期战役造成的破坏较成吉思汗时期的要小很多。蒙哥也尝试恢复被破坏地区的生产力,在中亚显然取得了一些成功。破坏绝不是普遍的,很多地方在被征服后的几年之内又繁荣起来,这一事实帮助了蒙哥。但是,有些地区,如七河地区的楚河河谷,由于决定将整个地区专供放牧,导致一直到鲁布鲁克路过时这里仍然是荒废的[25]。

蒙古人向来都理解商业的价值,因此在蒙古的统治下,跨欧亚大陆的贸易出现了前所未有的繁荣也就不足为奇了。很多商人在蒙古的官僚统治集团中被提拔到极高的位置,最著名的是马合谋·牙剌洼赤[26]。

(三) 通讯

如果没有有效的传递政令和信息的系统,蒙古帝国就不能团结一致。窝阔台在位时期,蒙古建立了比以往任何前辈都更加有效率的驿马系统。1234年开始的驿马系统,在全帝国境内建立驿站,驿站的间距大致相当于骑马一天的路程,要准备好补给和马匹[27]。很多驿站起到了商队旅馆的作用,因此促进了贸易的发展。地方军事单位用来供养驿站的资源,建立在更有规律的系统之上,取之于当地居民。带着官方批准书(牌札,通常是一块木质或金属的牌符)的旅行者,自动接收新的马匹。马可·波罗在 1279 年看到了这一系统的运作。

> 当大汗的信使沿着任何道路出发时,他只要走 25 英里就会发现一个驿站,用他们的语言叫作札木,我们可以翻译为"马站"。信使在每个马站都能见到供他们住宿的豪华宾馆。这些豪华宾馆有带贵重丝绸床罩的绚丽的床,以及为高级使者准备的物品[28]。

马可·波罗说有 10 000 处这样的驿站,有至少 20 万固定使用的马匹。他认为在特殊情况下,信使能在一天走 200 甚至 300 英里[29]。

> 当信使想以这样的速度行进的时候,他要带一块有大隼标记的牌符,作为他希望赶快骑马经过驿站的标志。如果有两只大隼的标记,那么两个强壮而敏捷的骑手就骑两匹好马从所在地出发。他们扎紧腰带,裹上

头,以最快的速度出发,直到他们到达下一个 25 英里以外的驿站。当他们临近时会吹一种号角,驿站的人能够在很远的地方听到,这样驿站可以为他们准备好马匹。到达后,他们能见到全都准备好了的已经处于奔跑姿态的两匹带马具的新马。他们骑上马后片刻不停地又出发了……在特别紧急的情况下,信使一天能走 300 英里。在这种情况下,他们要全天都骑马走。如果晚上没有月亮,驿站的人就跑在他们前面用火炬照明,直到下一个驿站。但是在晚上不能像白天走得那么快,因为跑步者较慢的步伐降低了信使骑行的速度[30]。

(四) 官僚体制

蒙哥时期已经出现管理帝国事务的中央官僚机构。首都哈剌和林有专门的部门处理大汗的主要事务,重点区域的地方长官通常由蒙哥和地方的汗联合任命。这些官员的主要职责是征税。1267 年,忽必烈给安南国王的一份宣诏中,列出了地方长官的义务[31]。

1. 地方长官必须亲自来接受宣诏;

2. 必须有亲属留在中央作为人质;

3. 必须登记人口;

4. 必须供养军队;

5. 必须征税并送达中央;

6. 派达鲁花赤或有其他头衔的中央官员去监视上缴中央资源的调动情况①;

7. 必须建立驿马或驿站系统。

同样重要的是在全帝国范围内的官僚技术和传统的交流。当马合谋·牙剌洼赤已经将中亚的官僚和商业技能介绍到中国的时候,一位长期在中国游历的蒙古官员孛罗(约 1240 - 1313 年),从 1285 年到他去世之前一直担任第二汗国的高级官员,并在历史上扮演了重要的角色。他是拉施德丁的主要历史信息提供者,在军中担任要职,并在农艺和其他的官僚事务中担任顾问[32]。

---

① 以上六条见于《元史》卷二〇九《安南传》,原文为:"(忽必烈)复下诏谕以六事:一,君长亲朝;二,子弟入质;三,编民数;四,出军役;五,输纳税赋;六,仍置达鲁花赤统治之。"

418　　　总而言之,蒙古创造了涵盖内欧亚大陆、中东和中国很多地方的官僚体系,并在他们出现过的所有国家留下了痕迹。1259 年蒙哥在四川的战役中死于痢疾后,帝国再也没有取得这样的统一。

（五）首都

成吉思汗死后,蒙古的官僚机构因过于庞大而不能随大汗同行,因此将其设在首都哈剌和林（"黑石"）。蒙古很少有天然的可以成为城市的地方。柏朗嘉宾写道:"只有不到百分之一的土地可以耕种,农业生产必须依靠流动的水灌溉。河流、小溪也很少。因此那里没有城镇或城市,除了一块据说相当大的叫哈剌和林的地方。"[33]但是从匈奴帝国时期开始,鄂尔浑河河谷就已经维持了一定程度的城市化。成吉思汗可能早在 1220 年就在哈剌和林建立了临时的首都。在此之前,这里可能曾是克烈部汗的冬季营地,而且也可能是成吉思汗的冬季营地。中国的记载指出,在哈剌和林地区,沿着鄂尔浑河①出现很多有住房的小型冬季营地,也出现了农业和园艺。大多数聚落依靠灌溉农业,同时也依靠大型牧场。但是,根据志费尼的记载,只有窝阔台统治时期在哈剌和林附近才出现农业[34]。

哈剌和林主要是 13 世纪 30 年代由窝阔台建设的。它部分依靠引城墙外的鄂尔浑河水灌溉的农业。蒙古人也将来自中国境内的农民迁移到这里和其他地区。但是,只有在首领为维持城镇做必要的政治和经济努力时,这样的城镇才能存在下去。根据拉施德丁的记载,窝阔台命令每天向哈剌和林运送 500 辆马车的食物和饮品。蒙古首领经常频繁地带着他们的大型宫廷——斡尔朵迁移,因此他们对这类城市的承诺通常是不确定的。尽管如此,在一段时间内,城市还是吸引了大批的商人,这也刺激蒙古贵族对农耕产生很大的兴趣。根据鲁布鲁克的记载,很多贵族开始建设农耕村落,特别是在蒙古南部,主要由虏获的农民耕种[35]。

鲁布鲁克对哈剌和林的印象不深。他只在跟随蒙哥的斡尔朵几个月之后,当蒙哥本人决定回到首都时才参观了哈剌和林。鲁布鲁克向他的皇室资助人——法兰西的路易写道:

----

① 原著这里的河流名为"克鲁伦河",译文改作"鄂尔浑河"。

如果不算上大汗的宫殿,它还没有圣丹尼勒的村庄大,而圣丹尼勒的修道院要比这座宫殿大十倍。在那里有两个区:萨拉孙人有市场的街区,很多商人因这里距离宫廷较近且使节的数量多而聚集在这里;另外一个街区是中国人的,他们都是工匠。除了这些区,还有宫廷抄写员的大殿。有十二座属于各民族教徒的寺庙,还有一座基督教徒的教堂位于城镇的远端。城外围绕着土墙,有四座城门。在东门卖小米和其他谷物,但是谷物很少能带到这里;在西门卖绵羊和山羊;在南门卖牛和车;在北门卖马[36]。

419

蒙哥的宫殿位于城墙附近,有一周宫墙围绕[37]。大汗及贵族每年在这里举行一次聚会。在他的宫殿内,一名被俘的法国银匠——巴黎的威廉,曾经建造了一棵能喷出各种饮料的银树。宫殿的台基现已发现,就在额尔德尼召寺院的院墙外,与其共存的还有一个曾经守卫宫殿的石龟。

三、蒙古帝国统治下的生活方式

（一）物质生活

13 世纪,哈剌和林吸引了很多访客,因此,我们第一次获得了大量记载大型草原帝国内部生活方式的文献。对这一时期蒙古生活最生动的记述,都是由以使节和传教士身份被派到蒙古的基督教牧师或教士撰写的[38]。这些记述描绘了一个传统的草原生活方式与新的外来生活方式共存的社会,突然从农业社会进入蒙古草原的财富和思想为这一共存状态奠定了基础。几乎同样生动的是道教长春真人的描述,他记录了自北京至克鲁伦河之后又穿过蒙古到中亚见到成吉思汗的旅行。他的记载展现了蒙古山区的高山景观,在这里他遇见了游牧民族的牧人集团,他们出行用黑色四轮车,住在白色的帐篷里。他写道,"这些居民饲养牲畜和狩猎,穿毛皮和兽皮,以奶和肉食为生[39]"。

像这里指出的,大多数蒙古人保持传统的饮食方式。柏朗嘉宾注意到家畜产品在生活中的重要作用,普通的蒙古人只依靠数量很少的食品来维持生活。

他们既没有面包也没有香肠和蔬菜,除了肉以外没有其他的食物。

但是他们吃的肉非常少,如果其他人吃这么少几乎都不能活。……他们喝大量的马奶,也喝羊、牛、山羊甚至骆驼奶。……他们用水煮小米,煮得稀到不能吃只能喝;每个人在早晨喝一到二杯,在白天就不再吃别的食物。但是傍晚他们都吃一点肉,喝肉汤。因为夏天有大量的马奶,他们很少吃肉,除非突然有人赠送了肉,或者在狩猎时捕到一些动物或鸟[40]。

420　　　　鲁布鲁克记载,一只绵羊能提供多达 50 人的食物。奴隶"用脏水填满肚子并满足于此"。在必要的时候,蒙古人能吃令欧洲目击者作呕的食物。柏朗嘉宾写道:"他们吃狗、狼、狐狸和马的肉,而且在不可避免的情况下,他们也吃人肉。……他们吃母马生马驹时从身体脱离出来的污物。而且,我曾见到过他们吃虱子。"[41]

奶在蒙古人的生活中很重要,但是他们很少生喝。鲁布鲁克描写了 13 世纪制作马奶酒的过程,这在现代的蒙古也有很好的描写。

马奶酒的原料是母马的奶,是用这种方法做的:……他们收集到大量马奶后,……就把奶倒入一个大的皮囊或袋子里,用一根特制的棍棒搅拌,棍棒的底部挖空,有人头那么大;当他们快速地敲打奶时,它开始像新的葡萄酒一样产生泡沫并变酸发酵,他们搅拌它直到能够提取出黄油。然后是品尝,当味道相当刺激时就可以喝了,喝的时候马奶就像醋一样刺激舌头;喝完后马奶在舌头上留下杏仁味,能使人心情愉悦;马奶甚至能让一些头脑不太好的人陶醉,也非常利尿[42]。

鲁布鲁克也描述了"奶葡萄酒",即"哈刺忽迷思",这是一种为"大领主"而做的酒,用清除了所有固体部分的马奶做成。蒙古人用固体的奶做出很多不同类型的奶酪。鲁布鲁克补充道:"他们最关心的是从来不要喝白水。"[43]

夏天,蒙古人吃自然死亡动物的肉。他们用马的肠子做香肠给鲁布鲁克留下了深刻的印象,而杀死的马的大部分肉被保存起来留到冬天吃。普通的蒙古人,像年轻时期的成吉思汗一样,有时猎捕老鼠或旱獭为食。有时,整个部落通过围猎获取食物[44]。蒙古人也用隼和鹰打猎。

那时和现在一样,游牧的蒙古人大多住在移动的帐篷——廓尔里,柏朗嘉宾对此有一些细节描写:

他们住的地方像帐篷一样是圆的,用细树枝和细棍棒做成。在中央的顶部有一个圆形的开口让阳光照进来,也可以让烟冒出去,因为他们常在那里生火。房子的侧面和顶部都用毡子覆盖,门也用毡子制成。有的住房很大,有的很小,房子的大小与主人的重要性或权势有关;有的住房能很快地拆卸和再次立起,由驮运行李的牲畜运走;其他的不能拆卸,但是能载在车上移动。较小的房子用一辆马车就能拉走;对于较大的房子来说,根据房子的大小需要三辆、四辆甚至更多的马车。不论走到哪里,去打仗或者去其他的地方,他们总是带着住房[45]。

男人和年轻女性打扮的方式基本相同,也分享相似的技能。柏朗嘉宾说年轻的女性像男人一样骑马,而且能骑很长时间,甚至能带着弓箭射击。但是,已婚女性的打扮变化很大,较富裕的女性穿戴昂贵的服饰和复杂的帽子[46]。

在家务上有明显的劳动分工。"男人除了射箭以外根本什么都不做,虽然他们偶尔也照料畜群,但是主要的工作是打猎和练习箭术。蒙古男人不论老少,都是优秀的射手。孩子到二三岁大的时候就开始骑马和管理马匹,骑在马上飞奔,使用与他们身材相称的弓向大人学习射箭。他们特别机敏,也很勇猛"[47]。这段柏朗嘉宾修士的描写可能夸大了蒙古男人的懒惰。鲁布鲁克的叙述则说明男人要做的事情比这些要多得多。

男人要做弓和箭,加工马镫和马衔以及马鞍;他们建造房子和车,照料马匹并挤马奶,搅拌马奶酒,还做装马奶酒的皮囊,也要照看骆驼并给骆驼装载货物[48]。

制作布或皮制物品是女人的工作,"女性会做任何东西,包括皮衣服、无袖上衣、鞋、绑腿和任何用皮革做的物品;她们也赶车和修车,给骆驼装货,敏捷而富有精力地完成所有的工作"。可能正是女人制作了鲁布鲁克见到的大型牛皮容器,或"用马皮制成的非常漂亮的鞋"[49]。鲁布鲁克补充道:

赶车是女人的工作,她们把房子装到车上并卸车,给乳牛喂奶,做黄油和 grut[一种奶酪],加工处理皮革并用筋做成缝皮革用的线。她们把

421

筋分裂成很薄的线,然后把它们拧成一根长线。她们也缝制鞋袜和其他衣服[50]。

在草原社会,女家长的权力非常大,尽管她们通常是躲在王座的后面行使权力。外国旅行者注意到,汗通常和坐在他后面的妻子一起接见使节,这在中国是不可思议的。《蒙古秘史》中记录了成吉思汗的母亲严厉地责备他的几个场面。有一次,成吉思汗在成为超级首领后,威胁他的弟弟哈撒儿,他的母亲追赶他使其蒙羞,并饶恕了他的弟弟。通常,就像该书描写诃额伦的家庭被抛弃时她的行为那样,《蒙古秘史》相当愿意充满敬意地描述女性的判断力、耐力和坚毅。札奇和海尔认为,可以在所有等级社会中见到大致的性别平等关系,这种平等关系自然地产生于孤立无援的牧人家庭生活,而这种生活需要在家务工作中进行密切合作[51]。

422 　　因没有大量的内部盈余和生活方式的基本相似性,阶级的不平等被限定在游牧社会内。柏朗嘉宾惊奇地注意到,“皇帝及贵族和其他男子都坐在用牛粪和马粪点燃的火堆旁”[52]。尽管如此,蒙古社会还是有等级和统治阶层的,而且在帝国时代,财富和等级的梯度急遽变陡。大多数贵族住在廓尔里,但是这些帐篷的尺寸和豪华程度差别很大。鲁布鲁克见到宽达 30 英尺的廓尔。“我曾经见过有 22 头牛拉的车载着一座房子,11 头牛排成一排横跨车的宽度,其他 11 头牛在车的前面,车轴像船的桅杆一样大,一个男人站在车上房子的门口驾驭牛”[53]。

大汗住在可以容纳几百人的大帐篷里。很多大贵族聚集的营地(斡尔朵)像一座大城镇。当罗斯的征服者拔都扎营时,他的房门向南,他的 26 个妻子每人有一顶大帐篷,也有侍从的帐篷,有多达 200 辆运货马车,每个马车都装着他们的附属品。营地按照严格的规则搭建帐篷,这反映出适用于所有蒙古人的搭建廓尔的规则。最重要的(男性的)一侧在右边(西边),较低级的一侧在左边,这与匈奴时期的象征意义相反。“当他们搭起房子时,酋长妻子的住所布置在最西边,其他人在她之后根据他们的等级排列,因此最晚的妻子将住在最东边,两个妻子的房子之间要相距扔一块石头那么远的距离。所以富有蒙古人的斡尔朵会看起来像一座大的城镇,但是只有很少的男人在里面”[54]。鲁布鲁克估计当拔都沿着伏尔加河向南行军时,有 500 名族长和他在一起。考虑到家庭和仆人,这肯定意味着几千人的迁移。这个移动的城镇非常庞大,甚至还有一个市场,但是鲁布鲁克路过的时候还是买不到食物,因为市场太远了[55]。

不平等也体现在服装上。大领主穿毛皮外衣(有的是远从罗斯进口的)和丝绸内衣,而穷人只能穿狗或山羊皮做的外衣,有时带羊毛或棉的衬里。蒙古人为鲁布鲁克 1253–1254 年冬经过哈萨克草原准备了"粗糙的山羊皮衣服,同样质地的裤子以及[蒙古]样式的靴子或鞋类,也有毡袜和毛皮的兜帽"[56]。

虽然有这些不平等,但是每个普通蒙古牧人都以适当的方式得益于蒙古征服带来的财富转移。大多数人得到了身份和物质财富,因为他们在某种程度上变成了蒙古帝国的贵族。一部 11 世纪的中国文献指出:"很久以前,兽皮、羊毛和毡子都用来代替织物使用。最近,他们使用亚麻、丝绸和金丝。""在图案和样式方面,较高阶层和较低阶层之间没有差别。"他们对外来样式的兴趣越来越大,因为该文献还提到,以太阳、月亮、龙和凤为基础的典型中国图案有多么常见[57]。

另一个衡量帝国给普通蒙古人所带来利益的尺度是奴隶的普遍可利用性,奴隶通常是战争的俘虏。柏朗嘉宾对奴隶的待遇感到震惊。这样的俘虏:

> 从来没有显示出他们所享有的尊严,而是被像奴隶一样地对待,而且像其他的犯人一样被派到各种危险的地方。首先是在战场上,如果有一块沼泽地或危险的河流必须穿过,那么他们就要先去探路。他们也被迫去做所有必须要做的工作,如果在任何事情上违反规定或不服从命令,就像驴一样被鞭挞。总之,他们吃得少,喝得少,活得很悲惨,除非能像金匠和其他有技能的工匠那样挣到一些东西。……[那些]留在主人家里当奴隶的人情况也相当不好。我见到他们经常穿皮裤子,身体的其他部位裸露在灼热的阳光下,冬天则要忍受严寒。我看见一些男人由于天太冷而冻掉了脚趾和手指[58]。

成吉思汗创造帝国所采用的机制,使 13 世纪成为比其他任何时代都更有明显社会机动性的时期,例如具有严格贵族世袭制度的清代,其社会机动性即明显不如蒙古帝国[59]。这也是明显的种族混合时期。在哈剌和林的贵由汗加冕典礼上,柏朗嘉宾见到大多数被蒙古征服国家、地区的人,包括来自中国、

423

朝鲜、喀喇契丹、其他鞑靼部地区和突厥地区、美索不达米亚、巴尔干和高加索、罗斯、中亚的城市［"萨尔蒂"］、波斯的人，以及摩尔多瓦人和萨摩耶德人等西伯利亚人。鲁布鲁克和柏朗嘉宾常常能感觉到蒙古征服者所创造出的各种习俗和宗教信仰的混合体。1253 年 8 月，当鲁布鲁克和拔都的宫廷一起沿着伏尔加河旅行时遇见了一个钦察人，他用一句"问候主"（Salvele Domini）来向鲁布鲁克打招呼。"奇怪，我回了他的问候并问是谁教他的，他说，他曾在匈牙利接受我们的男修士的洗礼，这个修士教给了他这句话"[60]。

（二）精神生活

在蒙古人中，牧人社会常见的传统的萨满教实践和信仰非常普及。虽然萨满教以口述的传统为基础，但是这些传统在很大的区域内有惊人的一致性。萨满教甚至十分制度化，根据海西希的观点，它们是"模仿一座教堂的做法组织起来的"[61]。札奇和海尔认为，以大地和天空为主的草原地貌，很自然地造就了崇拜上天的宗教信仰。蒙古的萨满教将上天（腾格里）看作是最高的神，大地是它的下属和女性的配偶。但是，它也承认地方神的存在。人们相信萨满既能够与天接触，也能与这些次要的神接触[62]。像大多数萨满教的形式一样，蒙古人的萨满教是实用的。它的目的是从此生的灵魂世界中争取到帮助来治愈疾病、保证有好运气和丰收、预见未来，而不是拯救灵魂。它的主要因素是祖先崇拜；用木偶 onghot 代表祖先或其他的保护神（onghon）；创建小的神龛，即 obo① 作为地方神的住所；有男性的（böge）和女性的（idughan）萨满，他们有时也是部落首领；对高地的崇拜，其中最重要的是对蓝天，即长生天（köketngri，mongkë tongri）的崇拜。鲁布鲁克列举了几个关于占卜者和萨满在蒙古人中所扮演重要角色的例子[63]。像斯基泰人的萨满教一样，疾病或死亡常常被看作是施魔法者或其他人的邪恶意图。

帝国时代的巨大变化，大体上像改变蒙古人的生活方式一样，改造了蒙古的宗教。甚至在成吉思汗以前，蒙古社会结构的等级差别，已经使身份较低的人没有资格向腾格里祭献。在卫拉特部和蔑儿乞惕部这样的森林部落中，萨满通常是酋长[64]。有时，势力处于上升状态的酋长与萨满或牧师竞争。随着强大政体的出现，宗教信仰也随之发展变化。强大的首领需努力确保可以得

---

① obo 应音译为"敖包"。

到神的赞许,有时这意味着要炫耀萨满或牧师的威力,或者寻求上天赞许的其他标志。据志费尼记载,成吉思汗本人"精通于巫术和欺骗,有的恶魔是他的朋友。他偶尔进入恍惚状态,在那种无意识状态下,从口中说出个别的词语。……缠住他的恶魔预言了他的胜利。[当进入恍惚状态时]他穿的衣服和他在第一次进入[恍惚状态]期间穿的衣服都收藏在箱子里,他常常随身带着它们"[65]。成吉思汗作为有经验的政治家,他寻求预言,同时自己也创造预言,这样的行为使他获得了很高的声誉。他也检验其他人的预言,这可能是区别天才的预言和政治的策略。有些记载将也速该的仆人蒙力克的儿子阔阔出描述为最高级别的萨满,享有贴卜腾格里的头衔,并且解释他与成吉思汗的对立是萨满势力的冲突,这一冲突直到约1210年成吉思汗处决他时才结束。卡罗琳·汉弗莱指出,萨满的或与灵魂沟通的活动在这个时代的蒙古武士贵族中很普遍,并且能够在政治联盟和冲突中起到关键性作用[66]。

　　到了蒙哥时期,萨满教的活动在家庭的信仰中幸存下来,但是其他形式的宗教活动已使萨满教的地位大不如前。越来越多的宗教从业者成为国家的奴仆,他们监督宗教仪式,有时占卜,但不再直接进入恍惚状态。一度在贵族中广泛流传的与灵魂沟通的活动被改革了,变成职业化的行为,并在国内被合并或限定在边缘地区和私人的宗教需求范围内。别乞这个词可能源自印度,从成吉思汗时期开始在蒙古人中用得越来越多,是指类似"官方的"萨满[67]。

　　外欧亚大陆的宗教在蒙古帝国时期以前就影响到了蒙古。蒙古帝国的统治者愉快地体验着佛教、景教派基督教、伊斯兰教、道教和天主教。窝阔台支持佛教并在哈剌和林建佛寺和佛塔,在鲁布鲁克访问之后的1256年才建成。鲁布鲁克描写"蒲甘"[佛教]寺院剃头的僧侣穿橘黄色的袍子,遵守禁欲的誓言,并吟诵"唵嘛尼叭咪吽",听起来特别像现代佛寺里的声音[68]。蒙哥表现出对基督教的兴趣。但是,早期的蒙古首领拒绝将他们自己承诺给单一的宗教,而且都有对宗教宽容的声誉。志费尼写到成吉思汗时说:"他回避盲从,回避偏爱一种宗教超过另外一种,以及将某一信仰置于其他信仰之上;相反,他尊重各个教派的博学者和虔诚者,将这份尊重视为通向天庭之路。"[69]宽容的传统至少保留到蒙哥时期。鲁布鲁克写到,在主显节[1月6日]:

425

Mangu Chan（蒙哥）举办了很大的宴会；在这样的日子在宫廷举办宴会是他的习惯，他的占卜者告诉他这是宗教节日，或者景教的牧师说是出于某种原因的神圣日子。这一天基督教的牧师先带着他的行头过来，为他祈祷并祝福他的圣餐杯；当他们退下后，撒拉孙人的牧师走过来并做同样的事；他们的后面排着同样为蒙哥祈祷和祝福的牧师。这个僧侣告诉我，汗只相信基督教；但是，汗希望他们都过来并为他祈祷。然而蒙哥在说谎，因为他不相信他们中的任何人……但是他们都像苍蝇吃蜂蜜一样跟随着蒙哥的宫廷，而他也给他们提供所有的东西，他们都认为自己享受到了蒙哥的特殊恩惠，并预言他有好运[70]。

为了确保他能涉及所有宇宙哲学的基础，蒙哥也占卜。兽骨被放在火里，如果它们裂成直线，这就是赞成的征兆；如果裂纹是弯曲的，就意味着要撤销已经制定的计划[71]。

这一时期官方宗教的包容性有时有明显的现代品质。在一场辩论中，蒙哥安排鲁布鲁克代表天主教的信仰，参加这场辩论的还有景教徒、穆斯林和摩尼教徒。在辩论之后，蒙哥向一理性主义的自然神学忏悔，这得到了吉本的钦佩。他说，"我们蒙古人相信只有一个上帝，我们为他而生，为他而死，面对上帝的时候我们有一颗诚实的心。……但是，就像上帝让人手上有不同的手指一样，上帝也给予每个人不同的道路"[72]。

四、蒙古的世界体系?

鼎盛时期的蒙古帝国是有史以来国土面积最大的国家。它作为统一的帝国持续了半个世纪，但是蒙古统一的影子在之后的几十年仍存在，而且帝国的组成部分作为重要的国家存在了更长时间。摩根指出："蒙古人和以前的征服者之间的主要差别是，没有别的游牧帝国能够成功地同时控制内欧亚大陆草原及其邻近的定居土地。"[73]

整体来说，蒙古的扩张标志着内欧亚大陆历史的一个转折点，因为它在几个世纪内重新调整了贸易、外交和政治的方式。它一度使欧亚大陆的不同区域之间的联系比以前任何时期都要紧密。虽然蒙古人的征服是破坏性的，但是他们也创造了持续约 75 年的巨大相对稳定地带，这加强了思想、商品和人口的交流。这些广泛的交流为激励知识和商业的变革作出了很大的贡献，而这一变革最终导致现代社会的出现。

　　威尼斯的商人出现在北京,蒙古人的使节出现在波尔多和北安普敦,热那亚的领事出现在大不里士,法兰西的工匠出现在哈剌和林,回鹘和中国的图案出现在伊朗的艺术中,阿拉伯的税务官出现在中国,还有蒙古的法律出现在埃及;这些都反映出在 13 世纪,世界变得更小且相互之间变得更为了解[74]。

　　蒙古的征服是将珍妮特·阿布卢格霍德所谓的 13‑14 世纪早期的"世界系统"连接在一起的铆钉[75]。从黑海到汗八里(今北京)的旅行从来都是不容易的,在蒙古帝国的鼎盛时期也的确如此。巴尔杜奇·裴哥罗梯在黑死病流行之前写成的指南,认为这个旅程需要至少 300 天,但是整个旅程"根据使用指南旅行的商人所说的,不论是白天还是黑夜都相当安全"[76]。而对于商人来说,这是至关重要的事情。由于蒙古的征服,以前作为外欧亚大陆历史上边缘地带的内欧亚大陆,变成了单一的欧亚大陆系统的中心。

　　威廉·姆克内尔指出,蒙古人的入侵也从流行病学上统一了欧亚大陆,因为他们使病菌携带者能够在全欧亚大陆交流。这对大陆两端的定居文明都有灾难性的后果,因为几乎可确定正是蒙古的军队无意间帮助亚洲老鼠的种群将鼠疫杆菌带到中国和欧洲。古老的丝绸之路曾经过草原的南部边缘,从中亚沙漠的一个绿洲到另一个绿洲。但是,在蒙古人统治时期,丝绸之路北线交通的重要性增强,这个路线穿过草原本身[77]。在云南和缅甸这些鼠疫杆菌长期流行的地区,当地居民已经大体上找到了降低其传染率的方法。但是,蒙古军队的大规模军事行动,将病菌带入毫无免疫知识的居民所在的被感染地区。姆克内尔指出,正是这一点,导致在欧亚草原的啮齿动物中第一次出现鼠疫杆菌。中国的居民可能在 1330 年首次被传染。之后这个疾病沿着蒙古的西南贸易和交通路线传播。1346 年,一名蒙古的指挥官围攻克里米亚半岛的城市卡法,将感染了疾病的尸体用石弩发射到城里,逃难的人通过船只将病菌带到欧洲。

　　蒙古帝国在破坏性和创造性两方面都已接近了现代社会的门槛,这也标志着内欧亚大陆牧人政权的顶峰。在蒙古人之后,再也没有牧人国家能建立如此广泛而持久的政权。蒙古帝国标志着欧亚大陆牧人政权的最高水准,但

427

在当时还没有明显表现出来。

注释

［1］苏联考古学家在发掘保加尔时发现了这场破坏性战役的痕迹；Fedrov-Davydov, *Gorod Bolgar*, p.4；关于钦察逃避到匈牙利，见 J. R. Sweeney, "Spurred on by the fear of death", pp.39－40。

［2］引自 Vernadsky,*Source book*, 1：45。

［3］Dawson, *Mission to Asia*, pp.29－30.

［4］J. R. Sweeney, "Spurred on by the fear of death", p.42；关于匈牙利的钦察人命运，见上注,pp.39－41。

［5］Sinor, "Horse and Pasture", in *Inner Asia and its Contacts …*, no. Ⅱ.

［6］摩根在 *Mongols*, pp.140－1 讨论了这个问题；最新的讨论是 Greg Rogersd, "An examination of historans"解释蒙古人从中欧东部撤退的原因。

［7］关于花剌子模士兵的移民社群，见 J. R. Sweeney, "Spurred on by the fear of death", p.35。

［8］Dawson, *Mission to Asia*, p.94.

［9］Juvaini, *History of the World-Conqueror*, 2：609－10；关于蒙古人的军事计划，见上注，2：608－10；Sinor, "Horse and pasture", p.177；关于 *yurtchi*，见 Vernadsky, *Mongols and Russia*, p.116。

［10］Sinor, "On Mongol strategy", in *Inner Asia and its Contacts*, no.Ⅶ.

［11］Vernadsky, *Mongols and Russia*, p.117；至少从匈奴时期开始,所有的东方伟大草原帝国,都组织既用来训练又为大战前的军队提供供给的与 *battue* 类似的狩猎。

［12］Dawson, *Mission to Asia*, p.37.

［13］同上注,pp.37－8。

［14］同上注,p.33；Jagchid and Hyer, *Mongolia's Culture and Society*, p.367。

［15］Juvaini, *History of the World-Conqueror*, 1：30；关于弓，见 Vernadsky, *Mongols and Russia*, p.112；更多的关于蒙古战斗装备和方法的内容见 Dawson, *Mission to Asia*, pp.35－8。

［16］Allsen, *Mongol Imperialism*, p.225.

［17］同上注,pp.122, 116, 120－1。

［18］同上注,pp.136－7, 140－3。

［19］同上注,p.202。

[20] 同上注,pp.219－20。

[21] 同上注,p.159;关于牙剌洼赤,同上注,pp.147－8。

[22] 同上注,pp.183, 171－2;关于保加尔,见 Fedorov-Davydov, *Gorod Bolgar*, p.5;关于河中地区钱币的证据,见 Davidovch, *Denezhnoe khozyaistvo Srednei Azii*, pp.121－51。

[23] I. de Rachewiltz, "Yeh-lu Ch'u ts'ai", in A. F. Wright and D. Twitchett, eds, *Confucian Personalities*, Stanford: Stanford University Press, 1962, pp.189－216.

[24] Khazanov, *Nomads*, p.79;对灌溉系统的破坏,见 R. A. Pierre, *Russian Central Asia 1867－1914*, Berkeley: University of California Press, 1960, p.175;关于中国人口数量的下降见 Morgan, *Mongols*, p.83。

[25] Allsen, *Mongol Imperialism*, pp.88－9.

[26] 牙剌洼赤只是那些由于为蒙古服务而高升的众多突厥人中最成功的一位;见 de Rachewiltz, "Turks in China under the Mongols"。

[27] 见 Onon, *History and Life of Chinggis Khan*, pp.170－1 中关于建立这一系统的参考文献。

[28] Marco Polo, *Travel*, pp.150－1.

[29] 同上注,pp.154, 151。

[30] 同上注,pp.154－5。

[31] 以 Allsen, *Mongol Imperialism*, p.114 为基础,也见于 pp.100－4。

[32] Allsen, "Two culture brokers of medieval Eurasia".

[33] Dawson, *Mission to Asia*, p.5.

[34] Juvini, *History of the World-Conqueror*, 1: 213; Pletneva, *Kochevniki*, p.116;Rashid al-Din, *Successors of Genghis Khan*, p.62,以马可·波罗为基础介绍成吉思汗的城市;关于鄂尔浑河谷的考古发现,见 Phillips, *Mongols*, pp.94－103。

[35] Dawson, *Mission to Asia*, p.100;Rossabi, *Khubilai Khan*, p.11; Rashid al-Din, *Successors of Genghis Khan*, pp.62－3;关于中国农民的种植,见 Vainshtein, *Nomads of South Siberia*, p.146 和 Lattimore, *Inner Asian Frontier*, 2nd edn., p.71。

[36] Dawson, *Mission to Asia*, pp.183－4.

[37] 同上注,p.175。

[38] 对这些文献最好的综合研究是 de Rachewiltz, *Papal Envoys*;关于在哈剌和林的考古发掘,见 Phillips, *The Mongols*。

[39] Bretschneider, *Medieval Researches*, 1: 52.

[40] Dawson, *Mission to Asia*, pp.16－7.

[41] 同上注,pp.16, 98, 100。

428

［42］同上注,pp.98 - 9。

［43］同上注,p.99。

［44］同上注,p.99;今天蒙古的牧人仍然酿造与鲁布鲁克描述的"奶葡萄酒"一样的酒。

［45］Dawson, *Mission to Asia*, pp.100 - 1, p.97; Onon, *History and Life of Chinggis Khan*, p.26, para. 89.

［46］John of Plano Carpini, in Dawson, *Mission to Asia*, p.8.

［47］Dawson, *Mission to Asia*, p.18;对劳动分工的现代描写,见 Jagchid and Hyer, *Mongolia's Culture and Society*, p.111:"在前现代的游牧社会,男人相对于女人更清闲"。

［48］Dawson, *Mission to Asia*, p.103.

［49］同上注,p.97;柏朗嘉宾引自上注,p.18。

［50］Dawson, *Mission to Asia*, p.103.

［51］Jadchid and Hyer, *Mongolia's Culture and Society*, pp.94 - 5;他们补充说明,18 - 19 世纪在清朝统治下妇女的地位下降了;也见于 Onon, *History and Life of Chinggis Khan*, pp.136 - 7, para 244。

［52］Dawson, *Mission to Asia*, p.5.

［53］同上注,p.94。

［54］William of Rubruck, in Dawson, *Mission to Asia*, p.95.

［55］Dawson, *Mission to Asia*, pp.129 - 30.

［56］同上注,pp.130, 101。

［57］Jagchid and Hyer, *Mongolia's Culture and Society*, p.49.

［58］Dawson, *Mission to Asia*, pp.42 - 3.

［59］Jagchid and Hyer, *Mongolia's Culture and Society*, p.137.

［60］Dawson, *Mission to Asia*, pp.130, 41.

［61］Herssig, *Religions of Mongolia*, p.2.

［62］Jagchid and Hyer, *Mongolia's Culture and Society*, pp.163 - 7.

［63］Dawson, *Mission to Asia*, pp. 197 - 201;见 Heissig, *Religions of Mongolia*, ch. 2 和 pp.103 - 5关于 *obo* 的内容,以及 pp.9 - 12。

［64］Ratchnevsky, *Genghis Khan*, p.96; Humphrey, "Shamanic Practices", p.201,引自 the *Secret History*, para. 70。

［65］引自 V. N. Basilov, "The Scythian harp and the Kazakh kobyz: in search of historical connections", in Seaman and Marks, eds, *Foundations of Empire* (pp.77 - 100), p.94。

［66］Humphrey, "Shamanic Practices", pp.203 - 5;与贴卜腾格里的冲突在 Ratchnevsky, *Genghis Khan*, pp. 98 - 100 中有讨论;见 Onon, *History and Life of Chinggis Khan*, pp.135－40, paras. 244－6。

［67］Humphrey,"Shamanic Practices", p.206,pp.207－8;在 pp.199,Humphrey 区分了支撑氏族和古代统治集团的"父权制的"萨满教,以及直接处理自然世界的"改变的"萨满教;这与 Hamayon 区分出的"狩猎的"和"游牧的"萨满教相似,见同一卷,pp.76－89。

［68］Dawson, *Mission to Asia*, p.139;关于窝阔台的建筑,见 *Buddhism in Mongolia*, p.15。

［69］Juvaini, *History of the World Conqueror*, 1：26。

［70］Dawson, *Mission to Asia*, p.160.

［71］同上注,p.164。

［72］同上注,pp.195, 189－94, 197。

［73］Morgan, *Mongols*, p.5.

［74］Hambly, *Zentralasian*, p.123.

［75］Abu-Lughod, *Before European Hegemony*, p.154.

［76］Yule, *The Way Thither*, 2：292,引自 Abu-Lughod, 183。

［77］McNeill, *Plagues and Peoples*, p.143,以及 ch. 4 和其他章节。

延伸阅读

除了前一章提到的文献,还有几部著作专门研究成吉思汗之后的蒙古帝国。Rashid al-Din, *The Successor of Genghis Khan*,翻译了一部分 Rashid 的 *World History*。Allsen, *Mongol Imperialism* 有关于蒙古帝国鼎盛时期的结构。McNeill, *Plagues and Peoples* 描述了蒙古帝国对流行病学的影响。Abu-Lughod, *Before European Hegemony*,提出蒙古帝国创造了新的欧亚大陆"世界系统"。Dawson, *Mission to Asia* 中有到蒙古帝国旅行的西方人的陈述,在 de Rachwwiltz, *Papal Envoy to the Great Khans* 非常详细地描述了一群人。Macro Polo, *travels* 出自稍晚的时期——13 世纪晚期。Rossabi, *Kubilai Khan* 是成吉思汗孙子的传记,他统治了中国,并且雇用了马可·波罗。Martin, *Midieval Russia* 是对蒙古统治下罗斯的最新记述。

结　语

本书涉及欧亚大陆中心地带从史前到蒙古帝国时期的历史。希望它能使读者相信内欧亚大陆的确存在某种一致性,并且存在撰写一部该区域从很早时间开始的连贯历史(虽然不是隔绝的)的可能性。

希望本书能使读者感受到早期内欧亚大陆历史既有趣又很重要。目前也很有必要为内欧亚大陆撰写一部更系统而独特的历史。

长期以来,相对于历史受到世人关注的地域来说,内欧亚大陆是大多数历史学家眼中的边缘地带。这一态度的产生有两个主要原因。首先,现代历史学家所用的大多数文字文献均出自农业社会的文化精英之手,他们通常认为古代内欧亚大陆的放牧或觅食的生活方式是陌生、野蛮和危险的。即使最有同情心的精英也将内欧亚大陆居民视为蛮族,将他们的历史看作是历史研究的冷门。而第二个原因更强化了这一态度,即大多数古代内欧亚大陆社会留下的文字甚至考古资料都很贫乏。进入20世纪,语言学家、考古学家、人种学家以及历史学家等很多领域的专家,为收集和利用资料付出了巨大的努力,尤其是考古学和人类学已经提供了很多关于牧人和觅食社会的新资料,特别是涉及内欧亚大陆的新资料。但是本卷书大多数对社会的描述仍然处于传统史学的边缘。

这是令人惭愧的错误认识。我已尽力阐明,即使那些用传统观念看待并轻视内欧亚大陆的人,也应该严肃地对待它,因为内欧亚大陆社会对外欧亚大陆的农业文明产生过深远影响,这些农业文明正是大多数现代历史著作的中心内容。从石器时代一直到现代,内欧亚大陆都将外欧亚大陆的不同社会连接在一起。而且欧亚大陆农业文明的很多重要特征皆来源于内欧亚大陆。至少从公元前2千纪开始,牧人的技术和经验就影响了外欧亚大陆的作战方式甚至服装。抵御牧人军事入侵的任务对中国北方、伊朗和美索不达米亚国家的形成过程都产生了深刻影响。从欧洲一直到很多地中海社会,以及远达伊朗、印度北部和(某段时间)中国新疆大部的居民所用的很多外欧亚大陆语言,可能均起源于内欧亚大陆。外欧亚大陆宗教实践的很多因素很可能都有内欧亚大陆的根基,虽然目前还很难求证。

当我们研究内欧亚大陆的中亚和西乌拉尔农业社会历史时,理解内欧亚大陆的作用就变得特别重要。中亚和罗斯的历史与草原牧人社会和内欧亚大陆森林地带觅食社会的历史之间有着千丝万缕的联系。但是人们很大程度上忽视了内欧亚大陆对农业社会的影响,这在俄罗斯历史研究中尤其明显。

内欧亚大陆历史的重要性很少以直接的方式显示出来。对于生活在农业或工业社会的人来说,早期的内欧亚大陆有很多值得我们学习的内容,因为它的社会非常独特。在这里,政治、经济、伦理、家庭生活和性别关系的表现形式都非同寻常,研究这些形式能够促进我们理解社会组织、经济交换以及伦理和精神生活的深层原则。尝试去理解世界本身就是值得肯定的进步行为,这至少会有助于我们理解自身所处的社会。尝试理解内欧亚大陆的历史学家要面对很多不同程度的偏见,我无法保证本卷书能避免这些偏见,但是我们必须尽力避免。

最后要说的是,内欧亚大陆本身的独特性决定了内欧亚大陆历史的重要性,它是从石器时代至今生活在那里的芸芸众生的历史,他们面对非同寻常的挑战,做出了非凡的反应。放牧畜牧业和狩猎采集的生活方式能为人类面临的所有基本问题提供丰富且相当持久的解决方法,这一点在属于哺乳动物的人类的卓越历史中占有非常重要的地位。

本套书的第二卷将描述内欧亚大陆最晚阶段的历史,从蒙古时代一直到1991年苏联解体。它的中心主题是由于受到扩张主义的农业社会日益增长的经济、人口和军事挑战,以及之后更有侵略性的现代工业社会的挑战,导致牧人和觅食生活方式的衰落。该卷书将证明,我们可以将20世纪新兴政治制度的出现,看作是内欧亚大陆的生态、生活方式和历史特殊性的最后表现,就像13世纪蒙古帝国的出现一样。今天,经济和技术逐一地摧毁了现代社会的区域特征,像世界其他地区一样,在当今的全球化进程中,内欧亚大陆的历史已经汇入更加广阔的世界历史洪流之中。

内欧亚大陆历史年表

（自距今 100 000 年至 1260 年）

总 年 表

章:表示讨论该时期的章节

时　　代	西　部		中　部		东　部	
	森林	草原	绿洲	草原	草原	森林
距今 100 000 – 10 000 年 （旧石器时代）	第二章	第二章	第二章	→	←	第二章
公元前 8000 – 前 6000 年 （冰后期）	第三章	→	→	←	←	第三章
+现代的觅食社会						
公元前 6000 – 前 3000 年 （新石器时代）	第四章	第四章	第四章	第四章	→	→
公元前 3000 – 前 1000 年 （青铜时代）	←	第五章	第五章	第五章	→	→
公元前 1000 – 前 200 年 （斯基泰时期）	第六章	第六章	第六章 第七章	第六章 第七章	→	→
公元前 200 – 公元 500 年 （匈奴时期）	←	第九章	第九章	←→	第八章 第九章	→
500 – 1200 年 （突厥时期）	← ← 第十三章 第十四章	← 第十一章 → 第十四章	← 第十二章 第十四章	第十章 → → 第十四章	第十章	→
1200 – 1260 年 （蒙古时期）	←	← 第十六章	← 第十六章	← 第十六章	第十五章 第十六章	→ →

详细年表

年　代	西　部	中　部	东　部
距今 100 000 年前	"旧石器时代早期";间冰期偶然的定居点		
约距今 100 000 – 10 000 年	末次冰期 "旧石器时代中期"＝约距今 100 000 – 40 000 年 约距今 90 000 – 35 000 年,尼安德特人生活于中部和西部		
约距今 40 000 年起	现代人,"旧石器时代晚期"的革命 "旧石器时代晚期"＝约距今 40 000 – 10 000 年		
约距今 35 000 年	科斯坚基	移民于西伯利亚 马拉亚希亚	移民于西伯利亚
约距今 25 000 年	贝佐瓦亚 第聂伯河流域遗址 桑吉兰		久霍泰?
约距今 20 000 年		阿丰托瓦戈拉	
约距今 20 000 – 16 000 年	←"盛冰期"→		向美洲移民?
约距今 14 000 年		马尔塔遗址	
约距今 12 000 年起		间冰期气候	
约公元前 10000 – 约前 6000 年		中石器时代文化	
约公元前 6000 – 前 2500 年 "气候适宜期" 向新石器时代过渡	布格-德涅斯特文化(约公元前 5500 – 前 4500 年) 第聂伯-顿河文化(约公元前 4500 – 前 3500 年)	希萨尔文化(约公元前 6000 – 前 4000 年) 哲通文化(约公元前 6000 年起) 科尔捷米纳尔文化(约公元前 5500 – 前 3500 年)	与美洲接触 农业,甘肃(约公元前 4500 年起)

年　代	西　部	中　部	东　部
约公元前 4000 年－"副产品革命"	特里波利耶/库库特尼(约公元前 4500－前 3500 年) 乌萨托沃(约公元前 3500－前 3000 年) 斯莱德涅斯多格/赫瓦伦斯克文化:骑马,早期畜牧业	特德任三角洲农耕(约公元前 4500 年) 扎拉夫尚河河谷的聚落,北哈萨克斯坦的骑马?	
	约公元前 3500 年第一个库尔干,游牧的放牧畜牧业?		农耕,蒙古
约公元前 3200－前 2500 年:早期青铜时代	竖穴墓文化;带轮交通工具;牧人的迁移?	城市化,中亚(纳马兹加丘 4 期)放牧的畜牧业,阿凡纳谢沃文化(约公元前 2500 年起)	
约公元前 1800－前 1600 年	牧人的迁移?	牧人的迁移?辛塔什塔;轻型车	苔原文化;在草原的放牧畜牧业,奥库涅沃文化;塞伊玛-图尔宾诺
约公元前 1800－前 1000 年:青铜时代晚期	草原青铜文化,木椁墓;林地的"绳纹器"文化	草原青铜文化,安德罗诺沃;奥克苏斯河文明,欧亚大陆"世界系统"?	
公元前 1300－前 1000 年			卡拉苏克文化
约公元前 1200－前 800 年	牧人迁移?	牧人迁移?	牧人迁移?
公元前 9－前 8 世纪	斯基泰文化;金麦里人;在黑海的希腊商人	斯基泰文化;阿尔然墓葬	斯基泰文化;公元前 823 年,牧人入侵中国北方
公元前 7 世纪	斯基泰侵入美索不达米亚;黑海边的第一个希腊城镇	花剌子模的城市化	
公元前 6 世纪		阿夫拉西阿布,琐罗亚斯德? 约公元前 550 年,居鲁士(公元	

434

年　代	西　部	中　部	东　部
公元前6世纪	约公元前514年大流士入侵斯基泰	前559-前520年在位)→阿契美尼德王朝;约公元前539年统治巴克特里亚 约公元前529年马萨格特人打败居鲁士;大流士(公元前521-前486年在位)重新回到中亚	
公元前5世纪	希罗多德于约公元前450年访问奥尔比亚;皇家墓葬	阿契美尼德王朝的琐罗亚斯德教	
公元前4世纪	萨尔马特人进入黑海草原;卡缅斯克耶建成 斯基泰人于公元前346-前339年在阿提亚斯的统领下与马其顿作战	巴泽雷克墓葬,阿尔泰? 公元前329-前327年亚历山大在中亚 约公元前305年塞琉古重新征服中亚	中国北方牧人联盟 约公元前307年武灵王的军事改革
公元前3世纪		约公元前238-前140年希腊-巴克特里亚王国 约公元前238-公元226年帕提亚王国	公元前221-前206年秦王朝;公元前209-约前174年冒顿→单于,公元前206-公元8年西汉王朝
公元前2世纪		约公元前180年希腊-巴克特里亚侵入印度北部,佛教的影响;米特里达特(公元前171-前138年在位) 帕提亚→强大政权 约公元前130年月氏撤出准噶尔;约公元前140-前130年塞种人侵入巴克特里亚	公元前198年第一次和亲条约;公元前175年月氏被打败 武帝(公元前141-前87年在位)从公元前133年开始反击匈奴

续 表

年　代	西　部	中　部	东　部
公元前2世纪		约公元前129－前128年张骞在中亚；公元前102年汉朝军队进入费尔干纳	公元前139－前125年张骞第一次出使；公元前121年匈奴失去甘肃；公元前119年汉朝军队→蒙古
公元前1世纪		公元前53年卡雷之战	公元前71年汉/乌孙打败匈奴；公元前54年呼韩邪→汉的宗主权
1世纪		约50－250年丘就却→贵霜帝国	23－220年东汉王朝；73年汉重新占领塔里木盆地；87年北匈奴终结
2世纪	约105年图拉真征服达契亚	迦腻色伽统治世纪中叶？贵霜占领印度北部约160年匈人在咸海附近	156－180年鲜卑檀石槐佛教进入中国
3世纪	从约200年开始哥特人向南迁移；约275年罗马放弃达契亚	226－642年萨珊王朝；摩尼（216－约274年）	220年东汉灭亡；最后一位单于死亡
4世纪	到375年，东哥特王国；370年匈人侵入黑海草原；378年阿德里安堡之战	约350年匈尼特匈奴人在索格狄亚，寄多罗王朝	304－352年赵（匈奴）；348－370年前燕（鲜卑）；308－555年柔然；394年车鹿会统一柔然
5世纪	430年禄亚为匈人首领；阿提拉（445－453年在位）	约430－565年嚈哒帝国	386－534年北魏（拓跋）；460年大败柔然；493年迁都洛阳
6世纪	515年，沙比尔人北高加索；50年代库特格尔人/乌特格尔人战争；565年阿瓦尔人占领潘诺尼亚；569－570年蔡马库斯到突厥；农民向罗斯迁移	库思鲁一世阿努希尔万（约531－570年）；565年突厥/萨珊联盟消灭嚈哒	土门（卒于552年）和室点密（卒于576年）建立第一突厥汗国（552－630年）；581－618年隋朝；突厥汗国分裂

续　表

年　代	西　部	中　部	东　部
7 世纪	626 年阿瓦尔人包围君士坦丁堡；628 年赫拉克利乌斯征服叙利亚；622 年西吉来，632 年先知死亡620 年代－965 年可萨汗国，653－655 年穆斯林越过高加索入侵；660 年代阿史那王朝；670 年打败在 679 年进入巴尔干的保加尔人	618－630 年统叶护可汗；630 年玄奘访问中亚；642 年穆斯林军队摧毁萨珊王朝655 年穆斯林军队进入中亚吐蕃扩张	618－907 年唐王朝683－734 年第二突厥汗国
8 世纪	737 年穆斯林侵入伏尔加河支流；"萨尔托夫-马亚茨基"文化；750 年维京人在旧拉多加	约 705－715 年屈底波·伊本·穆斯利姆统治中亚；750 年阿拔斯哈里发；751 年怛逻斯之战776－783 年穆盖纳尔；哈伦·拉希德（786－809 年在位）	730 年代鄂尔浑河碑铭；744－840 年回鹘汗国；755 年安禄山叛乱；762 年-摩尼教
9 世纪	20－30 年代，马扎尔人；"留里克沃·戈罗季谢"，840－约 920 年罗斯汗国？860 年罗斯袭击拜占庭；861 年或更早可萨人→犹太教；890 年代佩切涅格人打败马扎尔人；伏尔加保加尔人	821－873 年，塔希尔古拉姆军队873－900 年萨法尔王朝葛逻禄联盟	840 年黠戛斯推翻回鹘汗国
10 世纪	910－912 年罗斯突袭里海；921 年伊本·法德兰访问伏尔加保加尔人；920－940 年可萨/罗斯/拜占庭战争；到 940 年罗斯的重心转向基辅，伊戈尔王公	900 年伊斯梅尔·萨曼（893－907 年在位）打败萨法尔王朝；菲尔多西（约 940－1020 年）	907－1125 年契丹辽国

436

续 表

年　代	西　部	中　部	东　部
10 世纪	约 960 年约瑟夫国王的信；965 年斯维雅托斯拉夫摧毁可萨汗国；弗拉基米尔(980－1015 年)，988 年基督教	乌古斯突厥在草原	
11 世纪	雅罗斯拉夫(1019－1054 年)；约 1050 年钦察人在黑海草原，约 1080 年卡拉卡尔帕克人；1097 年柳别奇会议	997－1040 年伽色尼王朝；999－1089 年喀喇汗王朝；1040 年丹丹坎，塞尔柱打败伽色尼王朝；1055 年塞尔柱征服巴格达；1071 年曼济科特之战；1074 年征服河中地区	990－1227 年党项西夏国
12 世纪	约 1113 年莫诺马赫(卒于 1125 年)打败钦察人；弗拉基米尔-苏兹达尔的长手尤里(1154－1157 年)；加里西亚-沃利尼亚的罗曼·姆斯季斯拉维奇(1173－1205 年)	1141 年喀喇契丹打败塞尔柱首领，桑贾尔在卡特万草原；花剌子模沙王朝的实力正在上升	1125－1222 年女真金国；约 1165 年铁木真出生；约 1184 年与札木合和脱斡邻勒袭击蔑儿乞惕部
13 世纪	1223 年卡尔卡河之战；1237 年拔都侵入罗斯；1240 年基辅被洗劫，入侵东欧；1242 年拔都撤退到伏尔加河，建立"金帐汗国"	1210 年屈出律统治喀喇契丹，1218 年被蒙古人所杀；1220 年蒙古人入侵	1206 年铁木真被推选为成吉思汗；1215 年攻占北京；1227 年成吉思汗去世；1222①－1368 年蒙古元朝；窝阔台(1229－1241 年在位)；1234 年灭金；1235 年决定西征；蒙哥(1251－1259 年在位)；1253 年侵入波斯；1258 年消灭哈里发；1279 年灭南宋

---

① 中国历史纪年以忽必烈改国号为"大元"的 1271 年作为元朝的开始时间。

参 考 文 献

　　以下列出的是我直接引用的或发现对本书研究有帮助的大多数书籍和一部分文章,其中绝大多数文献是英文的。希望该书目能为它所涉及领域的读者提供有用的入门级参考文献。参考文献主要包括对特定时期和课题的常规性研究文献,尽管也有一些十分综合性的文献,以及一两个参考文献指南。参考文献优先选择的是最新研究成果,只有在对目前研究仍有价值的情况下才收录较早的成果。在参考文献中没有列入的书或文章均为在尾注中以完整形态出现过的首次引用的文献。

缩略词

CHEIA = Denis Sinor, ed., *Cambridge History of Early Inner Asia*, Cambridge, Cambridge University Press, 1990.

HCCA = *History of the Civilizations of Central Asia*, 6 vols, UNESCO, Paris, 1992.

英文文献

Abu-Lughod, Janet L., *Before European Hegemony: The World System A.D. 1250 - 1350*, N.Y.: Oxford University Press, 1989.

Adshead, S. A. M., *Central Asia in World History*, Basingstoke: Macmillan, 1993.

Agadzhanov, S. G., Karryev, A., "Some basic problems of the ethnogenesis of the Turkmen", in Weissleder, W., ed., *The Nomadic Alternative*, pp.167 - 78.

Allsen, T., "The Yüan dynasty and the Uighurs of Turfan in the 13th century", in Rossabi, ed., *China among Equals*, pp.243 - 80.

Allsen, T. T., *Mongol Imperialism: the Policies of the Grand Qan Möngke in*

China, Russia, and the Islamic Lands, 1251 - 1259, Berkeley: University of California Press, 1987.

Allsen, T. T., "Two cultural brokers of medieval Eurasia: Bolad Aqa and Marco Polo", in M. Gervers and W. Schlepp, eds, *Nomadic Diplomacy*.

438　*Destruction and Religion from the Pacific to the Adriatic*, Toronto: Toronto Studies in Central and Inner Asia (1994), 1: 63 - 78.

Ammianus Marcellinus, *The Later Roman Empire* (AD 354 - 378), trans. W. Hamilton and intr., Wallace-Hadrill, Harmondsworth: Penguin, 1986.

Angel, L., "Ecology and population in the eastern Mediterranean", *World Archaeology* (1972), 4: 88 - 105.

Anthony, D. W., "The 'Kurgan culture', Indo-European origins and the domestication of the horse: a reconsideration", *Current Anthropology* (1986), 27: 291 - 314.

Anthony, D. W., and Dorcas R. Brown, "The origins of horseback riding", *Antiquity* (1991), 65(246): 22 - 38.

Anthony, D. W., D. Y. Telegin and D. Brown, "The origins of horseback riding", *Scientific American*, December 1991, pp.44 - 48A.

Anthony, D. W., and N. B. Vinogradov, "Birth of the chariot", in *Archaeology* (1995), 48(2): 36 - 41.

Armstrong, Terence, *Russian Settlement in the North*, Cambridge: Cambridge University Press, 1965.

Azarpay, G., *Sogdian Painting*, Berkeley: University of California Press, 1981.

Azzaroli, A., *An Early History of Horsemanship*, Leidon: Brill, 1985.

Babur, *Babur-Nama*, ed. and trans. Anntte Beveridge, London: Luzac, 1921.

Balzer, M. M., ed., *Shamanism: Soviet Studies of Traditional Religion in Siberia and Central Asia*, New York: M. E. Sharpe, 1990.

Balzer, M. M., ed., *Russian Traditional Culture: Religion, Gender, and Customary Law*, New York: M. E. Sharpe, 1992.

Barclay, H., *The Role of the Horse in Man's Culture*, London: J. A. Allen, 1980.

Barfield, Thomas J., *The Perilous Frontier: Nomadic Empires and China*, Oxford: Blackwell, 1989.

Barfield, Thomas J., *The Nomadic Alternative*, Englewood Cliffs: Prentice-Hall, 1993.

Barthold, V. V., *Four Studies on the History of Central Asia*, 3 vols, Leiden: Brill, 1956 – 62.

Barthold, W., *Turkestan down to the Mongol Invasion*, 4th edn, London, 1977, trans. T. Minorsky.

Basham, A. L., ed., *Papers on the Date of Kanishka*, Leiden: E.J. Brill, 1968.

Basilov, Vladimir N., ed., *Nomads of Eurasia*, trans. M. F. Zirin, Seattle and London: University of Washington Press, 1989.

Basilov, Vladimir N., "Islamic shamanism among Central Asian peoples", *Diogenes* (1992), 158: 5 – 18.

Bassin, Mark, "Russia between Europe and Asia: the ideological construction of geographical space", *Slavic Review* (1991), 50(1): 1 – 17.

Beal, S., trans. *Si-yu-ki; Buddhist Records of the Western World*, London: Kegan Paul, 1884; reprinted San Francisco, 1976, 2 vols in one.

Beal, S., trans. *The Life of Hiuen-Tsiang by the Shaman Hwui Li*, London: Kegan Paul, 1911.

Beckwith, Christopher I., *The Tibetan Empire in Central Asia: A History of the Struggle for Great Power among Tibetans, Turks, Arabs, and Chinese during the Early Middle Ages*, Princeton: Princeton University Press, 1987.

Belenitsky, A., *Central Asia*, Geneva: Nagel, 1968.

Bentley, Jerry H., *Old World Encounters: Cross-Cultural Contacts and Exchanges in Pre-Modern Times*, New York: Oxford University Press, 1993.

Bernard, Paul, "An ancient Greek city in Central Asia", reprinted in *Scientific American*, special issue (1994), 5(1): 66 – 75 (first printed, January, 1982).

Blockley, R. C., *The Fragmentary Classicising Historians of the Later Roman Empire. English Translations*, 2 vols, Liverpool: F. Cairns, 1983.

Blok, Josine H., *The Early Amazons: Modern and Ancient Perspectives on a Persistent Myth*, Leiden: E. J. Bill, 1995.

Boba, Imre, *Nomads, Northmen and Slavs: Eastern Europe in the Ninth Century*,

439

The Hague: Mouton, 1967.

Bosworth, A. B., *Conquest and Empire: The Reign of Alexander the Great*, Melbourne: Cambridge University Press, 1988.

Bosworth, C. E., *The Ghaznavids*, Edinburgh: Edinburgh University Press, 1964; 2nd edn, Beirut: Librairie du Liban, 1973.

Bosworth, C. E., *The Medieval History of Iran*, Afghanistan and Central Asia, London: Variorum Reprints, 1977.

Boyce, Mary, *Zoroastrians, their Religious Beliefs and Practices*, London: Routledge and Kegan Paul, 1979.

Boyce, Mary, *A History of Zoroastrianism*, vol. I, *The Early Period*, Leiden: Brill, 1975, vol. 2, *Under the Achaemenians*, Leiden: Brill, 1982.

Boyle, J. A., *The Mongol World Empire, 1206 – 1370*, London: Variorum Revised Editions, 1977.

Braund, David, *Georgia in Antiquity: A History of Colchis and Transcaucasian Iberia*, Oxford: Clarendon Press, 1994.

Bregel, Yuri, ed., *Bibliography of Islamic Central Asia*, 3 vols, Bloomington: Indiana University Press, 1995.

Bregel, Yuri, *Notes on the Study of Central Asia*, Papers on Inner Asia, Bloomington: Indiana University Press, no.28, 1996.

Bretschneider, E., *Medieval Researches from Eastern Asiatic Sources*, 2 vols, London: Trübner, 1898.

Brown, P., *The Making of Late Antiquity*, Cambridge, Mass.: Harvard University Press, 1993.

Buddhism in Mongolia, by Lamas of Gangdanthekchending Monastery, Ulan Bator, 1979.

Bulliet, Richard W., *The Camel and the Wheel*, Cambridge, Mass.: Harvard University Press, 1975.

Burns, Thomas S., *The Ostrogoths: Kingship and Society*, Historia Einzelschriften, no.36, Wiesbaden: F. Steiner, 1980.

Burns, Thomas S., *A History of the Ostrogoths*, Bloomington: Indiana University Press, 1984.

Burns, Thomas S., *Barbarians within the Gates of Rome: A Study of Roman Military Policy and the Barbarians*, 375 – 425 A.D., Bloomington: Indiana University Press, 1994.

Cable, Mildred with Francesca French, *The Gobi Desert*, London: Hodder, 1943.

Cambridge Encyclopedia of Archaeology, ed. Andrew Sherratt, Cambridge: Cambridge University Press, 1980.

Cambridge History of China, ed. D. Twitchett and J. K. Fairbank, Cambridge: Cambridge University Press, 1978.

Cambridge History of Iran, vol.4, *From the Arab Invasion to the Saljuqs*, ed. R. N. Frye, Cambridge: Cambridge University Press, 1975; vol.5, *The Saljuq and Mongol Periods*, eds J. A. Boyle, Cambridge: Cambridge University Press, 1968; vol. 6, *The Timurid and Safavid Periods*, eds P. Jackson and L. Lockhart, Cambridge: Cambridge University Press, 1986.

Champion, T., C. Gamble, S. Shennan, A. Whittle, *Prehistoric Europe*, London: Academic Press, 1984.

Chang, Kwang-chih, *The Archaeology of Ancient China*, 3rd edn, New Haven and London: Yale University Press, 1977.

Chard, C. S., *Northeast Asia in Prehistory*, Madison: University of Wisconsin, 1974.

Chase-Dunn, Christopher, and T. Hall, eds, *Precapitalist core/periphery systems*, Boulder: Westview Press, 1990.

Ch'en, K. S., *Buddhism in China: A Historical Survey*, Princeton: Princeton University Press, 1964.

Chernykh, E. N., *Ancient Metallurgy in the USSR: The Early Metal Age*, Cambridge: Cambridge University Press, 1992.

Christian, David, "'Inner Eurasia' as a unit of world history", *Journal of World History* (1994), 5(2): 6 – 36.

Christian, David, "State formation in the steppes", in J. Perkins and J. Tampke, eds, *Europe: Prospects and Retrospects*, Sydney: South Highlands Press, 1996, pp.243 – 58.

Claessen, J. M., ed., and P. Skalnik, *The Early State*, Mouton: The Hague,

440

1978.

Clarke, E. D., *Travels in Russia, Tartary and Turkey*, Edinburgh: n. p., 1839.

Clutton-Brock, J., ed., *The Walking Larder: Patterns of Domestication, Pastoralism and Predation*, London: Unwin Hyman, 1989.

Cohen, Ronald, and Elman R. Service, *The Origins of the State: The Anthropology of Political Evolution*, Philadelphia: Institute for the Study of Human Issues, 1978.

Colledge, M. A. R., *The Parthians*, London: Thames and Hudson, 1967.

Constantine Porphyrogenitus, De Administrando Imperio, Greek text ed. G. Moravcsik, trans. R. J. H. Jenkins, New edn, Washington, DC.: Dumbarton Oaks Center for Byzantine Studies, 1967 (1st pub. 1949).

Constantine Porphyrogenitus, De Administrando Imperio, vol. Ⅱ, Commentary, trans. R. J. H. Jenkins, University of London: Athlone Press, 1962.

Cribb, R. J., *Nomads in Archaeology*, Cambridge: Cambridge University Press, 1991.

Crone, Patricia, *Slaves on Horses*, Cambridge: Cambridge University Press, 1980.

Cross, S. H., and O. P. Sherbowitz-Wetzor, *The Russian Primary Chronicle: Laurentian Text*, Cambridge, Mass.: Medieval Academy of America, 1953.

Curtin, P. D., *Cross-Cultural Trade in World History*, Cambridge: Cambridge University Press, 1985.

Dandamaev, M. A., *A Political History of the Achaemenid Empire*, Leiden: Brill, 1989.

Dandamaev, M. A., and V. G. Lukonin, *Culture and Social Institutions of Ancient Iran*, Cambridge: Cambridge University Press, 1994.

Dani, A. H., and V. M. Masson, eds, *History of Civilizations of Central Asia:* vol. 1 *The Dawn of Civilization: earliest times to 700 B. C.*, Paris: Unesco Publishing, 1992 (*HCCA*, vol.1).

Dankoff, R., ed., *Wisdom of Royal Glory (Kutadgu Bilig). A Turko-Islamic Mirror for Princes*, Chicago: University of Chicago, 1983 (and see Yusuf).

Davis-Kimball, Jeannine, and L. T. Yablonsky, *Kurgans on the Left Bank of the Ilek: Excavations at Pokrovka 1990 - 1992*, Kazakh/American Research

441

Project, Berkeley: Zinat Press, 1995.

Davis-Kimball, Jeannine, Vladimir A. Bashilov, and Leonid T. Yablonsky, eds, *Nomads of the Eurasian Steppes in the Early Iron Age*, Center for the Study of Eurasian Nomads, Berkeley: Zinat Press, 1995.

Davis-Kimball, Jeannine, "Warrior women of the Eurasian steppes", *Archaeology* (1997), 50(1): 44 – 8.

Dawson, Christopher, ed., *Mission to Asia: Narratives and Letters of the Franciscan Missionaries in Mongolia and China in the Thirteenth and Fourteenth Centuries*, New York: Harper, 1966.

de Crespigny, Rafe, *Northern Frontier: The Policies and Strategy of the Later Han Empire*, Canberra: Australian National University, 1984.

De Rachewiltz, Igor, *Papal Envoys to the Great Khans*, London: Faber, 1971.

De Rachewiltz, I., "Turks in China under the Mongols", in Rossabi, ed., *China among Equals*, 281 – 310.

Debevoise, N., *A Political History of Parthia*, Chicago: University of Chicago Press, 1938.

Descoeudres, J.-P., ed., *Greek Colonists and Native Populations*; *Proceedings of the First Australian Congress of Classical Archaeology*, Oxford: Clarendon Press, 1990.

Dennell, Robin C., *European Economic Prehistory: A New Approach*, New York: Academic Press, 1983.

Dennett, Daniel C., *Kinds of Minds: Towards an Understanding of Consciousness*, London: Phoenix, 1996.

Dergachev, V., "Neolithic and Bronze Age cultural communities of the steepe zone of the USSR", *Antiquity* (1989), 63(241): 793 – 802.

di Cosmo, Nicola, "Ancient Inner Asian Nomads: Their Economic Basis and Its Significance in Chinese History", *Journal of Asian Studies* (1994), 53(4): 1092 – 126.

Diószegi, V., and M. Hoppál, eds, *Shamanism in Siberia*, Budapest: Akademiai Kiado, 1978.

Dmytryshyn, B. et al., eds, *To Siberia and Russian America: Three Centuries of*

Russian Eastward Expansion: a Documentary Record, 3 vols, Oregon: Oregon Historical Society Press, 1985 – 6.

442 Dolukhanov, P.M., *Ecology and Economy in Neolithic Eastern Europe*, London: Duckworth, 1979.

Dolukhanov, P.M., *The Early Slavs: Eastern Europe from the Initial Settlement to Kievan Rus'*, London: Longman, 1996.

Drège, J.-P., and E. M. Bührer, *The Silk Road Saga*, New York, Oxford: Facts on File, 1989.

Dubs, H. H., *A Roman City in Ancient China*, London, 1957.

Dunlop, D. M., *The History of the Jewish Khazars*, Princeton: Princeton University Press, 1954.

Dunnell, Ruth, "Fall of the Xia Empire: Sino-Steppe relation in the late 12th – early 13th centuries", in Seaman and Marks, eds, *Rulers from the Steppe*, pp.158 – 85.

Ehrenberg, M., *Women in Prehistory*, London: British Museum, 1989.

Eliade, Mircea, *Shamanism, Archaic Techniques of Ecstasy*, Princeton: Princeton University Press, 1974.

Elias, Norbert, *The Civilizing Process*, vol.1: *The History of Manners*, Oxford: Blackwell, 1978; vol.2: *State Formation and Civilization*, Oxford: Blackwell, 1982.

Fagan, Brian M., *The Journey from Eden: the Peopling of Our World*, London: Thames and Hudson, 1990.

Fagan, Brian M., *People of the Earth*, 7th edn, New York: Harper Collins, 1992.

Fennell, John, *The Crisis of Medieval Russia, 1220 – 1304*, London: Longman, 1983.

Fennell, John, *A History of the Russian Church to 1448*, London, New York: Longman, 1995.

Fletcher, J. F., "Blood tanistry: authority and succession in the Ottoman, Indian, Muslim and later Chinese empires", in *The Conference for the Theory of Democracy and Popular Participation*, Bellagio, 1978.

Fletcher, J. F., "Turco-Mongolian monarchic tradition in the Ottoman empire",

Harvard Ukrainian Studies (1979 – 80), 3/4: 236 – 51.

Fletcher, J. F., "The Mongols: ecological and social perspectives", *Harvard Journal of Asiatic Studies* (1986), 46/1: 11 – 50, also available in Fletcher, *Studies on Chinese and Islamic Inner Asia*, Aldershot: Variorum, 1995, no. IX.

Fletcher, Joseph, F., *Studies on Chinese and Islamic Inner Asia*, Aldershot: Variorum, 1995.

Foley, R., *Humans before Humanity*, Oxford: Blackwell, 1995.

Forsyth, James, *A History of the Peoples of Siberia. Russia's North Asian Colony 1581 – 1990*, Cambridge: Cambridge University Press, 1992.

Francfort, H.-P., "The Central Asian dimension of the symbolic system in Bactria and Margiana", *Antiquity* (1994), 68: 406 – 18.

Frank, A. G., *The Centrality of Central Asia*, Amsterdam: Centre for Asian Studies, 1992.

Frank, A. G., and Barry K. Gills, eds, *The World System: From Five Hundred Years to Five Thousand*, London and New York: Routledge, 1992.

Franklin, Simon, and Jonathan Shepard, *The Emergence of Rus 750 – 1200*, London and New York: Longman, 1996.

Frenkel, Anna, "The Jewish empire in the land of future Russia", in *Australian Journal of Jewish Studies* (1995), IX(1 and 2): 142 – 70.

Frontier in Russian History, *Russian History* (1992), 19(1 – 4), Special edn.

Frye, Richard N., *Bukhara: The Medieval Achievement*, Norman: University of Oklahoma Press, 1965.

Frye, Richard R. N., *The Heritage of Persia*, New York: New American Library, 1966.

Frye, Richard N., *The Golden Age of Persia: Arabs in the East*, London: Weidenfeld and Nicolson, 1975.

Frye, Richard N., *Islamic Iran and Central Asia (7th – 12th centuries)*, London: Variorum Reprints, 1979.

Frye, Richard N., *The History of Ancient Iran*, Munich: Beck, 1984.

Frye, Richard N., *The Heritage of Central Asia: From Antiquity to the Turkish*

Expansion, Princeton: Markus Wiener Publishers, 1996.

Gafurov, B., M. Asimov et al., eds, *Kushan Studies in USSR*, Calcutta: Indian Studies, 1970.

Gamble, Clive, " The mesolithic sandwich: ecological approaches and the archaeological record of the early postglacial", in Zvelebil, ed., *Hunters in Transition*, 33 – 42.

Gamble, Clive, *The Palaeolithic Settlement of Europe*, Cambridge: Cambridge University Press, 1986.

Gamble, Clive, and Olga Soffer, eds, *The World at 18,000 BP*, 2 vols, London: Unwin Hyman, 1990.

Gamble, C., *The Timewalkers: The Prehistory Global Colonization*, London: Penguin, 1993.

Gardiner-Garden, J. R., "Chang Ch'ien and Central Asian ethnography", *Papers of Far Eastern History* (1986), 33: 23 – 79.

Gardiner-Garden, J. R., *Apollodoros of Artemita and the Central Asian Skythians*, Papers on Inner Asia, Bloomington, Ind., no.3, 1987.

Gardiner-Garden, J. R., *Greek Conceptions on Inner Asian Geography and Ethnography from Ephoros to Eratosthenes*, Papers on Inner Asia, Bloomington, Ind., no.9, 1987.

Gardiner-Garden, J. R., *Herodotos' Contemporaries on Skythian Geography and Ethnography*, Papers on Inner Asia, Bloomington, Ind., no.10, 1987.

Gardiner-Garden, J. R., *Ktesias on Early Central Asian History and Ethnography*, Papers on Inner Asia, Bloomington, Ind., no.6, 1987.

Gellner, Ernest, ed., *Soviet and Western Anthropology*, London: Duckworth, 1980.

Gibb, H. A. R., *The Arab Conquests in Central Asia*, New York, 1970 (1st publ., London: Royal Asiatic Society: 1923).

Gimbutas, Marija, *The Slavs*, London: Thames and Hudson, 1971.

Gimbutas, Marija, *The Civilization of the Goddess: The World of Old Europe*, San Francisco: Harper and Row, 1991.

Golb, N., and O. *Pritsak, Khazarian-Hebrew Documents of the Tenth Century*,

Ithaca: Cornell University Press, 1982.

Golden, Peter B., *Khazar Studies*, 2 vols, Budapest: Akademiai Kiado, 1980.

Golden, Peter, "The Qipcaqs of medieval Eurasia", in Gary Seaman, ed., *Rulers*   444
from the Steppe: State Formation on the Eurasian Periphery, pp.186 – 204.

Golden, Peter B., *An Introduction to the History of the Turkic Peoples*, Wiesbaden:
Harrassowitz, 1992.

Goldschmidt, Walter, "A General Model for Pastoral Social Systems", in L'Equipe
écologie et anthropologie des sociétés pastorales, *Pastoral Production and
Society*, Cambridge: Cambridge University Press, 1979, pp.15 – 27.

Gordon, C. D., ed., *The Age of Attila: Fifth-Century Byzantium and the Barbarians*,
Ann Arbor: University of Michigan, 1966.

Goudsblom, Johan, *Fire and Civilization*, Harmondsworth: Allen Lane, 1992.

Graburn, Nelson, H. H., and B. Stephen Strong, *Circumpolar Peoples: An
Anthropological Perspectus*, Pacific Palisades, California, 1973.

Grousset, Rene, *In the Footsteps of the Buddha*, trans. M. Leon, 1st publ.
London: G. Routledge, 1932.

Grousset, René, *L'Empire des steppes*, Paris: Payot, 1939; Eng. trans. Naomi
Walford, *The Empire of the Steppes. A History of Central Asia*, New Brunswick:
Rutgers, University Press, 1970.

Gryaznov, Mikhail, *The Ancient Civilization of Southern Siberia*, New York:
Cowles, 1969.

Gumilev, L. N., *Searches for an Imaginary Kingdom: the Legend of the Kingdom of
Prester John*, trans. R. E. F. Smith, Cambridge: Cambridge University Press,
1987.

Halperin, Charles J., "George Vernadsky, Eurasianism, the Mongols and Russia",
Slavic Review (1982), 41(3): 477 – 93.

Halperin, Charles J., "Russia and the steppe: George Vernadsky and Eurasianism",
Forschungen zur osteuropaischen Geschichte (1984), 36: 55 – 194.

Halperin, Charles J., *Russia and the Golden Horde: the Mongol Impact on Medieval
Russian History*, Bloomington: Indiana University Press, 1985; London:
Tauris, 1987.

Halperin, C., *The Tatar Yoke*, Columbus, Ohio: Slavica, 1986.

Hamayon, R. N., "Stakes of the game: life and death in Siberian Shamanism", *Diogenes* (1992), 158: 69 – 86.

Hambly, Gavin, *Central Asia*, London: Weidenfeld and Nicolson, 1969 (English edn of Hambly, *Zentralasien*).

Harmatta, J., ed., *History of Civilizations of Central Asia:* Vol.2: *The Development of Sedentary and Nomadic Civilizations: 700 B. C. to A. D. 250*, Paris: UNESCO Publishing, 1994 (*HCCA*, vol.2).

Hauner, Milan, *What is Asia to Us? Russia's Asian Heartland Yesterday and Today*, London: Routledge, 1992.

Haxthausen, Baron A. von, *The Russian Empire: Its People, Institutions and Resources*, London, 1856, 2 vols, reprinted London: F. Cass, 1968.

Heather, P.J., *Goths and Romans 332 – 489*, Oxford: Clarendon Press, 1991.

Heather, Peter, *The Goths*, Oxford: Blackwell, 1997.

Heather, Peter, and John Matthews, *The Goths in the Fourth Century*, Liverpool: Liverpool University Press, 1991.

Heiser, Charles B., *Seed to Civilization: The Story of Food*, New Edition, Cambridge, Mass.: Harvard University Press, 1990 (first pub. 1973).

Heissing, W., *A Lost Civilization: The Mongols Rediscovered*, New York: Basic Books, 1966.

Heissing, W., *The Religions of Mongolia*, trans. Geoffrey Samuel, London: Routledge and Kegan Paul, 1980.

Herodotus (trans. David Grene), *The History*, Chicago: University of Chicago Press, 1987.

Hiebert, F. T., *Origins of the Bronze Age Oasis Civilization in Central Asia*, Cambridge, Mass.: Peabody Museum, 1994.

Hiebert, F. T., and C. C. Lamberg-Karlovsky, "Central Asia and the Indo-Iranian borderlands", *Iran* (1992), 30: 1 – 15.

History of the Civilizations of Central Asia, vol.1, *The Dawn of Civilization: Earliest Times to 700 B.C.*, eds A. H. Dani and V. M. Masson, Paris: UNESCO, 1992; vol.2, *The Development of Sedentary and Nomadic Civilizations: 700*

445

B.C. to A.D. 250, ed. J. Harmatta, Paris: UNESCO, 1994; vol. 3, *The Crossroads of Civilizations: A.D. 250 to 750*, eds A. Litvinsky, Zhang Guandda and R. Shabani Samghabadi, London: UNESCO, 1996.

Hodgson, Marshall G. S., *The Venture of Islam*, 3 vols, Chicago: University of Chicago Press, 1974.

Hoffecker, J. F., "Early upper palaeolithic sites of the European USSR", in J. F. Hoffecker and C. A. Wolf, eds, *The Early Upper Palaeolithic*, Oxford: British Archaeological Reports, no.437, 1988, pp.237 – 72.

Holt, Frank I., *Alexander the Great and Bactria. The Formation of a Greek Frontier in Central Asia*, Leiden: Brill, 1988.

Honey, David B., *The Rise of the Medieval Hsiung-Nu: The Biography of Liu Yüan*, Papers on Inner Asia, Bloomington, Ind., no.15, 1990.

Honey, David B., *Stripping off Felt and Fur: An Essay on Nomadic Sinification*, Papers on Inner Asia, Bloomington, Ind., no.21, 1992.

Hopkirk, Peter, *Foreign Devils on the Silk Road*, Oxford: Oxford University Press, 1984.

Hoppal, M., ed., *Shamanism in Siberia*, Budapest: Akademiai Kiado, 1978.

Hudud al'Alam, "The Regions of the World", *A Persian Geography. 372 A.H.– 982 A.D.*, V. Minorsky, trans. and notes, V. V. Barthold, pref., London: Luzac, 1937.

Hulsewe, A. F. P., and M. A. N. Lowe, *China in Central Asia. The Early Stage: 125 BC – AD 25*, Leiden: Brill, 1979.

Humphrey, C., "Theories of North Asian shamanism", in E. Gellner, ed., *Soviet and Western Anthropology*, pp.243 – 54.

Humphrey, Caroline, "Shamanic practices and the state in northern Asia: views from the center and periphery", in N. Thomas and C. Humphrey, eds, *Shamanism, History and the State*, pp.191 – 228.

Huntington, Ellsworth, *The Pulse of Asia*, London: Constable, 1907.

Ibn Khaldûn, *An Introduction to History, The Muqaddimah*, 3 vols, trans. Franz Rosental, Princeton: Princeton University Press, 1967.

Isakov, A. I., "Sarazm: An Agricultural Center of Ancient Sogdiana", in

Litvinskii and Bromberg, *Archaeology and Art of Central Asia*, pp.1 - 12.

Isidore of Charax, *Parthian Stations by Isidore of Charax*, trans. W. H. Schoff, Chicago: Ares, 1989.

Jacobson, E., *Burial Ritual, Gender and Status in South Siberia in the Late Bronze-Early Iron Age*, Papers on Inner Asia, no.7, Bloomington: Ind., 1987.

Jagchid, S., and P. Hyer, *Mongolia's Culture and Society*, Boulder: Westview, 1979.

Jagchid, Sechin, and Van Jay Symons, *Peace, War, and Trade along the Great Wall*, Bloomington: Indiana University Press, 1989.

Janhunen, Juha, *Manchuria: An Ethnic History*, Helsinki: Finno-Ugrian Society, 1996.

Jenkins, Gareth, "A Note on Climatic Cycles and the Rise of Chinggis Khan", *Central Asiatic Journal* (1974), 18(4): 217 - 26.

Jones, Gwyn, *A History of the Vikings*, 2nd edn, London: Oxford University Press, 1984.

Jordanes, *The Gothic History of Jordanes*, in English, by C. C. Mierow, Princeton, 1915; reprint, Cambridge: Cambridge University Press, 1966.

Juvaini, *The History of the World-Conqueror by Ala-al-Din Ara-Malik*, 2 vols, trans. from the text of Mirza Muhammad Qazvini by John Andrew Boyle, Manchester: Manchester University Press, 1958.

Kaiser, Daniel H., and Gary Marker, *Reinterpreting Russian History: Readings 860 - 1860s*, New York: Oxford University Press, 1994.

Kennedy, H, *The Prophet and the Age of the Caliphates: the Islamic Near East from the Sixth to the Eleventh Century*, London: Longman, 1986.

Khazanov, A. M., "Some theoretical problems of the study of the early state", in Claessen and Skalnik, *The Early State*, 77 - 92.

Khazanov, A. M., "The Early State Among the Scythians", in Claessen and Skalnik, *The Early State*, 425 - 39.

Khazanov, A. M., *Nomads and the Outside World*, 1st edn, Cambridge: Cambridge University Press, 1984; 2nd edn, Madison: University of Wisconsin Press, 1994.

446

Khazanov, A. M., "The spread of world religions in medieval nomadic societies of the Eurasian steppes", in M. Gervers, and W. Schlepp, eds, *Nomadic Diplomacy*, *Destruction and Religion from the Pacific to the Adriatic*, Toronto: Toronto Studies in Central and Inner Asia no. 1, 1994, pp.11 - 33.

Klausner, C. L., *The Seljuk Vizierate: A Study of Civil Administration*, Cambridge, Mass.: Harvard University Press, 1973.

Klein, R. G., *Ice Age Hunters of the Ukraine*, Chicago: University of Chicago Press, 1973.

Klein, R. G., "Reconstructing how early people exploited animals: problems and prospects", in Nitecki and Nitecki, *Evolution of Human Hunting*, pp.11 - 45.

Klein, R. G., *The Human Career*, Chicago: University of Chicago Press, 1989.

Koestler, Arthur, *The Thirteenth Tribe: The Khazar Empire and Its Heritage*, London: Hutchinson, 1977.

Kohl, P.L., "The 'world-economy' of West Asia in the third millennium BC", *South Asian Archaeology 1977*, Naples, 1979, pp.55 - 85.

Kohl, P. L., ed., *The Bronze Age Civilization of Central Asia*, *Recent Soviet Discoveries*, Armonk, N. Y.: M. E. Sharpe, 1981.

Kohl, P.L., *Central Asia: Palaeolithic Beginnings to the Iron Age*, Paris: Editions Recherche sur les Civilisations, 1984.

Kohl, P.L., "The ancient economy, transferable technologies and the Bronze Age world-system: a view from the northeastern frontier of the ancient Near East", in Michael Rowlands, Mogens Larsen and Kristian Kristiansen, eds, *Centre and Periphery in the Ancient World*, pp.13 - 24.

Koromila, M., ed., *The Greeks in the Black Sea*, Athens: Panorama, 1991.

Kozlowski, Janusz K., and Stefan K. Kozlowski, "Foragers of Central Europe and their acculturation", in Zvelebil, *Hunters in Transition*, pp.95 - 108.

Krader, L., *Formation of the State*, Englewood Cliffs: Prentice-Hall, 1968.

Krader, L., "The origin of the state among the nomads of Asia", in Claessen and Skalnik, *The Early State*, pp.93 - 107.

Kwanten, Luc, *Imperial Nomads: A History of Central Asia*, *500 - 1500*, Philadelphia: University of Pennsylvania Press, 1979.

447

Lamberg-Karlovsky, C. C., "The Bronze Age khanates of Central Asia", *Antiquity* (1994), 68: 398 – 405.

Lamberg-Karlovsky, C. C., "The Oxus Civilization: the Bronze Age of Central Asia", in *Antiquity* (1994), 68: 353 – 4.

Lambton, Ann K. S., *State and government in Medieval Islam*, Oxford: Oxford University Press, 1981.

Lapidus, I. M., *A History of Islamic Societies*, Cambridge: Cambridge University Press, 1988.

Larichev, V., U. Khol'ushkin, and I. Laricheva, "Lower and middle paleolithic of northern Asia: achievements, problems, and perspectives", *Journal of World Prehistory* (1987), 1(4): 415 – 64.

Larichev, Vitaliy, "The upper Paleolithic of northern Asia", *Journal of World Prehistory* (1988), 2(4): 359 – 96.

Lattimore, Owen, *Pivot of Asia. Sinkiang and the Inner Asian Frontiers of China and Russia*, Boston: Little, Brown, 1950.

Lattimore, Owen, *Inner Asian Frontiers of China*, 1st edn, New York: American Geographical Society of New York, 1940; 2nd edn, 1951, paperback edn, Boston: Beacon Press 1962.

Lattimore, Owen, *Studies in Frontier History: Collected Papers 1928 – 1958*, London: Oxford University Press, 1962.

Leakey, R., *The Origin of Humankind*, London: Weidenfeld and Nicolson, 1994.

Lee, R. B. and DeVore, I., eds, *Man the Hunter*, Chicago: Aldine, 1968.

Lefébure, C., "Introduction: the specificity of nomadic pastoral societies", in L'Équipe écologie et anthropologie des sociétés pastorals, *Pastoral Production and Society*, Cambridge: Cambridge University Press, 1979.

Legg, Stuart, *The Heartland*, London: Secker and Warburg, 1970.

Lewis, Archibald R., *Nomads and Crusaders, A. D. 1000 – 1368*, Bloomington: Indiana University Press, 1988.

Lieberman, Philip, "The origins of some aspects of human language and cognition", in P. Mellars and C. Stringer, *The Human Revolution*, vol. 1, pp.391 –414.

Lieu, Samuel N. C., *Manichaeism in the Later Roman Empire and Medieval China*, 448
2nd edn, revised and expanded, Tübingen: Mohr, 1992.

Ligabue, G., S. Salvatori, eds, *Bactria: An Ancient Civilization from the Sands of Afghanistan*, Venice: Erizzo, 1989.

Lindner, R. P., "Nomadism, horses and Huns", *Past and Present* (1981), 92: 3–19.

Lindner, R. P., "What was a nomadic tribe?", *Comparative Studies in Society and History* (1982), 24(4): 689–711.

Litvinskii, B. A., and C. A. Bromberg, *Archaeology and Art of Central Asia: Studies from the Former Soviet Union*, Bloomfield Hills, Michigan: Bulletin of the Asia Institute, 1996.

Litvinskii, B. A., and I. R. Pichikian, "The Hellenistic architecture and art of the Temple of the Oxus", in Litvinskii and Bromberg, *Archaeology and Art of Central Asia*, pp.47–66.

Litvinskii, B. A., "Outline history of Buddhism in Central Asia", in B. Gafurov, M. Asimov et al., eds, *Kushan Studies in USSR*, Calcutta: Indian Studies, 1970, pp.53–132.

Litvinskii, B. A., ed., *History of Civilizations of Central Asia*: vol. Ⅲ: *The Crossroads of Civilizations: A.D. 250–750*, Paris: UNESCO, 1996 (*HCCA*, vol.3).

Liu, Xinru, *Ancient India and Ancient China: Trade and Religious Exchanges*, *AD 1–600*, Delhi: Oxford University Press, 1990.

Mackerras, Colin, *The Uighur Empire According to the T'ang Dynastic Histories*, Canberra: Australian National University, 1972.

Mackinder, H. J., "The geographical pivot of history", *Geographical Journal* (1904), 23: 421–37, and discussion, 437–44.

Mackinder, Halford J., *Democratic Ideals and Reality*, with additional papers, ed. A. J. Pearce, New York: Norton, 1962.

Macquarie Illustrated World Atlas, Sydney: Macquarie Library, 1984.

Maenchen-Helfen, O. J., *The World of the Huns*, Berkeley: University of California Press, 1973.

Mair, Victor H., "Mummies of the Tarim Basin", *Archaeology* (1995), 48(2):
28 – 35.

Mair, Victor H., "Prehistoric Caucasoid corpses of the Tarim Basin", *Journal of Indo-European Studies* (1995), 23(3 and 4): 257 – 307.

Mallory, J. P., *In Search of the Indo-Europeans*, London: Thames and Hudson, 1989.

Mallory, J. P., "Speculations on the Xinjiang mummies", *Journal of Indo-European Studies* (1995), 23(3 and 4): 371 – 84.

Marčenko, K., and Y. Vinogradov, "The Scythian period in the northern Black Sea region (750 – 250BC)", *Antiquity* (1989), 63(241): 803 – 813.

Martin, Janet, *Treasure of the Land of Darkness: The Fur Trade and its Significance for Medieval Russia*, Cambridge: Cambridge University Press, 1986.

Martin, Janet, *History of Medieval Russia*, Cambridge: Cambridge University Press, 1995.

Masson, V. M., and V. I. Sarianidi, Central Asia, *Turkmenia before the Achaemenids*, London: Thames and Hudson, 1972.

Matyushin, G. N., "The mesolithic and neolithic in the southern Urals and Central Asia", Zvelebil, ed., *Hunters in Transition*, pp.133 – 50.

Maxwell, Moreau, S., *Prehistory of the Eastern Arctic*, New York: 1985.

McCrone, J., *The Ape that Spoke*, London: Macmillan, 1990.

McEvedy, C., and R. Jones, *Atlas of World Population History*, Harmondsworth: Penguin, 1978.

McEwen, Edward, Robert L. Miller, and Christopher A. Bergman, "Early bow design and construction", *Scientific American* (June 1991), 264(6): 50 – 6.

McGovern, W. M., *The Early Empires of Central Asia: A Study of the Scythians and the Huns and the Part they Played in World History*, Chapel Hill: University of North Carolina Press, 1939.

McNeill, William H., *Europe's Steppe Frontier, 1500 – 1800*, Chicago: University of Chicago Press, 1964.

McNeill, W. H., *Plagues and Peoples*, Oxford: Blackwell, 1977.

McNeill, William H., *The Pursuit of Power: Technology, Armed Force, and Society*

449

since A.D. 1000, Oxford: Blackwell, 1983.

Mellars, Paul and Christopher Stringer, eds, *The Human Revolution*, 2 vols, Edinburgh: Edinburgh University Press, 1989 – 90.

Menander, *The History of Menander the Guardsman*, trans. and ed. R. C. Blockley, Liverpool: F. Cairns, 1985.

Mennell, Stephen, *Norbert Elias: Civilization and the Human Self-Image*, Oxford: Blackwell, 1989.

Mielczarek, M., "Remarks on the numismatic evidence for the northern Silk Route: the Sarmatians and the trade route linking the northern Black Sea area with Central Asia", in Tanabe, et al. eds, *Studies in Silk Road Coins and Culture*, pp.131 – 48.

Minorsky, V., "Tamim ibn Bahr's Journey to the Uyghurs", *Bulletin of the School of Oriental and African Studies*, University of London (1948), XII, pp.275 – 305.

Morgan, David, *The Mongols*, Oxford: Blackwell, 1986.

Morgan, David, *Medieval Persia 1040 – 1797*, London: Longman, 1988.

Moses, Larry, and Stephen A. Halkovic, Jr, *Introduction to Mongolian History and Culture*, Bloomington: Indiana University Press, 1985.

Narain, A. K., "On the 'first' Indo-Europeans: the Tokharian-Yuezhi and their Chinese homeland", Papers on Inner Asia, Bloomington, Ind., no.2, 1987.

Narshakhi, *The History of Bukhara*, ed. and trans. Richard Frye, Cambridge, Mass.: Medieval Academy of America, 1954.

Newell, R. R., "The post-glacial adaptations of the indigenous population of the Northwest European Plain", in S. K. Kozlowski, ed., *The Mesolithic in Europe*, Warsaw: Warsaw University, 1973, pp.339 – 440.

Nitecki, Matthew H., and Doris V. Nitecki, eds, *The Evolution of Human Hunting*, New York and London: Plenum Press, 1987.

Nizam al-Mulk, *The Book of Government, or Rules for Kings*, trans. H. Darke, London: Routledge and Kegan Paul, 1960.

Noonan, T., "Byzantium and the Khazars: a special relationship?", in Shepard and Franklin, eds, *Byzantine Diplomacy*, Aldershot: Variorum, 1992, pp.109 - 32.

450　Noonan, T. S., "Rus', Pechenegs, and Polovtsy: economic interaction along the steppe frontier in the pre-Mongol era", *Russian History* (1992), 19(1 - 4): 301 - 27.

Obolensky, Dmitri, *The Byzantine Commonwealth: Eastern Europe 500 - 1453*, London: Weidenfeld and Nicolson, 1971.

Olschki, Leonard, *Marco Polo's Asia*, Berkeley: University of California Press, 1962.

Onon, Urgunge, *The History and Life of Chinggis Khan (The Secret History of the Mongols)*, Leiden: E. J. Brill, 1990.

Ostrowski, Donald, "The Mongol origins of Muscovite political institutions", *Slavic Review* (1990), 49(4): 525 - 42.

Palsson, H., and P. Edwards, trans. and intro., *Vikings in Russia: Yngvar's Saga and Eymund's Saga*, Edinburgh: Edinburgh University Press, 1989.

Pan Ku, *History of the Former Han Dynasty*, 3 vols, H. H. Dubs, London: Kegan Paul, 1938.

Parker, W. H., *An Historical Geography of Russia*, London: University of London, 1968.

Pastoral Production and Society, L'Equipe écologie et anthropologie des sociétés pastorales, Cambridge: Cambridge University Press, 1979.

Paul, Jürgen, *The State and the Military: The Samanid Case*, Papers on Inner Asia, Bloomington, Ind., no.26, 1994.

Phillips, E. D., *The Royal Hordes: Nomad Peoples of the Steppes*, London: Thames and Hudson, 1965.

Phillips, E. D., *The Mongols*, London: Thames and Hudson, 1969.

P'iankov, I. V., "The ethnic history of the Sakas", in Litvinskii and Bromberg, *Archaeology and Art of Central Asia*, pp.37 - 46.

Piggott, S., *The Earliest Wheeled Transport*, London: Thames and Hudson, 1983.

Polo, Marco, *The Travels of Marco Polo*, trans. R. Latham, Harmondsworth: Penguin, 1928.

Portal, Roger, *The Slavs: A Cultural, Historical Survey of the Slavonic Peoples*,

London: Weidenfeld and Nicolson, 1969.

Praslov, N. D., "Late palaeolithic cultural adaptations to the natural environment on the Russian Plain", *Antiquity* (1989), 63: 784 – 7.

Praslov, N. D., V. N. Stanko, Z. A. Abramova, I. V. Sapozhikov and I. A. Borzijak, "The steppes in the late palaeolithic", *Antiquity* (1989), 63: 784 – 92.

Pritsak, O., *Studies in Medieval Eurasian History*, London: Variorum, 1981.

Pritsak, O., "The Khazar kingdom's conversion to Judaism", in Pritsak, *Studies in Medieval Eurasian History*, London: Variorum, 1981, no.X.

Pritsak, O., *The Origin of Rus'*, vol.1, *Old Scandinavian Sources other than the Sagas*, Cambridge, Mass.: Harvard University Press, 1981.

Prusek, Jaroslav, *Chinese Statelets and the Northern Barbarians in the Period 1400 – 300 B.C.*, Prague: Academia, 1971.

Pulleyblank, E. G. "Why Tocharians?", *Journal of Indo-European Studies* (1995), 23(3 and 4): 415 – 30.

Puri, B. N., *Buddhism in Central Asia*, Delhi: Motilal Banarsidass, 1987.

P'yankova, L. "Central Asia in the Bronze Age: sedentary and nomadic cultures", *Antiquity* (1994), 68: 355 – 72.

Ranov, V. A., and R. S. Davis, "Toward a new outline of the Soviet Central Asian paleolithic", *Current Anthropology* (1979), 20(2): 249 – 70.

Rashid al-Din Tabib, *The Successors of Genghis Khan*, trans. J. A. Boyle, New York: Columbia University Press, 1971.

Ratchnevsky, Paul, *Genghis Khan: His Life and Legacy*, trans. T. N. Haining, Oxford: Blackwell, 1991.

Renfrew, Colin, *Archaeology and Language: The Puzzle of Indo-European Origins*, London: Penguin, 1989.

Renfrew, Colin, "Before Babel: speculations on the origins of linguistic diversity", *Cambridge Archaeological Journal* (1991), 1(1): 3 – 23.

Riasanovsky, Nicholas V., "The emergence of Eurasianism", *California Slavic Studies* (1967), 4: 39 – 72.

Riasanovsky, Nicholas V., *A History of Russia*, 5th edn, New York: Oxford

451

University Press, 1993.

Rice, Tamara Talbot, *The Scythians*, New York: Thames and Hudson, 3rd. edn, 1961.

Rice, Tamara Talbot, *The Seljuks in Asia Minor*, London: Thames and Hudson, 1961.

Rice, Tamara Talbot, *Ancient Arts of Central Asia*, London: Thames and Hudson, 1965.

Rogers, Greg, "An examination of historians' explanations for the Mongol withdrawal from east Central Europe", *East European Quarterly* (1996), XXX (1): 3 – 26.

Rolle, Renate, *The World of the Scythians*, London: Batsford, 1989.

Rossabi, M., *China and Inner Asia from 1368 to the Present Day*, London: Thames and Hudson, 1975.

Rossabi, M., ed., *China among Equals: The Middle Kingdom and its Neighbors, 10th – 14th Centuries*, Berkeley: University of California Press, 1983.

Rossabi, M., *Kubilai Khan: his Life and Times*, Berkeley: University of California Press, 1988.

Rossabi, M., "The 'decline' of the Central Asian caravan trade", in G. Seaman, ed., *Ecology and Empire. Nomads in the Cultural Evolution of the Old World*, pp.81 – 102.

Rostovtzeff, Mikhail I., *Iranians and Greeks in South Russia*, Oxford: Clarendon Press, 1992.

Rowell, Stephen C., *Lithuania ascending: A Pagan Empire in East-Central Europe*, 1295 – 1345, Cambridge: Cambridge University Press, 1994.

Rowlands, Michael, Mogens Larsen and Kristian Kristiansen, eds, *Centre and Periphery in the Ancient World*, Cambridge: Cambridge University Press, 1987.

Rowley-Conwy, Peter, "Between cave painters and crop planters: aspects of the temperate European mesolithic", in Zvelebil, ed., *Hunters in Transition*, pp.17 – 32.

Rudenko, Sergei, *The Frozen Tombs of Siberia: The Pazyryk Burials of Iron Age*

Horsemen, trans. M. W. Thompson, Berkeley and Los Angeles: University of California Press, 1970.

Sabloff, Jeremy A., and C. C. Lamberg-Karlovsky, eds, *Ancient Civilization and Trade*, Albuquerque: University of New Mexico Press, 1975.   452

Sahlins, Marshall D., *Tribesmen*, Englewood Cliffs: Prentice-Hall, 1968.

Sarianidi, V. I., "Aegean-Anatolian motifs in the glyptic art of Bactria and Margiana", in Litvinskii and Bromberg, *Archaeology and Art of Central Asia*, pp.27 – 36.

Savinov, D., "The Sayano-Altaic centre of early medieval cultures", *Antiquity* (1989), 63(241): 814 – 826.

Seaman, Gary, ed., *Ecology and Empire: Nomads in the Cultural Evolution of the Old World*, vol. 1 of the Proceedings of the Soviet-American Academic Symposia in Conjunction with the Museum Exhibitions, *Nomads: Masters of the Eurasian Steppe*, Los Angeles: Ethnographics Press, University of S. California, 1989.

Seaman, Gary, and Daniel Marks, eds, *Rulers from the Steppe: State Formation on the Eurasian Periphery*, vol. 2 of the Proceedings of the Soviet-American Academic Symposia in Conjunction with the Museum Exhibitions, *Nomads: Masters of the Eurasian Steppe*, Los Angeles: Ethnographics Press, University of S. California, 1991.

Seaman, Gary, ed., *Foundations of Empire: Archeology and Art of the Eurasian Steppes*, vol.3 of the Proceedings of the Soviet-American Academic Symposia in Conjunction with the Museum Exhibitions, *Nomads: Masters of the Eurasian Steppe*, Los Angeles: Ethnographics Press, University of S. California, 1991.

Seaman, Gary, and Jane Day, *Ancient Traditions: Shamanism in Central Asia and the Americas*, a further vol.in the series, Proceedings of the Soviet-American Academic Symposia in Conjunction with the Museum Exhibitions, *Nomads: Masters of the Eurasian Steppe*, University Press of Colorado, 1994.

Semenov V., K. Chugunov, "New evidence of the Scythian-type culture of Tuva", *Ancient Civilizations from Scythia to Siberia* (1995), 2(3): 311 – 334.

Service, E. R., *Primitive Social Organization: an evolutionary perspective*, New

York: Random House, 1962.

Shepard, J., and S. Franklin, eds, *Byzantine Diplomacy*, Aldershot: Variorum, 1992.

Sherratt, A., "Plough and pastoralism: aspects of the secondary products revolution", in *Patterns of the Past*, eds I. Hodder, G. Isaac and N. Hammond, Cambridge: Cambridge University Press, 1981, pp.261 – 305.

Shilov, V. P., "The origins of migration and animal husbandry in the steppes of eastern Europe", in J. Clutton-Brock, ed., *The Walking Larder*, London: Unwin Hyman, 1989, pp.119 – 26.

Shishkina, G. V., "Ancient Samarkand: capital of Soghd", in Litvinskii and Bromberg, *Archaeology and Art of Central Asia*, pp.81 – 99.

Silay, Kemal, ed., *An Anthology of Turkish Literature*, Bloomington: Indiana University Press, 1996.

Simocatta, Theophylactus, *The History of Theophylactus Simocatta*, trans. M. and M. Whitby, Oxford: Clarendon Press, 1986.

Sinor, Denis, "The history role of the Turk empire", 1st publ. 1953, reprinted in *Inner Asia and its Contacts with Medieval Europe*, no.VII.

Sinor, Denis, ed., *Orientalism and History*, 1st edn, Cambridge: Heffer, 1954; 2nd edn, Bloomington: Indiana University Press, 1970.

Sinor, Denis, ed., "Central Eurasia", in *Inner Asia and its Contacts with Medieval Europe*, no.1, reprinted from Sinor, ed., *Orientalism and History*, 2nd edn, pp.93 – 119.

Sinor, Denis, *Inner Asia: History, Civilization, Languages: a Syllabus*, 2nd, rev. edn, Bloomington: Indiana University Press, 1971.

Sinor, Denis, "Horse and pasture in Inner Asian history", 1st publ. 1972, reprinted in *Inner Asia and its Contacts with Medieval Europe*, no.II.

Sinor, Denis, "On Mongol strategy", 1st publ. 1975, reprinted in *Inner Asia and its Contacts with Medieval Europe*, no.XVI.

Sinor, Denis, *Inner Asia and its Contacts with Medieval Europe*, London: Variorum, 1977.

Sinor, Denis, ed., *The Cambridge History of Early Inner Asia*, Cambridge:

Cambridge University Press, 1990 (*CHEIA*).

Sinor, Denis, *Studies in Medieval Inner Asia*, Aldershot: Variorum, 1997.

Sinor, Denis, "The history Attila", in Sinor, *Studies in Medieval Inner Asia*, no. VII.

Sinor, Denis, "The Uighur empire of Mongolia", in Sinor, *Studies in Medieval Inner Asia*, no.V.

Soffer, Olga, "Patterns of intensification as seen from the upper paleolithic of the central Russian plain", in T. D. Price and J. A. Brown, eds, *Prehistoric Hunter-Gatherers: The Emergence of Cultural Complexity*, Orlando: Academic Press, 1985, pp.235－70.

Soffer, Olga, *The Upper Palaeolithic of the Central Russian Plains*, Orlando: Academic Press, 1985,

Soffer, Olga, ed., *The Pleistocene Old World*, New York: Plenum Press, 1987.

Soffer, Olga, "Upper palaeolithic connubia, refugia, and the archaeological record from Eastern Europe", in O. Soffer, ed., *The Pleistocene Old World*, pp.333－48.

Soffer, Olga, "Storage, sedentism, and the Eurasian palaeolithic record", *Antiquity* (1989), 63: 719－32.

Soffer, Olga, "The middle to upper palaeolithic transition on the Russian plain", in Paul Mellars and Christopher Stringer, eds, *The Human Revolution*, 714－42.

Soffer, O., C. Gamble, eds, *From Kostenki to Clovis: Upper Paleolithic-Paleoindian Adaptations*, New York: Plenum, 1992.

Ssu-ma Ch'ien, *Records of the Grand Historian of China*, trans. Burton Watson, 2 vols, New York: Columbia University Press, 1961.

Ssu-ma Ch'ien, *The Grand Scribe's Records*, ed. William H. Nienhauser, Jr, vols 1 and 7, Bloomington: Indiana University Press, 1994.

Stavisky, B. Y., "Central Asia in the Kushan period. Archaeological studies by Soviet scholars", in B. Gafurov et al. *Kushan Studies in USSR*, pp.27－52.

Stein, M. A., *On Ancient Central-Asia Tracks*, Chicago: University of Chicago Press, 1964.

454

Stringer, C., and C. Gamble, *In Search of the Neanderthals: Solving the Puzzle of Human Origins*, London: Thames and Hudson, 1993.

Subtelny, Orest, *Ukraine: A History*, Toronto: Toronto University, 1988.

Sulimirski, T., *Prehistoric Russia*, London: J. Baker, 1970.

Sulimirski, T., *The Sarmatians*, London: Thames and Hudson, 1970.

Sweeney, J. R., " 'Spurred on by the fear of death' : refugees and displaced populations during the Mongol invasion of Hungary", in M. Gervers, and W. Schlepp, eds, *Nomadic Diplomacy, Destruction and Religion from the Pacific to the Adriatic*, Toronto: Toronto Studies in Central and Inner Asia no. 1, 1994, pp.34 – 62.

Tanabe, K., J. Cribb and H. Wang, eds, *Studies in Silk Road Coins and Culture: Papers in Honour of Professor Ikuo Hirayama on his 65th Birthday*, Kamakura: Institute of Silk Road Studies, 1997.

Tarn, William W., *The Greeks in Bactria and India*, 2nd edn, Cambridge: Cambridge University Press, 1951.

Teggart, Frederick J., *Rome and China: A Study of Correlations in Historical Events*, Berkeley: University of California Press, 1939.

Tekin, Talat, *A Grammar of Orkhon Turkic*, Bloomington: Indiana University Press, 1968.

Telegin, D. Ya., *Dereivka*, Oxford: BAR International Series 287, 1986.

Thomas, N., and C. Humphrey, eds, *Shamanism, History and the State*, Ann Arbor: University of Michigan Press, 1994.

Thompson, E. A., *A History of Attila and the Huns*, 2nd edn, Oxford: Blackwell, 1996, with pref. and new bibl. by Heather (1st pub., Oxford: Clarendon Press, 1948).

Tikhomirov, M. N., *The Towns of Ancient Rus*, Moscow: Progress, 1959.

Tinios, Pantelis Ellis, *Pan Ku, the Hsiung-Nu and "Han Shu" 94*, PhD, University of Michigan, 1988, University Microfilms, 1991.

Toynbee, Arnold J., *Constantine Porphyrogenitus and his World*, London: Oxford University Press, 1973.

Treadgold, Warren, *A History of the Byzantine State and Society*, Stanford:

Stanford University Press, 1997.

Trubetzkoy, N. S., *The Legacy of Genghis Khan, and Other Essays on Russia's Identity*, ed. A. Liberman, Michigan Slavic Materials, 1992.

UNESCO, *History of Humanity: Scientific and Cultural Development*, vols 1 – 3, London: UNESCO, 1994 – 6.

Vainshtein, Sevyan, *Nomads of South Siberia: The Pastoral Economies of Tuva*, Cambridge: Cambridge University Press, 1980.

Vasiliev, A. A., *The Russian Attack on Constantinople in 860*, Cambridge, Mass.: Medieval Academy of America, 1946.

Vencl, Slavomil, "The role of hunter-gathering populations in the transition to farming: a Central-European perspective", Zvelebil, ed. *Hunters in Transition*, pp.43 – 51.

Vernadsky, G. V., *Ancient Russia*, New Haven: Yale University Press, 1943.

Vernadsky, G. V., *Kievan Russia*, New Haven: Yale University Press, 1948.

Vernadsky, G. V., *The Mongols and Russia*, New Haven: Yale University Press, 1953.

Vernadsky, G. V., *The Origins of Russia*, Oxford: Clarendon Press, 1959.

Vernadsky, G. V., ed., *A Source Book for Russian History from Early Times to 1917*, 3 vols, New Haven: Yale University Press, 1972.

Vitebsky, Piers, *The Shaman*, Basingstoke: Macmillan, 1995.

Vogelsang, W. J., *The Rise and Organisation of the Achaemenid Empire: The Eastern Iranian Evidence*, Leiden: E. J. Brill, 1992.

Waldron, Arthur, *The Great Wall of China*, Cambridge: Cambridge University Press, 1990.

Waley, A., *The Real Tripitaka and other pieces*, London: Allen and Unwin, 1952.

Watson, W., *Cultural Frontiers in Ancient East Asia*, Edinburgh: Edinburgh University Press, 1971.

Watters, T., trans., *On Yuang Chwang's Travels in India 629 – 645 A.D.*, 2 vols, London: Royal Asiatic Society, 1904.

Weissleder, W., ed., *The Nomadic Alternative: Modes and Models of Interaction in the African-Asian Deserts and Steppes*, The Hague: Mouton, 1978.

455

Wenke, Robert J., *Patterns in Prehistory: Humankind's First Three Million Years*, 3rd edn, New York: Oxford University Press, 1991.

Wheeler, G., *The Modern History of Soviet Central Asia*, New York: Praeger, 1964.

Wolf, E. R., *Europe and the People without History*, Berkeley: University of California Press, 1982.

Wolfram, Herwig, *History of the Goths*, rev. edn, trans. from German by Thomas J. Dunlap, Berkeley: University of California Press, 1988.

Yule, Sir Henry, trans. and ed., *The Way Thither*, *Being a Collection of Medieval Notices of China*, 4 vols, London: Hakluyt Society, Series 2, vols 33, 37, 38, and 41 (1913, 1924, 1925, 1926).

Yusuf Khass Hajib, *Wisdom of Royal Glory*, ed. and trans. Robert Dankoff, Chicago: University of Chicago Press, 1983 (and see Dankoff).

Yü, Ying-shih, *Trade and Expansion in Han China*, Berkeley and Los Angeles: University of California Press, 1967.

Zenkovsky, S. A., *Medieval Russian Epics*, Chronicles and Tales, New York: Dutton, 1963; rev. edn, New York: Penguin, 1974.

Zosimus, *New History*, trans. R. T. Ridley, Canberra: Australian Association for Byzantine Studies, 1982.

Zuckermann, Constantine, "On the date of the Khazars' conversion to Judaism and the chronology of the kings of the Rus' Oleg and Igor", in *Revue des Etudes Byzantines* (1995), 53: 237 – 70.

Zvelebil, Marek, ed., *Hunters in Transition: Mesolithic Societies of Temperate Eurasia and their Transition to Farming*, Cambridge: Cambridge University Press, 1986.

Zürcher, E., "The Yüeh-chih and Kaniska in Chinese sources", in A. L. Basham, ed., *Papers on the Date of Kaniska*, Leiden: Brill, 1968, pp.346 – 90.

Zürcher, E., *The Buddhist Conquest of China*, 2nd edn, 2 vols, Leiden: Brill, 1972.

456

其他语言的文献

Abramova, Z. A., *Paleolit Eniseya. Afontovskaya kul'tura*, Novosibirsk: Nauka,

1979.

Agadzhanov, S. G., *Gosudarstvo Sel'dzhukidov i Srednyaya Aziya v XI − XII vv.*, Moscow: Institut vostokovedeniya, 1991.

Akhinzhanov, S. M., *Kypchaki v istorii srednevekovogo Kazakhstana*, Alma-Ata: Nauka Kazakhskoi SSR, 1989.

Aleshkovskii, M. Kh., *Povest' vremennykh let*, Moscow: Nauka, 1971.

Alekseev, A. Yu., V. Yu. Murzin, R. Rolle, *Chertomlyk. Skifskii tsarskii Kurgan. IV v. do n.e.*, Kiev: Naukova dumka, 1991.

Altheim, F., *Attila und die Hunnen*, Baden-Baden: Verlag für Kunst und Wissenschaft, 1951.

Artamonov, M. I., *Ocherki drevneishei istorii Khazar*, Leningrad: Gos. sots.-ekon. izd-vo, 1936.

Artamonov, M. I., *Istoriya khazar*, Leningrad: Izd-vo gos. Ermitazha, 1962.

Artamonov, M. I., *Kimmeritsy i skify*, Leningrad: Nauka, 1974.

Bartol'd, V. V., Akademik V. V., *Bartol'd Sochineniya*, 10 vols, Moscow: Izd-vo vostochnoi literatury, 1963 − 76.

Bona, I., *Die Hunnenreich*, Stuttgart: Theiss, 1991.

Briant, P., *Etat et pasteurs au Moyen-Orient ancien*, Cambridge: Cambridge University Press, 1982.

Briant, P., *L'Asie centrale et les royaumes proche-orientaux du premier millénaire*, Paris: Editions Recherche sur les civilisations, 1984.

Briant, P., *Darius: Les Perses et l'Empire*, Paris: Gallimard, 1992.

Buniyatov, Z. M., *Gosudarstvo Khorezmshakhov-Anushteginidov 1097 − 1231*, Moscow: Nauka, 1986.

Chavannes, Edouard, *Documents sur les Tou-Kiue (Turcs) Occidenteaux, recueilli et commentés suivi de Notes Additionelles*, S.Pb., 1903 − 4; reprinted in one volume, Paris, 1941 and Taipei, 1969.

Chistyakov, O. I., ed., *Russkoe zakonodatel'stvo x − xx vekov v devyati tomakh*, Moscow: Yuridicheskaya literatura, 1984.

Conte, Francis, *Les Slaves. Aux origins des civilisations d'Europe centrale et orientale*, Paris: Albin Michel, 1986.

David, T., "Peuples mobiles de l'Eurasie: Contacts d'une périphérie 'barbare' avec le monde 'civilisé', à la fin de l'Age du Bronze et au 1er Age du Fer", *L'asie central et ses rapports avec les civilisations orientales, des origines à l'age du fer*, Mission Archéologique Francaise en Asie Centrale, tome 1, Paris, 1988, pp.159 – 68.

Davidovich, E. A., *Denezhnoe khozyaistvo Srednei Azii posle mongol'skogo zavoevaniya i reforma Masud-beka (XIII v.)*, Moscow: Nauka, 1972.

Davydova, A. V., *Ivolginskii kompleks (gorodishche i mogil'nik)-pamyatnik khunnu v Zabaikal'e*, Leningrad: Izd-vo Leningradskogo universiteta, 1985.

Dikov, N. N., *Istoriya Chukotki s drevneishikh vremen do nashikh dnei*, Moscow: Mysl', 1989.

Drevneishie gosudarstva kavkaza i srednei Azii, Moscow: Nauka, 1985 (See Koshelenko, ed.).

Fedorov-Davydov, G. A., *Obshchestvennyi stroi Zolotoi Ordy*, Moscow: Izd-vo Moskovskogo universiteta, 1973.

Fedorov-Davydov, G. A., *Gorod Bolgar: ocherki istorii i kul'tury*, Moscow: Nauka, 1987.

Froyanov, I. Ya., *Kievskaya Rus'. Ocherki sotsial'no-ekonomicheskoi istorii*, Leningrad: Izd-vo Leningradskogo Universiteta, 1974.

Froyanov, I. Ya., *Kievskaya Rus'. Ocherki sotsial'no-ekonomicheskoi istorii*, Leningrad: Izd-vo Leningradskogo Universiteta, 1980.

Gabain, Annemarie von, *Das uigurische Königreich von Chotscho 850 – 1250*, Berlin: Akademie-Verlag, 1961.

Gabain, Annemarie von, *Das Leben im uigurischen Königreich von Qoco (850 – 1250)*, Wiesbaden: Harrassowitz, 1973.

Gafurov, B. G. (ed. B. A. Litvinskii), *Tadzhiki: drevneishaya, drevnyaya i srednevekovaya istoriya*, 2 vols, Moscow: Nauka, 1972; 2nd Russian lang. edn, with minor corrections and extended essay by B. A. Litvinskii, Dushanbe: Irfon, 1989.

Goehrke, C., *Frühzeit des Ostslaven*, Darmstadt: Wissenschaftliche Buchgesellschaft, 1992.

Grekov, B. D., *Kievskaya Rus'*, in *Izbrannye trudy*, vol. II, Moscow: Izd-vo akademii nauk SSSR, 1959.

Gumilev, L. N., *Khunnu. Sredinnaya Aziya v drevnie vremena*, Moscow: Izd-vo vostochnoi literatury, 1960.

Gumilev, L. N., *Drevnie tyurki*, Moscow: Nauka, 1967.

Gumilev, L. N., *Poiski vymyshlennogo tsarstva* (*legenda o " Gosudarstve presvitera Ioanna"*), Moscow: Nauka, 1970.

Gumilev, L. N., *Drevnyaya Rus' i velikaya step*, Moscow, 1992.

Gumilev, L. N., *Ot Rusi k Rossii: Ocherki etnicheskoi istorii*, Moscow, 1992.

Hambis, L., ed., *L'Asie Centrale. Histoire et civilisation*, Paris, 1977.

Hambly, Gavin, *Zentralasien*, in Fischer, Weltgeschichte, vol. 16, Frankfurt: Fischer, 1966.

Haussig, H. W., *Die Geschichte Zentralasiens und der Seidenstrasse in vorislamischer Zeit*, Darmstadt: Wissenschaftliche Buchgesellschaft, 1983.

Haussig, H. W., *Die Geschichte Zentralasiens und der Seidenstrasse in Islamischer Zeit*, Darmstadt: Wissenschaftliche Buchgesellschaft, 1988.

Ibn Fadlan, *Risala*, in Kovalevskii, A. P. (facs. edn, trans.), *Kniga Akhmeda ibn Fadlana o ego puteschestvii na Volgu v 921 – 922 gg.*, Kharkov: Iza-vo gos. Universiteta im. A. M. Gor'kogo, 1956.

Kazanski, M., *Les Goths* (*ier-viier siecles ap. J.-C.*), Paris: Ed. Errance, 1991.

Khazanov, A. M., *Sotsial'naya istoriya skifov*, Moscow: Nauka, 1975.

Kiselev, S. V., *Drevnyaya istoriya yuzhnoy Sibiri*, 2nd edn, Moscow: Izd-vo akad. nauk SSSR, 1951.

Kiselev, S. V., ed., *Drevnemongol'skie goroda*, Moscow: Nauka, 1965.

Klyashtornyi, S. G., and T. I. Sultanov, *Kazakhstan: Letopis' trekh tysyachiletii*, Alma-Ata, 1992.

Klyuchevskii, V. O., *Sochineniya v devyati tomakh*, Moscow: Mysl', 1987 – 90.

Kohl, P. L., *L'Asie Centrale: dès origines à l'âge du Fer*, Paris: Editions Recherche sur les Civilisations, 1983.

Kokovtsov, P. V., *Evreisko-khazarskaya perepiska v X veke*, Leningrad: Izd-vo akad. nauk SSSR, 1932.

458

Kol'tsov, L. V., ed., *Mezolit SSSR*, Moscow: Nauka, 1989.

Koshelenko, G. A., ed., *Drevneyshiye gosudarstva Kavkaza i Srednei Azii*, Moscow: Nauka, 1985 (see Drevneyshiye gosudarstva).

Kumekov, B. E., *Gosudarstvo kimakov IX − XI vv. po arabskim istochnikam*, Alma-Ata: Nauka Kazakhskoi SSR, 1972.

Kürsat-Ahlers, Elçin, *Zur frühen Staatenbildung von Steppenvölkern*, Berlin: Duncker and Humblot, 1994.

Kuz'mina, E. E., *Drevneyshie skotovody ot Urala do Tyan-Shanya*, Frunze, 1986.

L'Asie Centrale et ses rapports avec les civilisations orientales des origines à l'age du fer, Mission Archéologique Française en Asie Centrale, tome 1, Paris: De Boccard, 1988.

Liu Mau-tsai, *Die chinesischen Nachrichten Zur Geschichte der Ost-Türken (T'u-küe)*, 2 vols, Wiesbaden: Harrassowitz, 1958.

Magomedov, M. G., *Obrazovanie Khazarskogo Kaganata*, Moscow: Nauka, 1983.

Malov, S. E., *Pamyatniki drevnetyurkskoi pis'mennosti*, Moscow/Leningrad: Izd-vo akad. nauk SSSR, 1951.

Mavrodina, R. M., "Rus' i kochevniki", in V. V. Mavrodin et al., eds, *Sovetskaya istoriografiya Kievskoi Rusi*, Leningrad, 1973, pp.210 − 21.

Mavrodina, R. M., *Kievskaya Rus' i kochevniki*, Leningrad: Nauka, 1983.

Melyukova, A. I., ed., *Stepi Evropeiskoi chasti SSSR v skifo-sarmatskoye vremya*, Moscow: Nauka, 1989.

Mikheev, V. K., *Podon'ye v sostave khazarskogo kaganata*, Khar'kov: Izd-vo pri Kharkovskom gos. universitete izdatel'skogo ob'edinenii "Vyshcha shkola", 1985.

Moravcsik, Gyula, *Byzantinoturcica 1: Die Byzantinoturcica Quellen Der Geschichte der Türkvolker*, 3rd reprint (of 1958 edn), Leiden: Brill. 1983.

Muminova, I. M., ed., *Istoriya Khorezma s drevneishikh vremen do nashikh dnei*, Tashkent, 1976.

Novgorodova, N. A., *Drevnyaya Mongoliya*, Moscow: Nauka, 1988.

Novosel'tsev, A. P., *Khazarskoe gosudarstvo i ego rol' v istorii Vostochnoi Evropy i Kavkaza*, Moscow: Nauka, 1990.

Ocherki istorii SSSR, vol.1, eds, P.N. Tret'yakov and A. L. Mongait, *Pervobytno-obshchinnyi stroi i drevneishie godusarstva na territorii SSSR*, Moscow: Izd-vo akad. nauk SSSR, 1956.

Paleolit SSSR ed. P. I. Borisovskii, Moscow: Nauka, 1984.

Paul, Juergen, *Herrscher, Gemeinwesen, Vermittler: Ostiran und Transoxanien in vormongolischer Zeit*, Beirut and Stuttgart: Franz Steiner, 1996.

Pletneva, S. A., *Ot kochevii k gorodam. Saltovo-Mayatskaya kul'tura*, Moscow: Nauka, 1967.

Pletneva, S. A., ed., *Stepi Evrazii v epokhu srednevekov'ya*, Moscow: Nauka, 1981.

Pletneva, S. A., *Kochevniki srednevekov'ya: poiski istoricheskikh zakonomernostei*, Moscow: Nauka, 1982.

Pletneva, S. A., *Khazary*, Moscow: Nauka, 1986.

Pletneva, S. A., *Polovtsy*, Moscow: Nauka, 1990.

Rudenko, S. I., *Kul'tura khunnov i noinulinskie kurgany*, Moscow-Leningrad, 1962.

Sarianidi, V. I., *Drevnosti stran Margush*, Ashkhabad: Ylym, 1990.

Sarianidi, V. I., *Drevnii Merv*, Moscow: 1993.

Sinor, Denis, *Introduction à l'étude de l'Eurasie Centrale*, Wiesbaden: Otto Harrassowitz, 1963.

Smirnov, A. P., *Volzhskie bulgary*, Moscow: 1951.

Smirnov, A. P., "Volzhskaya Bolgariya", in Pletneva *Stepi Evrazii v epokhu srednevekov'ya*, pp.208 – 12.

Smirnov, K. F., "Une 'Amazone' du IVe siècle avant n.e. sur le territoire du Don", *Dialogues d'histoire ancienne* (1982), 8: 121 – 41.

Staviskij, B. Ja., *La Bactriane sous les Kushans: problèmes d'histoire et de culture*, trans. P. Bernard et al., Paris, 1986.

Sugar, P.F., *A History of Hungary*, London: Tauris, 1990.

Szyszman, Simon, *Le Karaïsme. Ses doctrines et son histoire*, Lausanne: L'Age d'homme, 1980.

Szyszman, Simon, *Les Karaïtes d'Europe*, Uppsala: University of Uppsala, 1989.

459

Taşağıl, Ahmet, *Gök-Türkler*, Ankara: 1995.

Tikhomirov, M. N., *Drevnerusskie goroda*, 2nd edn, Moscow: Izd-vo Moskovskogo universiteta, 1956.

Tolstov, S. P., *Drevnii Khorezm*, Moscow: Izd-vo Moskovskogo universiteta, 1948.

Tolstov, S. P., *Po drevnim deltam Oksa i Yaksarta*, Moscow: Izd-vo vostochnoi literatury, 1962.

Wolski, Jozef, *L'Empire des Arsacides*, Acta Iranica 32, Louvain: Peeters, 1993.

Yan, V. G., *Chingize-Khan*, Moscow: 1939 (trans. as Ian, V., *Jenghiz-khan: a tale of 13th Century Asia*, London: Hutchinson, 1945); *Batyi*, Moscow: 1941 (trans. as Ian, V., *Batu-khan: a tale of the 13th Century*, London: Hutchinson, 1945); *K "poslednemu moryu"*, Moscow: 1955 (a Soviet era trilogy of novels about the Mongol conquests).

462

463

466

467

468

469

470

472

注：索引中的页码为英文原著页码。

专有名词对照表

阿奥西人 Aosri

阿巴斯昆 Abaskun

阿拔斯(王朝) Abbassid/Abbasid

阿波罗 Apollo

阿波罗多鲁斯 Apollodorus

阿伯拉斯·本·阿卜杜拉·苏莱曼 Ashras B. Abdallah as-Sulaami

阿卜杜勒 Abd Allah

阿布杜拉汗 Abdallah

阿布·穆斯利姆 Abu Muslim

阿德里安堡 Adrianople

阿尔巴尼 Albania

阿尔伯特·费奥多西 Abbot Deodosii

阿尔达比勒 Ardabil

阿尔达希尔 Ardashir

阿尔·法拉比 al-Farabi

阿尔哈姆 Al Khanum

阿尔·花拉子密 al-Khwarazmi

阿尔金 Altyn

阿尔金丘 Altyn-depe

阿尔-马尔瓦济 al-Marvazi

阿尔马兹达 Ormazd

阿尔普·阿尔斯兰 Alp Arslan

阿尔然-哈德 Arshan-Khad

阿尔泰 Altai

阿尔泰语的 Altaic

阿尔特贾济里 Altziagiri

阿尔·雅忽比 al-Yaqubi

阿凡纳谢沃 Afanasevo

阿凡纳谢沃山 Afannasyeva Gora

阿丰托瓦戈拉 Afontova Gora

阿夫拉西阿布 Afrasiab

阿弗瓦库姆 Avvakum

阿芙拉西阿普、撒马尔罕(康国) Afrasiab/Samarkand/Samarqand

阿富汗 Afghanistan

阿訇 imans'

阿胡玛兹达 Ahura Mazda

阿伽塞尔西人 Agathyrsi

阿克苏 Aksu

阿拉伯,阿拉伯半岛 Arabia

阿拉丁·穆罕默德 Ala ad-Din Muhammad

阿拉克塞斯河 Araxes

阿拉木图 Alma-Ata

阿拉特乌斯 Alatheus

阿兰群岛 Aland Islands

阿兰人 Alan

阿兰人的 Alanic

阿兰文化 Alan Cultures

阿勒波的斤 Alp Tegin

阿勒颇 Aleppo

阿勒吞塔什 Altuntash

阿里安 Arrian

阿里不哥 Arik-Boke

阿里曼 Ahriman

阿力麻里 Alamlik

阿留申群岛 Aleutian Islands

阿玛斯特里斯城 Amastris

阿米亚努斯 Ammianus

阿敏 al-'Amin

阿姆河 Amu Darya

阿慕尔 Amr

阿那环 A-na-Kuei

阿纳加斯特 Anagast

阿纳斯塔休斯 Anastasius

阿瑙 Anau

阿讷失的斤 Anushtegin

阿讷失的斤王朝 Anushteginidy

阿帕马 Apama

阿帕西亚克人 Apasiakoi

阿奇木 Hakim

阿契美尼德 Achaemenid

阿瑞斯 Ares

阿萨息斯 Arsaces

阿萨辛派 Assassins

阿塞拜疆 Azebaijian

阿舍利 Acheulian

阿什哈巴德 Ashkhabad

阿史那 A-Shih-na

阿斯巴鲁赫 Asparukh

阿斯科德 Askold

阿斯泰亚基斯 Astyages

阿斯特拉罕 Astrakhan

阿塔巴诺斯 Artabanus

阿塔马诺夫 Artamanov

阿塔纳里克 Athaneric

阿忒昔思 Atsïz

阿特拉克 Atrak

阿提尔 Atil

阿提拉 Attila

阿提亚斯 Atheas

阿托萨 Atossa

阿瓦尔人 Avars

阿维森纳 Avicena

《阿维斯陀经》 *Avesta*

阿维斯陀语 Avestan

阿息库兹人 Ashguzai

阿伊哈努姆 Ai Khanum

阿音扎鲁特 Ayn Jalut

阿育王 Ashoka

埃尔马纳克 Ermanaric

埃尔兹鲁姆 Erzerum

埃克巴塔纳 Ecbatana

埃兰 Elam

埃兰的 Elamite

奥维德 Ovid

八剌沙衮 Balasaghun

巴巴里 Barbary

巴巴里贡 Barbaricon

巴比伦 Babylon

巴比伦王国 Babylonia

巴尔德哈 Bardhaa

巴尔杜奇·裴哥罗梯 Balducci Pegolotti

巴尔干山脉 Balkhans

巴尔喀什湖 Lake Balkhash

巴尔克 Balkh

巴尔米拉 Palmyra

巴伐利亚 Bavaria

巴格达 Baghdad

巴赫拉姆·朱宾 Bahram Chubin

巴赫奇萨赖 Bakhchiserai

巴克特拉 Bactra

巴克特里亚(大夏) Bactria

巴库 Baku

巴黎的威廉 William of Paris

巴里加沙 Barygaza

巴利语 Pali

巴龙·哈赫肖森 Baron Haxthausen

巴伦加尔 Belendjer

巴马基德 Barmakidsz

巴米 Bami

巴米扬 Bamiyan

巴塞勒斯 Basileus

巴什基尔人 Bashkirs

巴士拉 Basra

巴托尔德 Barthold

巴西尔 Basil

巴彦 Bayan

巴泽雷克 Pazyryk

拔都 Batu

拔都萨莱 Old Sarai

拔悉密 Basmil

把带 Badai

白俄罗斯 Belarus

白桂斯 Beckwith

白湖 Lake Bellozero

白令海峡 Bering Straits

白马寺 White House Monastery

白沙瓦 Pesh/Peshawar

白水胡城 Isfijab

白银之路 Silver Road

柏朗嘉宾 John of Plano Carpini

柏孜克里克 Bezeklik

拜哈奇 Baihaqi

拜占庭 Byzantum

拜占庭基督教的、东正教的 Orthodox

班超 Pan Ch'ao

班德科拉米克 Bandkeramik

班固 Pan Ku

班朱尼湖 Lake Baljuna

般若 Branhma

保加尔,保加尔人 Bulghar/Bulghars/
　　Bulkar

保加尔汗国 Bulghar Kaghanate

保加尔语的突厥语 Oghuric Turkic

保加利亚 Bulgaria/Bulgharia

报告祈祷时刻的人 Muezzin

博勒达　Bleda

博斯波兰　Bosporan

博斯普鲁斯　Bosporus

博伊斯　Boyce

布达佩斯　Budapest

布尔达人　Burdas

布尔嘎亚干　Bulgayagan

布尔塔斯人　Burtas

布格-德涅斯特　Bug-Dniester

布格河　Bug

布古特　Bugut

布哈拉（安国）　Bukhara

布季尼人　Budini

布加勒斯特　Bucharest

布拉格　Prague

布兰　Burian/Bulan

布里亚特　Buriat

布罗奇　Broach

布门（土门）　Bumin

布容　Brunhes

布叶王朝　Buyid

步利设　Buri-sad

蔡马库斯　Zemarchos/Zemarkhos

藏书　Genizah

查士丁尼　Justinian

查士丁尼二世　Justin Ⅱ

查士丁尼一世　Justin Ⅰ

察尔・阿列克塞・米哈伊洛维奇
　Tsar Aleksei Mikhailovich

察合台　Chaghatai

察合台汗国,察合台汗　Chagatai

察拉察罗姆　Caracarom

柴尔德　V. G. Childe

单于　Shan-yü

长城　Great Wall

长春　Ch'ang Ch'un

长江　Yang-tse

长篇说教　homilies

长手尤里　Yuri Dolgorukii

常德　Ch'ang Te

车鹿会　She-lun

车师　Ku-shih

陈汤　Ch'en T'ang

撑犁孤涂　T'ang-li-ku't'u

成都　Chengtu

成吉思汗　Ghinggis Khan

成吉思汗的　Chingissid

赤谷城　Ch'ih-ku

楚河　Chu

楚斯特　Chust

楚瓦什语　Chuvash

处罗侯　Ch'u-lo-hu

达尔班德　Darband

达尔甘　Dargah

达尔马提亚　Dalmatia

达干（大臣）　ta-kuan

达赫尔人　Dahael

达吉斯坦　Daghestan

达里亚尔　Darial

达鲁花赤　Darughachi

达姆拉利布塔　Tamralipti

达尼洛　Danylo

Cultures

第聂伯河 Dnieper river

第聂伯罗彼得罗夫斯克 Dnepropetrovsk

蒂萨河 Tisa/Tisza

甸吉斯赫 Dengizikh

丁零 Ting-ling

东哥特 Ostrogothic

东胡 Tung-hu

都柏林 Dublin

都拉基乌姆 Dyrrachium

杜布罗夫尼克 Dubrovnik

杜尔海姆 Durkheim

杜里斯特 Dorestad

杜列贝人 Dulebian

杜列勃人 Drugovichians

敦煌 Tun-huang

顿 Tun

顿河 Don River

顿涅茨河 Donets river

多布拉尼切夫卡 Dobranichevka

多布鲁迪加 Dobrudja

多鲁哈诺夫 Dolukhanov

多罗戈吉奇 Dorogozhich

多罗斯 Doros

多洛布斯科耶湖 Lake Dolobskoe

多瑙河 Danube

咄陆部 Tu-lu

讹答剌 Otrar

俄国沙皇 tsar

额尔德尼召 Erdeni Juu

额尔齐斯河 Irtysh

恶神 Ahriman

鄂毕河 Ob River

鄂尔多斯 Ordos

鄂尔浑河 Orkhon

鄂霍次克海 Okhotsk Sea

鄂嫩河 Onon/Onon Gol

法德尔·本·赛赫勒 al-Fadl B. Sahl

法尔斯 Fars

法格胡努姆 Faghinum

法基赫 faqihs

法拉斯马尼斯 Pharasmanes

法兰克福 Francfort

法兰克人 Franks

法兰西的路易 Louis of France

法纳格里亚 Phanagoria

法沙克 farsakh

法希斯 Phasis

凡尔赛宫 Versailles

梵文 Sankri

梵语 Sanskrit

方济各会 Franciscan

菲儿默 Filimer

菲尔多西 Firdosi

菲尔多西(全名阿布尔卡西姆菲尔多西)
　　Firdausi(全名 Abulqasim Firdausi)

菲利波波利 Phillipopolis

菲利普·艾米雅特 Philipe Ameit

菲利普波利斯 Phillippopolis

E.D.菲利普斯 E. D. Philips

菲利普·科尔 Philip Kohl

菲利普·列别尔曼 Philip Lieberman

格奥克休尔 Geoksyur

格尔迪齐 Gardizi

格哈德米 Ghadymi

格哈杜米丘 Ghadymi-depe

格里布 Gribb

格里亚兹诺夫 Gryaznov

格列别尼基安 Grebenikian

格隆尼 Geloni

格鲁吉亚 Georgia

格鲁森尼人 Greuthungi

格罗宾 Grobin

格罗德 Grod

格罗尼 Geloni

格洛努斯 Gelonus

格涅兹多沃 Gnezdov

格皮德人 Gepid

葛逻禄 Karluk/Karluks

古尔汗 Gür Khan

古尔梯乌斯 Quintus Curtius

古吉拉特 Gujarat

古拉姆 ghulam

古莱氏 Quraysh

《古兰经》 the Qu'ran

《古兰经》的 Koranic

古勒 Gonur

古罗马边境城墙 limes

古罗斯国 Kadhanate of Rus'

古米列夫 Gumilev

骨都侯 Ku-tu-hou

骨咄禄 Kutlugh

骨咄禄毗伽骨力可汗 Kutlugh bilgäköl

kaghan

骨力裴罗 Ku-li p'ei-lo

雇佣兵 condottiere

关市 Kuan-Shih

光塔 minaret

光武帝 Guang Wu-Ti

贵山城（大宛首都） Erh-shih

贵霜 Kusana/Kusannas

贵由 Güyük

果尔克 Goehrke

哈尔科夫 Kharkov/Khar'kov

哈尔恰扬 Khalchayan

哈吉布 hajib

哈拉巴拉嘎斯 Karabalgasan

哈拉夫丘 Tell Halaf

哈拉帕 Harappa

哈剌和林 Karakorum/Caracarom

哈剌忽迷失 caracosmos

哈里发 Caliphate

哈伦·拉希德 Haroun al-Rashid

哈马丹 Hamadan

哈马塔 Harmatta

哈马瓦尔格人 Haumavarga

哈密 Hami

哈姆利赫 Hamlih

哈乃斐派 Hanafite School

哈撒儿 Qasar/Kasar

哈萨克 Kazakh

哈萨克斯坦 Kazakhstan

哈苏纳丘 Tell Hassuna

哈瓦利吉派 Kharijite

霍去病 Ho Ch'ü-ping

霍特列沃 Khotylevo

霍伊特-申科尔 Khoit-Senker

豁阿巴海 Qo'aqchin

基辅 Kiev

基辅的姆斯提斯拉夫 Mstislav of Kiev

基辅公国 Kievan

基辅罗斯 Kievan Rus'

基克-科巴 Kiik-koba

基马克 Kimek

基什 Kish

基什尼奥夫 Kishinev

基亚克萨雷斯 Cyaxares

稽落山 Jiluo Mountain

吉本 Gibbon

吉达 Jiddah

吉尔吉斯斯坦 Kyrgyzstan

吉尔斯 Gills

季霍米罗夫 Tikhomirov

N.N.季科夫 N. N. Dikov

季霍诺夫 Tihonov

季林格-乌尔阿赫 Diring-Ur'akh

季梅列沃 Timerevo

济基尔-卡亚 Kizil-Kaya

寄多罗人 Kidara

寄多罗王朝 Kidarite

加雷斯·詹金 Gareth Jenkin

加里-卡马尔班 Gari-kamarban

加里西亚 Galicia

加里西亚-沃利尼亚 Galicia-Volhynia

加利奇 Galich

加齐 ghazi

迦必试 Kapitsa

迦勒底人 Chaldaeans

迦腻色伽 Kaniska

贾拉哈·伊本阿·卜杜拉·哈卡米 Jarrah ibn-Abdullah al-Hakami

贾里斯莱夫王 King Jarisleif

犍陀罗 Gandhara

柬埔寨 Cambdia

建议手册 manuls of advice

江布尔 Dzhambul

讲芬兰-乌戈尔语的 Finno-Ugric-speaking

杰列夫里亚涅 Drevlyane

杰列夫里亚涅人 Drevlyanian, Drevlyanians

杰斯纳河 Desna

捷列克河 Terek

捷米多夫 N. Demidov

捷希哈什 Teshiktash

捷希克-塔希 Teshik-Tash

颉跌利施可汗 Elterish Kaghan

颉利 Hsieh-li

金麦里 Gimmira

金麦里人、西米里人 Cimmerian

金门 Golden Gates

金山 Golden Mountains

金帐汗国 Golden Horde

景教 Nestorian

景教主教 Nestorian Catholicos

科尔松 Cherson/Korsun'

科尔松尼斯 Chersonesos

科拉克人 Korak

科勒依 Kelleli

科雷列夫区 Kopyrev Quarter

科里韦·加姆布列 Clive Gamble

科林·伦弗儒 Colin Renfrew

科罗 Kou-luo

科洛梅日希纳 Kolomyishchina

科洛姆纳 Kolomna

科尼亚 Konya

科佩特山 Kopet Dag

科瑞卡 Kreka

科斯坚基 Kostenki

可汗 Kaghan

可贺敦 Khatun

可萨汗国和平时期 pax khazarica

可萨汗国 Khazaria

可萨人（哈扎尔人） Khazar/Khazars

《可萨史》 *History of the Khazars*

克尔基斯 Colchis

克尔捷米纳尔 Kelteminar

克拉德尔 Krader

克拉科夫 Cracow

克劳迪斯二世 Claudius Ⅱ

克里米亚 Crimea

克里米亚的 Crimean

克里斯/克罗斯文化 Cris /Koros culture

克里特海 Crete Sea

克里维奇人 Krivichian

克里沃伊罗格 Krivoy Rog

克利尔克斯 Clearchus

克烈部 Kerait

克柳切夫斯基 Klyuchevskii

克鲁伦河 Kerulen

克罗地亚 Kroatia

克罗夫河 Klov

克洛梅日希纳 Kolomiyshchina

克洛伊索斯 Croesus

克什米尔 Kashmir

克泰夏斯 Ctesias

克孜勒库姆 Kyzylkum

刻赤 Kerch

孔雀王朝 Mauryan

库班河 Kuban

库布拉特 Kubrat

库车（龟兹） Kucha

库尔干 kurgany

库尔兰 Kurland

库尔勒 Korla

库尔斯克 Kursk

库法 Kufa

库库特尼-特里波利耶文化 Cucuteni-Tripolye

库利亚 Kurga

库连 kuren

库列斯卡塔 Kyreshkata

库曼人 Cuman

库纳河 Kura

库思鲁·阿努希尔万一世 Khosrow Anushirvan Ⅰ

罗马基督教的、天主教的 Catholic

罗马尼亚 Romania

罗曼·姆斯季斯拉维奇 Roman Mstyslavich

罗曼诺斯 Romanos

罗蒙诺索夫 Lomonosov

罗纳河 Rhone

罗斯 Rus'

罗斯法 Russkaya pravada

罗斯托夫(萨尔斯基要塞) Rostov (Sarskii fort)

罗斯托夫特泽夫 Rostovtzeff

罗西亚 Rhosia

洛戈达 Logoda

洛阳 Lo-yang

麻速忽伯克 Mas'ud Buk

马底耶斯 Madyes

马尔 Mal

马尔吉纳 Margina

马尔吉亚纳 Margiana

马尔加尔 mumarjal

马尔克·兹韦尔弗比尔 Marek Zvelvbil

马尔萨斯的 Malthusian

马尔塔 Mal'ta

马尔希亚诺波利 Marcianople

马格尔莫斯 Maglemosian

马格纳保加利亚 Magna Bulgharia

马格尼托哥尔斯克 Magnitogorsk

马格尼西亚 Magnesia

马哈奇卡拉 Makhachekala

马合谋·牙剌洼赤 Mahmud Yalavach

马赫穆德 Mahmud

马赫穆德·喀什葛里 Mahmud al-Kashgari

马科什 Mokosh'

马可·波罗 Macro Polo

马拉坎达 Maracanda

马拉亚希亚 Malaya Siya

马来半岛 Malaya

马雷 Mary

马里加·季米布茨 Marija Gimbutas

马利克沙 Malikshah

马洛里 Mallory

马蒙 al-Ma'mun

马木路克苏丹 Mameluke Sultan

马尼亚克 Maniakh

马其顿 Macedon

马其顿人 Macedonian

马其顿王国 Macedonia

马奇(摩拉瓦) March(Morava)

马恰斯利 Maqasiri

马萨格特人 Massagetae

马什哈德市 Mashhad

马斯喀特 Mascat

马松 Masson

马苏德 Mas'ud

马苏德 al-Mas'udi

马土腊 Mathura

马扎尔人 Magyar

玛丽·博伊斯 Mary Boyce

玛兹达克运动 Mazdakaizm

麦地那 Medina

莫斯科公国 Muscovy

莫卧儿王朝 Moghul empire

莫希 Mohi

默啜 Mo-ch'o

默棘连 Mo-chi-lien

默延啜 Mo-yen-ch'o

牟羽 Mou-yü

姆克内尔 McNeill

姆斯季斯拉夫 Mstyslav

木杆 Muhan

木骨闾 Mu-i-lu

木椁墓文化 timber-grave culture

木鹿 Merv

木屋 log-house(poluzemlyanki)

慕容皝 Mu-jung Huang

慕容儁 Mu-jung Chün

慕容评 Mu-jung P'ing

慕容廆 Mu-jung Hui

穆尔加布 Murgab

穆盖纳尔 al-Muqanna

穆格塔 muqta

穆格塔迪尔 al-Muqtadir

穆罕默德 Muhammad

穆罕默德·本·阿卜拉·本·阿卜杜勒·穆塔利·本·哈希姆 Muhammad B. Abd Allah B. Abd al-Muttalib B. Hashim

穆罕默德·伊本·穆萨·花拉子密 al-Ma'mun/Muhammad B. musa al-kwarazmi

穆卡达西 al-Muqaddasi

穆罗姆 Murom

穆塔西姆 al-Mu-tasim

穆太米德 al-Mu'tamid

那达慕 Naadam

那可儿 nöker

那先比丘 Nagasena

纳奥塔卡 Nautaca

纳德利曼斯克耶 Nadlimanskoe

纳尔沙布 Narshakhi

纳尔逊 Nelson

纳忽伯颜 Naqu-bayyan

纳马兹加 Namazga

纳马兹加丘 Namazga-depe

纳赛尔·伊利格 Nasr Ilig

纳斯尔·本·艾哈迈德 Nars B. Ahmad

乃蛮部 Naiman

奈撒微 an-Nasawi

耐苏 Naissus

南布格河 S. Bug

南疆 sourthern Sinkiang

南曼兰 Sodermanland

内欧亚大陆 Inner Eurasia

内塞甫(卡尔西) Nesef(Karshi)

尼安德特人 Neanderthals

尼哈万德 Nihawand

尼科波利斯(尼斯) Nicopolis(Nis)

尼尼微 Nineveh

尼萨 Nisa

尼散月(4月) Nisan

尼沙布尔 Nishapur

尼斯 Nis

普鲁特　Prut

普罗科匹乌斯　Procopius

普罗耶斯拉维茨　Pereyaslavets
　　　Pereiaslavets

普洛耶斯拉夫尔　Pereyslavl

普奴　P'u-nu

普氏马　Przhevalski horses

普斯科夫　Pskov

七河流域　Semirechye

齐姆卢安斯克耶　Tsimlyanskoe

齐雅德·本·萨利赫　Ziyad B. Salih

祁连山　Ch'i-lien

奇尔-尤尔特村　Chir-yurt

奇克克　Chickek

奇里克-拉巴特　Chirik-Rabat

V.V.奇沃卡　V. V. Chvoika

耆那教　Jainism

乞失力　Kishlik

气候适宜期　Climatic Optimum

契丹　Kitan

恰格里　Chagrï

恰拉　qala

恰马里芦荟油　Qamari aloes

恰塔尔·休于　Catal Huyuk

虔诚者路易　Louis the Pious

乔治·哈马尔托卢斯　Gorge Hamartolus

E.E.切尔内赫　E. E. Chernykh

切尔尼戈夫　Chernigov

切尔尼尼　Chernini

切尔尼亚希夫　Chernyakhiv

切尔托姆雷克　Chertomlyk

且末　Cherchen

怯的不花　Kit Buka

怯薛　keshig

钦察　Kipchak

钦察草原　Desht-i Kypchak

亲兵队　druzhiny

清真寺　mosque

穹庐　qionglu

龟兹(库本）　Kucha

丘就却　Kujula Kadphises

丘科特卡　Chukotka

屈出律　Küchlüg

屈底波·伊本·穆斯利姆　Qutayba B.
　　　Muslim

阙特勤　Köl tegin

染干　Jan-kan

热河　Jehol

热那亚　Genoese

热那亚人的　Genovese

人科成员　hominid

日耳曼的　Germantic

柔然、茹茹　Juan-juan

如尼文字母　runnic script

儒教　Confucianism

睿息　Jui-his

撒答剌锦　Zandaniji

撒拉古尔人　Saraghur

撒里答　Sartak

萨布克的斤　Sebük Tegin

萨布里埃尔　Sabriel

萨尔蒂　Sarti

山洞修道院 Caves Monastery

鄯善 Shan-shan

上帝之子 devaputra

上都（夏都）Shangtu（Xanadu）

蛇状壁垒 Snake Ramparts

设 Shad

设拉子 Shiraz

射匮 Shik Kuei

绳纹器 corded ware

《圣贝尔廷年鉴》 *Annal of St Bertin*

圣丹尼勒 Saint Denis

圣母教堂 Holy Virgin

圣索菲亚大教堂 St Sophia cathedral

圣徒传 hagiography

圣西里尔 St Cyril

失吉忽秃忽 Shigi-Khutugu

十箭 On Ok

十字军 Crusaders

什叶派教义 Shi'ism

什叶派伊斯兰教 Shi'a Islam

什叶派伊斯玛仪宗 Shi'ite Ismailis

什一税 tithes

什一税教堂 "Tithe" Church

石国（塔什干）Chach

石勒 Shih Le

史禄国 Shirokogoroff

使徒保罗 Apostle Paul

《世界境域志》 *Hudud al-'alam*

室点密 Ishtemi/Sizabul

首领 ustadh

舒拉韦里－绍穆丘文化 Shulaveri-

Shomutepe Culture

术赤 Jochi

竖穴墓 pit-grave

斯巴伽皮塞斯 Spargapises

斯达罗基辅斯卡亚山 Starokievskaya Hill

斯蒂芬 Stephen

斯基泰人 Scythians

斯堪的纳维亚 Scandinavia

斯科普里 Skopje

斯坤哈 Skunkha

斯拉德科夫西基村 Sladkovsikii

斯拉夫河 Slavic River

斯拉夫人 Slavic

斯拉文人 Sclaveni

斯莱德涅斯多格 Srednyi Stog

斯鲁布纳亚 Srubnaya

斯洛文尼亚人 Slovenian

斯摩棱斯克（格涅兹多沃）Smolensk

斯皮塔梅涅斯 Spitamenes

斯塔维斯基季 Staviskij

斯特拉波 Strabo

斯特里神 Srtribog

斯韦恩 Svein

斯维雅托斯拉夫 Svyatoslav

斯维雅托罗尔克 Svyatopolk

斯文·赫定 Sven Hedin

松山 Matuyama

苏达克城 Sudak

苏丹 Sultan

苏尔汉河 Surkhan Darya

苏尔汉·科塔尔 Surkh Kotal

苏菲派 Sufism/Sufi

苏格达拉 Sougdala

苏霍纳河 Sukhona

苏拉克河 Sulak

苏林 Suren

苏禄 Su-lu

苏罗兹 Surozh

苏美尔 Sumer

苏门答腊 Sumatra

苏撒 Susa

苏兹达尔 Suzdal

速不台 Sübetei

粟特古书简 Old Solgdian Letters

粟特、索格狄亚 Sogdia

碎叶城 Suyab

唆鲁和帖尼 Sorqaqtani-beki

索尔德亚 Soldaia

索菲亚 Sofia

索哈 sokha

琐罗亚斯德 Zoroaster

琐罗亚斯德教 Zoroastrianism

琐罗亚斯德教徒 Zoroastrian

塔车 Ta-che

塔恩 Tarn

塔尔基 Tarki

塔尔良库 Tallyanky

塔赫拜 Takhirbai

塔吉克 Tajik

塔吉斯肯 Tagisken

塔季什科夫 V. N. Tatishckev

塔克拉玛干 Taklamakan

塔克希拉(咀叉始罗) Taxila

塔库里 takyri

塔拉兹 Taraz

塔里木盆地 Tarim

塔马嘎 tamagha

塔马塔尔哈 Tamatarkha

塔米尔河 Tamir

塔米姆·本·巴哈尔 Tamim ibn Bahr

塔木察格布拉格 Tamtsak-bulak

塔奈斯河 Tanais

塔什干 Tashkent

塔塔尔、鞑靼 TaTar

塔塔统阿 Tata-Tonga

塔西佗 Tacitus

塔希尔拜期 Takhirbal Period

塔希尔·本·侯赛因 Tahir B. al-Husayn

塔希尔呼罗珊 Tahirid Khorasan

塔希克-特什 Tashik-Tsh

塔依 Tayy

塔扎巴格亚布 Tazabagyab

台比留/提比留斯 Tiberius

太和公主 T'ai-ho

太阳汗 Tayang Khan

泰奥菲拉克塔斯 Theophylactus Simocattes

泰伯里 al-Tabari

泰赤乌惕部 Tayichi'ud

泰加林 taiga

泰拉斯 Tyras

泰西封　Ctesiphon

檀石槐　T'an-shih-huai

汤普森　Thomposon

陶里兰　Taurian

特德任　Tedzhen

特尔温吉　Tervingi

特拉贝苏斯　Trapezus

特拉布宗　Trebizond

特兰西瓦尼亚　Transylavania

特里波利耶　Tripolye

特里斯坦（巴克特里亚）　Tokharistan

特鲁瓦　Troyes

特洛伊　Troy

特穆托洛坎　Tmutorokan

特勤　Tegin

特萨格莱德　Tsar'grad

特维尔　Tver

腾格里　tngri

腾格里崇拜　tengri-worshipping

提比留斯、台比留　Tiberius

提尔　Tyre

提格拉舍达人　Tigraxauda

提莫赛乌斯　Timotheos

天青石　lapis lazuli

条顿人的、日耳曼人的　Teutonic

贴卜腾格里　Teb-tengri

铁尔梅兹　Tirmidh/Termez

铁勒　T'ieh-le

铁木真　Temüjin

帖基什　Tekesh

帖里塞哈屯　Terken Khatun

通古斯、通古斯人　Tunguz

通古斯语　Tungusic

通用语、混合语　linggua franca

僮仆都尉　Commandant of Slaves

统叶护　T'ung yabghu

头曼　Tumen

突厥　Türk

突骑施　Türgesh

图戈尔汗　Tugor Khan

图格里勒　Toghrul

图格里勒·拜格　Toghrul Beg

图拉　Tula

图拉斯　Turas

图拉真　Trajan

图兰　Turan

图瓦　Tuva

土库曼斯坦　Turkmenistan

土拉河　Tola river

土门　T'u-men

土绵　tumen

吐蕃　Tibet

吐谷浑　Togon

吐火罗斯坦　Tokharistan

吐火罗语　Tocharian

吐鲁番（高昌）　Turfan

吐屯（突厥语）　tudun

暾欲谷　Tonyukuk

屯田　t'un-t'ien

托尔　Thor

托尔切斯克　Torchesk

托尔斯塔亚莫吉拉　Tolstaya Mogila

托尔斯托夫 Tolstov

托戈洛克 Togolok

托克马克 Tokmak

托勒密 Ptolemy

托雷 Tolui

托马诺夫卡 Tomanovka

托马斯·巴菲尔德 Thomas Barfeild

托米莉斯 Tomyris

托希 Tosi

脱斡邻勒 To'oril

佗钵 T'o-po

陀拔里斯坦 Tabaristan

拓跋 T'o-pa

拓跋魏 T'o-pa/WEI

瓦尔纳（奥德索斯城）Varna（Odessus）

瓦克夫 waqf

瓦拉几亚 Wallachia

瓦兰吉人 Varangian

瓦兰人 Vervians

瓦利德 al-Walid

瓦利斯 walis

瓦伦丁尼安 Valentinian

瓦伦斯 Valens

瓦伊什泰恩 Vaishtein

外高加索 Transcaucasus

外欧亚大陆 Outer Eurasia

晚期智人 Homo Sapiens

王汗 Ong khan

王室斯基泰 Royal Scythians

《王书》 *Shah-Name*

王玄策 Wang Hsüan-t'se

《往年纪事》 *Russian Primary Chronicle*

威廉·姆克内尔 William McNeill

韦尔巴克 Wielbark

韦里基尤斯廷德 Veliki Ustingd

韦切 veche

韦苏提婆一世 Vasudeva Ⅰ

维杜比奇修道院 Vydubichi Monastery

维捷布斯克 Vityebsk

维京人 Viking

维克拉姆·赛斯 Vikram Seth

维罗 Viro

维玛·卡德费赛斯 Vima Kadphises

维玛·塔克图 Vima Takto

维涅季 Venedi

维涅特人 Venethi

维齐尔 wazir

维什格罗德河 Vyshgorod

维什塔斯帕 Vistaspa

维斯杜拉河 Vistula

维斯基奥坚 Wiskiauten

维斯塔斯帕 Vistaspa

维斯瓦河 Vistula

维特里克 Vitheric

维亚季齐人 Vyatichian

维扬斯泰恩 Vainshtein

卫拉特部 Oirat

伟大的国王、王中之王 maharajia rajatiraja

伪经文学 apocryphal literature

伪希波克拉底 pseudo-Hppocrates

渭河 Wei river

温彻斯特 Winchester

文德人 Wendic

问候主 Salvele Domini

倭马亚 Umayyad

倭马亚王朝的哈里发 Umayyad caliph

窝古尔人 Vogul

窝阔台 Ogodai

沃尔弗拉姆 Wolfram

沃尔霍夫河 River Volkhov

沃尔斯基 Wolski

沃尔斯克拉河 Vorskla

沃尔特·戈德施米特 Walter
　　Goldschmidt

沃格尔桑 Vogelsang

沃利尼人 Volhynian

沃利尼亚 Volhynia

沃罗涅日 Voronezh

沃洛戈格拉德 Vologograd

沃洛格达 Vologda

沃洛斯 Volos

沃诺古尔人 Onoghur

沃森 Watson

《沃斯克列先斯克纪事》 *Voskresensk*
　　chronicle

斡尔朵 Orda／ordu

斡尔朵八里（哈拉巴拉嘎斯） Ordu
　　Balik（Karabalgasan）

乌·鄂嫩 U.Onon

乌尔根奇 Urgench

乌戈尔 Oghur

乌戈尔人的 Ugric

乌古斯草原 Oghuz Steppes

乌古斯、乌古斯人 Oghuz

乌克兰 Ukraine

乌拉尔的 Uralic

乌拉尔河 Ural river

乌拉尔山脉 Urals mountains

乌拉尔图 Urartu

乌拉林卡 Ulalinka

乌拉-秋别 Ura-tyube

乌兰巴托 Ulaanbaatar

乌兰乌德 Ulan-Ude

乌勒伽 Ghourek

乌力马 ulama

乌鲁木齐 Urumchi

乌迈 Umay

乌普兰 Uppland

乌萨托沃 Usatove

乌什穆奈恩 Ushmunayn

乌什穆尼 Ushmuni

乌斯特-别尔斯克 Ust-bel'sk

乌苏里江 Ussuri River

乌特格尔人 Utrighur

乌兹别克斯坦 Uzbekistan

乌兹博伊河 Uzboi

兀良哈台 Uriangqai

兀鲁斯 ulus

西伯利亚 Siberia

西布格河 Western Bug

西哥特 Visigoths

西吉来 Hijra

西里尔字母 Cyrillic alphabet

雅罗斯拉夫尔（季梅列沃） Yaroslavl（Timerevo）

亚伯拉罕 Abraham

亚德里亚海 Adriatic sea

亚丁 Aden

亚拉姆语 Aramaic

亚历山大港 Alexandria

亚历山大里亚 Alexandria

亚历山大里亚埃斯卡特 Alexander Eschate/Alexanderia Eschate

亚历山大·涅维斯基 Alexander Nevskii

亚历山德罗波利斯 Alexandropolis

亚马逊 Amazon

亚美尼亚 Armenia

亚姆纳亚 Yamnaya

亚穆纳河 Yamuna

亚述 Assyria

亚速海 Azov Sea

亚瓦纳 Yavana

亚赞 Riazan

亚兹丘 Yaz-depe

焉耆 Karashahr

奄蔡 Yen-ts'ai

奄罗 An-lo

扬格尔斯克 Yangelsk

养吉干 Yangikent

药罗葛 Ya-lo-ko（Yaghlagar）

耶利哥 Jericho

耶路撒冷 Jerusalem

耶律楚材 Yeh-lu Chu'u-ts'ai

耶律大石 Yel-lü Ta-shih

耶稣 Jesus

耶伊姆兹 Eymuds

《耶伊姆兹传奇》 *Eymuds' Saga*

耶兹德格德 Yazdegird

也速该 Yesugei

叶护/翕侯 yabghus

叶卡特里诺斯拉夫 Ekaterinoslaf

叶利扎韦洛夫斯克耶 Elizavetovskoe

叶尼塞河 Yenisei

嚈哒 Hephthalite/Heftal

伊本·法德兰 Ibn Fadlan

伊本·法基赫（阿拉伯史学家） al-Fakikh

伊本·赫勒敦 Ibn Khaldun

伊本·可达比 Ibn Khurdadhbih

伊本·库达第伯 Ibn Khurdadbih

伊本·鲁斯塔 Ibn Rusta

伊本·西拿 Ibn Sina

伊本·伊西尔 Ibn al-Athir

伊比利亚 Iberia

伊尔根雷 Ilgynly

伊尔库茨克 Irkutsk

伊尔门湖 Lake Ilmen

伊戈尔 Igor

伊贾斯拉夫 Izyaslav

伊科塔 iqta

伊拉克 Iraq

伊朗 Iran

伊拉里昂 Hilarion

伊犁河 Ili River

伊利·阿尔斯兰 Il Arslan

伊利汗国 Il-Khanate

约瑟夫·弗莱彻 Joseph Fletcher

月氏 Yüeh-chih

云中郡 Yün-chung Province

泽拉夫尚河 Zerafshan

扎格罗斯山脉 Zagros/mts

扎曼巴巴 Zaman Baba

扎曼巴巴文化 Zamanbabin culture

扎撒 Yasa

札阑丁 Jalal al-Din

札木 jam

札木合 Jamuqa

札奇 Jagchid

毡德 Jand

哲通 Jeitun

者别 Jebe

者勒蔑 Jelme

珍妮特·阿布卢格霍德 Janet Abulughod

正教 Orthodoxy

直立人 Homo erectus

直辖市凯米斯 Shahr-i Qumis

志费尼 Juvaini

智人 Homo sapiens

中国人 Cathayan

中郎将 household emissary

中行说 Chung-hsing Shuo

宙斯 Zeus

朱尔占海 Jurjan

朱克曼 Zuckerman

朱兹贾尼 Juzjani

主儿勤 Jürkin

主显节 Epiphany

注释者弗莱德加 Fredegar the Scholiast

准噶尔 Zungaria

涿邪山 Zhuoye Mountain

罪恶之神 Ahriman

左拉恰河 Zolatcha River

佐西姆斯 Zosimus

译 后 记

　　《俄罗斯、中亚和蒙古史》第一卷《史前至蒙古帝国时期的内欧亚大陆史》是内容极为丰富的通史性著作，我并不是合适的翻译人选，只是凭着无知者无畏的精神接受了翻译任务。

　　2013 年，杨建华老师告知原定由我翻译的俄文发掘报告改为《史前至蒙古帝国时期的内欧亚大陆史》时，"东北亚与欧亚草原考古学译丛"项目已经实施了一年。此前我只听说这是一部名著，不了解具体内容，得知有机会翻译名著，便很愉快地接受了任务。但因为工作太忙，到 2014 年春天还没有着手翻译。当时我大病初愈，杨老师曾建议我安心休养，还由她自己翻译。此时距离项目结项仅剩三年时间，怎么忍心让长我十几岁的老师在这么短的时间内翻译这部厚书，所以我坚持自己翻译，并保证不耽误结项。翻译工作自 2014 年第二学期开始，因为不熟悉原著内容，平均一天只能翻译大约 4 页，查找专有名词的词义、选择合适的译名、了解相关知识等翻译以外的工作占去了和翻译差不多的时间。2017 年夏天译稿完成提交结项，2019 年提交上海古籍出版社。因特殊原因译著出版比原计划晚约两年，在此期间又进行了反复修改，形成今天的译稿。从最初的无知无畏，到边学边译，从沮丧、焦虑，到庆幸、感动，八年的《史前至蒙古帝国时期的内欧亚大陆史》翻译伴随我走入"知天命"之年，开阔了学术视野，受益良多。

　　本书的翻译工作得到了很多师友的帮助。首先感谢杨建华老师给予翻译这部欧亚草原历史名著的机会，并在结项前后两次仔细校对译稿，提出很多宝贵的修改意见。还要感谢同事邵会秋老师在确定由我翻译后，送来原著和所有扫描插图，后者成为译著大多数插图的底图。感谢原著作者大卫·克里斯蒂安教授耐心回复邮件解答版权问题，帮助联系原著出版社了解版权信息。

　　感谢吉林大学杨翠红老师帮助修改涉及罗斯史的第十三章和第十四章。感谢中国社会科学院历史研究院的孙昊先生帮助修改涉及突厥至蒙古时期的第十至十二章、第十四至十六章的内容。感谢河北师范大学赵崇亮老师、西北师范大学李迎春老师帮助解决边塞汉简音译的难题。感谢上海光机所李青会先生帮助解答地质学方面的疑问。感谢西北大学文化遗产学院研究生白噶力同学帮助校对第十五至十六章涉及蒙古史的内容。我的研究生胡娟、岳江伟、孙立斌、郭丽娜、张振腾、王禹夫等参与了英文索引和参考文献的输入及校对、插图后期加工等工作，谭文好在后期校对和修改阶段付出了辛勤劳动，感谢同学们为我分担翻译压力。

　　感谢北京大学李零先生授权中译本使用《波斯笔记》中的 2 幅照片。感谢吉林大学王立新老师、蒙古国科学院考古所青年学者素多诺姆扎木苏（书海）授权中译本封面使用他们在蒙古考古调查时拍摄的照片。

　　感谢吉林大学考古系老师们的教诲，使我具备了翻译这部著作的基本学术素养，以及耐得住寂寞的定力。感谢西北大学文化遗产学院、丝绸之路考古合作研究中心给予宽松的科研和教学环境，使我在最近两年能够专心修改、校对译稿。

　　感谢我的丈夫田立坤先生帮助修改部分译稿，督促和提醒注重翻译质量。

　　译稿出版前的编辑时间长达三年，其间译文和地图经过无数次修改和校对，编辑工作量非常大，特别感谢宋佳女士不仅做了大量辛苦的编辑工作，还提出很多非常好的修改建议。

　　由于知识储备和翻译水平有限，虽然尽了最大努力，译稿肯定仍有不准确甚至错误之处，恳请读者提出宝贵意见。

潘　玲

2022 年 11 月 11 日

图书在版编目（CIP）数据

史前至蒙古帝国时期的内欧亚大陆史／（美）大卫·
克里斯蒂安著；潘玲译；杨建华校. —上海：上海古
籍出版社，2024.2
（东北亚与欧亚草原考古学译丛）
ISBN 978-7-5732-0232-1

Ⅰ.①史… Ⅱ.①大… ②潘… ③杨… Ⅲ.①世界史
—古代史—研究 Ⅳ.①K12

中国国家版本馆 CIP 数据核字（2023）第 218972 号

东北亚与欧亚草原考古学译丛
史前至蒙古帝国时期的内欧亚大陆史
（美）大卫·克里斯蒂安　著

潘　玲　译

杨建华　校

上海古籍出版社出版发行

（上海市闵行区号景路 159 弄 1－5 号 A 座 5F　邮政编码 201101）

（1）网址：www.guji.com.cn

（2）E-mail：guji1@guji.com.cn

（3）易文网网址：www.ewen.co

浙江临安曙光印务有限公司印刷

开本 710×1000　1/16　印张 38.75　插页 3　字数 635,000

2024 年 2 月第 1 版　2024 年 2 月第 1 次印刷

印数：1—2,500

ISBN 978-7-5732-0232-1/K·3130

审图号：GS(2020)6230 号　定价：168.00 元

如有质量问题，请与承印公司联系